유치권
진짜 가짜
판별법

유치권 박사 노인수 변호사의

# 유치권 진짜 가짜 판별법

저자 노인수
감수 이선우, 이승호

순눈

| 들어가며 |

# 유치권 클리닉을 제안한다

## 1. 법에 맞게 미리 준비해야 이길 수 있다

법률은 요건에 맞는 것만 따진다. 나머지는 별 영향력이 없다. 민법에서는 요건 사실이라고 부르는 것이, 형법에서는 구성 요건 사실이라는 것이 여기에 해당한다. 유치권 성립 여부를 따지기 위해 필요한 요건 사실은 무엇일까? 민법 제320조를 보자.

---

**민법 제320조(유치권의 내용)**

① 타인의 물건 또는 유가증권을 점유한 자는 그 물건이나 유가증권에 관하여 생긴 채권이 변제기에 있는 경우에는 변제를 받을 때까지 그 물건 또는 유가증권을 유치할 권리가 있다.

② 전항의 규정은 그 점유가 불법행위로 인한 경우에 적용하지 아니한다.

---

유치권이 성립하려면 '타인의 물건 또는 유가증권'이어야 하고 이를 '점유'하고 있어야 하며 '그 물건이나 유가증권에 관하여 생긴 채권', 즉 견련성 있는 채권이어야 하며, '변제기'에 있어야 하고, 그 점유는 '불법행위로 인한 경우'가 아니어야 한다는 내용이다.

약간의 관심과 노력만 있다면 별로 어려워 보이지 않는 문장이다. 그러나 유치권 분쟁이 일어나면 결국 재판정까지 가기 마련인데 생각보다 원하는 판결을 끌어내기 어렵다. 내 눈에는 분명 유치권으로 보였고, 요건도 모두 갖춘 것 같았는데 판결은 그게 아니란다.

헌법 제103조에는 '법관은 헌법과 법률에 의하여 그 양심에 따라 독립하여 심판한다.'고 되어 있고 민사소송법 제202조(자유심증주의)는 '법원은 변론 전체의 취지와 증거조사의 결과를 참작하여 자유로운 심증으로 사회정의와 형평의 이념에 입각하여 논리와 경험의 법칙에 따라 사실주장이 진실한지 아닌지를 판단한다.'고 되어 있다. 손에 잡힐 것처럼 명확한 기준은 절대 아니다. 그래서일까? 판결을 내릴 때는 뭔가 뚜렷한 기준이 있어야 할 것 같은데 모호한 개념들만 난무한다. 현실적으로 형사는 95% 이상의 합리적 의심이 없을 정도로 심증형성을 높게 요구하고 있고, 민사는 〈대법원 2010. 10. 28. 선고 2008다6755 판결〉에서 '민사소송에서 사실의 증명은 추호의 의혹도 있어서는 아니 되는 자연과학적 증명은 아니나, 특별한 사정이 없는 한 경험칙에 비추어 모든 증거를 종합 검토하여 어떠한 사실이 있었다는 점을 시인할 수 있는 고도의 개연성을 증명하는 것이고, 그 판정은 통상인이라면 의심을 품지 않을 정도일 것을 필요로 한다.'고 판시하고 있기는 한데 이 또한 명확한 기준과 거리가 멀다.

유치권도 다를 게 없다. 위와 같은 판단을 받을 정도의 사실 및 증거 관리가 제대로 이루어지지 않으면 결국 실패할 수밖에 없다. 이른바 리걸마인드(legal mind, 법률가적 사고방식)로 단련되지 않았다면 재판정이 요구하는 수준의 자료를 준비하기란 쉽지 않은 일이다. 내 두 눈으로 본 것과, 내 귀로 들은 것, 그리고 내 손에 쥔 자료가 분명 진실이라고 믿었고, 그래서 재판에서 당연히 이길 줄 알았는데 결과는 다르다. 법관이 의도적으로 내 진실을 외면한 것이라고 분통해하고, 상대측 변호사가 모종의 술수를 써서 그렇게 된 것이라고 원통해하지만 때는 이미 늦었다. 미리 준비하지 않은 죄, 그게 컸다.

## 2. 형의 미진한 준비

내가 존경하는 집안 형님이 있다. 대기업에서 근무하다가 은퇴하고 사업체를 차려 승승장구하는 것으로 알고 있었다. 그런데 수년 전, 운영하던 공장이 경매에 넘어갔다. 공장을 보수하는 과정에서 새로 만든 회사(유치권 회사)에 대하여 수리비 채권 등이 발생했고, 끝내 갚지 못하여 유치권 행사에 들어갔단다(채무자 회사는 형이 2017년경 설립하였고, 유치권 회사는 형의 친척이 2020년경 설립하였다가 2021년경 형이 대표이사가 되어 있다.). 사정은 복잡해 보이지만 형이 유치권자인 셈이었다.

형에게 연락이 왔다. 혹여 낙찰자의 유치권에 대한 보상문제가 생기면 자네한데 맡길 테니까 잘 부탁한다는 내용이었다. 그러겠다고 대답하고 언제 고향에 재판하러 내려갈 때 겸사겸사 현장을 한번 살펴보면 좋겠다고 제안했다. 얼마 후 재판 일로 내려갈 일이 있었으나 연락이 닿지 않았다. 그렇게 얼마간의 세월이 흘렀다. 어느 분이 위 공장을 낙찰받아 아직 잔금을 치르지 않았는데 유치권 타협안을 찾아보자고 형에게 연락이 왔는데 형이 더 물러서지 않자 서너 차례 전화 후 낙찰자는 잔금지급을 포기하고 물러났다.

이후 다시 경매가 진행되었고, 최근 형이 낙찰되었다면서 낙찰자에게 연락이 올 것이라고 했다. 낙찰자와 흥정을 하는데 낙찰자는 이사비 정도의 아주 작은 돈으로 합의를 하자고 한다. 생각보다 너무 적어 더 이상 생각할 여지가 없었다. 그리고 얼마 뒤 낙찰자는 잔금을 치렀고 부동산인도명령을 신청했다. 그러자 사법보좌관이 아래와 같이 심문서를 보내 왔다.

이 사건 경매 부동산의 매수인(신청인)이 귀하가 별지 목록기재 부동산을 권원 없이 점유하고 있다는 이유로 부동산 인도명령을 신청하였습니다.

이 사건 경매목적물을 점유하고 있는지 여부, 점유개시 시기, 점유를 하게 된 경위 및 권원, 신청인의 인도청구를 거절할 수 있는 사유가 있는지 여부에 관하여 소명할 것.

답변하지 않을 수 없어서 형의 연락을 받고 처음으로 경매부동산현장을 가 보았다. 그리고 다시 현황조사서 등을 살펴보았다.

현장은 수천 평에 이르는 대지 위에 선박 건조를 위해 공장이 넓게 자리 잡고 있고 대지 주변에 사무실이자 창고용도의 컨테이너 박스가 몇 개 있었다. 그리고 그중 한 사무실은 형이 속한 다른 회사(이하 '제2회사'라고 한다.)가 사무실로 쓰며 유치권 행사를 하고 있었고 그 옆에는 현재 전차하여 작업을 하고 있는 회사(이하 '제3회사'라고 한다.) 사무실이 있었다. 그러나 유치권 행사를 한다는 표지나 현수막은 없었다. 현황 및 점유관계조사서에는 아래와 같이 기재되어 있었다.

[점유관계]

- 본건 목적물 지번상에 본건 기호(1) 목적물(가, 나, 다) 및 제시외건물(ㄱ-경량철골조 판넬지붕 단층화장실, ㄴ-경량철골조 강판지붕 단층콤프레샤실)이 소재하며,

그 소재지에서 임차인 주식회사 상허 직원(소장) 김성수를 만나 점유관계에 대하여 문의한 바 위 본건 및 제시외건물을 동 회사가 채무자 유한회사 케이산업에게 임차하여 전체 점유 중에 있다고 답변함.

- 본건 목적물 소재지에 대한 전입세대열람 내역서를 확인한바 별첨과 같이 전입세대 없으며, 상가건물임대차 현황서를 확인한 바 등록사유 미상의 유한회사 정기 등록되어 있음.

즉 경매 채무자가 제3회사에 임대하여 점유하고 있다는 취지다. 제3회사가, 유치권을 행사하는 제2회사로부터 전대를 받아야 하고 그 과정에서 제2회사는 유익비든 필요비든 유치권을 주장할 수 있는데, 채무자로부터 제3자가 직접 임차했다고 문서에 적혀 있다면 문제는 달라질 수밖에 없었다. 부랴부랴 제3회사의 사장에게 사실을 확인하니 많은 사정이 있었다. 답변서에 구차하게 사실 적시를 하였다.

: **답변서(일부)**

위 김성수는 전에는 주식회사 정산 건설의 현장 대리인으로 근무하던 중 다시 주식회사 상허의 현장대리인으로도 근무하였는바, 2021.07.22.경 처음에는 유한회사 케이산업과 울산발전공사 명의로 공장 임대차계약서를 썼으나 기간이 2년 3개월로 길어 임차인인 피신청인과 기간을 3개월로 줄여 작성하였다가 위 정산 건설이 근저당권 문제 등으로 거리낌이 있자 최종적으로 피신청인과 주식회사 상허와 임대차계약을 체결하였고 이후 차임도 모두 피신청인 회사에 주식회사 상허 명의로 2021.7.23.경 7,150,000원, 2021.08.19.경 5,500,000원, 2021.09.15.경 1,650,000원을 지급한 적이 있었고 집행관이 현황조사를 할 당시인 2021.09. 당시 주식회사 상허에 대한 임대인(전대인)은 피신청인이었습니다.

즉 여러 단계를 거쳐 제3회사는 유치권자인 제2회사와 임대차계약을 체결하였고 차임도 제2회사에 지급하였다고 주장했다. 그러나 사법보좌관은 우리 측 주장을 받아들이지 않고, 부동산인도명령을 내렸다.

## 3. 법관의 판단

즉시항고를 했다. 피신청인들이 정당한 점유권원을 갖고 있으니 유치권이 맞다고 주장했다. 그러나 아래와 같이 결정이 났다.

### : 결정문(일부)

살피건대. 이 사건 기록에 의하여 알 수 있는 다음과 같은 사정들, 즉 ① 항고인은 이 사건 경매개시결정 기입등기가 마쳐진 2021. 8. 24.로부터 약 9개월이 지난 2022. 5. 26.에야 비로소 유치권 신고를 하였고 유치권을 신고하면서 이 사건 부동산 등을 점유하고 있다는 점을 소명할 수 있는 자료를 전혀 제출하지 않은 점, ② 감정인의 감정평가서와 집행관이 작성한 현황조사보고서는 경매목적물의 점유관계를 파악하는 유력한 자료라 할 것인데 이 사건 임의경매절차에서 감정인이 제출한 2021. 9. 8.자 감정평가서에 항고인이 이 사건 부동산 등을 점유하고 있다는 기재가 없고, 집행관이 제출한 2021. 9. 29.자 현황조사보고서에는 '주식회사 상허가 항고인 유한회사 케이산업으로부터 이 사건 부동산 등 전체를 임차하여 점유하고 있다'는 취지로 기재되어 있는 점, ③ 위 감정평가서와 현황조사보고서에 첨부된 각 사진의 영상에 의하면, 감정인의 감정평가 당시나 집행관의 현황조사 당시 이 사건 부동산 등에 항고인 유한회사 정기의 점유나 유치권 행사에 관한 안내문 등을 찾아

볼 수 없는 등 이 사건 부동산 등에 대한 현황조사 당시에 항고인 유한회사 정기가 이 사건 부동산 등을 점유하고 있다고 볼 만한 어떠한 외관도 없었던 것으로 보이는 점, ④ 이 사건 부동산 등의 근저당권자인 신한은행이 2021. 10. 18. 주식회사 A종합관리와 경비용역계약을 체결하여 그 무렵부터 주식회사 A종합관리가 이 사건 부동산 등에 경비를 서며 이를 점유한 것으로 보이는 점 등을 종합하여 보면, 항고인들이 제출한 자료만으로는 항고인 유한회사 정기가 이 사건 경매절차의 경매개시결정 기입등기가 마쳐진 2021. 7. 24. 이전부터 계속하여 이 사건 부동산 등을 배타적으로 점유하였다고 인정하기 어렵고, 달리 이를 소명할 자료가 없다.

결국 형은 실패한 것이다.

## 3. 형이 실패한 이유

첫째, 유치권을 쉽게 봤다.

왜 유치권을 행사한다고 플래카드라도 걸지 않았느냐고 물었더니 '창피해서'란다. 물론 채무자나 유치권자(제2회사)나 모두 자신이 관련되어서 공장이 경매에 나와 부득이 유치권을 행사할 수밖에 없는 현실은 인정하지만 법은 냉혹했다. 물론 유치권을 행사할 때 플래카드 등으로 고지를 해야만 인정받을 수 있는지는 논란의 여지가 있지만 점유가 사실적 지배를 말하고, 이는 배타성을 의미한다고 보면 뭔가 건물 외벽에 표식이 있으면 판단에 도움이 되는 것도 사실이다. 형은, 이런 점을 간과했다.

둘째, 전문가의 판단을 받았어야 한다.

내가 현장을 한번 보자고 할 때 억지로라도 데려가 보여주었어야 했다. 그러면 무엇이 문제고 무엇을 보완해야 할지 최소한 알고는 있었을 것이다. 하다못해 유치권 표지판이나 플래카드를 걸어두거나 혹은 임대차 계약서를 정리하여 점유관계가 제대로 보이도록 해두어도 나중에 유리한 판단을 끌어내는 데 조금이나마 도움이 되었을 것이다. 일이 터지고 난 뒤에는 고작 유리하게 해석해 주는 것밖에는 달리 수가 없다.

셋째, 신속하게 처리해야 할 유치권권리신고에서 늑장부렸다.

만약 유치물이 경매에 넘겨질 것으로 예상되면 그 부동산에 대한 권리관계에 관심을 기울여야 한다. 상당기간이 소요될지라도 점유 부동산에 대한 부동산등기부를 살펴보는 일에 게으르면 안 된다. 경매에 들어갔다는 소문이 들리면 바로 등기부를 확인하고 유치권 신고를 해야 한다. 신고를 하지 않았다거나 늦었다는 것은 유치권자가 그 부동산의 현황(경매나 현황조사 등)에 대해 잘 모른다는 말이고, 제대로 점유를 하고 있지 않은 것으로 받아들여지기 쉽다. 가능하면 부동산 현황조사가 나오기 전에 유치권을 신고하여 현황조사서에 기록되도록 할 필요가 있다. 이 사건에서는 경매 후 9개월 만에 신고를 했는데 이는 점유를 하지 않았거나 나중에 조작했을지도 모른다는 의심을 사게 만들 수 있다.

넷째, 점유 관리를 제대로 해야 했다.

이 사건에서 유치권자는 채무자로부터 공장과 부지 절반과 장비를 임차했다. 그리고 그 공장이나 장비를 제3자에게 전대로 넘겨주었다. 그런데 이런 임대차, 전대차 관계를 기록한 전대차계약서도 없고, 점유 관계 등도 정리되어 있지 않았다. 일부 내용은 누락된 채 있었고, 점유 위치도 불분명했다. 논리적으로나 실제적으로 그 공장이나 부지에 대해 전대차 내역과 점유 위치가 계속적으로 잘 정리되어야 하고, 설명할 수 있어야 했다.

다섯째, 현황조사 대처에 미흡했다.

경매기입등기 후 10여일이 지났을 때 집행관이 현황조사를 나왔다. 그는 유치권자가 임차권등록을 했다고 하는데 현장에서 볼 수 없었고 당시 현장에 있던 제3자는 채무자와 임대차한 계약서를 보여주었다. 당연히 현황조사보고서에는 유치권자의 점유는 없는 것으로 적혔다. 적어도 경매기입등기 후에는 바로 집행관이 현황조사를 나올 것이 분명하므로 당시 점유하고 있는 제3자와 평소 유대관리를 분명히 해 임대차관계도 분명히 하고 집행관이 방문하면 즉시 연락하여 현장으로 출동하거나 이후라도 집행관에게 사실을 이야기할 기회를 마련하거나 안 되면 진술서라도 제출했어야 하는데 이 3번의 기회를 모두 놓쳐 버렸다. 현실적으로 유치권상 점유에 대한 사실인정에서 집행관의 현황조사보고서가 절대적인 위치를 차지한다. 이 사건에서도 마찬가지였다. 형은 제3자와 유치권자와의 임대차 관계를 소명했으나 받아들여지지 않았다. 적어도 유치권자라면 경매기입등기 후 집행관이 현황조사 나올 때까지 수개월 동안 현장 관리를 철저히 할 필요가 있다. 경매에서 현장에 대한 사실상 최종적인 판단자는 집행관이라는 것을 명심하고 또 명심할 필요가 있다.

다섯째, 채권자 은행의 경비 관리를 간과했다.

채권자 은행은 채무자의 변제 능력이 의심스럽고 경매할 상황이 되자 그때부터 이 사건 공장 등에 자체 경비인력을 투입하여 관리했다. 이는 채권자가 자체적으로 점유를 하고 있다고 볼 여지도 있어 유치권자의 점유를 인정하지 못하게 만들 수 있다. 유치권자는 채권자은행 등과 만나 채권자 은행의 경비 지역을 어디까지로 제한할 것인지 분명히 할 필요가 있었다.

## 4. 최종 낙찰자는 기회를 얻었다

첫 번째 낙찰자는 채무자 측과 유치권 협상을 벌이다 그만두었다. 그런데 두 번째 낙찰자는 제3자를 만나 자신들이 채무자로부터 임대차를 했다는 임대차계약서를 확보했고 더구나 현황조사보고서에 유치권자의 점유 상황이 없다는 것을 확인하면서 이사비 정도로 타협을 유도하다가 부동산인도명령이라는 정식 절차를 밟아 유치권자를 짓밟아 버렸다. 어쩌면 이것이 유치권의 현실일지도 모른다. 잘 준비해도 어려운 판국에, 준비가 소홀하다면 정식으로 유치권이 인정되는 비율이 극히 낮다. 똑똑한 매수희망자는 그 틈새에서 희망을 본다.

## 5. 제발 진단을 받고 하자

만약 자신이 진짜 유치권자라면 아래 사항을 평소 유념해 두자.

첫째, 채무자(건축주, 도급인)의 경제 사정이 어려워지면 채무자 소유 관련 부동산의 상황에 대해 계속 관심을 두자. 언제 경매신청이 될 것인지, 채무가 감당할 만한 수준인지 알아야 한다.

둘째, 평소 채무자의 경제 사정이 어려워 유치권을 행사하거나 행사하려고 고민 중이라면 우선, 유치권 전문가의 진단이나 조언을 받자. 유치권이란 그렇게 만만한 권리가 아니다. 때로는 판례가 변경되기도 하고 일반인의 상식으로 이해하기 어려운 부분이 있다. 실제 점유를 하고 있어야 유치권인데 유치권확인판결을 받았으면 되지 않았느냐며 점유도 하지 않는 경우도 있다.

셋째, 경매가 들어가면 신속하게 유치권을 신고하자. 법상 유치권신고의무가 있는 것은 아니지만 판례를 보면 유치권신고를 늦게 하는 경우 대부분 유치권을 인정하지 않는 경향이 있다.

넷째, 경매기입등기 후 집행관이 현황조사를 나올 때까지 특히 조심하고 어떻든 현장에서 만나도록 한다. 민사집행법제85조(현황조사) 제1항은 '법원은 경매개시결정을 한 뒤에 바로 집행관에게 부동산의 현상, 점유관계, 차임 또는 보증금의 액수, 그밖의 현황에 관하여 조사하도록 명하여야 한다.'고 규정하여 얼마 되지 않은 시일에 집행관이 현장에 나가도록 되어 있다. 이 사건의 경우 2021년 8월 23일에 경매개시결정이 되었고 같은 날짜에 경매개시결정 기입등기가 완료되었다. 법관은 2021년 8월 30일 집행관에게 현황조사명령을 내렸고, 집행관은 2021년 9월 3일, 같은 달 7일, 같은 달 16일 총 3회에 걸쳐 현장조사를 나왔다. 그리고 같은 달 29일에 부동산현황조사보고서를 제출했다. 경매에서 사실판단은 집행관이 최종 판관이라고 생각하여 잘 보고될 수 있도록 준비할 필요가 있다. 그렇다면 유치권자는 현장에 대기하든지 아니면 집행관실에 연락하여 언제 다녀갈 것인지 알아보든지 혹은 현장에 다른 사람이 대신 있으면 신속하게 전화 달라고 요청해 두든지 할 일이다.

다섯째, 점유관계를 잘 유지하자. 점유란 〈대법원 2022. 2. 10. 선고 2018다298799 판결〉에서 적시한 것처럼 '물건에 대한 점유란 사회관념상 어떤 사람이 사실적으로 지배하고 있는 객관적 상태를 말하는 것으로서, 사실적 지배는 반드시 물건을 물리적, 현실적으로 지배하는 것만을 의미하는 것이 아니고, 그 인정 여부는 물건과 사람 사이의 시간적, 공간적 관계와 본권 관계, 타인 지배의 배제 가능성 등을 고려해서 사회관념에 따라 합목적적으로 판단해야 한다.'라고 정의되어 있다. 애매모호한 표현들이지만 답이 없는 것도 아니다. 유치권자가 점유하고 있다는 인정받을 만한 행동이 따라야 한다. 창피하다는 이유로 유치권 행사 사실을 알리지 않는 것은 문제다. 표지판 혹은 현수막을 설치하거나 또 언제든지 침입하는 자를 배제할 수 있도록 태세를 갖춰야 하며 이런 행위들이 서류나 사진, 증인 등 다른 증거로 입증될 수 있어야 한다.

유치권은 어렵다. 친한 형이 유치권을 행사한다고 하여 도와주었지만 결국 실패하고 말았다. 진실한 유치권자는 유치권을 지키기 위해 지혜를 찾아야 할 것이고 허위 유치권을 찾아 한판승을 노리는 유치권 부동산 매수 희망자는 좀 더 눈을 크게 뜨고 틈새와 증거를 찾아 기회를 잡기 바란다.

2023년 8월
노인수

# 이 책 활용법

## 어떤 사람이 읽으면 도움이 될까??

1장 : 나는 유치권이 뭔지 모르겠어!

2장 : 유치권 관련 경매(공매)가 어떻게 이루어지는지 알고 싶어!

3장 : 유치권이 성립하지 않는 확실한 경우를 알고 싶어! / 유치권 체크표 수록

4장 : 유치권 조사 요령이 궁금해! / 유치권 체크리스트 수록

부록 : 왜 판례를 공부해야 하지? 판례는 어떻게 읽지?

5장 : 이제 본격적으로 유치권이 무엇인지 알고 싶어!

6~12장 : 각 상황별 판례를 알고 싶어!

13장 : 최근에 달라진 판례가 궁금해!

## 판례 찾는 법

1. 1~4장 일독 후 유치권에 대한 기본적인 개념을 잡는다.
2. 4장 뒤의 부록(왜 판례가 중요한가)을 읽는다.
3. 3장과 4장에 수록된 유치권 체크표와 유치권 체크리스트를 참조하여 관심을 갖고 있는 사건의 개요를 작성한다.
4. 작성된 표에서 문제가 되는 부분을 확인한다.
5. 문제가 되는 부분을 목차에서 찾는다. 예컨대 점유가 불확실한 경우, 7장과 8장에 관련 판례가 있을 가능성이 있다. 만일 점유 요건이 불확실한 것이라면 7장(점유가 없으면 유치권도 없다)을, 불법점유 가능성이 있는 경우라면 8장(불법점유)을 펼친다. 만일 점유가 모호한 경우라면 7장 1절(점유란 '사실상 지배')로 간다.
6. 해당 페이지를 펼치면 1절 아래 여러 개의 판례가 소개되어 있다. 판례를 일일이 다 읽을 필요는 없다. 판례 바로 위에 간략한 개요와 유치권 성립 여부가 적혀 있다. 그 내용을 읽어보면서 내 사건과 연관되었다면 내가 찾던 판례일 수 있다.
7. 그렇게 찾은 판례로도 문제가 애매할 경우에는 앞뒤의 판례를 함께 읽으면서 개념을 잡아가야 한다.
8. 그래도 불분명한 경우는 십중팔구 유치권 현장 조사가 제대로 이루어지지 않았기 때문이다. 상황이 조금 더 명료해질 때까지 조사를 해야 한다. 결국, 증거들이 말을 하게 될 것이다.

# CONTENTS

유치권 클리닉을 제안한다 ··· 4
이 책 활용법 ··· 16

## 1장 · 당신도 유치권 1승을 거둘 수 있다 ··· 27

## 2장 · 통쾌한 유치권 격파 사례

**나는 어떻게 유치권을 깨뜨렸나?**

3억 8,000만 원짜리 매물이 1억 1,400만 원까지 유찰되다 ··· 36
가슴이 뛰기 시작했다 ··· 37
잔금을 납부하고 점유자를 만나다 ··· 38
유치권자의 불법점유침탈 ··· 41
유치권이 인정될 수 없는 3가지 이유 ··· 42
반격을 개시하다 ··· 43
이제 숨통을 끊을 차례다 ··· 45
2,000만 원 단기 수익에 매월 70만 원의 임대소득을 거두다 ··· 47

# 3장 · 아주 쉬운 가짜 유치권 판별법  | "이럴 때는 유치권이 아니다" |

### 1. 유치권을 깨기 위한 길잡이 … 52
유치권 체크표 … 52

### 2. "타인의 물건 또는 유가증권을" … 55
case 1 소유자가 유치권자의 임차인으로 행사하는 경우 … 56

### 3. "점유한 자는" … 60
case 2 잠금장치(시건장치)와 팻말만으로 점유가 성립하는가? … 62
case 3 납땜으로 폐쇄된 현관문 … 66
※ 유치권자 입장에서, 점유 관련 10가지 질의응답 … 69

### 4. "그 물건이나 유가증권에 관하여 생긴 채권이" … 79
case 4 담보로 잡은 자동차, 유치권 주장 가능한가? … 80
case 5 공사가 중단된 경우 유치권은? … 81
case 6 임차인의 보증금도 유치권의 대상인가? … 84
case 7 임차인의 시설투자비, 유치권은? … 86
case 8 유치권을 주장할 수 있는 필요비, 유익비 … 88
※ 못 받은 임금, 건물 매매대금도 유치권 대상이 될까? … 89

### 5. "채권이" … 91
case 9 공사업자도 아닌데 유치권을 주장합니다 … 92
※ 낙찰자가 유치권을 양도받을 수 있을까? … 94
※ 물가상승으로 대금을 더 달라며 유치권을 주장하는 경우 … 95

### 6. "변제기에 있는 경우에는" … 97
case 10 공사대금 채권의 소멸시효 … 98
case 11 유치권 신고 시기 … 100
※ 변제기와 소멸시효 관련 질의응답 … 101

### 7. "그 점유가 불법행위로 인한 경우" … 106
case 12 유치권자가 소유자 허락 없이 임대한 경우 … 107

### 8. 허위 유치권 신고자 대처 방안 … 110
case 13 매수 이후에 나타난 유치권 주장자 … 110

case 14 허위 유치권자 형사 고소 방안 ··· 113
case 15 허위 유치권자에게 내용증명을 보내려면 ··· 114
case 16 집주인과 공사업자가 짜고 경매 중에 시작한 공사 ··· 115

## 9. 입찰·매수 전후 주의할 점 ··· 119
case 17 유치권이 신고된 부동산의 소유권 이전 문제 ··· 119
case 18 유치권 분쟁 중인 오피스텔의 매수 문제 ··· 121
case 19 유치권배제신청이 된 아파트의 응찰 문제 ··· 124
case 20 낙찰 허가 후 잔금을 치르려다가 유치권이 신고된 것을 알게 된 경우 ··· 125
case 21 집합건물에 복수의 유치권이 있는 경우 ··· 127
case 22 유치권 포기각서의 범위 ··· 130
※ 기타 경매인 혹은 매수인 입장에서 일문일답 ··· 132
※ 유치권자에게 지불한 자금과 양도차익 문제 – 판례 소개 ··· 135

## 10. 유치권자 입장에서 살펴본 유치권 ··· 140
case 23 유치권의 정당한 행사 방법 ··· 140
case 24 공사가 중단된 경우의 유치권 문제 ··· 142
case 25 유치권자의 유익비 청구에 관해 ··· 144
case 26 낙찰자에게 공사대금을 받을 수 있는 방법 ··· 147
case 27 물건을 납품하고 돈을 못 받은 경우 ··· 148
case 28 부동산인도명령을 받은 경우 ··· 150
case 29 유치권은 경매 법원에 반드시 신고해야 하는가 ··· 153
case 30 자격 없는 분이 무리한 컨설팅을 하고 돈을 달라는데 ··· 154
※ 유치권자 입장에서 관련 기타 질의응답 ··· 156

## 11. 정리 : 다음 9가지 조건을 다 갖춰야 진짜 유치권 ··· 159

# 4장 · 유치권 조사 요령 : 눈에 보이는 모든 것을 의심하라

1. 유치권은 증거 싸움이다 ··· 180
2. 현장으로 떠나기에 앞서 : 경매 관련 서류 검토 ··· 188
   ※ 법원에서 제공하는 경매 정보상의 유치권, 어떻게 봐야 할까? ··· 191
3. 현장으로 떠나자 ··· 201
   1) 부동산 중개업자에게 물어보자 ··· 204
   2) 부동산을 살피자 ··· 206
   3) 현장에 있는 사람을 만나자 ··· 208
4. 사소한 증거 하나가 판결을 뒤집는다 : 증거 수집 방법 ··· 212
   1) 사진 찍기 ··· 213
   2) 증인 확보 – 진술서 ··· 215
   3) 녹음하기 ··· 215
   4) 서류받기 – 처분문서 ··· 216
   5) 정보공개 청구 ··· 218
   6) 신고, 고소, 고발, 진정을 통한 공문서 확보 ··· 218
   ※ 증거 만들기 팁 : 영수증 활용 ··· 219
5. 관계자들과 부딪치기 ··· 221
6. 유치권자는 이해관계인이 될 수 있다 ··· 224
   1) 누가 이해관계인이 될 수 있나 ··· 225
   2) 이해관계인으로 증명을 받으려면 어떻게 해야 하나 ··· 228
   3) 이해관계인에게는 어떤 권리가 있는가 ··· 233
   4) 이해관계인이 된 유치권자에게는 경매기록열람복사권이 있다 ··· 238
   5) 이해당사자의 이해관계와 그들의 전략 ··· 240
   6) 이해관계자들의 전략 예시 ··· 242
7. 추가적 대응 전략 ··· 244
   1) 전기, 수도, 가스의 공급 중지를 요청한다 ··· 245
   2) 부동산관리명령을 신청하자 ··· 247
   3) 일부러 현장을 방치하는 방법도 있다 ··· 247
   4) 법적 대응책을 미리 알아두자 ··· 250

8. 직접 해결한 4가지 허위 유치권 사건 ··· 252
    사건 1. 성남 아파트 허위 유치권 사건 ··· 253
    사건 2. 수원 연립주택 허위 유치권 사건 ··· 259
    사건 3. 가평 공장 허위 유치권 사건 ··· 262
    사건 4. 원당 악덕 유치권자와의 전쟁 ··· 272

### 부록 · 왜 판례가 중요한가

1. 유치권 판례는 계속 바뀐다 ··· 293
2. 최종 판단은 법원에서 이루어진다 ··· 298
3. 판례 맛있게 읽는 법 ··· 302

## 5장 · 유치권 본격 파헤치기

1. 같은 담보물권인 질권·저당권과 무엇이 다른가 ··· 310
2. 비슷하지만 다른 권리, 유치권과 동시이행항변권 ··· 318
3. 민법 320조에서 말하는 유치권이란 ··· 325
4. 유치권의 독특한 법적 성질 ··· 331
5. 매수인의 '채권을 변제할 책임'이란? ··· 336
6. 유치권과 사해행위 ··· 352
7. 상행위로 인한 채권과 상사유치권 ··· 360

## 6장 · 타인의 물건 또는 유가증권

1. 타인이란 ··· 374
2. 물건이란 ··· 387
3. 부합물과 부속물 ··· 402
4. 주물과 종물 ··· 424
5. 제시외 물건 ··· 444

## 7장 · 점유가 없으면 유치권도 없다

1. 점유란 '사실상 지배' ··· 454
2. 사실상 지배는 사회관념에 따라야 ··· 487
   ※ 법조계에서 말하는 '점유' ··· 491
3. 점유 의미의 확대 ··· 494
4. 점유만 한다고 다 유치권자가 될 수는 없다 ··· 506
5. 점유는 경매개시결정 기입등기 전에 이루어져야 한다 ··· 530
6. 점유매개관계에 의해 증명되는 간접점유 ··· 536
7. 점유보호청구권 ··· 564
8. 자력구제권 ··· 580

## 8장 · 불법점유

1. 불법행위로 인한 점유 ··· 594
2. 점유의 권원 문제 ··· 608
3. 적법 점유 추정의 원칙 ··· 627
4. 불법점유로 인한 부당이득반환 또는 손해배상 ··· 631

## 9장 · 피담보채권과 견련성

1. 피담보채권이 있어야 유치권이 성립한다 ··· 642
2. 견련성 : 이원설과 일원설 등 ··· 653
3. 채권이 물건 자체에서 발생하는 경우의 견련성 ··· 660
4. 채권이 목적물 자체에서 발생하지 않은 경우의 견련성 ··· 665

## 10장 · 변제기

1. 채무를 이행해야 할 시기 … 684

## 11장 · 소멸시효

1. 피담보채권의 소멸시효 완성 … 702
2. 소멸시효의 중단 … 713

## 12장 · 유치권의 소멸

1. 유치권은 언제 소멸되는가 … 730
2. 선관의무 위반인 경우(부당 대여) … 732
3. 타담보 제공으로 유치권이 소멸된 경우 … 748
4. 혼동에 의한 유치권 소멸 … 755

# 13장 · 지난 10년간 기억할 만한 판례 5가지

1. 신의성실의 원칙 위반 사건 ··· 762
   - 대법원 2011.12.22. 선고 2011다84298 판결

2. 건축자재 공급과 견련성 사건 ··· 771
   - 대법원 2012.1.26. 선고 2011다96208 판결 사건

3. 다른 사건에서는 점유가 아니었는데 이 사건에서는 점유가 되는 ··· 776
   점유 인정의 애매성
   - 대법원 2014.2.27. 선고 2012다48046 판결 사건

4. 집행관의 부동산현황조사보고서는 어느 정도 중요할까? ··· 782
   - 대법원 2013.12.12. 선고 2013다205501 판결 사건

5. 신의칙 위반 판단에 신중을 ··· 788
   - 대법원 2014.12.11. 선고 2014다53462 판결 사건


후기 ··· 794
참고문헌 ··· 796

· 1장 ·

# 당신도 유치권 1승을 거둘 수 있다

# 유치권이 뭐야?

재단사에게 옷을 한 벌 지어달라고 요청했다고 치자. 며칠 뒤 재단사가 옷이 다 되었다며 연락이 왔다. 당신은 돈을 지불하고 옷을 받아오면 된다. 그런데 당장 돈이 없다. 옷은 필요하다. 돈은 나중에 줄 테니 옷 먼저 달라고 떼를 써본다. 그러자 재단사가 이렇게 말한다. "당신이 돈을 주기 전에는 옷을 못 줍니다."

너무 당연한 얘기인가? 재단사가 이렇게 주장할 수 있는 근거가 바로 '유치권'이다. '유치'란 붙잡아 둔다는 뜻이다. 경찰서 '유치장'의 '유치'도 같은 뜻이다. 사람을 붙잡아두는 곳이 유치장이라면 옷이든 건물이든 붙잡아 둘 수 있는 권리가 곧 유치권이다. 이유도 간명하다. 돈을 못 받았으니 붙잡아 두고 있다. 다만, 아무 물건이나 다 되는 건 아니고, 재단사든 누구든 직접 만든 것이어야만 유치권이 된다.

경매 유치권 문제로 바꿔보자. 대개 다음과 같은 등장인물들이 나온다.

첫째, 건축주 : 건물을 짓고 싶어서 공사업체를 찾아간 사람이다.

둘째, 공사업체 : 건축주의 요청으로 건물을 짓는 사람이다. '수급인'이라고도 한다. 돈을 못 받으면 유치권자가 된다.

셋째, 하청업체 : 공사업체가 직접 건물을 짓는 경우도 있지만 하청업체에게 다시 일을 줄 때도 흔하다. 보통 '하수급인'이라고 한다. 공사업체와 마찬가지로 돈을 못 받으면 유치권자가 된다.

넷째, 대출업체 : 은행일 수도 있고, 개인일 수도 있다. 건축주에게 자금을 빌려주고, 현재 짓고 있는 집에 근저당권 따위를 설정한 주체가 된다.

다섯째, 낙찰자 : 건축주가 대출업체에게 돈을 못 갚자 집을 경매로 내놓는다. 이 집을 경매에서 낙찰받은 사람이다.

여섯째, 가짜 유치권자 : 유치권을 주장하며 돈을 뜯어내려는 사람들이다. 공사업체나 하청업체에서 그럴 수도 있고, 간혹 건축주가 유치권자 행세를 하기도 한다. 혹은 아무 연관이 없는데 그러는 경우도 있다.

거의 대부분의 경매 유치권 문제는 이 여섯 주체 사이에서 벌어진다. 이 가운데 유치권을 주장하는 사람은 둘째, 공사업체이거나 셋째, 하청업체가 된다. 건축주가 돈을 주지 않았기 때문이다. 스토리도 대개 비슷하다. 빚내서 집 짓다 못 갚아서 돈 못 준다. 경매 나온 집을 낙찰받고 유치권자와 싸운다. 경우에 따라 대출업체가 유치권을 배제하기 위해 유치권자와 싸우는 경우도 있다. 그러나 당신이 경매 낙찰자라면 당신과 유치권자 사이의 싸움이라고 봐야겠다. 억울한 유치권자도 있을 수 있고, 없는 유치권이 진짜인 양 주장하는 가짜 유치권자도 흔하다.

우리가 유치권을 만나게 되는 경우는 두 가지다. 하나는 신고되지 않은 유치권이 하늘에서 뚝 떨어지는 경우다. 경매로 집 사서 기분이 좋은데 갑자기 돈 내놓기 전에는 집을 못 비워준단다. 황당하다. 다른 하나는 유치권이 신고된 경우다. 경매도 수차례 유찰되었다. 이런 건 건드리면 안 된다고 들었다. 그래서 피한다.

그래도 가격이 너무 싸서 마음이 동한다. 주위에 조언을 구하지만 잘 모르겠다. 피하라는 소리들만 한다. 인터넷에 떠도는 이야기 중에도 잘못된 정보가 숱하다. 같은 사건을 두고도 변호사들의 의견도 다르다. 아, 아무래도 이건 내가 할 게 아닌 것 같다.

그런데 약간의 경험과 공부만 있다면 상황이 달라진다. 유치권을 속살까지 다 알 필요도 없다. 그저 몇 가지 명확한 사실만 알고 있다면, 그래서 아무도 반박할 수 없는 기준을 하나씩 머리에 입력해 간다면 갑자기 유치권이 붙은 경매 물건에 대한 안목이 달라지고, 참여할 수 있는 기회가 늘어난다. 경매의 틈새시장이 열린다. 그게 우리가 유치권을 공부하는 이유다.

이 책의 앞부분은 유치권이 성립하지 않는 기본적인 조건들을 습득하는 단계이고, 뒷부분은 전문가 단계다. 앞부분은 확실한 기준을 하나둘씩 늘려가는 게 목적이고, 뒷부분은 해석이 난해한 경우에 참고하여 판단에 도움이 되기 위한 게 목적이다.

시작에 앞서 한 가지 서류를 보자. 유치권 신고서다. 이 서류만 보면 경기를 일으키시는 사람들이 있다. 그러나 이 책과 함께 공부하면서 유치권의 공포를 이겨내기 바란다.

# 유치권신고서

사건 2008타경 ×××  부동산임의경매

채권자 주식회사 ××건설 서울 서초구 ××동 ×××-×× ××빌딩 3층 대표이사 김×× 연락전화: (02-3482-××××, 담당자 박××)

채무자 주식회사 ××시멘트 경기도 용인시 ××동 ××-×× ××빌딩 5층 대표이사 서××

소유자 김×× 서울 강남구 ××동 ×××아파트 ×동 104호

권리신고액 금 1,500,000,000원(십오억원)(개보수비용)

1. 채권의 발생 원인
위 당사자 간의 귀원 2008타경××××호 부동산임의경매사건에 관하여 채권자는 위 사건 경매목적부동산에 임차인으로 거주하면서 임대인인 주식회사 ××시멘트의 동의를 받고 막대한 개보수비용을 지불하여 공사업자인 주식회사 ×× 등으로 하여금 공사를 하게 하였는바 임대인인 채무자 주식회사 ××시멘트에 대하여 위 개보수비용의 상환청구권을 가지고 있습니다.

2. 유치권의 행사 채권자는 위 개보수비용을 아직까지 전혀 변제받지 못하고 있는 바 위 금액을 전액 변제받을 때까지 부득이 본건 목적부동산을 점유하면서 유치권을 행사하고 있습니다.

입증 방법

1. 임대차 계약서 1부

1. 임대인 공사 동의서 1부

1. 내부공사 도급계약서(공급자 주식회사 ××) 1부

1. 내부공사도면 1부

1. 내부공사 견적서(공급자 주식회사 ××) 1부

1. 세금계산서(공급자 주식회사 ××건설) 4부

1. 공사대금 지불영수증 사본 5부

20××년 ×월 ×일

권리신고인(유치권자) 주식회사 ××건설의 소송대리인

변호사 노인수 (인)

서울중앙지방법원(경매9계) 귀중

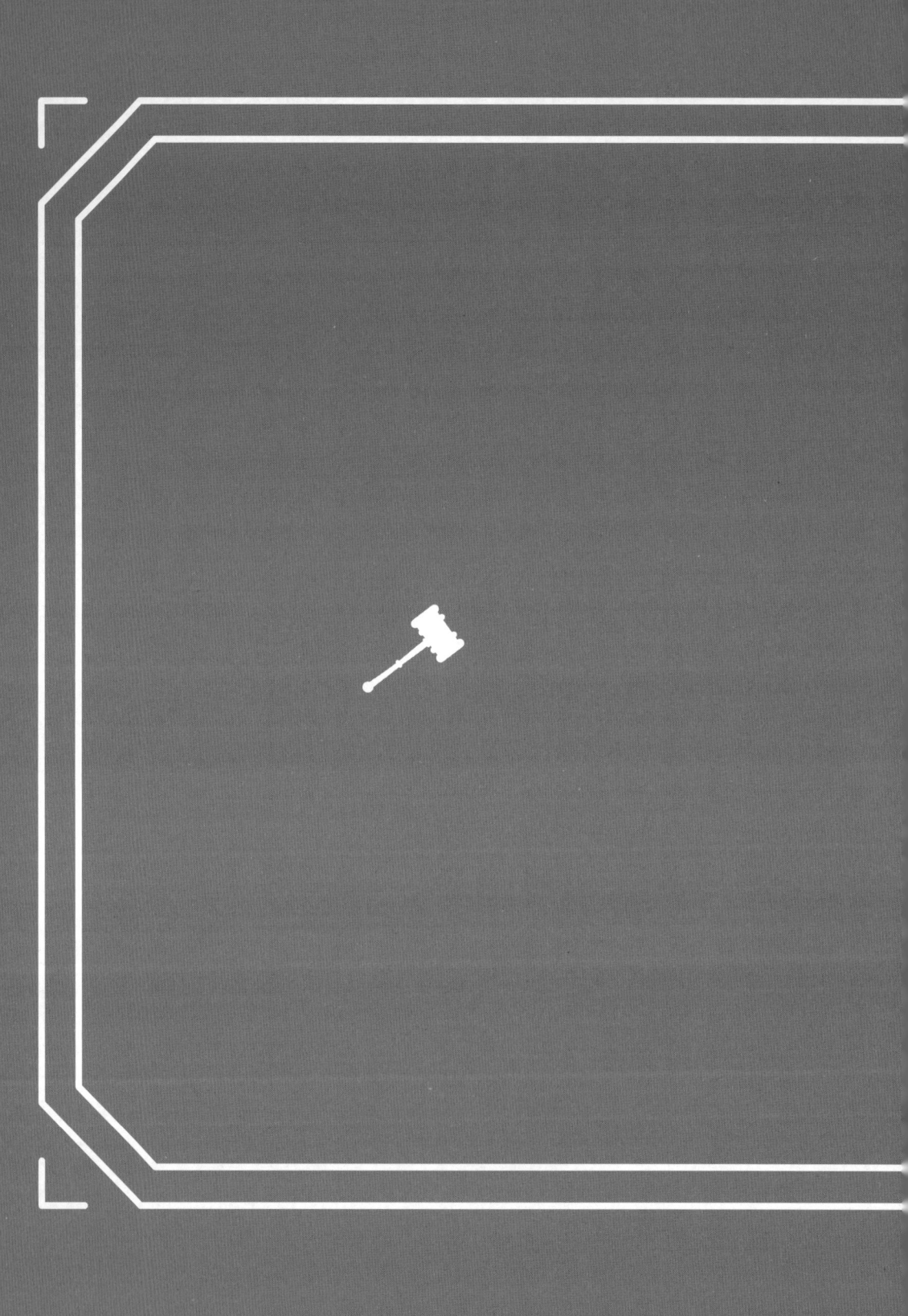

## 2장

# 통쾌한 유치권 격파 사례

# 나는 어떻게 유치권을 깨뜨렸나?

**: 3억 8,000만 원짜리 매물이 1억 1,400만 원까지 유찰되다**

2010년 6월 대전 유성구 관평동에 위치한 1층 23평형 상가가 자산관리공사 공매 물건으로 나왔다. 감정가는 3억 8,000만 원이었는데 다음 매각기일의 최저경매가는 1억 1,400만 원으로 떨어졌다. 얼마 전까지 쉼터라는 바(bar)가 입점해 있었다. 목은 좋아 보였다. 1층 상가에다 임대가 안 되는 곳도 아닌데 어떻게 유찰 액수가 반 토막이 났을까? 알고 보니 1억 8,000만 원짜리 유치권이 신고되어 있었다(참고로 이 사례는 공매에 대해서 다루고 있다. 공매는 경매보다 경쟁률은 낮지만 점유자 현황 조사, 권리 분석 등이 상대적으로 힘들고, 인도명령제도가 없다는 단점이 있다. 초보자라면 경매부터 참여해 볼 것을 권한다.).

: 정황을 파악하다

수소문을 해보았다. 유치권 신고자는 공사업체로, 그들은 건물 전체에 전기·소방 공사를 했으나 공사비를 못 받았다. 유치권을 신고할 수 있는 자격은 갖추었다. 하지만 허점이 있었다. 유치권을 인정받으려면 점유를 해야 하는데 공매 진행 당시 기록을 살펴보니 현재 점유자는 그 공사업체가 아니었다. 유치권 신고자와 점유자가 달랐던 것이다.

점유 중인 사람은 바(bar) 영업을 하고 있는 임차인으로 그는 유치권자가 될 수 없었다. 유치권자가 아니므로 경매 매수인에게 대항력을 가질 수 없다. 설령 임차인이 인테리어 공사로 유치권을 주장하더라도 이는 필요비도 유익비도 아니기에 역시 유치권을 인정받기 어려운 상황이었다. 이뿐이 아니었다. 유치권의 점유는 경매개시결정 기입등기 이전부터 시작해야 인정받는다. 그런데 유치권을 주장하는 회사에서 신고한 내용을 보니 이들의 점유는 이 물건에 대한 압류등기가 끝난 뒤부터 시작되었다(공매의 압류등기는 경매의 경매개시결정 기입등기와 같다.).

: 가슴이 뛰기 시작했다

사실 예전에 검토를 마친 물건이었다. 입찰을 잠시 미루었던 이유는 아직 충분히 액수가 떨어지지 않았기 때문이다. 공매는 유찰되면 일주일에 감정가의 10%씩 떨어진다. 잠시 잊고 있던 사이 벌써 유찰가는 감정가의 30% 수준으로 하락했다.

가슴이 뛰기 시작했다. 인근 부동산에 문의해 보니 이 정도 상가면 보증금 5,000만 원에 월세 150만 원을 받을 수 있는 물건이었다. 1층의 목 좋은 상가는 임대가격 수준에서만 낙찰을 받아도 매우 좋은 투자로 친다. 그런데 임대가격보다도 훨씬 싼 가격까지 유찰되었으니 이보다 좋을 수 없었다(예컨대 월세 10만 원당 보증금 1,000만 원이라고 봤을 때 보증금 5,000만 원에 월세 150만 원이라면 2억 정도 되는 셈. 그런데 이 물건의 가격이 1억 1,400만 원까지 떨어졌으니 입찰액을 고려하더라도 충분한 수익이 보장된다는 얘기다.).

유치권이 마음에 걸렸지만 승산은 있어 보였다. 반드시 낙찰을 받아야 한다고 마음먹었다. 그래서 1억 1,400만 원의 현재 최저가는 잊고, 지난번 가격인 1억 3,300만 원을 기준선으로 정했다. 아마 선수들도 지난번 가격에서 200만 원 정도 올려서 1억 3,500만 원에 입찰할 것 같았다. 그래서 나는 100만 원을 더 써서 총액 1억 3,600만 원으로 도전했다.

수요일 오후 5시에 입찰이 마감되었고, 발표 시각인 다음날 목요일 11시, 자산관리공사 온비드시스템으로 입찰결과를 확인했다. 낙찰 당첨! 경매투자에서 가장 짜릿한 순간은 매각으로 수익을 얻는 순간이 아니라 좋은 물건을 낙찰받는 순간이다. 전쟁에서 승리하고 돌아오는 전사처럼 자랑스럽고 짜릿했다. 조금 아쉬웠던 점은 단독 입찰이었다는 점이다. 왠지 손해 본 느낌이었다. 누군가 바로 밑 가격으로 입찰을 해주었다면 더욱 짜릿했을 텐데 나 외에는 아무도 없었다.

하지만 불만은 없다. 내가 입찰하는 물건의 상당수는 자주 이랬기 때문이다. 중요한 것은 이러한 물건이 대부분 보석이었다는 사실이다. 이 물건도 예외는 아니었다. 물론 유치권자와의 한판 승부가 기다리고 있었지만 지금까지의 경험으로 보면 잘 해결되리라고 예상했다.

**: 잔금을 납부하고 점유자를 만나다**

낙찰을 받고 잔금을 납부하고 소유권이전등기를 마쳤다. 단골 신협에서 8,000만 원을 대출받았다. 유치권 물건임에도 이 정도 대출을 받을 수 있었던 이유는 그간 쌓아온 신뢰 때문이다. 나는 그동안 틈새시장 물건에 투자해 늘 안전하게 수익을 내고 꼬박꼬박 대출금을 상환해 왔다.

유치권 문제를 해결하기 위해 현장 답사를 나가기로 했다. 저녁에 낙찰받은 바(bar)를 찾아갔다. 내부 인테리어는 근사했다. 입에도 못 대는 술을 그것도 비싼 것으로 주문하고는 술집 사장에게 이 상가의 새로운 주인이라고 나를 소개했다. 이야기를 들으니 현재 영업을 하는 분은 신고된 임차인이 아니었다. 전 임차인으로부터 영업장을 넘겨받아 영업을 하는 분(전차인)이었다. 그렇다면 유치권의 가능성은 더욱 희박해진다.

의외로 술집 사장과 이야기가 술술 풀렸다. 그는 장사가 너무 안 된다며 한숨을 푹 내쉬었다. 그에게 언제 이 가게에 들어왔는지 물었다. 수개월 전에 입주하여 영업을 시작했다고 한다. 혹시 유치권이 신고되어 있는지 아느냐고 물었다. 그는 유치권 여부 자체를 모르는 상태였고, 또한 유치권을 주장하는 사람이 누군지도 잘 몰랐다. 전대(가게를 빌린 사람이 다시 타인에게 빌려주는 일)가 되풀이되다 보니 벌어진 일이었다. 현재의 점유자가 유치권자를 대신해서 간접점유(점유의 일종, 타인에게 건물을 임대한 경우 임차인이 직접점유자, 유치권자가 간접점유자가 된다.)를 주장할 수 있는 가능성도 희박했다. 유치권에서 간접점유를 인정받으려면 건물소유자의 동의가 있어야 하고(임대를 해주려면 소유자의 동의가 필요하다.) 현재 점유자가, 유치권을 주장하는 회사의 직원이든 하청업체든 매개관계가 있어야 한다. 그러나 지금 상황은 전혀 그렇지 못했다. 갈수록 유치권의 가능성은 사라졌다.

## : 영업장이 불법침탈 되다

그러다 며칠 후 저녁 드디어 사단이 났다. 누군가 술집 영업장의 잠금장치(시건장치)를 교체하고 유리문에 '유치권 점유 중'이라고 큰 글씨로 페인트칠을 해놓았다.

유치권을 주장하던 사람들이 두 번에 걸쳐 영업장을 타인에게 빌려주고 임대료를 받던 차에 이 상가가 공매로 낙찰이 되니까 부랴부랴 영업장을 폐쇄했다. 술집 사장은 들어가지도 못하고 발만 동동 구르고 있었다. 서울에 있던 나는 연락을 받고 곧 대전으로 내려갔다. 예상 못한 일은 아니었다. 술집 사장은 이미 3개월치 임대료를 지급한 상태였다. 더구나 매입해둔 주류도 상당했다. 영업장을 인계해준 전 임대인은 연락두절, 억울한 상황이었다. 나는 대전으로 내려가는 동안 이 책의 저자이자 경희대에서 함께 경매강의를 했던 노인수 변호사님과 통화했다. 그분은 부장검사 출신으로 형사사건에도 경험과 지식이 풍부했고, 또한 유치권 소송 전문가였기 때문에 지금과 같은 상황에서는 최고의 조언자였다. 여러 가지를 물어본 끝에 24시간 내에 자력으로 점유를 회복할 수 있다는 얘기를 들었다. 대전으로 내려가는 동안 열쇠업자에게 전화를 걸어 현장으로 방문해 달라고 요청했다.

 영업장에 도착하자마자 술집 사장에게 그들은 불법점유침탈을 한 것이고, 만일 24시간 내에 점유를 탈환하면 점유를 회복할 수 있다고 설명했다. 열쇠업자가 문을 따는 순간부터 나는 스마트폰으로 모든 과정을 하나하나 촬영했다. 점유회복에 대한 적법한 증거를 마련하기 위해서였다.

: 점유를 넘겨받다

점유를 회복하고 잠시 쉬던 중, 술집 사장은 영업을 그만두고 싶다, 적당한 사람 있으면 넘겨주고 싶다며 한숨을 푹 내쉬었다. 나는 그 말을 놓치지 않았다. 만일 내가 점유를 넘겨받으면 유치권 소송까지 갈 필요 없이 곧장 명도(건물을 넘겨줌)가 끝나는 셈이기 때문이다.

 나는 사장에게 내 지인이 이런 곳을 찾고 있으니 넘기면 어떻겠느냐고 제의했다. 사장은 반가운 얼굴로 좋다고 말했다. 술집 사장이 선지급한 3개월치의 임대료 360만 원과 진열된 주류 값 250만 원을 지급하고 계약서를 작성했다. 나는 이 과정에서 문제의 소지가 될 부분을 사전에 제거하기 위해 확인서를 요청했다. 요컨대 자신은 유치권자들과 전혀 관련이 없는 사람이고, 또한 그들이 누구인지 알지 못하고 단지 전 영업자에게서 점유와 영업권을 넘겨받았으며, 자신이 전체를 점유하고 있었으며 영업에서 수익을 거두든 손해를 보든 모두 자신의 책임이라는 내용을 적어달라고 부탁했다. 이 확인서는 이후 실제로 진행된 소송에서 매우 강력한 증거가 되었다.

또한 영업장을 넘겨받는 과정과 짐을 옮기는 과정을 모조리 사진으로 촬영했는데 이는 합의와 계약을 통한 적법한 점유·영업권 이전임을 증명해줄 자료였다.

### : 유치권자의 불법점유침탈

계약을 마치고 점유를 넘겨받고 잠금장치를 전면 교체했다. 단 하루 저녁에 유치권은 사라진 것이고 모든 것이 종결되었다고 여겼다. 점유를 넘겨받은 지 일주일이 지났을 무렵이었다. 지인이 잠시 문을 열어놓고 혼자 있는 사이 유치권자들이 강제로 밀고 들어왔다. 실랑이가 벌어졌다. 우격다짐으로 점유를 빼앗는 바람에 지인은 피신할 수밖에 없었다.

엄연한 불법점유침탈이었다. 물론 그들로서도 달리 선택의 여지는 없었으리라. 점유가 불가능하다는 말은 유치권이 사라진다는 뜻이기 때문이다. 하지만 내 판단으로는 이미 사건은 끝이 나 있었다. 설령 내가 점유를 넘겨받지 않았어도 소송은 나에게 유리했다. 나는 조금 더 쉽게 일을 마무리 짓고 싶었고, 소송까지는 가고 싶지 않았을 뿐이었다.

### : 노인수 변호사님과 함께 진검승부를 펼치다

점유를 침탈당하면 자력 구제에 의해 점유를 회복할 수 있는 방법이 있다. 그러나 몸싸움이 예상되었기 때문에 이 방법은 피하기로 했다. 대신 명도소송을 진행하기로 마음먹었다. 법정지상권소송은 내 손으로 해결할 수 있지만 이 경우는 형사적인 문제가 걸려 있기 때문에 노인수 변호사님을 소송대리인으로 선임했다. 형사 문제와 유치권 문제가 겹쳤을 때 노 변호사님만 한 조력자를 구하기는 쉽지 않은 일이다.

먼저 불법침입에 대한 형사고소를 했다. 유치권자들은 우리가 불법침입을 했다고 맞고소를 했다. 동시에 우리는 민사소송으로 명도소송을 진행했다. 전쟁의 순간이 임박했다. 이미 우리는 유치권이 성립하지 않는 여러 정황과 증거를 확보한 뒤였다. 반대로 대부분의 유치권자들이 그렇듯 상대는 유치권에 대해 무지했다. 상대 변호사의 변론을 들어보니 그 역시 유치권을 명확히 이해하는 사람이 아니었다. 그들은 우리가 주장하는 핵심조차 파악하지 못했다.

**: 유치권이 인정될 수 없는 3가지 이유**

그들의 유치권이 인정될 수 없는 이유는 몇 가지가 있었다. 하지만 이를 처음부터 소장에 기록하면 상대가 대비책을 세우게 된다. 그래서 소장에는 대략적인 내용만을 기록하고, 그들 스스로 유치권이 성립하지 못하는 이유를 자백하도록 유도하기로 작전을 짰다. 이 방법은 노 변호사님의 소송경험을 통해 얻은 전술이었다.

이들의 유치권 주장이 성립하지 않는 이유는 3가지가 있었다. 이 중 하나라도 걸리면 유치권은 인정되지 않는다.

첫째, 이들의 점유는 압류등기일자 이후에 시작되었다는 점이다.

법원 경매에서는 경매개시결정 기입등기 이전부터 점유가 시작되어야 한다. 그러나 공매에서는 경매개시결정이라는 등기부상의 기입등기가 따로 없기에 세무서가 압류등기를 한 그날을 압류의 효력이 발생한 날로 정하고 있다. 공매처분을 시작한 시점이 아닌 압류한 시점을 법원경매의 경매개시결정일자와 똑같이 본다는 말이다. 그런데 이들은 자신들이 자산관리공사에 제출한 유치권신고서에 그 압류 날짜보다 더 늦은 날을 점유개시일자로 기록하여 제출했다(점유 개시 일자와 유치권 신고를 간혹 헷갈리는 경우가 있다. 여기서 문제가 되는 건 점유 개시일자다. 이 일자가 경매개시결정 기입등기 혹은 압류등기일자 이전이어야 한다는 말이다. 신고는 이후에 해도 되고, 안 해도 된다. 다만, 최근 대법원 판례에서 공매의 경우, 압류등기 이후에 점유를 해도 유치권을 인정한다는 판결이 있었다. 주의하자.).

둘째, 유치권자는 소유자의 동의 없이 점유를 타인에게 넘겨서는 안 된다. 또한 넘기더라도 상호간의 매개관계가 있어야 한다(점유보조의 경우). 예컨대 가족도 아닌 단순 지인에게 점유를 맡겨서는 점유가 인정되지 않는다는 말이다. 어쨌든 이들은 복수의 임차인에게 몇 차례 점유를 넘겼지만 현재 술집 사장은 상가 소유자를 전혀 본 적도 없고 알지도 못한다고 진술했고 나는 그 진술이 담긴 확인서를 갖고 있었다. 단순 지인에게 점유를 맡겨도 점유가 인정되지 않는 마당에 얼굴도 모르고 누군지도 모르는 사람을 시켜 점유를 했다면 더욱이 점유는 성립하지 않는다.

셋째, 마지막으로 이들의 유치권이 인정받기 어려운 이유는 최종 점유자가 나의 지인이라는 점이다. 나와 내 지인은 술집 사장과 적법한 계약을 맺고 정당한 비용을 지불하고 점유와 영업권을 넘겨받았다. 결국 우리가 점유를 하고 있기 때문에 유치권의 성립 조건이 충족되지 못하는 상황이었다. 그런데 이들 유치권자들이 불법으로 점유를 침탈해서 현재 점유자가 되었으니 조만간 그들의 행위는 불법점유 침탈로 드러날 것이었다. 또한 우리는 이를 불법주거침입과 재물손괴로 고소까지 한 상황이다.

: 반격을 개시하다

변론이 시작되면서 그들은 계속 코너로 몰리고 있었다. 첫 번째 이유인 점유 개시 일자를 답변하라는 우리와 재판부의 요구에 이들이 답변한 일자는 처음 자산관리

공사에 제출한 날짜와 같은 날짜였다. 역시 저들은 압류일이 기준이라는 것을 모르고 있었다. 이 답변서를 받자마자 노 변호사님의 반격이 시작되었다.

"유치권자 자신들이 답변한 대로 그 날짜는 이미 압류의 효력 이후이므로 유치권이 인정될 수 없습니다."

상대 변호사의 당황한 기색이 역력했다. 다음 변론기일에 이들은 증인을 불렀다. 서류에는 비록 그렇게 작성했지만 사실은 압류일자 이전부터 점유를 했었고, 이를 전 소유자, 중간에 영업을 했던 사람, 그리고 우리에게 점유를 넘긴 술집 사장을 증인으로 세워 증언하도록 했다. 하지만 말뿐인 증거였다. 증거 자료는 하나도 제시하지 못했다. 말이 바뀌었기 때문에 재판부는 이를 신뢰하지 않는 눈치였다. 오히려 그들이 그렇게 부정하고 싶었던 서면상의 날짜를 믿을 수밖에 없는 상황이었다.

### : 유치권자가 부른 증인들은 우리를 위한 증인이었다

상대의 증언이 끝나자 이 순간을 기다렸던 노 변호사님이 반대심문에 나섰다. 먼저 전 소유주에게 질문을 던졌다.

"술집 영업을 하는 이들이 수차례 영업을 타인에 넘겼는데 그 사실을 알고 있었습니까?"

전 소유주는 몰랐다고 답변했다(소유주의 동의를 받아야 간접점유가 인정된다는 내용을 기억해 보자!).

노 변호사님은 중간에 영업을 한 이들에게 질문을 던졌다.

"영업을 넘겨받고 넘길 때 상가 소유주에게 이야기를 했습니까?"

이들 역시 '아니요.' 하고 대답했다.

그들은 이 질문의 중요성을 하나도 모르고 있었다. 상대 변호사 역시 마찬가지였다. 그는 증인들에게 아무런 코치도 하지 못한 모양이었다. 설령 거짓말이라 하더라도 '전 소유자가 알았다, 내가 동의했다'고 말해야 그나마 유치권을 주장할 수 있다. 그들은 아무 생각 없이 유치권이 성립하지 않는 두 번째 이유를 스스로 자백하고 있었다.

## : 유치권 명도소송에서 승소하다

드디어 기다리던 판결이 나왔다. 법원은 유치권이 인정될 수 없다(유치권부존재)고 선고했다. 유치권이 인정될 수 없는 여러 이유가 있지만 재판부는 간단히 첫 번째 이유인 유치권 점유일자가 압류의 효력보다 늦어서 유치권이 성립될 수 없을 뿐 아니라 설령 자신들이 처음 제출한 서면과는 달리 증인을 불러 진술하였지만 그에 대한 아무런 증거가 없으므로 법원은 이를 인정할 수 없다고 판결 이유를 밝혔다.

또한 재판부는 우리의 청구대로 상가의 점유를 인도해 주고 원고가 소유권을 취득한 날부터 계산하여 매달 160만 원의 임대료를 지급하고 소송비용 일부도 피고 측이 부담할 것을 선고했다.

## : 이제 숨통을 끊을 차례다

지금까지 나는 방어만 했다. 이제부터는 내가 역공을 가할 차례였다. 판결과 동시에 10개월치 임대료 1,600만 원을 요구하며 유치권 회사의 전기공제조합출자증권을 압류했다. 전기공사업체는 이 조합에 가입을 해야 하고 출자증권이 있어야 입찰에 참여할 수 있는데 이 증권이 압류될 경우 공사입찰도 못하고 보증서 발행도 할 수 없어 업무가 사실상 마비된다는 점을 사전에 파악해두었다.

동시에 고소사건(유치권이 성립되지 않는데도 불구하고 불법점유침탈을 한 사건)을 신속히 처리해달라고 경찰서에 진정서를 제출했다. 고소사건이 지지부진했던 이유는 유치권 소송이 끝나지 않았기 때문이었다. 이어서 승소판결문에 의해 강제집행절차를 진행했다.

　수세에 몰린 유치권자들의 태도가 180° 달라졌다. 강제집행을 막으려면 현금을 공탁해야 했다. 압류된 공제조합출자증권 문제도 해결해야 한다. 경찰의 불법주거침입과 재물손괴에 대한 조사가 빨라지기 시작했다. 법원의 유치권 패소판결문을 첨부했기 때문이다.

### : 유치권회사 사장이 공손하고 착해졌다

며칠 후 유치권 회사 사장에게서 만나고 싶다는 연락이 왔다. 강압적이었던 태도는 찾아볼 수 없었다. 낙찰 직후에는 전혀 말이 통하지 않던 사람들이었다. 비로소 처음으로 제대로 된 협상 테이블에 앉게 되었다. 엄밀히 말하면 협상이 아니었다. 모든 일은 나의 결정에 달려 있었다. 법원에서 판결이 난 그대로 진행하면 그들은 추가적으로 금전적인 손해를 피할 수 없었다(재물손괴 및 주거침입으로 벌금 300만 원 가량까지). 그들의 명예도 땅으로 추락하기 일보 직전이었다.

### : 상가 점유를 700만 원과 함께 넘겨받다

그들은 선처를 호소했다. 나는 10개월치 임대료 1,600만 원과 영업권, 그리고 이미 지불했던 600만 원을 포함, 총 2,200만 원을 받을 수 있었으나 700만 원만 받는 것으로 마무리 짓고 대신 현재 상가 시설을 그대로 두기로 합의를 보았다. 물론 고소사건을 취하했고, 출자증권의 압류는 해지했다. 소송비용은 별도로 청구하지 않기로 했다. 유치권자들은 그들이 선임한 변호사에 대해 비용을 지불해야 했고, 또한 우리에게 700만 원을 지불했다. 한편 나는 소송하는 동안도 임대료를 계산할 수 있었고 현 시설물을 그대로 가져올 수 있게 되었다. 유치권자들이 공사대금을 못 받은 것은 사실이었지만 그들은 다른 상가를 점유하고 있었기 때문에 어느 정도는 회수가 가능한 상황이었다. 우리는 곧 상호 확인서를 작성하고 700만 원을 받고 점유를 넘겨받았다.

나는 이어서 은행을 갈아타고 총 1억 2,000만 원을 대출받았다. 그리고 2주 뒤에 보증금 5,000만 원에 월 130만 원짜리 미용실 임대차계약을 체결했다. 이 과정에서 현재의 시설물에 대한 비용으로 추가로 800만 원도 받았다.

### : 2,000만 원 단기 수익에 매월 70만 원의 임대소득을 거두다

계산을 하니 총 매입비용은 1억 5,000만 원 정도이고 대출은 1억 2,000만 원에 보증금 5,000만 원을 받았으니 투자금을 모두 회수하고도 2,000만 원의 수익을 거두었다. 또한 월세 130만 원을 받아 매달 이자를 내고도 월 70만 원이 남았다.

2,000만 원 순수익에 매달 70만 원의 임대소득이 생겼다. 올림픽에서 금메달을 따면 월 100여만 원이 평생 나온다고 한다. 유치권 상가 70만 원은 평생이 아닌 상속까지 가능하다. 올림픽에서 금메달을 따는 것보다 유치권 상가 1건이 훨씬 큰 소득이다. 더구나 올림픽 금메달은 세계 1등에게만 주어지는 것이니 얼마나 어렵겠는가. 그러나 유치권 1승은 누구에게나 가능성이 열려 있다.

어떤가? 근 1년이라는 시간이 걸리기는 했지만 결과적으로는 올림픽 금메달에 해당하는 수익을 거두었다.

위 사례에서 이승호 교수는 세 가지 문제를 거론하며 유치권이 성립하지 않는다고 말한다. 이 세 가지는 모두 점유와 관련된 문제로 유치권에서 점유는 대단히 중요한 조건이다. 한마디로 점유가 없으면 유치권도 없다. 하나씩 점검해 보자.

"첫째, 이들의 점유는 압류등기일자 이후에 시작되었다는 점이다."

앞에서 언급했듯이 최근 대법원 판결에 따라 공매의 경우, 압류등기일자 이후에 점유를 시작해도 유치권을 인정받을 수 있게 되었다. 그러나 우리가 기억할 게 있다. 경매에서는 여전히 '경매개시결정 기입등기'가 기준이 되어 이후에 점유가 시작되면 유치권을 인정받지 못한다. 이 원칙은, 아직도 불명확한 내용이 존재하는 유치권 관련 소송에서 거의 변함없는 지위를 누려올 만큼 확고하게 굳어져 있다.

아래 판례는 왜 기입등기 이후에 시작된 점유를 인정할 수 없는지 설명하고 있다. 요컨대 '목적물의 교환가치를 감소시킬 우려가 있는 처분행위'여서 점유를 인정할 수 없다는 설명이다. 이미 감정이 끝나고 경매에 돌입했는데 느닷없이 점유를 시작하여 유치권을 주장하면 경매 시장을 혼란에 빠뜨리고 낙찰 가격에 영향을 미치므로 이를 인정하지 않는다는 얘기다.

---

**대법원 2005.8.19. 선고 2005다22688 판결 【건물명도등】**

채무자 소유의 건물 등 부동산에 강제경매개시결정의 기입등기가 경료(완료)되어 압류의 효력이 발생한 이후에 채무자가 위 부동산에 관한 공사대금 채권자에게 그 점유를 이전함으로써 그로 하여금 유치권을 취득하게 한 경우, 그와 같은 점유의 이전은 목적물의 교환가치를 감소시킬 우려가 있는 처분행위에 해당하여 민사집행법 제92조 제1항, 제83조 제4항에 따른 압류의 처분금지효에 저촉되므로 점유자로서는 위 유치권을 내세워 그 부동산에 관한 경매절차의 매수인에게 대항할 수 없다.

---

"둘째, 유치권자는 소유자의 동의 없이 점유를 타인에게 넘겨서는 안 된다."

점유인지 아닌지 밝히기가 어려운 이유 가운데 하나는 유치권자가 직접 해당 건물을 점유를 하지 않더라도 점유가 인정되는 사례가 있기 때문이다. 임차인에게 대신 점유하게 하고 본인은 간접점유자가 되는 방식(간접점유)이 하나이고, 가족이나 회사 직원으로 하여금 점유를 보조하도록 하는 또 하나의 방식(점유보조. 단, 점유보조는 직접점유의 한 종류다.)이 있다. 그런데 간접점유의 경우에는 한 가지 조건이 있다. 간접점유란 임차인에게 해당 부동산을 빌려주었다는 얘기다. 소유자도 아닌데 건물을 마음대로 임차할 수는 없는 일. 따라서 소유자의 동의를 반드시 구해야 한다. 만약 소유자 동의 없이 제3자에게 무단 대여나 전대하였다면 바로 유치권 소멸청구의 대상이 된다(민법제324조제2항 참조).

"셋째, 마지막으로 이들의 유치권이 인정받기 어려운 이유는 최종 점유자가 나의 지인이라는 점이다."

마지막은 굳이 설명이 필요 없을 것 같다. 점유하는 사람이 유치권을 주장하는 사람과 이해관계가 다른 경우에 해당하므로 현 점유자가 굳이 '나는 유치권자를 대신하여 점유하고 있다'고 증언할 이유가 없다. 이 경우 유치권자는 점유를 상실하였으므로 유치권은 소멸한다(민법제328조 참조).

이제 조금 감이 잡혔을 것 같다. 아직 갈 길은 멀지만 지금처럼 한두 가지씩 정확한 지식을 늘려가는 게 중요하다.

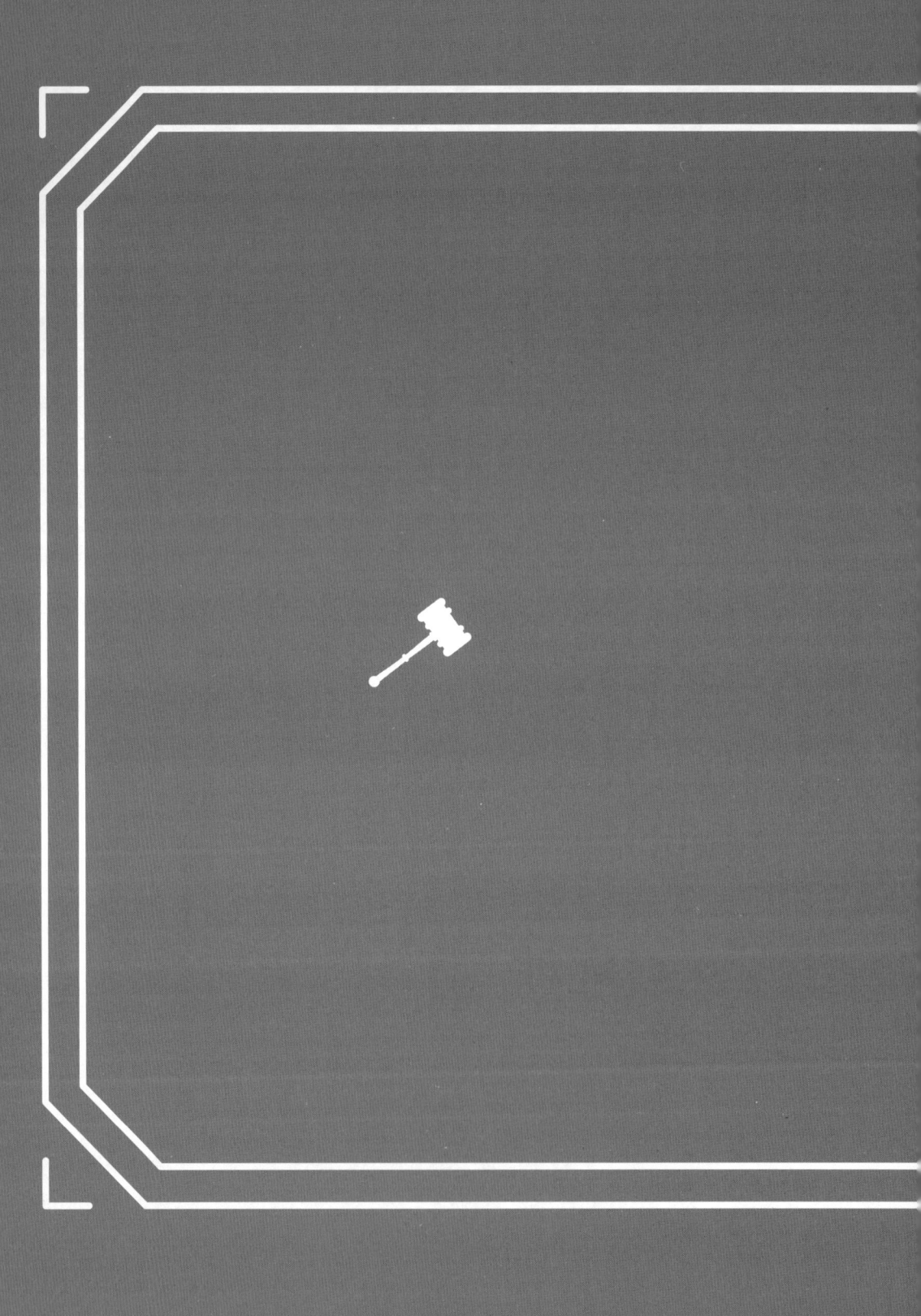

· 3장 ·

# 아주 쉬운
# 가짜 유치권 판별법
## "이럴 때는 유치권이 아니다"

# 1
# 유치권을 깨기 위한 길잡이

## 유치권 체크표

　일말의 의심이 들거나 확신이 부족하다면 절대로 뛰어들어서는 안 된다. 다른 건 몰라도 이 한 가지는 명확하다고 판단이 들 때, 그때 시작하는 게 경매요, 유치권 전쟁이다. 다음은 앞으로 무수히 접하게 될 민법 제320조의 내용이다. 이 내용에는 우리를 애타게 만드는 유치권에 대한 설명이 담겨 있다. 글자는 고작 99자밖에 되지 않지만 이 짧은 글을 둘러싼 해석과 증거가 경매인들을 울게도 만들고 웃게도 만든다. 가능하다면 이 99자를 달달달 외우기 바란다.

　　1. 타인의 물건 또는 유가증권을
　　2. 점유한 자는

3. 그 물건이나 유가증권에 관하여 생긴

4. 채권이

5. 변제기에 있는 경우에는 변제를 받을 때까지 그 물건 또는 유가증권을 유치할 권리가 있다.

6. 전항의 규정은 그 점유가 불법행위로 인한 경우에 적용하지 아니한다.

이 6가지 조건 가운데 하나라도 결격 사유가 있는 경우, 유치권은 성립하지 않는다. 이런 어려움 때문에 유치권 신고자 가운데 80% 내지 90%가 유치권을 인정받지 못한다. 반대로 경매에 임하는 사람이라면 유치권자가 어떤 점에서 결격 사유를 갖고 있는

: 유치권 체크표 :

| 6대 유치권 성립 요건 | 현 사건에 대입 | 성립 여부 |
|---|---|---|
| 1. 타인의 물건 또는 유가증권을 | | |
| 2. 점유한 자는 | | |
| 3. 그 물건이나 유가증권에 관하여 생긴 | | |
| 4. 채권이 | | |
| 5. 변제기에 있는 경우에는 변제를 받을 때까지 그 물건 또는 유가증권을 유치할 권리가 있다. | | |
| 6. 전항의 규정은 그 점유가 불법행위로 인한 경우에 적용하지 아니한다. | | |
| 총 평 | | |

지 파악하여 그 약점을 노려야 한다. 앞에 있는 유치권 체크표는 위 6대 조건을 현재 경매 물건에 대입하여 유치권이 성립하는지 살펴보기 위한 툴이다. 앞으로 종종 써먹게 될 것이므로 한 번 살펴보도록 하자.

왼편 상단에 보면 '6대 유치권 성립 요건'이라고 표기되어 있는데 이는 민법 320조의 내용을 6가지로 구분한 것으로 이를 통해 유치권의 성립 여부를 하나씩 살펴볼 수 있다. 다음 오른쪽 칸은 현 사건에 대입하여 구체적인 정황을 적도록 했다. 성립 여부에는 조건이 충족된 경우에는 동그라미(○), 충족되지 않은 경우에는 가위(×), 애매한 경우에는 물음표(?)를 넣되 애매할 때는 그 이유와 추가로 조사할 점을 함께 적는다(다시 한 번 강조하지만 이 가운데 하나라도 가위표가 있다면 유치권은 성립하지 않는다. 그래서 가위표가 정말 가위표가 맞는지 명확히 아는 게 중요하다.). 이렇게 성립 여부를 체크한 뒤 제일 하단 '총평' 칸에 그렇다면 무엇을 더 알아야 하는지, 무엇이 쟁점인지 적어서 다음 행동의 초석으로 삼는다.

이제 위 6가지 주제를 차례로 알아보자. 주제를 간략히 설명하고, 관련 사례를 살펴볼 예정이다. 주제와 직접 관련이 없는 질문들도 더러 섞여 있다. 이 질문들은 실제 유치권 초보자들이 필자에게 궁금해 하던 내용들이다. 전반적으로 감을 잡아간다고 생각하며 읽으면 유치권에 한 걸음 더 다가갈 수 있으리라 생각한다.

## 2
## "타인의 물건 또는 유가증권을"

'타인'이란 말은 어렵지 않다. 나 아닌 남을 말한다. 즉 위 제목은 '남이 소유한 물건 또는 유가증권을'이라는 뜻이다. 유치권을 주장하려면 타인의 물건 또는 유가증권을 점유하고 있어야 한다. 그렇다면 '소유자'는 유치권을 주장할 수 없다는 간단한 원칙을 뽑아낼 수 있다. 자기 물건에 대해서는 유치권을 주장할 수 없다는 말이다. 또한 이런 경우도 있다. 건축주 혹은 시행사가 공사업체 혹은 시공사에게 공사를 맡겼다. 이때 공사업체가 자신의 재료와 용역으로 건물을 지었다면 특별한 사정이 없는 한 그 건물은 공사업체의 소유가 된다. 소유자는 유치권자가 될 수 없으므로 자기 건물을 지은 공사업자는 마찬가지로 유치권자가 될 수 없다(따라서 공사업체가 누구 돈으로 건물을 지었는지, 이와 관련하여 어떤 약정을 맺었는지 알아볼 필요가 있다.). 다음 사례는 약간 복잡하게 얽혀 있지만 결국은 '타인'이라는 요건을 지키지 못하여 유치권이 성립되기 어려운 경우다.

### case 1. 소유자가 유치권자의 임차인으로 행사하는 경우

"지난 6월 유치권이 신고되어 있는 아파트 1채를 낙찰받았습니다. 유치권 신고 내용은 인테리어 공사비였고, 금액은 2,500만 원입니다. 낙찰 전 위 아파트에는 건물주인 A가 거주하고 있었고, 낙찰 후 유치권 신고자는 A를 임차인으로 하여 허위 임대차 계약서를 작성하여 살게 했으며 이제는 아파트의 명도를 거절하고 있습니다."

**Q1.** 유치권자가 전 소유자를 임차인으로 하여 대신 점유하게 해도 유치권이 성립됩니까?

**A.** 유치권을 규정하고 있는 민법 제320조의 첫 문장은 '타인의 물건 또는 유가증권을 점유한 자는'이라고 되어 있다. 한마디로 타인의 물건 또는 유가증권을 점유할 때 유치권이 성립한다. 자기 물건을 점유하면서 유치권을 주장할 수 없다. 법률적으로 말하면 점유자가 소유자(혹은 채무자)인 경우에는 유치권이 성립하지 않는다고 표현할 수 있다. 어떤 경우이든 소유자나 채무자는 절대 점유자가 되어서는 안 된다. 그런 경우에는 유치권이 아예 성립하지 않는다.

소유자나 채무자가 점유자가 되어서는 안 되는 이유는 유치권이라는 권리가 탄생한 배경과 연관이 깊다. 유치권은 돈을 갚을 때까지 물건을 점유할 수 있는 권리다. '물건을 가져가고 싶으면 돈을 내라.'는 말이다. 이를 법률에서는 '변제를 강제한다.'고 표현한다. 이처럼 유치권이란 변제를 강제하기 위해 해당 물건을 점유하고 있는 것인데 이를 채무자(소유자)에게 돌려주면 어떻게 될까? 변제를 강제할 수 있는 권리, 즉 유치권 자체가 사라지는 셈이다. 그러므로 채무자가 그 물건이나 유가증권을 점유하고 있으면 유치권은 성립하지 않는다(채무자나 혹은 채무자의 가족이 점유하는 사례가 종종 있다. 당연히 유치권이 인정되지 않는다. 현재 점유자가 채무자와 어떤 관계인지 파악하는 것을 잊지 말자.). 참고로, 아래 판례는 이런 점을 지적하고 있다.

**대법원 2008.4.11. 선고 2007다27236 판결 [건물명도]**

유치권의 성립요건이자 존속요건인 유치권자의 점유는 직접점유이든 간접점유이든 관계가 없으나, 다만 유치권은 목적물을 유치함으로써 채무자의 변제를 간접적으로 강제하는 것을 본체적 효력으로 하는 권리인 점 등에 비추어, 그 직접점유자가 채무자인 경우에는 유치권의 요건으로서의 점유에 해당하지 않는다고 할 것이다.

---

**Q2.** 유치권자는 점유만 할 수 있는 것인지 아니면 위 아파트에 거주하면서 이를 실제로 사용할 수도 있는 것인지 궁금합니다.

**A.** 유치권자는 선량한 관리자의 주의 의무를 다하면서 유치물의 보존에 필요한 선에서 해당 부동산을 사용할 수 있다. 그러나 보존의 정도를 넘어서서 자기 마음대로 사용을 해서는 안 된다. 소유자의 동의 없는 임대가 그런 행위에 속한다.

(추가 설명 : '점유자'란 타인의 물건을 점유하는 사람을 말한다. 따라서 점유자는 타인의 물건을 함부로 사용해서는 안 된다. 한마디로 점유자와 소유자는 행사할 수 있는 권리가 다르다. 물건을 팔거나 물건을 통해 이익을 얻을 수 있는 사람은 소유자뿐이다. 유치권 행사를 위해 점유하고 있는 사람은 변제받는 것이 목적으로 이 목적을 위해 점유하는 것이 인정받을 뿐 나머지 소유자의 동의 없는 행위는 점유를 넘어선 것으로 판단되어 유치권 소멸 청구의 대상이 된다.)

---

**민법 제324조 (유치권자의 선관의무)**

① 유치권자는 선량한 관리자의 주의로 유치물을 점유하여야 한다.

② 유치권자는 채무자의 승낙 없이 유치물의 사용, 대여 또는 담보제공을 하지 못한

다. 그러나 유치물의 보존에 필요한 사용은 그러하지 아니하다.

---

### 대법원 1972.1.31. 선고 71다2414 판결 【가옥명도】

그러나 유치권자가 유치물에 대한 보존 행위로써 목적물을 사용하는 것은 적법행위로써 불법점유가 되지 아니한다 함은 앞에서 설시(설명하여 보임)한 바와 같으므로 피고가 본건 건물이 원고 명의로 소유권 이전 등기가 경료(완료)된 후의 본건 건물 사용으로 인하여 얻은 실질적 이익은 이로 인하여 원고에게 손해를 끼치는 한에 있어서 부당이득으로서 원고에게 상환할 의무가 있는 것은 별문제로 하더라도 유치권자인 피고는 불법행위로 인한 손해배상 책임이 없다 할 것이다(대법원 1963.7.11 선고 63다235 판결, 대법원 1967.11.28 선고 66다2111 판결 참조).

---

**Q3.** 전 소유자만 거주하고 유치권자와는 연락이 닿지 않는데 제3자에게 매매해도 됩니까?

**A.** 해도 된다. 앞서 설명했듯이 이 경우는 채무자가 점유하고 있는 상황이므로 유치권은 성립하지 않는다. 단, 주의할 점이 있다. 제3자에게 매매할 때는 설령 유치권이 성립할 수 없는 상황이더라도 현재 벌어지고 있는 사정에 대해서 미리 고지하는 게 좋다. 만에 하나 매매계약이 끝난 뒤에 유치권을 인정받게 되면 문제가 되기 때문이다. 유치권은 제3자가 매매 여부를 결정하는 데 중요한 판단 기준이 된다. 이를 사전에 알리지 않으면 고지의무 위반 등으로 사기죄에 걸릴 수 있다.

**Q4.** 허위 유치권자인데 꼭 소송을 해야 합니까?

**A.** 한마디로 점유를 이전받을 수 있는 편리한 방법은 없느냐는 질문이다. 사실 법원의 힘을 빌리지 않고 개인이 해결하기는 어려운 문제다. 그래서 종종 완력이 쓰이기도 한다. 하지만 이 방법은 권하지 않는다. 이 경우에는 부동산인도명령을 신청하거나 건물명도소송을 거는 게 좋다. 법원에서 결정이나 판결이 나오면 이에 따라 강제집행을 하는 게 가장 흔하면서도 확실한 방법이다. 한편 이 사건처럼 형사적 문제의 소지가 있는 경우(허위 임대차 계약)에는 이를 적극 활용하는 것이 좋은 방법이다. 예컨대 허위 임대차 계약서를 작성하여 자신이 적법한 유치권자라고 가장하면서 매수인으로부터 금전을 받으려고 한 사실만 입증할 수 있다면 형법 제347조의 사기죄가 성립될 여지가 있다. 이를 고소하되 주의할 점이 있다. 아무래도 형사고소가 들어가면 유치권 주장자가 합의를 요청해올 가능성이 커진다. 이때가 기회다. 점유를 넘겨받고, 부당이익을 돌려받는 조건으로 합의를 시도하고 모두 원만히 해결되면 고소를 취하하는 게 좋다.

## 3

## 점유한 자는

 경매에서 가장 어려운 것이 '유치권'이라면, 유치권 가운데 가장 어려운 것이 '점유'다. 보통 부동산 관련 권리(소유권, 저당권, 지역권, 지상권 등)는 등기를 통해 공시를 한다. 등기를 보면 누가 주인인지 알 수 있다. 그런데 유치권은 점유를 통해서 공시를 한다. 서류에 등록하지 않아도 점유만 하면 된다. 법원은 점유를 하고 있으면 그것으로 유치권을 공시한 것으로 인정한다. 그래서 점유는 유치권을 주장하기 위한 가장 핵심적인 조건이 된다.

 점유가 어려운 건 사실인데 기본 개념 자체는 소유와 대비해 보면 매우 쉽다. 예컨대 개미가 길을 가다 지갑을 잃어버렸다. 베짱이가 그 지갑을 주웠다. 지갑의 소유자는 개미지만 현재 점유자는 베짱이가 된다. 소유자와 점유자가 달라지는 경우다. 개미가 내 지갑이니 돌려달라고 한다. 이 말을 법률적으로 보면 소유를 돌려달라는 뜻이 아니라 점유를 돌려달라는 뜻이 된다. 유치권 문제 역시 소유자가 점유자에게 점유를 내놓으라, 반대로 점유자가 소유자에게 돈 줄 때까지는 못 준다는 다툼이다. 소유자에게 물건의 소유권이 있더라도 유치권자가 있는 한 점유를 넘겨받지 못한다.

판례에서는 점유를 '사실상의 지배'라는 말로 설명한다. 달리, 배타적 지배가 된다. 남이 못 가져가도록, 남이 손을 못 대도록 지배하는 것을 의미한다. 힘으로 빼앗는 경우는 예외지만 타인의 출입을 제한할 수 있다면 배타적 지배가 된다. 그래서 팻말도 달고, 자물쇠도 잠그고, 컨테이너로 문을 막기도 하고, 경비를 서기도 하고, 거주를 하기도 한다.

이렇게만 보면 간단한 것 같지만 실무로 들어가면 복잡한 상황이 연출된다. 점유인지 아닌지 명쾌하게 밝히기도 어려운 일도 많고, 증거를 대기도 힘든 것이 사실이다. 아래 판례는 점유와 관련된 매우 유명한 판결이다. 한번 읽어보면 왜 어려운지 느낌이 올 것 같다.

---

**대법원 1995.7.14. 선고 94다23821 판결 [소유권이전등기]**

물건에 대한 점유란 사회관념상 어떤 사람의 사실적 지배에 있다고 보이는 객관적 관계를 말하는 것으로서 사실상 지배가 있다고 하기 위하여는 반드시 물건을 물리적, 현실적으로 지배하는 것만을 의미하는 것이 아니고, 물건과 사람과의 시간적, 공간적 관계와 본권관계, 타인 지배의 가능성 등을 고려하여 사회관념에 따라 합목적적으로 판단하여야 할 것인바(당원 1992.11.10. 선고 92737710 판결 참조)

---

한 문장만 보자. '물리적, 현실적으로 지배하는 것만을 의미하는 것이 아니고'는 무슨 말인가? 내 손에 직접 들고 있지 않더라도, 혹은 내가 직접 점유를 하지 않더라도

상식적인 선에서 판단하여 사실상 지배가 된다면 점유라고 할 수 있다는 뜻이다. 이에 따라 점유는 직접점유와 간접점유로 구분되고, 직접점유는 점유보조자에 의한 점유까지 인정한다. 간접점유란 제3자에게 임대를 주고 그로 하여금 직접점유하게 하면서 본인은 간접점유를 하는 것을 말한다. 점유보조자는 유치권자의 회사 종업원이나 가족이 점유를 대신하는 것으로 이때 점유보조자에게는 점유가 없고 유치권자가 직접점유자가 된다. 여기까지 설명한 것만으로도 벌써 숨이 차다. 점유는 다루어야 할 내용이 정말 많다. 자세한 내용은 뒤에서 다시 설명하기로 하고 여기서는 가장 간단한 문제만을 맛보기로 다룬다.

### case 2. 잠금장치(시건장치)와 팻말만으로 점유가 성립하는가?

"얼마 전에 집을 낙찰받았습니다. 유치권이 신고된 집이었지만 주변에 경매를 많이 하는 분들이 유치권이 성립되지 않는다고 하여 경매에 들어갔습니다. 그런데 낙찰 후에 만난 어떤 분은 유치권이 성립한다고 하십니다. 유치권 신고자가 법원에 제출한 유치권 신고서를 보면 '유치권자는 이 사건 경매목적물 리모델링 전체 공사 중 건물 철근구조공사를 한 자로 채무자는 2005.3.1. 위 공사에 대하여 미지급공사비가 금 1억 원에 이르는데 전액을 지급하지 못하였다고 확인서를 발급한 적이 있다.'라고 적혀 있습니다. 권리 신고금액은 1억 원으로 기재되어 있습니다. 유치권자는 현재 아무도 사용하지 않는 건물에 대하여 잠금장치를 하고 정문에는 '유치권 행사 중임'이라는 내용의 팻말을 걸어 두었습니다."

**Q1.** 이 경우 유치권은 성립합니까?
**A:** 유치권 체크표를 통해 유치권이 성립하는지 확인해 보자.

| 6대 유치권 성립 요건 | 현 사건에 대입 | 성립 여부 |
|---|---|---|
| 1. 타인의 물건 또는 유가증권을 | 경매에 나온 집을 | ○ |
| 2. 점유한 자는 | 잠금장치를 하고 정문에 유치권 행사 팻말을 걸어둠. | ?<br>1. 잠금장치와 팻말만으로는 점유 여부가 불투명. 누가 어떤 증거를 대느냐에 따라 점유가 인정되기도 하고, 불인정되기도 함. 아무런 반증이 없을 때 법원은 우선적으로 현재 점유자의 주장을 인정.<br>2. 일단 점유 개시일이 언제인지 확인하고, 기타 증거를 수집하여 점유가 아님을 증명해야 함. |
| 3. 그 물건이나 유가증권에 관하여 생긴 | 집 리모델링 철근공사로 생긴 | ○ |
| 4. 채권이 | 공사대금 채권 1억 원 | ○ |
| 5. 변제기에 있는 경우에는 변제를 받을 때까지 그 물건 또는 유가증권을 유치할 권리가 있다. | 공사완료 직후(따로 계약을 맺지 않는 한)부터 3년(연장 가능) | ○ |
| 6. 전항의 규정은 그 점유가 불법 행위로 인한 경우에 적용하지 아니한다. | 채무자의 동의를 받고 잠금장치를 하였다면 무방, 만일 동의가 없었다면 불법 | ?<br>채무자의 동의 여부를 확인해야 함. |
| 총 평 | 현재로는 점유 여부가 불분명한 상태이나 경락인이 증거 자료를 제시하지 못하면 점유 인정, 점유가 아님을 증명하려면 다음 항목, 특히 1번에 주목해야 함.<br>1) 경매개시결정 기입등기 이전부터 점유했는가?<br>2) 합법적인 점유인가, 채무자의 동의를 받았는가? | |

유치권 체크표를 통해 살펴본 결과 문제는 두 가지로 압축된다. 하나는 채무자(소유자)의 동의를 구하고 점유를 했는지의 여부, 다른 하나는 잠금장치와 팻말만으로 점유

가 인정될 수 있는지의 여부. 현재는 이 두 가지가 불분명한 상태로, 유치권의 성립 여부를 단정 지을 수 없다. 점유를 인정받기 위해서는 민법 제192조에 따라 사실상의 지배가 중요하다. 예컨대 A가 점유 중인 건물에 B가 문을 따고 들어갔을 때 A가 이를 막을 수 있다면 이는 점유라고 할 수 있고, 그렇지 않으면 점유라고 보기 어렵다. 팻말(혹은 현수막)이나 잠금장치는 타인의 침입을 막기 위한 수단일 뿐이지 그 자체로 점유라고 할 수는 없다.

또한 채무자나 소유자의 동의를 받고 점유하였는지 확인할 필요가 있다. 민법 제200조에 따르면 특별한 경우가 없는 한 현재 점유자는 적법한 점유자로 추정된다. 이를 번복할 증거가 없으면 법원은 현재 점유자가 소유자나 채무자의 승낙을 받고 점유한 것으로 본다. 대개 해당 부동산이 경매에 나오게 되었다는 말은 돈을 못 주고 있다는 뜻이므로 채무자나 소유자로서는 유치권 주장자의 점유 요구를 거절하기 힘들었을 것으로 추정을 가능케 한다.

다만 점유 개시일이 경매개시결정 기입등기일 전인지 후인지 확인하여 증거를 확보할 가능성은 있다. 만약 경매개시결정 등기일 이후에 점유하였다면 유치권을 인정받을 수 없다(대법원 205.8.19. 선고 2005다22688 판결 참조).

**Q2.** 공사한 부분에 대해서만 점유가 가능한 것이 아닌지요? 달리 말하면 부분적·보조적 공사만 했다면 전체에 대해서는 유치권을 주장할 수 없는 것 아닌가요?

**A.** 과거에는 부분적·보조적 공사에 대하여 그 점유한 부분에 대해서만 유치권을 인정하곤 했다. 그러나 다음 판결이 있은 뒤로는 부분적·보조적 하도급 공사도 그 공사가 실제적으로 영향을 미치는 부분에까지 유치권이 미치는 것으로 받아들여진다. 이는 유치권의 불가분성에 의한 것으로, 일부만 점유를 하더라도 전부에 대하여 점유를 하고 있다는 의사표시를 하고 있다면 인정받게 된다(유치권자는 채권전부의 변

제를 받을 때까지 유치물전부에 대하여 그 권리를 행사할 수 있다. 민법 제321조(유치권의 불가분성)].

다음 판례를 살펴보자. 용어도 결코 쉽지 않고 내용도 복잡하지만 대강이라도 읽어보면 좋겠다. 이 판례가 중요한 이유는 두 가지다. 하나는 유치권의 불가분성과 견련성(채권과, 채권이 발생한 물건 사이에 관련이 있다는 뜻)에 대해서 하나의 기준을 제시했다는 점에서 중요하다. 이 판례 이후 부분적·보조적 공사도 전부에 대하여 유치권을 행사할 수 있게 된다. 다른 하나는 유치권 관련 판례는 언제든지 바뀔 수 있다는 사실을 보여준다는 점에서 중요하다. 유치권과 전쟁을 벌이는 사람이라면 언제든 새로운 판례에 관심을 갖고 있어야 한다.

### 대법원 2007.9.7. 선고 2005다16942 판결 【건물명도】

앞에서 본, 민법상 유치권에 있어서의 채권과 목적물과의 견련관계 및 유치권의 불가분성에 관한 법리에 비추어 보면, 원심의 인정 사실에 의하더라도 이 사건 공사계약은 위 다세대주택에 대한 재건축공사 중 창호와 기타 잡철 부분을 일괄적으로 하도급한 하나의 공사계약임 알 수 있고, 또 기록에 의하면, 이 사건 공사계약 당시 공사대금은 구분건물의 각 동, 호주별로 구분하여 지급하기로 한 것이 아니라 이 사건 공사 전부에 대하여 일률적으로 지급하기로 약정되어 있었고, 그 공사에는 각 구분건물에 대한 창호, 방화문 등뿐만 아니라 공유부분인 각 동의 현관, 계단 부분에 대한 공사 등이 포함되어 있으며, 위 소외(이 소송과 무관한 자를 이르는 말) 2가 피고에게 이 사건 공사대금 중 일부를 지급한 것도 특정 구분건물에 관한 공사대금만을 따로 지급한 것이 아니라 이 사건 공사의 목적물 전체에 관하여 지급하였다는 사정을 엿볼 수 있는바, 이와 같이 이 사건 공사의 공사대금이 각 구분건물에 관한 공사부분별로 개별적으로 정해졌거나 처음부터 각 구분건물이 각각 별개의 공사대금채권을 담보하였던 것으로 볼 수 없는 이상, 피고가 소외 2에 대하여 가지는 이 사건 공사 목적물(7동의 다세대주택) 전체에 관한 공사대금채권은 피고와 소외 2 사이의 하도급계약이라는 하나의 법률관계에 의하여 생긴 것으로서 그 공사대금채권 전부와 공사 목적물 전체 사이에는 견련관계가 있다고 할 것이고, 피고가 2003년 5월경 이 사건 공사의 목적물 전체에 대한 공사를 완성하여 이를 점유하다가, 현재 나머지 목적물에 대하여는 점유를 상실하고 이 사건 주택만을 점유하고 있다고 하더라도, 유치물은 그 각 부분으로써 피담보채권의 전부를 담보한다고 하는 유치권의 불가분성에 의하여 이 사건 주택은 이 사건 공사로 인한 공사대금채권 잔액 157,387,000원 전부를 담보하는 것으로 보아야 할 것이고, 그렇게 보는 것이 우리 민법상 공평의 견지에서 채권자의 채권확보를 목적으로 법정 담보물권으로서의 유치권 제도를 둔 취지에도 부합한다고 할 것이다. 그럼에도 불구하고, 원심은 그 내세운 사정만으로 피고의 유치권이 피고가 이 사건 주택 한 세대에 대하여 시행한 공사대금 3,542,263원만을 피담보채권으로 하여 성립한다고 판단하고 말았으니, 원심판결에는 민법상 유치권에 있어서의 채권과 목적물 사이의 견련관계 및 유치권의 불가분성 등에 관한 법리를 오해함으로써 판결 결과에 영향을 미친 위법이 있다고 할 것이다. 이 점을 지적하는 상고이유의 주장은 이유 있다.

------------------------------------------------

## case 3. 납땜으로 폐쇄된 현관문

"집을 마련하려고 이리저리 알아보던 중 사고 싶은 아파트가 경매에 나왔습니다. 이 아파트는 2008년에 입주를 시작한 신규 아파트인데 시공사가 공사대금을 받지 못하여 시행사를 상대로 법원에 유치권 신고를 해놓은 상태입니다(*참고로 시행사는 사업 주체이고 시공사는 공사를 해주는 업체를 말한다. 시행사를 집 주인이라고 보면 이해가 빠르다. 즉

시공사가 유치권자가 될 수 있다.). 전체 세대 중 6세대 정도만 경매로 나왔고 유치권 신고액은 도합 10억 원 정도입니다. 임대차 관계를 관리사무소에 확인해본 결과 현재 아파트는 비어 있습니다. 다만 유치권자라는 사람이 현관문에 납땜을 하고 유치권 행사를 하고 있다는 경고문을 2009년 1월 9일자로 붙여 놓았습니다. 두 달 뒤인 2009년 3월 5일 등기부에 강제경매개시결정 기입등기가 되었습니다. 유치권자인 시공사는 다시 두 달 뒤인 2009년 5월 4일자로 위 아파트 등에 가압류금액으로 8억 원을 설정하였으며 2009년 5월 31일자로 법원에 유치권을 신고했습니다."

**Q1.** 위와 같이 납땜으로 현관을 잠그고 경고문을 붙여 놓으면 유치권상 점유로 볼 수 있는 것인가요? 아니면 전입신고까지 마쳐야 점유로 인정되는 것인지요?

**A.** 유치권상 점유는 민법상 점유 개념에 의한 것으로 서류가 아닌 사실행위에 의해 판단된다(부동산의 주인이 누구인지 알기 위해서는 등기를 보면 된다. 그러나 유치권자가 누구인지 알기 위해서는 등기나 서류 따위가 아니라 그가 점유를 하고 있는지 아닌지를 보면 된다. 달리 말해 부동산은 등기로 공시하지만 유치권은 점유로 공시한다.). 주민등록법상 전입신고까지 필요한 것은 아니다. 그렇다면 점유를 인정받기 위한 사실행위란 무엇일까? 누구나 쉽게 알 수 있는 명확한 기준이 있을까?

불행히도 점유의 방식은 너무나 다양하다. 딱 어떠해야 한다고 구체적으로 말할 수 없다. 그래서 점유를 '사실상 지배'라는 모호한 표현으로 설명한다. 그럼에도 불구하고 점유를 인정받으려면 최소한 두 가지 요건을 충족시켜야 한다. 첫째, 남들이 보기에 '누군가 점유 중이구나' 하고 알 수 있도록 해야 한다. 둘째, 아무나 들락거릴 수 없도록 해야 한다. 고지와 폐쇄, 이 두 가지는 점유에서 가장 중요하다고 판단되는 내용이다. 그러나 이 두 가지가 전부는 아니다. 지속적인 관리가 필요하다. 만일 누군가 열쇠 기술자를 동원하여 폐쇄한 문을 열고 들어간 뒤 잠금장치를 교체하고 자신이 직접 열쇠를 관리한다면 어떻게 될까? 뻔히 보고 있는데 힘으로 점유를 빼앗거나 아니면 도둑처럼 몰래 들어가 점유를 빼앗는 경우를 제외하고는 점유를 인정받으려면 타인의 침입을 막을 수 있어야 한다. 점유를 침탈하려는 자를 언제든지 막을 수 있다면 점유가 있는 것이고, 자물쇠만 걸어놓고 방치해두었다가 여러 날 뒤에 점유를 빼앗긴 것을 알았다면 이는 점유가 사라진 것에 해당한다(물론 이후에 점유 회수의 소 등을 통해 다시 점유를 회복할 수도 있기는 하다. 정당한 점유 권원이 있다면 말이다.).

이처럼 사정이 복잡하기 때문에 어느 한 가지 증거만 가지고 점유인지 아닌지 속단할 수 없다. 경고문과 납땜(혹은 잠금장치)은 수단일 뿐이다. 유치권자가 점유를 인정받으려면 지속적으로 해당 부동산을 관리해야 한다. 참고로 위 사례에 나오는 아파트의 경우 집이 여러 채가 될 것인데 이 경우 꼭 집집마다 기거할 필요는 없고, 아파트 1세대에 거주하면서 다른 집까지 관리하고 있다면 다른 세대까지 점유한 것으로 볼 수 있다.

**Q2.** 경매개시결정 이후 점유를 하면 유치권이 성립되지 않는다고 들었습니다. 이 사건의 경우 법원에 신고된 유치권 신고일은 경매개시가 결정된 이후이니 유치권이 없는 것 아닌가요?

**A.** 개념을 오해한 것 같다. 유치권 신고일과 점유개시일은 얼마든지 다를 수 있다. 유치원 신고는 경매개시 전후로 아무 때나 해도 무방하다(또한 신고 자체를 안 해도 무방하다.). 법원에 신고하지 않아도 유치권은 얼마든지 인정받을 수 있다. 그러나 점유는 반드시 경매개시결정 기입등기 이전에 이루어져야 한다. 점유 개시일자와 관련하여 한 가지 문제가 있다. 법원에서는 현재 점유자가 이전부터 지속적으로 점유를 하고 있는 것으로 추정할 뿐, 따로 조사해주지 않는다[점유자가 점유물에 대하여 행

사하는 권리는 적법하게 보유한 것으로 추정한다. | 민법 제200조(권리의 적법의 추정)].

# 유치권자 입장에서, 점유 관련 10가지 질의응답

**Q1. 전기 차단, 어떻게 대응해야 하나?**

유치권 행사 때문에 한 세대 점거 중이고, 시행사 쪽에서 배상하라고 재결이 난 상황입니다(상대는 아직 이의신청을 안 했습니다.). 지금 시행사 쪽에서 전기를 차단했는데 경찰이 개입할 수 없나요? 경찰은 제 발로 걸어 나올 수 있다면서 개입할 수 없다고 하네요. 어떻게 해야 하나요? 도와주세요.

**A.** 특별한 경우가 아니면 단전, 단수를 할 수 없다(대법원 2006도9157 판결). 함부로 전기를 끊었다면 업무 방해죄에 해당한다. 참고로 유치권 관련, 경찰에 문의를 하면 경찰은 민사사안이라며 발을 들이지 않으려고 한다. 특히나 자력구제의 시한을 넘으면 당사자가 해결하라고 권할 수밖에 없겠다. 법적으로 대응하려면 전기를 차단한 측을 상대로 업무 방해로 고소하고 이로 인한 손해배상 등을 청구할 수도 있다.

**Q2. 소유자 배려로 임대하여 살고 있는데 유치권을 인정받을 수 있나?**

저희 아버지께서 아파트 공사를 해주시고 공사비를 못 받으시고 계신데요. 이 일 때문에 저희 집도 압류로 넘어가서 아파트 소유자가 호수를 지정해주면서 잠시 동안 살라고 했습니다. 녹취도 돼 있습니다. 그런데 준공을 마치고 돈을 받기로 한 날짜가 계속 밀리면서 결국 저희가 유치권 행사를 하려고 했는데 현수막 건 것도 다 떼버리고, 현관 비번

바꾼 것도 마스터키로 열고 들어와서 저를 제외한 가족들을 집에 못 들어오게 막고 있습니다. 집에 못 들어오도록 막는 아파트 소유자의 행위가 정당한 건가요? 지금 점유는 제가 계속 하고 있습니다. 정당하지 않다면 해결할 방법은 뭐가 있을까요? 그리고 드나들 수 있게 되었다면 잠금장치를 교체해도 되나요?

**A.** 아버지가 공사대금채권을 갖고 있고 아들이 점유보조자로 점유하고 있다면 유치권이 성립된다. 유치권자는 보존행위 차원에서만 아파트를 사용할 수 있지만 소유자의 배려로 임대 형태로 살게 되었다면 임대료, 즉 그 사용료를 대금 대신 받은 것으로 상계할 수 있다. 즉 이 상황에서 유치권은 인정받을 여지가 충분하며 따라서 유치권 행사를 방해하기 위하여 현수막을 떼고 가족을 못 들어오게 막는 것은 업무 방해가 될 수 있다. 형사고소를 할 수 있으며 민사상 손해배상을 청구할 수 있다. 자구행위 차원에서 잠금장치도 교체할 수 있다고 판단된다.

**Q3. 소유권이 변경된 건물, 시건장치를 임의로 떼어내고 점유해도 되는지?**

실내 인테리어 공사를 완료했는데 두 달이 넘도록 원도급자에게 돈을 못 받았습니다. 원도급자는 현재 잠적 상태입니다. 건축주가 소유권 등기를 마치고 번호키로 시건장치를 해놓았는데 시건장치를 떼고 점유를 해도 되는지요? 혹 주거침입죄가 될까요?

**A.** 이미 소유권이 변경되었다면 유치권상 대상물이 아니다. 한편 시건장치를 떼고 들어가는 것은 주거침입죄(형법제319조)로 처벌받는 불법행위가 되어(민법제320조제2항) 적법한 점유로 인정받을 수 없다.

**Q4. 점유한 건물을 침탈당했는데 어떻게 해야 다시 유치권을 인정받을 수 있나?**

저희는 어느 건설회사와 도급계약을 맺고 오피스텔을 건설했으나 공사대금의 일부를 지급받지 못하여 해당 오피스텔을 점유하고 있었습니다. 이후 저당권설정등기를 마치고 임의경매를 신청한 다음, 유치권 신고를 하였으나 경매로 배당받은 금액이 공사대금을 전부 변제하기에는 모자라다는 것을 알게 되었다. 그런데 낙찰자는 이미 소유권이전등기까지 마치고 해당 건물을 임대하는 등 점유를 침탈한 상황입니다. 부적법하게 침탈당한 현재의 건물에 대하여 낙찰자에게 손해배상이나 건물인도 청구 등을 해서 어떻게든 유치권을 회복하고 싶은데 어떤 방법이 있을까요?

**A.** 유치권을 행사하던 중 점유를 침탈당하였다면 '직시 가해자를 배제하여 이를 탈환할 수 있고(민법제209조제2항)' 만약 위 '직시'의 때를 넘겼다면 점유를 침탈당한 날로부터 1년 이내에 침탈자를 상대로 그 물건의 반환과 손해의 배상을 청구할 수 있다(민법제204조). 만일 점유회수의 소를 제기하여 승소가 확정되면 그때부터 유치권이 회복된다(대법원 2011다72189판결).

## Q5. 영업 중인 곳을 점유할 수 있는지?

인테리어 공사를 마쳤는데 대금을 못 받고 있습니다. 전체 건축공사는 아직 준공 전이지만 매장 입점업체들이 장사를 개시했습니다. 다음 주까지 인테리어 비용을 지불하지 않으면 점유를 개시하여 유치권을 행사할 계획입니다. 그런데 '현재 영업 중인 곳을 점유할 경우 영업방해로 오히려 고소될 수 있다.'는 말을 본 적이 있습니다.

질문 1) 건물 자체가 준공이 나지 않았는데 사용하고 있기 때문에 영업방해와는 무관하지 않은지?

질문 2) 저희가 인테리어를 했던 층에 사람이 있어도 점유가 가능한지?

**A.** 유치권보다 점유가 더 큰 개념이다. 현재 영업 중인 사람도 점유를 하고 있는 셈이

다. 점유란 '사회관념상 어떤 사람이 사실적으로 지배하고 있는 객관적 상태를 말하는 것으로서, 사실적 지배는 반드시 물건을 물리적, 현실적으로 지배하는 것만을 의미하는 것이 아니고, 그 인정 여부는 물건과 사람 사이의 시간적, 공간적 관계와 본권 관계, 타인 지배의 배제 가능성 등을 고려해서 사회관념에 따라 합목적적으로 판단해야 한다.'고 대법원 2018다 208799 판결은 판시하고 있다.

답변 1) 점유는 준공 여부 등과 관련이 없다. 점유에 대한 판단은, 사실관계를 살피며 이루어진다.

답변 2) 현실적으로 다른 사람이 사실적 지배를 하고 있는데 채권자 측에서 무리하게 점유를 시도하면 도리어 업무방해의 혐의를 받을 수 있다.

### Q6. 경락인에게 점유를 침탈당했을 때 대응방법

건설회사입니다. 2020년에 상가건물을 준공한 후 지금까지 공사비를 받지 못해 유치권을 행사 중입니다. 건축주를 상대로 공사대금 소송, 유치권부존재확인소송 등에서 승소판결을 받았습니다. 이후 이 건물이 경매가 진행되어 경락자가 인도명령 소송을 걸었는데 여기서도 승소를 했습니다.

그런데 지금까지 적법하게 유치, 점유하고 있던 건물에 대해 경락자가 불법으로 쳐들어와 우리를 내쫓고 시건장치를 교체해버려 현재 우리는 경락자를 상대로 업무방해와 권리행사방해죄로 고소를 했습니다. 이 경우 어떻게 점유를 회복할 수 있는지요? 용역원을 대동하여 쳐들어가는 방법도 생각해 보았지만 합법적인 방법이 없는지 궁금합니다. 깡패를 동원하여 과격한 방식으로 점유를 회복해도 불법이 아닌 것인지, 만일 불법이라면 어떻게 법적으로 대응할 수 있는지요?

**A.** 유치권자가 적법하게 점유하고 있다가 경락자에게 침탈당하였을 때는 '직시 가해자를 배제하여 이를 탈환할 수 있고'(민법제209조) 그 직시를 넘으면 가해자를 상대로 침탈을 당한 날로부터 1년 이내에 점유의 회수를 구하는 소송을 제기하여 그 물건의 반환과 손해의 배상을 청구할 수 있다(민법제204조). 이런 방법 외에는 합법적인 방법이 없다. 점유를 회복했더라도 불법행위가 있었다면 유치권이 성립할 수 없다(민법제320조제2항). 그래서 점유의 침탈이 있을 때 '직시' 합법적인 용역원을 동원하여서라도 가해자를 배제하는 것이 중요하다. '직시'에 대해서는 다음 〈대법원 2017도9999 판결〉을 참고하자.

----

민법 제209조 제2항 전단은 '점유물이 침탈되었을 경우에 부동산일 때에는 점유자는 침탈 후 직시 가해자를 배제하여 이를 탈환할 수 있다'고 하여 자력구제권 중 부동산에 관한 자력탈환권에 관하여 규정하고 있다. 여기에서 '직시'란 '객관적으로 가능한 한 신속히' 또는 '사회관념상 가해자를 배제하여 점유를 회복하는 데 필요하다고 인정되는 범위 안에서 되도록 속히'라는 뜻으로, 자력탈환권의 행사가 '직시'에 이루어졌는지는 물리적 시간의 장단은 물론 침탈자가 확립된 점유를 취득하여 자력탈환권의 행사를 허용하는 것이 오히려 법적 안정 내지 평화를 해하거나 자력탈환권의 남용에 이르는 것은 아닌지 함께 살펴 판단하여야 한다.

----

## Q7. 유치권 행사는 24시간 지속되어야 하나?

야간이나 공휴일도 자리를 지켜야 하나요?

**A.** 점유가 선인가, 점인가 묻는 질문이다. 그런데 〈대법원 2010다2459판결〉은 점유의 요건으로 시간의 연속성을 들고 있지 않다. 해당 판례를 보면 '물건에 대한 점유는 사회관념상 어떤 사람의 사실적 지배에 있다고 할 수 있는 객관적 관계를 가리키는 것으로서, 여기서 말하는 사실적 지배는 반드시 물건을 물리적·현실적으로 지배하는 것만을 의미하는 것이 아니라 물건과 사람과의 시간적·공간적 관계와 본권관계, 타인 지배의 배제가능성 등을 종합적으로 고려하여 사회관념에 따라 합목적적으로 판단하여야 한다(대법원 1996. 8. 23. 선고 95다8713 판결, 대법원 2012. 1. 27. 선고 2011다74949 판결 등 참조)'고 '점유'를 정의한다. 그리고 이어지는 내용에서 '원고가 이 사건 아파트 분양과 관련한 징수금 채권 등을 담보하기 위하여 2003. 9. 20.부터 이 사건 아파트 출입문을 잠그고 그 열쇠를 보관하는 한편 2008. 4. 18. 자신이 유치권을 행사하고 있다는 내용의 경고문을 이 사건 아파트 출입문에 게시한 사실을 인정한 다음, 원고가 타인의 지배를 배제하고 사회 관념상 이 사건 아파트를 사실상 지배하여 그 점유를 취득하였다고 판단하였다.'고 사건 내용에 대해서 판단하고 있는데 여기서도 시간의 연속성 문제는 등장하지 않는다.

시간과 관련해서는 어떤 판례도 명확한 기준을 제시하지 않고 있다. 현실적으로 어느 정도를 점유로 인정할 것인지는 일반 건조물인지 아파트 등 주택인지에 따라 다를 수 있지만 자력구제의 한계인 '직시' 그 물건을 탈환할 수 있는 이른바 '배제 가능성'이 주요한 근거가 된다고 볼 때 그 한계는 애매하나 24시간 계속 점유가 핵심이 아니라 어느 때든 배제할 수 있는 정도, 혹은 침탈당했더라도 자력구제가 가능한 상태라면 충분해 보인다.

**Q8. 점유 회복이 안 되면 컨테이너로 출입구를 막으려는데**

전기공사업체입니다. 공장 증설 과정에서 전기 부분을 공사하고 작년 12월에 약속어음을 받았습니다. 그런데 이 업체가 공장과 토지를 매매하고 법인은 부도를 냈습니다. 약속어음 지급기일이 4월 30일이었고 등기부등본을 보니 2월 말 매매가 되어 다른 업체가 들어왔습니다. 기존 채권자들이 이 공장을 상대로 경매절차에 들어갔습니다. 채권금액이 토지가와 건물을 넘어설 정도로 많아서 고의 부도로 보고 있습니다. 가지고 있던 약속어음은 휴지조각이 되었습니다. 지금이라도 공장 입구를 막고 유치권을 행사할 수 있는지 궁금합니다. 유치권은 점유했을 때만 가능하다고 들었는데 만일 진입이 불가능하면 컨테이너로 입구라도 막으려고 합니다. 어떻게 해야 할까요?

**A.** 유치권은 점유와 채권이 있어야 하며 그 점유는 실제적인 점유, 합법적인 점유가 되어야 한다. 이미 다른 사람이 점유하고 있는 경우, 해당 점유자의 동의를 얻지 않고서는 합법적인 점유라고 볼 수 없다. 따라서 상대가 동의하지 않은 상태에서 입구에 컨테이너를 설치해도 점유라고 보기는 어렵다. 나아가 업무방해나 일반교통방해 등으로 형사처벌을 받을 가능성도 있다.

**Q9. 아무도 없을 때 경매 현황조사보고서를 위해 집행관이 다녀갔다면?**

임의경매개시 일주일 전부터 점유하고 있었습니다. 점유 초반이라 아직 현수막은 부착하지 못했습니다. 열쇠로 잠가두고 2~3일에 한 번 방문하면서 타인 출입을 확인하는 정도입니다. 그런데 법원에서 현황조사 나온 사람이 우리 없을 때 다녀간 모양입니다. 이후 현수막과 시건장치를 달고, 주 출입구에 말뚝을 박아 출입통제를 강화했습니다. 이 경우 점유를 인정받을 수 있나요?

**A.** 유치권상 점유는 경매개시결정의 압류등기 전에 개시되어야 하며 그 이후에 개시된 것은 압류의 처분 금지효에 의하여 효력이 없다(대법원 2005다22588판결). 그리고

점유는 사회 통념상 사실상의 지배로 볼 수 있는 정도가 되어야 하는데 단지 열쇠로 잠그고 2~3일에 한 번씩 방문했다면 점유로 인정받기 어렵다고 보인다. 법원 집행관이 현황조사보고서를 작성할 때 점유 사실이 기재되어 있지 않다면 나중에 이를 뒤집어 법원으로부터 점유 사실을 인정받기란 매우 어렵다. 현황조사를 나왔다는 말을 들었다면 즉시 집행관에서 사정을 반영하도록 하거나 그 사정을 집행법원에 문서로 제출할 필요가 있다.

### Q10. 소유권 이전 후 점유는?

공사대금을 다 못 받아서 유치권을 행사하려고 비어 있는 오피스텔을 점유했습니다. 알고 보니 이미 소유주가 바뀐 상태입니다. 시행사 측에서 개인에게 분양하여 등기까지 이전했습니다. 바뀐 소유주가 주거침입이라며 고소를 했습니다. 제 행위가 주거침입인가요? 소유권이전등기를 확인하지 못한 건 실수입니다.

A. 유치권상 적법한 점유란 기존 점유자의 동의를 받거나 이미 공사 중에 계속 점유하는 경우이다. 이미 소유자가 변경되었고 등기까지 이전되었는데 함부로 들어갔다면 주거 침입죄로 고소될 수 있다.

# 기타 점유 관련 질의응답

**Q1. 임차인 통한 점유도 점유인가?**

다세대 주택 전부에 대해 유치권을 행사 중인데 주택 전부가 아니라 한 세대만 점유 중이어도 전체 점유로 봐야 하나요? 점유 외 주택에는 확정일자가 확인되지 않은 사람이 살고 있습니다. 임차인으로 보입니다. 임차인 점유의 세대가 경매에 부쳐졌습니다. 경매 전, 유치권자는 직원 한 명을 이 집에 전입신고를 하고 점유를 하고 있습니다. 점유하는 곳은 경매로 나온 집은 아닙니다. 임차인이 있기는 한데 임차인 점유는 유치권 점유가 아니지 않나요?

**A.** 유치권상 점유는 유치물 전부에 대하여 유치할 수 있는데 다만 각 유치물에 대하여 실제적인 점유를 하여야 할 것이고 주민등록여부와는 상관이 없다(민법제321조). 따라서 임차인이라고 하여 별도로 점유하고 있다면 유치권자가 점유하고 있다고 보기 힘들다. 다만 점유는 간접점유도 가능하기 때문에 임대인이 임차인을 직접점유자로 하여 간접점유할 수도 있어 그 실체를 파악할 필요가 있다. 참고로, 적은 채권액에 대량의 유치물 전부가 있을 때 다른 담보제공으로 유치권 소멸 청구를 할 수 있다(민법제327조, 대법원2019다216077판결).

**Q2. 유치권자가 해당 건물을 임차해서 사용 중이라면?**

판매업종 법인을 낙찰받았습니다. 그런데 공사대금 유치권자가 점유를 주장하는데 이 채무자소유명의 판매업을 계속 영업 중입니다. 유치권자는 채무자의 동의를 받았다고 주장하고 있습니다. 채무자와 유치권자가 서로 짜고 영업을 계속하고 있는 것으로 추정되는데 채무자 명의 상호를 그대로 해서 사업을 계속 하고 있는 게 적법한 점유라고 할 수 있을까요?

**A.** 점유는 직접점유든 간접점유든 상관이 없다. 다만 직접 점유자가 채무자인 경우 유치권이 인정되지 않는다(대법원 2007다27236판결). 이 경우, 유치권자는 임차인이 되어 영업을 하는 것이고, 그렇다면 소유자(채무자)가 간접점유를 하는 셈이 되므로 유치권이 불성립한다.

# 4
## "그 물건이나 유가증권에 관하여 생긴 채권이"

위 제목은 유치권의 견련성(牽聯性)에 관한 내용을 담고 있다. 견련성이란 '관련이 있다'는 뜻이다. 유치권이 인정되려면 물건(혹은 유가증권)이 있어야 하고, 이 물건에서 생긴 채권이 있어야 한다. 이 물건과 채권 사이의 관련성을 견련성이라고 한다.

대부분의 유치권 행사는 공사를 해주고 대금을 못 받은 공사업체가 점유를 하면서 시작된다. 이때 공사한 건물이 유치권의 대상이 되는 물건이 되고, 이 물건이 채권과 견련성이 있어야 한다는 게 핵심이다. 그러나 공사대금채권처럼 견련관계가 명확한 경우 말고 대금반환청구권처럼 애매한 채권도 존재한다. 현재 법조계에서도 어떤 채권까지 견련성이 있는 것으로 보아야 할지 명확한 기준을 제시하지 못하고 있다. 따라서 구체적인 내용은 관련 판례를 통해 접근할 수밖에 없다.

### case 4. 담보로 잡은 자동차, 유치권 주장 가능한가?

"후배가 돈이 필요하다고 하여 근저당권이 설정된 자동차를 양도받고 돈을 빌려주었습니다. 이전등록은 하지 않고 돈을 갚을 때까지 보관하기로 했는데 나중에 저당 설정한 캐피탈회사에서 경매 신청을 하였습니다."

**Q1.** 유치권을 주장할 수 있습니까?

**A.** 유치권은 민법 제320조에 의하면 그 물건이나 유가증권에 관하여 생긴 채권에 한하여 성립한다. 채권상 견련성이 있어야 한다는 말이다. 예를 들어 보자. A가 B에게 노트북 수리를 맡겼다. B가 수리를 마쳤지만 A가 비용을 지불하지 않는다. 이 경우 B는 비용을 받을 때까지 노트북을 점유할 수 있는 권리, 즉 유치권이 있다. 이때 유치권의 대상이 되는 물건은 노트북이 되는데, 왜냐하면 수리비는 이 노트북을 고치면서 발생했기 때문이다. 그런데 A가 다시 B에게 휴대폰의 수리를 맡겼다. B는 휴대폰을 수리해주었고, A는 휴대폰 수리에 대해서 비용을 지불했다. 그런데 B는 아직 노트북 수리비용을 못 받았으니 휴대폰도 주지 말자고 생각하고 A에게 휴대폰을 돌려주지 않았다. B는 노트북 수리비용을 받기 위해 이와 상관없는 휴대폰을 점유하고 유치권을 주장하는 셈인데 그러나 이 경우 휴대폰은 채권(노트북 수리비)을 발생시킨 물건이 아니기 때문에, 즉 견련성이 없기 때문에 유치권은 성립하지 않는다. 마찬가지로 위 사건에서 자동차는 담보일 뿐, 유치권의 조건으로 성립해야 할 채권과 물건 사이의 견련성은 없다. 이른바 담보제공 형식의 경우는 견련성이 인정되지 않는다. 이를 달리 설명하면 채권이 물건 자체에서 발생한 것이 아니고, 물건이 이를 단지 담보하는 경우다(달리 말해 다른 물건으로 대체될 수 없는 것이 견련성의 특징이다.). 따라서 경매 매수인이 인도를 청구하면 응해야 한다.

**Q2.** 그러면 다른 좋은 방법이 없습니까?

**A.** 아주 가능성이 없는 건 아니다. 만일 위 자동차를 유지하고 보관하는 데 금전이 소요된 경우 그 금액(필요비)을 근거로 유치권을 주장할 소지는 있다. 다만, 질문자가 자동차를 사용하고 있고, 이때 사소한 부품 교체나 수리를 하여 지불하게 된 비용은 통상의 필요비에 해당, 유치권이 성립하지 않는다(다음 판례 참조). 중요한 점은, 통상의 필요비와, 유치권이 인정되는 필요비를 구분할 필요가 있다.

---

### 대법원 1996.7.12. 선고 95다41161, 41178 판결 【건물명도등·동산인도】

기계의 점유자가 그 기계장치를 계속 사용함에 따라 마모되거나 손상된 부품을 교체하거나 수리하는 데에 소요된 비용은 통상의 필요비에 해당하고, 그러한 통상의 필요비는 점유자가 과실을 취득하면(점유자가 그 사용으로 이득을 얻었다면) 회복자로부터 그 상환을 구할 수 없다.

---

### case 5. 공사가 중단된 경우 유치권은?

"시공사에 공사를 발주하였는데 토목공사가 끝날 때쯤 시공사가 부도가 났습니다. 건축주는 시공사에게 공사비 전액을 결제하였고 또한 공사 포기 각서도 받았습니다. 아직 건축물에 대한 골조 공사는 시작도 못했습니다. 마무리 토목공사를 새로운 시공사에 맡기고 공사를 재개하려고 하는데 그전 시공사의 하도급업체인 토목공사업체에서 그전 시공사로부터 공사비를 전부 받지 못했다며 유치권을 주장하고 있습니다. 청구하는 비용도 공사 견적을 훨씬 웃도는 액수였습니다."

**Q1.** 이 경우 하도급업체의 유치권이 인정될 수 있습니까?

**A.** 다음 판례를 볼 필요가 있다.

---

**대법원 2008.5.30.자 2007마98 결정【경락부동산인도명령】**

유치권의 성립을 주장하는 재항고이유에 대하여 건물의 신축공사를 한 수급인이 그 건물을 점유하고 있고 또 그 건물에 관하여 생긴 공사금 채권이 있다면, 수급인은 그 채권을 변제받을 때까지 건물을 유치할 권리가 있는 것이지만(대법원 1995.9.15. 선고 95다16202, 16219 판결 등 참조), 건물의 신축공사를 도급받은 수급인이 사회통념상 독립한 건물이라고 볼 수 없는 정착물을 토지에 설치한 상태에서 공사가 중단된 경우에 위 정착물은 토지의 부합물에 불과하여 이러한 정착물에 대하여 유치권을 행사할 수 없는 것이고, 또한 공사중단시까지 발생한 공사금 채권은 토지에 관하여 생긴 것이 아니므로 위 공사금 채권에 기하여 토지에 대하여 유치권을 행사할 수도 없는 것이다.

---

위 판례는 건물 신축 업자가 일부 기초 토목공사를 하다가 그만둔 경우, 토지와 건물의 소유권이 다르다면 토지 소유자에게 유치권을 행사할 수 없다는 내용을 담고 있다. 핵심은 공사가 중단된 구조물이 독립된 건축물인가 아니면 토지에 부합된 것에 불과한가 하는 점이다. 독립된 건축물이라면 유치권이 성립될 수 있다. 그러나 만일 토지에 부합된 것에 불과하다면 이 경우 건물과 토지의 소유자가 같은지 다른지 확인해야 한다. 만일 토지와 건물의 소유자가 같은 경우에는 하도급업체가 유치권자임이 분명하다는 전제 아래 유치권을 행사할 수 있다. 비록 수급업체가 공사비를 모두 받았다고 하여도 하도급업체로서는 유치목적물인 위 토지에 대하여 견련성 있는 채권을 갖

고 있기 때문이다(대법원 2007.9.7. 선고 2005다16942 판결 참조). 반대로 건물과 토지의 소유자가 다른 경우에는 유치권을 주장할 구조물이 토지에 속하므로 건물 주인에게 유치권을 주장할 수 없다.

**Q2.** 현재 공사는 중지되어 있고 누구도 점유하고 있지 않습니다. 그래도 유치권이 성립할 수 있습니까?

**A.** 성립하지 않는다. 점유가 없으면 유치권도 없다. 문제의 핵심을 짚어보자. 여기서 채권관계는 집 주인과 시공사 사이에 발생한 것이다. 그런데 집 주인과 시공사 사이에는 줄 돈 다 주었고, 받을 돈 다 받아서 채권·채무 관계가 전혀 없다. 그 와중에 발생한 문제다. 구체적인 사건 양상은 모르겠다. 토목공사업체(하도급업체)가 시공사로부터 돈을 못 받은 것인지 아니면 못 받은 척하고 그러는지 알 수 없다. 그런데 더 심각한 문제는 그 토목공사업체가 유치권을 행사할 수 있다는 사실이다. 이 경우 집 주인으로서는 그들의 점유를 거부할 수 있다. 소유자나 채무자의 동의 없이 점유를 하면 불법점유에 해당하기 때문이다. 따라서 건축주로서는 토목공사업체가 점유를 하지 못하도록 미리 방어를 하고 만약 건축주의 동의나 승낙 없이 점유를 하고 있다면 즉시 자력 구제를 하여(민법 제209조 참조) 점유를 막아야 하고 경우에 따라 건조물 침입 등으로 형사고소를 할 필요가 있다.

**Q3.** 현재 하도급업체의 공작물이 설치되어 있는데 이를 마음대로 철거할 수 있습니까?

**A.** 위 빔공작물이 다음 공사를 하는데 불필요하다면 하도급업자에게 철거하도록 통지하고 그동안 훗날의 시비를 예방하기 위하여 정산을 요구하거나 사진을 찍어 놓고 선량한 관리자의 의무(선관의무, 보존에 필요한 활동을 하되 이를 마음대로 처분해서는

안 된다.)로서 적절히 보관하면서 공사를 계속할 수 있다고 생각한다. 그리고 정식적으로는 위 빔공작물의 철거를 요청하는 본안 소송을 제기하여 판결을 받아야 한다.

### case 6. 임차인의 보증금도 유치권의 대상인가?

"경매로 빌라를 사려고 고민 중입니다. 현재 그 집에 임차인이 살고 있습니다. 아마도 위 임차인은 임대차 보증금을 주고 살고 있을 텐데 경매가 되어 임차인이 유치권을 신고하면 어떻게 되나 걱정이 앞섭니다."

**Q1.** 임대차 보증금을 가지고 유치권을 신청할 수 있습니까?
**A.** 걱정할 필요 없다. 임대차 보증금은 유치권상 피담보채권이 되지 않아 유치권이 성립하지 않는다. 한마디로 견련성이 없기 때문이다. 아래 판결에서는 민법제320조의 견련성 부분을 직접 언급하며 성립하지 않는다고 밝힌다.

---

**대법원 1976.5.11. 선고 75다1305 판결 【건물명도】**

건물의 임대차에 있어서 임차인의 임대인에게 지급한 임차보증금반환청구권이나 임대인이 건물시설을 아니하기 때문에 임차인에게 건물을 임차목적대로 사용 못한 것을 이유로 하는 손해배상청구권은 모두 민법 제320조에 규정된 소위 그 건물에 관하여 생긴 채권이라 할 수 없으므로(보증금에 관한 당원 1960.9.29. 선고 4292민상229 판결 참조) 원심판결이 이와 같은 취지에서 보증금반환채권과 손해배상채권에 관한 피고의 유치권 주장을 배척한 조치는 정당하고 반대의 견해로 나온 소론은 이유 없고…

---

**Q2.** 위 임대차 보증금 외에 다른 이유로 임차인이 유치권을 주장할 수 있습니까?

**A.** 만약 임차인이 그 빌라를 보수하거나 전기료를 대신 냈으나 임대인으로부터 그 비용을 제대로 상환받지 못할 경우에는 이른바 필요비, 유익비에 대한 상환청구권을 피담보채권으로 하는 유치권이 성립할 수 있다.

---

**민법 제626조 (임차인의 상환청구권)**

① 임차인이 임차물의 보존에 관한 필요비를 지출한 때에는 임대인에 대하여 그 상환을 청구할 수 있다.

② 임차인이 유익비를 지출한 경우에는 임대인은 임대차 종료시에 그 가액의 증가가 현존한 때에 한하여(* 가치가 높아졌다고 판단될 때) 임차인이 지출한 금액이나 그 증가액을 상환하여야 한다. 이 경우에 법원은 임대인의 청구에 의하여 상당한 상환기간을 허여할 수 있다.

(* 상환청구권이 있는 경우 임차인은 유치권을 주장할 수 있다.)

---

임차인도 얼마든지 유치권자가 될 수 있다. 따라서 소유자·임대인을 상대로 임차인으로부터 청구된 공사대금 등이 없는지, 임차한 후 추가 공사를 한 것이 없는지 확인해 두는 것이 좋다. 나아가 입찰하기 전에 관리 사무소에 문의하여 밀린 전기료 등 내야 할 관리비가 없는지도 확인해 두자. 그리고 미리미리 자신에게 유리한 증거를 수집해 두는 것이 필요하다.

### case 7. 임차인의 시설투자비, 유치권은?

"2015년 건물주와 월차임 1,000만 원으로 하여 임대차계약을 맺을 당시 내부시설이 제대로 되어 있지 않아 공사비를 들여 시설을 갖추었습니다. 당시 계약을 맺으면서 3년 계약만 하면 종료 시 임대보증금과 함께 시설비를 반환하고, 7년 이상 운영 시 투자한 시설은 기증하기로 했습니다. 그런데 운영 3년차에 재계약을 맺을 즈음 위 건물이 경매로 넘어가게 되어 임대보증금과 시설투자비의 반환을 요구하였으나 건물주는 경매에 넘어간 판국에 돈도 없고 못 주겠다고 버텼습니다. 어쩔 수 없이 경매가 진행되는 상태에서 계속 운영할 수밖에 없었고 그 후 건물주의 노력이 있었는지 경매가 취하되었다가 다시 4년차가 되었을 때 다시 경매가 시작되었습니다. 최근에 시설투자비에 대하여 법원에 유치권을 신고했습니다."

**Q1.** 시설투자비에 대하여 유치권을 인정받을 수 있습니까?

**A.** 임차인의 시설투자비는 통상 민법 제626조의 임차인의 상환청구권 중 유익비에 해당하여 매수인(낙찰자)에게 받아낼 수 있다. 다만 그 가액이 현존한 경우에 한하여 그 현존 가액이나 지출한 비용에 대하여 임대인의 선택에 따라 상환하도록 되어 있다. 그러나 유익비는 우리 판례상 객관적 이익이라는 기준을 충족시키기 어려워 인정되는 경우가 매우 드물다는 것을 기억하자.

**Q2.** 같은 공사여도 인테리어나 시설비의 경우는 유치권을 행사할 수 없다고 들은 기억이 있습니다. 방과 방 사이의 벽, 철근, 바닥 등 기본골격 부분은 혹시 인테리어나 시설비에 속하지는 않는지요?

**A.** 만일 임차인 등이, 법이 정하는 비용 상환청구권을 갖는 경우(민법 제626조)에는 경우에 따라 유치권이 인정된다. 이때 임차인이 집안 공사를 한 것이 과연 필요비

냐, 유익비냐를 구분할 필요가 있다(필요비는 해당 건물에 거주하는 데 반드시 필요한 비용, 반대로 유익비는 반드시 필요한 비용은 아니지만 해당 건물에 객관적인 이익을 주는 비용을 말한다.). 필요비의 경우도 다 인정되는 것은 아니다(통상의 필요비는 유치권이 인정되지 않는다.). 그러나 바닥 난방이나 보일러가 고장 나서 쓸 수 없는 경우 이를 수리한 비용은 유치권이 인정된다. 보통은 임대인에게 비용 상환을 청구하게 되는데 임대인이 안 주면 매수인(경락인)에게 그 부담이 전가된다(유치권을 주장할 수 있다는 뜻).

반면 화장실을 쓸 수는 있지만 낡아서 돈을 들여 공사를 한 경우, 이는 유익비에 해당한다. 이때 객관적 이익이 현존하는 경우(개인적인 만족을 위해 고친 것이 아니라 누가 보더라도 가치가 올라간 경우)에는 유치권을 인정한다. 만일 임차인이 주관적 이익을 위해 인테리어를 바꾸거나 시설비를 썼다면 이는 유치권으로 인정받기 어렵다(현실적으로 인정되는 사례가 드물다.). 그러나 방과 방 사이의 벽, 철근, 바닥 등 기본골격 부분 등은 개인적인 만족을 위한 것이 아니므로 유치권상 피담보채권이 될 가능성이 매우 크다. 참고로 유익비의 경우 임대차 계약서에 원상 복구라는 문구가 있다면 유치권 인정이 안 된다.

**Q3.** 유치권을 통해 돈을 빨리 받아낼 수 있는 방법은 없습니까?

**A.** 유치권은 매수인(낙찰자)에게 물건의 유치를 통하여 변제를 간접적으로 강제하는 것이지 적극적으로 청구할 수는 없다. 이런 특성 때문에 유치권을 유지하는 것이 때로는 손해가 될 수 있다. 유치권을 인정받으려면 지속적인 점유가 필요한데 여기에는 시간과 비용이 발생할 수밖에 없다. 따라서 최소한의 비용으로 버틸 수 있는 방법을 모색해야 한다. 때에 따라 형식적 경매를 활용, 경매 목적물을 돈으로 바꾸는 방법을 강구할 수 있다〔제322조(경매·간이변제충당) ① 유치권자는 채권의 변제를 받기 위하여 유치물을 경매할 수 있다.〕.

참고로 위 상환청구권에 기하여 임대인에게 청구할 수는 있으나 경매가 진행될 정도라면 실제로 청구하여 거둘 수 있는 실익은 별로 없을 것 같다.

### case 8. 유치권을 주장할 수 있는 필요비, 유익비

"저는 다세대주택의 1세대 임차인입니다. 세 들어 사는 동안 집안 수리다 뭐다 하여 비용이 발생했습니다. 그래서 집행법원에 유치권 신고를 하였습니다."

**Q1.** 제가 인정받을 수 있는 필요비, 유익비는 어느 정도입니까?
**A.** 유치권은 경매 절차에서 입찰하려는 사람의 참고 사항이지 경매를 집행하는 법원에서 유치권을 인정하거나 거부하는 절차가 따로 없다. 다만 부동산인도명령이 신청되었을 때 유치권이 소명되면(법원이 판단하기에 확실하다는 증명까지는 아니어도 유치권 주장자의 설명이 충분히 그렇다고 느껴지는 정도로 입증했다는 말) 인도명령 신청은 기각될 수 있다. 결국 필요비, 유익비는 유치권자와 매수인(낙찰자) 사이에 해결되어야 할 문제이고, 만일 당사자 사이에 합의가 이루어지지 않는 경우에는 법정에서 판결로 해결할 수밖에 없다. 만일 법정까지 갔다고 전제하면 통상 보일러 수리비, 지붕 수리비 등의 필요비는 대개 그 액수가 모두 인정되고(대체로 액수가 큰 경우에는 인정, 작으면 불인정되는 경향이 있다.), 유익비는 객관적 가치가 있을 때 그 현존하는 범위 내에서 인정되는데 현실적으로 유익비가 인정되는 범위는 지극히 적다.

**Q2.** 전입신고와 확정일자 등으로 우선변제권이 있어 일부 보증금을 회수할 수 있을 것 같은데 이는 어떻게 찾을 수 있는가요?
**A.** 전입신고나 우선변제권 등은 주택임대차보호법에 의한 주택 임차인에 대한 특별한 보호 규정이며 이는 유치권과는 별도로 진행된다. 따라서 경매 절차에서 임대차

보증금 등을 반환받고 싶다면 유치권과는 별도로 배당요구종기 이전에 배당 요구를 해야 한다. 그리고 채무자에 대하여 유치권자가 청구할 수 있는 피담보채권이라면 이를 기초로 배당 요구를 할 수도 있다. 다시 말하지만 보증금 반환 등은 채권에 관한 문제이고 유치권은 물권에 관한 것으로 그 효력이나 절차가 다르므로 그에 따라서 권리행사를 적절히 할 필요가 있다.

## 못 받은 임금, 건물 매매대금도 유치권 대상이 될까?

**Q1.** 인테리어업체에서 일용직으로 1층 복도 벽타일 시공을 했습니다. 건물주랑 인테리어업체는 친구 사이라고 합니다. 인테리어업체가 대금지급을 하지 않고 모른 척 일관하고 있습니다. 금액은 100만 원입니다. 건물주한테 연락해 보니 인테리어업체에게 대금을 지급하지는 않았다고 합니다. 제가 1층 공사할 때 건물주 분은 옆에 같이 있었습니다. 그래서 1층 인건비 100만 원을 줄 수 있냐고 하니까 못 주겠답니다. 1층 공사한 전후 사진은 다 가지고 있습니다. 오늘 준다 내일 준다 점심 먹고 준다, 그러면서 15일을 질질 끌었습니다. 이젠 돈보다도 괘씸한 마음뿐입니다. 알고 보니 인테리어업체는 전문 사기꾼이며 피해자가 30명은 넘는 것 같습니다. 유치권 행사라도 하고 싶은데 방법이 있을까요?

**A.** 유치권은 채권과 그 목적물과의 견련성이 있어야 하는데 인테리어 업체의 일용직으로 임금을 받지 못하였다면 그 임금채권으로 유치권을 행사할 수 없다. 인테리어업

체 사장을 사기죄 등으로 형사고소를 하거나 임금체불 등으로 근로기준법 위반으로 고소하고 임금청구 민사소송을 진행하는 것이 좋다.

**Q2.** 시행사에서 근무한 직원이 임금 못 받고 퇴사했습니다. 이후 회사 소유 토지가 경매 매물로 나와 임금을 받으려고 하는데 토지에 대해 유치권을 신청하면 못 받은 돈을 돌려받을 수 있나요?

**A.** 시행사에서 받지 못한 임금으로 토지나 건물에 대한 유치권을 행사하기 어려워 보인다. 다만 소속 회사 소유 토지가 경매가 되고 있다면 최종 3개월분의 임금, 재해보상금(근로기준법 제38조제2항), 최종 3년치의 퇴직금(근로자퇴직급여보장법)을 우선변제 받을 수 있으므로 경매상 배당 요구종기 전에 배당요구를 하는 것이 좋다.

**Q3.** 최초 매도자의 유치권 주장 가능할까요? 주택 양도 매매에서 최초 매도자가 대금을 못 받았는데 주택이 최초 매수자에서 다음 매수자로 넘어간 경우, 최초 매도자는 최종 매수자에게 유치권으로 대항할 수 있나요?

**A.** 대법원 2011마2380 결정은 '부동산 매도인이 매매대금을 다 지급받지 않은 상태에서 매수인에게 소유권이전등기를 마쳐주었으나 부동산을 계속 점유하고 있는 경우, 매매대금채권을 피담보채권으로 하여 매수인이나 그에게서 부동산 소유권을 취득한 제3자에게 유치권을 주장할 수 없다'고 판시했다. 유치권상 견련성이 없기 때문이다.

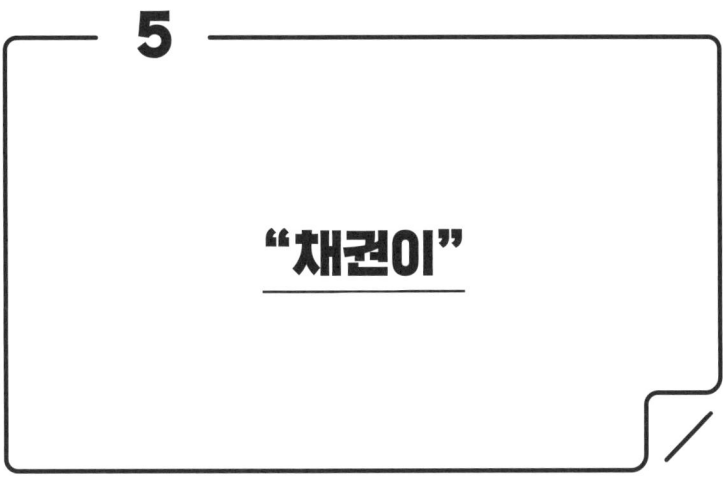

유치권이 어려운 이유는 유치권을 다시 채권으로 설명하기 때문이다. 유치권은 물권으로 채권과 성격이 전혀 다르다. 한마디로 대세적 효력에서 차이가 있다. 채권은 계약 당사자에게만 주장할 수 있는 권리다. 반면 물권은 물건에 부여된 권리로 누구에게나 주장할 수 있다.

유치권의 채권 문제는 주로 허위 유치권과 관련되어 발생한다. 없는 채권을 만들어서 유치권을 주장하는 경우도 있고, 채권 액수를 부풀리는 경우도 있다. 실제 유치권자인 경우에도 채권 문제는 주로 변제기 때문에 발생하는데 이는 다음에 살펴보고, 여기서는 넘길 수 없는 권리 유치권과 넘길 수 있는 권리 채권 때문에 생긴 사례 한 가지만 짚어보자.

### case 9. 공사업자도 아닌데 유치권을 주장합니다

"경매를 앞두고 현장에 가보니까 유치권자라고 주장하는 사람이 있어서 어떤 관계냐고 물었더니 그 사람은 공사를 한 사람도 아니고 소유자와 무슨 관계가 있는 사람도 아니라고 합니다."

**Q.** 공사와 무관한 사람도 유치권자가 될 수 있다는 뜻인가요? 유치권자가 유치권을 양도할 수 있습니까?

**A.** 유치권 자체는 남에게 넘길 수 있는 권리가 아니다(법정담보물권). 그러나 현실적으로 유치권을 양도하는 게 가능하다. 왜냐하면 유치권의 근거가 되는 채권을 양도할 수 있기 때문이다. 그러나 채권(피담보채권)만 넘겨주었다고 해서 자동적으로 유치권도 넘어가는 것은 아니고, 이때 점유까지 함께 양도해야 한다. 유치권을 규정한 법조항을 보면 채권, 점유 등은 유치권이 성립하기 위한 조건으로 등장한다. 이 가운데 하나라도 충족이 안 되면 유치권은 성립하지 못한다. 따라서 채권만 넘겨주고 점유는 안 넘겨주었다면 채권만 갖고 있는 사람도, 점유만 갖고 있는 사람도 모두 유치권이 성립하지 않게 된다.

---

**서울고등법원 1997.9.24. 선고 96나26222 판결 [건물명도]**

유치권은 당해 물건에 관하여 발생한 채권을 갖는 자가 그 채권의 변제를 받을 때까지 물건을 유치할 권리이므로, 유치권의 행사 여부는 유치권자에게 맡겨져 있으며, 유치권자가 스스로 이를 행사함으로써 비로소 소유자에 대하여 자신의 물건인도 또는 명도의무의 이행을 거부할 수 있는 것이다. 그러므로 가사(설령) 위 A가 원고에 대하여 유익비상환청구권에 기하여 유치권을 갖고 있다 하더라도 위 A가 이를 행사하여 원고에 대하여 이 사건 건물부분의 명도(점유를 타인에게 넘기는 것)의무의 이행을 거부할 수 있음은 별론으로 하고 …(중략)… 위 A로부터 이 사건 건물부분을 전차(임차된 부동산을 임차인을 통해 다시 임차한 경우)한 직접점유자인 피고가 원고에 대하여 간접점유자인 위 A의 유치권을 대위행사 또는 원용하여 자신의 명도의무의 이행을 거부할 수는 없다 할 것이다.

(* 명도의무 이행을 거부하려면 유치권자여야 한다. 그러나 피고는 점유만 하고 있을 뿐 채권은 갖고 있지 않으므로 유치권자가 아니고, 따라서 명도의무 이행을 거부할 자격이 없다는 말)

----------------------------------------

----------------------------------------

### 대법원 1972.5.30. 선고 72다548 판결 【건물명도】

소외인(이 소송과 관련이 없는 사람) A가 이 사건 건물에 관하여 공사금 채권이 있어 A가 이 건물을 점유하고 있다면 A에게는 위 공사금 채권을 위하여 이 건물에 대한 유치권이 인정될 것이다. 그러나 피고들이 A로부터 그 점유를 승계한 사실이 있다고 하여 피고들이 A를 대위하여 유치권을 주장할 수는 없다. 왜냐하면 피대위자인 A는 그 점유를 상실하면서 곧 유치권을 상실한 것이기 때문이다.

(* 채권은 안 넘겨주고 점유만 넘겨주었으므로)

----------------------------------------

## 낙찰자가 유치권을 양도받을 수 있을까?

**Q.** 유치권이 있는 물건을 낙찰받은 낙찰자가 피담보채권을 변제하면서, 유치권자와 협의하여 채권양도양수계약서를 작성하고 유치권의 피담보채권을 인수할 수 있는지요? 인수 주체가 법인이 아닌 개인도 가능한지요? 채무자 동의가 필요한가요? 혹은 이게 안 되면 피담보채권 변제 후에 채무자에게 구상권 청구가 가능한지요? 구상권 청구를 하면 승소 가능성은 얼마나 될까요?

**A.** 유치권은 통상 점유와 채권으로 이루어져 있으므로 그 채권을 낙찰자가 양수받을 수 있으며 그 인수주체는 법인이든 개인이든 상관없다. 이때 채권자(양도인)가 지명채권의 양도방법에 따라(민법제450조) 채무자에게 통지하면 되고 채무자가 채권자에게 대항할 수 있는 사유가 없는 한 별다른 문제가 없다. 그리고 채권자가 채무자 대신에 유치권상 채무를 변제했다면 변제자 대위권을 행사할 수 있으며(민법제481조) 채무자가 채권자에게 대항할 수 있는 사유가 없는 한 구상권청구 승소 가능성이 높다.

# 물가상승으로 대금을 더 달라며 유치권을 주장하는 경우

**Q.** 공사대금의 90%를 지급했고 잔금만 못 치른 상태입니다. 공사 진행률은 70% 정도이며 90% 지급완료일은 3월 30일입니다. 중도금이 넘어간 이후 공사가 지지부진하고 진행이 안 되고 있고, 1차 공사기한 4월 30일을 넘겨 협의 후 5월 20일로 연기하였으나 이마저도 지키지 못하면서 도리어 공사지연에 따른 추가금을 요구하며 공사를 중단한 상태입니다. 추가금은 물가인상, 우크라이나 전쟁으로 인한 단가상승 등이 원인이라고 하면서도 근거를 남기지 않겠다며 세부 자료의 제공을 거부하고 있습니다. 한편 본 계약서 외에 별도의 지급을 약정한 문서는 없습니다. 5월 26일, 내용증명 발송 후 6월 7, 8일 등기를 수신하였으며 6월 11일 건물에 대한 유치권 표시를 하더군요. 건축주나 계약자 본인에겐 통보 없이 사람들 데려와서 현수막을 붙였습니다. 공사를 중지하고 현장을 떠난 사람이 건축주나 소유자의 허락이 없이 유치권 행사 표시 및 시건장치를 하는 게 판례에서는 불법점유라 하던데 맞는 것인지 궁금합니다. 또한 계약서상의 공사대금의 지급을 기한에 맞게 시공자의 요청에 맞게 지급을 했는데도 추가지급에 대한 근거 없이(추가지급에 대한 상호 합의한 서류 없이) 유치권을 행사하는 것이 합법적인 것인지 알고 싶습니다.

**A.** 유치권은 채권이 있는 사람이 점유하면서 채권변제를 독촉할 수 있는 권리다. 그리고 그 점유는 적법하여야 한다. 만일 현장을 떠난 사람이 기존 점유자(소유자나 채무자)의 동의 없이 무단으로 주거침입을 하여 점유하였다면 불법행위가 되므로 유치권이 성립할 수 없다(민법제320조제2항). 그리고 채권의 유무는 당사자의 주장과 증거서류 등을 통해 확정될 것이고 만약 추가 지급할 채무가 없는데도 유치권자라고 점

> 유를 계속한다면 유치권부존재 확인의 소, 건물명도청구의 소 등을 통하여 법률관계를 정리할 수 있다.

## 6

## "변제기에 있는 경우에는"

공사업자가 유치권을 주장하려면 변제기가 도래해야 한다. 변제기란 변제해야 할 시기를 말한다. 민법 제320조를 보자. 밑줄 그은 부분, 즉 '변제기에 있는 경우에는'이 바로 공사를 마친 이후라는 얘기다.

---

**민법 제320조 (유치권의 내용)**

① 타인의 물건 또는 유가증권을 점유한 자는 그 물건이나 유가증권에 관하여 생긴 채권이 <u>변제기에 있는 경우에는</u> 변제를 받을 때까지 그 물건 또는 유가증권을 유치할 권리가 있다.

---

변제기 이후부터 건축주나 소유자, 시행사는 공사업자나 시공사, 인테리어업체 등에 공사대금을 주어야 할 의무가 발생한다(변제일을 뒤로 미루는 데 합의했다면 변제기가 아니다.). 그때야 비로소 채권자와 채무자의 관계가 형성된다. 이처럼 채권이 생기고 난 뒤에야 유치권도 주장할 수 있다.

변제기의 문제는 소멸시효다. 유치권 피담보채권에는 소멸시효라는 게 있다. 소멸시효란 유통기한과 비슷하다. 유효기간이 지난 물건은 폐기처분되듯이 소멸시효가 지난 채권은 종잇조각에 불과하다. 채권이 사라지면 유치권도 없다. 채권의 소멸시효는 변제기와 함께 시작된다. 공사대금채권의 경우 3년이 지나기 전에 돈을 받지 못하면 채권이 소멸되어 돈을 못 받는다.

한편 채권의 소멸시효는 그 기한을 연장할 수 있다. 이를 소멸시효 중단이라고 표현한다. 예컨대 1) 법원에서 판결을 받거나 2) 채무자가 채무승인을 하면(이때 각서로 승인을 하도록 한다.) 소멸시효가 중단되고 다시 시효가 시작하여 채권의 수명이 연장된다(시효는 같은 방식으로 계속 늘릴 수 있다.).

참고로 각종 채권들의 소멸시효는 다음과 같다.

상사채권 : 5년

일반채권 : 10년

관리비채권 : 3년

### case 10. 공사대금 채권의 소멸시효

"경매를 통해 작은 아파트 하나를 낙찰받았습니다. 2016년 3월 17일자로 경매개시결정이 이루어졌고, 그해 8월 유치권이 하나 신고되었습니다. 2012년 5월 30일까지 위 아파트에 내부 인테리어 공사를 했다고 합니다. 유치권 신고인은 현재 위 아파트

방 1개에 짐을 놓아두고 있고 위 아파트에는 현재 임차인이 세 들어 살고 있습니다. 아파트 키도 집주인과 임차인만 갖고 있는 것으로 알고 있습니다."

**Q.** 공사대금 채권의 소멸시효가 3년이라고 하는데 이때는 해당 사항이 없습니까?

**A.** 채권과 유치권은 따로 구분해서 이해해야 한다. 왜냐하면 소멸시효는 유치권이 아니라 채권과 관련된 개념이기 때문이다. 유치권에는 따로 소멸시효가 없다. 그저 점유하면서 주장만 하면 된다(반대로 점유를 하지 않으면 유치권 소멸). 한편 유치권의 대상이 되는 채권, 즉 피담보채권에는 소멸시효가 있다. 문제는 유치권을 행사하더라도 따로 채권의 소멸시효를 중단시키지 않으면 공사대금채권의 경우 3년 뒤에는 채권이 소멸되어 유치권마저 행사할 수 없게 된다[유치권의 행사는 채권의 소멸시효의 진행에 영향을 미치지 아니한다. / 제326조 (피담보채권의 소멸시효)]. 간혹 이를 착각하여 유치권만 주장하면 자동으로 소멸시효가 중단되는 것으로 알고 있는 사람들이 있는데 둘은 별개다.

소멸시효는 채권과 관련이 있다. 유치권의 전제가 되는 피담보채권의 특성 때문에 소멸시효가 발생한다. 피담보채권, 즉 못 받은 공사대금은 일반 채권처럼 민법제168조가 정하는 시효중단사유(청구, 압류 또는 가압류, 가처분, 승인)가 없다면 그대로 소멸시효가 진행된다. 3년 안에 청구나 압류 등을 하지 않으면 채권은 종잇조각이 된다는 말이다. 만일 이 사건에서 인테리어 공사업자가 유치권을 주장하기만 했지 법원 소송 등 별다른 시효 중단 조치를 하지 않았다면 위 권리가 성립된 후 3년이 지났기 때문에 채권은 소멸되고 자동적으로 이 채권을 근거로 한 유치권 역시 사라진다. 따라서 소멸시효가 3년이 지났음을 지적하며 부동산인도명령신청을 하게 되면 법원에서 받아들일 가능성이 높다. 참고로 여기서 말하는 3년이란 채권의 변제기(특약이 없다면 공사가 완료된 시점)로부터 3년을 의미한다.

---

**민법 제163조 (3년의 단기소멸시효)**

다음 각호의 채권은 3년간 행사하지 아니하면 소멸시효가 완성한다. 〈개정 1997. 12.13.〉.

3. 도급받은 자, 기사 기타 공사의 설계 또는 감독에 종사하는 자의 공사에 관한 채권

---

## case 11. 유치권 신고 시기

"경매 물건에 대하여 첫 경매 매각 기일까지는 유치권 신고가 없었는데 1차 유찰 뒤 2차 유찰 시에 보니 유치권이 신고되어 있습니다."

**Q.** 유치권은 경매개시결정 등기 전에 법원에 신고해야 하는 것 아닙니까?

**A.** 경매개시결정 등기 전에 해야 할 것은 '점유 개시'다. 유치권 신고는 시기에 관계없이 아무 때나 할 수 있다. 낙찰 후에도 가능하다. 유치권은 채권의 변제를 받을 때까지 그 물건 또는 유가증권을 유치할 수 있는 권리이다(민법 제320조).

다만 유치권 신고 시기에서 중요한 기준이 변제기다. 달리 말해 피담보채권이 변제기에 있어야 한다. 변제기에 있다는 말은 대금을 주어야 할 시기라는 뜻으로 특별한 사정이나 약정이 없는 한 공사를 모두 끝마친 이후가 된다. 집 주인으로서는 공사도 안 끝났는데 대금을 줄 이유가 없다. 공사가 끝남과 동시에 대금을 지불할 의무가 생긴다. 그런데 아직 변제기가 도래하지 않았는데(공사를 마치지 않았는데) 경매가 개시되는 경우가 가끔 있다. 이때 공사업체에서는 '공사 중인 건물이 경매로 날아가게 생겼다, 집 주인이 돈을 떼어먹을지 모른다'고 겁을 먹은 나머지 부랴부랴 법원에 유치권을 신고하기도 한다. 그러나 아직 공사가 끝나지 않았으므로(변제기가 도래

하지 않았으므로) 원칙적으로 유치권은 성립되지 않는다. 예외적으로 토목공사 완료 후 지급하기로 약정하였으나 그 후 공사 중단 등 사정변경이 생겨서 그때로부터 변제기가 도래한다고 보는 판례도 있다(서울고등법원 2010.7.2. 선고 2009474757 판결【토지인도 등】참조).

## 변제기와 소멸시효 관련 질의응답

**Q1. 과거의 채권으로 유치권 행사가 가능한지?**

12년 전 공사하고 대금을 다 못 받았습니다. 건물은 소유주에게 인도했으나 여전히 미지급. 그러다 내부 공사를 의뢰받고 건물을 인도받아 점유하게 되었는데 과거 채권을 근거로 유치권을 주장할 수 있는지요?

**A.** 공사대금채권의 소멸시효는 3년인데 소송 등으로 시효중단조치를 취하지 않았다면 유치권을 행사할 수 없다. 다만 현재 진행 중인 공사의 채권으로 유치권을 행사하면서 과거 채권을 언급할 수 있겠다.

**Q2. 변제기 도래가 아닌데 유치권이라니?**

변제기가 도래하지 않은 상황에서 유치권을 행사한다면 불법행위를 하고 있으므로 원칙적으로 점유는 인정되지 않는 것으로 알고 있습니다. 이때 소유자는 유치권 행사 중인 현수막을 철거하고 열쇠를 바꿔도 문제없지 않을까요?

**A.** 유치권 행사가 불법행위가 된다고 하더라도 소유자 입장에서 자력구제의 요건을 갖

추고 있는지 여부에 따라 현수막 철거 등이 가능할 것으로 보인다. 가해자의 행위에 대해 '직시' 탈환이 가능할 때 현수막 등을 철거하고, 그 시간을 경과했다면 건물 명도를 받을 수 있는 소를 제기하여 확정 판결 등을 받으면 집행관을 통하여 건물 명도를 받을 수 있고, 현수막을 철거할 수 있다.

### Q3. 공사가 중단된 상태에서 소유주가 바뀐 경우의 유치권 문제

신축주택 소유권을 양도받았습니다. 신축 공사 중 소유자가 바뀐 경우입니다. 그런데 변제기가 도래하지 않은 상황에서 시공사가 잔금 2,000만 원을 못 받았다고 유치권 행사 중입니다. 총 공사비는 1억 4천. 계약금 7천과 중도금 3천, 그리고 잔금 일부인 2천까지는 주었다고 합니다. 공사 공정율은 80% 수준. 이때 매물로 나온 것을 제가 샀습니다. 시공사는 소유주가 변경된 이후에 유치권 행사를 시작했습니다. 저는 건축주 변경 등 소유권 이전을 마쳤습니다. 시공사의 유치권 주장은, 변제 도래 전이므로 불법 유치권 행사 아닌가요? 제가 마음대로 시건장치 바꾸고 현수막 철거해도 되는지요? 불법 유치권 행사라면 형사고소도 가능할까요? 또 기존 공사 업체와 계약을 파기하고 새로운 업체와 계약해도 될까요?

A. 공사가 중단된 건축물과 관련된 판례들을 보면 다음처럼 소유 문제를 정리한다.

하나, 당사자 사이의 특별한 약정이 없다면 자기의 비용과 노력으로 건물을 신축한 자는 그 건축허가명의와 상관없이 그 소유권을 원시취득한다(대법원 89다카11401판결).

둘, 건축공사가 중단된 시점에 미완성건물이 이미 사회 통념상 독립한 건물이라고 볼 수 있는 형태와 구조를 갖추었다면 원래의 건축주가 그 건물의 소유권을 취득한다.

셋, 미완성건물을 인도받아 자기의 비용과 노력으로 완공한 자가 그 건물의 원시취득자가 된다(대법원 2005다68783판결 참조).

이때 최소한의 기둥과 지붕 그리고 주벽을 갖추고 있으면 독립한 부동산으로서의 건물 요건을 갖춘 것이라고 볼 수 있고(대법원 2006다156350 판결) 그에 미치지 못할 때는 단순한 토지의 정착물로 본다(대법원 95마820 결정).

위와 같은 판례에 비추어 신축공사 중 소유자(도급인)가 바뀐 경우, 유치권이 성립하려면 공사가 충분히 진척되어 건물로서 요건을 갖추고 있어야 한다. 그리고 유치권이 성립한 후라면 건물의 소유권이 변경되더라도 유치권은 계속 유지될 수 있다. 반면 아직 건물로서의 요건을 갖추지 못한 상태에서 유치권을 행사하고 있었고, 그 뒤 인수자가 있어 그때 건물로서의 요건을 갖추었다면 그 유치권자는 불법점유를 한 셈이 된다.

한편, 질문자 말대로 변제기 도래 전에 유치권을 행사했다면 유치권이 아니므로 불법점유가 된다. 다만 자칭 유치권자가 무단 점유하고 있을 때 소유자 내지 기존 점유자로서 자력구제가 가능한 '직시' 탈환이 가능할 때는 자력구제로 시건장치를 바꾸고 현수막을 철거해도 되지만 그 시기를 놓치면 법원에 건물명도 소송을 하여 명도를 받아 시건장치를 바꾸고 현수막을 철거해야 한다. 그리고 불법유치권 행사로 주거를 침입하거나 업무를 방해한다면 형사 고소가 가능하고 기존공사업에 대하여는 매도인(양도인)으로부터 채무를 인수하였다면 채무불이행의 조건이 성립된다는 조건 아래, 이를 이유로 계약을 해제 내지 파기하고 새로운 업체와 계약을 할 수 있다.

**Q4. 변제기 전에 점유가 시작되었다면**

갑은 자신의 토지에 건물을 짓기 위해 을에게 신축공사를 맡기면서 '갑 명의의 보존등기 후 2개월 내에 공사대금의 지급과 동시에 주택을 인도받기'로 약정했다. 2016년 1월 15일 주택에 대하여 갑 명의의 보존등기를 마쳤으나 을은 현재까지 공사대금을 지급받지 못한 채 점유하고 있다. 갑의 채권자가 위 주택에 대한 강제경매를 신청하여 2016년 2월 8일 경매개시결정등기가 되었고, 2016년 10월 17일 경매대금을 완납한 병이 을을 상대로 주택의 인도를 청구하였다. 이때 을은 유치권에 근거하여 주택의 인도를 거절할 수 있을까?

**A.** 유치권상 점유는 강제경매 개시결정 기입등기 전에 이루어져야 하고(대법원 2008다70763 판결) 이때 채권의 변제기도 도래해야 한다. 이 사건에서 원래 갑과 을이 약속한 공사대금의 지급시기는 보존등기일인 2016년 1월 15일부터 2개월 내이므로 최대 2016년 3월 15일경을 변제기로 볼 여지가 있으며 만약 변제기가 도달하지 않은 상태에서 점유를 하고 있다면 이는 유치권이 성립되지 아니하여 불법점유가 된다. 결과적으로 변제기 전에 불법점유를 한 것이 되므로 낙찰자인 병은 을을 상대로 주택의 인도를 구할 수 있는 것으로 보인다.

### Q5. 3년이 지났다면 무조건 유치권이 소멸되는가?

2020년 5월에 시행사에서 특정 은행의 부동산 신탁회사에 상가 건물을 신탁했습니다. 그리고 상가의 1/3은 분양이 되어 일반인들이 소유하고 있고 2/3는 분양이 되지 않아 시행사에서 일반 임차인들에게 건물을 임대하여 임대 보증금을 받고 있는 상황입니다. 해당 상가의 특정 호실이 신탁 공매가 진행되고 있는데 확인 결과 시공사인 건설회사에서 유치권이 있다고 유치권을 주장하고 있습니다. 유치권의 점유는 간접점유의 방식으로 점유하고 있다고 합니다. 관리사무소나 시행사 중 하나인 것 같습니다.

1) 위와 같이 간접점유하고 시행사가 임대차 계약을 체결하여 임대업을 하고 있는 상황에서 유치권 행사가 가능한지요?
2) 그리고 공사대금채권의 소멸시한인 3년이 지났습니다. 그러면 유치권이 소멸이 되는지 알고 싶습니다.

**A.** 유치권상 점유는 간접점유든 직접점유든 상관없다. 그러나 채무자의 승낙이 있으면 유치권의 사용, 수익이 가능하다(민법제324조제2항). 반대로 채무자의 승낙이 없으면 소멸청구를 할 수 있다. 공사대금채권의 시효는 3년인데(민법제163조제3호) 소멸시효가 완성되기 전에 소를 제기하거나 가압류 등 시효중단조치를 취하지 않았다면 유치권까지 소멸되어 채무자나 소유자로부터 명도청구를 당할 수 있다.

### Q6. 경매 이후 공사가 완료된 경우

연립주택 공사대금에 대해 유치권을 행사 중입니다. 공사가 완공된 시점은 2018년 12월이고, 경매가 진행된 건 2012년입니다. 공사대금의 소멸시효는 3년으로 유치권 행사가 불가능하지 않나요? 또 시효 시작점은 정확히 언제인가요? 실제 공사를 마친 날의 다음 날부터인가요? 혹 유치권 행사를 위해 점유를 개시했다면 채권 소멸 시효가 중단되는 건 아닌지요?

**A.** 유치권은 점유와 채권의 융합에 의해 이루어지지만 점유나 채권은 각자 성립요건을 충족해야 할 뿐더러 그 소멸도 각자 다르다. 공사대금채권의 경우 특별한 사정이 없는 한 소멸시효가 3년으로(민법제163조제3호) 시효중단 조치가 없으면 변제기로부터 3년이 지나면 완성되어 채권자는 더 이상 채무자에게 권리행사를 할 수 없다. 시효중단은 통상 소송을 제기하는 방법이 있는데 우선 내용증명 등으로 변제를 촉구한 뒤에 6개월 내에 소송을 제기하는 경우도 있다. 단 소송 진행 중에는 시효가 중단되고 판결이 확정되면 10년간 유지된다. 변제기는 원래 채권자와 채무자가 합의한 날짜이기 때문에 공사를 마치기 전에도 일부 기성부분에 대해 기성금을 주기로 하는 등 여러 방법이 있고 유치권을 위해 점유하는 것은 공사대금채권 소멸시효 중단과는 상관이 없다. 채권 소멸시효 중단은 법적 방법으로 하는 것이지 물리적 점유로 되는 것은 아니다.

# 7
## "그 점유가 불법행위로 인한 경우"

현재 점유자에게 동의를 구하지 않고 점유를 빼앗는 모든 행위는 불법행위에 의한 점유가 된다. 요컨대 A가 B의 가방을 빼앗아갔는데 B가 순순히 내어주었다거나 혹은 아무런 말도 안 하고 가만히 용인하고 있다면 이때 A의 행동은 '불법행위'가 되지 않는다. 왜냐하면 B가 동의한 것으로 인정되기 때문이다. 따라서 점유자는 평소에는 최소한의 관리 의무를 지켜야 하고, 또한 빼앗겼을 때는 적극적으로 점유를 되찾을 방법을 강구해야 한다. 이때 빼앗긴 지 대략 24시간이 지나지 않았다면 자기 힘으로 점유를 되찾을 수 있고(이때는 불법행위가 되지 않는다.), 만일 24시간이 지났다면 법의 힘을 빌려 되찾아야 한다(자력구제 시 '직시' 되찾을 수 있다고 되어 있는데 이 '직시'가 어느 정도의 시간을 의미하는지는 판례를 보아도 명확하지 않다. 대개 24시간을 기준으로 봄이 어떨까 한다.).

## case 12. 유치권자가 소유자 허락 없이 임대한 경우

"현재 건물은 신축되었으나 아직 사용 승인을 받지 못하여 정식으로 입주하지 못하고 있습니다. 하루는 건물에 가보니까 이 사건 건물에 유치권을 주장하며 점유하는 사람이 있었습니다. 또한 제 허락도 없이 제3자에게 임대까지 내주고 있었습니다. 유치권을 주장하는 사람에게 인적 사항을 물었더니 욕을 퍼붓고 경매에 부치겠다고 으름장을 놓으며 건물주를 위 건물에 못 들어가게 막았습니다. 처음 건물을 지을 때부터 시공사에게 유치권 포기 각서를 받았습니다. 알고 보니 유치권을 주장하는 사람들은 하수급업체 사람들이었습니다. 그들은 추가공사를 했다고 하면서 유치권을 주장하고 위 건물을 마음대로 점거하고 있습니다. 이 건물을 재시공하려고 했으나 불법 점유자 때문에 재시공을 하지 못해서 계속 건물은 노후화되고 있습니다. 구청에서는 사전입주를 했다며 2,000여만 원의 강제이행금을 부과했습니다."

**Q1.** 어떻게 해야 저의 권리를 찾을 수 있습니까?

**A.** 우선 유치권 성립 여부를 살펴보자. 아마 하도급업체들이 시공사(원수급인)에 대한 추가 공사대금채권을 피담보채권으로 하여 점유하고 있어 유치권이 성립될 여지가 있다. 왜냐하면 하도급업자들은 위 건물과 견련성 있는 채권을 가질 수 있고(대법원 2007.9.7. 선고 2005다16942 판결 참조) 건설산업기본법에 따른 발주자에 대한 직접청구권을 갖는 경우도 있기 때문이다. 그런데 민법 제324조에 따르면 위 유치권 주장자에게는 선량한 관리자의 주의의무가 있고, 채무자의 승낙 없이 유치물의 사용, 대여 또는 담보 제공을 하지 못하도록 되어 있다. 만일 건물주의 승낙 없이 제3자에게 임대를 했다면 법원에 유치권의 소멸을 청구하고 그 건물의 반환을 청구할 수 있다. 그리고 임차인은 점유할 권리가 없으므로 그를 상대로 그 건물의 반환을 청구할 수도 있다.

### 민법 제324조 (유치권자의 선관의무)

① 유치권자는 선량한 관리자의 주의로 유치물을 점유하여야 한다.

② 유치권자는 채무자의 승낙 없이 유치물의 사용, 대여 또는 담보제공을 하지 못한다. 그러나 유치물의 보존에 필요한 사용은 그러하지 아니하다.

③ 유치권자가 전2항의 규정에 위반한 때에는 채무자는 유치권의 소멸을 청구할 수 있다.

---

### 대법원 2002.11.27.자 2002마3516 결정 [부동산인도명령]

유치권의 성립요건인 유치권자의 점유는 직접점유이든 간접점유이든 관계없지만, 유치권자는 채무자의 승낙이 없는 이상 그 목적물을 타에 임대할 수 있는 처분권한이 없으므로(민법 제324조 제2항 참조), 유치권자의 그러한 임대행위는 소유자의 처분권한을 침해하는 것으로서 소유자에게 그 임대의 효력을 주장할 수 없고, 따라서 소유자의 동의 없이 유치권자로부터 유치권의 목적물을 임차한 자의 점유는 구 민사소송법(2002.1.26. 법률 제6626호로 전문 개정되기 전의 것) 제647조 제1항 단서에서 규정하는 경락인에게 대항할 수 있는 권원에 기한 것이라고 볼 수 없다.

---

가짜 유치권자를 상대로 유치권소멸 청구와 건물명도 청구를, 불법임차인을 상대로 건물명도와 부당이득 또는 손해배상 청구를 할 수 있고 그들이 사용승인도 받지 않고 입주한 점에 대하여는 건축법 제110조 제2호, 제22조 제3항에 의한 형사처벌을 받도

록 고소할 수 있다. 그리고 위 이행 강제금 부과에 대하여는 그 부과일로부터 90일 이내에 이에 불복하는 행정 소송이나 행정 심판 등 절차를 밟아 그 부담을 면할 수 있다.

**Q2.** 그 사람들이 위 건물을 경매에 부칠 수 있습니까?

**A.** 만약 유치권이 성립되면 그 피담보채권의 만족을 위하여 민법 제322조 제1항에 의한 이른바 형식적 경매를 신청할 수도 있다. 그 후 통상의 경매 절차를 밟아 제3자가 낙찰을 받을 수도 있다. 그러나 앞에서 본 것처럼 유치권이 소멸되거나 유치권이 성립되지 않는다면 경매를 신청할 권리가 없다.

# 8. 허위 유치권 신고자 대처 방안

6대 유치권 성립 요건에 대한 기본적인 설명은 이 정도로 그친다. 그러나 몇 가지 언급할 내용이 남았다. 그 한 가지는 허위 유치권 신고자 대처 방안이다. 이 얘기 역시 질문과 답변 식으로 풀어가 보자.

### case 13. 매수 이후에 나타난 유치권 주장자

"최근 법원 경매를 통해 건물과 토지를 낙찰받고 매매대금을 완납한 후 소유권이전등기까지 마쳤습니다. 그런데 낙찰이 된 후 매매대금을 완납하기 직전, 그 동네 사는 사람이 찾아와서 하는 말이 자신이 위 건물에 공사한 것이 있는데 집주인에게 대금을 못 받았다며 위 건물을 자물쇠로 잠가 놓고, 유치권을 행사한다고 연락처까지 써 붙인 팻말을 걸어 놓았습니다. 그리고 공사대금을 받기 전에는 비워 줄 수 없다고 버티고 있습니다."

**Q.** 위 유치권 주장자의 주장이 맞습니까? 그 말이 거짓말이라면 어떻게 대처해야 합니까? 주위에 물어보니 경찰에 신고해서 해결하라고 하는데 그렇게 하는 게 맞는 것인가요?

**A.** 만약 유치권 주장자의 말처럼 위 건물에 대하여 못 받은 공사대금이 있어서 점유하고 있는 것이 사실이라면 유치권이 성립될 수 있다. 그러나 위 건물이 경매 목적물이 되었다면 이에 대한 점유는 경매개시결정 기입등기 이전에 이루어져야 하고(대법원 2005.8.19. 선고 2005다22688 판결 참조), 그 점유가 위 건물의 소유자나 채무자의 승낙을 받아 정상적으로 이루어져야 한다. 그런데 위 경매가 한참 진행된 후에 점유했다면 이는 경매절차상 유효한 점유가 되지 못하므로 유치권이 성립하지 않는다. 더구나 소유자나 채무자의 승낙도 없었다면 불법행위로 인한 점유가 되어 유치권은 성립하지 않는다.

※ ② 전항의 규정은 그 점유가 불법행위로 인한 경우에 적용하지 아니한다. | 민법 제320조(유치권의 내용)

한편 점유 형태에서도 문제의 소지는 있다. 과연 자물쇠로 문을 잠그고 팻말을 걸었다고 해서 점유의 요건을 모두 충족할 수 있느냐 하는 문제다. 점유란 사실상 지배를 말하는데 이때 사실상 지배란 제3자가 그 점유를 침해할 때 대략 24시간 이내에 이를 배제할 수 있는 위치에 있을 때 인정하게 된다. 이런 요건을 모두 따져서 유치권의 성립 여부를 가늠해야 한다.

---

**대법원 1993.3.26. 선고 91다14116 판결 【손해배상(기)】**

마. 민법 제209조 제1항에 규정된 점유자의 자력방위권은 점유의 침탈 또는 방해의

위험이 있는 때에 인정되는 것인 한편, 제2항에 규정된 점유자의 자력탈환권은 점유가 침탈되었을 때 시간적으로 좁게 제한된 범위 내에서 자력으로 점유를 회복할 수 있다는 것으로서, 위 규정에서 말하는 '직시'란 '객관적으로 가능한 한 신속히' 또는 '사회관념상 가해자를 배제하여 점유를 회복하는 데 필요하다고 인정되는 범위 안에서 되도록 속히'라는 뜻으로 해석할 것이므로 점유자가 침탈사실을 알고 모르고와는 관계없이 침탈을 당한 후 상당한 시간이 흘렀다면 자력탈환권을 행사할 수 없다.

---

---

**민법 제209조 (자력구제)**

① 점유자는 그 점유를 부정히 침탈 또는 방해하는 행위에 대하여 자력으로써 이를 방위할 수 있다.

② 점유물이 침탈되었을 경우에 부동산일 때에는 점유자는 침탈 후 직시 가해자를 배제하여 이를 탈환할 수 있고 동산일 때에는 점유자는 현장에서 또는 추적하여 가해자로부터 이를 탈환할 수 있다.

---

만일 위 유치권 주장자가 위 경매 사실을 알고도 매수인을 괴롭히기 위하여 위와 같이 전 소유자나 채무자의 승낙을 받아 점유하게 되었다면 이는 형법 제315조상 위계에 의한 경매 방해죄의 여지가 있으며 현 소유자의 승낙도 없이 임의로 점유하게 되었다면 형법 제319조 제1항의 건조물 침입죄 등이 성립될 여지가 있다.

또한 실제로 공사한 적이 없는데 마치 공사한 것처럼 속여서 매수인(낙찰자)으로부터 돈을 받으려고 하였다면 형법 제347조 제1항의 사기죄가 될 여지도 있다.

문제는 위와 같은 점유 형태와 시기에 대하여 일일이 증거를 수집하여 사실을 입증해야 하는데 이 과정이 쉽지 않다는 데 있다. 아마 유치권 신고자가 법을 조금이라도 안다면 당연히 경매 기입등기 전부터 점유하였다고 주장할 터인데 우리 민법 제200조가 적법 점유 추정을 하고 있어 이를 번복하려는 당사자가 충분한 증거로 입증해야 할 책임이 있다는 것을 명심할 필요가 있다. 그래서 위와 같은 법적인 관점 등을 감안하고 어느 정도 증거가 수집되어 있다면 일단 경찰에 범죄 신고를 해보는 방법도 괜찮다. 그 과정에서 유치권 신고자와 타협할 가능성도 있고 상대방이 가진 증거와 주장 등도 살펴볼 수 있기 때문이다.

### case 14. 허위 유치권자 형사 고소 방안

"2018년 3월, 5층 건물을 경매로 낙찰을 받고 2018년 6월, 잔금을 지불하고 소유권 이전등기를 마쳤습니다. 그런데 얼마 뒤 이 건물 2층에서 전세로 식당을 운영하는 사람이 인테리어 업자라고 자칭하면서 이 건물 전체의 내부 수리를 했다는 이유로 법원에 2억 원의 유치권 신고를 해 놓았다는 사실을 알았고, 재판을 통하여 유치권이 존재하지 않는다는 판결을 받았습니다. 알고 보니 전 소유주와 결탁하여 유치권을 허위 신고한 사람이었습니다. 그 후 법원에서 부동산인도명령 결정을 받았으나 송달이 되지 않아 주민등록 말소와 공시송달의 절차를 밟게 되었습니다. 유치권 신고자와 전 소유주는 건물을 정상적으로 인도해주지 않고 집기 가재도구를 남겨 놓은 채 연락처도 없이 행방불명된 상태입니다."

**Q1.** 유치권을 허위로 신고한 전 소유주와 유치권 신고자 등 2명을 형사 고소할 수 있는지요. 이 경우 어떤 처벌을 받게 됩니까??

**A.** 가짜 유치권의 경우 범죄의 형태에 따라 여러 가지 형사범죄에 해당된다. 만약

이 사례처럼 위계(남을 속이기 위한 계책)로 법원에 허위 유치권 신고를 했다면 형법 제 315조상 경매 방해죄가 성립되어 2년 이하의 징역이나 700만 원 이하의 벌금에 처해질 수 있다.

**Q2.** 건물 안에 있는 집기, 가재도구는 법원에 강제 집행 신청하여 처리할 예정입니다. 그런데 건물 안이 비가 새고 쓰레기로 악취가 진동해서 건물 현관문을 임의로 따고 들어가서 방수처리하고 청소를 하고 싶은데, 해도 무방합니까?

**A.** 점유의 특성에 대해서 이해해야 한다. 점유란 갖고 있는 것 자체를 말한다. 점유는 법으로 보호하게 되어 있다. 요컨대 도둑이 훔친 물건도 도둑의 점유를 일단 인정한다. 마찬가지로 가짜 유치권자라고 하더라도 법이 보호하는 점유라고 볼 것이므로 임의로 들어가면 형법 제319조상의 건조물 침입죄가 될 수 있다. 따라서 부동산인도명령 결정 이후에 법에 따라 인도받는 게 뒤탈을 없애는 현명한 방법이다. 부득이한 경우 미리 내용증명 등으로 비가 새고 쓰레기 악취가 심한 사정을 말한 뒤 동의를 구하여 들어가는 방법도 있을 수 있겠지만 여전히 문제는 남는다.

### case 15. 허위 유치권자에게 내용증명을 보내려면

"임차하여 살던 집이 경매로 나와 입찰받았는데 유치권 신고자가 있어 은행에서는 대출을 해줄 수 없다고 합니다. 신고자에게 유치권 포기 각서를 받든지 미리 서면으로 확답을 받으면 대출을 해줄 수 있다고 하는데요. 유치권은 그 집을 점유하고 있어야 하는 것으로 아는데 어떤 사람이 하루도 그곳에 살지 않고 가짜로 제가 살던 집에 유치권 신고를 해 놓고 애를 먹이고 있습니다."

**Q1.** 그 사람에게 유치권을 취하하라고 하고 그렇지 않으면 법적 대응을 하겠다는 내

용으로 내용증명을 보내고 싶은데 어떤 양식으로 어떤 내용으로 보내야 합니까??

**A.** 내용증명에 따로 형식은 없다. 전달하고 싶은 내용을 명확히 표현하면 그것으로 충분하다. 언급한 것처럼 어떤 식으로든 점유하고 있지 않으면 유치권이 성립되지 않는다. 따라서 내용증명에 유치권이 성립하지 않는 이유를 명확히 밝히되 '귀하는 현재 허위 유치권으로 경매를 방해하고 있습니다. 형법 제315조상의 경매 방해죄가 성립되어 고소할 수 있음을 알려드립니다.' 하는 내용이 들어가면 좋다.

**Q2.** 내용증명을 보내도 아무 반응이 없으면 어떻게 해야 합니까?

**A.** 허위 유치권 신고자를 상대로 부동산인도명령을 신청하여 결정을 받아 바로 집행하는 것이 좋다. 그리고 내용증명을 보냈다고 해서 상대방이 꼭 응답할 의무도 없으며 대금을 지불한 뒤 6개월이 지났다면 민사 본안으로 건물명도 청구의 소를 제기할 필요가 있다. 그리고 점유이전금지가처분도 신청할 필요가 있다. 또 경매 방해죄로 형사고소도 할 수 있겠다.

### case 16. 집주인과 공사업자가 짜고 경매 중에 시작한 공사

"지하 1층과 지상 3층으로 된 근린주택 2층에 세든 사람입니다. 그런데 2층에 살고 있는 집주인이 날마다 지하 1층에 있는 덕수건설이라는 회사에 출근하다시피 하면서 음모를 꾸미고 있습니다. 위 건물은 원래 3층인데 최근 4층으로 증축 공사를 시작했습니다. 공사업자는 공사대금 채권을 근거로 법원에 유치권 신고를 했습니다. 3차 유찰이 된 지금도 계속 내부공사를 하고 있고 임대차 보증금을 반환받아야 할 세입자로서는 낙찰가가 적어질 것이 우려되어 밤에 잠도 못 잘 지경입니다."

**Q1.** 미리 법원에서 위 유치권을 취소시키는 방법은 없습니까?

**A.** 우선 명확히 해야 할 점이 있다. 4층으로 증축한 공사가 시작된 시점이다(증거가 될 자료를 수집해야 한다는 말.). 만일 공사 시작 시점이 경매개시결정 기입등기 이전이라면 유치권은 성립할 수 있다. 그러나 만일 기입등기 이후에 공사가 시작되었다면 유치권은 인정되지 않는다.

기입등기가 끝나면 압류의 처분금지효가 생긴다. 무슨 말이냐 하면 기입등기 이후에는 이 건물과 관련하여 어떤 공사를 하더라도 유치권을 인정하지 않는다는 말이다. 경매가 진행 중인데 이후로 공사를 계속하여 공사대금 채권을 늘리면 경매에 큰 영향을 끼칠 수 있기 때문이다. 만일 공사대금 채권자가 나쁜 마음을 먹고 기입등기 이후에도 계속 공사하여 경매 피담보채권보다 훨씬 많은 채권을 발생토록 하게 되면 제3자가 쉽사리 응찰하지 못하게 되고 낙찰가는 곤두박질치게 되어 자칫 경매 자체를 유명무실하게 만들 수 있다. 이를 사전에 방지하기 위한 조치다. 따라서 위 증축 공사가 기입등기 이후에 시작되었다면 이는 유치권상 피담보채권으로 인정할 수 없어 유치권이 성립하지 않는다.

---

**대법원 2005.8.19. 선고 2005다22688 판결 【건물명도 등】**

채무자 소유의 건물 등 부동산에 강제경매개시결정의 기입등기가 경료(완료)되어 압류의 효력이 발생한 이후에 채무자가 위 부동산에 관한 공사대금 채권자에게 그 점유를 이전함으로써 그로 하여금 유치권을 취득하게 한 경우, 그와 같은 점유의 이전은 목적물의 교환가치를 감소시킬 우려가 있는 처분행위에 해당하여 민사집행법 제92조 제1항, 제83조 제4항에 따른 압류의 처분금지효에 저촉되므로 점유자로서는 위 유치권을 내세워 그 부동산에 관한 경매절차의 매수인에게 대항할 수 없다.

---

또한 만일 집 주인이 건설회사와 공모한 것에 대해 증거 자료를 수집할 수 있다면 이 역시 유치권을 불성립시키는 중요한 단서가 된다. 유치권이란 타인의 물건 또는 유가증권에 대하여 발생한다. 그런데 집 주인이 건설회사와 함께 유치권을 신고한 것이라면 사실상 자신의 물건에 대하여 유치권을 신고한 셈이므로 유치권이 성립될 수 없다. 체크표를 통해 꼼꼼히 분석해 보자.

| 6대 유치권 성립 요건 | 현 사건에 대입 | 성립 여부 |
| --- | --- | --- |
| 1. 타인의 물건 또는 유가증권을 | 집주인이 건설회사와 공모하여 계속 공사 | ×<br>* 집주인이 관여하고 있다면 '타인'이 아니므로 |
| 2. 점유한 자는 | 공사업자 | ?<br>* 공사 시작 시점이 경매개시결정 기입등기 이후라면 × |
| 3. 그 물건이나 유가증권에 관하여 생긴 | 집에 대한 증축공사 | ○ |
| 4. 채권이 | 공사대금 채권 | ○ |
| 5. 변제기에 있는 경우에는 변제를 받을 때까지 그 물건 또는 유가증권을 유치할 권리가 있다. | 계속 공사 중이므로 변제기 아님. | × |
| 6. 전항의 규정은 그 점유가 불법행위로 인한 경우에 적용하지 아니한다. | 허위 유치권 조작을 위하여 공모하였다면 | × |
| 총 평 | 위와 같이 1번, 2번, 5번 요건이 인정되지 않거나 6번에 해당된다면 유치권 × | |

그러나 이를 사전에 알고 있더라도 법원을 통한 유치권부존재확인 청구의 소송은 판결이 나기까지 상당한 시간이 소요된다. 다만 집주인이 부당하게 유치권을 행사할

가능성이 있다면 법원에 탄원을 넣는다든지, 유치권 배제신청을 해놓는 것도 한 방법이다. 그러면 경매에 참가하는 제3자가 인식하여 좀 더 높은 낙찰가가 나올 수 있도록 간접적으로 영향력을 행사할 수 있다. 질문자가 제출한 서류는 대법원 경매정보 사이트 등에 그 사실이 기재되기 때문에 신고된 유치권의 신뢰를 떨어뜨릴 수 있다.

**Q2.** 낙찰 후 집주인이 유치권을 주장하지 못하게 하는 방법이 있습니까?

**A.** 있다. 우선 집주인이 공사를 계속하고 있다면 날짜가 표시되도록 사진을 찍어둔다. 원래 유치권상 피담보채권은 경매개시결정 기입등기 이전에 발생한 것만 인정받기 때문에 위 기입등기일을 기준으로 공사 내용에 대한 증거(사진이나 이웃의 진술서 등)를 확보해 두었다가 훗날 공사업체가 유치권을 주장하면 이 증거를 가지고 다투면 된다.

# 9

## 입찰·매수 전후 주의할 점

유치권이 있는 매물을 매수할 때 어떤 문제가 발생할 수 있는지, 어떻게 대응해야 하는지 잠시 살펴보자.

### case 17. 유치권이 신고된 부동산의 소유권 이전 문제

"신축 중 부도가 난 아파트가 경매에 나와 당첨되었습니다. 그런데 위 아파트에 유치권이 신고되어 있습니다. 유치권을 행사하기 위해서는 유치권자가 해당 부동산을 점유하고 있어야 된다고 들었는데, 위 아파트의 일부 세대에는 거주하는 사람도 있지만 경매 목적물이 된 아파트는 전기, 수도, 가스 시설이 아직 가동하지 않아 유치권자가 실제로 거주할 만한 환경이 못 됩니다."

**Q1.** 경매로 아파트를 낙찰받았는데 유치권자가 유치권을 주장하면서 소유권 이전

을 해주지 않으면 명도소송을 통해 승소판결을 받아야 합니까?

**A.** 소유권 이전은 유치권과 무관하다. 낙찰을 받았다면 그 집은 질문자의 것이다. 민사집행법 제135조(소유권의 취득시기)에 보면 "매수인은 매각대금을 다 낸 때에 매각의 목적인 권리를 취득한다."고 되어 있다. 이 말은 대금을 지급한 순간 소유권이 이전된다는 뜻이다. 소유권 이전등기는 형식적인 절차다. 유치권은 소유자와 점유자 사이에 벌어지는 문제로 하나의 물건을 두고 소유자와 점유자는 얼마든지 달라질 수 있다. 문제의 핵심은 소유가 아니라 점유다.

이 사건의 경우, 만일 유치권자라고 주장하는 사람이 점유를 하고 있지 않다면 유치권은 성립되지 않으므로 유치권 신고를 너무 민감하게 받아들일 필요는 없을 것 같다. 일단 점유하고 있지 않다는 증거를 확보하고(점유가 없으면 유치권도 없다.), 유치권자를 상대로 소유권 취득 후 6개월 이내면 부동산 인도명령을, 그 후에는 건물명도 청구의 소를 제기할 수 있다. 그러나 법원이 유치권을 인정하면(점유를 포함한 여러 조건들을 인정한다는 말) 피담보채권을 변제함(소유자가 유치권자에게)과 동시에 건물을 넘겨주라(유치권자가 소유자에게)는 상환 판결을 내리는 경향이 있다.

**Q2.** 입찰 전에 해야 할 일은 무엇입니까?

**A.** 경매개시결정 기입등기 전에 유치권 신고자가 점유하고 있지 않다면 유치권이 성립되지 않는다. 그러나 나중에라도 점유하여 마치 위 기입등기 전부터 점유하고 있는 것처럼 증거를 조작할 수도 있다. 그런데 우리 민법은 일단 점유하고 있으면 적법하게 점유하고 있는 것으로 추정하기 때문에(민법 제200조) 이를 번복하려면 매수인이 직접 입증해야 한다. 미리미리 증거를 확보하자.

## case 18. 유치권 분쟁 중인 오피스텔의 매수 문제

"현재 오피스텔을 매수하기 위한 매매 계약을 앞두고 있습니다. 매도인은 오피스텔을 경매로 소유하게 되었는데 그동안 유치권 분쟁으로 많은 시간을 보냈다고 합니다. 현재 오피스텔은 예상 시가보다 20% 정도 싸게 나왔습니다. 그런데 지금도 위 오피스텔 리모델링 공사업자라는 사람이 유치권자라면서 권리 주장을 하고 있습니다. 그가 주장하는 공사 대금은 오피스텔 가격의 35% 정도에 이릅니다. 유치권자에게 공사 대금을 지불하고 그 차액을 빼고 오피스텔 가격을 치른 뒤 오피스텔을 매수하려고 합니다."

**Q1.** 법원에 유치권신고를 하지 않은 자는 낙찰자에게 대항력이 없는 것인지요?

**A.** 유치권은 법정담보물권이다. 법이 정하는 요건(민법 제320조)이 갖춰지면 성립되며 다만 유치권자가 될 수 있는 사람이 미리 포기할 수는 있다. 그리고 그 요건을 갖추고 있으면 유치권은 자동으로 성립한다. 굳이 법원에 신고를 할 의무가 없다. 이 때문에 나중에 부동산 인도명령을 집행하러 온 집행관에게 유치권을 주장하여 강제집행을 저지할 수 있다. 한편 신고의 시기도 정해진 바가 없다. 다만 법원으로서는 유치권이 신고되면 경매 물건 명세서에 기재하여 입찰에 중요한 참고가 되게 하고 그 시기에 따라 매각기일을 늦추기도 하고 매각 허가 결정을 취소하기도 한다.

**Q2.** 유치권을 주장하는 자가 실제 유치권자가 맞는지 확인하는 방법은 무엇입니까?

**A.** 유치권 성립 여부는 증거에 달렸다. 뒤에 다시 살펴보겠지만 증거란 전체의 정황을 그려볼 수 있는 자료가 된다. 요컨대 장님들이 코끼리를 만지면 어떤 사람은 '이것은 기둥이다, 이것은 뱀이다, 이것은 부채다' 하고 저마다 자기가 손으로 만진 것을 설명한다. 그런데 판사는 이런 자료들이 사실이라는 가정 아래 각 자료를 최대한

수집하여 전체의 모양을 그리려고 한다. 그렇게 그려진 전체의 모양에 따라 '이 경우는 유치권이 성립한다, 이 경우는 성립하지 않는다'고 판결을 내린다. 물론 법원까지 가더라도 판결이 나올 때까지 기다릴 필요는 없다. 시간이 흐르면서 자신이 불리하다고 느낀 유치권자는 얼마든지 타협할 준비를 하게 마련이다. 따라서 법을 활용한다면 억울함을 적극 호소하여 짧은 시간 최대한 상대를 궁지에 몰아넣을 필요가 있다. 그 과정에서 상대와 적절한 타협을 이룰 수도 있다. 예컨대 위와 같은 사안에서도 똑같은 말이더라도 우선은 매도인을 만나 유치권 주장 액수를 뺀 금액으로 매수하겠다고 말하고, 이후에 유치권자를 만나 협상을 통해 조금이라도 액수를 줄여가는 것이 훨씬 이득이 된다(이때 유치권자로서도 계속 시간을 끄는 것이 자신에게 손해임을 알고 있으니 그 점을 부각시키는 것이 좋다.).

**Q3.** 그렇다면 숨어 있는 유치권자를 어떻게 알 수 있습니까?

**A.** 유치권이 성립하려면 점유를 해야 한다. 따라서 점유를 통하여 누가 유치권을 행사하고 있는지 알 수 있다. 다만 점유는 '사실상의 지배'라는 추상적인 내용으로 설명되고, 그 방법도 간접점유, 직접점유, 점유보조자에 의한 점유가 있으며 또한 명도 단행 가처분이나 기타 강제집행, 점유회수의 소에 의한 승소확정 등에 의하여 점유를 인정받는 사례도 있다. 따라서 다음과 같은 점을 꼼꼼히 확인해 보자.

1) 오피스텔을 실제로 점유하고 있는 사람을 상대로 그가 어떠한 법적 지위, 즉 공사업자로 직접 점유하고 있는지, 공사업자 소속 직원이나 가족으로 점유하고 있는지(점유보조자), 위 오피스텔을 공사업자로부터 임차하여 점유하고 있는지(이때 임차인이 직접점유자, 임대인이 간접점유자가 된다.) 구분해서 파악한다.

2) 위 경매 물건을 상대로 명도단행가처분이나 기타 강제집행이 있었는지, 혹은 점유관계 소송이 계속되고 있는지 파악한다.

이와 같은 상황에 대해 증거를 수집하여 유치권상 점유인지 아닌지 판단을 내릴 수밖에 없다. 점유에 대한 공부를 꾸준히 해가되 그래도 애매한 경우에는 전문가의 도움을 받는 것이 좋다.

**Q4.** 위와 같이 유치권 분쟁이 있는 물건을 구매하였을 때 어떤 피해를 입을 수 있습니까?
**A.** 물론 가장 큰 문제는 돈이다. 나아가 분쟁이 지속되었을 때 시간도 만만치 않게 소요될 것이다. 그러므로 이 건에 투자하지 않고 다른 건에 투자했을 때를 비교하여 보다 나은 판단을 내리도록 신중을 기해야 한다.

**Q5.** 유치권 분쟁 중인 부동산을 매수할 때 주의할 점은 무엇입니까?
**A.** 유치권이란 피담보채권을 갖는 사람을 공평(公平)의 이념에서 보호하기 위한 물권이다. 그러나 등기나 등록 등을 통하여 공시되지 않을뿐더러 유치권 판단의 기준이 되는 점유도 상당히 추상화되어 유치권의 실재 여부를 한눈에 파악하기란 참 어렵다. 그나마 위험을 줄일 수 있는 방법은 1) 유치권이 무엇인지 공부하고 2) 경험을 쌓거나 경력자의 조언에 귀를 기울이고 3) 유치권이 성립하지 않는 명확한 기준을 갖도록 노력하며 4) 현장을 자주 방문하여 증거를 확보하고 5) 증거와 관련하여 계약 과정 중에 참가하는 매도인 등 이해관계인과의 관계에서 될 수 있는 한 사실관계를 분명히 하고 그것이 잘못되었을 때의 책임관계를 기록한 계약서를 남겨둔다면 위험을 최소화할 수 있다.

## case 19. 유치권배제신청이 된 아파트의 응찰 문제

"경매에 나온 아파트에 응찰하려고 합니다. 그런데 지난 2018년 3월 5일경 시공사로 보이는 건설회사가 유치권을 신고한 상태입니다. 현재 위 아파트는 분양공고를 하였으나 아직 분양되지 않은 것으로 알고 있으며 아무도 살고 있지 않습니다. 다만 2018년 10월 9일경 경매신청채권자인 주식회사 ×에서 위 건설회사를 상대로 법원에 유치권배제신청을 한 바 있습니다.

**Q1.** 이런 경우 낙찰을 받아도 될까요?

**A.** 의외로 많은 사람들이 유치권이 신고된 경매는 피한다. 그런데 유치권은 자체로 확인이 안 될 때도 흔하고, 또한 유치권이 신고되어 있다고 해서 수익을 거둘 수 없는 것도 아니다. 잘 아는 게 중요하지 무조건 피하는 게 능사는 아니다. 뻔한 이야기지만 권리 분석을 열심히 하고 위험 부담, 투자 수익 등을 감안하여 응찰 여부를 판단하는 게 정석이다. 보통 유치권이 신고된 경우 유치권 신고금액에 낙찰가를 더해 부담해도 수익이 나는 구조라면 낙찰을 받는다. 그러나 이때도 감춰진 유치권이 있는지 없는지 확인하는 것은 기본 중의 기본이다.

**Q2.** 낙찰받을 경우 유치권이 신고되어 있으면 경락자금대출이 되지 않는다는 소문이 있는데, 사실인가요?

**A.** 물론 그런 경우도 있지만 꼭 그렇지는 않다. 중요한 것은 대출 은행이 아니다. 대출을 받는 사람이 얼마나 경매 물건에 대해 잘 알아보고 잘 대처하는지, 대출 은행에 대하여 평소 신용을 얼마나 쌓았는지가 중요하다. 유치권 신고 내용이 허위라는 상당한 신빙성(증거)이 있고, 또한 이를 감안하더라도 수익이 예상된다면 대출을 받을 수 있다.

**Q3.** 유치권이 진짜 성립되는지 사전에 알 수 있는 방법은 없습니까?

**A.** 유치권은 증거 싸움이다. 얼마나 유치권에 대해서 잘 알고, 얼마나 많이 유치권 관련 증거를 모았느냐에 따라 성립 여부를 스스로 판단할 수 있다. 이 모든 과정을 응찰을 준비 중인 본인이 할 수밖에 없다. 법원이 경매 전까지 공개하는 자료는 감정평가서, 현황조사서, 매각 물건명세서 3종류뿐이고 위 명세서에는 유치권 신고가 들어 왔을 때 그 신고 사실에 대하여 '유치권 성립 여지 있음 혹은 유치권 성립 불분명'이라고 표시할 뿐 실제 성립 여부에 대해서는 판단하지 않는다. 그리고 유치권 신고자가 제출한 자료도 공개하지 않는다. 또한 신고되지 않은 유치권도 있을지 모른다는 점을 분명히 알고 있어야 한다.

**Q4.** 유치권배제신청의 결과는 언제쯤 나옵니까?

**A.** 유치권배제신청은 유치권 신고로 불리한 입장에 있는 사람들이 하는 임의의 탄원 형식의 절차다. 이에 대하여 법원은 어떤 결정을 할 근거가 없으며 답변해 줄 의무도 없다. 다만 유치권 신고 내용이 불분명하고 허위일 가능성 등이 있을 때 경매 물건이 정상 가격으로 팔릴 수 있도록 유치권 신고자에게 소명하도록 하는 경우는 있다. 이때 유치권 신고자는 적극적으로 증거 자료를 제시하려고 할 것이다. 왜냐하면 훗날 매수인(낙찰자)이 부동산인도명령 신청을 했을 때 대항력을 행사하지 못할 가능성이 크기 때문이다.

## case 20. 낙찰 허가 후 잔금을 치르려다가 유치권이 신고된 것을 알게 된 경우

"지난 11월 초에 인터넷경매 사이트에서 원하는 물건이 나와서 등기부등본 확인 후 경매를 신청하여 낙찰을 받았습니다. 2주 후에 잔금을 지급하러 법원에 갔는데 그 전에 없었던 유치권이 신고되어 있었습니다. 법원 직원이 유치권에 대해서 알고 있느냐고 묻기에 잘은 모르는데 경매 낙찰 후에 신고된 유치권은 효력이 없는 것으로 알고 있다고 답하고 대금 지급하고 건물을 등기이전 받았습니다. 설마 유치권이 성립하리라고는 전혀 생각지도 못했습니다. 그렇게 이사를 하려고 준비하는데 유치권자가 나타났습니다."

**Q1.** 유치권 내용을 자세히 살펴보니 1건은 2003년 공사대금이며 소멸시효가 단기 3년이라고 하고 다른 건은 10여 건의 공사내역이 적혀 있는데 공사계약서의 날짜와 실제 공사 날짜가 다르게 적혀 있었습니다. 혹시 이런 내용은 유치권에 어떤 영향을 끼치지는 않는지요? 또한 전 건물 주인이 유치권 신청자가 잠깐 자리를 비운 사이에 유치권 신청자의 물건 따위를 철수시킨 후 우리에게 집을 인수해 준다고 하는데 그러면 유치권이 사라지는지요? 또 전 주인이 이사비용 합의시 유치권을 책임진다고 각서를 써 준다는데 그게 유효한지요?

**A.** 처한 상황을 보니 쉬운 문제는 아닌 것 같다. 우선 질문자가 말하는 유치권이 정상적으로 성립된 것인지 살펴보자. 확인해야 할 것은 다음과 같다.

1) 경매받은 건물과 관련하여 피담보채권이 발생하여야 한다. 달리 말하면 10여 건의 공사내역이 실제로 있었는지 알아봐야 한다.
2) 그 채권이 소멸시효가 완성되지 않고 유지되어야 한다. 통상 공사대금 채권은 소멸시효가 3년이다. 다만 피담보채권의 소멸시효를 중단시키는 판결을 받거나 채무승인을 받았다면 소멸시효가 중단되었다가 다시 시작하여 현실적으로 연장되는 경우도 있다. 이 사건에서도 피담보채권과 관련된 채무자와의 채무승인이나 판결이 있는지 여부를 살펴보아야 한다. 참고로 소멸시효 3년이란 공사 종료일

또는 채무자가 약속한 변제일부터 3년을 말한다.

3) 지금도 유치권자나 그 점유보조자가 점유하고 있어야 한다. 정황을 보니 현재 점유 중임은 분명한 것 같다. 그래서 전 주인이 유치권자가 잠시 자리를 비운 사이 물건을 철수시켜주겠다고 한 모양인데, 설령 그렇게 하더라도 유치권이 사라지는 것은 아니다. 유치권자는 점유 회수의 소를 통해 유치권상 필요한 점유를 회복할 수 있고, 점유를 빼앗긴 지 얼마 되지 않았다면 자력구제도 가능하다.

전 주인이 각서를 써준다는 말은 믿을 것이 못 된다. 각서는 전 주인과 질문자 사이의 문제로 만약 전 주인이 책임질 능력이 없다면 그저 종잇조각에 지나지 않는다. 전 주인의 약속이나 제안에 대하여는 신중하게 대처해야 한다.

두 가지 해결책을 제안한다. 하나는 매각허가결정 취소 신청이다. 유치권은 숨어 있는 권리이기 때문에 언제 어디서 튀어나올지 알 수 없다. 그러나 이런 폐해를 막기 위해 매각기일 이후 경락허가 결정을 받고 대금을 지급하려는 사이에 유치권이 신고되었다면 민사집행법 제127조에 의하여 매각허가 결정의 취소 신청을 하여 유치권 부담을 받은 낙찰의 의무를 면할 수 있다(대법원 2005.8.8. 고지 2005마643 결정 참조). 다른 한 가지는 유치권에 대해 잘 아는 법률 전문가와 상의하는 방법이다. 충분히 조언을 구한 뒤 대책을 세우는 것이 상책이다.

## case 21. 집합건물에 복수의 유치권이 있는 경우

"현재 오피스텔을 2007년 4월 15일에 임차하여 전입신고를 하고 살고 있는데 시행을 한 시공사가 부도가 나는 바람에 제2순위 근저당권자인 상호 저축은행의 경매 신청에 의해 오피스텔 건물 100가구 중 70가구가 경매에 넘어갔습니다. 입주할 때부터 경매된다는 소문은 들었고 입찰에 참가할 생각이 있었습니다. 그런데 막상 입찰에 뛰어들려고 하니, 신고된 유치권이 많아서 매우 당혹스럽습니다. 유치권 신고자들은 주로 시공사나 하도급업자들이었고, 유치권 신고된 금액은 물건 감정액 65억 가운데 32억 정도였습니다. 해당 가구 수로 보면 70가구 가운데 46가구였습니다. 유치권 신고는 위 경매개시결정 기입등기가 된 2008년 3월 2일 이후 10여 차례에 걸쳐 이루어졌습니다."

**Q1.** 낙찰을 받을 경우 위 신고된 유치권의 피담보채권을 모두 변제하여야 합니까?

**A.** 오피스텔 같은 집합건물은, 각 피담보채권마다, 각 가구마다 유치권 성립 여부를 따져야 한다. 오피스텔 한 채에 걸려 있는 유치권 신고액을 전부 변제할 이유는 없다. 개별 가구마다 유치권의 성립 요건을 따져서 해당 가구에 유치권이 있는지 없는지 살피는 것이 우선순위다. 다음 표를 참조하여 유치권 성립 여부를 점검해 보기 바란다. 통상 실제로 유치권이 성립하는 경우는 매우 드물다.

| 6대 유치권 성립 요건 | 현 사건에 대입 | 성립 여부 |
|---|---|---|
| 1. 타인의 물건 또는 유가증권을 | 오피스텔 70가구 중 46가구를 | 대물변제 여부(채무자가 유치권자에게 물건으로 대신 변제했다면 이미 자기 물건이 되었으므로 유치권은 불성립) |
| 2. 점유한 자는 | 점유한 시공사나 하도급업자가 | 원칙적으로 각자 점유하여야 함. 다만 부분적·일부(하도급공사의 경우) 점유를 전체의 점유로 볼 수 있는 경우도 있음. 또 경매개시결정 기입등기 이후에 점유한 경우 유치권 불성립 |
| 3. 그 물건이나 유가증권에 관하여 생긴 | 해당 건물을 공사하면서 생긴 공사대금 채권 32억 원이 | 피담보채권이 물건 등과 견련성이 있어야 함. |
| 4. 채권이 | | 채권의 금액이 부풀려 있는지, 변제 등으로 소멸되어 있는지 확인 요. |

| | | |
|---|---|---|
| 5. 변제기에 있는 경우에는 변제를 받을 때까지 그 물건 또는 유가 증권을 유치할 권리가 있다. | 공사가 끝나서 변제기가 찾아온 경우에는 공사한 오피스텔을 유치할 권리가 있다. | 공사를 시행한 시공사(도급업체)가 부도가 났다는 말은 수급업체(시공사, 하도급업체)에 돈 줄 때가 되었는데 못 주고 있다는 뜻이므로 이런 경우 대개 변제기에 있다. |
| 6. 전항의 규정은 그 점유가 불법 행위로 인한 경우에 적용하지 아니한다. | 불법점유나 소유자의 동의 없는 사용이 있는 경우 미적용 | 만약 전대가 임대인(채무자나 소유자)의 동의 없이 이루어졌다면 유치권 불성립 |
| 총 평 | (위 요건 중 한 가지라도 성립되지 않으면 유치권은 성립되지 않음.) | |

**Q2.** 유치권의 피담보채권은 채권이므로 경매 낙찰 이후 모두 소멸된다는데 맞는 말입니까?

**A.** 유치권의 피담보채권은 분명 채권이지만 자체로 대항력을 갖게 되는 것은 아니고 점유라는 또 다른 조건이 충족되어야 제3자에게도 대항할 수 있다. 그래서 민사집행법 제91조 제5항에 의하면 유치권자는 매수인이 피담보채권을 변제하지 않는 한 인도 거절권을 갖고 있어 사실상 변제를 강제할 수 있다. 그때까지 유치권의 전제가 된 피담보채권은 소멸하지 않는다.

※ ⑤ 매수인은 유치권자에게 그 유치권으로 담보하는 채권을 변제할 책임이 있다. | 민사집행법 제91조

**Q3.** 매수인이 유치권자의 피담보채권을 변제하지 않을 경우 다시 경매에 들어갈 수 있습니까?

**A.** 가능하다. 유치권자는 점유의 어려움을 피하기 위하여 경매를 신청할 수 있다. 이때 위 경매는 유치권자에게 우선 변제력은 없고 경매되어 받은 경매대금을 보관

할 의무가 있을 뿐이다. 다만 유치권자의 채권이 상계적상에 있다면(*서로에 대하여 서로가 채권을 갖고 있고 또한 이를 변제할 시기에 있다면) 상계를 하여 사실상 변제를 받는 결과가 된다.

※ ① 유치권자는 채권의 변제를 받기 위하여 유치물을 경매할 수 있다. | 민법 제322조 (경매, 간이변제충당)

## case 22. 유치권 포기각서의 범위

"며칠 전에 미분양 아파트를 공매 받았습니다. 잔금을 지급하고 소유권이전등기까지 끝마쳤는데 관리실에서 열쇠를 주지 않습니다. 시공사에서 발코니 확장 공사에 대한 유치권을 행사 중이라며 관리실에서 대신 열쇠를 점유하고 있는 상황이었습니다. 발코니 공사 대금 500만 원을 주어야만 열쇠를 주겠다고 합니다. 시공사 분양 사무실에서는 함부로 아파트에 입주하면 형사 고발하겠다고 위협하고 있습니다. 신탁사에서 공매를 신청할 때 시공사에서 유치권 포기각서(아파트 신축에 대한 일체의 권리 포기)를 써주었다고 합니다. 그런데 시공사에서는 아파트 신축대금은 포기했지만, 분양 조건시 발코니 확장은 선택사항으로 그 공사대금 채권을 포기한 것은 아니라고 주장하고 있습니다."

**Q1.** 아파트 신축 공사시 유치권 포기각서가 있는데 별도 공사라며 발코니 확장비용을 유치권으로 주장할 수 있습니까?

**A.** 건축주와 시공사 사이에 유치권 포기각서가 작성되었다면, 어디까지 포기할 것인지(포기의 효력 범위)에 관한 해석 문제라고 볼 수 있다. 시공사의 말대로 별도 공사는 포기한 것이 아니라고 판단된다면 유치권이 성립될 수도 있다. 일단 낙찰을 받았으니 전문가의 도움을 받아 공매서류에 나타난 권리 분석이 어떤지 살피는 게 우선

일 것 같다. 그래도 문제 해결의 여지가 안 보이고 시비가 계속된다면 부동산인도명령 신청이나 기타 건물명도 등 본안신청을 하여 시비를 가리는 것이 좋다.

**Q2.** 그냥 열쇠를 교체하고 들어가면 시공사에서 정말 형사 고발을 할 수 있습니까?
**A.** 일단 유치권상 점유가 되지 않더라도 열쇠를 지닌 채 점유를 주장하고 있다면 그 점유를 적법하게 추정한다고 할 수 있어 부동산인도명령이나 건물명도소송 등을 통해 채무 명의를 받아 강제 집행으로 점유를 확보해야 한다. 만약 임의로 들어가면 시공사에 의해 형법 제319조상의 주거침입죄 등으로 고소를 당할 뿐 아니라 민사상 손해 배상을 청구 당할 수 있다.

**Q3.** 다른 사람들은 열쇠를 교체하고 입주했다고 합니다. 저 역시 시공사가 주장하는 유치권 금액을 전부 주고 입주한 뒤에 나중에 다시 돌려받을 수 있는 방법은 없습니까?
**A.** 다른 사람의 사례를 그대로 적용하기는 힘들다. 시공사가 주장하는 금액을 전부 주었다고 하더라도 시공사가 유치권 등이 성립되어 정상적으로 받은 것이라면 돌려받을 수 없고 다른 사람들과의 형평상 일부라도 돌려달라고 할 수는 있으나 이는 법에 따른 것이 아니라 당사자 사이의 합의에 의한 것이다. 다만 채무자에 대하여는 대위변제한 것이므로 구상권을 행사할 수는 있을 것이다.

# 기타 경매인 혹은 매수인 입장에서 일문일답

**Q1. 경매물건에 신고된 유치권 보는 법**
부동산경매에 올라온 물건인데 이런 설명이 붙어 있는데 무슨 뜻인지 잘 모르겠어요. 이건 결국 유치권 설정이 안 되어 있다는 얘긴가요?

1. 2020.3.2.경 A로부터 인테리어시설 및 공사대금 합계 금 37,370,000원(공사대금 26,000,000원, 이자 11,370,000원)을 위한 유치권 신고가 있었으나 공사도급계약서 등 소명자료의 첨부는 없었으며, 유치권 성립 여부 또한 불분명함.
2. 2020.4.2.경 채권자 B로부터 A가 2020.3.2. 제출한 유치권 신고서에 대하여 유치권 배제 신청서를 제출함.
3. 2020.4.10.경 A가 유치권 신청 포기 및 철회서를 제출함.

**A.** 이 자료만으로는 유치권의 존재 여부를 알 수 없다. 매수희망자가 발 벗고 자료를 수집하며 스스로 판단해야 한다. 위에 주어진 정보는 이런 뜻이다.

첫째, 유치권 신고가 있었으나 경매절차상 매각 물건명세서에는 '유치권성립여부 또는 불분명함'이라고 기재되어 있는 경우 : 법원이 유치권의 존재여부에 대해 책임 있는 답변을 한 것이 아니다. 다만 유치권 신고가 있었다는 것만을 의미한다. 유치권의 실체 여부에 대한 판단이 아니다.

둘째, 채권자가 제출한 유치권배제신청서 : 채권자 입장에서 유치권이 없다고 확신하거나 혹은 유치권이 없을 가능성이 많다는 것을 강조하고자 하는 것일 뿐이지 이 또한 법원에서 어떤 판단을 하거나 판단할 책임이 있는 게 아니다. 결국 판단은 매수희망자의 몫인데 채권자에게 연락하여 직접 배제신청을 한 근거나 증거 등을 물어볼 수 있겠다. 통상 채권자가 유치권배제신청서를 제출할 때는 유치권자를 상대로 법원에 유치권부존재 확인의 소를 제출하고 이를 증빙하는 자료를 제출하는 경우도 많다.

셋째, 유치권 신청 포기 또는 철회서 : 이 사건 경매에서 유치권 주장 자체를 하지 않겠다는 의사표시이지 유치권 포기를 하는 것은 아니어서 큰 의미는 없다. 다만 그 경매에서는 유치권주장자가 1명 없어지므로 훨씬 간명해진다는 의미는 있다. 그러나 유치권 신청자가 전략상 신청포기 등을 할 수도 있으므로 너무 큰 의미를 부여하면 곤란하다. 유치권자는 경매와 무관하게 사실상 유치권 행사를 하고 있을 수도 있으며, 그렇다고 해서 법에 저촉되는 것도 아니다.

### Q2. 매수 이후 나타난 유치권자 때문에 계약을 파기하려는데 중개수수료는 어떻게?

직장 때문에 직방 어플 보고 집을 계약하고 보니 건물에 유치권 행사 중이길래 고민하다가 주변 사람들 이야기 듣고 계약을 파기하기로 했습니다. 부동산중개인, 집 주인 모두 유치권에 대한 설명이 없었습니다. 이런 상황에도 복비를 내야 하나요? 중개수수료는 계약날 지급했습니다.

A. 공인중개사법제32조(중개보수 등) 제1항은 '개업공인중개사는 중개업무에 관하여 중개의뢰인으로부터 소정의 보수를 받는다. 다만, 개업공인중개사의 고의 또는 과실로 인하여 중개의뢰인간의 거래행위가 무효·취소 또는 해제된 경우에는 그러하지 아니하다.'고 규정하고 있다. 계약을 파기할 정도로 중개인이나 임대인이 잘못했다

면 계약을 무효·취소 또는 해제하고, 중개보수를 지급할 필요가 없으며 이미 지급한 중개보수(복비)는 반환받을 수 있다.

### Q3. 유치권자에게 대신 돈을 주면 매도자에게 청구할 수 있나?

만약 갑이 부동산을 매수하고 명의 이전까지 마쳤는데 해당 부동산에 가보니 병이라는 점유자가 있었고 점유자 병은 매도인 을에 대한 부동산의 공사대금채권 등 어떤 채권을 이유로 유치권 행사 중인 경우, 매수자 갑이 공사대금을 대신 주고 부동산 반환청구가 가능한가요? 아니면 대금을 주지 않아도 소유권에 기한 반환청구가 가능한가요? 만약 대금을 대신 주고 반환청구하여 부동산을 돌려받았다면 갑은 을에게 손해배상 청구가 가능한가요? 또 매수가 아니라 경매의 경우에는 달라지는 것이 있나요?

A. 유치권상 채권을 변제하면 유치권자는 점유할 권원이 없어진다. 그러면 그 건축물에 대하여 정당한 권원이 있는 사람이 명도 소송 등으로 반환청구를 할 수 있다. 그러나 공사대금채권을 변제하지 아니하면 유치권자는 계속 점유할 권리가 있으므로 (유치권이 성립한다는 전제 아래) 매수인이 소유권에 기한 반환청구는 할 수 없다(소유권 자체는 매수인에게 있다. 이건 점유 문제). 그리고 갑이 채권을 변제하였다면 원래 채무자인 매도인에게 구상금반환청구를 할 수 있다. 한편 경매와 매수는 똑같이 취급된다.

# 유치권자에게 지불한 자금과 양도차익 문제 - 판례 소개

**Q. 낙찰받고 유치권자가 요구하는 금액까지 지불한 뒤 나중에 이 물건을 되팔려고 하는데 이때 매수 금액에 유치권자에게 지불한 금액까지 포함시켜야 할 것 같은데 (그래야 양도차익이 줄어드니까) 세무상 어떤 증빙 자료를 갖추어야 하는지요?**

**A.** 세무당국을 설득할 수 있는 증빙이 갖추어져야 한다. 즉 유치권이 정상적으로 성립할 수 있었고 이에 대한 증빙이 충분했으며, 유치권자가 소송을 하면 승소할 수 있을 정도였다고 판단할 만한 정황 등을 제시해야 한다. 가능하면 소송을 일부러 제기하여 객관성을 확보하는 방안도 검토할 수 있다. 액수가 클 경우 필히 세무전문가 등과 상의하자.

국세청 예규(재산-1611,2008.07.10.)는 토지를 경매로 취득한 자가 유치권을 주장하는 제3자에게 법적으로 지급의무가 없는 유치권에 대한 합의금을 지급하는 경우 해당금액은 소득세법제97조, 동법시행령 제163조에서 규정하는 양도소득에서 공제할 필요경비에 해당되지 아니한다는 취지로 답하고 있다.

---

**의정부지방법원 2013. 9. 17.선고 2012구합4505판결 【양도소득세부과처분취소】**

1. 처분의 경위

가. 원고는 ○○도 ○○군 ○○리 463 외 17필지 토지 합계 20,979㎡(이하 '이 사건 부동산'이라 한다)에 대한 이 법원 2009타경 1279호, 2009타경 35180호(중복) 부동산

임의 경매절차(이하 '이 사건 경매절차'라 한다)에서 2010. 1. 8. 이 사건 부동산을 취득한 다음 2010. 4. 8. 노○○ 및 이○○과 사이에 위 부동산에 관한 매매계약을 체결하였고, 위 부동산에 관하여 2010. 6. 7. 노○○, 이○○ 명의로 소유권이전등기가 마쳐졌다.

나. 원고는 2010. 8. 31. 피고에게 이 사건 부동산의 취득가액을 ○○○○원으로, 양도가액을 ○○○○원으로 한 다음, 유치권금액 ○○○○원 및 생태축조블록 추가공사비용 ○○○○원 합계 ○○○○원(이하 '원고 주장의 필요경비'라 한다) 등을 포함한 ○○○○원을 필요경비로 하여 산정한 양도소득세 ○○○○원을 신고·납부하였다.

다. 중부지방국세청장은 2011. 7. 20.부터 약 1달 간 원고에 대한 양도소득세 실지조사를 실시하여 원고 주장의 필요경비를 부인하였고, 이에 대한 과세자료를 피고에게 통보하였다.

라. 피고는 위 과세자료에 따라 2012. 6. 19. 원고에게 2010년 귀속 양도소득세 ○○○○원을 추가 결정·고지(이하 '이 사건 처분'이라 한다)하였다.

## 2. 이 사건 처분의 적법 여부

### 가. 원고의 주장

이 사건 경매절차에서 소외 주식회사 ○○콘크리트(이하 '소외 회사'라 한다)는 생태축조블록공사대금을 피담보채권으로 하여 이 사건 부동산에 대하여 유치권을 행사하고 있어, 원고는 이 사건 부동산을 취득한 이후 소외 회사에게 유치권 해결을 위해 금원을 지급하였는데 그 중 ○○○○원은 필요경비로 인정되어야 할 것이고, 위 부동산을 취득한 이후 추가공사를 시행하여 공사비용 ○○○○원(부가가치세 포함)을 지출하였으므로, 원고 주장의 필요경비는 위 부동산에 대한 양도소득세 산정에 있어 공제되어야 할 것임에도 불구하고 이를 인정하지 않은 이 사건 처분은 위법하다.

(중략)

다. 판단

(1) 관련 법리

소득세법 제97조제1항 소득세법시행령 제89조제1항 제163조 제3항에 의하면, 거주자의 양도차익의 계산에 있어서 양도가액에서 공제할 필요경비는 취득가액, 양도자산의 용도변경·개량 또는 이용편의를 위하여 지출한 비용 등의 자본적 지출액, 자산을 양도하기 위하여 직접 지출한 비용으로 한다.

과세처분의 적법성에 대한 입증책임은 과세관청에 있으므로 과세소득확정의 기초가 되는 필요경비도 원칙적으로 과세관청이 그 입증책임을 부담한다. 그러나 필요경비의 공제는 납세의무자에게 유리한 것일 뿐만 아니라 필요경비의 기초가 되는 사실관계는 대부분 납세의무자의 지배영역 안에 있는 것이어서 과세관청으로서는 그 입증이 곤란한 경우가 있으므로 그 입증의 곤란이나 당사자 사이의 형평을 고려하여 납세의무자로 하여금 입증케 하는 것이 합리적인 경우에는 입증의 필요는 납세의무자에게 돌아간다고 할 것이다(대법원 1992. 7. 28. 선고 91누10909 판결 등 참조).

(2) 원고 주장의 필요경비 판단

(가) 우선 원고의 주장 중 유치권금액 부분에 관하여 보건대, 원고의 위 부분 주장에 부합하는 듯한 증거로는 갑 제4호증의3, 6, 제5호증, 제6호증(가지번호 포함, 제19호증과 동일함), 증인 박○○, 한○○의 각 증언이 있다. 그런데, ① 갑 제5호증, 제6호증(가지번호 포함)의 각 기재 및 증인 박○○의 증언에 의하면, 원고가 2010. 4. 30. 소외 회사에게 유치권 해결비용으로 공급가액 ○○○○원을 지급하기로 하는 내용의 각서를 작성하고 원고가 2010. 5. 27. 소외 회사 명의의 은행 계좌로 위 ○○○○

원이 포함된 돈 ○○○○원을 송금한 사실은 확인되나, 이는 ㉠ 원고가 소외 회사의 대표이사로 특수관계자의 지위에 있는 점, ㉡ 소외 회사가 이 사건 경매 절차에서 유치권을 신고하면서 실제 공사내역, 공사대금 수수내역 등을 전혀 제출하지 못하였던 점, ㉢ 부동산을 경매 등으로 취득하여 그에 대한 유치권에 대한 합의금이 양도가액에서 공제되기 위해서는 유치권주장자에게 경매절차에서의 취득자 등에 대한 법적 대항력이 인정되어야 할 것인데, 이에 대한 어떠한 증거가 없을 뿐만 아니라 오히려 을 제6호증 등의 기재에 의하면, 소외 회사는 위 유치권의 피담보채권을 지급받기에 앞서 위 유치권을 포기한 것과 같은 사정이 확인되는 점(원고의 이 사건 부동산에 관한 매도계약은 2010. 4. 8. 체결되었는데, 위 계약의 매수인인 노○○는 그 당시 위 부동산에 관한 유치권에 대해서는 들은바 내지 확인한 바는 없다고 하고, 소외 회사가 원고로부터 교부받은 유치권 관련 지불각서는 그 이후인 2010. 4. 30.이 되어서야 비로소 작성되었기에, 원고의 주장에 의하더라도 소외 회사가 자신의 유치권에 관한 피담보채권을 모두 지급받기에 앞서 플래카드 설치 등과 같은 유치권 행사를 모두 종료하였다고 해석할 수밖에 없다), ㉣ 앞서 본 사정, 즉 원고가 2010. 4. 8. 이 사건 부동산을 매도하는 계약을 체결한 사실에 비추어 볼 때, 위 계약 체결 이후임에도 2010. 5. 27. 원고가 원고 주장의 유치권을 해결하기 위하여 ○○○○원에 이르는 상당한 금원을 지출하였어야만 하는 이유가 쉽게 납득되지 않은 점, ㉤ 증인 박○○은 2006. 경부터 현재까지 약 7년간 소외 회사에서 근무하고 있는 직원인 점 등에 비추어 볼 때, 위 증인의 증언만으로는 갑 제5호증, 제6호증(가지번호 포함)의 외관상 현출되는 사실을 전제로 하는 원고의 주장을 그대로 믿기 어렵고, ② 갑 제4호증의3, 6 및 증인 한○○의 증언에 의하면 이 사건 경매절차 이전에 이 사건 부동산의 소유자였던 한○○이 소외 회사에게 미지급한 공사대금이 ○○○○원에 이른다고 확인하였다는 사실 및 소외 회사 스스로 이 사건 경매절차에서 유치권을 신고한 사실은 인정되나, 위 각 증거만으로 원고가 소외 회사에게 위 ㅇㅇㅇㅇ원을 유치권 해결을 위한 합의금 조로 지급하였다는 점을 입증하기에 부족하고, 달리 이를 인정할 증거가 없다.

(중략)

(다) 따라서 원고 주장의 필요경비는 이 사건 부동산의 양도와 관련한 필요경비로 인정되기 어렵다고 할 것이므로, 이에 반하는 원고의 주장은 이유 없다.

# 10 유치권자 입장에서 살펴본 유치권

지금까지는 유치권자와 이해관계가 대립하는 매수인(낙찰자)이나 소유자 입장에서 유치권을 살펴보았다. 이번에는 유치권자 입장에서 유치권 문제를 살펴보자. 유치권자에게는 직접적인 도움이 될 수 있으며, 매수인 입장에서는 유치권자가 어떤 대응책을 가질 수 있는지 살펴볼 수 있는 기회다.

### case 23. 유치권의 정당한 행사 방법

"2년 전 대형 노래방 공사를 해준 적이 있습니다. 그런데 건물주가 공사대금을 치르지 않아서 법원에 소송을 걸었습니다. 법정은 피고(건물주)에게 금 3억 8천만 원을 지불하라는 원고 승소 판결을 내려주었습니다. 그렇지만 건물주가 돈이 없다는 핑계로 지불을 차일피일 미루었습니다. 그래서 2개월 전부터 유치권 행사를 위하여 위 건물로 갔습니다. 그 건물은 대형 노래방 외에 객실이 10개 있었습니다. 객실 2개를 빌려

들어가 유치권을 행사한다고 건물주에게 고지하고 행사에 돌입했습니다. 그런데 건물주가 와서 하는 말이 유치권 행사는 건물 밖에서 현수막을 걸고 해야지 이렇게 안에 들어와서 장사를 방해하면 업무방해죄로 고발하겠다고 으름장을 놓았습니다. 저희가 점유를 지속하자 건물주는 힘으로 우리를 쫓아내려고 했습니다. 몸싸움이 벌어졌고 경찰이 달려왔습니다. 주변 전문가들에게 자문을 구했지만 유치권 성립 여부를 놓고 의견이 분분하여 일단 짐을 싸고 건물에서 나왔습니다."

**Q1.** 유치권 행사를 한 것은 정당한 것인가요?

**A.** 유치권에 있어 피담보채권은 그 목적물에 대하여 지금 점유하기 전에 생긴 것도 상관없이 성립될 수 있다. 아래 판례가 이를 잘 보여준다.

---

**대법원 1965.3.30. 선고 64다1977 판결 [가옥명도, 손해배상]**

현행법상 유치권의 성립에는 채권자의 채권과 유치권의 목적인 물건과에 일정한 관련이 있으면 충분하고 물건점유 이전에 그 물건에 관련하여 채권이 발생한 후 그 물건에 대하여 점유를 취득한 경우에도 그 채권자는 유치권으로써 보호되어야 할 것임에도 불구하고 물건의 점유와 채권과에 관련 있음을 요하는 것으로 판단한 원판결에는 유치권 성립에 관한 법리를 오해한 위법이 있다 할 것이다.

---

단, 점유는 적법하게 이루어져야 한다. 이미 공사가 완료된 후 건물주에게 건물을 넘겨준 뒤 새삼스럽게 점유를 하려고 한다면 이미 점유를 하고 있는 건물주나 그 대리인으로부터 승낙이나 동의를 받아야 한다. 물론 승낙이나 동의를 해주지 않더라도 점

유가 아주 불가능한 것은 아니다. 그렇더라도 최소한 불법행위를 통해 점유해서는 안 된다.

다만 이 사건에서 객실 2개에 대하여 요금을 지급하였다면 정상적으로 점유하게 된 것인데 과연 그 정도를 불법행위라고 볼 수 있는지 조금 더 생각해보아야 한다. 통상 불법행위란 민법 제750조를 참조하면 다음과 같다. "고의 또는 과실로 인한 위법행위로 타인에게 손해를 가한 자는 그 손해를 배상할 책임이 있다."

다만 〈서울서부지방법원 2009.1.9. 선고 2008 고정 1112, 1114(병합)〉 사건에서 각 아파트를 하자보수의 목적으로 점유를 개시하여 이를 계속 점유한 경우에만 적법하다고 할 것이지 하자보수가 끝나 그 점유를 종료한 다음 하자보수의 목적이 아닌 새로운 점유의 개시는 적법하다고 볼 수 없다고 판시한 적이 있다.

## case 24. 공사가 중단된 경우의 유치권 문제

"공사대금을 받지 못해 경매 목적물에 대하여 유치권을 행사하고 있습니다. 건물주는 건물공사가 마무리되지 않았으니 공사대금 일부만 주고 다른 공사업체에게 마무리 공사를 맡기겠다면서 공사대금의 50%만 주겠다고 합니다."

**Q1.** 저희 유치권은 그대로 유지될 수 있습니까?
**A.** 공사 계약이 바뀌니까 유치권도 달라지지 않을까 하는 걱정 같다. 그러나 다행히 유치권은 법정담보물권이다. 이 말은 당사자끼리 합의해서 넘길 수 있는 권리가 아니라는 말이다. 중요한 것은 민법 제320조에서 정하는 유치권의 성립 요건이 충족되는지의 여부다. 만약 피담보채권이 있고(못 받은 공사대금이 있고) 점유도 하고 있다면 유치권이 성립된다.

**Q2.** 유치권을 유지하면서 다른 공사업체가 공사를 진행할 수 있도록 할 수 있는 방법이 따로 있습니까?

**A.** 유치권이 성립하려면 점유가 유지되어야 한다. 문의한 질문은 점유를 하는 동시에 다른 업체에 공사를 맡겨도 되는지 묻고 있는 내용이다. 점유의 형태는 다양하다. 유치권자가 경매 목적물의 전 면적을 다 점유하고 있지 않아도 점유는 얼마든지 인정될 수 있으며 따라서 다른 공사업체로 하여금 공사를 하게 할 수도 있다. 이때 유치권자는 1) 본인이 직접 점유할 수도 있고 2) 다른 공사업체를 직접 점유자로 삼고 자신들은 간접 점유자가 될 수도 있으며 3) 다른 공사업체에 점유 보조를 맡기고 자신이 직접 점유를 할 수도 있다. 주의할 점은, 가능하면 점유 방법에 대하여 다른 공사업자와 약정 등을 하여 증거를 남겨야 한다.

참고로 새로 공사에 참여하는 업체에서는 주의가 필요하다. 공사에 돌입하는 시점이 공교롭게도 경매개시결정 기입등기 이후라면 그들의 경우는 공사대금을 못 받아도 유치권을 주장하지 못한다. 따라서 새로 참여하는 다른 공사업체의 입장에서는 미리 건축주와 상의하여 채권 변제 등에 대하여 별도의 협약을 맺어야 한다. 유치권자가 될 수 없기 때문에 경매 과정에서 배당을 받거나 매수인으로부터는 금전을 받을 길이 없다는 것을 명심할 필요가 있다. 더구나 유치권을 인정받으려면 공사를 끝내야 한다. 이때 공사가 끝나서 대금을 받을 수 있는 시기가 온 것을 '변제기가 도래했다' 혹은 '변제기에 있다'고 표현하는데 이미 경매개시결정 등기가 끝난 뒤에 공사를 시작하면 돈을 받을 수 있는 상태도 아니고, 또한 경매 절차가 한창 진행 중인 동안에도 변제기가 미정일 수 있으므로(공사가 언제 끝날지 알 수 없다는 말) 새로 참여하는 공사업체는 매우 신중을 기해야 한다.

## case 25. 유치권자의 유익비 청구에 관해

"부동산 임의경매 사건에서 경매 물건에 관해 공사대금을 제대로 받지 못하여 부득이 유치권을 행사 중입니다. 경매는 현재 몇 차례 유찰되었으며 지금은 가격이 많이 떨어져 있어 다음 차순에 낙찰이 예상됩니다."

**Q1.** 유치권상 유익비를 청구하고 싶은데 어떤 절차를 거쳐야 합니까?

**A.** 이는 유익비 문제 이전에 유치권 문제다. 유익비는 점유자나 저당물의 제3취득자, 환매권자, 임차인인 경우에 해당된다. 그러나 이 사건은 수급인이 못 받은 공사대금의 문제이므로 유치권에 해당된다. 따라서 먼저 유치권이 성립하는지부터 따져 보아야 한다. 한편 유치권을 통해 공사대금을 받기 위해서는 별다른 절차를 요구하지 않는다. 굳이 법원에 '내가 유치권자요' 하고 신고하지 않아도 얼마든지 매수인(낙찰자)에게 대항할 수 있다. 그러나 이 권리는 매수인이 유치권으로 담보하는 채권을 변제할 책임이 있다는 것으로 그 물건이 지고 있는 물적 책임이지 사람인 매수인이 지는 책임은 아니다. 따라서 유치권자가 매수인을 상대로 유치권 존재 확인 청구의 소송을 제기할 수는 있으나 채권의 지급을 구하는 소송을 할 수 없다(다음 판례 참조). 다만 매수인이 유치권자를 상대로 부동산인도명령을 신청하거나 건물명도 소송을 제기하면 이에 대하여 명도를 거부할 권리가 있고 유치권이 인정되면 법원은 건물 명도와 동시에 유치권의 피담보채권을 변제하라는 판결을 내리게 된다(이런 특성 때문에 유치권을 '간접적으로 변제를 강제하는 권리'라고 설명한다.).

---

민사집행법 제91조 제5항에서 정한 '변제할 책임이 있다.'는 것은 인적담보가 아니라 물적담보를 의미하고, 매수인은 민법 제469조에서 정한 제3자의 변제에 해당하며, 채

무자의 의사에 반하여도 유치권의 피담보채무를 변제할 수 있고 채무자에게 구상권을 행사할 수 있다.

―――――――――――――――――――――――――――――――――

―――――――――――――――――――――――――――――――――

1. 민사집행법 제91조 제5항은 "매수인은 유치권자에게 그 유치권으로 담보하는 채권을 변제할 책임이 있다."라고 규정하고, 같은 법 제268조는 부동산을 목적으로 하는 담보권 실행을 위한 경매절차에서 위 조항을 준용한다고 규정하고 있다. 여기에서 '변제할 책임이 있다.'는 의미는 매수인이 경매목적 부동산에 관한 유치권의 부담을 승계한다는 것이지 유치권의 피담보채무까지 인수한다는 것은 아니다(대법원 1996. 8. 23. 선고 95다8713 판결 등 참조). 따라서 유치권의 부담이 있는 경매목적 부동산의 매수인이 유치권의 피담보채무를 변제하는 것은 민법 제469조에서 정하는 제3자의 변제에 해당한다.

민법 제469조 제1항은 채무의 변제는 제3자도 할 수 있으나 채무의 성질 또는 당사자의 의사표시로 제3자의 변제를 허용하지 아니하는 때에는 그러하지 아니하다고 규정하고, 같은 조 제2항은 이해관계 없는 제3자는 채무자의 의사에 반하여 변제하지 못한다고 규정한다. 민법 제481조는 변제할 정당한 이익이 있는 자는 변제로 당연히 채권자를 대위한다고 규정하고 있다. 위 조항에서 말하는 '이해관계'와 '변제할 정당한 이익'이 있는 자는 변제를 하지 않으면 채권자로부터 집행을 받게 되거나 또는 채무자에 대한 자기의 권리를 잃게 되는 지위에 있기 때문에 변제함으로써 당연히 대위의 보호를 받아야 할 법률상 이익을 가지는 자를 말하고, 단지 사실상의 이해관계를 가진 자는 제외된다(대법원 2009. 5. 28.자 2008마109 결정 등 참조). 유치권의 부담이 있는 경매목적 부동산의 매수인은 유치권의 피담보채권을 만족시키는 등으로 유치권을 소멸시키지 않는 한 그 인도를 받을 수 없고, 나아가 유치권자의 경매신청으로 부동산의 소유권을 잃을 위험도 있는 점(민법 제322조) 등에 비추어 보면 유치권의 피담보채무를 대신 변제할 이해관계 있는 제3자에 해당한다. 따라서 이 경우 매수인은 채무자의 의사에 반하여 유치권의 피담보채무를 변제할 수 있고, 그 피담보채무를 변제하였다면 특별한 사정이 없는 한 채무자에게 구상권을 행사할 수 있다(대법원 1993. 10. 12. 선고 93다9903, 9910 판결, 대법원 1995. 3. 24. 선고 94다44620 판결 등 참조).

---

물론 아주 방법이 없는 것은 아니다. 민법 제322조에 의한 경매나 간이변제충당의 방법을 통하여 매수인을 간접적으로 압박하는 방법이 있다. 즉 위 경매는 비록 형식적 경매이지만 매수인이 변제를 자꾸 미루면 경매가 진행되어 물건이 제3자에게 넘어갈 수 있기 때문에[유치권자는 채권의 변제를 받기 위하여 유치물을 경매할 수 있다. | 민법 제322조 (경매, 간이변제충당)] 매수인으로서는 적극적으로 나설 수밖에 없다. 참고로 경매는 소송대리인들을 선임하여 집행 절차 등을 대리하게 할 수 있다. 그 비용은 담당하는 법률 전문가에 따라 약간의 차이가 있으나 일정 범주 안에서 가격이 형성되어 있다.

**Q2.** 유치권을 근거로 배당요구를 할 수 있습니까?

**A.** 유치권의 피담보채권도 일반 채권처럼 경매 과정에서 채권신고를 할 수 있다. 다만 배당요구종기까지 신고를 마쳐야 한다. 배당요구는 유치권상의 권리행사와는 별도로 진행되는 것이며 위 배당요구 절차에 필요한 증거를 제출해야 하고 시간을 지켜야 한다.

## case 26. 낙찰자에게 공사대금을 받을 수 있는 방법

"2005년경에 아파트 1세대를 화장실 타일 변경, 발코니 확장, 방 3개 도배, 마룻바닥 공사 등 도합 금 3,500만 원 상당의 공사를 해 주었습니다. 그런데 집주인이 공사대금을 지급하지 않다가 2006년 3월경 경매에 돌입했고, 그해 9월 15일경 그 집 임차인이 낙찰을 받았습니다. 낙찰이 있기 전인 같은 해 6월 30일경 위 공사대금 채권으로 유치권을 신청했는데 나중에 낙찰자가 자기는 공사대금을 변제할 수 없다며 버팁니다. 아파트라 직접 들어갈 수도 없고 잘못하면 주거침입이 된다고 하여 위 유치권 신청을 할 때쯤 전 집주인으로부터 집과 방 열쇠를 받아 두었습니다."

**Q1.** 이 경우 간접점유가 되어 유치권이 성립될 수 있습니까?

**A.** 이 경우는 간접점유가 되지 않는다. 간접점유란 지상권, 전세권, 임대차 등을 매개로 그 관계(이를 '매개관계'라고 한다.)에 있는 타인에게 물건을 점유(타인의 점유는 '직접점유'가 된다.)하게 하는 경우에 인정된다(민법 제 194조 참조). 이 사건에서 매개관계라고 할 수 있는 사람은 나중에 낙찰을 받은 임차인밖에 없다. 그런데 그는 유치권자와 이해관계가 다르므로 직접점유자가 되겠다고 승낙할 리 없으므로 간접점유가 불가능하다. 그렇다면 유치권자의 직접점유 문제는 어떻게 될까요? 점유란 물건을 사실상 지배할 때 인정된다. 누군가 점유를 침해할 때 이를 막을 수 있어야 사실상 지배다. 그러나 이 사례처럼 집주인으로부터 집과 방의 열쇠를 받아 둔 것만으로는 성립하지 않는다. 따라서 이 경우는 간접점유도 아니고, 직접점유도 아니므로 유치권이 성립하지 않는다.

**Q2.** 경찰을 대동하여 위 아파트를 강제로 점유할 수는 없나요?

**A.** 유치권은 민사 문제다. 이미 임차인(나중의 매수인)이 점유하고 있는데 경찰이 이에 개입할 이유는 없다. 대동해달라고 요청해도 응하지 않을 것으로 생각된다. 특히 임차인의 점유를 강제로 침입한다면 형법 제319조상의 주거침입죄가 적용될 수 있다.

**Q3.** 리모델링 공사한 것을 뜯어갈 수 있습니까? 그리고 만약 돈을 안 주면 뜯어 가겠다고 말하면 협박죄가 됩니까?

**A.** 리모델링 공사를 하여 부착된 물건들은 이미 위 건물에 부합되어 그 건물의 소유자의 소유물이므로 원칙적으로 뜯어갈 수 없다(민법 제256조 참조). 그리고 위 건물의 점유자인 임차인(나중의 매수인)이 뜯어가라고 승낙할 리도 없다. 왜냐하면 매수인은 위 공사된 부분까지 포함하여 모두 낙찰받은 것이기 때문이다. 그리고 실제로 뜯어낸다면 이는 재물손괴죄(형법 제366조)에 해당된다. 뜯어갈 수 있는 권한도 없고 뜯어갈 가능성도 없는 상황에서 계속 이를 빌미로 해악을 고지한다면 형법 제283조상의 협박죄가 성립할 여지가 있다. 여기에다가 돈까지 달라고 협박하면 형법 제360조상의 공갈죄(돈을 받지 못하면 공갈미수죄)가 될 수 있다.

### case 27. 물건을 납품하고 돈을 못 받은 경우

"2006년경 빌라를 짓는 건설회사에게 물건을 납품했습니다. 부도가 나서 한 푼도 받지 못하고 대신 빌라 한 세대의 매매 계약서를 가지게 되었습니다. 얼마 전 그 빌라가 대출은행의 경매 신청으로 팔리게 되었다는 소문을 들었습니다. 그래서 건물 문 앞에 사람이 출입하지 못하도록 납품 물건으로 막아 놓았는데 건축주가 계속 치우고 있습니다."

**Q1.** 아직까지 아무런 보상을 받지 못했는데 유치권을 행사할 수 있습니까?

**A.** 이 경우는 상사유치권을 검토해 볼 수 있는데 일반 유치권과 견련성에서 차이가 있다. 보통의 유치권은 공사업체와 건축주 사이에서 벌어지는 것으로 이때는 공사업체가 공사한 건물에 대하여만 유치권을 주장할 수 있다. 그러나 공사가 아니라 상행위에 의한 유치권은 이에 따라 점유할 수 있는 물건이 달라진다. 즉 건설회사나 물건납품자가 모두 사업자등록을 한 상인이라면 자기가 점유하고 있는 채무자 소유의 물건에 대하여 유치권을 행사할 수 있다.

그런데 이 사건에서 가장 큰 문제는 점유 여부다. 문 앞을 납품 물건으로 막아 놓았다고 과연 점유를 인정받을 수 있을지 의문이다. 가까운 곳에 천막이나 컨테이너박스 등을 설치하여 언제든지 점유 침해자를 배제할 수 있는 상태로 만들어야 그나마 점유가 인정될 여지가 생긴다. 또한 점유는 경매개시결정 기입등기 전에 이루어져야 하는데 만일 이후부터 점유에 들어간다면 유치권이 보호를 받지 못한다. 참고로 상사유치권의 경우, 그 점유가 채무자와의 상행위가 아닌 다른 원인으로 목적물의 점유를 취득했을 때는 상사유치권이 성립되지 않는 경우도 있다(대법원 2008.5.30.자 2007마98 결정 참조).

**Q2.** 유치권을 행사한다고 건축물을 막아 놓고 있는데 건축주가 임의로 와서 치워도 됩니까?

**A.** 만약 정당한 유치권 행사에 대하여 위와 같이 막아 놓은 물품 등을 계속 치워버리면 이는 형법 제314조의 업무방해죄가 될 여지가 있다.

**Q3.** 보상받을 수 있는 방법은 무엇입니까?

**A.** 두 가지 방법을 고려할 수 있다. 일단 유치권자로 인정받으면 매수인(낙찰자)에게

변제를 받을 때까지 유치권을 행사할 수 있다. 또한 채무자에 대한 채권자로서 경매 절차상 배당 요구를 하여 우선순위에 따라 배당을 받는 방법도 있다.

### case 28. 부동산인도명령을 받은 경우

"2007년경 건물을 시공했습니다. 그런데 건축주가 공사대금을 일부 주지 않고 또 나머지 대금을 받을 길이 막막하여 2008년 11월경 저희 회사는 건축한 건물로 이사 했습니다. 그 뒤 2009년 2월경 그 건물이 경매에 넘어갔습니다. 2009년 3월 27일 매각이 되고 2009년 4월 10일 경매 대금이 완불되어 소유권이 넘어갔습니다. 저희는 2009년 3월 31일 법원에 유치권 신고를 했습니다. 같은 해 5월 15일 매수인(낙찰자)이 법원에 부동산인도명령을 신청했습니다. 같은 달 30일에 저희 회사는 유치권을 주장하면서 나갈 수 없다고 이의를 제기하였습니다. 그러다 6월 18일 법원에서 부동산인도명령이 결정되었습니다."

**Q1.** 저희가 절차상 무엇을 잘못하여 이 지경에 이른 것입니까?
**A.** 질문자의 주장대로라면 위 건물을 시공하고 대금을 다 못 받았고, 또한 점유를 하고 있는데 그 사이 경매가 개시되었으므로 일단은 유치권자로 보호받을 수 있는 것으로 보인다. 그러나 아무리 자신이 정당한 권리를 갖고 있다고 하더라도 법원에 자신의 주장과 증거를 제시하여 인정받지 못한다면 그 권리는 없는 것이나 마찬가지다. 주장을 법리적으로 살펴보면 누락된 내용이 나올 테고 이를 보완할 필요가 있다. 그리고 각 절차의 시점에 맞는, 법이 정하는 불복 방법이 있다. 이를 참조하여 어떤 방법으로 대응하는 것이 좋을지 결정해야 한다.

**Q2.** 위 명령에 대하여 대처할 수 있는 방안이 없습니까?

**A.** 위 부동산인도명령에 대하여는 민사집행법 제136조(부동산의 인도명령등) 제3항에 의하여 즉시항고를 할 수 있다. 즉시항고는 항고장을 1주일 이내에 원심법원에 제출하여야 하고 만약 집행을 정지하고 싶다면 별도로 민사집행법 제15조 제6항에 따른 집행정지 신청을 해야 한다. 위 정지 신청을 하게 되면 통상 낙찰가와 동일하거나 이에 가까운 담보액을 공탁하게 하고 집행정지 결정이 나는 경우가 많다. 그러나 위 인도명령이 강제 집행되면 위 즉시항고는 항고의 이익이 없어 즉시 부적법 각하하게 된다(아래 법조항과 판례 참조).

---

**민사집행법 제15조 (즉시항고)**

① 집행절차에 관한 집행법원의 재판에 대하여는 특별한 규정이 있어야만 즉시항고를 할 수 있다.

② 항고인은 재판을 고지받은 날부터 1주의 불변기간 이내에 항고장을 원심법원에 제출하여야 한다.

⑥ 제1항의 즉시항고는 집행정지의 효력을 가지지 아니한다. 다만, 항고법원(재판기록이 원심법원에 남아 있는 때에는 원심법원)은 즉시항고에 대한 결정이 있을 때까지 담보를 제공하게 하거나 담보를 제공하게 하지 아니하고 원심재판의 집행을 정지하거나 집행절차의 전부 또는 일부를 정지하도록 명할 수 있고, 담보를 제공하게 하고 집행을 계속하도록 명할 수 있다.

---

### 대법원 2008.2.5.자 2007마1613 결정 【경락부동산인도명령】

집행방법에 관한 이의는 강제집행의 방법이나 집행행위에 있어서 집행관의 준수할 집행절차에 관한 형식적 절차상의 하자가 있는 경우에 한하여 집행당사자 또는 이해관계가 있는 제3자가 집행 법원에 대하여 하는 불복신청을 말하는 것으로, 집행법원이 그 재판 전에 강제집행의 일시정지의 가처분을 하지 아니하는 한 집행정지의 효력이 없고, 이의 기각결정에 대한 즉시항고의 경우에도 법률에 특별한 규정이 있는 경우에 한하여 집행정지의 효력이 있으므로, 이미 강제집행이 종료된 후에는 집행방법에 관한 이의를 할 수 없을 뿐만 아니라 집행방법에 관한 이의신청사건이나 그 기각결정에 대한 즉시항고사건이 계속 중에 있을 때 강제집행이 종료된 경우에도 그 불허가를 구하는 이의신청이나 즉시항고는 이의나 불복의 대상을 잃게 되므로 이의나 항고의 이익이 없어 부적법하게 되는바(대법원 1987.10.20.자 87마1095 결정 참조), 위와 같은 법리는 부동산인도 명령에 대한 즉시항고의 경우에도 마찬가지로 적용된다고 할 것이다(대법원 2005.10.14.자 2005마950 결정 참조).

---

**Q3.** 추가적으로 대응할 수 있는 방법은 없습니까?

**A.** 가능하면 위 경매 절차가 개시되었다는 사실을 안 때부터 유치권을 입증할 수 있는 증거 자료를 첨부하여 집행법원에 제출하는 게 옳았다. 지금처럼 부동산인도명령이 결정되었다면 즉시항고를 하여 유치권자로 인정받을 수 있도록 노력해야 한다. 그리고 만약 강제 집행을 당하여 점유를 빼앗겼다면 민사 본안 소송으로 매수인을 상대로 점유회수의 소를 포함한 유치권 존재 확인 청구와 손해배상청구의 소를 제기하여 유치권이 원래 적법하게 성립되어 있었고 그 점유도 적법하게 되어 있었

는데 매수인의 고의 또는 과실로 부동산인도명령이 집행되어 점유를 빼앗겼으니 그 물건을 반환해 주고 이로 인한 손해를 배상해달라고 청구해야 한다. 다만 점유회수의 소는 강제 집행을 당한 때로부터 1년 이내에 제기하여야 한다.

---

**민법제204조 (점유의 회수)**

① 점유자가 점유의 침탈을 당한 때에는 그 물건의 반환 및 손해의 배상을 청구할 수 있다.

② 전항의 청구권은 침탈자의 특별승계인에 대하여는 행사하지 못한다. 그러나 승계인이 악의인 때에는 그러하지 아니하다.

③ 제1항의 청구권은 침탈을 당한 날로부터 1년 내에 행사하여야 한다.

---

### case 29. 유치권은 경매 법원에 반드시 신고해야 하는가

"어떤 노후 주택에 보일러와 타일을 교체하는 공사를 하고 그 공사비용으로 2,000만 원이 들었는데 그중 1,000만 원만 받았습니다. 그런데 미처 잔금을 받기도 전인 지난 4월 20일경 위 주택이 경매에 들어갔다는 소식이 들렸습니다."

**Q1.** 위 잔금에 대하여 유치권을 행사할 수 있습니까?

**A.** 물론이다. 단 유치권 성립 조건을 모두 충족해야 한다. 일단 타인의 물건에 대한 채권은 성립하고 있는 것으로 보인다. 그러나 모호한 점이 두 가지 있다. 한 가지는 변제기다(돈을 주기로 한 기간). 만일 잔금을 치르기로 한 날짜가 따로 정해져 있다면 현재는 변제기가 아니어서 유치권이 성립하지 않는다. 그러나 따로 정하지 않았다

면 공사가 완료된 날로 변제기가 시작된다. 둘째는 점유다. 현재 해당 부동산을 점유하지 못한 것으로 보이는데 만일 그렇다면 유치권이 성립하지 않는다. 점유는 유치권 행사에서 가장 중요한 요건이다. 나아가 점유를 시작한 시점이 경매 이후라면 역시 유치권은 보호받을 수 없다.

**Q2.** 유치권은 반드시 법원에 신청을 해야 합니까?
**A.** 유치권은 법정담보물권으로 법원에 신청할 필요는 없으며 피담보채권을 변제받을 때까지 언제든지 법원에 신고하거나 매수인에게 주장할 수 있다.

**Q3.** 위 잔금 1,000만 원을 받기 위하여 공사계약서를 1억 원으로 바꿔서 유치권 신고를 하거나 나중에 매수인(낙찰자)에게 주장하면 어떤 처벌을 받게 됩니까?
**A.** 문서를 조작하면 처벌받는다. 우선 건물주의 허락 없이 공사계약금액을 1억 원으로 조작하여 유치권 신고서류에 첨부하였다면 형법 제231조, 제234조상의 사문서 변조, 동행사죄가 될 수 있고, 위 변조한 문서를 유치권 신고를 하면서 제출했다면 형법 제315조상의 경매 방해죄가 성립될 수 있으며 매수인에게 마치 받을 돈이 있는 것처럼 거짓말하여 돈을 받았다면 형법 제347조상의 사기죄가 성립될 수 있다.

## case 30. 자격 없는 분이 무리한 컨설팅을 하고 돈을 달라는데

"변호사나 법무사 자격도 없는 분이 유치권 경매물건에 대해 권리분석도 해주고, 그분 조언에 따라 낙찰을 받았는데 결국 바라는 수익을 내는 데 실패했습니다."

**Q.** 그런데 그분이 약정한 대로 수익의 20%를 달라는데 주어야 하는가요?
**A.** 법에 위반되었으면 줄 필요가 없고 주었으면 부당이득으로 반환받을 수 있다. 아

래 판례에 보듯이 자격이 없는 분들의 법률 사무처리는 불법이라고 규정하여 신중한 약정을 요구하고 있다. 따라서 자격 없는 분들은 그 의미를 잘 되새겨 당사자와의 법률관계를 조정하여 의미 없는 일이 되지 않도록 해야 한다.

---

**대법원 2018.8.1. 선고 2016다242716, 242723 판결 【부당이득금·약정금】**

피고는 이 사건 컨설팅계약에 따라 이 사건 부동산에 대한 경매사건의 매각물건명세서와 유치권 관련 서류를 토대로 권리분석업무를 수행하였고 이 사건 부동산의 매수와 유치권자에 대한 대항 여부에 관하여 법률적인 조언까지 하였다. 이 사건 컨설팅계약은 변호사법 제109조 제1호에서 금지하고 있는 '법률상담 등의 법률사무'를 취급하는 내용으로 볼 수 있고, 법무사법 제2조 제1항 제5호의 '재산취득에 관한 상담' 등을 내용으로 한다고도 볼 수 있다. 따라서 이 사건 컨설팅계약은 변호사법 제109조 제1호와 법무사법 제74조 제1항 제1호에서 금지하고 있는 행위를 내용으로 하는 계약으로서 반사회적 법률행위에 해당하므로 무효라고 보아야 한다.

(* 같은 취지 판례 : 대법원 2021.8.19. 선고 2019다264595【수수료청구 판결】)

---

# 유치권자 입장에서 관련 기타 질의응답

**Q1. 시행사가 하도급업체의 돈 떼먹는 문제**

건물주가 커피숍 위탁운영 및 인테리어 공사를 업체에게 의뢰해 공사를 50% 진행했습니다. 현재 공사가 제대로 이루어지지 않고 공사 전 이행확약서를 받아놓은 상태이며 계약 날짜 도래시 계약해지하기로 이행확약서를 받아놨습니다. 건물주는 계약금, 중도금을 지급하여 50%를 지급한 상태입니다. 그런데 공사 및 위탁받은 업체가 공사한 업체들에게 비용을 지급하지 않고 있습니다. 확약서에 따라 공사계약 해지시 공종별 업체들이 유치권을 행사할 수 있을까요? 대금을 공사진행율에 따라 다 지급을 한 상태입니다.

**A.** 유치권은 채권을 가지고 있고 목적물을 점유하고 있다면 성립한다. 따라서 공종별 업체들도 유치권을 미리 포기하지 않는 한 목적물과 관련하여 채권을 가지고 있고 점유하고 있다면 유치권을 행사할 수 있다. 이는 원수급인에게 모두 변제하였는지가 문제가 아니고 하수급인에게 지급하였는지를 따져 보아야 하며 도급인으로서는 통상 원수급인과 하수급인 사이의 공사대금정산 관계를 계속 확인할 필요가 있다.

**Q2. 공동소유자인 경우, 누구에게 유치권을 주장할 수 있나?**

A와 B가 공동으로 소유하는 주택에 대해서 유치권을 주장하려고 합니다. 이 경우 A와 B 모두에게 동의를 구하고 점유를 해야 하나요? 사실 A는 공사와 무관한 사람입니다. A는 그저 도급계약서 등에 보증책임을 약속한 게 전부입니다.

**A.** 유치권은 법정 담보물권이기 때문에 그 요건만 성립하면 누구에게든지 주장할 수

있다. 즉 공사대금채권이 변제기에 있고 그 주택을 점유하고 있으면 유치권이 성립한다. 유치권자는 누구에게든지 그 채권을 변제받고 유치권을 해제할 수 있으며 그 해제를 한 자는 도급인인 B에게 구상권을 행사할 여지가 있고 A는 보증인이기 때문에 그 보증책임을 물을 수도 있다.

### Q3. 대물변제한다고 유치권 포기 각서를 써주었는데

건설업 종사자입니다. 비용을 받지 못해 유치권 행사를 했고, 대물변제 합의 후 유치권 포기 각서를 썼습니다. 약속된 날짜에도 대물을 받지 못하여 지급명령을 신청했고, 지급명령이 떨어졌습니다. 그럼에도 여전히 돈을 못 받고 있습니다. 그들은 파산을 이유로 2년째 돈을 주지 않고 있습니다. 어떤 법률전문가는 돈을 못 받은 이후에 유치권 행사를 하지 않았기 때문에 법적으로 돈을 받을 수 있는 근거가 없다고 합니다. 건물 소유주는 이미 파산 후 넘어간 상태라 유치권을 계속 행사하고 있던 업체만 돈을 받은 상황입니다. 이럴 경우 기존에 법적인 서류는 모두 효력이 없는 건가요?

A. 유치권은 채권을 갖는 경우 점유를 계속해야 유지되며 파산절차에서 별제권(채무자 회생 및 파산에 관한 법률 제411조)을 가져 파산절차에 의하지 않고 사실상 우선변제를 받을 수 있다. 그러나 대물변제 합의를 믿고 점유를 하지 않았다면 더 이상 유치권이 없어 과거 유치권을 전제로 대물변제 약속을 했더라도 그와 관련된 서류는 별다른 효력이 없다. 파산 등 특별한 절차가 진행될 때는 미리 법률전문가의 자문을 받는 게 좋다.

### Q4. 다른 회사 공장 내 설치한 기계에 대한 유치권 행사 가능한지

현재 A라는 회사에서 B라는 회사의 공장에 기계 설비 및 그에 대한 시설 공사를 진행하고 있습니다. 그런데 최근 B 회사의 공장 및 건물, 기계에 대하여 은행에서 대출 이자 상환이 안 되어서 유치권을 행사하겠다고 통보가 왔다고 합니다. 은행에서 유치권 행사를 한다고 하면 저희 A 회사의 기계 운용에도 문제가 생길 듯한데 은행의 유치권 행사에 대항하여 A 회사도 유치권 행사가 가능할지, 그리고 기계 운용에 문제가 없을지 궁금합니다. 그리고 B 회사가 파산하고 경매에 부쳐질 예정이라는데 경매가 끝날 때까지 A 회사가 기계 등 운용할 수 있는 방법이 있을까요?

A. 유치권은 채권과 점유가 필요한데 그 점유는 합법적인 점유여야 한다. 다만 은행이 주장하는 것은 채권자로서 채무자로부터 점유이전을 받는 것인데 이는 유치권 행사라고 할 수 없다. 그런데 은행이 먼저 점유하고 있다면 A는 현실적으로 점유를 할 수 없어 유치권을 행사할 수 없다. A로서는 은행이 점유하기 전에 B로부터 점유를 이전받고 그 시설물에 대한 사용동의를 받아 계속 유치권자로서 사용했어야 했는데 지금은 곤란한 것으로 보인다.

## Q5. 경매신청 가능한가요?

토지소유자는 A, 토지 공사 관련 계약자는 법인 B, 토목공사업자는 C(본인). 공사계약 당시 토지주인 A와 직접 계약한 게 아니고 토지를 매수계약 체결하고 중도금까지 치른 B 외 1인과 공사도급계약을 체결했습니다. 그런데 법인 B의 대표이사 D가 사기죄로 수감되어 징역형을 받게 되었습니다. C는 공사대금을 받기 위해 공사대금청구의 소를 하여 승소하였고, 채권 전부 변제받을 때까지 공사현장을 점유하며 유치권을 행사하고 있습니다. 돈 한 푼도 받지 않고 토목공사를 했던 C는 공사대금을 받기 위해 토지소유자 A에게 경매신청을 하겠다고 통보도 했으나 A는 C가 B와 계약을 했지 A와 했느냐며 맘대로 하라고 합니다. B 법인과 외 1인의 법인 양쪽이 모두 폐업 상태인데 과연 경매신청을 할 수 있을지요?

A. C는 토목공사를 해준 토지에 대하여 유치권자로서 점유하고 있다면 경매를 신청할 수 있다. 그리고 유치권을 가지면 파산이 되더라도 별제권을 가지고 있어 별도로 절차를 밟을 수 있다.

# 11

# 정리 : 다음 9가지 조건을 다 갖춰야 진짜 유치권

유치권의 진위는 최종적으로 법원이 판단한다. 그래서 법이 중요하고, 해석의 주체인 판사들의 생각이 중요하다. 판사들이 유치권을 어떻게 바라보는지 알려면 판례를 봐야 한다. 판사들은 다음 법조문을 어떻게 해석할까?

---

**민법제320조(유치권의 내용)**

① 타인의 물건 또는 유가증권을 점유한 자는 그 물건이나 유가증권에 관하여 생긴 채권이 변제기에 있는 경우에는 변제를 받을 때까지 그 물건 또는 유가증권을 유치할 권리가 있다.

② 전항의 규정은 그 점유가 불법행위로 인한 경우에 적용하지 아니한다.

---

몇 줄 안 되는 짧은 내용이지만 해석을 요구하는 부분을 구분해서 살펴보면 9가지로 나뉜다(뒤에서는 6가지로 구분해서 접근하는데 다루는 내용은 동일하고, 더욱 세밀하다.).

### 첫째는 '목적물'에 대한 내용이다.

법은 유치권의 목적물이 '물건 또는 유가증권'이어야 한다고 말한다. 이때 '물건'은 민법에서 정의하는 그 '물건'이지만 일상적 의미로 '건물'을 생각하면 별로 틀리지 않다. 그런데 '목적물'이 문제가 될 때가 있다. 유치권을 주장하는 물건이 부합물이나 종물처럼 민법에서 '물건'으로 인정하지 않을 때다.

### 둘째는 '소유자'에 대한 내용이다.

간혹 건물 소유자가 유치권을 주장하는 경우가 있다. 그런데 법은 이 목적물을 소유한 자는 유치권을 주장할 수 없다고 못을 박고 있다. 유치권은 타인의 물건에 대해서만 주장이 가능하다.

### 셋째는 '점유'에 대한 내용이다.

점유란 물건을 갖고 있는 것을 말한다. 세탁소에 신발을 맡겼다면 신발의 점유자는 세탁소 사장이 된다. 점유는 유치권의 독특한 성질인데 일반적으로 이 물건에 어떤 권리가 있는지 알려면 등기 등의 공시를 확인하면 된다. 그런데 유치권의 공시는 다르다. 등기가 필요 없으며 그저 '점유'만 하면 된다. 물론 그 '점유'란 게 어렵다. 아무튼 '점유'가 없으면 유치권도 없다.

### 넷째, '채권'에 대한 내용이다.

유치권을 주장하려면 받을 돈, 즉 채권이 있어야 한다. 아직 돈 받을 시기가 되지 않아서 채권이 없는 상태거나 혹은 돈 받을 수 있는 기간이 지나서 채권이 소멸되면 유치권도 없다.

### 다섯째, '견련성'에 대한 내용이다.

견련성 대신 관계성으로 이해해도 무리가 없다. 위의 '채권', 즉 돈 받을 권리가 이 법조항에서 말하는 그 물건이나 유가증권과 관계가 있어야 한다는 말이다. 내가 그 건물을 지어줬다, 수리해줬다, 그런데 그 돈을 못 받았다가 되겠다. 만일 아무 상관없는 물건을 돈 받을 때까지 맡아두고 있는 경우라면 '견련성이 없다'고 보아 유치권도 인정하지 않는다.

### 여섯째, '변제기'에 대한 내용이다.

채권이 변제기에 있어야 한다. 돈 줄 사람이 '언제 줄게.' 하는 그 기간이 변제기다. 변제기가 아직 되지도 않았는데 '나 유치권자야!'라고 주장하면 당연히 유치권을 인정해주지 않는다.

### 일곱째, '불법 점유'에 대한 내용이다.

세 번째로 언급한 '점유'가 불법행위로 이루어진 경우에는 유치권을 인정하지 않는다. 무슨 말인가 하면 점유 과정에서 불법행위가 종종 있다는 말이다. 실무 입장에서 보면 이게 어려운 지점인데 점유가 불법과 합법 사이에서 아슬아슬한 외줄 타기를 하는 경우가 많다.

### 여덟째, '유치권 포기'에 대한 내용이다.

위 민법 조항에는 적혀 있지 않은 내용이다. 당사자의 의사와 상관없이 항상 적용되는 규정을 '강행규정'이라고 한다. 내가 주장하지 않아도 저절로 적용되는 것을 말한다. 반면 유치권은 강행규정이 아니다. 내가 주장해야 인정받을 가능성이 생기지, 그냥 있으면 안 된다. 이런 이유로 만일 유치권을 배제하거나 포기하는 특약이 있다면 포기한 것으로 간주하여 유치권 인정을 못 받는다(대법원 2016.5.12. 선고 2014다52087 판결).

**아홉째, '유치권 소멸'에 대한 내용이다.**

앞에서 언급하지 않은 몇 가지 조건에 따라 유치권이 소멸하는 경우가 있다. 일반적인 조건 외에 신의성실의 원칙과 권리남용 금지다. 이 둘을 어기면 유치권은 소멸한다 (민법 제2조, 대법원 2014.12.11. 2014다53462판결 등). 유치권자가 건물 소유자의 동의 없이 자기 마음대로 부동산에 세를 놓는 경우 민법 제324조의 유치권자의 선관의무 위반으로 유치권이 소멸청구될 수 있다.

이렇게 유치권이 성립되기 위한 조건은 9가지로 쪼개서 볼 수 있다. 그러나 아직 할 말은 끝나지 않았다. 이 개별 주제들과 관련하여 주목할 만한 특성들을 조금 더 살펴보자.

## 첫째, 목적물 : 물건 또는 유가증권이란?

- 등기 없이 유치권 양도 가능 : 유치권의 목적물은 부동산이다. 더 쉽게, 건물이다. 건물과 관련된 권리는 등기에 적혀 있다. 그런데 유치권은 등기 없이 점유만 하면 권리로 인정받는다. 이런 특성은 유치권을 양도할 때도 똑같이 적용된다. 즉 유치권을 타인에게 넘길 때도 등기는 필요 없으며 대신 점유를 넘겨주어야 한다.

- 양도할 때는 채권과 점유를 같이 : 다만, 유치권을 양도할 때는 피담보채권과 목적물의 점유가 같이 이전되어야 한다(대법원1972.5.30. 선고 72다548판결). 점유하고 있던 곳을 내주면서 동시에 받을 돈의 채권까지 넘겨야 한다는 말이다.

- 일부 유치권이라도 필요한 범위까지 효력 : 일부 유치권이라고 표현했지만 정확히는 유익비 관련 문제다. 유익비란 건물의 가치를 높이기 위해 공사하며 들어간 비용을 의미한다. 임차인이 살면서 필요에 따라 공사를 진행했는데 집을 빼줄 시기가 되어 공사비 돌려달라고 할 때가 있다. 이 경우, 공사비가 유익비로 인정을 받는다면(유익비는 잘 인정받지 못하는 경향이 있다.) 이 임차인에게는 유익비 상환청구권이 생긴다. 이 청구권에 기해 유치권이 생기는데 어디까지 유치권의 범위를 인정할 것인가 하는 문제가 제기된다. 법원은 임차권물의 유지, 사용에 필요한 범위, 즉 살던 곳 전체까지 유치권의 효력이 미치는 것으로 본다(임차권물의 유지, 사용에 필요한 범위에서 임차 대지 부분에도 그 효력이 미친다. 대법원 1980.10.14. 선고 79다1170판결).

- 건물이 되다 만 건물의 경우 : 토지 위에 세워진 걸 정착물이라고 부르는데 콘크리트나 시멘트를 쳐서 토지를 포장한 것도 정착물이고, 건물도 정착물이 된다. 그런데 둘은 다르다. 토지를 포장한 것은 토지와 별도로 팔 수 없고, 건물은 토지와 따로 팔 수 있다. 만일 어떤 정착물이 독립적으로 판매가 불가능하고, 토지에 부합되어 있다고 보면 유치권 대상이 되지 않을 수도 있다(대법원 2008. 5. 30. 자 2007마98 결정). 건물도 마찬가지로 독립된 부동산 요건을 갖추지 못하면 토지 정착물로 보아 유치권 대상이 되지 않을 수도 있다(대법원 2001. 1. 16. 선고 2000다51872 판결). 주의하자. 무조건 되지 않는다는 입장은 아니고, '되지 않을 수도 있다'인데 인정 못 받을 가능성이 더 크다고 보면 되겠다.

### 둘째, 소유자 : 타인의

- 이 물건이 남의 소유라면 유치권을 주장할 수 있다. 설령, 돈 갚을 사람(채무자)과 소유자가 달라도 상관없다.

- 자기 돈을 들여 지은 건물이라면 : 돈 받을 사람(채권자)이 자기 돈과 노력을 들여 독립 건물을 건축했다면 이 경우 건물은 채권자의 소유가 되어 유치권을 주장할 수 없다(대법원 1993. 3. 26. 선고 91다14116 판결).

- 소유자가 바뀌면 : 유치권이 성립한 후 소유자가 바뀌어도 유치권은 존속한다. 따라서 새로운 소유자에게도 유치권을 주장할 수 있다(대법원 1975.2.10.선고 73다746판결).

- 가등기에 기한 본등기에 의해 소유권을 상실당한 중간취득자도 유치권자가 될 수 있다(대법원 1976. 10. 26. 선고 76다2079 판결).

### 셋째, 점유 : 점유한 자는

- 가장 탈이 많은 주제 : 유치권의 성립 여부를 다툴 때 가장 탈이 많은 주제다. 점유 문제로 이해관계인들끼리 다툼이 벌어져 형사처벌까지 받는 경우도 있다.

- 가장 어려운 주제 : 유치권 성립 여부를 다툴 때 가장 어려운 내용이자 유치권의 진위 여부를 헷갈리게 만드는 주제다. 실제로 판례에서 '점유'가 뭔지 설명하는 내용

을 보면 관념적인 말들이 대부분이다. 그래서 사건별로 살펴볼 수밖에 없다.

- 그래도 감을 잡아보는 게 좋겠다. 법률은 이렇게 말한다. 점유란 물건에 대한 사실상의 지배(민법제192조제1항)라고. '사실상의 지배'란 내가 출입을 자유롭게 할 수 있고, 남이 못 들어오게 막을 수 있다는 정도로 생각해 보자.

- 그런데 이렇게 해석하면 내가 직접 점유해야 점유가 될 것 같다. 그런데 판례는 다르게 말한다. 이 점유가 직접점유이든 간접점유이든 상관없다(대법원 2019.8.14. 선고 2019다205328판결)고 한다. 내가 직접 하는 점유만 점유가 아니라 누굴 시켜서도 점유를 할 수 있다는 얘기다. 따라서 사실상의 점유는 '내 손으로 직접 하는 점유'만을 의미하는 게 아니다. 임장했더니 유치권자가 아니라 다른 사람이 있을 수도 있다. 유치권자의 회사 직원이거나 가족일 수 있다. 혹은 임차인일 수 있다. 이 경우에도 요건만 맞으면 '점유'가 된다.

- 직접점유와 간접점유의 차이는 내가 직접 하냐, 남을 시키냐의 차이가 아니다. 해당 부동산에 권리 없는 사람을 이 건물에 대신 보내서 지키게 했을 때는 내가 직접 점유하는 것과 똑같이 '직접점유'라고 본다. 이 경우 권리 없이 대신 이 건물을 지키는 사람을 점유보조자라고 하는데 점유보조자는 '사실상의 점유'를 하고 있기는 하지만 그의 행위를 점유라고 보지는 않는다(그는 점유를 대리할 뿐이다. 즉 점유권이 없다. 민법제195조).

- 사실상의 점유 = 직접점유 + 간접점유 : 유치권자는 건물 소유자의 동의를 얻어 해당 부동산을 전세로 내놓을 수 있다. 이때 임차인이 들어가서 살면서 사실상의 지

배를 하게 되고, 점유도 하게 된다. 그러나 유치권자는 점유를 포기한 게 아니다. 임차인에게 부동산을 내준 경우, 유치권자는 사실상의 지배가 없더라도 직접점유자인 임차인을 통해 간접적으로 점유를 하는 것으로 인정하고 있다(민법제194조). 논리적으로 좀 혼동될 수 있는데 이렇게 기억하자. "사실상의 점유란 직접점유와 간접점유 모두를 포함한다."

- 참고로, 직접점유나 간접점유와 관련하여 유치권을 부정한 사례들이 있다. 예컨대 직접점유자가 채무자인 경우 유치권이 부정된다(대법원 2008.4.11. 선고 2007다27236 판결). 어떤 사람이 간접점유를 주장하려고 하는데 만일 직접점유자에게 반환청구권이나 점유 매개 관계가 없으면 유치권이 성립하지 않는다(대법원 2019.8.14. 선고 2019다205329 판결, 대전고등법원 2008.5.21. 선고 2007나11895 판결). 간접점유를 하고 있어도 직접점유자가 간접점유자의 의사에 반하여 그 점유를 제3자에게 이전해 버리면 유치권이 성립하지 않는다(대법원 1993.3.9. 선고 92다5300 판결).

- 점유 요건 = 사실상 지배 + 사회 통념 : 본래 법조항(민법제192조)에는 이런 내용밖에 없다. "물건을 사실상 지배하는 자는 점유권이 있다." 그런데 이런 문제가 생긴다. A가 사는 집 추녀가 담장 너머 B의 집까지 뻗어간 경우다. 이 추녀는 A의 것이 분명하다. 그런데 이 추녀가 뻗어 있는 토지는 B의 것이다. 이 경우, A는 이 추녀를 완벽히 사실상 지배하고 있다고 말할 수 없게 된다. 추녀를 수리하려면 B의 허락을 구하고 담장 너머로 가야 하기 때문이다. 즉 이 경우 사실상 지배가 아니면서 점유하고 있는 사태가 나타난다. 이 때문에 대법원 1969.6.24. 선고 69다650, 651판결에서 '사회 통념'이라는 개념이 추가된다. 통념적으로 보면, 추녀가 담장 너머까지 뻗어 있다고 그 추녀 부분만 B의 것으로 보기는 힘들다는 생각이다.

- 점유 요건 = 사실상 지배 + 사회 통념 + 객관적 관계 : 이번엔 '객관적 관계'라는 표현이 추가된다. 이 말은 위 사건에서 A와 B 말고 이웃에 사는 C나 D가 보기에도 이 추녀가 A의 것이 분명하다는 인식이 있어야 한다는 말을 조금 어렵게 '객관적 관계'라고 말한다. 대법원 1974.7.16. 선고 73다923 판결에서 처음 이 표현이 등장하는데 이렇다. "점유라 함은 물건이 사회 관념상 그 사람의 사실적 지배에 속한다고 보아지는(보이는) 객관적 관계에 있는 것을 말함이니 여기엔 타인의 간섭을 배제하는 면이 있다고 할 것."

- 점유 요건 = 사실상 지배 + 사회 통념 + 객관적 관계 + 타인 간섭 배제 = 위 판례 문구에는 한 가지 요건이 더 나오는데 '타인 간섭 배제'다. 점유 자체가 모호한 점이 많지만 딱 한 가지는 상대적으로 확실해 보인다. 다른 어떤 요소보다도 타인의 간섭을 배제할 수 있어야 점유가 인정되는 경향이 강하다(대법원 2008.3.27. 선고 2007마1603 결정).

- 점유 요건 = 사실상 지배 + 사회 통념 + 객관적 관계 + 타인 간섭 배제 + 합목적 : 마지막으로, 점유를 판단할 때는 목적에 부합한지, 즉 합목적적인지도 살핀다. 점유의 목적이란 결국 돈 받으려고 해당 공간을 배타적으로 지배하는 것이다. 그 관점에서 점유가 개시된 시점을 판단하는 판례도 있다. 예컨대 원고가 열쇠를 보관하면서 건물을 관리했고, 그 후 공사대금을 받기 위하여 여러 가지 행위를 했는데 그러면 이 경우 언제부터 점유라고 보는 게 옳을까? 판례는 단순히 열쇠 보관 시점이 아니라 공사대금을 받기 위한 의도와 그에 따른 구체적인 행위가 있던 때, 즉 이 사건에서는 건물 1층에 숙식을 시작한 시점을 점유의 시작점으로 보고 있다(대법원 2003.7.25. 선고 2002다34543 판결). 유치권을 행사하면서 임차인들에게 영업 활동을 하도록 한 경우,

이 역시 유치권으로 인정받을 수 있을까? 어떤 판례는 유치권 목적이 채권 확보라는 점에 주목, 이 경우에도 유치권을 인정하는 경우도 있다(대법원 2009.9.24. 선고 2009다39530 판결).

— 이를 모두 합치면 현재 통용되고 있는 '점유'의 개념이 된다. 대법원 1992.6.23. 선고 91다38266 판결을 보면 '물건에 대한 점유란 사회 관념상 어떤 사람의 사실적 지배에 있다고 보여지는(보이는) 객관적 관계를 말하는 것으로서 사실상의 지배가 있다고 하기 위하여는 반드시 물건을 물리적, 현실적으로 지배하는 것만을 의미하는 것이 아니고, 물건과 사람과의 시간적, 공간적 관계와 본권관계, 타인 지배의 배제 가능성 등을 고려하여 사회관념에 따라 합목적적으로 판단하여야 할 것'이라고 판시했고 이후 지금까지 점유의 판단기준이 필요할 때면 위 내용을 그대로 인용하고 사안에 따라 다른 사항을 붙이는 경우가 있다(대법원 2018.3.29. 선고 2013다2559, 2566 판결에서도 같은 문구를 확인할 수 있다.).

— 드문 경우지만 유치권자가 유치권을 주장하던 중 사망하는 경우가 있다. 이때 점유권은 어떻게 될까? 점유권도 상속 대상이 된다. 설령 상속인인 아들이 아버지의 점유 사실을 몰라도 점유권이 인정된다(민법제193조).

— [다시 강조!] 부동산 경매 관련 점유는 시기가 중요 : 경매개시결정 기입등기일 이전에 점유가 개시되어야 인정된다. 등기일 이후에 시작된 점유는 압류의 처분금지효 때문에 매수인에게 대항할 수 없다(대법원 2005.8.19. 선고 2005다22688 판결).

## 넷째와 다섯째, 채권과 견련성 :
## 그 물건이나 유가증권에 관하여 생긴 채권이

- 유치권의 대상이 되는 채권은 모든 채권을 의미하는 게 아니고, 그 물건이나 유가증권과 '견련성'을 갖는 채권에 한정된다. 공사 대금이라면 '견련성'은 거의 문제되지 않는다. 그러나 모호한 구석이 많은 것도 사실이다. 여기서는 모호한 것은 접어두고 확실한 내용 중심으로 살펴보자.

- 유치권을 인정하는 경우, 첫째 필요비 : 지금 우리는 받아야 할 돈을 못 받아서 유치권을 주장하는 경우를 설명하고 있다. 이 '받아야 할 돈'에는 공사 대금 외에도 다른 것들이 있다. 예컨대 유치물이나 점유물을 보존하기 위해 지출한 돈인 '필요비'가 대표적이다. 통상 물건의 보관자가 '선량한 관리자의 주의'로서 물건의 보존과 관리를 위해 지불한 비용이다. 일반적으로 건물의 소규모 수선, 조세 부담이나 평상시의 보관에 필요한 비용, 임시비로서 풍수해의 피해에 의한 건물의 수선비, 관리비 같은 것이 포함된다. 이 필요비도 유치권을 주장할 수 있는 채권이 될 수 있을까?

- 필요비를 청구하지 못하는 경우 : 점유자가 과실(예컨대 월세 등)을 취득했을 때는 필요비를 청구하지 못한다. 즉 과실(물적 과실, 차임 등 법정과실 포함)을 변제에 충당했다고 보고 인정하지 않는 것이다(대법원 1996.7.12. 선고, 95다41161, 41178 판결).

- 관리비도 필요비 : 연립주택이나 오피스텔 등 집합건물의 경우, 관리비를 낸다. 관리비는 필요비의 하나인데 만일 체납하는 경우, 유치권이 발생할 수 있다. 집합건물이 경매에 들어가면 관행적으로 유치권을 행사하여 낙찰 받은 매수인에게 큰 부담이 되

는 경우가 많다. 매수인이 책임져야 하는 체납 관리비의 범위는 공용부분 관리비의 3년분 원금으로 한정 승계된다(대법원 2007.2.22. 선고 2005다65821 판결).

- 유치권을 인정하는 경우, 둘째 유익비 : 유익비란 유치물의 객관적 가치를 증진시키는 데 소요된 비용을 말한다. 인테리어 공사 따위가 여기에 해당되겠다. 그러나 유치권자의 '주관적 필요'에 따른 비용은 사치비라고 하여 인정받지 못한다.

- 유익비를 청구하는 가장 현실적인 사람은 전세권자다(이밖에도 점유자, 유치권자 등도 경우에 따라 유익비 청구 주체가 된다.). 전세권자가 건물의 미완성 부분을 완성하며 들인 비용이 있다면 이에 근거하여 상환청구권을 갖는다(대법원 1967.11.28. 선고 66다2111 판결). 또 보일러시설이나 수도공사비(인천지방법원 1990.6.15. 선고 89나2004 판결)도 유익비가 된다. 그러나 빌린 땅에 식당을 설치하며 투입한 비용, 수족관 및 외부 바닥 콘크리트 공사비, 창고 설치비, 우물 설치비, 전기 설치비, 공과잡비 등은 개인이 필요하여 들인 돈일 뿐, 빌린 땅을 개량하기 위한 비용으로 볼 수 없어 유익비가 아니라고 판단한다(서울고등법원 1995.11.8. 선고 95나22728 판결).

- 유치권을 인정하는 경우, 셋째 공사대금채권 : 유치권의 가장 흔한 채권이다. 오더 받고 공사한 사람은 공사대금채권을 갖는다(대법원 1995.9.15. 선고 95다16202, 95다16219 판결). 나아가 공사대금잔금채권이나 그 지연손해금청구권, 채무불이행에 의한 손해배상청구권 역시 유치권상 채권이 될 수 있다(대법원 1976.9.28. 선고 76다582 판결).

- 견련성이 부인된 경우 : 아래 사례들은 견련성이 없다고 보아 유치권이 부정된 경우다.

임차인의 임대보증금반환청구권(대법원 1976.5.11. 선고 75다1305 판결)

임차인의 부속물 매수청구권 행사에 따른 매매대금채권(대법원 1977.12.13. 선고 77다115 판결)

권리금 반환청구권(대법원 1994.10.14. 선고 93다62119 판결)

매매계약해제에 따른 매매대금반환청구권(수원지방법원 여주지원 2010.5.13. 선고 2009가합2865 판결)

투자금 또는 대여금 채권, 홍보비용 상당 손해배상채권(대전고등법원 2009.4.8. 선고 2008나9257 판결)

대여금 채권(부산고등법원 2007.10.4. 선고 2007나8129 판결)

구상금 채권(대구고등법원 2008.4.24. 선고 2007나6780 판결)

식대청구권(대전지방법원 2006.6.10. 선고 2005나2026 판결)

시멘트, 모래 등 건축자재납품대금채권(대법원 2012.1.26. 선고 2011다96208 판결)

건물 감리용역대금채권(대구지방법원 2010.5.25. 선고 2008가합14200)

위약금채권(대구고법 1984.3.7. 선고 83나874(본소), 83나875(반소) 판결)

이행불능으로 인한 원상회복채권(서울고등법원 1997.12.23. 선고 97나7082 판결)

보증채권(서울중앙지법 2005.10.28. 선고 2004가단342086 판결)

전시장 사용료 채권(서울중앙지방법원 2010.10.21. 선고 2010가단280325 판결)

계약명의신탁에서 신탁자의 수탁자에 대한 부당이득반환청구권(대법원 2009.3.26. 선고 2008다34828 판결) 등

## 여섯째, 변제기 : 변제기에 있는 경우

- 공사가 완전히 끝났고, 돈을 주기로 약속한 날짜가 있으면 그 날이 되어야 변제기가 도래한 것으로 보고 그때부터 채권이 생긴다. 변제기 전에는 채권도 없으므로 유치권을 주장할 수 없다.

- 변제기가 미정인 채로 남아 있는 경우도 있을 수 있다. 언제 주겠다는 얘기가 없을 수 있다. 이때는 언제부터 변제기가 될까? 이때는 채권자가 언제든지 돈 달라고 청구를 할 수 있으므로(민법 제387조 제2항) 돈을 달라고 한 순간부터 '변제기가 되었다 = 채권이 생겼다'고 본다.

- 공사가 중단된 경우에는 어떻게 될까? 돈은 다음 달 언제 주겠다, 공사 마치면 1주일 안에 주겠다고 약속했는데 공사가 중단되는 경우도 허다하다. 이 경우, 설령 약속한 날짜가 있더라도 계약관계가 끝났기 때문에 공사가 중단된 시점에서 변제기가 개시된 것으로 본다(서울고등법원 2010.7.2. 선고 2009나74757 판결). 다만 공사가 완공된 것이 아니므로 중단 시점에서 완성한 부분에 한정하여 공사 대금을 정산할 수 있다.

- 공사 과정에서 하자가 발생한 경우에는 어떻게 될까? 하자로 손해가 생겼다면 동시이행항변권이 발생, 유치권을 행사할 수 없다(대법원 2014.1.16. 선고 2013다30653 판결).

- 채권의 소멸시효도 종종 문제시된다. 일반적인 채권은 달라고 요구하지 않으면 10년 뒤에는 권리가 소멸되어 주장할 수 없게 된다. 그런데 공사 관련 채권은 소멸시효가 3년이다. 3년이 지나면 채권이 소멸되어 유치권을 주장할 수 없다.

- 유치권을 주장하면 소멸시효가 중단되어야 하는 것 아닌가? 아니다. 설령 유치권 상 점유를 하고 있더라도 소멸시효라는 시계는 계속 돌아간다.

- 만일 소멸시효를 중단시키고 싶다면 소송을 제기하는 방법이 있다. 재판을 걸면 소멸시효의 시곗바늘이 멈춘다. 나아가 재판을 통해 '유치권자 주장대로 그가 받을 돈이 분명 있다(채권의 확정).'고 판결이 나면 소멸시효는 10년으로 연장된다.

- 청구 소송을 제기하는 것 외에도 압류 또는 가압류, 가처분, 승인의 경우도 소멸시효가 중단된다(민법 제168조).

## 일곱째, 불법 점유 : 그 점유가 불법행위로 인한 경우

- 판례를 보다 보면 의외로 '폭력적 점유'에 대한 내용이 빠져 있음을 알 수 있다. 무슨 뜻인가? 힘으로 점유를 빼앗아도 된다는 얘기인가? 나아가 이웃 사람을 협박하여 무슨 일이 있었는지 증언하지 못하게 막을 수도 있다. 그러나 민법 제320조 제2항에서는 불법 점유는 점유가 될 수 없다고 말한다. 여기서 말하는 불법은 민법 제750조에서 말하는 불법행위(고의 또는 과실로 인한 위법행위로 타인에게 손해를 가한 자는 그 손해를 배상할 책임이 있다.)와 같다.

- 불법행위로 인한 점유에는 비단 폭력적 점유(침탈, 강박)만 있는 게 아니다. 점유자가 '점유 권원 없이' 점유하는 경우도 불법행위로 인한 점유가 된다. 권원이 없음을 알고 그랬다면 당연히 불법행위요, 설령 과실로 몰랐다고 하더라도 불법행위가 합법으

로 변하는 것은 아니다.

　- 나중의 과정이 어떻더라도 처음부터 불법행위가 개입된 경우라면 그 어떤 점유자도 유치권을 인정받지 못한다. 서울특별시로부터 타인이 분양받은 건물을 서울특별시의 승인을 받지 않고 양수한 자가 다시 제3자에게 그 건물에 대한 일체의 권리를 양도하고 그 건물을 인도하기로 하였는데 인도일이 지난 뒤에도 계속 점유하면서 건물을 수리하고 애초에 분양받은 자가 낼 분양납입금을 대납한 경우에 수리비와 대납금의 상황청구권을 가지고 위 건물에 유치권을 행사할 수 없다(대법원 1967.1.24.선고 66다2144판결).

　- 처음에는 적법하게 점유했으나 그 후 점유 권원이 소멸되는 경우도 있을 수 있다. 권원 소멸 사실을 알고 있었다면 두말할 것도 없이 유치권이 불성립하고, 설령 중대한 과실로 모르고 있었더라도 유치권이 성립하지 않는다(대법원 1966.6.7. 선고 66다600, 601 판결).

　- 한편, 점유를 침탈당한 사람은 어떻게 될까? 설령 불법행위로 빼앗겼더라도 점유를 다시 회수하지 않으면 유치권상 점유가 유지되지 않는다(대법원 2012.2.9. 선고 2011다72189 판결). 회수를 하려면, 점유를 침탈당할 때부터 1년 이내에 '점유 회수의 소'를 통해 회복을 꾀해야 한다(민법제204조).

## 여덟째와 아홉째, 유치권 포기와 소멸

- 포기 : '유치권을 주장하지 않겠다'는 식의 문구가 계약서 등에 있다면, 즉 유치권 행사배제특약이 있다면 유치권을 포기한 것으로 본다. 포기 약정은 따로 형식이 없다. 공사 전에 할 수도 있고, 나중에도 얼마든지 의사표시를 하면서 성립될 수 있다.

- 유치권 포기는 누구나 주장할 수 있다.

---

**대법원 2016.5.12. 선고 2014다52087 판결**

가. 유치권은 법정담보물권이기는 하나 채권자의 이익보호를 위한 채권담보의 수단에 불과하므로 이를 포기하는 특약은 유효하고, 유치권을 사전에 포기한 경우 다른 법정요건이 모두 충족되더라도 유치권이 발생하지 않는 것과 마찬가지로 유치권을 사후에 포기한 경우 곧바로 유치권은 소멸한다. 그리고 유치권 포기로 인한 유치권의 소멸은 유치권 포기의 의사표시의 상대방뿐 아니라 그 이외의 사람도 주장할 수 있다(대법원 2011.5.13.자 2010마1544 결정 등 참조).

---

- 원상회복 등 사실상 유치권 행사를 하지 않기로 하는 문구가 있으면 유치권행사배제특약으로 본다(대법원 2011.5.13.자 2010마1544 결정, 대법원 1995.6.30. 선고 95다12927 판결).

- 유치권 배제 특약이 있는 경우 다른 법정요건이 모두 충족되더라도 유치권은 발생

하지 않는데, 특약에 따른 효력은 특약의 상대방뿐 아니라 그 밖의 사람도 주장할 수 있다(대법원 2011.5.13.자 2010마1544 결정, 대법원 2018.1.24. 선고 2016다234043 판결).

- 소멸 하나 : 유치권의 악용을 방지하기 위한 게 있다. '신의성실의 원칙' 위반이다. 민법은 일반원칙인 신의성실의 원칙에 위반되었는지 여부에 따라 유치권의 성립을 부인하기도 한다(대법원 2011.12.22. 선고 2011다84298 판결).

- 돈을 빌려준 은행에서 '신의성실의 원칙 위반'으로 유치권자를 물고 늘어질 수 있다. 경매로 넘어갈 거 뻔히 알면서 유치권을 행사하면 그게 신의성실의 원칙 위반 아니냐는 주장이다. 그러나 대법원 2014.12.11. 선고 2014다53462 판결은 다르게 말한다. "피고들이 근저당권자인 원고의 신청에 의하여 이 사건 각 부동산에 대한 임의경매절차가 곧 개시되리라는 점을 인식하면서 소외 1로부터 이 사건 각 부동산을 인도받았다는 사정을 들어 위 피고들의 원고에 대한 유치권 행사가 신의칙에 반하는 것으로 판단하고 있으나 (…) 목적물에 관하여 채권이 발생하였으나 채권자가 목적물에 관한 점유를 취득하기 전에 그에 관하여 저당권 등 담보물권이 설정되고 이후에 채권자가 목적물에 관한 점유를 취득한 경우 채권자는 다른 사정이 없는 한 그와 같이 취득한 민사유치권을 저당권자 등에게 주장할 수 있는 것이므로(대법원 1965.3.30. 선고 64다1977 판결, 대법원 2009.1.15. 선고 2008다70763 판결 참조) (…) 위와 같은 사정만으로 위 피고들의 유치권의 행사가 신의칙에 반하여 유치권제도를 남용한 것이라고 속단하기는 어렵다."

- 소멸 둘 : 소멸하는 또 다른 경우는 유치권자가 채무자의 승낙 없이 유치물을 사용하거나 대여하거나 담보로 제공한 경우다. 유치물의 사용 가운데는 유치물 보존에 필

요한 사용도 있을 텐데 이 경우는 소멸하지 않는다(민법 제324조).

- 채무자 승낙 없이 사용, 대여 등을 했다고 바로 유치권이 소멸하는 건 아니고, 채무자의 대응이 필요하다. 채무자는 유치권의 소멸을 청구하는 소송을 제기할 수 있는데 채무자가 의사표시만 하면 유치권은 소멸한다.

- 받을 공사 대금이 있고, 그래서 유치권을 행사하는 자가 스스로 유치물인 주택에 거주하며 사용하는 것은 어떨까? 특별한 사정이 없는 한 그의 행위는 유치물인 주택의 보존에 도움이 된다고 판단, 이때는 유치권의 소멸을 청구할 수 없고 대신 유치권자가 사용한 만큼 부당이득을 반환해야 한다(대법원 2009.9.24. 선고 2009다40684 판결, 대법원 2013.4.11. 선고 2011다107009 판결).

- 소멸 셋 : 채무자가 다른 담보를 제공하고 유치권의 소멸을 청구할 수 있다(민법제327조). 이 경우는 '소멸 둘'의 소멸청구권과 달라서 의사표시만 한다고 다 되는 건 아니고 유치권자의 승낙이나 혹은 판결이 있어야 유치권이 소멸한다. 채무자와 유치물의 소유자가 다른 경우도 있는데 담보 제공 + 소멸 청구는 둘 다 가능하다(대법원 2001.12.11. 선고 2001다59866 판결). 한편 담보는 물적 담보뿐 아니라 인적 담보도 된다.

- 제공하는 담보는 당연히 채권액에 맞춘다. 예를 들어 건물(유치물) 가격이 채권액에 비하여 과다한 경우에는 채권액 상당의 가치가 있는 담보를 제공하면 족하다(대법원 2001.12.11. 선고 2001다59866 판결).

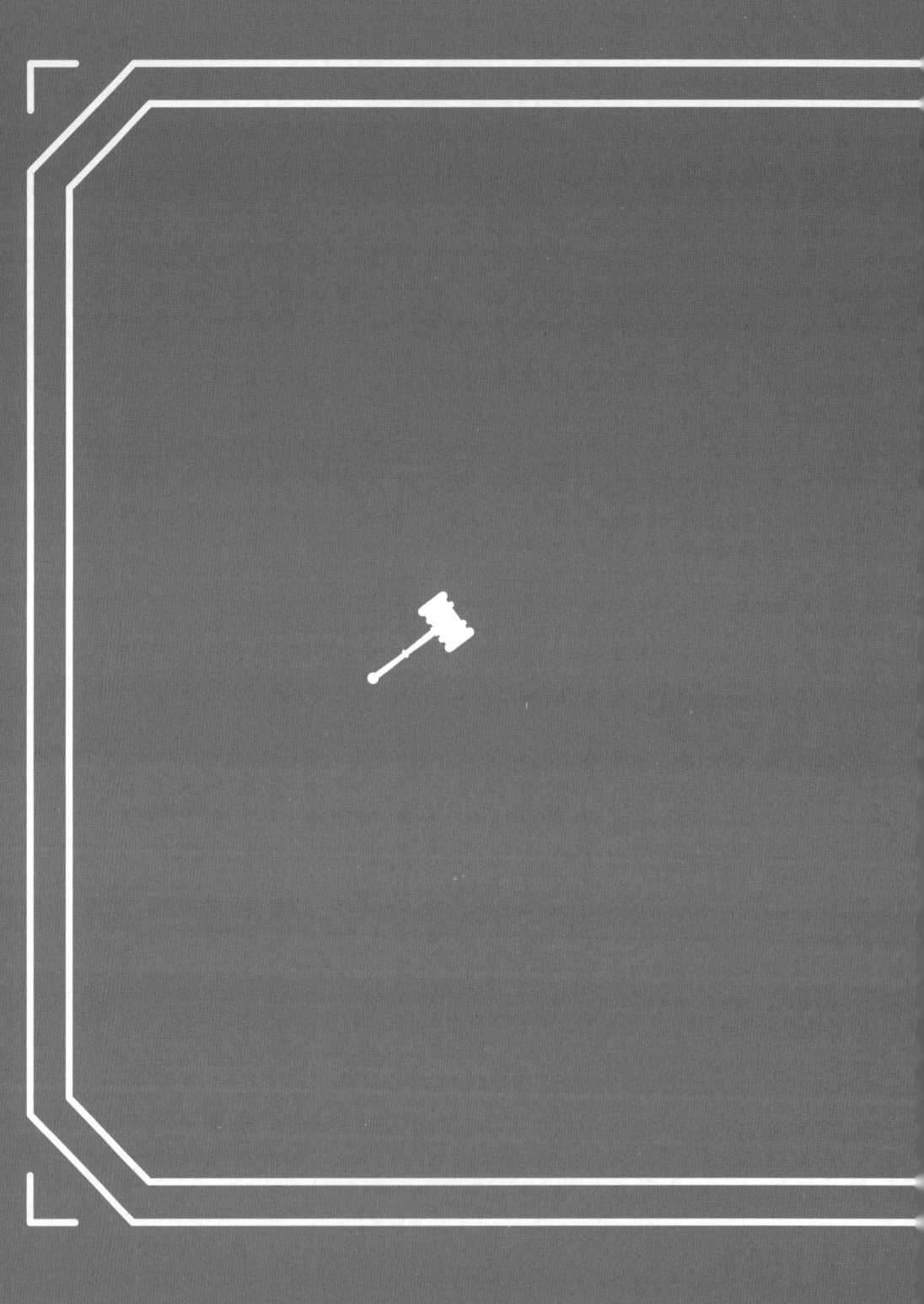

### 4장

# 눈에 보이는
# 모든 것을
# 의심하라

# 1
# 유치권은 증거 싸움이다

지금까지 우리는 유치권에 대해, 유치권이 성립하지 않는 조건에 대해 간략히 알아보았다. 유치권이 성립하지 않는다는 사실을 알았다면 이제 어떻게 해야 할까? 아는 데서 그쳐서는 안 된다. 증거를 수집해야 한다. 유치권과 관련된 모든 사실은 증거를 통해 증명되어야 한다. 유치권 전쟁이란 곧 증거 싸움이다. 판사는 우리의 말이 아니라 우리의 증거를 믿는다. 그만큼 증거가 차지하는 비중이 높다.

증거가 중요한 이유는 유치권의 태생적 특성 때문이다. 유치권은 다음 a와 b 가운데 무엇일까?

a. 유치권은 법정담보물권이다.
b. 유치권은 약정담보물권이다.

키워드는 '법정'과 '약정'이다. 법으로 정하는 것이 법정이고, 약속으로 정하는 것이 약정이다. '약정'부터 알아보자.

약정이란 두 사람 사이의 약속에 의해 이루어지는 것을 말한다. 대철이가 소철이에게 돈을 빌려 주면서 소철이의 부동산에 근저당권을 설정하였다. 이때 두 사람은 실질적으로 채권이 1억 원임에도 장래 예상 채권까지 포함하여 채권최고액을 3억 원으로 근저당권을 설정할 수 있는데 근저당권과 같이 원칙적으로 당사자의 설정 행위에 의해 성립하는 권리를 약정담보물권이라고 한다.

반면 법정담보물권은 계약에 의해 형성되는 권리가 아니다. 법률이 규정하는 성립 요건만 갖춰지면 자동으로 성립하는 권리다. 마치 내 몸으로 난 아기는 자동으로 내 아이가 되듯이 조건만 충족되면 자연적으로 발생하는 게 법정담보물권이다. 유치권은, 법정담보물권이다.

그래서 유치권은 등기부에 표시되지 않는다. 경매 과정에서 법원이나 채권자 혹은 매수인에게 신고하거나 통지해야 할 의무도 없다. 유치권을 인정받기 위한 절차도 없다. 행위를 통해 요건을 충족시키면 그만이다. 서류에 사인한다고 해도 아무도 인정해 주지 않으며, 오직 실제 물건을 유치하는 행동을 통해 유치권을 주장할 수 있다. 이처럼 행동을 통해서 주장하는 권리이기 때문에 유치권의 성립 여부는 증거를 통해 가려지는 게 일반적이다. 따라서 유치권을 깨고 싶다면 현장으로 달려가서 증거자료를 수집하는 수밖에 없다. 물론 참조할 만한 서류가 하나도 없는 것은 아니다. 법원은, 최고가 입찰자가 결정된 이후 입찰 과정에 문제가 없었는지 판단하여 매각허가결정을 내리게 되는데(낙찰일로부터 7일 이내에 이루어진다.) 이때 매각허가결정이 나기 전까지 다음과 같은 3가지 서류를 공개한다.

1. 현황조사보고서 / 집행관이 작성
2. 감정평가서 / 감정평가사가 작성
3. 매각물건명세서(=경매물건명세서) / 이해관계인이 배당요구종기일까지 신고한 내용을 토대로 사법보좌관이 작성(경매가 결정되면 그 물건과 관련된 채권자들은 경매 법원에 배당을 요구해야 한다. 이때 그 기간을 배당요구종기일이라고 한다.)

이 3가지 서류는 매각기일 전에 모두 확인할 수 있다. 즉 현황조사보고서와 감정평가서는 매각기일 2주 전부터 법원경매홈페이지(www.courtauction.go.kr)와 민사집행과에서 기록을 열람할 수 있고, 매각물건명세서는 매각기일 1주일 전부터 공개한다(참고로 매각기일이란 경매기일과 같은 뜻으로, 법원에서 이해관계인의 진술을 토대로 경매를 통해 매각할 것인지 말 것인지를 결정하는 날이다. 한편 매각기일로부터 1주일 이내에 매각결정기일을 결정해야 한다. 매각결정기일이란 경매에 하자가 없는지 살펴서 매각을 허락할 것인지 불허할 것인지 결정하는 날을 말한다.).

그러나 이게 전부이다. 법원을 통해 이해관계인으로 증명받지 못하면 우리가 얻을 수 있는 서류는 이 3가지가 끝이다. 그러므로 유치권의 성립 여부를 알기 위해서는 각자가 탐정이 될 수밖에 없다.

또한 위 3가지 서류는 절대적으로 믿을 만한 자료도 아니다. 1994년 대법원은 한 판례에서 경매물건명세서에 오류가 있을 수 있음을 인정한다. 더욱 당혹스런 일은, 그 오류가 매수희망자의 매수 여부나 매수 신고 가격 결정에 중대한 영향을 끼치지 않는다면, 경락을 불허하지 않는다고 밝혔다는 점이다(다음 판례 참조). 명심하자. 이 3가지 서류에 의존해서 유치권 여부를 파악해서는 안 된다.

## 대법원 1994.1.15.자 93마1601 결정 【경락허가결정】

2. 민사소송법 제617조의2가 집달관에 의한 현황조사(제603조의2)와 함께 경매물건명세서 제도를 도입하여 집행법원으로 하여금 경매물건명세서를 작성하고 그 사본을 비치하여 일반인이 열람할 수 있도록 하게 규정한 것은, 일반인에게 경매대상물건을 표시하고 그 현황과 권리관계를 공시하여 매수희망자가 경매대상물건에 필요한 정보를 쉽게 얻을 수 있게 하여 예측하지 못한 손해를 입는 것을 방지하게 하고자 함에 있다고 할 것이며, 그리하여 민사소송규칙 제150조는 경매기일의 1주일 전까지 경매물건명세서의 사본을 비치하되, 일반인이 열람할 수 있도록 현황조사보고서 및 평가서의 사본과 함께 비치할 것을 요구하고 있는 것이다.

그러나 이러한 경매물건명세서는 법원의 인식을 기재한 서면에 지나지 아니한 것으로서 사실행위에 속하고, 그 작성에 의하여 매각조건이 결정되거나 실체법상의 권리관계에 영향을 미치는 것이 아니고 공신적 효력이 인정되는 것도 아니며, 한편 경매절차의 특성이나 경매법원이 가지는 기능의 한계 등으로 인하여 경매법원의 경매물건명세서 작성내용이 객관적으로 상세하고 정확하기만을 기대할 수도 없을 것이다.

그러므로 경매물건명세서의 작성이 경매의 결과에 영향을 미치지 아니할 정도의 하자가 있는 경우 이를 경락불허가사유로 삼을 수는 없는 것이고, 그 하자가 경락을 허가하지 아니하여야 할 정도로 중대한가의 여부는 그 하자가 일반 매수희망자가 매수의사나 매수신고가격을 결정함에 있어 어떠한 영향을 받을 정도의 것이었는지를 중심으로 하여 부동산경매와 경매물건명세서제도의 취지에 비추어 구체적 사안에 따라 합리적으로 판단하여야 할 것이다.

물론 법원에서는 매각물건명세서를 최대한 신뢰할 수 있는 문서로 만들기 위해 노력한다. 특히 매각기일에 임박하여 유치권신고서가 제출된 경우에는 매각물건명세서를 정정하기도 한다. 예컨대 집행법원에서는 변경, 정정 내용이 매수 신청에 영향을 미칠 것으로 판단하면 매각기일을 늦춘다. 또한 추가 사항이 누락된 채로 매각이 진행될 경우 매수인 등은 매각물건명세서 작성에 중대한 하자가 있다는 이유로 매각허가에 대한 이의나 매각불허가 신청을 할 수 있다(민사집행법 제121조 매각허가에 대한 이의 신청 사유 참조). 다음 판례가 그런 경우이다.

### 대법원 2005.8.8.자 2005마643 결정 【매각허가취소】

민사집행법 제268조에 의하여 부동산을 목적으로 하는 담보권 실행을 위한 경매절차에 준용(*어떤 사항에 관한 규정을 그와 유사하지만 본질적으로 다른 사항에 적용하는 일)되는 민사집행법제127조 제1항은 "제121조 제6호에서 규정한 사실이 매각허가결정의 확정 뒤에 밝혀진 경우에는 매수인은 대금을 낼 때까지 매각허가결정의 취소신청을 할 수 있다."고 규정하고 있고, 민사집행법 제121조 제6호는 "천재지변, 그 밖에 자기가 책임을 질 수 없는 사유로 부동산이 현저하게 훼손된 사실 또는 부동산에 관한 중대한 권리관계가 변동된 사실이 경매절차의 진행 중에 밝혀진 때"를 매각허가에 관한 이의 사유의 하나로 규정하고 있는바, 여기서 말하는 '부동산에 관한 중대한 권리관계의 변동'이라 함은 부동산에 물리적 훼손이 없는 경우라도 선순위 근저당권의 존재로 후순위 처분금지가처분(내지 가등기)이나 대항력 있는 임차권 등이 소멸하거나 또는 부동산에 관하여 유치권이 존재하지 않는 것으로 알고 매수신청을 하여 매각허가결정까지 받았으나 그 이후 선순위 근저당권의 소멸로 인하여 처분금지가처분(내지 가등기)이나 임차권의 대항력이 존속하는 것으로 변경되거나 또는 부동산에 관하여 유치권이 존재하는 사실이 새로 밝혀지는 경우와 같이 매수인이 소유권을 취득하지 못하거나 또는 매각부동산의 부담이 현저히 증가하여 매수인이 인수할 권리가 중대하게 변동되는 경우를 말하는 것이다.

---

나아가 2010년, 매각물건명세서를 잘못 작성하여(인수되는 전세권 명기 흠결) 손해를 끼쳤다면 국가가 손해배상의 책임을 져야 한다는 대법원 판결이 나왔다.

---

### 대법원 2010.6.24. 선고 2009다40790 판결【손해배상(기)】

공무원에게 부과된 직무상 의무의 내용이 단순히 공공 일반의 이익을 위한 것이거나 행정기관 내부의 질서를 규율하기 위한 것이 아니고 전적으로 또는 부수적으로 사회구성원 개인의 안전과 이익을 보호하기 위하여 설정된 것이라면, 공무원이 그와 같은 직무상 의무를 위반함으로 인하여 피해자가 입은 손해에 대하여는 상당인과관계가 인정되는 범위 내에서 국가가 배상 책임을 지는 것이고, 이때 상당인과관계의 유무를 판단함에 있어서는 일반적인 결과 발생의 개연성은 물론 직무상 의무를 부과하는 법령 기타 행동규범의 목적, 그 수행하는 직무의 목적 내지 기능으로부터 예견가능한 행위 후의 사정, 가해행위 태양 및 피해의 정도 등을 종합적으로 고려하여야 할 것이다(대법원 2007.12.27. 선고 2005다62747 판결 등 참조).

한편, 민사집행법이 제105조에서 집행법원은 매각물건명세서를 작성하여 현황조사보고서 및 평가서의 사본과 함께 법원에 비치하여 누구든지 볼 수 있도록 하여야 한다고 규정하고 있는 취지는 경매절차에 있어서 매각대상 부동산의 현황을 되도록 정확히 파악하여 일반인에게 그 현황과 권리관계를 공시함으로써 매수 희망자가 매각대상 부동산에 필요한 정보를 쉽게 얻을 수 있도록 하여 예측하지 못한 손해를 입는 것을 방지하고자 함에 있다(대법원 2004.11.9.자 2004마94 결정 참조). 따라서 집행법원으로서는 매각대상 부동산에 관한 이해관계인이나 그 현황조사를 실시한 집행관 등으로부터 제출된 자료를 기초로 매각대상 부동산의 현황과 권리관계를 되도록 정확히 파악하여 이를 매각물건명세서에 기재하여야 하고, 만일 경매절차의 특성이나 집행법원이 가지는 기능의 한계 등으로 인하여 매각대상 부동산의 현황이나 권리관계를 정확히 파악하는 것이 곤란한 경우에는 그 부동산의 현황이나 권리관계가 불분명하다는 취지를 매각물건명세서에 그대로 기재함으로써 매수신청인 스스로의 판단과 책임하에 매각 대상 부동산의 매수신고가격이 결정될 수 있도록 하여야 할 것이다. 그럼에도 집행법원이나 경매담당 공무원이 위와 같은 직무상의 의무를 위반하여 매각물건명세서에 매각대상 부동산의 현황과 권리관계에 관한 사항을 제출된 자료와 다르게 작성하거나, 불분명한 사항에 관하여 잘못된 정보를 제공함으로써 매수인의 매수신고가격결정에 영향을 미쳐 매수인으로 하여금 불측(*예측하지 못함)의 손해를 입게 하였다면, 국가는 이로 인하여 매수인에게 발생한 손해에 대한 배상책임을 진다고 할 것이다(대법원 2008.1.31. 선고 2006다913 판결 참조).

---

그러나 이런 판례가 우리에게 줄 수 있는 것은 안전장치뿐이다. 핵심은 이렇다. 서류에 100% 의존해서는 안 된다는 사실!

경매 현장에서는 별의별 일이 다 벌어진다. 유치권자가 하늘에서 뚝 떨어지는 바람에 예정된 매각기일이 연기되는 일도 생긴다. 만일 그날 경매가 진행되었다면 최고가매수신고인이 될 수 있었던 사람에게 갑작스런 매각기일 연기는 마른하늘의 날벼락일 것이다. 때로는 경매 채권자에게도 불똥이 튀기도 한다. 유치권자는 마치 홍길동과 같아서 동에 번쩍 서에 번쩍 하며 경매 현장을 아수라장으로 만든다. 예측 불가능한 상황을 최소화하고 승률을 높이려면 유치권의 실체를 정확히 파악하고 이와 관련된 증거를 최대한 많이 수집하는 방법밖에 없다.

　유치권 전쟁에서 승리하기 위해서는 증거를 최대한 많이 수집해야 한다. 증거는 그 자체로 배팅을 할 것인지 말 것인지 결정하는 잣대가 되며, 또한 상대를 설득하거나 압박할 수 있는 좋은 수단이 된다. 또한 최악의 경우 재판으로 이어지더라도 증거만 충분하다면 승산은 얼마든지 있는 법이다. 어느 연세 지긋한 감정평가사 한 분이 이런 말을 한 적이 있다. "제가 물건을 감정하러 가면 그 물건이 '나는 얼마요' 하고 스스로 말을 합니다. 저는 그 얘기에 귀를 기울이기만 하면 되지요." 검사 시절, 나 역시 범죄 현장에서 수많은 증거 자료를 접하며 그 자료들이 저절로 범인이 누구인지 가리키고 있는 느낌을 받곤 했다. 물론 처음부터 잘 보이면 좋겠지만 오랜 훈련과 경험을 통해 조금씩 시야를 트이게 할 수밖에 없었다.

　유치권 조사도 다를 바 없다. 현장을 무수히 다닌 베테랑들은 벌써 눈빛부터 다르다. 그들은 경매는 법원에서 이루어지는 것이 아니라 부동산 현장에서 끝이 난다고 말한다. 지금 곧 현장으로 달려가라. 현장을 찾아가서 채권이 무엇인지, 유치권자라는 사람이 어떤 사람인지, 점유는 어떻게 하고 있는지 자신의 두 눈으로 확인하라. 문서와 실제 사이에 얼마나 큰 차이가 있는지도 알게 되고, 그렇게 증거를 수집하다 보면 '이 유치권은 가짜!' 하고 자백을 하는 증거들을 발견하게 된다.

## 2. 현장으로 떠나기에 앞서 : 경매 관련 서류 검토

앞에서 말한 대로 매각기일까지 우리가 확인할 수 있는 서류는 세 가지다. 1) 감정평가사가 작성한 감정평가서, 2) 집행관이 작성한 현황조사보고서, 3) 사법보좌관이 작성한 매각물건명세서(민사집행법 제105조 제2항 참조). 추가로 부동산의 권리관계가 기재된 등기부등본 등 공부(公簿, 관청이나 관공서에서 법규에 따라 작성·비치하는 장부)가 있다. 각각의 서류에서 우리가 확인해야 할 점을 점검해보자.

### 1) 등기부등본 : 인수해야 할 권리는 무엇인가?

먼저 등기부등본에서는 '인수해야 할 권리'가 무엇인지 확인한다. 같은 구끼리의 등기 순위는 순위번호에 따라, 다른 구(갑구, 을구) 사이의 순위는 등기소 접수번호 순에 따라 정한다. 말소기준권리보다 앞서 매매예약가등기나 가처분등기, 지상권, 지역권, 전세권 등이 있는지 예고등기나 후순위가처분등기 중 건물 철거나 토지 인도청구를 원인으로 한 경우가 있는지 확인해 본다.

또 유치권을 주장하는 자와 관련된 법인등기부등본이나 부동산 관련 등기부 등을 살펴보면 이해관계인이 서로 이사가 되거나 채무자가 되는 등 얽히고설킨 관계를 확인할 수 있다. 참고로 채무자는 유치권상 점유자가 될 수 없다.

### 2) 감정평가서 : 액수가 적절한가?

감정평가서에서는 감정가와 시가를 비교하여 액수가 적절한지 확인하고 감정대상에서 누락된 제시외 건물이나 부속물들이 있는지, 매수인이 인수해야 할 권리인지 여부도 확인한다. 그리고 대상물의 구조나 위치도 제대로 평가되었는지 확인한다.

### 3) 현황조사보고서 : 부동산 현 상태는 어떤가?

현황조사보고서에서는 부동산의 현상 및 점유관계(점유자, 점유부분, 점유의 원인, 점유기간)에 대하여 확인한다. 특히 임차인(주택이나 상가 포함)의 전입일자, 확정일자, 배당요구 여부 등을 확인하고 주택의 경우 관할 면·동사무소에서, 사업자의 경우 관할세무서에서 공부를 확인하였는지 살펴본다. 공부상 실제가 다른 경우에는 그 내용을, 제시외 건물이나 건축 중인 경우에는 그 상황 등을 알아둔다.

\* 참고로 감정평가서나 현황조사서에 기재된 내용은 훗날 유치권의 인정 여부에 중요한 자료로 활용된다. 예컨대 감정인이나 집행관이 현장을 방문했더니 경매 대상 물건을 관리하거나 점유하는 사람이 있었다고 서류를 작성하면 유치권이 인정될 가능성이 높아진다.

### 4) 매각물건명세서 : 경매 대상 물건의 이해관계는 어떤가?

매각물건명세서에서는 말소기준권리가 무엇인지, 부동산의 점유자(점유여부, 임대보증금, 임차인의 배당요구와 그 일자, 전입일자와 확정일자), 낙찰된 후에도 효력이 소멸되지 않는 권리, 법정지상권 유무, 특히 특별매각조건이 있는지 여부 및 그 내용 등을 살펴본다.

참고로 법률에서는 매각물건명세서에 기재될 내용을 다음과 같이 정하고 있다.

---

**민사집행법 제105조 (매각물건명세서 등)**

① 법원은 다음 각호의 사항을 적은 매각물건명세서를 작성하여야 한다.

1. 부동산의 표시
2. 부동산의 점유자와 점유의 권원, 점유할 수 있는 기간, 차임 또는 보증금에 관한 관계인의 진술
3. 등기된 부동산에 대한 권리 또는 가처분으로서 매각으로 효력을 잃지 아니하는 것
4. 매각에 따라 설정된 것으로 보게 되는 지상권의 개요

---

## 5) 기타 관련 문서

매각허가결정이 떨어지면 매수인은 이해관계인이 된다. 이해관계인에게는 경매 기록을 직접 열람·복사하여 살펴볼 수 있는 권리가 있다. 이때 유치권신고서의 진실 여부, 특히 원상복구나 유치권 포기 내용 등이 첨부서류에 적혀 있는지 확인한다.

또 대법원 법원경매정보(www.courtauction.go.kr)의 경매사건 검색에 사건 번호를 입력하면 문건접수내역이 나오는데 이를 통해 경매개시결정이 기입등기 된 후 집행법원에서 접수한 서류의 제목과 송달된 내역 등을 확인할 수 있다. 경매절차가 변경되거나 정지 혹은 낙찰이 불허되었을 때 위 서류내역을 보면 그 원인을 짐작할 수 있고

송달 내역을 보면 송달이 잘 되지 않는 이해관계인이 누구인지 알 수 있다. 그리고 낙찰받은 부동산과 관련된 서류 등을 관련 행정청에서 발급받아 현황과 비교하여 힌트를 얻을 수도 있다. 그 서류들은 해당 관청의 인터넷 사이트 등에서 확인하거나 발급받을 수 있다.

## 법원에서 제공하는 경매 정보상의 유치권, 어떻게 봐야 할까?

— 경매가 진행되면 법원에서는 돈 받을 사람들에게 소식을 전하고, 받을 돈 얼마인지 적어서 내라고 공지가 온다(배당요구). 배당요구에는 마감일(종기)이 있다. 이 날까지 신고하지 않으면 1순위 채권자도 돈을 못 받는다. 그런데 유치권자는 예외다. 마치 스텔스 전투기처럼 숨어 있지만 돈을 받을 수 있다. 경매 관련 서류를 샅샅이 훑어도 '유치권'이라는 단어를 찾을 수 없을 때도 있다. 그럼에도, 이 신고하지도 않은 권리인 유치권은 현실에서 최우선 변제권자의 지위를 누린다. 유치권자에게 돈(못 받은 공사대금)을 주지 않으면 낙찰자는 집을 인도받을 수 없기 때문이다.

— 그러나 아주 깜깜이는 아니다. 〈현황조사보고서〉라는 게 있다. 법원에서 경매개시결정을 하면 집행관을 시켜 해당 물건을 조사하게 한다. 집행관은 '부동산의 현상, 점유관계, 차임(차임) 또는 보증금의 액수, 그 밖의 현황' 등을 조사하여 현황조사보고서라는 걸 작성한 후, 정해진 날까지 법원에 제출한다. 이 보고서에는 부동산의 도면이나 사진

등이 붙고, 경매사건 번호, 조사 일시와 장소, 방법 등이 기록된다. 그리고 우리가 가장 관심을 갖고 있는 '점유관계'도 기록한다.

1. 부동산의 현상 및 점유관계
가. 부동산의 위치, 현상, 사용용도 및 내부구조 등(현장 도면 및 사진을 첨부하고, 특히 등기부상 지목은 농지이나 현황이 농지에 해당하는지 여부에 의문이 있는 경우에는 이를 즉시 집행법원에 보고)
나. 현황조사 대상건물이 멸실되고 다른 건물이 신축되어 있는 경우에는 관계인의 진술과 신·구 건물의 동일성 상실 여부에 대한 집행관의 의견(구 건물에 관한 멸실등기가 경료되었으면 그 등기사항전부증명서를 첨부)
다. 부동산의 점유자와 소유자가 다른 경우에는 점유자, 점유권원, 점유기간, 점유부분(일부를 점유하는 경우에는 점유부분을 도면에 특정하여 표시)
라. 감정평가에 중대한 영향을 미칠 수 있는 부합물, 종물, 구성부분(제시외 건물, 고가의 정원석, 건축 중인 건물 등)이 있는 경우에는 그 내용 및 제시외 건물의 보존등기 여부(제시외 건물의 본건물에의 부합여부와 종물성을 판단할 수 있는 제시외 건물부분에 대한 사진 등 자료 첨부)
– 〈현황조사명령서〉 중에서

인용한 이 자료는 현황을 조사하라는 명령서 가운데 일부인데 '점유'에 대한 내용이 있다. 항목 〈다〉를 보면 점유자와 소유자가 다른 경우, 점유자를 비롯하여 점유권원, 점유기간, 점유부분을 적도록 되어 있다(이때의 점유자가 임차인인 경우도 있으나 임차인은 따로 첨부서류를 통해 밝힌다.).

| 부동산의 현황 및 점유관계 조사서 |
|---|

1. 부동산의 현황(현장 도면 및 사진 첨부)

  가. 위　치

  나. 현　황

  다. 사용용도

  라. 내부구조

  마. 기　타(예시 : ① 현황조사 대상건물이 멸실되고 다른 건물이 신축되어 있는 경우 관계인의 진술, 양 건물의 동일성 여부에 대한 집행관의 의견

             ② 감정평가에 중대한 영향을 미칠 수 있는 부합물, 종물, 구성부분이 있는 경우 그 내용 및 제시외 건물의 보존등기 여부

2. 부동산의 점유관계

  가. 소유자가 전부 점유사용하고 있으며, 임대차 없음.

  나. 소유자가 직접 점유하고 있지 않고 목적물 전부에 대하여 별지와 같이 임대차 있음.

  다. 별지와 같이 임대차 조사된 부분 외에는 소유자가 직접 사용하고 있음.

     (점유부분 특정한 도면 첨부)

  라. 기　타

– 현황조사보고서에 첨부되는 서류 1. 부동산의 현황 및 점유관계 조사서

## 임 대 차 관 계 조 사 서

1. 임차목적물의 용도 및 임대차계약 등의 내용
   (점포와 주거 겸용인 경우 각 부분을 명확히 한 도면)

|  | 1 | 2 | 3 |
|---|---|---|---|
| 용도 |  |  |  |
| 임차인 |  |  |  |
| 임차보증금 |  |  |  |
| 임차기간 | . . .<br>~ . . . | . . .<br>~ . . . | . . .<br>~ . . . |
| 임차부문 |  |  |  |
| 확정일자 유무 및 그 일자 |  |  |  |
| 주민등록 전입 여부 및 그 일자 |  |  |  |

2. 기타(예시)
   ① 주민등록상의 동·호수와 등기부 등 공부상에 표시된 등·호수가 다른 경우에는 실제 동·호수, 공부상의 동·호수
   ② 임차목적물이 주택이고 여러 명의 임차인이 거주하는 경우에는 각 거주 인원수, 임차인 본인 및 그 가족들의 전출입 상황
     - 건물의 내부구조와 각 부분별로 임차인을 표시한 도면 첨부

– 현황조사보고서에 첨부되는 서류 2. 임대차관계조사서

– 현황조사를 하는 집행관은 잠긴 문도 열고 들어갈 권한이 있다. 또 건물을 점유하는

자에게 질문을 하거나 문서를 요구할 수 있다. 만일 조사 내용이 부실하다고 판단되면 점유자 등을 불러서 심문할 수도 있다. 이렇게 작성된 현황조사보고서는 공문서로서 단단한 지위를 얻게 된다.

- 단단한 지위란 무엇일까? 소송 실무에 임해보면 이게 무슨 말인지 이해된다. 유치권 관련 사건은 소송을 통해 결론을 내는 경우가 흔한데 이때 현황조사보고서의 내용이 유치권자의 점유 유무를 판단하는 데 결정적인 영향력을 행사한다. 판사는 다른 무엇보다도 공문서인 〈현황조사보고서〉의 한 줄 내용을 더 신뢰한다. 설령 유치권자가 제아무리 많은 점유 증거들을 제시해도 집행관이 작성한 한 단어를 이길 수 없을 때가 많다.

- 유치권은 신고해야 할 의무가 없는 권원이다. 신고 안 해도 인정받을 수 있다. 그러나 이건 원칙일 뿐, 실무가 되면 달라진다. 특히 현황조사보고서는 소송에서 중요한 증거로 쓰이므로 집행관이 조사할 때는 적극 대응해야 하는 게 유치권자의 전략이 되겠다. 그럼에도 집행법원에서 부실한 보고서를 채우기 위해 심문을 하겠으니 출두하라고 통보해도 다녀가는 유치권자들이 별로 없는 게 또 현실이다.

- 사정이 이렇다면 〈현황조사보고서〉만 보면 유치권의 성립 여부를 쉽게 파악할 수 있을 것 같지만 현실은 또 그렇지 않다. 왜냐하면 집행관들의 관심사는 주로 임차인에게 있기 때문이다. 제3의 점유자에 대한 조사에는 소홀한 경향이 있다(임차인에게는 친절하게 배당요구를 하라고 고지하도록 되어 있다.). 그래서 정보가 부족하다. 〈현황조사보고서〉에 적힌 정보만으로는 판단하기 힘든 경우가 많다. 예를 들어 유치권자가 있다면 있다고 적는다. 유치권을 주장하는 사람의 진술이 있다면 진술이 있다고 적는다. 그러나 언제부터 점유했는지 등 유치권 성립 요건과 관련된 정보는 자세한 내용이 없기 일쑤다.

관련 정보의 부족은 허위, 과장 유치권 신고를 남발시키는 원인으로도 꼽히고 있다. 입찰자의 입장에서 보면, 유치권자가 낙찰자에게 대항할 수 있는지 알고 싶은데 관련 정보가 부족하고, 나아가 대항이 안 된다면 점유자에게 쉽게 집을 인도받을 수 있는지 없는지 뭔가 알아야 하는데 이런 내용을 판단할 만한 내용이 없다.

- 그럼 어떻게 해야 할까? 수차례 유찰로 최저 경매가가 많이 낮아진 건물이 있는데 임장을 통해 확인해 보니 유치권을 주장하는 사람이 있다. 그런데 〈현황조사보고서〉에는 따로 점유 중인 사람이 없다고 적혀 있다면 나중에 소송에서 유리하게 판단될 가능성이 있다고 볼 수 있다. 나아가 돌다리도 두드려 본다는 심정으로 점유 정보가 부실하다고 느껴진다면 추가조사나 재조사를 요청해 보는 것도 좋다.

- 덧붙여서, 현황조사보고서를 보고 입찰했다가 낙찰되었는데 유치권자가 짠 하고 나타난 경우가 있을 수 있다. 이때 낙찰자는 '어? 〈현황조사보고서〉에는 분명 없다고 기록되어 있었는데. 이거 문제 있는 거 아냐?'라고 생각하고 집행관의 실수로 생긴 문제이므로 경매법원이 책임을 져야 한다고 생각할지 모른다. 그러나 보고서 자체에 대한 이의 제기는 안 된다. 왜냐하면 이 보고서는 집행관이 집행기관으로서 행하는 집행이 아니라 집행기관의 보조기관으로서 행하는 직무집행이라서 '집행에 관한 이의의 대상'이 될 수 없다(보고서 자체에 이의 제기는 안 되지만 이후 후속 과정에서 이의신청이 가능하기는 하다.). 실제로 〈대법원 2000. 1. 19. 자 99마7804 결정〉은 〈현황조사보고서〉의 의미를 참고자료로 제한하고 있다("현황조사는 일반인에게 경매대상 물건을 표시하고 그 현황과 권리관계를 공시하여 매수희망자가 경매대상 물건에 대한 필요한 정보를 쉽게 얻을 수 있게 하여 예측하지 못한 손해를 방지하게 하고자 함에 있다."). 유치권 여부를 판단하는 소송에서는 중요한 근거로 사용하면서 이 때문에 잘못 입찰한 경우에는 보호받을 만한 여지가 별로

없는 셈이다(현황조사의 잘못으로 손해를 입은 이해관계인이 있다면 집행관의 주의의무위반을 들어 손해배상을 청구할 수는 있다. 대법원 2000. 1. 19.자 99마7804 결정).

– 경매법원에 가면 〈현황조사보고서〉 외에도 두 가지 서류를 더 볼 수 있다. 감정인의 〈평가서〉와 〈매각물건명세서〉다. 이 세 종류의 서류 가운데 유치권 관련 정보가 가장 없는 게 평가서다. 감정인은 낙찰자가 나중에 지불해야 할지도 모르는 유치권자의 돈에 대해서 별다른 평가를 하지 않는다. 대개 유치권은 분쟁이 있는 것이고, 나중에 민사소송을 통해서 해결되는 경우가 흔하기 때문이다. 아무튼 평가서는 별로 볼 게 없다.

– 이런 사정은 사실 매각물건명세서도 별반 다르지 않다.

[양식]매각물건명세서

## ○ ○ 지방법원
## 매 각 물 건 명 세 서

| 사건 | 200 타경 부동산 강제(임의)경매 ( 200 타경 중복 ) 매각물건번호 | 매각물건번호 | 작성일자 | 담임법관(사법보좌관) | |
|---|---|---|---|---|---|
| 부동산의표시, 감정평가액최저매각가격, 매수신청의보증금액과 보증제공방법 | | | 별지기재와 같음 | 최순위 설정 | |

부동산의 점유자와 점유의 권원, 점유할 수 있는 기간, 차임 또는 보증금에 관한 관계인의 진술 및 임차인이 있는 경우 배당요구와 그 일자, 전입신고일자 또는 사업자등록신청일자와 확정일자의 유무와 그 일자

| 점유자의 성명 | 점유부분 | 점유의 권원 | 임대차기간(점유기간) | 보증금 | 차임 | 전입신고일자 또는 사업자등록신청일자 | 확정일자 | 배당요구여부(배당요구일자) |
|---|---|---|---|---|---|---|---|---|
| | | | | | | | | |
| | | | | | | | | |
| | | | | | | | | |

\* 위 최선순위설정일자보다 대항요건을 먼저 갖춘 주택·상가건물임차인의 임차보증금은 매수인에게 인수되는 경우가 발생할 수 있고, 대항력과 우선변제권이 있는 주택·상가건물임차인이 배당요구를 하였으나 보증금 전액에 관하여 배당을 받지 아니한 경우에는 배당받지 못한 잔액이 매수인에게 인수되게 됨을 주의하시기 바랍니다.

등기된 부동산에 관한 권리 또는 가처분으로 매각으로 그 효력이 소멸되지 아니하는 것

매각에 따라 설정된 것으로 보는 지상권의 개요

비고란

\*1. 매각목적물에서 제외되는 미등기 건물 등이 있을 경우에는 그 취지를 명확히 기재한다.
 2. 매각으로 소멸되는 가등기담보, 가압류, 전세권의 등기일자가 최선순위저당권등기일자보다 빠른 경우에는 그 등기일자를 기재한다.
민집 105, 268, 민집규 55, 194

위 서류가 매각물건명세서다. 부동산 관련 정보들이 담겨 있는 문서이고 중요한 공문서인 건 사실인데 유독 유치권 관련 정보는 여기서도 찬밥이다. 서류에 보면 중간에 '점유' 관련 기록을 적는 곳이 있지만 유치권자는 여기가 아닌 제일 아래 '비고란'에 기록한다. 유치권은 분명 낙찰자가 부담해야 하지만 부동산에 관한 권리가 아니라는 이유로 본 칸에 기재하지 않는다. 민사집행법을 보면 매각물건명세서에 중대한 하자가 있을 때는 매각허가에 대한 이의를 제기할 수 있고, 매각허가결정에 대한 즉시항고가 가능하다고 되어 있다. 더욱 민감하기 때문에 본 칸에 적는 게 부담인지 모르겠다.

- 이런 이유 때문인 것 같다. 유치권이 명백한 경우에도 '유치권 성립 불분명'이라고 적혀 있는 경우를 종종 볼 수 있다. 이 문서의 한계를 모르고 이 말만 믿고 덤비면 곤란하다.

- 현황조사보고서에도, 매각물건명세서에도 유치권 표시가 없다. 현장에 방문했던 집행관도 못 봤다는 얘기겠다. 그래서 매수 희망자가 '유치권이 없다'고 판단하고 입찰해서 최고가 매수신고인이 되었는데 아직 매각허가 결정이 나기 전에 유치권이 신고되는 경우가 있다. 이 경우는 어떻게 될까? 일단 법원은 신고가 들어오면 접수하여 부랴부랴 매각물건명세서 등에 '유치권 신고 있음', 혹은 '유치권 신고 있으나 성립 불분명' 등이라고 적게 된다. 입찰자 입장에서는 날벼락인데 다행히 구제 방안이 있다. 이처럼 매각허가 결정 전에 뒤늦게 유치권이 신고되면 중대한 하자가 있는 것으로 보고 이의신청을 할 수 있게 된다. 경우에 따라서는 법원에서 직권으로 매각허가 결정을 불허하기도 한다(물론 유치권 신고 사실을 뒤늦게 알게 된 최고가 매수신고인이 '저는 상관없어요. 그대로 인수할게요.' 하고 의사 표시를 하면 매각허가가 떨어지기도 한다.).

- 매각허가 결정이 확정된 후에 유치권이 신고되는 경우도 있다. 그러나 아직 낙찰자가 대금을 내기 전이라면 매가허가결정을 취소해 달라고 신청할 수 있고, 신청이 받아들여지지 않으면 즉시항고 할 수 있다.

- 그럼, 대금을 냈다면 답이 없는가? 아직 배당기일이 오지 않았다면 민법제575조제1항등에 따른 담보책임을 물을 수 있는 경우, 매각허가결정을 취소하도록 하고 매매계약을 해제하여 납부한 매매대금의 반환을 청구할 수 있다.

- 배당기일이 지났다면 채무자에 대한 매매계약 해제 후 채무자 또는 채권자에게 부당이득반환을 청구할 수 있고 민법제578조, 제572조, 제575조에 의하여 채무자 또는 배당받은 채권자에 대하여 담보책임을 물을 수 있다.

- 한편, 경매로 돈을 받아야 할 입장에 있는 채권자 등도 유치권 신고 여부에 촉각을 세운다. 만일 유치권 신고가 오면 유치권을 배제시키기 위해 '유치권 부존재 확인의 소'를 제기하고 이를 이유로 경매절차를 정지해달라고 신청하여 받아들여지는 경우도 있다.

# 3 현장으로 떠나자

현장으로 떠날 때 반드시 챙겨야 할 것이 있다. 유치권 체크리스트다. 앞서 소개했던 유치권 체크표는 이 표의 약식이다. 다음 페이지에 소개하는 유치권 체크리스트는 보다 구체적이고, 또한 각 이해당사자들의 증언이나 현장에서 조사한 내용을 종합적으로 기입하도록 되어 있어, 유치권의 성립 여부를 입체적으로 조망할 수 있다.

먼저 상변에 보면 순위가 있는데 이는 민법 제320조 규정을 순서대로 정리하고 있음을 알 수 있다. 옆에 있는 명목은 유치권 문제를 21가지 관점에서 살펴본 것이다. 예컨대 1번 '타인의'의 경우는 누구의 소유인지를 확인하라는 뜻이다. 체크 포인트에 보면 '1. 소유권자는 누구? 수급인 소유?' 하고 다시 쉽게 풀이하거나 세부 항목을 구분해 두었다. 상변 가운데 칸의 유치권자 주장, 채무자 주장, 법원 자료, 현장방문 자료는 각각의 주장이 어떤지 살피는 것이다. 예컨대 유치권자는 해당 물건에 대해 이 물건은 '독립된 건물'이라고 주장하고, 반면 채무자는 '종물'이라고 말하고, 법원 자료

## 유치권 체크리스트

| 순위 | 명목 | 유치권자 주장 | 채무자 (소유자) 주장 | 법원 자료 | 체크 포인트 | |
|---|---|---|---|---|---|---|
| 1 | 타인의 | | | | 1. 소유권자는 누구? 수급인 소유? | |
| 2 | 물건 또는 유가증권 | | | | 1. 종물, 부합물, 부속물 여부<br>2. 독립된 건물 여부 | |
| 3 | 피담보 채권 | | | | 1. 유무, 양도<br>2. 소멸시효 완성 여부(공사비 관리비 3년)<br>3. 대물변제 여부<br>4. 신의칙 위반 여부(기입등기 근접 공사 시작)<br>5. 공사대금, 하도급대금 여부<br>6. 비용상환청구권<br>7. 피담보채권 금액<br>8. 하자 유무 및 정도<br>9. 채무불이행 유무 및 정도<br>10. 금액의 진정성 여부 | |
| 4 | 견련성 | | | | 1. '에 관하여 생긴' 채권(관련 판례 해당 여부) | |
| 5 | 변제기 도래 | | | | 1. 변제기 도래 여부<br>2. 변제 기간 허여 여부 | |
| 6 | 점유시기 | | | | 1. 점유시기<br>2. 점유 중단 여부<br>3. 경매개시결정 기입등기일<br>4. 공매 압류등기일<br>5. 불법점유 유무<br>6. 소유자·채무자의 승낙 유무, 통지 유무 | |
| 6 | 재점유시 적법 승계 | | | | 1. 점유 승낙자 적법권한 유무 | |
| 6 | 점유부분 | | | | 1. 전부점유 유무<br>2. 일부점유, 점유부분<br>3. 물건사용 여부<br>4. 차임 수령자<br>5. 출입제한 유무 | |
| 6 | 점유자 | | | | 1. 직접점유, 점유보조자<br>2. 간접점유, 점유매개관계<br>3. 채무자 점유 유무<br>4. 채무자와의 관계(가족, 종업원)<br>5. 자격증 유무<br>6. 사업자등록증 유무 | |

| 순위 | 명목 | 유치권자 주장 | 채무자(소유자) 주장 | 법원 자료 | 체크 포인트 | |
|---|---|---|---|---|---|---|
| 6 | 점유개시 방법 | | | | 1. 점유 표시 방법<br>2. 불법행위(침입, 강압, 사기) | |
| | 점유승계 방법 | | | | 1. 부당 승계(임대, 사용대차) | |
| | 점유 중 해지 여부 | | | | 1. 부적법 점유 전환<br>2. 계약해지 여부 | |
| | 불가분성 | | | | 1. 하도급 여부<br>2. 점유부분(전체/일부) | |
| | 자력구제 | | | | 1. 구제시간(24시간 기준) 길이 | |
| | 점유 회수의 소 | | | | 1. 침탈 후 1년 경과 여부<br>2. 소 확정 여부 | |
| 7 | 유치권 배제특약 | | | | 1. 원상복구<br>2. 유치권포기특약 | |
| 8 | 필요비 | | | | 1. 관리비 적정 여부 | |
| 9 | 유익비 | | | | 1. 객관적 이익 여부<br>2. 이익 현존 여부<br>3. 개량비 적정 산출 여부 | |
| 10 | 선관의무 위반 여부 | | | | 1. 무단 사용, 대여, 담보 제공 여부 | 유치권 소멸청구 가능 |
| 11 | 공사시기 적절 여부 | | | | 1. 공사시기와 경매절차신청일시<br>2. 채무자의 채무(가압류, 저당 등) 상태 | 경매절차 개시 가능성을 염두에 두고 공사시행 |
| 12 | 소멸시효 | | | | 1. 공사관리비 3년 | |

※ 배한수, 부동산 경매 범죄로서의 허위 유치권에 관한 연구, 건국대학교 석사학위논문, 2010.

에서는 '종물'이라고 되어 있고, 직접 방문해 보니 역시 '종물'에 가까운 경우 우리는 어렵지 않게 유치권자가 지금 잘못 알고 있다고 말할 수 있다.

일단 체크리스트를 보면서 어떤 항목을 알아야 하는지 살펴보자. 물론 이해가 안 되는 말도 있을 것이다. 책을 다 읽고 난 뒤에 다시 이 체크리스트를 보면서 하나씩 다시 살피거나 혹은 이 체크리스트를 염두에 두며 이 책을 읽어도 좋다. 어쨌든 실전에 매우 유용한 표이므로 잘 활용하기 바란다.

## 1) 부동산 중개업자에게 물어보자

체크리스트를 염두에 두면서, 첫 번째 탐문할 곳으로 떠나보자. 첫 목적지는 해당 건물의 인근 부동산 중개업소다. 중개업자는 해당 부동산에 대해 통상의 사정을 알고 있다. 나아가 실제 공사를 하는 사람은 누구인지, 왜 공사가 중단되었는지, 현재 점유하고 있는 사람은 소유자(혹은 채무자)와 어떤 관계인지 알 수 있는 정보원이다. 참고로 부동산 중개업소는 여러 곳을 동시에 방문하는 것이 중요하다. 사실을 교차 확인할 수 있을 뿐 아니라 여러 중개사들의 진술을 종합하여 부동산의 시세나 상황을 가늠할 수 있기 때문이다.

### 부동산 중개업자에게 무엇을 물을까?

<u>1. 점유 혹은 거주</u>
- 그곳에 누가 살고 있는가? 주인인가? 세입자인가?
- 사는 게 아니라면 점유 중인 사람이 있는가?

- 점유하는 사람은 누구인가? 시공사에서 나온 사람인가?

- 혹시 건물주와 무슨 관계는 없는가? 가족이라든가.

### 2. 공사

- 누가 공사를 했는가?

- 그들은 공사대금을 다 받았나?

- 공사는 다 되었나? 마감만 남은 상태인가? 아니면 철골만 세운 상태인가?

- 공사가 중단된 지 얼마나 되었나?

- 공사가 왜 중단되었나? 돈 때문에?

- 저 정도 공사면 공사대금이 얼마나 되는가?

### 3. 시세

- 건물 시세는 어떤가?

- 어느 정도면 합리적인 가격이라고 할 수 있는가?

- 목이 좋은가? 사람들이 어디로 다니는가?

### 4. 기타

- 언제부터 점유하였는가?

- 언제부터 방치되었는가?

- 우편물 등은 누가 수취하는가?

* 〈유치권 체크리스트〉에는 따로 중개업자의 의견을 적는 곳이 없다. 중개업자의 얘기는 증거로 활용하기보다는 기초적인 자료를 모으는 과정으로 여겨야 한다. 물론 중개업자의 지나가는 얘기 속에 월척이 숨어 있을지 모르는 일이므로 늘 귀를 기울여야 한다.

## 2) 부동산을 살피자

중개업자 2~3명을 만나보면서 기본적인 감을 잡았다면 다음은 현장을 둘러본다. 대상이 되는 물건을 살피면서 건물의 신축, 증축, 건물 수리, 보수 등의 상태를 확인한다. 만일 건물이 채 정리되어 있지 않다면 뭔가 의심스러운 점이 있다는 뜻이다.

### 현장에서 무엇을 살필까?

#### 1. 건물 상태

건물이 완공되었는지 아니면 기둥과 보만 있는지 혹은 파손되어 있는지 일일이 살피고 사진 등으로 자료를 남긴다. 완공 여부에 따라 독립 건물인지, 종물인지, 부속물인지, 부합물인지 나뉠 뿐 아니라 경우에 따라서는 불법행위의 자료가 될 수도 있다.

#### 2. 서류에 없는 곳

제시외 물건(提示外 物件, 경매 실무상 집행관의 부동산 현황조사나 감정평가인의 감정평가 결과, 부동산 등기부상에 표시되어 있지 않은 미등기 상태의 증개축 부분이 존재할 때 그 증개축 부분을 일컫는 말)이 있는지 살핀다. 제시외 물건의 상태에 따라 유치권의 피담보 채권이 달라지기 때문이다. 제시외 건물이 토지 위에 있는 경우, 그 구조물이 H빔을 사용하여 3층으로 층간 구분이 되어 있으나 벽 일부만 세워져 있는 경우처럼 아직 건물이라고 보기 어려울 때는 그 제시외 건물은 토지의 부합물이 되어 토지의 소유자가 소유권을 취득하게 된다. 만약 위 건물이 독립된 건물로서 형태를 갖추었다면 대지소유자는 위 건물 소유자에 대하여 대지의 인도 및 지료(地料, 지상권자가 토지 사용의 대가로 토지 소유자에게 지급하는 금전이나 그 외의 물건. 늑지대(地代))를 청구할 수 있다.

### 3. 하자 여부

건물의 하자 여부를 살핀다. 서류상에는 1층으로 되어 있는 건물이 실제로는 뒷면이 절개면에 붙어 있는 경우 곰팡이가 생기는 등 습도가 높아서 제값을 받기 어려운 곳을 발견할 수도 있다.

### 4. 건축년도

건물의 건축년도를 파악한다. 만약 건축년도가 3년이 넘었다면 유치권 소멸시효의 대상이 되기 때문이다. 건축년도 확인은 공사계약서나 건축물대장 등으로 확인하는 게 빠르고, 때에 따라 시공에 사용된 벽돌이나 자재 등을 통해 확인할 수 있다.

### 5. 현수막, 팻말

유치권을 알리는 팻말이 있는지 확인한다. 또한 팻말이 설치된 시점도 확인한다. 팻말에 적힌 전화번호로 전화를 걸어 물어보는 것도 한 방법이다. 유치권은 법원에 신고하지 않아도 되고 안내문(플래카드) 등을 반드시 게시할 필요는 없지만 여러 판례들이 '게시'를 주요한 유치권 성립 증거의 하나로 보기 때문에 게시하는 경우가 많다. 특히 공사대금채권의 경우 공사 개시 시점부터 점유를 계속하였으면 점유 주장이 쉽겠지만 일단 소유자에게 건물 등을 양도하였다가 다시 진입하여 재점유하게 된 경우에는 자신들이 점유자임을 나타내기 위한 표지로 안내문이나 게시물을 붙여두는 경우가 흔하다. 이때 해당 부동산에 출입할 때마다 사진을 찍고 나중에 상대방이 위 안내문 사진 등을 제시하면 그 원판도 제시토록 하여 허위 주장을 방지할 필요가 있다.

### 6. 전기

전기가 언제부터 들어왔는지 이웃이나 한전에 전화하여 확인한다. 점유 시점을 확인할 수 있다.

### 7. 경비
경비업체 전화번호나 표시가 있으면 전화하여 언제부터 유치권자와 계약하였는지, 지금도 유효하게 경비하고 있는지 확인한다.

## 3) 현장에 있는 사람을 만나자

현장에 사람이 있다면 만나본다. 대화를 시도하고 가능하면 사진도 찍고 대화 내용도 녹음한다. 현장에 있는 사람은 현장과 어떤 식으로든 이해관계가 있는 사람이다. 소유자나 채무자와 관계가 있든지, 유치권 주장자와 관계가 있든지, 혹은 그가 곧 유치권 주장자인지, 점유보조자인지, 가족인지, 종업원인지, 세 들어 사는 사람인지, 전세권자인지 말이다. 그 사람의 법적 성격에 따라 유치권의 성립 여부가 좌우된다. 즉 그 사람이 어떤 자격을 갖고 있는지, 혹은 어떤 이해관계를 갖고 있는지에 따라 점유 여부가 바뀔 수 있다는 말이다. 경우에 따라서는 불법점유로 유치권소멸청구의 대상이 될 수도 있다.

### 그 사람에게 무엇을 물어야 할까?

#### 1. 유치권자와 점유자가 같은 사람인가?
유치권자와 점유하는 사람이 다를 경우 허위로 유치권을 주장하는 수도 있다. 점유 방법에는 여러 가지가 있어서 달라도 안 되는 건 아니지만 현실적으로 유치권을 인정받을 가능성이 떨어지는 건 사실이다. 특히 유치권자가 경매 물건의 소유자와 친족관계라면 유치권을 인정받기 어려울 수 있다.

### 2. 어떤 채권인가?

점유자가 유치권자라면 채권의 발생 원인이 무엇인지 물어본다. 공사를 해주었는데 건물주가 공사대금을 치르지 않은 것인지, 혹은 임대차 보증금을 근거로 유치권을 주장하는지 알아봐야 한다(만일 임대차 보증금으로 인한 유치권 주장이라면 이는 유치권이 아니다.). 공사대금에 대해서는 반드시 알아두자. 액수가 부담이 되지 않을 정도라면 무시해도 되는데 이런 경우도 있다. 1,000만 원가량의 공사대금으로 인테리어 공사를 해놓고 아파트가 경매로 넘어가려고 하자 7,000만 원의 유치권을 신고하는 경우다. 또한 변제기는 언제인지 확인한다.

### 3. 채무자의 상환 능력

공사대금과 소유자의 채무 상환 능력에 대해서도 알아두자. 또한 저당권이 여러 개 설정되어 있고 소유자의 채무 상환 능력이 소멸되거나 약화되고 있음에도 공사를 강행하였다는 사실이 밝혀지면 이는 신의성실의 원칙이나 권리남용 등이 적용되어 유치권을 인정받지 못하는 사례도 있다.

### 4. 어떻게 점유하고 있는가?

다음 확인해야 할 것은 점유 내용이다. 언제, 어디서, 누가, 무엇을, 어떻게 점유하고 있는지 확인해야 한다. 이때 증거 수집은 기본이다.

- 건물의 소유자로부터 동의를 받고 점유하고 있는가?
- 점유하고 있는 건물의 임대보증금이나 월세는 얼마인가(경우에 따라서는 공사대금을 모두 상계(채무자와 채권자가 같은 종류의 채무와 채권을 가지는 경우에, 일방적 의사 표시로 서로의 채무와 채권을 같은 액수만큼 소멸함, 또는 그런 일)하고 남을 수 있다.)?
- 제3자에게 임대나 전대(빌린 것을 다시 빌려줌)한 사실은 없는가?
- 전대보증금이나 전차임(전차인이 전대인이나 소유주에게 지불하는 돈)은 얼마인가?

### 건물임차인의 유치권 문제

건물임차인도 유치권을 주장할 수 있는 경우가 있다. 건물임차인이 인테리어 공사를 건축업자에게 시킨 후 그 비용을 건물소유자에게 청구하는 경우다. 이때는 유익비 상환청구권이 성립되는데 문제는 통상 감정 평가 액수가 적게 나온다는 점이고, 또한 건물임차인의 경우 임대차 계약서에 '원상복구'라는 문구가 삽입되어 있으면 유치권이 인정되지 않는다.

### 5. 점유지와 공사지

점유하고 있는 곳이 공사한 곳과 얼마나 떨어져 있는지 확인한다. 점유지와 공사지가 다르면 점유로 인정받지 못하기 때문이다.

### 6. 점유 비용

유치권자라는 사람이 부동산을 점유하면서 지출하고 있는 비용도 미리 살펴야 한다. 집합건물인 경우, 관리비가 적정한지 살펴보고 만일 불필요한 지출이 감지되거나 액수가 지나치면 지체 없이 항의하여 이를 수정할 기회를 주어야 한다. 만일 유치권이 성립이라도 되는 날에는 매수자가 모두 떠안아야 할 부담이기 때문이다. 관리비는 소멸시효 3년 이내에 원금에 한하여 매수인이 부담하게 되어 있다.

### 6. 시비

정상적인 유치권자라면 그럴 일이 없지만 의심스러운 점유자는 종종 시비를 걸기도 한다. 만일 이러다 어디 다치겠다 싶을 만큼 사태가 악화되면 지체하지 말고 112에 신고하는 게 좋다. 대개 불법점유자일 가능성이 높다. 무엇보다 현장에 출동한 경찰들은 현장에서 벌어진 사실을 일일이 기록하기 때문에 나중에 중요한 증거로 활용할 수 있다.

### 7. 점유자가 없을 때

실제거주자를 만날 수 없는 경우 우편 발송물의 수취인, 전기나 수도 검침관계 등을 확인해 보고 관리사무소가 있으면 관리인들에게 위 건물의 상황이나 관리비 현황 등에 대하여 확인할 수 있다. 만약 매수할 의향이 있는 부동산이라면 관리사무소 측에 관리비의 소멸시효 등을 설명하여 배당요구종기까지 채권 내지 유치권을 신고하도록 권유할 수도 있다. 이렇게 해야 나중에 매수인의 채무승계 부담을 줄일 수 있다.

## 4
## 사소한 증거 하나가 판결을 뒤집는다 : 증거 수집 방법

    한번은 수억 원의 채무를 변제받으려다가 도리어 형사 사기 고소 무고에 걸려 재판을 받고 있는 사람의 사건을 의뢰받은 적이 있다. 상대방에게 받을 돈 수억 원이 있는데 도무지 갚을 기미가 보이지 않자 시험 삼아 1,000여만 원의 민사 소를 제기한 모양이다. 그러면 상대방이 잘못했다고 사정하고 적절한 때 타협을 해올 줄 알았다고 한다. 그런데 예상과 달리 상대방은 은행 거래 내역을 보이면서 도리어 자신이 더 많은 돈을 주었다면서 수억 원을 돌려달라고 반소를 제기했다. 의뢰인은 1심에서 수억, 수천만 원의 차용증서만 믿고 있다가 재판에 지고, 한편 형사사기죄로 고소하였다가 도리어 무고죄로 1심 유죄까지 받았다. 사정을 들은 나는 의뢰인이 가지고 있는 잡기, 메모, 장부 등을 싹 쓸어 모았다. 이 잡듯이 긁어모은 증거를 토대로 나는 상대의 주장과 달리 우리는 더 받은 돈이 없고 도리어 받아야 할 돈이 수억이 된다고 주장했다. 형사 항소심은 우리 의뢰인에게 무고 무죄를 선고하고, 민사 2심에서도 형사 재판 결과에 영향을 받아 상대방으로부터 승소 조정을 받았다.

의뢰인이 저지른 실수는 수억 원, 수천만 원이 기재된 차용증서 2장을 너무 맹신했다는 점이다. 동시에 그는 자신이 작성한 장부가 증거로서 가치가 없다고 판단한 나머지 법원이나 수사기관에 제출할 생각을 못했다. 물론 차용증서는 처분문서로서 성립 과정에 문제만 없다면 증거력을 인정받는다. 그러나 상대가 가짜 차용증을 여러 개 쓴 사실이 드러나면서 의뢰인이 제출한 차용증도 증거력을 잃고 말았다. 그때 힘을 발휘한 것이 의뢰인이 평소 작성한 장부였다.

자료의 증명력을 미리 판별해서는 안 된다. 상황은 어떻게 변할지 알 수 없으며 어떤 자료가 증거로 채택될지도 알 수 없다. 우리 재판에서는 법관이 증거의 가치를 자유롭게 판단할 수 있도록 자유심증주의를 채택하고 있다. 경우에 따라 '이게 얼마나 중요하겠어?' 하고 고개를 갸웃거리게 만들던 증거가 판결을 뒤집는 결정적인 역할을 할 때가 있다. 미리부터 좋은 증거, 나쁜 증거라고 판단해서는 곤란하다. 증거는 1점짜리에서부터 100점짜리까지 있다. 그 점수는 판관(법관이나 검사)이 결정하지 자신이 결정하는 것이 아니다. 최대한 많이 모으는 게 좋다. 이제 증거를 모으는 요령을 알아보자.

## 1) 사진 찍기

사진만큼 확실한 증거가 되는 경우도 없다. 그러나 사진도 마음만 먹으면 조작이 가능하다는 점을 염두에 두고, 여건이 허락된다면 원판을 확보하도록 한다. 나아가 평소 시간 있을 때 사진에 대해서 배워두면 두루두루 요긴하게 활용할 수 있다.

사진은 현장 상태를 증명할 때 가장 큰 힘을 발휘한다. 낙찰 전에는 조용하던 현장이 낙찰과 동시에 갑작스레 소란스러워지는 경우가 있다. 자칭 유치권자가 등장하여 컨테이너박스를 갖다 놓고, 경비원을 시켜 상주하게 하고, 출입문을 폐쇄하여 낙찰자의 출입을 방해하는 식이다. 이런 골치 아픈 문제를 간단히 해결하는 방법이 사진이다. 낙찰 전에는 아무도 없어 조용하던 현장을 사진으로 남겨 두면 자칭 유치권자들의 주장을 쉽게 물리칠 수 있다.

때에 따라 현장에서 조직 폭력배를 만나는 경우가 있을지 모른다. 그때는 지체 말고 기념사진 1장을 확보하도록 한다. 조폭이 움직였다면 그 자체로 범죄가 성립되었다는 뜻이며 이때 사진보다 더 확실한 증거는 없기 때문이다. 백 마디 말보다 사진 한 장이 더 낫다.

---

**폭력행위등처벌에관한법률제4조 (단체등의 구성·활동)**

① 이 법에 규정된 범죄를 목적으로 한 단체 또는 집단을 구성하거나 그러한 단체 또는 집단에 가입하거나 그 구성원으로 활동한 자는 다음의 구별에 의하여 처벌한다.〈개정 1990.12.31, 1993.12.10, 2006.3.24〉

1. 수괴는 사형, 무기 또는 10년 이상의 징역에 처한다.
2. 간부는 무기 또는 7년 이상의 징역에 처한다.
3. 그외의 자는 2년 이상의 유기징역에 처한다.

\* 위 법조에서 조폭이 불법행위를 위해 움직였다면 위 구성요건 중 '활동(活動)'에 해당된다.

---

## 2) 증인 확보 - 진술서

도움이 될 사람 같으면 기회가 닿는 대로 진술서나 사실확인서를 확보해 둔다. 나중에 혹시라도 딴소리를 하면 곤란하기 때문이다. 그러나 진술서를 확보할 때는 신중해야 한다. 문서를 확보한다는 말은 소송을 대비한다는 뜻이기 때문이다. 상대가 이를 알아차리면 증거 확보에 어려움을 겪을 수 있다. 적극적인 증인 확보가 어려우면 조심스럽게 녹취를 하되 만일 상대가 의심하지 않을 것 같다고 여기면 적과 아군을 구별하면서 진술서를 받는다. 그때 신분증(주민등록증이나 운전면허증, 여권 등) 사본을 첨부한다. 그리고 민사소송을 대비하여 가능하면 공증인사무소(공증하는 법무법인 포함)에서 인증을 받아 놓는 것이 좋다.

## 3) 녹음하기

몇몇 분들은 녹음보다는 진술서가 더 효과가 크다는 점을 알고 무리하게 진술서를 확보하려고 하는 경향이 있다. 실제로도 진술서나 관련기관의 진술 혹은 증언을 확보하는 것이 바람직하다. 그러나 진술서를 요구하면 상대방이 경계심을 보이며 방어 모드로 돌아설 가능성이 있다. 그러면 진실을 조작하거나 함구할 가능성이 커진다. 따라서 진술서를 써줄 만한 관계가 아니라면 녹음을 활용하는 것이 바람직하다. 특히 진술서 등을 확보하기 어려운 사람들에 대하여 간접증거로서 녹음의 중요성은 커진다. 녹음 자체가 직접적인 증거로 채택되기는 힘들지만 상대가 녹음된 내용과 다르게 말하기는 어려워 나름대로 위력을 발휘할 수 있다. 참고로 서로 대화하면서 비밀리에 녹음해도 형사상 죄가 되지 않는다. 다만 최근 민사상 음성권 침해로 논란이 된 적은 있다

(서울중앙지방법원 2019.7.10. 선고 2018나68478 손해배상(기) 판결 참조).

---

**대법원 2008.10.23. 선고 2008도1237 판결 【통신비밀보호법위반】**

통신비밀보호법 제3조 제1항이 금지하고 있는 '전기통신의 감청'이란 전기통신에 대하여 그 당사자인 송신인과 수신인이 아닌 제3자가 당사자의 동의를 받지 않고 전자장치 등을 이용하여 통신의 음향·문언·부호·영상을 청취·공독하여 그 내용을 지득 또는 채록하는 등의 행위를 하는 것을 의미하므로(대법원 2008.1.18. 선고 2006도1513 판결 참조), 전기통신에 해당하는 전화통화의 당사자 일방이 상대방과의 통화내용을 녹음하는 것은 위 법조에 정한 '감청' 자체에 해당하지 아니한다. 원심은, 그 판시와 같은 여러 사정에 비추어, 이 사건 녹취시스템은 ○○랜드가 자신의 업무인 골프장의 운영을 위해 자신의 예약전용 전화선에 설치·운영한 것으로서, 결국 ○○랜드는 이 사건 전화통화와 무관한 제3자가 아니라 이 사건 전화통화의 당사자라고 봄이 상당하므로, 결국 이 사건 공소사실은 전화통화의 당사자 일방이 상대방 모르게 대화내용을 녹음한 경우에 해당하여 통신비밀보호법 제3조 제1항에 위반되지 아니한다는 이유로, 이 사건 공소사실에 대하여 무죄를 선고한 제1심판결을 그대로 유지하였다.

---

## 4) 서류받기 - 처분문서

'처분문서(處分文書, 권리나 의무 등에 대하여 처분 관계를 나타내는 문서)'라는 것이 있다. 당사자의 권리나 의무 등에 대하여 기재한 문서를 말하는데 이는 민사상 중요한 의미를 지닌다. 예컨대 차용증이나 계약서, 각서, 유언서, 어음, 수표, 해약통지서 등이 모두 처분문서에 속한다. 처분문서는 자체로 법적 증거력을 인정받는다. 따라서 이해를 다투는 사람과 처분문서를 주고받을 때는 주의해야 한다. 만일 우리에게 권리가 되고 사실 확인에 도움이 된다면 가급적 많이 받는 게 좋고, 반면 손해가 되고 부담이 되는 것은 전문가의 도움을 받아 신중히 주어야 한다. 참고로 장부, 일기, 편지, 진술서 등은 보고문서라고 부르는데 이는 처분문서에 비해 상대적으로 증거력을 인정받기가 어렵다.

---

**대법원 2008.5.9.자 2007마1582 결정 [골프장회원지위보전등가처분]**

처분문서는 그 성립의 진정함이 인정되는 이상 법원은 그 기재 내용을 부인할 만한 분명하고도 수긍할 수 있는 반증이 없는 한 그 처분문서에 기재되어 있는 문언대로의 의사표시의 존재와 내용을 인정하여야 하는 것이다(대법원 2002.6.28. 선고 2002다23482 판결, 대법원 2005.5.13. 선고 2004다67264, 67271 판결 등 참조).

---

**대법원 2008.2.14. 선고 2007다17222 판결 [소유권이전등기]**

1. 처분문서에 기재된 작성명의인인 당사자의 서명이 자기의 자필임을 그 당사자 자신도 다투지 아니하는 경우에는 설사 날인이 되어 있지 않았다 하더라도 그 문서의 진정 성립이 추정되므로 납득할 만한 설명 없이 함부로 그 증명력을 배척할 수 없다(대법원 1990.2.13. 선고 89다카16383 판결, 대법원 1994.10.14. 선고 94다11590 판결 등 참조).

---

## 5) 정보공개 청구

갈수록 개인의 사생활 비밀 보장이 강화되고 있다. 하지만 합법적으로 증거를 수집하는 방법이 있다. 법률이 정하는 절차에 따라 행정기관에 정보 공개를 청구하는 것이다. 예컨대 자동차 등록번호만 알고 있어도 관할 구청을 통해 행정 정보 공개를 청구할 수 있다. 참고로 민원사무처리에 관한 법률을 살펴보면 민원 신청은 문서(전자문서 포함)로 하도록 되어 있다(일부 예외가 있다.).

## 6) 신고, 고소, 고발, 진정을 통한 공문서 확보

경매 현장은 치열한 두뇌 게임의 장이다. 경매에 임해서는 치밀한 계획 아래 움직여야 하며 잠깐의 방심이나 실수가 상대에게 빌미를 제공한다는 사실을 인식해야 한다. 반대로 상대방이 민·형사상 실수를 저지르면 이를 십분 활용해야 한다. 경매 세계에서 상대방의 실수는 협상을 유리하게 이끄는 수단이 되며, 또한 증거 수집의 기회가 된다. 특히나 개인이 작성한 문서보다는 공무원이 작성한 조서나 공문서가 훨씬 증명력도 높을 뿐 아니라(민사소송법 제356조 공문서의 진정의 추정 참조) 상대방과의 관계에서 수집할 수 있는 유일한 증거가 될 수도 있기 때문이다. 따라서 우리 측에서는 결코 실수를 저지르지 말아야 하고 그러기 위해서는 전문가의 조언을 들을 필요가 있다. 실수로 발목이 잡히면 우리의 사정을 모두 공개해야 하는 부득이한 상황에 처할 수도 있다. 경매에서 살아남으려면 바늘로 찔러도 피 한 방울 안 나오는 냉철한 사람이 되어야 한다. 총알이 빗발치는 전장에 있다는 점을 잊지 말고, 늘 사실관계와 증거 수집에 온 신경을 집중하자. 언제 어떻게 소송에 휩쓸릴지 모르는 게 경매다.

## 증거 만들기 팁 : 영수증 활용

경매 대상 부동산에 가봤더니 점유자는 안 보이고 다른 사람이 장사를 하는 경우가 있다. 점유자는 소유자가 아니기 때문에 타인에게 점유하고 있는 건물을 마음대로 쓰게 해서는 안 된다. 〈실전 유치권투자해결사(신동훈, 도서출판 L&B부동산경제연구소, 2010)〉에 보면 이런 사례가 나온다. 해당 부동산은 원래 숙박시설이었다. 마침 모텔에 불이 나서 일부 건물이 파손되어 공사업자가 공사를 진행했다. 그런데 건물주가 공사대금을 지불하지 않자 공사업자는 유치권 행사에 돌입했다. 그 사이 해당 부동산의 경매가 진행되었다. 그런데 장애인협회에서 이 건물을 점유하다가 1층 부분에서 일명 '땡처리' 옷장사를 하고 있었다. 마침 이 사실을 알게 된 매수인은 무릎을 쳤다.

곧장 옷을 한 벌 구입한 뒤 신용카드로 결제하고 해당 영수증을 내용증명으로 유치권자인 공사업자에게 보냈다!

내용증명을 통해 당신은 선관의무(*일반인·평균인에게 요구되는 정도의 주의의무)를 위반하였다고 적어 보내면서(민법 제325조 참조) 유치권의 소멸을 통고하였다. 나아가 유치권자와 대화하는 자리에서 이 사실을 다시 거론하며 그 내용을 녹음해 두었다. 이런 증거 자료들은 추후 막강한 힘을 발휘했다. 법원은 매수인이 신청한 부동산인도명령을 받아들여 유치권자에게 인도 명령결정을 내려주었다. 공사업자가 자기 마음대로 제3자에게 건물을 쓰도록 하여 스스로 점유를 포기했던 사례다. 매수인은 이 점을 간파하고 곧장 증거 수집에 나섰으며 결국 유치권소멸청구에서 이길 수 있었다. 다음 판례에는 왜 유치권을 인정하지 않고 건물을 넘기라고 판결을 내렸는지 그 이유가 담겨 있다.

## 대법원 2011.2.10. 선고 2010다94700 판결 【건물명도】

**1. 상고이유 제1점 및 제2점에 대하여**

유치권의 성립요건인 유치권자의 점유는 직접점유이든 간접점유이든 관계없지만, 유치권자는 채무자 또는 소유자의 승낙이 없는 이상 그 목적물을 타에 임대할 수 있는 권한이 없으므로(민법 제324조 제2항 참조), 유치권자의 그러한 임대행위는 소유자의 처분권한을 침해하는 것으로서 소유자에게 그 임대의 효력을 주장할 수 없다. 따라서 소유자의 승낙 없는 유치권자의 임대차에 의하여 유치권의 목적물을 임차한 자의 점유는 소유자에게 대항할 수 있는 적법한 권원에 기한 것이라고 볼 수 없다(대법원 2002.11.27.자 2002마3516 결정, 대법원 2004.2.13. 선고 2003다56694 판결 참조). 원심판결 이유에 의하면, 원심은 그 채택증거를 종합하여 판시와 같은 사실을 인정한 다음, 설령 A가 B로부터 공사대금 680,873,334원을 지급받을 때까지 이 사건 건물에 대한 유치권을 가진다고 하더라도, 피고가 A의 위 유치권을 원용(* 자기 이익을 위해 어떤 사실을 딴 데서 끌어다 주장하는 것)하여 원고의 이 사건 건물에 관한 인도청구를 거절하기 위해서는 피고가 A로부터 이 사건 건물을 임차함에 있어 당시 이 사건 건물의 소유자인 ○○실업 주식회사(이하 ○○실업이라고 한다) 또는 이후 소유자가 된 C, 원고로부터 이에 관한 승낙을 받았다는 점에 관한 입증이 있어야 하는데, 피고가 주장하는 A에 대한 위 공사대금 채무자인 B의 동의만으로는 민법 제324조 제2항에 따른 동의가 있었다고 볼 수 없다는 취지로 판단하였다. 위 법리 및 기록에 비추어 보면, 원심의 이러한 사실인정과 판단은 정당하다.

# 5
## 관계자들과 부딪치기

〈실전 유치권투자해결사(신동훈, 도서출판 L&B부동산경제연구소, 2010)〉에는 왜 경매가 이전투구의 장인지 잘 보여주는 사례가 등장한다.

어느 머리 좋은 사우나 건축주가 있었다. 그는 돈에 눈이 어두워 없던 유치권을 만들기로 작심했다. 건축주가 공사업자를 불렀다. 당연히 공사업자에게는 유치권이 없었다. 건축주가 말했다. "당신이 유치권을 신고하는 데 적극 협조하겠다. 단 매수인에게서 유치권 신고한 돈을 받으면 나와 나누자." 공사업자도 마음이 동했고, 둘은 인증서를 만들고 매수인에게 접근했다. 매수인은 유치권 문제가 발생하자 머리가 아팠다. 그러던 중 자신이 유치권자라고 주장하는 제3의 인물이 접촉을 시도해왔다. 그가 매수인에게 말했다. "만일 당신이 내게 큰 거 한 장을 주면 다른 사람들이 다 가짜 유치권자임을 내가 증명해주겠다." 매수인은 이 제안을 듣는 순간, 둘 다

가짜 유치권자임에 틀림없다고 생각했다. 그리고 사방으로 뛰어다니며 증거를 수집한 결과 끝내 건축주와 공사업자가 만든 인증서까지 손에 넣었다. 다행히 상대방의 유치권 주장을 반박할 수 있었으며 부동산인도명령까지 받아내었다.

유치권 경매 현장에서는 이런 일이 비일비재다. 이해관계인들은 자기의 이익을 위해서라면 수단과 방법을 가리지 않는다.

이를 어떻게 해결해야 할까? 매수인 입장에서는 일단 이해관계인들의 이해관계를 명확히 파악해야 한다. 이해관계만 알 수 있다면 적당한 조건의 제안이 가능해진다. 만일 복수의 유치권자가 있다면 이 가운데 한 명에게 접근하는 방법도 생각해 볼 수 있다. 그에게 일정한 사례를 보장해주고 다른 사람들의 유치권이 가짜임을 폭로하도록 설득할 수도 있다. 초기에는 연합 전선을 펼치고 매수인을 압박하던 사람들도 사태가 변했음을 직감하고 편을 바꾸기도 한다. 이런 상황을 염두에 두는 것이 권모술수가 판을 치고 있는 경매 현장에서 살아남는 길이다.

물론 모두 다 적군은 아니다. 개중에는 우리 편이 되어 주는 사람도 있다. 주로 저당권자가 유치권 주장자와 이해관계가 대립되어 도움을 받을 수 있는 이해관계인이 된다. 특히 금융기관의 경우 경매 물건이 고가에 낙찰되기를 바라므로 당연히 유치권이 성립되지 않기를 바란다. 따라서 전화를 걸면 그들의 협조를 구하기 쉽다. 공사업자와 유치권 포기를 전제로 건물을 신축하도록 양해하였을 경우도 있고 저당채무 등으로 소유자가 더 이상 채무를 지지 못하도록 촉구하고 있음에도 공사를 계속한 경우 신의 성실의 원칙 등에 의해 유치권이 부인될 수도 있다. 또한 저당권이 설정된 토지에 대해 지상권까지 설정해 둔 경우 만약 그곳에 건물을 짓는다면 시공사로부터 유치권 포기를 약속받는 경우도 많다. 금융기관에 문의하여 관련 정보를 얻거나 관련 계약서 복사본을 받아두면 추후 시공사의 유치권 주장에 맞설 수 있다.

## 이해관계자 찾기

이해관계자는 어떻게 찾을 수 있을까? 우선 법원경매정보(www.courtauction.go.kr) 사이트에 접속하여 경매물건 경매사건검색〉사건내역 중 '당사자내역'을 보자. 경매물건에 대한 당사자들 특히 법인 등이 포함되면 법인등기부 등을 통해 그 인적 사항을 알 수 있고, 나아가 사건 내역 가운데 문건/송달내역〉문건처리내역을 보면 위 경매물건에 대한 이해관계인들의 유치권신고내역이나 유치권배제신청서 등이 제출된 것을 알 수 있다. 만약 위 유치권신고서나 배제신청서 등에 유치권신고자 관련 사건이 기재되어 있다면 그 사건들을 대법원(www.scourt.go.kr) 바탕화면에 있는 나의 사건 검색에서 사건내용을 검색하여 유용한 자료를 확보할 수 있다. 즉 유치권 신고자가 신고한 금액이 기각될 수도 있고 신고한 금액보다 훨씬 감액되어 인정되는 수도 있어 응찰하는 데 큰 도움이 된다. 물론 위 배제신청서를 법원에서 직접 볼 수는 없고 이해관계인을 통해 복사본을 얻을 수 있다.

# 6. 유치권자는 이해관계인이 될 수 있다

　유치권자는 민사집행법상 이해관계인이 될 수 있다. 다만 유치권에 관한 권리를 '증명'할 때 가능하다. 물론 경매 절차에 관심을 갖는 사람은 모두 이해관계를 가지고 있다고 할 수 있지만 그중 특히 보호할 필요가 있는 자 가운데 민사집행법 제90조, 제268조에서 자격을 규정하는 자에 한해 이해관계인이 될 수 있으며, 자격을 인정받으면 경매 절차 전반에 관여할 수 있다.

---

**민사집행법 제90조 (경매절차의 이해관계인)**

경매절차의 이해관계인은 다음 각 호의 사람으로 한다.

1. 압류채권자와 집행력 있는 정본에 의하여 배당을 요구한 채권자
2. 채무자 및 소유자

3. 등기부에 기입된 부동산 위의 권리자

4. 부동산 위의 권리자로서 그 권리를 증명한 사람

------------------------------------------------

집행법원으로서는 이해관계인은 송달의 기준이 되므로 경매신청서를 접수할 때부터 경매 절차가 끝날 때까지 누락이 없도록 이해관계인표에 관심을 기울일 수밖에 없으며 절차 진행 중 주소 보정, 배당요구 등으로 변동사항이 있으면 즉시 정정 보완하여야 하며 이를 하지 않을 때 시비가 일 수 있다. 참고로 경매에서의 통지는 이해관계인에게만 보내면 그만이다. 그러나 배당기일통지는 가압류권자에게도 해야 한다.

## 1) 누가 이해관계인이 될 수 있나

민사집행법상 이해관계인에 대한 규정은 제한적 열거규정이므로(대법원 1999.4.9. 선고 98다53240 판결 참조, '열거규정'이란 나열한 것 외에는 인정하지 않는다는 말로 '예시규정'과 대립되는 개념이다. 예시규정은 예시로 든 것 외에도 인정한다는 말이다.) 위 조항에 부합되지 않은 사람은 매각절차에서 실제적인 이해관계를 가진 사람이라도 이해관계인으로 자격이 없다.

〈민사집행절차의 문제점과 그 처리실무(한영희 외 2, 도서출판 백영서, 1998)〉와 〈민사집행법(오시영, 학현서, 2007)〉을 보면 다음과 같은 방식으로 이해관계인을 정리하고 있다. 잠깐 인용해 보자(괄호 안은 법조항 혹은 대법원 판례).

: 이해관계인이라 할 수 있는 자

① 압류채권자와 집행력 있는 정본에 의한 배당을 요구한 채권자(제90조 제1호)

ㄱ. 경매신청을 한 채권자(75.5.31. 75마172)

ㄴ. 압류가 경합된 경우 뒤의 압류채권자(76.10.22. 75마332)

ㄷ. 국세 등의 체납처분에 의한 압류채권자, 집행력 있는 정본에 의한 배당요구채권자

② 채무자 및 소유자(제90조 제2호)

ㄱ. 집행채무자

ㄴ. 목적부동산의 경매개시결정 등기 당시 소유자

ㄷ. 가압류등기 후 본압류에 의한 경매신청 전에 소유권이전등기를 받은 자 (64.9.30. 64마525)

③ 등기부에 기입된 부동산상의 권리자(제90조 제3호)

본 호의 이해관계인은 경매신청기입등기 전에 이미 등기부상에 기록된 자를 말한다.

ㄱ. 부동산공유지분의 다른 공유자(65.7.2. 65만520)

ㄴ. 담보물권자(저당채권에 대한 질권자, 저당권자)

ㄷ. 용익물권자(등기된 자에 한한다.)

ㄹ. 경매개시 기입등기 전 소유권 취득한 제3취득자

ㅁ. 등기된 임차권자(95.6.5. 94마2134)

④ 부동산상의 권리자로서 그 권리를 증명한 자(제90조 제4호)

본 호에 해당하는 이해관계인은 경매신청기입등기 전에 목적부동산에 대하여 우선변제청구권을 가진 자로서 그 권리를 증명한 자를 말한다.

ㄱ. 주민등록을 마친 주택임차권자(주택임대차보호법 제3조, 송민84-10) 및 그 권리를 압류 또는 전부 받은 자

ㄴ. 건물등기 있는 토지임차인(민법 제622조)

ㄷ. 점유권자

ㄹ. 유치권자

ㅁ. 특수지역권자(입회권)

ㅂ. 경매신청등기 후에 목적부동산의 소유권을 취득한 제3자

ㅅ. 법정지상권자

ㅇ. 상가건물임대차보호법상 우선변제권자

ㅈ. 분묘기지권자 등

물론 위와 같은 권리를 가지고 있는 자라 하더라도 중요한 것은 '증명'이다. 그 권리를 증명한 자만이 이해관계인이 된다고 대법원(1967.1.31. 선고 66만1124 판결)은 밝힌다. 따라서 집행관의 현황조사 결과, 이해관계인으로 밝혀졌다고 하더라도 그 권리를 집행법원에 적극적으로 증명하지 않으면 이해관계인으로 인정받을 수 없다. 다음의 경우는 이해관계인이 될 수 없는 사람들이다(괄호 안은 판례).

: 이해관계인이 될 수 없는 사람

ㄱ. 가처분청구권자(75.10.22. 75마377)

ㄴ. 집행보전을 위한 가압류채권자(68.5.13. 68마367)

※ 단 경매개시 전의 가압류권자는 배당요구를 하지 않았더라도 당연히 배당요구 한 것과 동일하게 취급된다(95.7.28. 94 57719).

ㄷ. 예고등기권리자(67.10.25. 67마947)

ㄹ. 권리신고 하지 않은 임차인(58.4.3. 4290민재항170)

ㅁ. 재경매실시의 경우 전 경매의 경락인(59.8.27. 4291민재항272)

ㅂ. 소유권이전청구권보전의 가등기권자(90.10.26. 90마713)

ㅅ. 후순위저당채권자(69.1.29. 68마1587)

ㅇ. 타인에게 소유권이전등기를 해준 자(68.8.31. 67마615)

ㅈ. 경매개시결정 기입등기 후에 소유권이전등기를 마치고 그 사실을 법원에 신고하지 아니한 자(70.2.28. 70마20)

ㅊ. 장차 상속인이 될 자(84.3.3. 84마63)

ㅋ. 가등기권자(68.5.13. 68마367)

ㅌ. 기타

## 2) 이해관계인으로 증명을 받으려면 어떻게 해야 하나

'증명'이 얼마나 중요한 문제인지 관련 판례 몇 가지만 살펴보자. 다음 판례는 이중경매가 이루어진 경우를 다루고 있다. 법원은 배당요구종기까지 권리 신고를 하지 않다가 나중에 이중경매를 신청한 사람의 재항고를 '재항고인의 자격이 없음'이라고 판결을 내리고 있다. 이 말은 이해관계인으로서 증명을 받지 못했다는 뜻이고, 그러므로 재항고의 내용을 확인하기 전에 자격이 없다는 이유로 재항고를 각하해야 한다고 판시한다.

## 대법원 2005.5.19.자 2005마59 결정 [부동산임의경매]

민사집행법 제129조 제1항, 제2항에 의한 부동산매각허가결정에 대한 즉시항고[* 소송법상 일정한 기간 내에 제기해야 하는 항고를 말한다. 민사집행법(15조)·민사소송법(444조)·비송사건절차법(23조)에서는 1주일, 파산법(103조 2항)·화의법(7조 2항)·회사정리법(11조)에서는 14일, 형사소송법(405조)에서는 3일 안에 항고를 해야 한다고 규정하고 있다.]는 이해관계인, 매수인 및 매수신고인만이 제기할 수 있고, 여기서 이해관계인이란 민사집행법 제90조 각 호에서 규정하는 압류채권자와 집행력 있는 정본에 의하여 배당을 요구한 채권자, 채무자 및 소유자, 등기부에 기입된 부동산 위의 권리자, 부동산 위의 권리자로서 그 권리를 증명한 자를 말하고, 경매절차에 관하여 사실상의 이해관계를 가진 자라 하더라도 위에서 열거한 자에 해당하지 아니한 경우에는 경매절차에 있어서의 이해관계인이라고 할 수 없으며(대법원 2004.7.22. 선고 2002다52312 판결 참조), 이에 해당하지 아니한 자가 한 매각허가결정에 대한 즉시항고는 부적법하고 또한 보정할 수 없음이 분명하므로 민사집행법 제15조 제5항에 의하여 집행법원이 결정으로 즉시항고를 각하하여야 하고, 집행법원이 항고각하결정을 하지 않은 채 항고심으로 기록을 송부한 경우에는 항고심에서 항고를 각하하여야 한다(대법원 2004.9.13.자 2004마505 결정 참조).

또한, 민사집행법 제87조 제1항은 강제경매절차 또는 담보권 실행을 위한 경매절차를 개시하는 결정을 한 부동산에 대하여 다른 강제경매의 신청이 있는 때에는 법원은 다시 경매개시결정을 하고, 먼저 경매개시결정을 한 집행절차에 따라 경매한다고 규정하고 있으므로, 이러한 경우 이해관계인의 범위도 선행의 경매사건을 기준으로 정하여야 한다. 기록에 비추어 살펴보면, 주식회사 ○○저축은행이 2002.7.24. 수원지방법원 평택지원 2002타경8320호(이하 '선행사건'이라 한다)로 이 사건 매각대상부동산에 대하여 경매를 신청하여 경매개시결정이 된 사실, 재항고인은 선행사건의 배당요구의 종기인 2002.12.16.까지 아무런 권리신고를 하지 아니하다가, 2003.11.13. 위 부동산 중 일부에 관하여 경료(완료되었다는 뜻)된 후순위 근저당권자로서 2003.11.15. 같은 지원 2003타경15530호(이하 '후행사건'이라 한다)로 위 부동산 중 일부에 대하여 중복하여 경매를 신청하여 경매개시결정이 된 사실, 집행법원은 선행사건의 집행절차에 따라 경매를 진행하였고, 재항고인은 이 사건 낙찰허가결정이 나자 비로소 즉시항고를 제기한 사실 등을 알 수 있으므로, 선행사건의 배당 요구의 종기 이후에 설정된 후순위 근저당권자로서 위 배당요구의 종기까지 아무런 권리신고를 하지 아니한 채 위 배당요구의 종기 이후의 이중경매신청인에 불과한 재항고인은 선행 사건에서 이루어진 이 사건 낙찰허가결정에 대하여 즉시항고를 제기할 수 있는 이해관계인이 아니라고 할 것이다. 그러므로 이 사건 즉시항고는 이해관계인이 아닌 자에 의하여 제기된 것으로서, 집행법원이 결정으로 각하하여야 할 것이고, 집행법원이 이를 각하하지 아니한 이상 항고심인 원심은 이해관계인이 아닌 재항고인의 항고를 항고인 적격이 없는 자로부터의 항고이며 그 흠결이 보정될 수 없다는 이유로 각하하였어야 할 것임에도 불구하고 이 점을 간과한 채 항고인이 내세우는 항고이유를 따져 그 이유 없다 하여 항고를 기각한 위법을 범하였다 할 것이다.

--------

다음 판례는 증명이 생각보다 간단한 문제가 아님을 보여주고 있다. 내용을 보면 알겠지만 재항고인은 근저당권부채권가압류결정, 송달증명원, 부동산 등기부등본을 제출하였으나 법원은 이 서류만으로는 유치권자인지 알 수 없다고 판결을 내린다.

## 대법원 2004.6.14.자 2004마118 결정 【낙찰불허가】

구 민사소송법(2002.1.26. 법률 제6626호로 전문 개정되기 전의 것) 제607조 제4호 소정의 이해관계인이라고 하여 경락허가결정(부동산경매절차에 있어서, 법원이 최고가 경매인에 대하여 경매 부동산의 소유권을 취득시키는 집행처분)이나 낙찰허가결정(경락허가결정과 같은 의미)에 대하여 즉시항고를 제기하기 위하여는 경락허가결정이나 낙찰허가결정이 있을 때까지 경매법원에 경매 목적 부동산 위의 권리를 증명하여 신고하여야 하므로, 만약 권리자가 경매법원에 그 권리를 증명하지 못한 경우에는 경매절차에 있어서의 이해관계인이 될 수 없다(대법원 1994.9.14.자 94마1455 결정 등 참조).

기록에 의하면, 재항고인 주식회사 ○○전기(이하 '재항고인 ○○전기'라 한다)는 이 사건 임의 경매신청채권자인 ○○종합건설 주식회사(이하 '○○종합건설'이라 한다)에 대한 채권자로서, 2003.1.23. 경매법원에 ○○종합건설의 이 사건 경매 부동산에 대한 유치권을 대위(제삼자가 다른 사람의 법률적 지위를 대신하여 그가 가진 권리를 얻거나 행사하는 일, 채권자가 채무자의 권리를 대신 행사하는 일 따위를 말한다.)하여 행사한다고 신고하였고, 재항고인 A는 2003.2.28. 경매 법원에 이 사건 경매 부동산을 점유·관리하면서 건물 유지비, 인건비, 소송비용 등을 부담하고 있는 유치권자라고 신고하였다. 그러므로 재항고인들이 위 법 제607조 제4호 소정의 이해관계인에 해당하는지 여부에 관하여 살펴건대, 기록에 의하면 재항고인 ○○전기는 ○○종합건설을 대위하여 유치권 신고를 하면서 근저당권부채권가압류결정, 송달증명원, 부동산 등기부등본만 제출하였고, 재항고인 A는 유치권 신고를 하면서 부동산 등기부등본만 제출하였을 뿐인바, 위 각 증거들만으로는 ○○종합건설 또는 재항고인 A의 각 유치권을 인정하기에 부족하고, 이 사건 기록을 모두 살펴보아도 재항고인들이 달리 위 각 유치권의 취득 및 존속에 관한 사실을 경매법원에 증명한 흔적을 찾아볼 수 없으므로, 재항고인들은 이 사건 경매절차의 이해관계인에 해당하지 않는다고 할 것이다. 따라서 재항고인들은 원심법원의 낙찰허가결정에 대하여 재항고를 제기할 수 있는 이해관계인이라고 할 수 없으므로, 이 사건 낙찰허가결정에 대한 재항고인의 적격이 없다 할 것이다.

――――――――――――――――――――――――――――――

그렇다면 이해관계인으로 인정을 받으려면 무엇을 어떻게 증명해야 할까? 보통 경매처럼 다툼이 예상되는 민감한 문제에는 '고도의 개연성'이 뒷받침되어야 한다. 개연성이란 절대적으로 확실하지는 않으나 그러할 것이라고 생각되는 성질을 말한다. 보통 소송당사자가 자신의 주장을 입증하기 위해 제출하는 일을 '소명'이라고 하는데 소명이 인정받기 위해서는 개연성이 뒤따라야 한다. 반면 증명은 '소명'보다 신뢰도가 더 높은 입증활동을 말한다. 그래서 고도의 개연성이 필요하다. 한마디로 안 봐도 비디오가 되도록 입증하는 것이 '증명'이다. 법관이 보기에 확신을 가질 수 있을 만큼 충분한 증거가 제시되어야 '증명'이다.

증명 방법에는 따로 정해진 형식은 없다(대법원 1967.6.13.자 66마348 결정 참조). 예컨대 1) 유치권 확인의 소를 제기하여 그 판결을 제출하거나 2) 당사자 사이의 약속 어음 공정증서를 작성하여 제출할 수도 있고 3) 공사대금 채권의 경우 공사도급 계약서, 공사내역서, 영수증 등을 제출할 수 있다.

한편 이해관계인이 되려면 매각허가결정이 나기 전에 서둘러 증명을 해야 한다(대법원 1994.9.13. 선고 94마1342 판결 참조). 매각허가결정이 끝난 뒤에는 아무리 손을 흔들어봐야 이미 지나간 버스일 뿐이다(대법원 1988.3.24.자 87마1198 결정 참조). 증명 기간과 관련하여 예외적으로 배당요구종기까지 권리를 증명해야 한다는 결정(판결·명령 이외의 재판)도 있다.

## 3) 이해관계인에게는 어떤 권리가 있는가

이해관계인은 집행법원이 공익적 절차 규정에 위배하여 경매절차를 진행하거나 자신의 권리에 침해가 있을 때는 지체 없이 권리를 행사하여 자신의 권리를 보호받을 수 있다. 다만 다른 이해관계인의 권리에 관해서는 이의(異意, 타인의 행위에 대하여 반대 또는 불복의 의사를 표시하는 일)를 제기할 수 없다(민사집행법 제122조). 다음 법 조항은 이해관계인의 권리를 담고 있다. 참고하기 바란다.

| 민사집행법 | 내용 |
| --- | --- |
| 제16조 | 집행에 관한 이의신청 |
| 제83조 제3항 | 부동산에 의한 침해방지 신청권 |
| 제86조 | 경매개시결정에 대한 이의신청권 |
| 제89조 | 배당요구 신청 또는 이중 경매신청이 있으면 그 통지를 받을 수 있는 권리 |
| 제98조 | 일괄매각*을 신청할 수 있는 권리 |
| 제104조 제2항 | 매각기일*과 매각결정기일*을 통지받을 수 있는 권리 |
| 제110조 | 최저매각가격 외의 매각조건에 관하여 합의할 수 있는 권리 |
| 제116조 제2항 | 매각기일에 출석하여 매각기일조서에 서명날인을 할 수 있는 권리 |
| 제120조 | 매각결정기일에 매각허가에 관한 의견을 진술할 수 있는 권리 |
| 제129조 | 매각허부결정에 대하여 즉시항고*를 할 수 있는 권리 |
| 제146조 | 배당기일의 통지를 받을 권리 |
| 제149조 | 배당기일에 출석하여 배당표에 관한 의견을 진술할 수 있는 권리 |
| 제150조 제2항 | 배당기일에 출석하여 배당에 대한 합의를 할 수 있는 권리 |

* 일괄매각 : 법원이 여러 개의 부동산의 위치·형태·이용관계 등을 고려하여 이를 일괄매수하게 하는 것이 알맞다고 인정하는 경우, 직권을 이용하거나 혹은 이해관계인의 신청에 따라 일괄매수하게 하는 것(민사집행법 제98조)
* 매각기일 : 경매에서 입찰 물건을 공개적으로 매각하는 날
* 매각결정기일 : 매각기일 후 법원의 허가 결정 여부를 정한 기일
* 즉시항고 : 소송법상 일정한 불변기간(변경하지 못하도록 법률로 정한 기간) 내에 제기하여야 하는 항고

다음 판례는 이해관계인의 권리 한 가지를 보여준다. A는 유치권 신고가 없다는 사실을 확인하고 경매에 응찰하여 낙찰을 받았다. 그런데 매각결정기일이 되기 며칠 전 유치권 신고가 접수되었다. 이에 A는 자신이 입을 손해를 예상하고 매각불허가신청을 하였고, 법원은 이에 매각불허가결정을 내렸다. 여기서 우리는 두 가지를 알 수 있다. 하나는 언제든지 유치권이 수면 위로 올라와 경매 현장을 쑥대밭으로 만들 수 있다는 사실이고, 다른 하나는 이해관계인이 되어야만 자기 권리를 지킬 수 있다는 사실이다. 판례를 살펴보자.

### 대법원 2008.6.17.자 2008마459 결정 【부동산매각허가결정에대한이의】

부동산 임의경매절차에서 매수신고인이 당해 부동산에 관하여 유치권이 존재하지 않는 것으로 알고 매수신청을 하여 이미 최고가매수신고인으로 정하여졌음에도 그 이후 매각결정기일까지 사이에 유치권의 신고가 있을 뿐만 아니라 그 유치권이 성립될 여지가 없음이 명백하지 아니한 경우, 집행법원으로서는 장차 매수신고인이 인수할 매각부동산에 관한 권리의 부담이 현저히 증가하여 민사집행법 제121조 제6호가 규정하는 이의 사유가 발생된 것으로 보아 이해관계인의 이의 또는 직권으로 매각을 허가하지 아니하는 결정을 하는 것이 상당하다(대법원 2005.8.8.자 2005마643 결정 참조). 기록에 의하면, 이 사건 아파트에 대한 현황조사서에는 '점유관계는 미상, 본건 현장에 수차례 방문하였으나 폐문부재였고(* 집행자가 방문했을 때 아무도 없었다는 뜻), 알리는 말씀을 고지하여도 연락이 없어 상세한 임대차관계는 미상이며, 주민등록상 전입세대는 없다'는 취지로 기재되어 있고, 매각물건명세서에도 이 사건 아파트에 대하여 조사된 임대차내역이나 특이 사항이 없는 것으로 기재되어 있는 사실, 재항고인이 매수신고를 할 때까지 유치권의 신고가 들어온 적이 없는 사실, 이 사건 아파트에 대한 매각결정기일은 2007.10.4. 13:00경으로 예정되어 있었는데, 재항고인은 그 날 10:20경 매각불허가신청을 하면서 이 사건 아파트의 소유자인 주식회사 ○○는 이 사건 아파트를 포함한 주상복합건물의 시공사인데 위 회사를 상대로 공사대금을 주장하는 유치권자가 이 사건 아파트를 점유하고 있다고 주장하였고, 이 사건 아파트 현관문에 '공사비 관계로 유치권 행사 중'이라고 기재된 경고문이 붙어 있는 사진을 위 신청서에 첨부하였던 사실, 그런데 제1심법원은 그에 대한 아무런 조사절차 없이 이 사건 아파트에 대하여 재항고인에게 매각을 허가하는 결정을 하였던 사실, 재항고인은 위 결정에 즉시항고 하면서 위 주상복합건물의 시공사가 공사대금 때문에 이 사건 아파트를 비롯한 몇 채의 아파트를 점유하고 있다는 내용의 자료를 추가로 제출한 사실이 인정된다. 위 법리에 비추어 보면, 재항고인은 이 사건 아파트의 점유현황에 대한 정확한 정보가 기재되지 않은 현황조사서 및 매각물건명세서 등으로 인하여 매수신고시까지 이 사건 아파트에 대하여 유치권이 존재하는 사실을 전혀 모르다가 매각허가결정 직전에 비로소 이 사건 아파트에 대하여 유치권이 주장되는 것을 알게 되어 제1심법원에 매각불허가신청을 하였고, 재항고인이 제출한 자료에 의하면 이 사건 아파트에 대한 유치권이 성립할 여지가 없지 않은바, 이러한 경우 집행법원으로서는 매각허가결정에 앞서 이해관계인인 재항고인을 심문하는 등의 방법으로 유치권의 성립 여부에 대하여 조사한 다음 유치권이 성립될 여지가 없음이 명백하지 아니하다면 재항고인의 매각허가에 대한 이의를 정당한 것으로 인정하여 매각을 허가하지 아니하는 결정을 하는 것이 상당하고, 이때 매각결정기일까지 유치권의 신고가 없었다거나, 그 유치권이 장차 매수인에게 대항할 수 없는 것일 가능성이 있다고 하여 달리 볼 것은 아니다.

-------------------------------------------------

한편 위와 비슷한 사례이나 입장이 다른 유치권자의 경우도 있다. 아래 사건에는 이

해관계인으로 증명되지 못한 유치권자가 등장한다. 그는 원심법원의 판결 때문에 자신이 손해를 입게 되었다고 주장하고 있다. 그러나 판례가 보여주듯이 사전에 이해관계인으로 증명받지 못했기 때문에 원심법원의 판결은 이상이 없다는 게 요지다. 유치권자이든 경락인이든 이해관계인이 된다는 것이 얼마나 중요한지 다시 한 번 확인할 수 있는 판례이다.

### 춘천지방법원 2002.10.9 자 2001라279 결정 [부동산낙찰허가]

항고이유의 요지는, 첫째, 항고인은 이 사건 경매목적부동산을 1999.9.2. 임차한 후 임대인의 동의를 받아 2000.8.5.부터 2000.9.21.까지 약 160,000,000원을 들여 건물 하자보수 공사 및 조경공사 등을 함으로써 이 사건 경매목적부동산에 관하여 유치권을 취득하였음에도, 이 사건 경매절차에서 작성된 부동산현황조사보고서나 입찰물건명세서에는 항고인이 유치권자로서 이 사건 경매목적부동산을 점유하고 있다는 기재가 누락된 잘못이 있고, 둘째 유치권자인 항고인(* 판결 이외의 재판인, 결정·명령에 대한 독립의 상소한 자)은 이러한 잘못으로 이 사건 경매절차에서 이해관계인으로 취급받지 못하는 불이익을 입었으며, 셋째 원심법원의 감정평가인은 항고인이 위와 같이 건물 하자보수공사 및 조경공사를 한 사정을 고려함이 없이 이 사건 경매목적부동산을 현저히 낮은 금액으로 평가한 감정서를 원심법원에 제출하여 원심법원은 이를 바탕으로 최저입찰가격을 정하여 경매절차를 진행함으로써 항고인에게 손해를 입게 하였으므로 원심결정은 위법하다는 것이다. 살피건대, 기록에 의하면 원심법원의 집행관은 원심법원의 부동산현황조사명령에 따라 2000.12.30., 2001.1.27. 및 2001.3.9. 이 사건 경매목적부동산 소재지를 3회 방문하여 사진촬영과 폐문부재로 인한 알림고시를 하고, 관할행정기관에 주민등록등재자조사 및 건축물대장조사를 하는 등의 방법으로 이 사건 경매목적부동산의 점유관계를 조사하여 소유자가 이 사건 경매목적부동산 전부를 점유·사용하고 있다는 내용으로 이 사건 경매목적부동산에 관한 현황조사보고서를 작성하였고, 원심법원은 위 부동산현황조사보고서에 따라 이 사건 경매목적부동산에 관한 입찰물건명세서를 작성한 사실을 인정할 수 있으므로 이 사건 경매 절차에서 작성된 부동산현황조사보고서와 입찰물건명세서에 어떠한 잘못이 있는 점을 발견할 수 없고, 설사 항고인 주장처럼 부동산현황조사보고서와 입찰물건명세서에 항고인이 유치권자로서 이 사건 경매목적부동산을 점유하고 있다는 기재가 누락된 잘못이 있다 하더라도 그 유치권은 경락인에게 대항할 수 있는 것이어서[구 민사소송법(2002.1.26 법률 제6627호 민사집행법으로 전문 개정되기 전의 것) 제608조 제3항] 그 기재가 누락되었다고 하여 항고인이 이 사건 낙찰허가결정으로 어떠한 손해를 입는다고도 할 수 없고, 따라서 항고인의 위 첫째 주장은 이유 없고, 유치권자는 경매절차에서 당연히 이해관계인이 되는 것이 아니고 집행법원에 스스로 그 권리를 증명한 경우에 비로소 이해관계인이 되는 것인데, 항고인은 이 사건 낙찰허가결정일로 지정되어 그 낙찰허가결정이 있었던 2001.11.27. 바로 전날인 같은 달 26.에 유치권자로서 권리신고를 하였으므로 2001.11.26. 비로소 이 사건 경매절차에 관하여 이해관계인이 되는 것인바, 따라서 원심이 항고인의 권리신고가 있기 전에 항고인을 이해관계인으로 취급하지 않은 것에 관하여 아무런 잘못이 없으므로 항고인의 위 둘째 주장도 이유 없으며, 기록에 의하면 원심법원의 최저입찰가격 결정절차상 어떠한 위법사항이 없는바, 따라서 항고인의 위 셋째 주장은 적법한 항고이유가 될 수 없고, 달리 이 사건 경매절차에 원심 결정을 직권(* 결정권자가 직접 권한으로 어떤 일을 하는 것)으로 취소할 위법사유도 없다.

------------------------------------------------

## 4) 이해관계인이 된 유치권자에게는 경매기록열람복사권이 있다

유치권자로 증명만 되면 그는 경매 사건의 기록 등을 열람·복사할 수 있는 권리를 얻게 된다. 통상 매각기일까지 우리가 볼 수 있는 것은, 집행관이 작성한 입찰물건 현황조사서, 감정평가사가 작성한 감정평가서, 법원이 작성한 입찰물건명세서 등 3가지 뿐이다. 이 3가지 문서에는 불행히도 타인이 제출한 채권신고서나 유치권 신고서가 없다. 그런데 유치권자는 위 기록의 열람, 복사를 통하여 경매 사건의 각 이해관계인의 주장 내용이나 증거 등을 쉽게 알 수 있어 입찰여부 등에 중요한 판단 기회와 자료를 얻을 수 있다(물론 '증명'된 유치권자에 한해), 달리 말하면 유치권자는 정보 싸움에서 유리하다. 만일 당신이 유치권자이면서 동시에 경매에 참여하게 된다면 이 점을 적극 활용해야 한다.

참고로 경매기록열람복사권이 주어진 사람은 다음과 같다.

: 부동산 등에 대한 경매절차 처리지침(재민 2004-3) (재판예규 제1728호)

제53조 (경매기록의 열람·복사)

① 경매절차상의 이해관계인(민사집행법 제90조, 제268조) 외의 사람으로서 경매기록에 대한 열람·복사를 신청할 수 있는 이해관계인의 범위는 다음과 같다.

1. 파산관재인*이 집행당사자가 된 경우의 파산자인 채무자와 소유자
2. 최고가매수신고인과 차순위매수신고인, 매수인, 자기가 적법한 최고가매수신고인 또는 차순위매수신고인임을 주장하는 사람으로서 매수신고시 제공한 보증을 찾아가지 아니한 매수신고인

3. 민법·상법, 그 밖의 법률에 의하여 우선변제청구권*이 있는 배당요구채권자

4. 대항요건을 구비하지 못한 임차인으로서 현황조사보고서에 표시되어 있는 사람

5. 건물을 매각하는 경우의 그 대지 소유자, 대지를 매각하는 경우의 그 지상 건물 소유자

6. 가압류채권자, 가처분채권자(점유이전금지가처분 채권자를 포함한다)

7. 「부도공공건설임대주택 임차인 보호를 위한 특별법」의 규정에 의하여 부도임대주택*의 임차인대표회의 또는 임차인 등으로부터 부도임대주택의 매입을 요청받은 주택매입사업시행자

② 경매기록에 대한 열람·복사를 신청하는 사람은 제1항 각호에 규정된 이해관계인에 해당된다는 사실을 소명(* 증명보다는 다소 약한 입증 방법으로, 법관에게 확실하다는 인식을 줄 정도의 증거가 있어야 한다는 뜻)하여야 한다. 다만, 이해관계인에 해당한다는 사실이 기록상 분명 한 때에는 그러하지 아니하다.

* 파산관재인 : 파산재단의 재산을 관리 처분하고, 파산채권의 조사·확정에 참여해 재단 채권을 변제하고 파산채권자에게 환가금을 배당하는 등 파산절차상의 중심적 활동을 하는 공공기관
* 우선변제청구권 : 어떤 채권자가 채무자의 전 재산 또는 특정재산에서 다른 채권자보다 먼저 변제를 받도록 요구할 수 있는 권리
* 부도임대주택 : 부도 등이 발생한 임대주택(임대주택법 제2조제8호), '부도 등이란 임대사업자가 발행한 어음 및 수표를 기한까지 결제하지 못하여 어음교환소로부터 거래정지 처분을 받은 경우, 대통령령으로 정하는 기간을 초과하여 「주택법」 제60조에 따른 국민주택기금 융자금에 대한 이자를 내지 아니한 경우, 이와 유사한 경우로서 대통령령으로 정하는 경우(임대주택법 제2조제7호 참조)를 말한다.

## 5) 이해당사자의 이해관계와 그들의 전략

지금까지는 법률적인 의미의 이해관계인에 대해서 살펴보았는데 실제로 유치권을 둘러싼 이해당사자는 이보다 복잡하다. 다음 쪽의 표와 같이 물권을 중심으로 13부류 이상의 이해당사자가 존재한다. 여러분은 대개 입찰자의 위치에서 시작하여 매수인이 되기 위해 노력할 것인데 그렇다면 이해당사자들과 어떤 관계를 맺어야 할 것인지, 누구로부터 어떤 정보와 증거를 입수할 수 있는지 살펴볼 수 있을 것이다. 유치권 전략 전술의 출발점은 이처럼 내 위치가 어디인지, 타인과는 어떤 관계인지를 살펴보는 데서 시작된다. 한번 점검해 보기 바란다.

: 경매물건 관련 이해당사자 :

| 구분 | 관계인 | 경매에서의 지위 | 권리 | 기본입장 | 변형 | 전략 포인트 | 비고 |
|---|---|---|---|---|---|---|---|
| 1 | 소유자 | 경매물건 등의 처분권자 | 채무변제, 경매취소, 경매절차 정지청구권 등 | 고가낙찰 | 자신이 저가낙찰 | 유치권 조작 | 채무자와 다른 경우 물상보증인이라고 함. |
| 2 | 공유자(입찰) | 경매물건 등의 공동처분권자 | | 저가낙찰 | | | 공유자 신고시 |
| 3 | 채무자 | 경매신청채권의 이행의무자 | | 고가낙찰 | | | |
| 4 | 법원 | | | 중립 | | 절차진행 완벽 | |

| 구분 | 관계인 | 경매에서의 지위 | 권리 | 기본입장 | 변형 | 전략 포인트 | 비고 |
|---|---|---|---|---|---|---|---|
| 5 | 경매신청 채권자 | | 경매취하권, 매각대금상계신청권 | 고가낙찰 | 자신이 저가낙찰 | 유치권 조작 | |
| 6 | 담보권자* | | | | | | |
| 7 | 일반채권자 | | | | | | |
| 8 | 관공서 | | | | | | |
| 9 | 유치권자 | | | | 자신이 저가낙찰 | 유치권 조작, 이해관계인 | |
| 10 | 최고가매수신고인* | 매각기일입찰 중 최고가신고자 | 경매신청채권자의 경매취하동의권 | 저가낙찰 | | | |
| 11 | 차순위매수신고인* | 매각기일입찰 중 차순위신고자 | 최고가매수신고인이 대금미납시 매수인 될 자격 | | | | |
| 12 | 매수인 | 매각허가를 받은 최고가매수신고인 | 경매신청채권자의 경매취하동의권 | | | | |
| 13 | 매수희망자 (입찰자) | | | 저가낙찰 | | | |

\* 정찬일, 〈경매부동산의 유치권 분석에 관한 연구〉, 건국대학교 부동산 대학원 석사학위논문, 2005. 참조
\* 담보권자 : 담보물권인 유치권, 질권, 저당권을 가진 사람
\* 최고가매수신고인 : 매각기일에서 가장 높은 입찰가격을 신고한 사람
\* 차순위매수신고인 : 매각기일에서 다음으로 높은 가격을 신고한 사람, 다만 최고가 매수신고인과 입찰보증금 차이 이내여야 함.

## 6) 이해관계자들의 전략 예시

유치권자가 둘이 되는 경우가 있다. 아래 예가 이를 잘 보여준다.

"갑이 을에게 건물을 임대했다. 임차인 을은 창호업자인 병을 불러 건물 내부에 인테리어 공사를 했다. 갑은 을이 임대 종료 후 위 공사대금의 반환을 요구할 것으로 예상했다. 그래서 은행에서 돈을 대출하며 건물에 근저당권을 설정했다. 그런데 마침 갑의 아들이 학비가 필요하다고 하여 대출금 대부분을 주었다. 그 후 병이 공사를 마치고 을에게 공사대금 일부만 받은 채 다른 곳으로 공사를 하러 떠났다. 그 무렵 갑의 정 은행 대출금 만기일이 지났다. 정 은행은 갑에게 대출금 변제를 독촉하며 만일 돈을 갚지 않으면 건물을 경매에 넣겠다고 통보했다. 발등에 불이 떨어진 갑은 무에게 건물을 싼 값에 팔았다."

이때 누구와 누가 유치권자가 될 수 있을까? 창호업자? 맞다. 점유라는 요건을 달성하지는 못하지만 그는 유치권자가 될 가능성이 있다. 그렇다면 또 한 사람은 누구일까? 다른 한 명은 인테리어 공사를 발주한 임차인이다.

임차인 을은 임대인 갑에게 비용상환청구권을 행사할 수 있다(임대차계약서에 원상 복구 약정이 없을 때). 이 경우 위 비용이 유익비로 인정받을 수 있다면 이를 피담보채권으로 하여 유치권을 행사할 수 있다. 유익비로 인정받기 위해서는 인테리어 공사 내용이 객관적 가치가 있다고 판단되어야 한다. 유익비가 인정된다면 을은 현재 소유자가 된 무에게도 유치권을 주장할 수 있다. 유치권은 물권이기 때문이다(유치권 주장은 경매를 하든 안 하든 상관없다.).

이처럼 유치권자가 두 명이 될 수 있는 경우, 만일 당신이 이 가운데 한 명이라면 어떻게 하는 게 가장 유리할까? 둘이 연대하여 더 많은 돈을 받을 수 있는 방안을 찾아야 한다. 위에 설명한 대로 임차인이 주장할 수 있는 유치권의 근거는 '유익비'이다. 그런데 유익비는 대체로 유치권으로 인정받기 힘들다. 그렇다면 임차인은 창호업자가 점유할 수 있도록 도와주는 것이 현명한 방법이 될 수 있다. 왜냐하면 창호업자는 미지급된 공사대금채권 전부에 대하여 유치권을 인정받을 수 있기 때문이다.

한편 이 사건과 관련하여 은행인 정의 대응책도 생각해 볼 수 있다. 은행인 정은 특히 창호업자의 유치권 주장을 저지하기 위하여(임차인 을의 유치권은 인정받지 못할 가능성이 크므로) 창호업자가 이 사건 건물을 점유하기 전에 경매개시결정이 되도록 경매신청을 서두르거나 창호업자의 점유를 저지하려고 하는 게 현명한 방법이다. 병이 을에 대하여 채권이 있고 점유가 있다고 하더라도 위 경매개시결정 기입등기 이후의 점유는 유치권으로 인정받지 못하기 때문이다. 앞으로 판례를 통해 수많은 사례를 접하겠지만, 이해당사자들의 행동이나 전략은 그들의 이해관계에 따라 이루어진다는 사실을 사전에 숙지하도록 하자.

: 유치권자의 권리와 의무 :

| 권 리 | 의 무 |
| --- | --- |
| 목적물 유치, 인도 거절권(민법제320조제1항) | 선량한 관리자로서 주의 의무(민법제324조) |
| 경매신청권(민법제322조제1항) | |
| 간이변제충당권(민법제322조제2항) | |
| 유치물 사용권(민법제323조) | |
| 비용 상환청구권(민법제325조) | |
| 별제권(채무자회생 및 파산에 관한 법률 제411조) | |

# 7
# 추가적 대응 전략

사실관계를 명확히 하면서 증거(인증, 물증 등 모든 것 포함)를 모아보고 상대방의 예상되는 주장과 증거도 찾아본다. 나는 종종 자기 입장에서만 상황을 그려보는 분들을 만나게 되는데 중요한 것은 객관적인 입장에서 자신의 약점이 무엇인지, 상대의 강점이 무엇인지 파악하는 일이다. 손자는 이를 '적을 알고 나를 알면 백 번 싸워도 위태롭지 않다.'고 표현했다. 유치권은 전쟁이다. 전쟁에 임하면 물러섬이 없어야 하는 것은 당연하지만 전쟁에 임하기 전에 반드시 나와 상대의 장단점이 무엇인지 알아야 한다. 그래야 나의 약점을 보강하고, 상대의 약점을 공략하여 상대의 칼날을 무디게 만들 수 있기 때문이다. 다음 질문을 스스로에게 던져보자.

    a. 나는 유치권 주장자가 허위 유치권자임을 증명할 수 있는 증거를 최소한 5개 이상 갖고 있다.

b. 나는 이와 유사한 상황을 다룬 판례를 알고 있으며, 그 결과도 알고 있다.

C. 나는 상대가 어떤 주장과 증거로 자신이 유치권자임을 증명하려고 하는지 알고 있으며, 이에 대한 대비책을 세워두고 있다.

위의 세 가지 질문에 대해 한 가지라도 답이 곤란하다면 아직 완전한 상태가 아니다. 반대로 먼저 전쟁을 벌이는 것이 유리한지, 아니면 경매에 임하는 게 나은지, 응찰 가격을 얼마로 정할 것인지, 유치권자 등 이해관계인의 주장과 증거에 대하여 어떻게 대처할 것인지 미리 시나리오를 작성하고 점검을 마쳤다면 두려울 게 없다. 그래도 혹시 모르므로 추가적으로 만일의 사태에 대비할 수 있는 몇 가지 방법을 알아보자.

## 1) 전기, 수도, 가스의 공급 중지를 요청한다

경매대상부동산에서 유치권을 주장하고 있는 사람들은 대부분 시한부 운영을 하게 된다. 그런데다 임차인 같으면 임대인에게 임대 보증금까지 주었으니 이를 반환받을 방법이 없게 되면 월차임은 물론, 언제 매수인에게 강제집행으로 쫓겨날지 몰라 전기, 수도, 가스 요금 등을 제대로 납부하지 않는 경우가 많다. 이러한 경우를 예상하여 유치권 주장자에 대한 압박과 후일 부동산 인도 후 발생할 책임 부담을 경감하기 위하여 조치를 취할 필요가 있다. 다만 집합건물의 공과금은 공용부분에 한하여 3년 이내의 분에 한하여 책임을 진다는 것을 유념할 필요가 있다. 전기나 수도, 가스 등의 공급 중지 요청은 다음 서면처럼 작성하여 해당 업체에 보내면 된다.

## 전기, 수도, 가스 등 공급 중지 요청 서면

전기요금 징수 및 전기 공급 중단 요청

수 신  한국전력공사 (참조 서초지점장)
발 신  노인수 외 2인
제 목  전기요금 징수 및 전기 공급 중단 요청

1. 저희는 서울중앙지방법원 2010타경2935호 임의경매사건의 경매물건인 서울 서초구 서초동 ○○-○ ○○빌딩 8층을 경락받아 2010.12.10. 경락잔금을 납부하여 위 물건의 소유자가 된 사람입니다.

2. 그런데 위 건물에 허위로 추정되는 가장유치권자 김○○가 무단으로 점유하면서 저희의 명도 요구에 불응하고 있습니다.

3. 저희가 확인한 결과 위 김○○는 이미 전기요금을 5개월째 체납하고 있어 전기 공급 중단 내지 해지 사유가 되는 것으로 알고 있습니다. 그럼에도 귀사에서는 계속 전기 공급을 하고 있습니다. 저희로서는 위 건물을 명도받을 때까지의 전기요금납부에 대한 책임이 전혀 없음을 밝히며 지금까지 체납된 요금을 포함하여 계속 발생되는 전기요금에 대해 선납징수를 하여 주시고 그렇지 아니할 때는 즉시 전기 공급 중단 등 필요한 조치를 취하여 주시기 바랍니다. 끝.

첨부 : 1. 등기부등본 1부. 끝.

2000년 1월 1일
소유자 노인수 외 2인

## 2) 부동산관리명령을 신청하자

매각허가결정이 떨어진 후 매수인에게 경매부동산이 인도될 때까지 추가적인 유치권 점유 등 부담을 덜기 위하여 관리인으로 하여금 관리하게 할 수 있도록 매수인 또는 채권자는 부동산관리명령을 신청할 수 있다. 그 결과 매각허가결정 후 부동산인도명령이 집행될 때까지 집행관이 나가 관리하게 되고 매수인으로서는 잔금 납부와 동시에 부동산 인도명령을 신청하여 그 명령에 따라 부동산을 관리인으로부터 인도받을 수 있어 좋다(부동산관리명령 신청서는 다음 페이지에).

---

**민사집행법 제136조 (부동산의 인도명령 등)**

② 법원은 매수인 또는 채권자가 신청하면 매각허가가 결정된 뒤 인도할 때까지 관리인에게 부동산을 관리하게 할 것을 명할 수 있다.

③ 제2항의 경우 부동산의 관리를 위하여 필요하면 법원은 매수인 또는 채권자의 신청에 따라 담보를 제공하게 하거나 제공하게 하지 아니하고 제1항의 규정에 준하는 명령을 할 수 있다.

---

## 3) 일부러 현장을 방치하는 방법도 있다

매수인이 경제적으로 여유가 있거나 경매대상부동산이 당장 필요하지 않다면 유치권 주장자와 접촉을 거부하는 것도 한 가지 방법이다. 유치권 주장자는 유치권을 유지하기 위하여 어떤 식으로든 점유를 하여야 하는데 이때 본인이든 지인이든 경비업체든 어딘가에 맡겨야 한다. 따라서 비용과 시간이 투입될 수밖에 없다. 시간에 비례하여 비용은 상승할 테고, 그렇다면 매수인은 유치권 주장자가 점유를 지속하고 있는지만 확인하다가 만일 유치권 주장자가 사실상 점유를 하지 않으면 이를 스스로 점유하여 유치권을 상실시킬 수도 있고 나중에 이를 입증하여 유치권 주장자의 유치권이 상실했음을 주장할 수도 있다. 물론 진짜 유치권자라면 경매신청권을 행사하여 매수인을 위협할 수도 있으나 그러려면 또 경매 비용 등이 들게 되므로 이런 여러 가능성을 염두에 두고 협상을 벌이는 것도 한 가지 방법이다.

---

### 부동산관리명령 신청서

신청인 김○○ 서울 서초구 서초동 ○○의 ○○
피신청인 아무개 서울 관악구 신림동 ○○-○

**신청취지**

서울중앙지방법원 2010타경2048호 부동산임의경매사건에 관하여 귀원 소속 집행관 기타 적당 한 사람을 관리인으로 선임하고, 위 관리인에게 채무자 소유자의 별지 목록 기재 부동산의 관리를 명한다.

라는 재판을 구합니다.

**신청 이유**

1. 서울중앙지방법원 2010타경2048호 부동산임의경매사건이 별지 목록 기재 부동산에 관하여 진행되고 있고 신청인은 2010.12.15. 제2차 매각 기일에서 최고가 매수신고인이 되어 같은 달 21. 매각허가결정을 받았으며 대금지급기일은 2011.1.16.로 지정되었습니다.

2. 최고가매수신고인인 신청인이 위 대금을 지급하기까지는 상당한 시일이 걸리고 그 사이에 채무자인 피신청인이 별지 목록 기재부동산을 함부로 관리하여 그 부동산의 가치를 감소시키거나 부당하게 유치권의 부담 등을 안을 염려가 있습니다.

3. 이에 민사집행법제 136조, 제166조에 따라 관리 명령을 신청합니다.

**소명 방법**

1. 소갑제1호증의 1 내지 5 각 사진
1. 소갑제2호증 진술서

**첨부서류**

1. 비용예납서(관리인 보수, 기타 관리비용 예납)
2. 송달료 납부서 1통

2000. 1. 1.

신청인 아무개 인

서울중앙지방법원 귀중

## 4) 법적 대응책을 미리 알아두자

다음의 대응방법은 상황에 따라 우리가 취할 수 있는 법적 장치들이다. 각각의 상황을 고려하여 어떤 방법으로 대응할 것인지 미리 생각해 보자.

**: 법적 대응방법 :**

| 순위 | 구분 | 대응 방법 | 비고 |
|---|---|---|---|
| 1-1 | 민사집행법 | 즉시항고 | 매각허가결정 |
| 2 | | 이의신청 | 집행방법, 매각, 경매개시결정, 배당표 |
| 3 | | 담보제공 | |
| 4 | | 잠정처분 – 집행정지 | |
| 5 | | 취소신청 | 매각허가결정 |
| 6 | | 경매신청 | 형식적 경매 |
| 7 | | 부동산인도명령 | 대금완납 후 6개월 내 |
| 2-1 | 보전소송 | 점유이전금지가처분 | |
| 2 | | 가압류 | |
| 3 | | 방해배제가처분 | |
| 4 | | 침해행위방지금지처분 | |
| 5 | | 부동산관리명령 | |
| 6 | | 출입금지가처분 | |
| 7 | | 가처분취소신청 | |

| 순위 | 구분 | 대응 방법 | 비고 |
|---|---|---|---|
| 3-1 | 본안소송 | 유치권 부존재 확인 | |
| 2 | | 유치권 존재 확인 | |
| 3 | | 건물명도 | |
| 4 | | 청구이의 | |
| 5 | | 제3자이의 | |
| 6 | | 배당이의 | |
| 7 | | 손해배상 | 불법행위 |
| 8 | | 부당이득반환 | 부당행위 |
| 9 | | 사해행위 취소의 소 | |
| 10 | | 유치권 소멸청구의 소 | 상당한 담보 제공 |
| 4-1 | 형사 | 고소 | 피해자 |
| 2 | | 고발 | 제3자 |
| 3 | | 진정 | |
| 4 | | 112 신고 | |
| 5 | | 무고고소 | 허위 고소·고발 대응 |
| 6 | | 소송사기고소 | 허위 채권·유치권 소송 |

# 8
# 직접 해결한
# 4가지 허위 유치권 사건

    필자는 2005년부터 2023년까지 유치권 관련 소송 30여 건을 진행했다. 이 가운데 유치권을 주장할 수 없다는 사실을 알면서도 유치권을 주장하는 경우, 즉 허위 유치권 사건 4가지를 추려서 소개한다. 허위 유치권 사건은 생각보다 적지 않다. 그리고 필자의 생각에는 허위 유치권인 경우에 유치권 신고서를 작성하여 제출하는 경우가 잦은 것 같다. 가짜라는 걸 들키지 않으려는 속셈으로 보인다. 그런데 그 유치권 신고서에는 유치권자가 가짜임을 입증할 만한 자료가 숨어 있기 마련이다. 만일 경매 입찰자가 사전에 유치권 신고서를 볼 수만 있다면 진짜인지 아닌지 쉽게 판단할 수 있을 정도다. 그러나 현실은 다르다. 경매 낙찰 후에나 유치권 신고서를 볼 수 있으며, 유치권 신고서를 제출하지 않고 갑작스레 등장하는 유치권자도 많다. 이럴 때 어떻게 자료를 조사하고 가짜 유치권을 깨뜨릴 수 있을까? 아래 사례들이 좋은 힌트가 될 것으로 생각한다(지명과 인명 등은 익명으로 교체했다.).

## 사건 1. 성남 아파트 허위 유치권 사건

### 1) 어떤 사건인가?

필자의 의뢰인인 A가 유치권자를 상대로 부동산인도명령을 신청했다(민사소송이라면 원고, 피고가 되지만 인도명령은 '신청'하는 것으로 A는 원고가 아닌 신청인이 되고, 상대 유치권자는 피고가 아닌 피신청인이 된다.). 의뢰인 A는 이 부동산을 경매로 낙찰받았다. A는 매각물건명세서와 현황조사서 등을 통해 입찰 전부터 유치권이 신고되어 있다는 사실을 알고 있었다. 현황조사보고서와 매각물건명세서는 다음과 같은 내용이 적혀 있었다.

"주식회사 울주디자인으로부터 금 50,261,534원의 유치권 신고가 있으나, 그 성립 여부는 불분명함."

그래서 A는 사전에 현장을 방문하여 누가 살고 있는지, 현수막은 걸려 있는지, 시건 장치는 되어 있는지 따위를 조사했다.

유치권 문제가 번거로운 이유 가운데 하나는 매수희망자들이 매각기일 전에는 유치권자의 신고내역을 볼 수 없다는 사실이다. 사건에 따라 조금씩 다르겠지만 유치권 신고서류에는 '공사도급계약서, 부가가치세 과세표준확인서, 영수증, 세금계산서, 거래 통장, 견적서 등' 상황 판단에 도움되는 자료들이 많다. 현재는 매수희망자가 경매절차상의 이해관계인이 아니라서 서류에 접근할 수 없다. 그러나 허위 유치권자, 가짜 유치권을 가려서 불필요한 비용과 시간의 지출을 막기 위해서는 매수희망자도 사전에 볼 수 있도록 조치하는 게 옳다고 개인적으로 생각한다.

아무튼 A는 유치권이 허위라고 판단하고, 2006년 9월 13일 성남에 있는 아파트 51.61㎡(22평형) 1세대 51.61.㎡를 189,650,000원에 경락을 받았다. 유치권을 주장하는 곳은 주식회사 울주디자인이고, 공사대금채권은 50,261,534원이었다. 경락받은

지 2개월 뒤인 2006년 11월 6일 무렵 매수인 A는 위 회사를 상대로 부동산 인도명령을 신청했다. 법원에서 심문기일을 지정하고 유치권자와 매수인을 소환해 심문했다. 최종적으로 2007년 2월 9일 부동산인도명령이 발령되면서 사건이 종료되었다.

## 2) 무엇을 어떻게 조사했는가?

### - 법인등기부등본 떼보기

서류를 떼면서 A가 확인하려고 했던 건 무엇일까? 유치권자의 정체를 파악하려는 것이다. 혹시 아는가? 이들이 채무자라면? 채무자(건물주)는 유치권자가 될 수 없다는 원칙이 떠오르지 않나? 신청인 A는 법인등기부등본과 신용조사보고서를 통해 울주디자인이란 곳을 살폈다. 울주디자인은 1996년 1월 11일경 주식회사 하서프랜이란 상호로 설립되어 최초 설립 시에 이사로 신청외 최형석, 동 이 윤, 동 박선자가 그리고 감사로는 신청외 이 일이 취임했고 그 후 위 회사의 이사 또는 감사로 관여한 사람은 박국자, 박란, 송창 외에 신청외 최상훈이 있다.

마지막으로 거론한 최상훈은 2000년 6월 3일경부터 이 사건 건물의 소유자로 등록되어 있다. 현재의 이사진은 대표이사에 최형석, 이사에 이 사건 건물의 전 소유자이자 채무자인 최상훈, 신청외 박란, 감사에 송창으로 구성되었다. 특히 대표이사로 된 신청외 최형석은 설립시부터 2006년 3월 31일경까지 재임했다가 다시 2006년 8월 22일경 취임하여 현재까지 계속 대표이사를 맡고 있고 신청외 최상훈은 2003년 3월 31일경 취임했다가 2006년 3월 31일경 퇴임, 다시 2006년 8월 22일경 취임등기가 되어 현재에 이르고 있다.

보니까 모두 친인척이다. 최형석은 최상훈의 부친이고 전 이사인 박선자는 최상훈의 모친이며, 현 이사인 신청외 박란은 최상훈의 이모다. 주주구성은 최형석이 222주로 44.4.%, 박선자가 148주로 29.6%, 최상훈이 100주로 20.0%, 박국자가 30주로 6.0%를 소유하고 있다. 최형석 가족이 주식 100%를 소유하고 있는 1인회사다(소갑 제3호증의 1 신용조사보고서 주주상황, 2. 신용조사보고서 경영진, 3. 신용조사보고서 대표자, 4. 신용조사보고서 연혁).

### - 점유 사실 확인하기

사실, 이 서류를 떼보기 전에도 뭔가 이상한 점이 있다는 사실을 알아차릴 수 있었다. 2006년 1월 12일자 집행관의 부동산 현황조사보고서(첨부 : 부동산의 현황 및 점유관계 조사서)를 보면 '점유관계'란에 '채무자(소유자) 점유', 기타란에 '거주자가 폐문부재하여 정확한 점유 및 임대차관계를 알 수 없어 동사무소에 방문하여 주민등록표상 전입세대 확인한바 채무자 겸 소유자 외 다른 전입세대 없음을 확인함'으로 표시되어 있다. 채무자가 점유하고 있다는 건 이상한 일이다. 더욱이 다른 사람도 없다. 감정평가서에도 이렇게 적혀 있다. '건물개황도 및 임대상황에 따르면 이 사건 건물은 방이 2개, 거실 1개가 있고 임대상황은 미상.' 매각물건명세서에서도 '조사된 임차내역 없음'이라고 기재되어 있고 비고란에 피신청인 관련하여 '주식회사 울주디자인으로부터 금 50,261,534원의 유치권신고가 있으나, 그 성립여부는 불분명함.'이란 기재가 있을 뿐이다.

이번에는 필자가 나섰다. 법률사무소 사무장을 시켜 2006년 1월 12일경 이 사건 건물을 방문했다. 아파트 주변에 유치권 행사에 대한 아무런 점유 흔적이 없다. 사진을 찍어 증거로 남겼다. 당시 위 최상훈 앞으로 건강보험공단에서 발송한 우편물은 보였지만 다른 사람 앞으로 온 우편물은 없었다. 최상훈 외에 피신청인 측에서 점유했다는 흔적이 전혀 없다. 점유하는 사람이 채무자(소유자)라는 게 점점 굳어져 가고 있다.

특히나 피신청인은 누가 현실적으로 점유하고 있는지 구체적으로 특정하지 못했다.

이 사건 건물은 51.61㎡로 방 2개인데 최상훈 가족이 거주하기는 힘들어 보인다. 그렇다면 누가 대신 점유할 수 있다는 얘기인데 피신청인 측은 2006년 8월 1일에 제출한 유치권신고서나 2006년 12월 22일자 준비서면에서 아무런 주장을 하지 못했다. 간혹 채무자가 유치권자를 대신해서 점유를 하는 경우도 있을 수 있다. 그러나 이것도 법을 모르고 하는 소리다. 판례는 채무자의 유치권자를 위한 점유를 인정하지 않고 있다(대법원 2008.4.11.선고 2007다27236판결).

### 3) 확실한 증거는 없어도 논리칙에 기대어 주장 펼치기

- 못 받았다고 주장하는 공사대금도 처음부터 없는 건 아닐까?

앞에서 살펴본 내용은 사실로 확인된 것으로 이것만으로도 충분히 유치권을 깨뜨릴 수 있다. 그러나 여기서 멈추면 변호사가 아니겠다. 만의 하나를 생각하며 다른 논리도 준비했다. 그 중 하나가 공사대금조차 가짜가 아닐까 하는 의심이다. 피신청인에 대한 신용조사보고서에 따르면 피신청인은 2004년 12월경 약속어음이 부도가 나면서 이후 제대로 사업을 영위하지 못했다. 피신청인이 제출한 사실증명에서 피신청인은 근로소득세 24,459,830원을 포함 총 71,582,730원을 못 내고 있는 상태였다. 그런데 어떻게 외상으로 공사를 진행할 수 있을까?

- 피신청인이 제출한 자료가 조작된 건 아닐까?

의심은 계속되어야 한다. 모든 게 다 거짓 같다. 피신청인이 제출한 유치권 신고서를 보면 이렇게 적혀 있다. "2005. 6. 4.~6. 30.간에 아파트 내부를 철거하여 전면 인테리어공사를 하고 공사대금 금 50,261,534원을 지급받지 못했다." 신고서에는 민간건설공사 표준도급계약서 사본이 첨부되어 있는데 착공일자는 2005년 6월 4일이고,

준공일자는 2005년 6월 30일로 되어 있다. 그런데 다른 자료를 보면 일자가 의심스럽다. 이 아파트는 2005년 7월 1일경부터 인테리어공사 쓰레기 수거 문제 등으로 소란이 있었고, 이 당시의 문제가 아파트관리사무소에 내부수리신고서, 각서, 세대보수동의서에 고스란히 남아 있었다(소갑제4호증의 11 공지사항, 12. 내부수리신고서, 13. 각서, 14. 세대보수 동의서). 이 날짜 사이에 모순이 발생하면 안 되니까 공사 날짜를 그 전날로 잡은 것이 아닐까? 또 위 계약서상 계약금으로 500만 원을, 계약보증금으로 41,800,000원을 지급하기로 되어 있는데 위 계약서 일반조건 제4조 계약보증금 제1항에는 이런 글귀가 있다. '을은 계약상의 의무이행을 보증하기 위해 계약서에서 정한 계약보증금을 계약체결 전까지 갑에게 현금 등으로 납부하여야 한다.' 이 약정대로 계약보증금을 받았으면 공사대금 잔금이 남아 있을 리 없다. 또 지체상금율은 '0.3%'라고만 기재되어 있는데 이것이 하루에 대해서인지, 1주일인지 알 수 없도록 되어 있다. 그리고 위 계약서 붙임서류에 '1. 민간건설공사 도급계약 일반조건'만 붙어 있고 실제 공사에 들어갈 때 붙는 공사계약특수조건 또 설계서 및 산출내역서 1부 등이 붙어 있지 않다. 더구나 위 공사를 위해 자재를 구매했을 텐데 제3자의 자재입금표나 영수증 등이 없다. 어느 모로 보나 허술하기 짝이 없는 도급계약서다.

여기에 더해 우리는 혹시 '증여'가 아닐까 하고 법원으로 하여금 의심하게 할 만한 주장도 담기로 했다. 즉 유치권자인 대표이사와 채무자 사이의 관계로 보아 예비적 증여란 주장이 가능했다. 설령 최형석이 최상훈에게 실제로 공사를 해주었다고 하더라도 지금까지 전혀 공사대금을 받지 않았다는 말은, 아버지와 아들 사이에 공사대금이 이미 오간 것, 즉 증여한 것으로 볼 수밖에 없지 않은가? 그렇다면 더더욱 받을 돈은 없다.

문제는 또 있다. 피신청인이 회사인 점에 비추어 상법상 필요한 절차를 거쳐야 한다. 피신청인이 주장하는 위 공사 당시 채무자인 최상훈은 피신청인 회사의 이사였으므로 피신청인이 최상훈을 위해 공사를 했다면 피신청인과 이사인 최상훈 사이에 상법 제398조[이사와 회사 간의 거래]에 따라 사전에 이사회의 승인을 받아야 한다. 그런데 승인을 했다는 증거가 없다.

　마지막으로, 신의칙 위반을 주장하기로 했다. 앞서 준비한 것들이 아무 소용이 없게 되었을 때를 대비하는 것이다. 이 사건 건물의 등기부를 보면 이 사건 공사 전후 이미 2004년 4월 9일자로 채권자 김경애에 대하여 채권최고액 금 30,000,000원, 2004년 6월 8일자로 신청외 주식회사 기은캐피탈에 채권최고액 금 210,000,000원이 설정되어 있고, 2005년 7월 14일경 국가에 의해 압류등기가 행해져 있다(갑제1호증 등기부등본 참조). 채무자인 최상훈에 대하여 세금 체납으로 인하여 독촉이 이루어지고 있을 뿐 아니라 피신청인도 세금 체납으로 국가로부터 독촉을 당하고 있을 때다. 최형석이나 최상훈은 부자지간으로 저간의 사정을 모두 알고 있음에 틀림없다. 즉 그들은 부동산에 관한 경매절차가 개시될 가능성이 있음을 충분히 인식한 상태에서 이 사건 공사를 진행한 것이다. 그렇게 시작된 공사였고, 그렇게 못 받은 돈에 기초하여 매수인에게 유치권을 주장했다면 신의칙에 반하기 때문에 유치권은 허용되지 않는다(대전고법 2004.1.15. 선고 2002나5475 판결). 물론 신의칙 위반은 매우 신중히 검토되어야 하지만 말이다.

### - 이후 진행 과정

　신청인이 준비서면을 제출하고, 2007년 1월 19일에 심문법정에서 유치권이 가짜임을 계속 주장했으나 피신청인 측은 제대로 된 답변을 하지 않았다. 그러면서도 재판장에게 심문을 계속해 달라, 기일을 연장해 달라고 요구했다. 그러나 재판장은 그들의 요구를 기각했다. 2007년 2월 9일 재판부는 신청인 측의 신청대로 부동산인도명령을 내렸다.

### 4) 활용법

의뢰인 A는 사전 준비 과정을 통해 유치권을 깨뜨릴 수 있는 증거 자료를 찾았다. 법원조사내역도 꼼꼼히 살피고, 현장을 방문하여 우편함을 살피고 관리사무소 등에 찾아가 질문도 던졌다. 우선은 그런 노력이 필요하다. 안 되면 말고 식의 유치권 허위 신고는, 특히 법률 지식이 부족한 경우라면 매우 허술하기 짝이 없다. 유치권은 깨뜨리는 것보다 지키는 게 훨씬 힘들다. 진짜 유치권이더라도 꼼꼼한 준비가 없다면 유치권을 인정받지 못하는 경우도 수두룩하다. 그런데 허위 유치권이라면? 조금만 조사해도 허점이 드러나기 마련이다. 발품을 팔고, 확실한 증거를 모으자. 그런 뒤에 법리를 덧붙이면서 공략한다.

## 사건 2. 수원 연립주택 허위 유치권 사건

### 1) 어떤 사건인가?

이 사건에서 우리가 배울 게 두 가지다. 유치권자 당사자가 아닌 이해관계가 있는 타인이 점유하는 상황에서 점유 문제를 해결하는 방법, 그리고 불법점유에 대하여 경찰에 신고하는 방법이다. 경찰에 신고하는 것은 정의를 구현하려는 목적도 있겠으나 그보다 우리의 근원적 목표인 유치권을 깨뜨리는 데 도움이 되기 위해서다.

이 경매 물건의 매수인(의뢰인)은 입찰 전부터 유치권이 신고되었다는 사실을 알고 있었다. 그런데 입찰에 들어간 이유는? 가짜일 것으로 판단했기 때문이겠다. 물건은 수원에 있는 연립 주택 302호로, 6회 매각기일에 56,789,000원에 낙찰을 받았다. 유치권 신고자는 정희호였고, 공사대금채권은 9천만 원이었다.

"[법원조사내역(유치권관련)] 기타 : 주민등록증재자는 302호 서윤석 세대와 A동

201호 이 표 세대가 등재되어 있음. / 비고란 : 유치권 신고 있음 – 정희호로부터 유치권(금90,000,000원) 신고가 있었으나 그 성립여부는 불분명함."

사안 자체는 단순한데 결말에 이르는 과정이 순탄치 않았다. 매수인이 부동산인도명령을 신청했고, 법원이 이를 받아들였으나 유치권자가 이의를 제기하자 법원은 인도명령을 취소한다. 법원은 기각 결정을 하며 다음과 같이 이유를 설명했다.

"유치권자가 이 사건 부동산과 관련한 공사대금 채권을 가지고 있고, 이 사건 경매개시기입등기일 이전부터 현재까지 피신청인 서윤석을 통하여 위 부동산을 점유하고 있는 이상, 유치권자는 이 사건 부동산에 관한 유치권자로서 이를 점유할 정당한 권원이 있는 자라 할 것이고, 유치권자의 점유와 동일시할 수 있는 피신청인의 점유 또한 유치권자와 마찬가지로 정당한 권원에 의한 것이라고 할 것이다."

인도명령의 취소로 사태는 난항에 빠졌다. 이럴 때는 어떻게 해야 할까? 서윤석을 만나는 게 순서였다.

### 2) 공략법 하나

이 사건의 핵심은 유치권자를 대신하여 302호를 점유하고 있는 서윤석이었다. 처음에는 서윤석이 점유보조자인지 직접 점유자인지 헷갈렸다. 서윤석이 점유보조자라면 점유자는 유치권을 신고한 정희호다. 반면 서윤석이 직접 점유자라면 얘기가 달라진다. 그래서 서윤석을 만나 점유하게 된 경위를 물었다. 그는 자기도 받을 돈이 있어서 직접점유를 하고 있다고 주장했다. 어떤 게 진실인지는 중요하지 않다. 그러나 서윤석에게 약간의 돈을 주면 문제가 해결될 수 있을 것 같았다. 2007년 5월 4일 우리는 서윤석에게 이사비로 1,200만 원을 주고 점유 포기각서를 받았다. 그렇게 점유를 사실상 양도받아서 유치권은 자연스럽게 상실되었다(민법제328조, 대법원2009.11.26.선고 2009다35552 판결).

### 3) 공략법 둘

당연히 유치권자의 반발이 예상되었다. 서윤석이 이사를 가던 날, 그의 전화기는 계속 울리고 있었지만 그는 받지 않았다. 유치권자로부터 걸려온 전화였기 때문이다. 그날 오후 7시쯤 유치권자가 집으로 찾아왔다. 초인종을 눌러도, 대문을 두드려도 인기척이 없자 수상하다고 느낀 그는 열쇠공을 불러서 문을 따고 들어갔다. 가구 하나 남김없이 집은 깨끗이 비워져 있었다. 유치권자는 여러 날 그곳에서 머물다가 5월 7일에 다시 열쇠공을 불러서 열쇠를 교체하고 다른 사람을 시켜 점유하도록 했다.

그로부터 며칠 뒤 매수인은 유치권자가 점유를 빼앗았다는 사실을 알아차렸다. 어떻게 해야 할까? 이때 쓸 만한 방법이 경찰에 고소하는 것이다. 명목은? 주거침입 및 재물손괴죄다. 매수인이 서윤석으로부터 점유를 인도받은 다음에 했던 행동은 사람 불러서 열쇠 바꾸기. 그런데 유치권자가 시건장치를 훼손하고 집에 들어왔으므로 주거침입 및 재물손괴가 된다. 고소를 하게 되면 피고소인인 유치권자는 경찰에 불려가 진술을 할 수밖에 없다. 어떤 경위로 이 집에 들어오게 되었는지 말이다. 이때 진술은 중요한 증거가 된다. 자신이 불법적으로 점유를 빼앗았다는 중요한 증거 말이다.

이후 과정도 결론은 뻔히 보였으나 다소 지난했다. 유치권자가 쉽게 포기하지 않고 계속 법적으로 대응했기 때문이다. 매수인이 재차 신청한 부동산인도명령과 강제집행에 대해 청구이의 소로 대응했고, 매수인은 다시 건물명도 등으로 반소를 제기했다. 최종적으로 매수인은 민사소송에서 승소하고 유치권자는 구약식 기소되며 사건이 종결되었다.

### 4) 쟁점

이 사건의 핵심 쟁점은 점유다. 실제 점유하고 있는 서윤석이 적법한 점유자인지, 그리고 서윤석으로부터 점유를 양도받은 후 유치권자가 점유를 침탈해도 점유를 인정할 수 있는지가 문제되었다. 그러나 이 모든 문제를 한 번에 해결할 수 있는 좋은 증거가 있었는데 역시 유치권 신고서였다. 사실 유치권을 신고한 정희호는 가짜 유치권자였다. 정희호는 A에 대하여 공사대금채권이 있었는데 이 집의 소유자는 A의 동생인 B였다가 나중에는 A의 배우자인 C에게 소유권이 이전되었다. 즉 법률적 관계로 보면 유치권자는 B나 C에 대하여 채권이 없으므로 이 집을 점유할 수 없었던 것이다. 그런데 이 내용이 유치권 신고서에 그대로 적혀 있었다.

"[3.등기의무 불이행] (1) 이사건 신축건물의 실질상 건축주는 채무자 A입니다. A는 건물이 준공되자 2004. 2. 26. 동생 B의 명의로 보존등기를 경료하였고, 이어서 2004. 3. 18. 배우자(처)인 C로 소유권이전등기를 경료함과 동시에 같은 날 채권자 D에게 순위 1번의 근저당권설정등기(채권최고액 8,000만 원)를 경료하였고 이사건 경매절차에 이르게 된 것입니다. (2) 따라서 채무자 A는 권리신고인에게 위 분양계약에 따라 대물변제키로 된 A동 302호에 대한 소유권이전등기의무를 불이행하고 있습니다."

유치권자는 채권이 없는 소유자의 집을 무단으로 점유한 셈이었고, 그래서 유치권은 성립되지 않는 게 자명했다. 이 사실이 우리가 적극적으로 상대를 공략할 수 있는 바탕이 되었다. 참고로, 그럼 왜 서윤석에게 이사비 명목으로 돈을 주었는지 의아할지 모른다. 유치권을 깨뜨리려면 여러 무기가 있어야 한다. 점유를 가지고 있는 건 매우 큰 무기가 된다. 안전장치는 많으면 많을수록 좋다.

## 사건 3. 가평 공장 허위 유치권 사건

### 1) 어떤 사건인가?

경매 과정에서 제출되는 유치권 신고서를 보면 의외로 많은 유치권자들이 모르는 사실이 있다. 그들은 이 간단한 사실 하나를 몰라서 '나는 경매개시결정 기입등기일자 이후에 점유를 시작했다.'는 식의 내용을 태연히 적어 놓는다. 경매개시결정 기입등기일이 기준점이 된 것은 대법원 2005.8.19. 선고 2005다22688 판결 이후다. 부동산에 강제경매개시결정의 기입등기가 경료되면 압류의 효력이 발생하고, 이 이후에 유치권을 내세워 점유를 해도 경매 매수인에게 대항할 수 없다는 내용이다. 이 원칙은 불확실성으로 점철된 유치권 분쟁에서 매우 중요한 기준으로 자리를 잡고 있으며, 이 사건도 마찬가지다. 이 사건의 쟁점은, 유치권자들이 과연 경매개시결정 기입등기일 이전부터 점유를 했는가 아닌가 하는 문제다.

매수인이 사전에 확인한 유치권자는 다음과 같았다.

"법원조사내역(유치권관련) 특기 사항 : 점유권원 등 별도 확인 요망. 기계기구 목록 중 4점은 소재 불명 및 확인 불가로 평가에서 제외됨. 2006.10.17.자 ㈜성일에스로부터 공사대금 금51,000,0000원 유치권신고 있으나 그 존부는 불명임. 2006.11.02.자 ㈜건영랜트로부터 금313,300,000원 유치권신고 있으나 그 존부는 불명임. 2007.3.20.자 정건 공사대표 김신조 외 1인으로부터 금168,482,500원 유치권신고 있으나 그 존부는 불명임."

매수인이 낙찰받은 물건은 가평군 소재 공장이다. 일자는 2007년 4월 10일. 이 사건에서 경매개시결정 기입등기일은 2006년 3월 16일이다. 이 유치권 분쟁이 끝난 것은 2008년 10월 29일로 제1심의 판결이 나온 날이다. 결과는 원고인 매수인의 승소였다(처음에는 부동산인도명령을 신청했으나 기각되어 다시 건물명도 소송을 진행했으며 동시에 손해배상을 청구했다.).

## 2) 점유는 언제부터 시작되었는가?

이 사건의 쟁점은 점유가 언제부터 시작되었는가 하는 점이다. 유치권자들은 2008

년 2월 준비서면을 제출하며 다음처럼 자신들의 점유가 2006년 3월 16일 이전에 시작되었다고 주장했다.

- 유치권자들은 2006년 1월 3일경 신청외 주식회사 건진생명과학의 실질적인 사주인 김창진로부터 이 사건 부동산의 출입열쇠를 넘겨받았다(을 제7호증의 1 내지 3 사실확인서, 인감증명서, 신분증).

- 유치권자들은 2006년 1월 9일경부터 이 사건 부동산의 출입문 등에 자물쇠를 채워두고 그 출입을 통제하기 시작했다.

- 유치권자들은 이 사건 건물의 내외부의 경비와 수호 등의 임무를 신청외 박수형(유치권자 성일에스의 대표이사 박수현의 친형), 정수만에게 맡겼다(을 제9호증의 1, 2 각 사진, 이 사건 부동산에 대한 점유를 개시하면서 촬영한 사진이고, 위 사진 속의 인물 중에는 유치권자 성일에스의 대표이사 박수현과 관리인 정수만 등이 있다.).

- 위 박수형, 정수만은 그 무렵부터 매일 4회 이 사건 부동산 내부를 점검하고, 외부와 주변을 순찰하면서 이 사건 부동산에 대한 경비와 수호를 하며 외부인의 출입을 통제했다(을제10호증 정수만의 사실확인서).

- 유치권자들은 2006년 2월부터 이 사건 부동산의 바깥 벽면에 "(주)건영플랜트/(주)성일에스가 유치권을 행사중이다."라는 취지의 문구가 기재된 소형 현수막을 설치하고 대외적으로 유치권을 행사하고 있다는 취지를 밝혔는데, 누군가에 의해서 훼손이 되곤 했다. 그리고 2006년 12월 22일경 부착한 소형 현수막과 안내간판은 원고 등

이 현장에 도착했을 때도 부착되어 있었는바, 따라서 원고(매수인)는 이 사건 부동산이 유치권이 행사 중인 부동산이라는 사실을 알았음이 명백하다(을제14호증의 1 내지 4 각 사진).

사실 처음부터 유리한 사건은 아니었다. 만일 매수인이 유리한 상황이었다면 인도명령을 신청했을 때 이미 판단이 나왔어야 했다. 소송을 진행하다 보면 재판관의 태도를 통해 느낌이 올 때가 있다. 이 사건도 분명 매수인 측이 절대적으로 유리한 건 없었다. 재판관이 조금만 해석에 융통을 보이면 상대 손을 들어줄 가능성도 얼마든지 있었다.

### 3) 점유는 없었다

유치권자들의 주장을 살펴보면 굳이 진실을 몰라도 저 주장이 과연 정당한 점유의 근거가 될까 의아한 점이 있다. 예컨대 팻말이다. 물론 팻말이 2006년 1월 초순에 잠깐 있다가 없어질 수도 있겠다. 그러나 있다가 사라졌다는 게 지속되어야 인정되는 점유의 증거로 삼을 수 없다. 나아가 관리인들이 하루에도 여러 차례 순찰을 돈다고 하는데 그들의 주장일 뿐, 이를 목격한 제3자가 있는 것도 아니고, 실제로 봤다는 증인도 없다.

이제 반격의 시간이 왔다. 매수인은 나름 열심히 자료를 수집했고, 필자와 힘을 모아 다음처럼 반격에 나섰다.

반격 1)

유치권 신고일자가 왜 채권 신고일자보다 늦을까? 이들의 신고 내역을 보면 주식회사 성일에스는 2006년 7월 14일에 채권을 신고한다. 그리고 약 3개월 뒤인 2006년 10월 17일 유치권을 신고했다. 또 유치권자 주식회사 건영플랜트 역시 2006년 11월

2일에 유치권을 신고한다. 유치권 신고일이 다들 늦다.

한편 이 두 회사의 유치권 신고서를 보면 모두 박석음이란 자가 신고자의 대리인이나 제출자로 되어 있다. 그런데 박석음은 위 회사의 정상적인 직원으로는 보이지 않는다. 왜냐하면 위 박석음은 서울 종로구에 주소를 둔 자로, 유치권자들과 사전에 아무런 직책상 관련성이 없으며 또한 이에 대해 유치권자 측이 증명한 적이 없다. 주식회사 성일에스의 2006년 7월 14일자 채권신고서를 보면 박석음의 이름이 없는데 아마도 그 이후에 관여한 것으로 보인다.

또 한 명의 유치권자인 서운주의 경우도 2007년 3월 20일에 유치권을 신고했다. 이들이 공사를 완료한 시점은 2005년 3월 15일인데 유치권 신고는 한참 뒤에 이루어졌다.

물론 유치권 신고는 늦을 수 있다. 그러나 보통이라면 현실적으로 유치권 신고가 채권 신고보다 실효적이고 중요하다. 더구나 2006년 3월 16일에 경매개시결정 기입등기가 되어 있으므로 유치권 신고와 채권 신고를 동시에 하거나 적어도 유치권 신고를 먼저 하는 게 정상적 판단 같다.


반격 2)

채무자 주식회사 건진생명과학에 근무하였던 근로자들이 제출한 체불내역서에 보면 신청외 김환이 2005년 9월경을 마지막으로 그달 월급 금 650,000원의 지급을 채무자에게 요구하고 있다. 최소한 2005년 9월까지는 채무자 측이 종업원들을 통하여 이 사건 부동산을 점유한 것으로 보인다.


반격 3)

감정평가사는 2006년 3월 27일경부터 같은 달 4월 14일경까지 경매 목적물을 조사하여 작성한 경매사건 감정평가서에서 이렇게 말한다. '1) 본건 기계기구 중 기호(10)

은 (주)삼지에서 압류표시되어 있으나 평가하였는바 취급시 확인하시기 바랍니다. 2) 본건 기계기구중 기호(2, 18, 9)은 소재불명으로 평가 외로 하였으며, 기호(17)은 기계기구목록상 2001년 02월 제조되어 있으나 현지조사결과 독일약품('89년 12월) 스티커가 부착되어 있는 등 확인 불가하여 평가 외로 함.' 이 말은 감정평가사가 궁금한 점이 있는데 물어볼 사람이 주변에 없었다는 뜻이다.

반격 4)

집행관이 작성한 부동산현황조사보고서에는 다음처럼 기록되어 있다. '2006.4.13. 18:00경, 같은 달 20.20:30경, 같은 달 24.09:40경 (3회에 걸쳐) 점유자 확인을 위하여 야간에도 방문하였으나 아무도 없었음.', '이건 공장에 수차례 방문시 아무도 만나지 못하였으며 공장 운영이 중단된 것으로 보인다.'

만일 그들의 주장처럼 사람이 있었다면 집행관이나 감정평가사가 공적인 임무를 수행하러 왔을 때 즉시 그들을 응대할 수 있어야 하는데 전혀 그러질 못했다. 위 점유의 존부 판단 기준이 되는 외부의 인식가능성, 각인된 인식, 공간적 관계, 시간적 관계, 사람과 사회 일반인과의 관계에 대하여 전혀 입증을 하지 못하고 있다(대법원 2005. 9. 30. 선고 2005다24677 판결 참조).

반격 5)

또 매수인이 이 사건 부동산 현황 파악을 위하여 2007년 3월경 방문했으나 아무도 발견하지 못했다. 2007년 4월 10일경 이 사건 부동산을 낙찰 받은 후 이 사건 소송을 제기하기 전까지 현장에 가보면 가끔 점유자라고 자칭하는 자가 보였다. 유치권자 주식회사 성일에스, 주식회사 건영플랜트의 대리인이라면서 신청외 정 수가 가끔 낮에 이 사건 부동산 사무실에서 텔레비전을 시청하고 있는 것을 보았다. 2007년 7월 3일 오후 위 정 수를 만나 확인한바 그는 2007년 4월 초순부터 이곳으로 다니기 시작했고 주식회사 성일에스의 대표이사인 박수현으로부터 보수를 받을 것으로 예상하고 있었다.

반격 6)
유치권자들의 점유 일시를 좀 더 분명히 하기 위해 사무실 전기의 출처를 확인했다. 인접해 있는 경기 가평군 소재 주택으로부터 인입되는 것으로 보여 그곳에 사는 60대 전후의 주인 여자로부터 확인했는데 두어 달 정도 전인 2007년 4월경 전후하여 월 20만 원을 받고 전기를 끌어 쓰도록 했다고 확인했다.

이를 종합해 보면 이 사건 부동산에 대한 유치권자들의 점유는 아무리 빨라도 2006년 10월 이전이 될 수 없다.

그런데 소송 중에 뜻밖의 사건이 벌어진다. 유치권자 측에서 점유의 증거라며 제출한 사진이 발단이었다.

### 3) 상대방의 패착

유치권자들은 답변서를 제출하며 사진을 첨부했다. 유치권자 몇몇이 이 사건 공장의 출입구에 서서 찍은 기념사진처럼 보였다. 사진 한 구석에는 2006년 1월 9일이라는 날짜가 찍혀 있었.

사실 우리 측은 이 사진에 대해서 별로 관심을 갖지 않았다. 그런데 재판부가 계속 사진에 집중하는 것처럼 보였고, 이에 대해 대응이 필요했다. 우리는 변론 재개를 요청하여 시간을 벌었고, 그 사이 반론을 준비했다. 반론의 내용은 다음과 같다.

- 만일 유치권을 목적으로 찍은 사진이라면 현수막 따위가 나오도록 해야 하는데 그

런 사진은 없다.

- 사진에 찍힌 날짜는 굴림체로 되어 있는데 보통의 컴퓨터에서 쉽게 쓸 수 있는 폰트로 보정 프로그램을 통해 얼마든지 삽입이 가능하다(나중에 상대방 측에서 날짜를 입힌 것이라고 자인한다.).

그리고 무엇보다 원본이 없었다. 재판부는 원본의 제출을 요청했으나 유치권자 측은 사진기도, 저장한 컴퓨터도 없다고 밝혔다. 대신 여러 참고인의 진술서 등을 제출하며 간접적으로 이 사진이 진짜임을 입증하려고 애를 썼으나 재판부는 받아들이지 않았다. 조작했을지 모른다는 의심을 전혀 지울 수 없었기 때문이다. 만일 유치권자들이 이 사진을 제출하지 않았다면 어땠을까? 어쩌면 그들에게 유리한 국면이 만들어졌을지도 모른다. 그러나 사진에 날짜를 임의대로 넣었다는 그들의 자백은 판사의 이성적 거울에 파문을 일으켰고, 그들의 말을 신뢰하지 못하도록 만들었다. 그렇다면 그들이 주장하는 점유 시기도 역시 의심스럽다.

### 4) 재판의 결과

2008년 10월 29일 제1심은 원고승소로 끝났다. 인정받은 모든 증거를 종합하고, 여기에 조작 의심을 받는 사진이 가세하면서 재판부는 경매개시결정 기입등기 전에 점유했다는 그들의 주장을 배척하고 매수인의 손을 들어주었다.

---

2) 판단
채무자 소유의 건물 등 부동산에 강제경매개시결정의 기입등기가 경료되어 압류의 효

력이 발생한 이후에 채무자가 위 부동산에 관한 공사대금 채권자에게 그 점유를 이전함으로써 그로 하여금 유치권을 취득하게 한 경우, 그와 같은 점유의 이전은 목적물의 교환가치를 감소시킬 우려가 있는 처분행위에 해당하여 민사집행법 제92조 제1항, 제83조 제4항에 따른 압류의 처분금지효에 저촉되므로 점유자로서는 위 유치권을 내세워 그 부동산에 관한 경매절차의 매수인에게 대항할 수 없다(대법원 2005. 8. 19. 선고 2005다22688 판결).

이 사건에서 피고들의 점유가 이 사건 부동산에 대하여 경매개시결정의 기입등기가 경료되기 이전에 개시되었는지 여부에 관하여 보건대, 이에 부합하는 듯한 을 제7, 9, 10, 18, 20, 22, 23, 25호증(가지번호 포함)의 각 기재, 증인 정수만, 김창진의 각 증언은 갑 제3, 4, 6, 9, 13호증, 을 제11, 12호증(가지번호 포함)의 각 기재, 이 법원의 의정부지방법원장, 민기에 대한 각 사실조회결과에 변론 전체의 취지를 종합하여 인정되는 다음과 같은 사실관계에 비추어 보면 이를 선뜻 믿기 어렵고, 을 제3, 11 내지 17, 19호증(가지번호 포함)의 각 기재, 증인 정형의 증언만으로는 피고들이 이 사건 임의경매의 경매개시기입등기 전에 이 사건 부동산을 점유하기 시작하였다는 점을 인정하기에 부족하며, 달리 이를 인정할 만한 증거가 없으므로 결국 이를 전제로 한 피고들의 주장은 이유 없다.

① 이 사건 임의경매절차에서 이 사건 부동산을 감정평가하였던 민기는 2006. 3. 27.부터 같은 해 4. 14.까지 사이에 약 5회에 걸쳐 이 사건 부동산을 방문하였는데, 당시 시건장치가 되어 있었던 공장건물의 문을 열어 준 자는 피고들이 아니라 건진생명과학의 차장 김이호였고, 당시 유치권 행사와 관련된 현수막, 팻말 등은 없었다. 피고들은 건진생명과학의 실질적인 경영자인 김 진으로부터 피고들이 이전에 공사하면서 사용하였던 열쇠 복사본을 이용하여 이 사건 부동산을 관리하도록 허락받았다고 주장하나, 김이호에게 공장건물의 문을 열어주도록 연락한 자도 건진생명과학의 이사 정

형으로서 당시에도 여전히 건진생명과학에서 공장건물의 열쇠를 보관하고 있으면서 이 사건 부동산을 점유, 관리하였던 사정을 짐작케 한다.

② 이 사건 임의경매절차에서 이 사건 부동산의 현황조사를 담당하였던 의정부지방법원 집행관 고택의 직원인 김 호는 2006. 4. 13. 18:00, 2006. 4. 20. 20:30, 2006. 4. 24. 09:40에 이 사건 부동산을 방문하였는데, 당시 아무도 만나지 못하였고, 유치권행사와 관련된 현수막, 팻말 등은 발견되지 않았다.

③ 피고들은 이 사건 임의경매절차에서 개시결정이 있은 때로부터 7월 남짓 지난 2006. 10. 17.(피고 성일에스), 2006. 11. 2.(피고 건영플랜트)에 이르러서야 유치권을 신고하였는데, 피고 성일에스는 2006. 7. 12. 경매법원에 채권신고를 할 당시에는 이와 같은 유치권을 주장하지 아니하였다.

④ 피고들은 2006. 1. 9.부터 정 만에게 공장건물의 관리를 위임하였다고 주장하나, 그에 대한 급여지급이 확인되는 것은 2007. 1.부터일 뿐이다. 피고들은 피고 성일에스가 대표이사의 친형인 박 형에게 관리인 급여를 송금하고, 박 형이 정 만에게 급여를 지급하였다고 주장하나, 이에 관한 객관적인 금융자료를 제출하지 못하고 있다.

⑤ 피고들은 2006. 1. 9. 이 사건 부동산에 대한 점유를 개시하면서 촬영한 사진이라면서 을 제9호증의 1, 2를 제출하고 있는데, 위 사진의 조작을 주장하는 원고의 2008. 8. 19. 준비서면이 제출된 이후에 피고들은 위 사진 하단에 기재된 날짜표시는 피고 측 직원이 포토샵으로 그 숫자를 기재해놓은 것이라고 자인하고 있고, 디지털카메라로 촬영된 위 사진에 관한 파일을 보관 중 멸실하였다고 진술하고 있어 위 사진은 사후에 그 날짜를 소급하여 기재하여 넣은 것으로 의심할 만한 충분한 근거가 있다.

---

마지막으로 언급할 게 있다. 소송 과정에서 벌어진 수많은 범법 행위에 대한 형사처

벌 문제다. 그들은 돈을 뜯어낼 목적으로 허위 유치권을 주장하고, 브로커가 개입하고, 사진을 조작하고, 관리인이라는 자가 매수인을 협박했다. 그러나 우리는 일일이 고소하지 않았다. 실익이 작기 때문이다. 고작해야 푼돈 되는 벌금 정도 내는 수준에서 끝난다. 아마 독자 여러분도 그런 경험을 하게 될지 모른다. 다만 고소했으나 원하는 만큼의 결과가 나오지 않아 허탈할 수도 있다는 점을 알아두면 도움이 되겠다.

## 사건 4. 원당 악덕 유치권자와의 전쟁

### 1) 어떤 사건인가?

내가 기억하는 유치권 사건 가운데 가장 규모가 크고 가장 악랄한 사건이었다. 가짜 유치권의 타깃이 된 건물은 경기도 파주에 있던 아파트 23형평 232세대였다. 시행사가 부도가 나자 하수급업자 서영우는 공사대금채권을 이유로 유치권 행사에 나섰다. 서영우는 자신의 유치권뿐 아니라 공사업자인 채권자들의 대표로 행세하면서 아파트 여러 세대에 걸쳐 유치권을 주장했다. 그가 유치권을 주장한 시기는 2004년경부터였는데 2014년이 되도록 여전히 유치권자 행세를 하고 있었다.

물론 서영우는 2003년에 공사를 해주고 공사대금을 못 받았다. 그래서 초기 유치권에는 별 문제가 없는 것 같았다. 그런데 10년이 지나도록 사태가 해결되지 않았다는 말은 무엇일까? 그는 이 기간, 유치권을 포기하는 대가로 경매낙찰자와 합의하여 돈을 받거나 혹은 입주민을 상대로 유치권자 행세를 하면서 무단으로 임대보증금이나 월세를 받는 등 계속 돈을 뜯어냈다. 그 돈이 정확히 얼마인지는 몰라도 채권은 다 변제된 것 같은데 어떻게 여전히 유치권자 행세를 하며 권리자들을 괴롭히는 것일까? 아파트를 분양받은 사람들, 관련 채권자들, 매수인(낙찰자)들은 처음에는 개별적으로 움직이며 서영우의 유치권 부존재 등을 밝히기 위해 소송을 진행했으나 번번이 패소하고 말았다.

그러다 2014년 초에 이해관계자 4명이 총대를 메고 필자를 찾아왔다. 4인의 의뢰인은 유치권자 서영우를 형사법정에 세우고 싶어 했고, 자신들의 권리를 되찾아줄 것을 희망했다(이 사건에는 채권이 있다고 주장하는 사채업자도 한 명 개입되어 있었다. 그는 아파트 수채로 대물변제를 받았는데 아직 다 못 받았다고 주장하고 있었다. 이 사채업자에 대해서는 채권이 가짜라는 점을 입증하려고 했으나 실패하여 형사 고소까지는 이르지 못했다.).

의뢰인들은 자신들을 이렇게 소개했다. "우리 중에는 시행사에게 받을 돈이 있는 채권자들도 있고요, 각 세대 소유자들도 있습니다. 공사업체 대표이사 서영우가 유치권을 행사하면서 아파트를 점유하고 있는 상태입니다. 그 때문에 우리는 채권 행사도 못하고 집 주인으로서 권리도 행사하지 못하고 있습니다. 그동안 서영우를 상대로 민형사 소송을 걸었는데 한 번도 못 이겼습니다." 그리고 그들은 두꺼운 서류를 내밀며 이렇게 덧붙였다. "232세대의 등기부등본입니다." 서류에는 각 세대의 가압류, 가처분, 경매 등의 보전처분이 붙어 있었다. 의뢰인들은 형사고소를 하고 싶어 했는데 이를 위해 민사소송도 같이 진행하기로 했다. 민사소송을 병행하는 이유는, 상대방의 금융정보를 얻기 위해서였다. 형사고소를 하려면 더 많은 증거 자료가 필요했기 때문이다(민사소송 과정에서 '금융정보제공명령'이나 관공서 등에 대한 '사실조회촉탁'을 통해 자료를 수집, 이를 형사사건에 제공하는 게 좋은 방법이다. 고소 사건은 특별한 경우 아니면 수사관이 압수수색을 신청하는 경우가 드물다.).

### 2) 왜 악랄하다고 말하는 것인가?

어떻게 사건이 마땅한 해결책도 없이 10년간 이어질 수 있을까? 피해자들 입장에서 보면 서영우는 유치권을 무기로 여러 방식으로 자기가 받을 돈 다 받은 것처럼 보이는

데 여전히 유치권자로 행세할 수 있으며, 법원은 어떻게 그를 여전히 유치권자로 인정해주는 것일까?

이런 종류의 사건에는 한 가지 맹점이 있다. 채권단 대표 문제다. 유치권자 서영우 말고도 돈 받을 사람이 여럿 있다는 얘기다. 만일 서영우가 자기 채권에 대해서만 유치권을 주장하고 있었다면 이른 시기에 마무리가 되었을 사건이다. 그런데 채권단 대표로 인정을 받으면 그때부터 이상한 문제가 생긴다. 그가 주장하는 유치권은 채권단 전체의 채권이 다 해소된 후에야 사라지기 때문이다.

우리가 지금껏 살펴본 유치권의 충족 요건은 최소 6가지이고, 유치권이 불성립하는 다양한 조건까지 더해지면 상당히 인정받기 힘든 권리 가운데 하나가 유치권이다. 그런데 개별 유치권이 집단화되면, 즉 채권단 대표가 유치권을 주장할 때는 단지 '주장'만으로 그의 대표성을 인정하는 경향이 있다. 내가 채권단 대표라는 '문서(규약, 정관 등)'가 없어도 인정받는 경우가 왕왕 있고, 비용 분담이나 변제금액을 나누고 있다는 증거, 즉 채권단이 존재하고 있다는 증거가 없어도 대리권을 인정하는 경우가 적지 않다. 이게 유치권 악용의 대표적 사례인 '공동유치권'의 문제다.

실제로 필자가 이 사건을 수임하기 전에 이루어진 서영우 관련 소송에서 서영우는 법원으로부터 채권단 대표로 인정받는다. 법원에서 판결을 통해 서영우가 채권단 대표임을 인정받았다는 말은, 이제부터 서영우가 주장하는 유치권은 그의 개인 유치권이 아니라 채권단 전체의 채권을 담보로 하는 유치권이 된다.

여기서 다시 공동유치권의 맹점이 드러난다. 서영우에게는 더 이상 받을 돈이 없어서 유치권이 없다고 주장하며 소송을 제기하는 사람은 아파트 개별 가구의 소유주가 될 텐데, 개별 가구의 소유주가 채권 소멸의 증거로 댈 수 있는 건 일부 금액에 불과하여 채권단 전체의 채권을 다 갚았다는 증거로 쓰이기에는 한참 모자라다. 개별 소유주가 소송을 제기한 대상은 서영우인데 서영우는 채권단 전체의 채권을 담보로 움직이는 사람이므로 만일 서영우가 아닌 채권단 전체에 흘러들어간 돈을 입증하지 못하면 소송은 이길 수 없는 구조였다. 이게 개인이 해결할 수 있는 일일까? 그럼 고소는? 수사기관에서 적극적으로 수사에 임해주면 좋겠지만 현실은 또 그렇지 않다. 그럼, 변호사에게 비용을 주고 시키면 되지 않을까? 다시 말하지만 이 아파트는 232세대다. 이 세대 전체의 권리관계부터 명명백백히 밝히며 접근하지 않는 한 서영우가 주장하는 채권단 전체의 채권이 현재 얼마나 남아 있는지 증명할 수 있는 방법은 존재하지 않는다. 한마디로 아무도 손을 대려고 하지 않는 사건이었고, 서영우는 이를 너무 잘 알고 있었다. 아마 그 심보가 너무 괘씸했던 것 같다. 필자는 이 사태를 종결시키고 싶었다.

### 3) 목표 설정

필자는 의뢰인들의 의견을 충분히 수렴한 뒤 이 사건의 목표를 이렇게 잡았다. 1차 목표는 유치권을 소멸시킨다. 2차 목표는 서영우를 형사고소 한다. 유치권의 소멸을 증명할 수 있다면 그의 유치권자 행세는 자연스럽게 형사고소감이 된다. 없는 유치권으로 돈을 뜯어냈으므로 사기와 경매방해죄가 된다. 그러나 고소 문제에는 한 가지 변수가 있었다. 이미 여러 차례 고소로 수사기관이 잠정적 결론을 내린 상태에서 과연 우리가 제시한 새로운 증거가 수사기관을 움직이게 만들까 하는 점이었다.

### 4) 무엇을 증명해야 할까?

증명할 내용은 채권의 소멸이다. 돈을 다 받았는지 알아야 한다. 서영우가 자진해서 자기 통장을 보여줄 리 없다. 수사기관은 움직이지 않는다. 그래서 사건을 처음부터 다시 정리해야 했다. 움직이기 시작했다.

- 2014년 3월 24일부터 2014년 4월 9일까지 법원 인터넷사이트에 그동안 진행된

서영우 관련 재판의 판결문을 신청하여 2014년 5월 12일까지 순차적으로 판결문을 제공받았다.

- 2014년 2월 26일 원당타운 현장을 방문하여 의뢰인들과 같이 현장을 살펴보고 관리사무실에 들려 유치권 관련 자료가 있는지 확인했다. 그러나 관련 자료는 없었다.

- 당시 아파트 초입 1층에 서영우가 사무실이라고 말하는 곳이 있었고, 그곳엔 유치권 행사 중이라는 현수막이 걸려 있었다. 아파트 일부 세대 출입문에는 유치권 행사 표지가 붙어 있었다.

- 의뢰인들에게 받은 118세대에 대한 등기부등본에 더해 나머지 114세대에 대한 등기부등본을 열람하여 갑과 을의 권리관계를 계속 정리하여 2014년 3월 27일 전체 232세대의 권리관계 변동사항을 정리했다.

- 등기부등본에 기재된 사건 및 보전처분 등의 최신 판례와 현황을 파악하기 위해 판례를 검색하고, 추가적으로 법원도서관을 방문하여 등기부등본에 기재되어 있던 사건과 서영우와 관련된 판결이 있는지 찾아보았다. 정리된 내용을 바탕으로 다시 2014년 6월 25일부터 2014년 7월 23일까지 법원 인터넷사이트를 통해 추가 판결문을 신청했고, 2014년 8월 19일까지 판결문을 받았다.

- 그동안 의뢰인 몇몇과 이메일을 주고받거나 혹은 사무실에서 만나 자료와 의견을 주고받았다.

### 5) 1차 결론

약 3개월간의 조사를 마쳤으나 개인 서영우의 채권이 얼마나 변제된 것인지 명확한 증거가 없었다. 다만 여러 자료를 조사한 결과, 서영우는 일정 금액 이상의 돈을 받았는데 이 돈은 개인 서영우의 채권을 넘는 금액이었다.

- 개인 서영우가 못 받은 공사대금채권은 2004년 6월 현재 기준, 1억 6천만 원이다.
- 계산해 보면 서영우 개인은 채권을 모두 변제받은 것으로 보이는데 만일 그간 받은 돈을 1원 한 푼도 자신이 챙긴 적이 없고, 고스란히 채권단의 채권 변제에 썼다면 개인 서영우가 변제받아야 할 돈은 이자까지 포함 36억 3천만 원에 이른다.
- 서영우가 대표하는 채권단 전체가 받아야 할 돈은 22억 가량인데 2014년 3월 기준으로 보면 이자 포함, 62억으로 커진다.

62억이 모두 변제되었다는 증거자료만 있다면 서영우가 개인 채권 충당에 썼는지 안 썼는지 증명할 필요 없이 채권은 소멸되어 유치권이 없음을 입증할 수 있었지만 그런 증거는 없었다. 그래서 형사고소를 망설이고 있었다.

더 많은 증거가 필요했다. 의뢰인들에게 증거 수집을 요청했고, 아파트 입주민들에게 '혹시 유치권자 등에게 변제한 돈이 있는지'를 묻는 협조문을 돌렸다. 한편 공사업자와 가깝다는 의뢰인 A에게 요청하여 공사업자들이 혹시 변제를 받았는지 받았다면 얼마나 받았는지 확인해 달라고 요청하기도 했다.

### 6) 뜻밖의 전개

그러다 2014년 6월 19일에 서영우가 주식회사 원당을 상대로 공사대금 청구의 소(의정부지방법원 고양지원 2014가합2000호)를 제기했다. 이는 소멸시효 문제 때문이었는데 그의 피담보채권은 2004년 6월경 판결로 확정되었고, 그래서 2014년 6월경에 소멸시효가 완성된다. 서영우는 이를 중단시키기 위해 소를 제기했다.

그런데 서영우는 당시 주식회사 원당의 대표이사였고, 회사에는 감사가 없었다(회사 대표가 회사를 상대로 소송을 제기하면 감사가 회사를 대표하여 피고가 된다.). 법원은 부득이 회사를 대표할 특별대리인이 필요하게 되었고, 과거 주식회사 원당의 대표이사와 감사로 일했던 의뢰인 A에게 통지를 보내 특별대리인으로 선임하려고 했다.

어차피 한 번은 민사소송을 진행하기로 의뢰인들과 약속이 되어 있었던 터라 필자는 양해를 구해 이 소송사건으로 갈음하기로 했다(이 소송에서 원고는 서영우, 의뢰인 A는 회사를 대리하여 피고가 된다. 나는 의뢰인 A의 변호인이 되었다.). 서영우가 제출한 소장과 증거자료를 검토하고, 또 기소에 필요한 증거 수집을 위해 금융거래정보제공명령을 신청하여 국민은행 및 농협은행으로부터 거래정보 회신을 받았다.

이 금융거래정보는 중요한 증거 가운데 하나였는데 왜냐하면 이 계좌로 들어간 돈은 확인이 되어도 다른 채권자들에게 이체된 돈은 확인이 되지 않았기 때문이다. 간단히 말해, 이 두 계좌로 들어간 돈은 최소한 자기 채권을 변제하는 데 쓴 것으로 보인다. 이 거래정보에 찍힌 날짜를 바탕으로 우리는 최종적으로 서영우의 피담보채권은 어느 시기에 소멸되었으며 이후에 그가 받은 돈은 부당이득금이므로 5,000만 원을 돌려달라는 반소장을 제출하며 본격 소송전에 돌입했다. 이어 우리는 법원에 피고(의뢰인) A의 주장에 대하여 원고 서영우의 답변을 요구했다. 그러나 아무 답변이 없었고, 그래서 피고 A의 주장을 인정한 것으로 보고 최대 45억 원의 피해가 예상된다는 취지로 특정경제범죄가중처벌 등에 관한 법률 위반(상습사기)으로 고소장을 제출했다

--------

### 고소장 범죄사실 요지

1. 특정경제범죄가중처벌 등에 관한 법률 위반(상습사기)의 점

가. 피고소인은 주식회사 원당(이하 '원당'이라 한다.)에 대한 채권 116,582,800원이 있음을 빌미로 범행을 시도하였다. 피고소인은 2002년경 원당으로부터 위 아파트 건설 공사 중 내장벽지 및 장판공사를 수주하였다고 하여 2004.6.4.경 의정부지방법원 고양지원 2004가합19066호 공사대금 청구의 소를 제기하여 금116,582,800원이 선고

되어 같은 달 24.경 확정된 바 있는 위 원당에 대한 채권자이었다. 그런데 피고소인 명의의 계좌(국민은행 0000000-00-000000, 농협은행 000000-00-00000000)에 대한 정보를 확인한바 다른 채권자들에게 변제한 것이 확인되지 않은 현재 피고소인의 채권만을 정산한다면 위 채권은 2005.6.17.경 완제되었고(잔액: 60,184,629원), 피고소인은 피담보채권소멸로 인한 유치권이 상실되어(형법 제320조) 유치권자의 일원으로서는 행세를 할 수 없는 것으로 추정되고 있다.

나. 피고소인 서영우는 유치권채권단 대표로 행세하면서 아파트 입주자 등을 상대로 범행을 계속하였다. 한편 피고소인 서영우는 2004년경 전후 원당에 대한 공사를 한 공사업자 등을 중심으로 채권단을 구성하였다면서 그 대표로 행사해 온 자이다. 그런데 지금까지 피고소인 서영우가 채권단의 대표라는 서류 등 물적 증거를 제출한 바 없고 확인된 바 없다.

다. 피고소인은 경매사건에서도 유치권을 행사하여 전부 또는 일부 채권의 만족을 얻었거나 편취한 것으로 추정되나 그 액수는 알지 못한다. 그러나 이번 민사사건 소장에서 전혀 만족을 한 것이 없는 것처럼 주장한다. 2004년경 의정부지방법원 고양지원 2004타경17000 사건에서 피고소인 서영우외 17명이 원당에 대한 유치권자라고 하여 채권금액으로 도합 1,700,000,000원의 유치권을 신고한 이래 그때부터 2006.6.2.경 같은 법원 2006타경3300호 사건에 서영우외 17인 명의로 3,299,320,202원의 유치권을 신고한 것으로 확인되고 있다. 그 이후 위 아파트 등에 대한 경매 사건이 여러 건이 진행되었으나 채권단 명의의 유치권신고는 없어 2007년 경 이후에는 채권단이 해산되었거나 사실상 내부의 분쟁으로 파괴되었든지 아니면 일부 채권자와만 거래를 하는 것으로 추정된다. 피고소인 서영우는 그후 2010타경4400호, 2012타경5500호 사건에서는 단독으로 116,582,800원의 유치권을 신고하고 있다.

그러나 피고소인은 2006.3.16.자 의정부지방법원 고양지원 2006타경3300호 사건에서는 유치권채권단이라는 서영우외 17인으로 '3,299,320,202원'으로, 개인 서영우로 '80,853,347'으로 2중으로 청구하고 있고 개인의 경우 원채권인 116,582,800원보다도 35,729,453원(산식 35,728,453원 = 원채권 116,582,800원 - 개인 서영우 80,853,347원)이 적게 신고하였다. 그런데 당시 그보다 4년 후인 2010.4.14.자 위 법원 2010타경4400호 사건, 2012.4.6.자 2012타경5500호 사건에서는 다시 원채권인 116,582,800원을 신고하여 스스로 거짓이라는 것을 자인하고 있다.

라. 원당 아파트 이해관계자로부터 유치권 등 빙자 편취

피고소인이 유치권 포기 대가나 임대보증금, 월차임 등으로 아파트 소유자 등으로부터 채권단을 대표하여 금전을 받아 공사업체 중 몇 개 업체(주식회사 기현목공, 주식회사 여유전력, 주식회사 현화, 현후건업 주식회사, 심원조경건설 주식회사, 주식회사 기하환경, 경주건장 주식회사, 주식회사 에프시스템, 서인식, 서우희, 주식회사 나루새)에게 2004.6.21.경부터 2012.5.17.경까지 사이에 도합 125,301,200원만을 준 것으로 확인된다.

그 나머지는 피고소인이 유치권자 대표인 것처럼 그리고 자신의 피담보채권이 남아 있는 것처럼 행세하여 이에 속은 아파트 관계자들로부터 월차임 등 여러 명목으로 2004.12.13.경부터 2010.10.25.경까지 사이에 아래 유치권 등 관련 이득 편취 내역표 (생략) 기재와 같이 도합 2,591,402,600원을 편취하였을 것으로 추정한다.

특히나 아래 표(생략)에 나타난 거래 내역은 증제3호증의 5 금융거래 내역 정산 초안에 대부분 나타나지 않고 있는 것으로 보아 피고소인의 계좌추적 등 추가 수사를 하면 피고소인이 편취한 것은 상당한 액수에 이를 것으로 추정된다(현재까지 중복 확인된 것은 2005.06.21.자 전훈 주식회사 관련 231,000,000원, 같은 달 29.자 80,000,000원 도합 311,000,000원 뿐이다.).

3. 경매 방해의 점

앞에서 본 것처럼 2005.6.17.경 이후 피고소인은 전혀 채권이 없는 것으로 추정되는

바(이후 채권 소멸이 확인되면 그 시점을 기준으로) 그 이후는 피고소인은 피담보채권이 없어 경매절차에서 유치권신고를 해서는 아니 됨에도 2006.6.2.경 위 법원 2006타경3300호 경매사건에 관하여 '서영우외 17인 3,299,320,202원', '서영우 80,853,347원'을 신고한 것을 비롯하여 2012.7.16.경까지 아래 허위 유치권신고목록(생략)과 같이 3회에 걸쳐 허위 채권을 가지고 각 경매절차에 유치권 신고를 하여 위계에 의하여 경매의 공정을 해하였다.

4. 업무상 횡령의 점

- 원당 소유 아파트에 대하여 피고소인 서영우 측으로의 소유권이전 횡령

피고소인 서영우는 2007.7.30.경 원당의 대표이사가 된다(증제1호증 등기사항전부증명서). 위 법인의 대표이사로서 위 법인 소유 아파트에 대하여 정상적으로 관리하거나 처분하여야 할 임무가 있음에도 2009.4.20.경 아래 횡령내역기재(생략)와 같이 2005.6.17.경 전후하여(채권소멸일시는 변경할 수 있음) 더 이상 피담보채권이 없음에도 임의로 원당 소유 아파트 3세대를 피고소인의 동생인 사건외 서영은 명의로 소유권을 이전하여 도합 191,000,000원 상당을 횡령하였다.

5. 소송사기 미수의 점

피고소인은 2014.6.19.경, 피고소인이 원당을 상대로 한 의정부지방법원 고양지원 2004가합900 판결로 인한 10년 소멸시효가 다하려고 하자 다시 원당을 상대로 원래 판결을 받았다는 내용과 똑같은 금116,582,800원을 청구금액으로 한 소송을 제기하여 동액상당을 원당 혹은 이 사건 아파트 관계자들로부터 편취하려고 같은 법원 2014가합2000호 공사대금 청구사건을 제기하였으나 2014.8.8.자로 전에 대표이사였던 고소인 A가 특별대리인이 되어 원당의 대표권을 행사하게 되어 동액상당 이상을 편취하려고 하였으나 그 뜻을 이루지 못하고 미수에 그쳤다.

6. 비고 : 추가 사기 혐의(피해액 1,805,647,448원)의 점

피고소인은 그 밖에 피고소인 명의의 일부 계좌[국민은행(계좌번호 : 0000000-000-000000), 농협은행(계좌번호 000000-0000-000000)]에 대하여 위 관련 사건에서 금융거래정보 제출 회신을 취합한 결과, 증제3호증의 5. 금융거래내역정산 초안과 같이 도합 1,805,647,448원 상당의 돈을 편취할 것으로 추정되는 부분이 있다(위 초안 내용 중 입금의뢰인 표시를 사선으로 한 것은 국민은행 출처이고, 나머지는 농협은행 출처이다. 그리고 피고소인의 변소에 따라 금액이 변경될 여지는 있음).

위 금융거래내역정산 초안상 피고소인의 채권이 소멸되었다고 추정되는 2005.6.17.경 이후 2014.8.26.경까지 사이의 일로 주로 유치권자 행세를 하면서 소유자나 입주자 혹은 임차인 등으로부터 편취한 것으로 추정되며 피고소인의 석명이나 추가 금융거래 정보 확인 등에 의해 추가될 가능성이 있다.

7. 적용법조

피고소인 서영우는 추후 수사에 대하여 피해액의 증감이 예상되나 우선 상습사기의 점은 특정경제범죄가중처벌 등에 관한 법률 제3조제1, 형법제351조, 제347조제1항에, 사기미수의 점은 형법제347조제1항, 제352조에, 경매방해의 점은 형법제315조에, 업무상횡령의 점은 형법제356조, 제355조제1항에 의율하여 진상을 밝혀 법에 따라 처벌하여 주시기 바란다.

---

## 7) 드디어 나타난 새로운 증거

아무리 주장이 거창해도 증거가 없으면 소용없다. 민사소송에서 얻어낸 금융거래 정보는 기소를 위한 최소한의 증거가 되었다. 물론 관련 계좌 전부에 대한 금융거래

정보를 신청했으나 국민은행과 농협은행 일부 거래건만 수용되었다. 이 외에도 파주시장을 통해 서영우의 가족관계에 대한 자료를 얻었고 원당타운 입주자대표회의에서 입주자 명단을 얻었다.

그런데 수개월을 기다리던 자료가 있었다. 서영우가 대표하고 있는 채권단의 채권자 3인의 증언이었다. 이들은 2005년까지 서영우가 받은 돈을 분배했고, 2009년 이후로는 더 이상 서영우와 함께 활동한 적이 없다는 내용을 확인해 주었다. 그들의 증언 내용과 다른 조사자료를 종합하면 서영우의 개인 채권은 이미 2006년 5월 11일에 소멸되었다. 이 증언이 결정적인 역할을 하여 2016년 9월 8일 민사소송은 의뢰인들의 일부 승리로 막을 내린다. 이 가운데 원고에 대한 유치권 판결 패소 부분 중 이유만 살펴보면 다음과 같다.

---

1. 기초사실

가. 원고는 2002년경 'D'라는 상호로 인테리어업을 하였던 사람이고, 피고(*주식회사 원당)는 주택건설업 등을 하는 회사로 파주시 E 외 14필지에서 23평형 232세대의 아파트(이하 '이 사건 아파트'라 한다) 신축공사를 시행한 회사이다.

나. 원고는 2002.10.23.부터 피고로부터 이 사건 아파트 건설공사 중 내장벽지 및 장판공사를 공사금액 155,000,000원에 도급받았다. 위 도급공사 도중 도급계약상의 견적내용 외에 추가공사 부분이 발생함에 따라 원고와 피고 사이에 추가공사대금은 38,500,000원이고, 이 사건 아파트는 2003.9.20.경 준공되었다.

다. 원고는 피고를 상대로 의정부지방법원 고양지원 2004가합900호로 총도급공사금액 193,500,000원(=155,000,000원+38,500,000원) 중 이미 지급받은 76,917,200원을 제외한 나머지 공사대금 116,582,800원(=193,500,000원-76,917,200원)의 지급을 구하는 소를 제기하였다. 위 법원은 2004.6.4. '피고는 원고에게 116,582,800원 및 이에 대하여 2003.9.1.부터 2004.1.17.까지 연5%, 2004.1.18.부터 다 갚는 날까지 연 20%의 각 비율로 계산한 돈을 지급하라'는 내용의 판결을 선고하였고, 위 판결은 그 무렵 확정(이하 '이 사건 확정판결'이라 한다)되었다.

라. 피고는 2003.9경 이 사건 아파트를 완공한 후 부도가 났다.

마. 원고는 이 사건 확정판결에 기한 채권의 소멸시효 중단을 위하여 2014.6.19. 이 사건 소를 제기하였다.

바. 한편 피고는 2007.7.30. 피고의 이사 및 대표이사로 취임하였고, 피고는 2012.12.3. 상법 제520조의2 제1항에 따라 해산 간주되었다. 또한 원고의 신청에 따라 이 법원은 2014.8.4. 피고의 특별대리인으로 C를 선임하였다.


2. 본소에 관한 판단

가. 본소청구원인에 대한 판단

위 인정사실에 의하면 피고는 특별한 사정이 없는 한 원고에게 116,582,800원 및 이에 대한 지연손해금에서 원고가 피고로부터 지급받았음을 자인한 40,803,980원을 공제한 나머지 돈을 지급할 의무가 있다. 원고가 2005.7.14. 지급받은 29,145,700원은 2003.9.21.부터 2004.1.17.까지의 지연손해금 1,900,459원 중 27,245,241원에 충당되고 원고가 2006.5.18. 지급받은 11,658,280원은 위 34,751,256원에서 충당되고 남은 7,506,015원 중 4,152,265원 및 이 중 116,582,800원에 대하여 2006.5.19.부터 갚는 날까지 연 20%의 비율로 계산한 지연손해금이 남게 되는데 원고가 95,366,897원 및 이에 대하여 2006.5.19.부터 다 갚는 날까지 연 15%의 비율로 계산한 지연손해금의 지급을 구하므로 원고가 구하는 바에 따라 피고는 원고에게 95,366,897원 및 이에 대하여 2006.5.19.부터 다 갚는 날까지 연 15%의 비율로 계산한 지연손해금을 지급할 의무가 있다.

나. 피고의 항변에 관한 판단

1) 이에 대하여 피고는, 원고가 이 사건 아파트 일부에 대해 경매사건에서 유치원을 행사하면서 유치권을 포기하는 대가로 경락인으로부터 합의금을 받거나 입주자를 상대로 유치권자로 행세하면서 무단으로 임대보증금이나 월세를 받는 등으로 2006년도 이후에 아래표1(생략) 기재 상대방으로부터 아래표1 피고 주장 금액의 변제를 받아 이 사건 확정판결에 기한 채권이 소멸하였다고 항변한다.

가) 먼저 위 표1 순번 1 내지 6(이하 '2006.6. 이전 변제분'이라 한다.)에 관하여 본다. 을제5호증의 5, 6, 9, 11, 12, 29의 각 기재에 변론전체의 취지를 더하여 보면 원고가 2006.1.25. F로부터 22,000,000원, 2006.2.1. G로부터 19,500,000원, 2006.3.9. H로부터 29,000,000원, 2006.3.16. I, J, K로부터 50,000,000원, 2006.4.26. 27,000,000원, 2006.5.11. L로부터 30,000,000원을 지급받은 사실은 인정된다.

그런데 피고가 이 사건 아파트 신축공사를 할 당시 원고 외에도 다수의 수급업체에 공사대금을 미지급한 사실, 피고로부터 공사대금을 지급받지 못한 원고와 다른 수급업체들은 공사대금을 지급받기 위하여 2003년경부터 이 사건 아파트에 유치권을 행사한 사실, 원고는 다른 수급업체들로부터 공사대금회수와 유치권행사 및 합의에 관한 권한을 위임받아 유치권을 행사하면서 합의금을 받거나 월세 등을 받아 이를 원고와 다른 수급업체들의 채권회수에 충당한 사실은 갑제4 내지 20호증, 을제2, 5호증의 각 기재(가지번호가 있는 것은 각 가지번호 포함), 증인 AJ, AK, AL의 각 증언 및 변론전체의 취지에 의하여 인정할 수 있거나 당사자 사이에 다툼이 없다. 이러한 인정사실에다가 원고는 2005.7.14.경 및 2006.5.18.경 다른 수급업체들에게 아래표2 기재와 같이 원고가 유치권행사를 하는 과정에서 받은 돈을 정산하여주었다고 주장하고 있는데 채권자들의 대표자로서 원고의 지위와 위 각 증인의 증언에 비추어 볼 때 위 2006.6.

이전 변제분을 비롯하여 원고가 유치권행사를 하는 과정에서 받은 돈으로 실제 정산하였을 것으로 보이는 점, 피고는 2006.6. 이전 변제분이 원고의 채권에만 충당되었거나 이 중 어느 부분이 원고의 채권에 충당되었는지에 관하여 아무런 입증을 하지 못하고 있는 점 등을 덧붙여보면 원고가 2006.6. 이전 변제분을 지급받았다는 사정만으로는 피고의 주장과 같이 표2의 정산 외에 이를 원고의 채권에 모두 충당하였다거나 이 중 일부금액이 원고의 채권에 충당되었다는 사실을 인정하기 부족하고 달리 이를 인정할 만한 증거가 없다.

〈표2〉

| 순번 | 유치권자 | 판결원금 | 회수일자 | 채권회수금 |
|---|---|---|---|---|
| 1 | A | 116,582,000 | 2005.7.14. | 29,145,700 |
|   |   |   | 2006.5.18. | 11,658,280 |
| (중략) | | | | |
| 17 | 주식회사방견출 | 14,000,000 | 2005.9.15. | 3,500,000 |
|   |   |   | 2006.8.16. | 1,400,000 |

따라서 2006.6. 이전 변제분으로 원고의 채권이 소멸하였다는 피고의 이 부분 주장은 이유 없다.

나) 다음으로 표1 순번 7 내지 41 부분에 관하여 본다.

살피건대, 원고가 유치권행사를 하는 과정에서 표3 기재 날짜에 표3 기재 상대방으로부터 인정금액기재 금원을 받은 사실을 을제5호증의 13, 115, 17 내지 24 내지 28, 35 내지 38 각 기재, 농협은행, 국민은행에 대한 각 금융거래정보제출명령회신결과에 변론 전체의 취지를 종합하여 인정할 수 있거나, 당사자 사이에 다툼이 없다. 피고는 표3 기재 인정금액에서 인정되지 않은 피고 주장 금액에 관하여도 원고가 유치권 행사를 하는 과정에서 지급받은 돈이라고 주장하나, 배척근거 기재와 같이 피고가 제출하는 자료만으로는 이를 인정하기 부족하고 달리 이를 인정할 만한 증거가 없으므로 이 부분 피고의 주장은 받아들이지 않는다.

〈표3〉

| 순번 | 날짜 | 상대방 | 피고의 주장금액(원) | 인정금액(원) | 인정 내지 배척근거 |
|---|---|---|---|---|---|
| 1 | 2006.6.12. | M | 32,000,000 | 32,000,00 | (생략) |
| | (중략) | | | | |
| 35 | 2010.11.15. | T | 1,000,000 | 1,000,000 | 다툼 없는 사실 |

한편 앞서 인정한 사실 및 증인 AJ, AK, AL의 각 증언에 변론전체의 취지를 더하여 알 수 있는 다음과 같은 사정 즉 원고와 다른 수급업체들은 공사대금을 지급받기 위하여 2003년부터 이 사건 아파트에 유치권을 행사하면서 합의금을 받거나 월세 등을 받아 이를 채권 회수에 충당하여 오면서 다른 수급업체들은 2009년까지만 이 사건 아파트를 점유하여 관리하였던 점, 원고를 제외한 다른 수급업체들은 2009년 이후 이 사건 아파트 현장을 떠났고 원고만이 이 사건 아파트를 관리하면서 채권정산업무를 담당한 점, 원고는 자신과 다른 수급업체들(건장주식회사 AQ, 주식회사 방견출 제외)에게 2005.7.경과 2006.5.경 판결원금의 35% 상당의 금액을 지급하여 채권 일부를 정산하여 주었는데 그 이후에 원고가 위 수급업체들에게 나머지 채권에 대하여 정산하여 주었는지에 관하여 아무런 주장·입증이 없는 점 등에 비추어 볼 때 원고는 2006.6.

이후 유치권을 행사하면서 받은 합의금이나 월세 등을 원고의 채권에 지정충당하였다고 봄이 상당하다.

이에 따라 위 표3에서 인정한 금액을 날짜순으로 원고의 채권에 충당하면, 아래 표4(생략)와 같다(적용이율은 이 사건 확정판결에 따르면 연 20%이나 원고가 이 사건에서 구하는 바에 따른다.). 아래 표4에서 보는 바와 같이 2006.10.24. 180,000,000원 중 113,309,834원을 이자 2,343,473원, 원금 64,346,693원에 충당하고 나면 원고의 채권잔액은 0원이 된다(원고의 채권잔액이 0원이 되는 것은 원고의 주장과 같이 주식회사 방견출에 2006.8.16. 1,400,000원을 지급하였다고 하더라도 마찬가지이다.).

3) 한편 원고는 유치권행사로 인하여 받은 돈 중 일부를 수도 동파에 대한 수리비용 98,000,000원, 가스폭발보수비 21,000,000원, 새시공사 180,000,000원에 사용하였다고 주장하여 이를 충당부분에서 공제하여야 한다는 취지로 주장하나 원고는 수도 동파에 대한 수리가 2005년 겨울경에 이루어졌다고 주장하고 있는 점, 가스폭발수리비, 새시공사비는 언제 발생하였는지 특정되지 않고 정확한 비용도 산정되지 않는 점 등에 비추어 볼 때 위 수리 등을 하였다는 사정만으로는 위 금액을 2006.6. 이후의 충당부분에서 공제하여야 한다고 보기 부족하고, 달리 이를 인정할 만한 증거가 없으므로 이 부분 원고의 주장은 받아들이지 않는다.

4) 따라서 원고의 본소청구는 이유 없다.

---

## 8) 피의자에 대한 불기소 처분

　새로운 증거에도 불구하고, 그러나 검찰은 불기소처분으로 사태를 매듭지었다. 불기소처분의 이유로 든 것은 과거 의뢰인 등이 패소한 판결이었다. 예전에 판결에서 졌고, 우리가 보기에도 이상 없다. 그래서 이번에도 불기소처분을 내린다는 것이다. 그냥은 끝낼 수 없었고, 3번에 걸쳐 의견서, 수사 요망서를 보냈으나 받아들여지지 않았다. 고소인의 항고도 기각되었다. 민사 판결에서 유치권자의 채권이 소멸되었다고 판시하고 있으므로 검찰이 제대로 가동되었다면 혐의를 인정할 만한 점이 많았으나 적당히 뭉개고 말았다는 인상을 지울 수 없다. 검찰은 여전히 이 사건에서 서영우는 채권단 대표로 활동한 것일 뿐이라고 말하고 있는 셈이다. 아래 문서에는 불기소 이유가 적혀 있다.

---

**피의사실과 불기소이유**

1. 2004.12.13.경부터 2010.10.25.경까지 사이에 이미 원당타운아파트와 관련된 공사대금채권(이하 '이 사건 공사대금채권'이라고 함)이 변제로 소멸하여 유치권이 부존재함에도 불구하고 그 공사대금채권에 관한 유치권이 존속하는 것처럼 행세하면서 임대보증금 명목 등으로 약 25억 원을 받아 특정경제범죄가중처벌등에 관한 법률 위반(사기)

- 피의자가 이 사건 공사대금채권과 관련된 유치권단의 대표로서 채무자로부터 유치권 합의금 등의 명목으로 일정 금원을 받은 사실, 피의자가 속한 유치권단의 일부 유치권자들이 피의자로부터 합의금을 전달받은 다음 유치권을 포기한 사실, 피의자가 위 아파트에 관한 유치권단의 대표 겸 유치권자로서 타인으로부터 임대차보증금

등을 받은 사실은 인정된다(제188쪽 이하).

- 고소인은 피의자가 이미 이 사건 공사대금을 모두 회수하여 유치권이 소멸하였음에도 계속 유치권이 존속하는 것처럼 행세하며 위 아파트의 입주자, 세입자 등으로부터 임대보증금, 관리비 등의 명목으로 돈을 받아 편취하였다고 주장한다.

- 이에 대해 피의자는 이 사건 공사대금채권이 모두 변제되지 않아 유치권이 소멸하지 않았으므로 그와 관련해 타인을 기망하여 돈을 편취한 사실이 없다고 주장하고, 변론종결일인 2012.5.22.경을 기준으로 피담보채권 약 22억 원 중 약 11억 원이 잔존하여 이 사건 공사대금채권에 관한 유치권이 존재하는 것으로 설시한 관련 민사소송 판결문의 기재(제304쪽, 대법원 2013.9.4. 선고 2013다33430로 확정됨), 피담보채권에서 피의자가 수령한 금원을 공제하고도 잔액이 남아 있음을 알 수 있는 영수증, 입출금거래내역 등의 각 기재(제188쪽 이하, 제634쪽 내지 제641쪽) 등이 피의자의 주장에 부합한다.

- 고소인의 주장만으로는 피의사실을 인정하기 부족하고, 달리 유치권의 피담보채권이 모두 소멸되었음에도 불구하고 유치권이 존속하는 것처럼 타인을 속여 금원을 편취하였다는 점을 인정할 증거가 없다.

- 증거 불충분하여 혐의 없다.

2. (중략)

3. 가. 2011.3.17.경 의정부지방법원 고양지원 2010타경4400호 사건에서 허위의 유치권신고를 하여 경매방해

나. 2012.7.6.경 의정부지방법원 고양지원 2012타경5500호 사건에서 허위의 유치권신고를 하여 경매방해

- 제1항의 기재와 같이 고소인의 주장만으로는 피의사실을 인정하기 부족하고, 달리 유치권에 의해 담보되는 이 사건 공사대금채권이 모두 소멸되었음에도 허위의

유치권신고를 하였음을 인정할 증거가 없다.

4. 2009.4.20.경 주식회사 원당의 대표이사로서 그 임무에 위배하여 피의자의 동생 서영은에게 원당타운아파트 101동 803호, 101동 1004호, 104동 804호(이하 "이 사건 아파트 3채"라고 함)의 각 소유권을 이전하여 업무상 횡령

　- 이 사건 아파트 3채의 소유권이 서영은에게 이전된 사실은 인정된다(제245쪽 이하 각 등기부등본).

　- 고소인은 피의자가 임의로 이 사건 아파트의 소유권을 서영은에게 이전하여 횡령한 것이라고 주장한다.

　- 이에 대해 피의자는 서영은의 남편이 가진 주식회사 원당에 대한 공사대금채권 약 3억 5천만 원과 관련하여 이 사건 아파트를 대물변제 받기로 하였고, 그 약정에 따라 주식회사 원당 등을 상대로 이 사건 아파트에 관한 소유권이전등기청구의 소를 제기하여 승소하였기 때문에 등기가 이전된 것일 뿐 이 사건 아파트를 횡령한 것이 아니라고 주장한다.

　- 피의자가 주식회사 원당의 대표이사로 재직 중인 동안 이 사건 아파트에 대한 소유권이전등기청구의 소가 제기되었고, 그 소송에서 패소하여 이 사건 아파트의 소유권이 이전되자 본건 고소인으로부터 배임죄로 고소되었다 혐의 없음 처분을 받았던 관련 사건의 불기소 이유의 기재(제425쪽, 우리청 2010형제15300호), 이 사건 아파트 3채의 소유권이전등기청구의 소와 관련된 판결문의 기재(제780-789쪽, 서울중앙지방법원 2008가단425200 판결) 등이 피의자의 주장에 부합한다.

　- 고소인의 주장만으로는 피의사실을 인정하기 부족하고, 달리 피의자가 법률상 원인 없이 임의로 서영은에게 이 사건 아파트의 각 소유권을 이전해 주었다는 점을 인정할 증거가 없다.

5. 2014.6.19.경 피의자는 원당타운아파트와 관련된 공사대금을 모두 변제받았음에

도 불구하고 약 1억 1,600만원의 공사대금을 지급하라는 소송을 제기하였으나 고소인 A 등의 응소로 그 뜻을 이루지 못하여 사기미수

- 제1항의 기재와 같이 고소인의 주장만으로는 피의사실을 인정하기 부족하고, 달리 위 아파트와 관련된 공사대금채권이 모두 소멸되었음에도 허위로 공사대금청구의 소를 제기하였음을 인정할 증거가 없다.
- 증거 불충분하여 혐의 없다.

---

**부록**

# 왜 판례가 중요한가

## 1. 유치권 판례는 계속 바뀐다

흔히 유치권, 법정지상권(어떤 사정으로 토지와 건물이 각각 그 임자가 달라졌을 경우에 법률이 그 건물 임자에게 인정하는 지상권), 분묘기지권(남의 토지 위에 묘를 쓴 사람에게 관습법상 인정되는 지상권과 비슷한 물권) 등을 경매 특수 물권이라 하는데 일반적으로 다른 권리에 비해 특수하거나 위험하고 복잡한 것으로 여겨진다. 특히 이 가운데 유치권은 법정지상권이나 분묘기지권에 비해 더욱 헷갈리는 권리다. 경매를 규율하는 민사집행법 제91조(인수주의와 잉여주의의 선택 등)는 인수주의(경매를 통하여 부동산의 소유권을 얻은 사람에게 압류 채권자의 채권에 대한 부동산의 부담을 넘겨주는 제도)와 잉여주의(부동산의 강제경매에 있어서 경매대금으로 그 물건 위의 부담을 변제하고도 잉여가 있을 때가 아니면 경락을 허가하지 않는 제도)를 선택하여 아래와 같이 규정하고 있다.

---

**민사집행법 제91조(인수주의와 잉여주의의 선택 등)**

① 압류채권자의 채권에 우선하는 채권에 관한 부동산의 부담을 매수인*에게 인수하게 하거나, 매각대금으로 그 부담을 변제하는 데 부족하지 아니하다는 것이 인정된 경우가 아니면 그 부동산을 매각하지 못한다.

②매각부동산 위의 모든 저당권*은 매각으로 소멸된다.

③지상권·지역권*·전세권* 및 등기된 임차권*은 저당권·압류채권*·가압류채권*에 대항*할 수 없는 경우에는 매각으로 소멸된다.

④제3항의 경우 외의 지상권·지역권·전세권 및 등기된 임차권은 매수인이 인수한다. 다만, 그중 전세권의 경우에는 전세권자가 제88조에 따라 배당요구*를 하면 매각으로 소멸된다.

⑤매수인은 유치권자에게 그 유치권으로 담보하는 채권을 변제할 책임이 있다.

* 매수인 : 물건을 사서 넘겨받은 사람. 경매에서는 과거 낙찰자로 표현하였으나 민사집행법체제에서는 최고가매수신고인이 매각허가결정을 받아 매수인이 됨.
* 저당권 : 담보물권의 일종으로서 채권자가 채무자 또는 제3자(물상보증인)의 채무담보로서 제공한 부동산 또는 부동산물권(지상권 전세권)을 인도받지 않고 다만 관념상으로만 지배하여 채무의 변제가 없는 때에 그 목적물로부터 우선변제를 받는 권리
* 지역권 : 자기 토지의 편익을 위하여 남의 토지를 통행한다든가, 남의 토지로부터 물을 끌어오거나 남의 토지에 관망을 방해하는 공작물 등을 건조하지 못하게 하는 것과 같이, 일정한 목적을 위하여 남의 토지를 자기의 토지의 편익에 이용하는 것을 내용으로 하는 부동산용익물권
* 전세권 : 전세금을 지급하고서 타인의 부동산을 그의 용도에 쫓아 사용 수익하는 용익물권
* 임차권 : 임대인에 대해 토지를 사용·수익하게 할 것을 청구할 수 있는 채권
* 압류 : 특정 물건 또는 권리에 대해 사인의 사실상 또는 법률상 처분을 제한하는 국가기관에 의한 강제
* 가압류 : 약식절차의 하나로, 금전채권 또는 금전으로 환산할 수 있는 채권을 위하여 채무자의 재산을 확보하여 장래의 강제집행이 불능 또는 곤란을 초래하지 않도록 보전할 것을 목적으로 하는 법원의 처분
* 대항 : 제3자에게 자신의 권리나 주장을 정당하게 나타내는 일
* 배당요구 : 강제집행에 있어서 압류채권자 이외의 채권자가 집행에 참가하여 변제를 받는 방법

--------------------------------------------------

민사집행법은 인수주의를 선택하여 말소기준권리에 앞선 권리는 매수인이 인수하도록 하고 만약 위와 같은 절차를 거치고도 남은 것이 없어 경매신청 채권자에게 돌아갈 것이 없다면 경매절차를 진행하지 않겠다는 잉여주의를 채택하고 있다. 경매신청

채권자에게 조금이라도 돌아갈 것이 있을 때 경매절차를 진행하겠다는 뜻이다. 그러면서 유치권은 매수인이 유치권으로 담보하는 채권을 변제할 책임이 있다고 선언하고 있다. 유치권은 낙찰로 소멸하는 것이 아니라 매수인이 그대로 책임을 인수하여 어떻게든 해결하지 않고는 경매목적물에 관하여 완전한 소유권을 취득할 수 없다.

그런데 유치권이란 카멜레온과 같아서 무엇이 본래 색인지 알기 어렵다. 법이 정하는 명확한 형태가 있는 것이 아니라 판례에 따라 달라진다. 오늘은 유치권으로 인정받았는데 내일은 판례상 부인되기도 한다.

예컨대 과거에는 하수급인(공사를 맡긴 사람을 도급인, 이를 맡은 사람을 수급인이라고 하는데, 수급인이 다시 공사를 맡긴 사람이 하수급인이 된다.)의 공사대금 채권(유치권)에 대하여 하수급인은 그가 점유하고 있는 세대에 대해서만 유치권이 있고 그가 실제 점유하고 있지 않은 다른 세대에 대하여는 유치권이 성립하지 않는다고 보았다. 그래서 서울서부지법 2005.2.17. 선고 2004나1664 판결에서는 '피고가 시행한 이 사건 공사에 대한 나머지 공사대금 전부에 해당하는 157,387,000원이 아니라, 피고가 점유하고 있는 이 사건 주택에 대하여 시행한 공사대금 3,542,263원만을 피담보채권으로 하여 성립한다고 봄이 상당하다'고 판단했다. 그러나 2년 뒤 이 사건은 대법원 2007.9.7. 선고 2005다16942 판결에서 전환점을 맞이한다. 점유한 부분에 대해서만이 아니라 점유하지 않은 부분에 대해서까지 유치권을 인정한 것이다. 이와 같은 판결 하나로 350만 원짜리 유치권이 1억 5천만 원으로 50배 커지게 되었다.

물론 이처럼 정해진 바 없는 유치권에도 바뀌지 않는 것은 있다. 바로 법조항이다. 민법 제7장 유치권 조문 9개와 민사집행법 1개까지 총 10개의 법조문이 그것이다.

## 유치권 경매에 필요한 조문(10개)

### | 민법 제7장 유치권 |

**제320조 (유치권의 내용)**

① 타인의 물건 또는 유가증권을 점유한 자는 그 물건이나 유가증권에 관하여 생긴 채권이 변제기에 있는 경우에는 변제를 받을 때까지 그 물건 또는 유가증권을 유치할 권리가 있다.

② 전항의 규정은 그 점유가 불법행위로 인한 경우에 적용하지 아니한다.

**제321조 (유치권의 불가분성)**

유치권자는 채권전부의 변제를 받을 때까지 유치물 전부에 대하여 그 권리를 행사할 수 있다.

**제322조 (경매, 간이변제충당)**

① 유치권자는 채권의 변제를 받기 위하여 유치물을 경매할 수 있다.

② 정당한 이유 있는 때에는 유치권자는 감정인의 평가에 의하여 유치물로 직접변제에 충당할 것을 법원에 청구할 수 있다. 이 경우에는 유치권자는 미리 채무자에게 통지하여야 한다.

**제323조 (과실수취권)**

① 유치권자는 유치물의 과실을 수취하여 다른 채권보다 먼저 그 채권의 변제에 충당할 수 있다. 그러나 과실이 금전이 아닌 때에는 경매하여야 한다.

② 과실은 먼저 채권의 이자에 충당하고 그 잉여가 있으면 원본에 충당한다.

### 제324조 (유치권자의 선관의무)

① 유치권자는 선량한 관리자의 주의로 유치물을 점유하여야 한다.

② 유치권자는 채무자의 승낙 없이 유치물의 사용, 대여 또는 담보제공을 하지 못한다. 그러나 유치물의 보존에 필요한 사용은 그러하지 아니하다.

③ 유치권자가 전2항의 규정에 위반한 때에는 채무자는 유치권의 소멸을 청구할 수 있다.

### 제325조 (유치권자의 상환청구권)

① 유치권자가 유치물에 관하여 필요비를 지출한 때에는 소유자에게 그 상환을 청구할 수 있다.

② 유치권자가 유치물에 관하여 유익비를 지출한 때에는 그 가액의 증가가 현존한 경우에 한하여 소유자의 선택에 좇아 그 지출한 금액이나 증가액의 상환을 청구할 수 있다. 그러나 법원은 소유자의 청구에 의하여 상당한 상환기간을 허여할 수 있다.

### 제326조 (피담보채권의 소멸시효)

유치권의 행사는 채권의 소멸시효의 진행에 영향을 미치지 아니한다.

### 제327조 (타담보제공과 유치권 소멸)

채무자는 상당한 담보를 제공하고 유치권의 소멸을 청구할 수 있다.

**제328조 (점유상실과 유치권소멸)**

유치권은 점유의 상실로 인하여 소멸한다.

| 민사집행법 |

제91조 (잉여주의와 인수주의)

⑤ 매수인은 유치권자에게 그 유치권으로 담보하는 채권을 변제할 책임이 있다.

-------------------------------------------

## 2. 최종 판단은 법원에서 이루어진다

이 책에는 많은 판례들이 나온다. 유치권이라는 난공불락의 성을 함락하기 위해 건너야 할 강이 바로 판례다. 아직 정리되지 않거나 의견이 분분한 사안에 대하여 대법원 등 상급 법원에서 판결을 하게 되면 모든 사람들은 그 판결을 기준 삼아 일하게 된다. 경매 유치권에 관심을 갖는 당신도 결코 예외일 수는 없다. 특히 유치권 관련 판례는 수시로 바뀌고 있어서 늘 주시하지 않으면 안 된다. 예컨대 과거에는 경매 받은 매수인이 아파트나 연립 주택 등 집합건물의 관리비를 어느 범위까지 승계해야 하느냐 (위 관리비는 이른바 필요비로 유치권상 피담보채권으로서 적격을 갖고 있다.)에 대해 대법원의 판결이 없었다. 그러다가 대법원 2001.9.20. 선고 2001다8677 전원합의체(대법원의 대법관 전체 인원으로 구성된 재판부) 판결에서 다수의견으로 이렇게 판결을 내렸다.

---

다만, 집합건물(구분소유가 된 건물)의 공용부분(* 전유부분 외의 건물부분, 전유부분에 속하지 아니하는 건물의 부속물 및 집합건물의 소유 및 관리에 관한 법률 제3조 제2항 및 제3항의 규정에 의하여 공용부분으로 된 부속의 건물)은 전체 공유자(* 소유물을 여러 사람이 공동으로 소유한 한 형태로 총유나 합유에 비해 그 결합관계가 가장 적음)의 이익에 공여하는 것이어서 공동으로 유지·관리해야 하고 그에 대한 적정한 유지·관리를 도모하기 위해서는 소요되는 경비에 대한 공유자 간의 채권은 이를 특히 보장할 필요가 있어 공유자의 특별승계인(* 특정한 사람으로부터 특정한 권리에 대하여서만 승계 받은 사람, 포괄승계인과 대비)에게 그 승계의사의 유무에 관계없이 청구할 수 있도록 집합건물법 제18조에서 특별규정을 두고 있는바, 위 관리규약 중 공용부분 관리비에 관한 부분은 위 규정에 터 잡은 것으로서 유효하다고 할 것이므로, 아파트의 특별승계인은 전입주자의 체납관리비(* 밀린 관리비) 중 공용부분에 관하여는 이를 승계하여야 한다고 봄이 타당하다.

---

이 판결 이후 유치권으로 인정받을 수 있는 피담보채권(* 담보물권의 전제가 된 채권)이 위 공용부분 관리비에 한하게 되었다(대법원 2007.2.22. 선고 2005다65821 판결 참조). 그러나 아직도 공용부분 관리비 외에 전용부분(구분소유자가 전적으로 사용하는 건물 부분)까지 피담보채권으로 하여 유치권을 신고하는 경우가 비일비재하다. 만일 당신이라면 그런 물건에 대해서 경매에 뛰어들겠는가, 아니면 그런 물건은 통과하겠는가? 이처럼 경매를 통하여 수익을 거두고 싶은 사람은 새로운 판례에 관심을 기울일 수밖에 없다.

## 판결 이해하기

판결은 제1심과 제2심(항소심) 그리고 대법원 판결로 나뉜다. 제1심과 제2심은 사실심(어떤 사건에 대한 재판을 위해서는 그 사건과 당사자 간의 사실관계, 그 사건과 관계된 법률의 규정 등을 검토한 뒤 판결을 내리는데 사실과 법률의 두 가지 측면을 다 고려한 판결)이라고 하고 대법원은 법률심(법률적인 면만 고려한 판결, 1심과 2심은 주로 사실심이 되고 3심, 즉 상고심은 주로 법률심이 됨.)이라고 한다. 그 이유는 제1심과 제2심은 증거에 의한 사실 확정에 주안점을 두어 판단하고, 대법원은 항소심(소송당사자의 항소에 의해 항소법원에서 진행되는 소송절차)에서 인정된 사실관계를 전제하고 법률 판단을 하기 때문이다. 그래서 판결의 구성이 항소심 이하에서는 먼저 증거를 인용하여 사실 관계를 확정하고 이어 각 쟁점에 대하여 법률을 적용하여 판단한다. 대법원에서는 먼저 확립된 판례가 있으면 이를 전제하고 이어 사실심에서 인정된 사실관계를 놓고 법률판단을 한다. 법관이 하는 일은 다음과 같다.

첫째, 사실관계를 어떻게 인정할 것인가. 이를 인정하기에 적절한 증거는 무엇이 있는가(물론 원·피고 쌍방은 자신에게 유리한 증거만을 제시하려고 할 것이다.).
둘째, 당사자(자신의 명의로 법원에 재판을 요구하는 사람과 그 사람에 의해 소송의 상대방으로 지목을 받은 사람. 민사소송의 원고와 피고, 형사소송의 검사와 피고인을 말한다.)들이 주장하는 쟁점은 무엇인가. 당사자들이 주장하는 사실관계와 증거와 법률 효과 등을 어떻게 정리할 것인가.
셋째, 위와 같은 사실관계와 쟁점을 중심으로 어떠한 법리구성을 해야 할 것인가.
넷째, 이 법리구성을 위해 어떤 법조문과 학설과 판례를 참고해야 할 것인가.

이에 대하여 고민하고 숙고한 후 관여 법관들의 합의나 독자 판단에 의해 최종 결론에 이른다. 그 결과 우리가 보는 판결은 적으면 1명 내지 많으면 수십 명의 법관들[대법원의 경우 14명의 대법관과 이를 보조하는 재판연구관(대법원에서 대법관의 재판업무를 돕는 법관 등)이 있고 합의부는 3명 이상의 법관으로 구성되어 있으며 심급에 따라 하급심에서의 판단을 전제로 다시 판결하고 있다.]이 시간을 두고 고민한 결과이자 그분들의 인격과 법령, 경험칙(주로 일반인의 경험과 교양에 속하는 것 혹은 특별한 학술·기술·직업을 가진 전문인의 경험과 교양에 속하는 것도 있음.), 논리칙(논리적인 방법에 따르는 법칙) 등에 토대를 둔 묵상의 결과이자 정교하게 만들어진 다이아몬드임을 인식할 필요가 있다. 따라서 판결이란 처음에는 매우 어렵게 느껴질 수 있으나 이를 읽으면 읽을수록 그 의미도 분명해질 뿐 아니라 그 논리와 탁견에 손뼉을 치게 된다. 비록 판례문에 입문하기까지의 과정에 뼈를 깎는 고통이 따를지라도 그래도 판례는 친하게 지내야 할 친구임을 명심하자. 다만 각 심급마다 영향력이 다르므로 하급심에서 색다른 판결이 선고된 경우 상급심에서 확정되었는지 확인해 볼 필요가 있다. 경우에 따라 상급심에서 파기되는 하급심 판결도 있기 때문이다. 하지만 이 책에 나온 판결들 특히 하급심 판결도 시간과 상황에 따라 다른 결론을 내릴 수 있다는 것을 늘 염두에 두어야 한다. 이 책에는 서로 견해가 다른 판례도 들어 있다. 이때는 위 판례가 상급심에서 확정되었는지, 어느 판결이 최근 것인지, 상급심 판결이었는지 확인하되 만일 헷갈릴 때는 전문가에게 묻고 확인해야 한다.

## 3. 판례 맛있게 읽는 법

중요한 판결은 '종합법률정보(glaw.scourt.go.kr)'에서 쉽게 찾을 수 있다. 검색창에 찾고 싶은 판례의 사건번호나 해당 문자 등을 입력하고 검색하면 결과를 확인할 수 있다. 아래는 '2007마98'을 입력하고 얻은 결과물이다.

---

### 대법원 2008.5.30.자 200798 결정 【경락부동산인도명령】

**【판시사항】**

건물신축공사를 도급받은 수급인이 사회통념상 독립한 건물이 되지 못한 정착물을 토지에 설치한 상태에서 공사가 중단된 경우, 위 정착물 또는 토지에 대하여 유치권을 행사할 수 있는지 여부(소극)

**【참조조문】**

민법 제320조, 제664조

**【참조판례】**

대법원 1995.9.15. 선고 95다16202, 16219 판결(공1995하, 3395)

**【전문】**

**【재항고인】** ○○종합건설 주식회사(소송대리인 변호사 김○○)

**【상 대 방】** ○○○

**【원심결정】** 춘천지법 2007.1.4.자 2006라47 결정

**【주문】**

재항고를 기각한다. 재항고비용은 재항고인이 부담한다.

**【이유】**

재항고이유를 판단한다.

**1. 유치권의 성립을 주장하는 재항고 이유에 대하여**

건물의 신축공사를 한 수급인이 그 건물을 점유하고 있고 또 그 건물에 관하여 생긴 공사금 채권이 있다면, 수급인은 그 채권을 변제받을 때까지 건물을 유치할 권리가 있는 것이지만(대법원 1995.9.15. 선고 95다16202, 16219 판결 등 참조), 건물의 신축공사를 도급받은 수급인이 사회통념상 독립한 건물이라고 볼 수 없는 정착물을 토지에 설치한 상태에서 공사가 중단된 경우에 위 정착물은 토지의 부합물에 불과하여 이러한 정착물에 대하여 유치권을 행사할 수 없는 것이고, 또한 공사 중단시까지 발생한 공사금 채권은 토지에 관하여 생긴 것이 아니므로 위 공사금 채권에 기하여 토지에 대하여 유치권을 행사할 수도 없는 것이다. 기록에 의하면, 재항고인은 토지소유자와의 사이에 이 사건 토지 위에 공장을 신축하기로 하는 내용의 도급계약을 체결하고 기초공사를 진행하면서 사회통념상 독립한 건물이라고 볼 수 없는 구조물을 설치한 상태에서 이 사건 토지에 대한 경매절차가 진행됨으로 인하여 공사가 중단되었음을 알 수 있는바, 이러한 경우 위 구조물은 토지의 부합물에 불과하여 이에 대하여 유치권을 행사할 수 없다고 할 것이고, 공사 중단시까지 토지소유자에 대하여 발생한 공사금 채권은 공장 건물의 신축에 관하여 발생한 것일 뿐, 위 토지에 관하여 생긴 것이 아니므로 위 공사금 채권에 기하여 이 사건 토지에 대하여 유치권을 행사할 수도 없다고 할 것이다. 따라서 같은 취지에서 재항고인의 이 사건 토지에 관한 유치권 주장을 배척하고 이 사건 인도명령을 유지한 원심결정은 정당하고, 거기에 재판에 영향을 미친 헌법·법률·명령 또는 규칙의 위반이 없다.

## 2. 상사유치권의 성립을 주장하는 재항고 이유에 대하여

상법 제58조는 "상인 간의 상행위로 인한 채권이 변제기에 있는 때에는 채권자는 변제를 받을 때까지 그 채무자에 대한 상행위로 인하여 자기가 점유하고 있는 채무자 소유의 물건 또는 유가증권을 유치할 수 있다."고 규정하고 있으므로, 채권자가 채무자와의 상행위가 아닌 다른 원인으로 목적물의 점유를 취득한 경우에는 상사유치권이 성립할 수 없는 것이다.

기록에 의하면, 재항고인은 공장건물의 신축공사가 이 사건 경매로 중단된 후에 공사현장을 점거하면서 타인의 지배를 배제하고 이 사건 토지에 대한 점유를 사실상 개시한 것으로 보일 뿐, 재항고인이 토지소유자와 이 사건 토지에 관한 상행위를 원인으로 이 사건 토지에 대한 점유를 취득하였다고 보기 어려우므로, 재항고인이 이 사건 토지에 관하여 상사유치권을 행사할 수 없다고 할 것이어서, 이와 다른 전제에 서 있는 재항고 이유는 더 나아가 살펴볼 필요 없이 이유 없다.

## 3. 결론

그러므로 재항고를 기각하기로 하고, 재항고비용은 패소자가 부담하도록 하여 관여 법관의 일치된 의견으로 주문과 같이 결정한다.

대법관 김영란(재판장) 김황식 이홍훈(주심) 안대희

---

위 판례는 건물신축공사 수급인(도급인의 반대말. 즉 공사를 맡은 사람)이 사회통념상 독립한 건물이 되지 못한 정착물(토지에 부착하여 있고 계속해서 부착한 상태로 사용되는 것이 사회통념으로 인정되는 물건. 건물, 수목, 교량, 돌담, 도로의 포장, 토지에 고정된 기계 따위)을

토지에 설치한 상태에서 공사가 중단된 경우, 위 토지에 대하여 건물공사대금채권자는 유치권을 행사할 수 없다는 내용을 담고 있다. 즉 토지가 경매대상물이 된 경우 유치권 행사를 받아들일 수 없다는 취지로 선고된 것이다.

자세한 내용은 해당 장에서 알아보도록 하고, 여기서는 이 판례가 어떻게 구성되어 있는지 간략히 살펴보도록 하겠다.

## 판례의 구성

대법원 2008.5.30.자 2007마98 결정【경락부동산인도명령】: '대법원'은 선고 법원을 말한다. 2008.5.30.자는 판결 선고일이다. '2007마98'은 사건번호다. 결정(국가기관이 그 권한에 속하는 사항에 관하여 확정한 의사 또는 그 의사를 확정하는 일)은 선고의 종류로 주로 판결과 결정, 명령 등이 있다. '경락부동산인도명령'은 사건명을 뜻한다.

【미간행】: 법원공보에 게시하지 않았다는 뜻이다.

【판시사항】: 이 사건 판결에서 판시하고자 하는 사건 쟁점의 개요를 담는 부분이다.

【판결요지】: 위에는 없으나 판시사항에 덧붙여 판결에서 참조할 만한 결론 부분을 따로 쓰는 부분을 판결요지라고 한다.

【참조조문】: 이 사건 판결과 관련된 법령조항을 말한다.

【참조판례】: 이 사건 판결과 관련된 기존 판결을 말한다.

【전문】: 이 사건 판결 전부를 게시한 부분을 말한다.

【재항고인】,【상대방】: 당사자 표시다. 원고나 피고 혹은 상고인이나 피상고인 등으로 표시한다. 참고로 '항고'란 법원의 결정, 명령에 대하여 당사자 또는 제삼자가 위법임을 주장하고 상급 법원에 그 취소나 변경을 구하여 불복 상소하는 것을 말한다.

【원심결정】: 대법원 판결의 대상으로 삼는 하급심 결정이나 판결을 표시하는 부분으로, 위 사건에서는 '춘천지법 2007.14.자 2006라47 결정'으로 되어 있는데 '종합법률정보'에서 클릭만으로 접근할 수 있는 경우도 있다.

【주문】: 위 판결의 결론 부분이다.

【이유】: 위 판결에 이르는 경위를 증거판단과 사실 인정, 법률 적용관계를 자세히 담은 것이다.

한편 판결문 맨 마지막에는 관여 법관의 성명이 나온다. 그중 주심은 위 사건을 심리하고 판결문을 쓰는 데 중심이 된 판사를 말한다. 그러나 이 사건 대법원 판결에서 실제로 판결에 표시되는 것은 선고법원, 선고일자, 사건번호, 사건명, 당사자, 원심사건번호표시, 주문, 이유, 관여법관 성명뿐이고, 이후 미간행, 판시사항, 참조조문, 참조판례, 전문 등을 행정적으로 추가, 판결의 이해를 돕고 있다.

### 판례를 읽는 순서

이제 위 판결을 살펴보자. 앞에서 본 것처럼 여러 가지 참고 사항이 나오지만 우리가 가장 먼저 확인해야 할 내용은 선고일자와 이유다. 판결이란 법령의 변경이나 시대정신에 따라 다를 수 있고, 또한 변경될 수도 있으므로 우선 선고일부터 살펴본다.

위 판결은 먼저 1) 제1쟁점인 유치권 성립 유무에 대하여, 공사대금채권에 대하여 유치권을 행사할 수 있다는 것을 기존 판례를 인용하여 제시한다. 이어 2) 위 유치권의 대상이 되기 위해서는 독립한 건물이 되어야 하는데 3) 이 사건 정착물은 토지의 부합물*에 불과하여 토지와 건물을 별개의 부동산으로 보는 우리의 법제상 위 정착물은 결국 토지에 속하게 되므로 4) 건물에 대한 유치권이 성립될 수 없다고 법리를 정리하고 있다. 이어 5) 원심 증거에 의하여 상고인이 설치한 것은 "사회 통념상 독립한 건물이라고 볼 수 없는 구조물(일정한 설계에 따라 여러 가지 재료를 얽어서 만든 물건으로 건물, 다리, 축대, 터널 따위를 말한다.)이라고 사실관계를 정리한 다음 6) 위 법리상 토지의 부합물에 불과하고, 이 사건 유치권 주장의 피담보채권이 될 공사금 채권은 건물에 관한 것이므로 7) 결국 토지의 부합물인 위 구조물에 관하여 유치권을 행사할 수 없다."고 결론을 짓고 있다.

* 부합물 : 부합에 의해 만들어진 물건을 말한다. 부합이란 소유자가 다른 두 개 이상의 물건이 결합하여 1개의 물건으로 되는 일을 말한다. 부합이 되려면 부착·합체가 물건을 훼손하지 않으면 분리할 수 없거나 분리에 과다한 비용을 필요로 하는 경우(민법 제257조)여야 한다. 물건을 분리하게 되면 경제적 가치가 심하게 감소되는 경우도 포함된다. 부합하는 물건의 가격이 부합되는 부동산의 가격을 초과하더라도 부합되는 부동산의 소유자가 부합하는 물건의 소유권을 취득한다. 그러나 부합된 물건이 타인의 권원에 의하여 부속된 것인 때에는 그 물건은 부속시킨 자의 소유로 된다(민법 제256조).

다시 말하지만 판결은 법관들이 시간을 들여 만든 전인격적 명품이므로 읽으면 읽을수록 그 깊은 맛이 우러난다. 한 번에 이해하기 힘들면 두 번 들여다보고, 두 번에 힘들면 세 번 들여다보자. 그렇게 반복적으로 읽어가다 보면 이른바 legal mind(법률적 사고방식)가 생겨 자연스럽게 법률적으로 검토하게 된다.

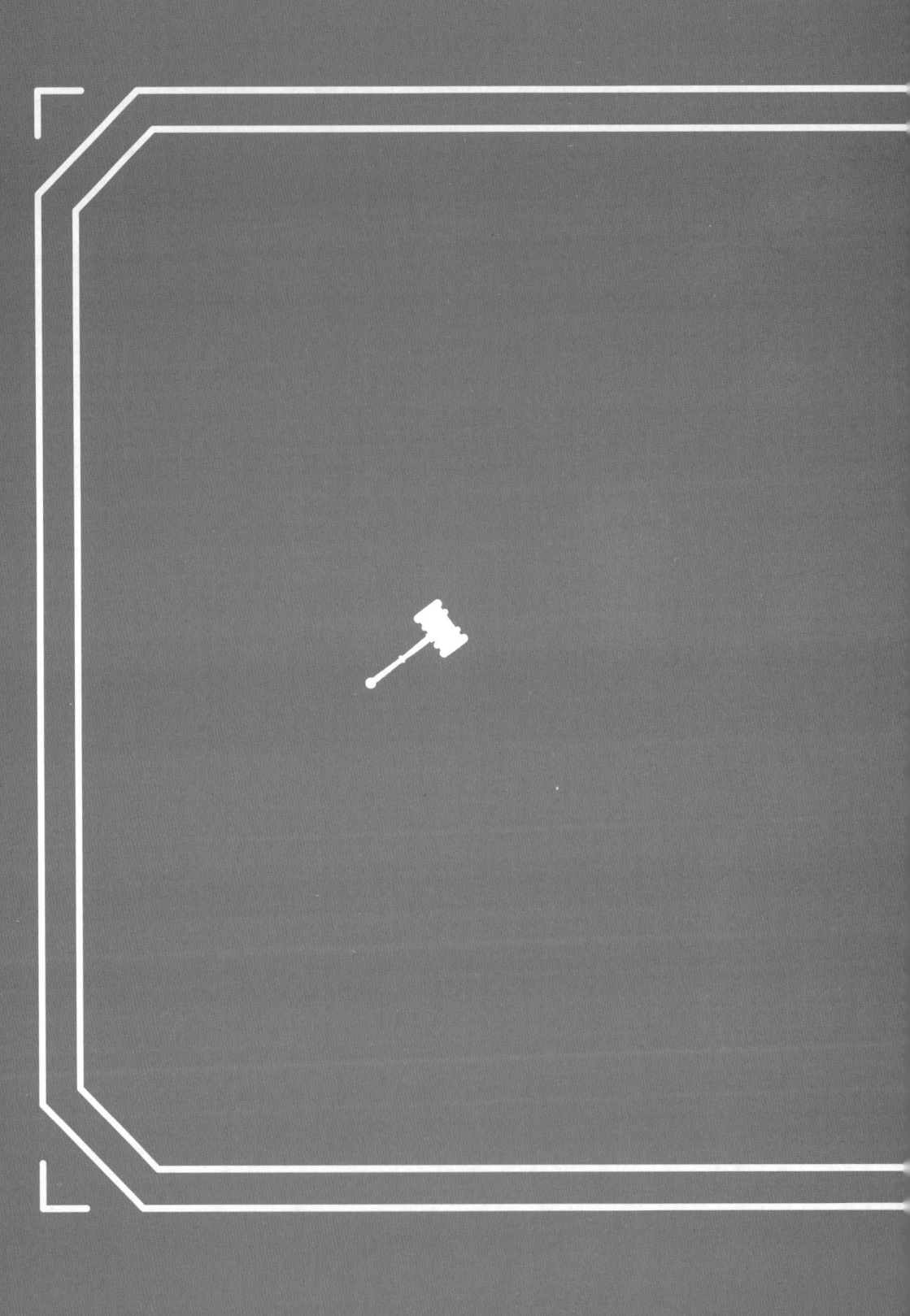

· 5장 ·

# 유치권 본격 파헤치기

# 1
# 같은 담보물권인 질권·저당권과 무엇이 다른가

유치권을 무엇이라고 할 수 있을까? 물권법상 담보물권 중의 하나이고 약정담보 물권이 아닌 법정담보물권의 하나이며 부종성(附從性), 불가분성(不可分性), 수반성(隨伴性) 등의 특징을 갖는다… 정말 어렵지 않은가? 쉽게 이해해보자. 유치권이란 못 받은 수리비를 받을 때까지 수리한 물건을 꼭 쥐고 있을 수 있는 권리다. 한마디로 '돈 줄 때까지 못 줘!'라고 떼를 쓸 수 있는 권리다. 달리 누가 보장해주지 않으므로 수리업자(혹은 공사업자)는 자기 품에 대한 대가를 받을 때까지 물건을 내놓지 않아도 되도록 법이 보장해준 권리다. 그게 유치권이다.

유치권은 담보물권이고, 담보물권에는 유치권뿐 아니라 질권과 저당권이 있다. 그러나 이 셋은 다르고, 그 가운데 유치권은 더 다르다. 그 다른 점을 살펴보면 유치권의 특징을 보다 잘 이해할 수 있다. 예를 들어보자.

- 유치권 : 시계 수리업자가 수리비를 받을 때까지 시계를 점유할 수 있는, 즉 갖고 있을 수 있는 권리
- 질  권 : 전당포 주인이 돈을 빌려 주고 시계를 갖고 있을 수 있을 뿐 아니라 제때에 갚지 않으면 시계를 처분하여 우선변제 받을 수 있는 권리
- 저당권 : 금융기관이 돈을 빌려주면서 토지나 건물을 담보로 설정하여 제때에 갚지 않으면 후에 경매 등으로 우선변제 받을 수 있는 권리

무엇이 다른지 눈치 챘는가?

유치권은 질권이나 저당권과 달리 점유할 수 있을 뿐, 이를 처분할 수 있는 권리는 없다. 또한 유치권은 질권, 저당권과 달리 채권이 발생한 물건만을 대상으로 삼을 수 있다.

이런 차이가 발생하는 이유는 유치권이 법정담보물권이기 때문이다. 법정담보물권이란 요건만 갖추면 법이 인정해주는 권리로, 물건과 관련이 있다. 반면 질권이나 저당권은 약정담보물권으로 당사자 사이의 설정행위에 따라 내용을 변경할 수 있다.

이 차이는 대단히 중요하다. 변제 받는 방식에서 큰 차이를 불러오기 때문이다. 유치권은 목적물의 유치를 통해 채권의 변제를 간접적으로 강제하는 데 반해, 질권 또는 저당권은 그 목적물을 직접 환가하여 그 대금으로부터 우선 변제를 받을 수 있다.

: 유치권, 질권, 저당권의 비교 :

| | 유치권 | 질권 | 저당권 |
|---|---|---|---|
| 성 립 | 요건이 갖춰지면 자연 발생하는 권리(법정담보물권) / 민법 320조 1항 | 설정계약과 물건의 인도에 따라 발생하는 권리(약정담보물권) / 민법 648조, 650조 | 설정계약과 등기에 따라 발생하는 권리(약정담보물권) / 민법 649조, 666조(설정청구권) |
| 목적물 | 동산·부동산 / 유가증권 | 동산(329조) / 재산권(345조) | 부동산(356조) / 지상권·전세권(371조) / 입목*, 선박, 자동차, 항공기, 불도저·기중기 따위의 건설기계(특별법 : 등기·등록이 가능한 재산권) |
| 효 력* | • 유치적 효력 ○<br>• 우선변제적 효력·물상대위 × | • 유치적 효력 ○<br>• 우선변제적 효력·물상대위 ○ | • 유치적 효력 ×<br>• 우선변제적 효력·물상대위 ○ |
| 경매권* | 있음<br>(환가를 위한 형식적 경매) | 있음<br>(우선변제를 위한 경매) | 있음<br>(우선변제를 위한 경매) |
| 간이변제충당* | 있음(322조 2항) | 있음(338조 2항) | 없음 |
| 변제기 도래 | 유치권의 성립요건 | 질권의 실행요건 | 저당권의 실행요건 |
| 물권적 청구권* | 유치권에 기한 물권적 청구권 × | 질권에 기한 물권적 청구권은 규정이 없으나 다수설 긍정 | 저당권에 기한 방해배제·예방 청구권 ○ (반환청구권 ×) |

* 입목(立木) : 토지에 부착된 수목의 집단으로서 그 소유자가 입목에 관한 법률에 의해 소유권보존등기를 받은 것
* '효력' 항목 가운데 우선변제적 효력과 물상대위는 늘 함께 다뤄진다. 법률적인 의미에서 유치권은 우선변제의 효력이 없다(현실적으로는 돈 받을 때까지 유치할 수 있는 권리이므로 사실상 우선변제의 효가 있다고 본다. 그러나 법률적으로 말하면 우선변제의 대상이 아니라는 말이다. 구분하자.) 이 특성이 중요한 이유는 해당 유치물에 화재 등이 발생하여 가치가 바뀌었을 때가 있기 때문이다. 화재로 집이 홀랑 타버린 경우, 질권자나 저당권자는 화재보험금 등에 대하여 우선변제를 인정받을 수 있다. 그러나 유치권자는 화재로 집이 소실되면 유치권도 동시에 사라진다. 이것이 법률적으로 우선변제 효력과 물상대위가 없다는 뜻이다.
* '경매권' 항목에서 주의할 점이 있다. 유치권자는 유치물을 경매에 부칠 수 있는 권한이 있다. 그러나 문제는 자신이 우선변제를 받을 수 없다는 점이다. 유치권자는 자신이 우선변제를 받을 수 있는 현실적인 방법이 점유라는 것을 알고 있다. 그래서 경매를 잘 신청하지 않는 것인데 간혹 일부 변제를 받고 일부 채권이 남아 있을 경우, 타 채권자에게 우선변제되고 남는 돈을 계산하여 경매에 부치기도 한다.
* 간이변제충당은 경매를 대신하여 간단하게 물건을 팔아서 채권을 만족시키는 방법인데 현실적으로 잘 행사되지 않는 권리다.
* 물권적 청구권 : 물권의 실현이 어떤 사정으로 말미암아 방해받고 있거나 방해받을 염려가 있을 때 물권자가 방해자에 대하여 그 방해의 제거 또는 예방에 필요한 일정한 행위를 청구할 수 있는 권리다.

이제 판례 3가지를 살펴보자. 이 세 가지 판례는 모두 유치권이 법정담보물권이라는 점을 지적한다. 이 판례들의 공통점은 따라서 유치권은 제3자에게도 주장할 수 있다는 얘기를 하고 있다.

첫 번째와 두 번째 판례는 유치권은 계약에 의해 성립되는 것이 아니라는 점을 지적하며 따라서 유치권은 인정되지 않을 뿐 아니라 제3자에게 권리를 행사할 수 없다는 점을 지적한다.

### 첫 번째 판례 : 서울북부지방법원 2011.6.9. 선고 2011가합2252 판결 【건물명도등】

#### 1) 피고 ××디앤씨의 주장

피고 주식회사 ××디앤씨(이하 '××디앤씨'라 한다)는 2006.3.30. 이 사건 부동산의 전 소유자인 소외 주식회사 ○○씨디씨(이하 '○○씨디씨'라 한다)와 이 사건 부동산 199세대에 대하여 임대차계약(이하 '이 사건 임대차계약'이라 한다)을 체결하였고, 피고 ××디앤씨는 위 계약에 따라 시설공사를 마무리하고 2006.4.25.부터 영업을 시작하였으나 임대인 ○○씨디씨와 상가 분양자들의 분쟁으로 운영이 어려웠고 결국 2007.6.30.경 폐점을 하게 되었다.

○○씨디씨는 피고 ××디앤씨가 A타워에 투입한 공사대금 및 인테리어 비용 중 85억 원을 2008.9.15.까지 지급하기로 합의(이하 '이 사건 합의'라 한다)하였다. 이 사건 합의서 전문 및 제7조 특약사항에 의하면 '유치권'이라 표현된 부분이 있는데, 이는 이 사건 A타워의 건물의 특수성을 감안하여 통상적인 경우라면 견련성이 인정되지 않아 유치권을 행사할 수 없는 경우이지만 본건에 한하여 유치권 행사를 인정하는 특약을 한 것이다. 또한, 이 사건 임대차 계약 특약사항 제3항에 의하면 임대인이 변경될 경우 동일한 조건으로 승계한다고 규정되어 있고 통상 경매로 부동산을 매수한 매수인

의 경우 이해관계자들(유치권자 등)의 정리 및 임대차보증금반환은 매수인의 책임으로 해결하여야 하는 것이므로 피고 ××디앤씨는 ○○씨디씨와의 위 특약에 기한 유치권을 원고들에게도 주장할 수 있다. 설사, 피고 ××디앤씨가 채권액 85억 원 전액에 대한 유치권을 행사할 수는 없다고 할지라도 실제로 이 사건 건물에 대해 수행한 공사대금 상당액에 대해서는 유치권을 행사할 수 있다.

### 2) 판단

먼저 유치권 특약 주장에 관하여 보건대, 유치권은 법정담보물권이므로 피담보채권과 목적물 사이에 견련관계가 없는 경우에 설사 당사자 사이에 유치권을 인정하는 합의가 있었다 해도 이는 민법상의 유치권이라고 할 수 없으므로 이를 소유자이자 제3자인 원고들에게 주장할 수 없는 것이고, 피고 ××디앤씨의 주장과 같은 이 사건 임대차 계약상의 승계 규정이 인정된다 해도 이를 계약당사자가 아닌 제3자에 당연히 주장할 수 있는 것은 아니며 경매를 통하여 부동산을 매수한 매수인이라 하여도 매수인이 임대인의 지위를 승계한 것이 아닌 이상 전 소유자와 임차인 사이의 특약에 의한 의무를 이행하여야 하는 것은 아니므로, 피고 ××디앤씨의 이 부분 주장은 주장 자체로 이유 없다.

---

---

### 두 번째 판례 : 대전지방법원 2008.5.28. 선고 2007나12997 판결 【건물명도】

#### 가. ×층 부분에 대한 유치권의 성부

부동산의 점유 외에는 달리 공시방법이 없는 유치권의 경우에는 목적물의 점유와 피담보채권 사이에 구체적인 견련성이 있어야 하고, 따라서 피고가 최근까지 점유해왔던 이 사건 건물의 층에 대하여 원고에게 유치권을 행사하기 위해서는 '위 ×층에 관하여 생긴 채권'이 존재하여야 한다(민법 제320조 제1항 참조). 그런데 피고는 ×××과 체결한 2004.11.10.자 합의서에 기하여 이 사건 건물의 ×층 부분을 점유하기 시작한 것으로 보이는데, 위와 같은 합의에 기한 피고의 손해배상채권은 ×층 부분에 관하여 생긴 채권이 아닐 뿐만 아니라 피고와 ××× 사이의 위 합의는 단지 피고의 손해배상채권을 변제받기 위한 내부적인 약정에 불과하기 때문에, 위와 같은 약정에 기하여 피고가 제3자인 원고에게 유치권을 행사하기는 어렵다. 피고의 이 부분 유치권 주장은 이유 없다.

---

세 번째 판례는 첫 번째, 두 번째 판례의 사건과 반대의 경우를 다룬다. 원심이 유치권을 인정하지 않고 임차인을 불법점유자로 본 데 대하여 대법원은 임차인의 유치권을 인정하며 또한 집의 새 주인에 대해서 유치권을 주장할 수 있다고 밝힌다.

---

### 세 번째 판례 : 대법원 1972.1.31. 선고 71다2414 판결 【가옥명도】

#### 피고의 상고이유 제2점에 대한 판단

원판결 이유에 의하면 원심은 피고의 유익비, 유치권 주장에 대하여 피고는 1967.9.2. 당시 본건 건물의 소유자였던 소외 1(동대리인 남편 소외 2)로부터 동 건물을 보증금 300,000원에 3년간의 기간으로 임차한 다음 동건물이 노후하여 소유자와 합의하에 수리비는 이사 갈 때 상환받기로 약정하고 동년 10월 중순경 공사금 246,000원을 들여 개수하고 또 1968.4 중순경 공사비 금 80,100원을 들여 개수하였으며 그 증가액이 현존하고 있음을 인정할 수 있어 위 유익비 도합 금 326,100원의 상환을 청구할 수 있으며, 원고로부터 상환을 받을 때까지 위 건물을 유치할 권리가 있다고 인정한 다음 피고가 1969.5경 공사비 금 112,000원을 들여 위 건물을 개수하였으므로 그 공사비의 상환 채권에 관하여도 유치권이 있다고 주장하나 위 건물에 관하여 1969.3.3. 그 소유자 소외 1로부터 소외 3 앞으로 소유권이전등기가 되었으니 피고가 동 건물의 신 소유자와의 간에 위 건물 임차권의 존속에 관하여 특단의 합의가 없는 한 그때부터 불법점유가 되므로 그 주장과 같은 공사비를 들여 동 건물을 개수하였다 하더라도 동 공사비의 상환채권(*나중에 돌려받을 수 있는 채권)에 관하여는 유치권이 성립되지 않는다 할 것인데 피고가 신 소유자로부터 동 건물 임차권의 지속에 관한 동의를 얻었다는 주장과 입증이 없으므로 위 공사비 금 112,000원의 상환채권에 관한 유치권이 있다는 주장은 이유 없다고 배척하였다.

그러나 피고가 본건 건물이 제3자인 소외 3에게 소유권이전등기 경료 전의 본건 건물에 관한 유익비(326,100원)의 상환청구권이 있고, 건물의 소유자가 변동된 후에도 위 건물에 대한 유치권이 있다고 함은 원판결이 위 전단에서 확정한 바이고, 그러하다면 피고가 위 건물의 소유자가 변동 후에 계속하여 점유하는 것은 유치권자인 피고가 유치물에 대한 보존행위로서 점유하는 것이므로 적법행위라 할 것이고, 그 소유자 변동 후 유치물에 관한 필요비, 유익비를 지급하고 그 유익비에 관하여는 가격의 증가가 현존한다면 그 유익비의 상환청구권도 민법 제320조의 소위 그 물건에 관하여 생긴 채권이라 할 수 있고, 따라서 위 유익비 금 112,000원도 앞에서 본 유익비(금 326,100원)와 같이 그 변제를 받을 때까지는 본건 건물을 유치하고 명도를 거부할 수 있다 할 것임에도 불구하고, 원심이 그 소유자 변동 후의 점유를 불법점유라고 보고 위 유익비 금 112,000원에 대하여는 유치권이 성립될 수 없다고 판단하였음은 유치권에 관한 법리를 오해한 위법이 있고 이는 판결에 영향을 미쳤다 할 것이므로 이 점에 대한 상고 논지는 이유 있다.

* 핵심 요약 : 유치권자가 점유하고 있는 유치물에 대하여 그 소유자가 바뀌더라도 유치권자의 점유는 유치물에 대한 보존행위로서 하는 것이므로 적법하고 그 소유자 변동 후 유치권자가 유치물에 관하여 새로이 유익비를 지급하여 그 가격의 증가가 현존하는 경우에는 이 유익비에 대하여도 새 소유자에게 유치권을 행사할 수 있다. 이는 유치권이 당사자 사이에서만 효력이 있는 채권이 아니라 제3자에게도 대항할 수 있는 물권이라는 증거다.

## 2. 비슷하지만 다른 권리, 유치권과 동시이행항변권

　피고가 길 잃은 말이 자기 밭에 들어와 벼를 먹어치우는 모습을 보고 이를 데려다가 보관하며 주인이 나타날 때까지 기다린 모양이다. 원고는 말 주인이고 피고는 말을 임시 보호 중인 사람이다. 피고는 말이 벼를 먹어치워 손해를 입었고, 또한 말을 보호하는 동안 비용이 들었으니 이를 지불하면 돌려주겠다고 버텼다. 그러다 법정까지 오게 되었다. 물론 상식적으로 말 주인이 피고에게 손해를 배상해주어야 한다. 다음 판례를 살펴보자.

---

**대법원 1969.11.25. 선고 69다1592 판결 【축마인도】**

원심은 본건 말 2필이 원고의 피상속인 망(*사망자) 소외인의 소유이었는데 피고가 1965.7.18. 이를 습득하여 그달 25일 그 습득계출을 하고 1966.10.21. 그 가압류가 있을 때까지 약 1년 3개월간 이를 점유 사육한 사실을 인정한 다음 설사 피고가 이 말들을 그 소유자인 원고에게 내줄 의무가 있다 하더라도 위 말들이 북제주군 구좌면(상세지번 생략) 밭 4,959평 중 약 3,000평에다 심어놓은 피고 소유의 육도를 먹은 까닭에 피고는 그로 인해서 그 경작지의 평균수확량 정미 10섬의 절반 5섬 시가 15,000원 상당의 감수피해를 보았고, 또 피고는 그 말들의 사육비로서 하루 50원씩 약 1년 3개월간 도합 22,500원을 지출하였으므로 원고는 위 말들에 관해서 생긴 손해와 비용 도합 52,500원을 피고에게 지급하지 않고는 그 말의 인도만을 구하는 것은 부당하다 하고 원고의 청구를 배척하였다. 그러나 물건의 인도를 청구하는 소송에 있어서 피고의 유치권 항변이 인용되는 경우라도 원고의 청구를 전적으로 배척할 것이 아니라 <u>그 물건에 관해서 생긴 채권의 변제와 상환으로 그 물건의 인도를 명하여야 된다 할 것이므로</u> 이와 견해를 달리한 원심판결은 필경 유치권에 대한 법리를 오해하여 판결결과에 영향을 미쳤다.

---

이어서 내용은 다르지만 받지 않으면 주지 않는다는 같은 취지를 설명하는 판례 한 가지를 더 보자.

---

### 대법원 1973.1.30. 선고 72다1339 판결 【가옥명도】

피고의 상고이유를 살피건대,

원판결 이유에서 "피고는 계쟁(*문제를 해결하거나 목적물에 대한 권리를 얻기 위하여 당사자끼리 법적인 방법으로 다툼) 건물과 대지에 대한 1968, 1969, 1970년의 3개년의 1, 2기분 재산세 10,764원을 납부하고, 1970.8.중순경 변소 및 창고 보수비, 지붕수리비로 도합 금 13,8000원, 1970.10.초순경 하수구 공사비 8,000원, 같은 달 하순경 통로 확장노변 하수구 개설비로 금 20,000원, 1971.3.중순경 매몰된 우물 보수비조로 금 30,000원을 들여 필요비, 유익비로 각 지출하였으므로 이를 상환받지 않는 한 원고 청구에 응할 수 없다고 항쟁하므로 보건대 (중략) 피고 주장과 같은 필요비와 유익비를 지출하였다고 하더라도, 이는 민법 제626조에 의하여 임대인에게 주장할 수 있는 사유에 불과하고 원고에게는 주장할 수 없다 할 것이니 피고의 항쟁은 이유 없다"라고 판시하였다.

그러나 위 원판결 설시와 피고의 변론의 전 취지에 의하면, 피고는 유치권을 주장한 취지가 분명하고, 피고가 유치권을 취득하였다면 경매법 제3조 3항에 의하여 <u>경락인인 원고는 유치권자인 피고에게 변제하지 아니하면 경매의 목적물인 이 건 가옥의 명도를 청구할 수 없음에도</u> 원판결이 위에서 본 바와 같이 판시하였음은 유치권의 법리를 오해하였거나, 이유를 명시하지 아니한 잘못이 있다 할 것이므로 논지는 이유 있고 원판결은 파기를 면치 못할 것이다.

---

우리가 이 두 가지 판례에서 살펴보려고 하는 것은 유치권의 어떤 특성이다. 즉 유치권은 무작정 점유 인도를 거절할 수 있는 권리가 아니다. 그 목적이 채권의 만족(못 받은 돈을 받는 것)이므로 돈을 받게 되면 그 즉시 점유를 넘겨야 한다. 그래서 판결에서도 채권의 변제와 상환으로 그 물건의 인도를 명하여야 된다고 말한다. 이를 상환급부이행 판결이라고 하는데 이는 동시이행항변권과 관련된 소송에서도 종종 볼 수 있는 주문이다. 다음은 동시이행항변권을 규정한 법 조항이다. 얼핏 보면 유치권과 매우 흡사하다.

---

**민법 제536조 (동시이행의 항변권)**

① 쌍무계약의 당사자일방은 상대방이 그 채무이행을 제공할 때까지 자기의 채무이행을 거절할 수 있다. 그러나 상대방의 채무가 변제기에 있지 아니하는 때에는 그러하지 아니하다.

---

유치권과 동시이행항변권의 차이는 물권과 채권의 차이다. 동시이행항변권은 쌍무계약[계약당사자가 서로 대가적(代價的) 의미를 가지는 채무를 부담하는 계약으로 쉽게 말하면 '네가 물건을 주면 나도 돈을 주겠다.'는 것으로 유상계약은 거의 쌍무계약으로 봐도 무방하다.]의 일방당사자가 상대방으로부터 채무의 이행을 받을 때까지 전기의 선(先)이행을 거절할 수 있는 권능이다. 한마디로 네가 주기 전까지는 나도 줄 생각이 없다고 버틸 수 있는 권리다. 반대로 상대방이 돈을 갚으면 그때는 위 항변권을 주장할 수 없다. 받는 즉시 갚아야 한다. 예컨대 임대차 계약 종료 시에 보증금을 반환받지 못한 임차인은 동시이행항변권을 행사하여 임차물의 반환을 거절할 수 있지만 임대인이 보증금을 주면 임차인은 집을 비워주어야 한다.

유치권 역시 돈을 받기 전까지는 점유를 넘겨주지 않을 수 있는 권리다. 판결에서도 상환급부이행 판결(원·피고 쌍방이 서로 주고받을 것을 전제로 내리는 판결)을 내리는 점에서 동시이행항변권과 흡사하다. 즉 A가 B에게 甲을 인도함과 동시에 B는 A에게 乙을 지급하라는 식이다.

그러나 유치권은 물권이고 항변권은 채권이다. 그래서 다음과 같이 점유라는 근본적인 차이가 생긴다.

**차이1** : 유치권은 물권으로서 물건을 지배할 수 있는 권능을 갖기 때문에 과실수취권(민법 제323조 제1항, 예컨대 나무에서 열매가 맺히면 나무의 점유자가 이를 가질 수 있는 권리), 경우에 따라 유치물 사용권(민법 제324조 제2항 예컨대 소유자가 허락하거나 하는 경우에 유치물을 쓸 수 있는 권리)을 갖는 데 반하여 동시이행항변권은 점유할 대상이 없으므로 이와 같은 권리 자체가 없다.

**차이2** : 견련성의 관점에서 바라보아도 차이점을 발견할 수 있다. 유치권은 피담보채무가 그 물건 또는 유가증권에 관하여 발생한다. 그러나 동시이행항변권은 '쌍무계약에서 이행상의 견련성'이 있어야 한다. 즉 쌍무계약에서 발생하고 두 개의 상환채무가 서로 반대방향으로 성립하여야 한다.

**차이3** : 또한 권리를 누구에게 행사할 수 있는지의 문제에서도 차이를 발견할 수 있다. 유치권은 물권이므로 채무자가 아닌 제3자에게도 행사할 수 있는 권리이며, 동시이행항변권은 계약당사자 사이에만 행사할 수 있는 권리다. 즉 유치권자는 A를 가지려고 하는 누구에게나 그 점유를 넘겨주지 않을 수 있는 권리인데 반해 동시이행항변권은 계약을 맺은 그 상대방에 대해서만 채무의 이행 따위를 거절할 수 있는 권리다.

**차이4** : 또 유치권은 민법상 유치권자에 부여한 경매 신청권, 간이변제충당권, 타담보제공 소멸피청구권, 별제권 등이 있음에 반하여 동시이행항변권은 민법조항 기재 권능(권리를 주장하고 행사할 수 있는 능력) 외에 다른 권능은 없다.

그러나 유치권과 동시이행항변권이 동시에 성립하는 경우도 있다. 예컨대 갑이 을에게 시계의 수리를 의뢰했을 경우이다. 갑은 을에게 수리비를 지급할 의무가 있고,

을은 갑에 대하여 시계를 수리할 의무가 있고 또 갑에게 수리비를 지급받을 권리가 있다. 이 경우 수리비를 언제 줄지 따로 정한 게 없으므로 민법 378조 제2항에 의해 위 계약은 원래 민법상 도급계약으로 갑을은 쌍무계약이 성립되어 서로 동시이행항변권을 갖게 된다. 한편 이 갑의 시계를 계속 점유하면서 갑의 수리비 지급을 독촉하고 있다면 을은 피담보채권을 수리비지급청구권으로 하고 있는 유치권자로도 볼 수 있다.

: 유치권과 동시이행항변권의 비교 :

| | 유치권 | 동시이행의 항변권 |
|---|---|---|
| 의의 | 타인의 물건 또는 유가증권의 점유자가 그로부터 발생한 채권을 가지는 경우에 그 채권의 변제가 있을 때까지 목적물을 유치할 수 있는 권리 | 쌍무계약의 당사자 일방이 변제기에 있는 상대이 그 채무이행을 제공할 때까지 자기의 채무이행을 거절할 수 있는 권능 |
| 공통점 | • 공평의 원칙에 근거<br>• 상대방의 인도청구가 있는 경우 상환급부 판결(네가 주면 나도 준다.) | |
| 법적 성질 | 단순한 인도거절권이 아니고 목적물을 점유할 수 있는 독립의 물권 : 누구에게나 주장 可 | 특정의 채권자가 가지는 단순한 거절권능으로서 채권적 권리 : 특정한 계약상대방에 대해서만 주장 可 |
| 목적 | 유치권자의 채권담보 목적 | 당사자 일방만이 先이행을 강요당하는 것을 방지 |
| 내용 | 인도거절권 | 일체의 채무이행을 거절할 수 있는 권리 |
| 주의의무 | 선량한 관리자의 주의의무 | 불특정물의 경우 자유로이 사용수익처분, 특정물의 경우 선관의무 |
| 급부가치 | 채권과 상대방의 반환청구권은 대가관계, 동일 가치 불요. | 쌍방의 채무는 서로 대가관계가 있어야 |
| 불가분성 | 채권의 전부를 변제받을 때까지 유치물의 전부에 대해 권리 행사 | 일부의 제공을 한 경우 미제공의 부분에 대해서만 그 권리를 행사할 수 있는 경우가 있음(상대방의 급부가 가분인 경우). |
| 병존가능성 | 채권이 목적물에 관하여 생긴 것이면서 쌍무계약에 기하여 생긴 것이면 병존 可 | |

그런데 시계의 소유자가 바뀌게 되면 동시이행항변권과 유치권은 그 권리를 주장할 수 있는 대상이 달라진다. 동시이행항변권은 옛 주인에게 주장할 수 있는 권리다. 그와 계약을 맺었기 때문이다. 반면 유치권은 새 주인에게도 주장할 수 있는 권리다. 유치권은 물권이기 때문이다.

# 3. 민법 320조에서 말하는 유치권이란

　유치권이란 공평(公平)의 원칙에서 기인한 것이다. 무엇이 공평인가? 예컨대 물건의 수리를 맡긴 자가 수리비를 주기 전에 수리가 완료된 물건을 돌려받게 되면 그의 마음에 어떤 변화가 예상되는가? 화장실 들어가기 전과 나온 뒤의 마음이 달라지는 게 인지상정이듯 물건을 돌려받은 사람은 수리비 지불을 게을리 할 가능성이 생긴다. 아쉬운 게 없는 입장이다. 이런 불공평한 결과를 방지하기 위해 만든 제도가 유치권이다(물론 유치권자는 보호를 받을 수 있게 되었지만 반대로 이 물건과 관련된 다른 채권자들은 불리한 입장에 처하게 되었다는 제도적인 문제점도 안고 있다.).

　어쨌든 그렇게 해서 유치권이라는 제도가 탄생했고, 민법 제320조에 유치권의 내용을 명시하고 있다. 다시 한 번 유치권 99자를 7가지 항목으로 나누어서 확인해 보자.

### 1) 타인의 물건 또는 유가증권을

유치권의 대상이 되는 물건을 정의하고 있다. 이때 물건이란 민법상 물권의 객체가 되는 유체물 및 전기 기타 관리할 수 있는 자연력을 말한다. 말이 너무 어렵다. 사람이 관리할 수 있는 모든 것을 물건이라고 정의하는데 경매의 대상은 물건 또는 유가증권으로 한정된다. 유가증권은 개인의 권리가 표시된 증권, 채권, 주식, 어음이나 수표 따위를 말한다. 한마디로 채무자 소유의 물건 또는 유가증권이 유치권의 대상이다. 한편 눈에 보이지 않는 무형(無形)의 채권이나 지적재산권은 그 대상이 아니다.

### 2) 점유한 자는

점유란 물건에 대한 사실상의 지배를 말한다. 사회관념상 해당 물건이 어떤 사람의 지배하에 있다고 인정되는 객관적인 관계다. 다만 점유의 개념에 있어 관념적인 간접점유나 점유보조자에 의한 점유가 있으므로 유의할 필요가 있다. 점유를 빼앗겼을 때는 '직시(直時, 시간적으로 24시간이면 직시라는 조건을 만족한다.)' 자력구제를 하거나 혹은 '직시'가 불가능하면 점유회수의 소를 제기하여 승소하였을 때는 그 빼앗긴 기간에도 점유를 지속한 것으로 인정해준다. 반면 점유를 상실하면 유치권을 잃는다. 그러나 점유가 보이지 않는 명도단행 가처분(아직 채무명의가 없는 단계에서 가처분 결정을 받아 명도를 집행하여 사실상 채권의 만족을 얻는 것)이나 강제집행 되어 집행관에게 점유가 이전될 때도 있다.

### 3) 그 물건이나 유가증권에 '관하여' 생긴

'관하여'를 두고 학자들은 일원설, 이원설 등으로 대립하기도 한다. 어쨌든 이 말은 그 물건이나 유가증권이 채권과 관련이 있어야 한다는 말이다. 채권이 물건 자체에서 발생하는 경우뿐 아니라 채권이 물건의 반환청구권과 동일한 법률관계 또는 사실관계에서 발생하는 경우도 포함한다. 그러나 일반 채권은 유치권의 기반이 될 수 없다.

사실 채권과 물건과의 관계가 유치권 식별에서 가장 중요한 사항이다. 그러나 그 관련성이 명확하지 않으므로 판례를 참조할 수밖에 없다. 사례를 일일이 접하면서 이를 경험적으로 유형화하여 기준을 잡는 것이 좋은 방법이다.

### 4) 채권이

채권, 즉 피담보채권이 없으면 유치권도 없다. 채권이 사라지는 경우는 두 가지다. 하나는 변제, 즉 채무를 갚게 되면 채권이 사라진다. 다른 하나는 소멸시효가 되면 채권은 사라진다. 민법 제163조에 3년의 단기소멸시효가 적용되는 권리가 등장한다. 이 조항에서 지정한 채권은 3년간 권리를 행사하지 않으면 소멸시효가 완성된다. 즉 3년이 지나면 채권이 사라진다. 해당 채권은 다음과 같다.

② 도급받은 자, 기사 기타 공사의 설계 또는 감독에 종사하는 자의 공사에 관한 채권
(공사에 관한 채권이나 1년 이내의 기간을 정한 아파트 관리비는 소멸시효가 지급기일의 다음날부터 3년)

### 5) 변제기에 있는 경우에는

변제기란 별다른 계약이 없는 경우 공사가 끝난 시점을 말한다. 공사 혹은 수리가 끝났으니 돈을 지불하는 것은 당연하다. 특별한 사정이나 약정이 없으면 이때가 변제기다. 한편 법원에서 상환기간 연장을 허여(허락)하면 역시 변제기가 아니다.

### 6) 변제를 받을 때까지 그 물건 또는 유가증권을 유치할 권리가 있다

유치권이란 밀린 수리비 혹은 공사비를 받기 위해 주장하는 것이므로 이런 피담보

채권(수리비 혹은 공사비 등)의 변제를 받을 때까지 그 물건 또는 유가증권을 내놓으라는 그 누구의 주장도 거절할 권리가 있는 것이다. 따라서 변제가 없으면 그 물건 또는 유가증권을 반환할 이유가 없다.

### 7) 전항의 규정은 그 점유가 불법행위로 인한 경우에 적용하지 아니한다

점유를 시작할 때나 점유가 나중에 적법성을 잃을 때는 유치권을 인정할 수 없다. 따라서 점유의 불법성이 확인되면 유치권이 성립하지 않거나 소멸을 청구할 수 있다. 참고로 법에서 정하는 불법행위란 '고의 또는 과실로 타인에게 손해를 가하는 위법행위(민법제750조)'를 말한다.

위의 내용을 다시 수리업자의 예를 통해 되풀이해서 이해해보자.

| 유치권 성립 요건 | 현 사건에 대입 | 성립 여부 |
|---|---|---|
| 1. 타인의 물건 또는 유가증권을 | 위탁자의 시계를 | ○<br>자기 물건에 대한 경우에는 유치권 불성립 |
| 2. 점유한 자는 | 가지고 있는 수리업자는 | ○<br>저당권은 점유할 필요가 없다. 그러나 유치권은 점유가 없으면 성립하지 않는다. |
| 3. 그 물건이나 유가증권에 관하여 생긴 | 시계를 수리하여 생긴 | ○<br>수리한 물건, 공사한 건축물에 대해서 생기는 권리가 유치권이다. 이를 견련성이라고 한다. 반면 질권이나 저당권은 채권과 물건 사이에 그런 관계가 필요하지 않다. |
| 4. 채권이 | 수리비가 | ○<br>아직 받지 못한 수리비 혹은 공사비가 채권이다. |
| 5~6. 변제기에 있는 경우에는 변제를 받을 때까지 그 물건 또는 유가증권을 유치할 권리가 있다. | 수리를 마쳤을 때에는 수리비를 받을 때까지 시계를 유치할 권리가 있다. | ○<br>보통, 수리가 끝나면 바로 수리비를 갚게 되어 있다(이를 변제기에 있다고 한다). 따라서 수리업자는 돈을 받을 때까지 이를 보관하며 위탁자의 반환 청구를 거절할 권리가 있다. 참고로 계약의 성격에 따라 변제기가 다를 수 있다. |
| 7. 전항의 규정은 그 점유가 불법행위로 인한 경우에 적용하지 않는다. | 전항의 규정은 시계를 갖고 있는 것이 강취나 폭력을 쓴 경우에는 적용하지 않는다. | ○<br>한편 소유자(위탁자)의 동의 없이 물건을 마음대로 처분하거나 제3자에게 사용토록 하면 이는 불법점유이전에 해당되어 유치권이 성립하지 않는다. |
| 총 평 | 수리업자는 유치권자가 맞다. | |

# 유치권 성립 요건을 다른 관점에서 살펴보면

유치권의 성립 요건을 다른 관점에서 살펴보자. 아래는 시간, 공간, 관계, 법률적인 관점에서 유치권의 성립 요건을 요약한 것이다. 위의 표와 중복되는 내용이지만 다른 관점에서 바라보므로 유치권 이해에 도움이 될 것이다.

〈시간적으로〉

- 채권이 변제기에 있어야 한다.
- 점유가 시작된 날짜가 경매개시결정 기입등기(경매의 경우) 전에 이루어져야 한다(대법원 2005.8.19. 선고 2005다22688 판결 참조). ▶ 이 요건의 중요성은 아무리 강조해도 지나치지 않다.

〈공간적으로〉

- 물건을 점유하고 있어야 한다.
- 점유는 불법행위에 의하지 않아야 한다.

〈관계적으로〉

- 타인의 것에 대해서만 유치권을 주장할 수 있다.
- 채권이 경매대상물건에 관하여 생긴 것이어야 한다(견련성).

〈법률적으로〉

- 채권이 성립되어야 한다. 소멸시효가 완성되어서는 안 된다.
- 물건 또는 유가증권이어야 한다. 부속물이나 부합물, 종물이어서는 안 된다.

# 4 유치권의 독특한 법적 성질

## 1) 유치적 효력 : 사실상 우선변제의 효

유치권은 공평의 원칙에 따라 만들어진 것이지만 반면 유치권 때문에 다른 채권이 실제적으로 후순위로 밀리는 불공평한 결과도 낳게 되었다. 이런 사정을 만든 게 유치적 효력 때문인데 유치권은 적극적으로 돈을 달라고 독촉할 수 없는 권리임에도 사실상 우선변제의 효력을 갖게 된다.

유치적 효력을 이처럼 강력하게 만든 것은 바로 점유 때문이다. 돈을 받을 때까지 아무도 이 물건에 손을 못 댄다. 물론 직접적으로 돈을 내놓으라고 법정에 소송을 걸 수도 없다. 그래서 이를 '간접적으로 채무의 변제를 강제하는 권리'라고 부른다. 이 역시 유치적 효력이다. 유치권이 아니라 일반 담보권자의 경우는 채무를 전부 변제받지 못하면 목적물을 환가한 매각대금으로부터 후순위 채권자보다 우선변제를 받을 수 있다. 반면 유치권은 저당권이나 질권처럼 법률상 우선변제권이 없지만 매수인이 유치권의 피담보채권을 변제할 책임이 있다(민사집행법 제91조 제5항)고 밝힌다. 또한 피담보채권이 전부 변제되기 전까지는 유치할 수 있는 권리를 부여, 유치권자는 언제든지 매수인의 인도 요구를 거절할 권리가 있다. 이 거절할 권리가 현실적으로 매수인의 변제를 강제하게 되므로 사실상 우선변제의 효력이 있다고 말하는 것이다.

아래 판례에서도 유치권에 사실상 우선변제권이 있음을 인정하고 있다(하지만 유치권자가 유치물을 경매에 넘기는 순간 우선변제의 효력을 누릴 수 없게 된다는 점을 기억하자. 이것이 법률적으로 우선변제를 인정하는 것과 사실상 우선변제의 효가 있다는 말의 차이다.).

---

### 서울고등법원 2011.6.9. 선고 2010나109390 판결 【피담보채권부존재확인등】

한편 유치권은 우선변제권은 없으나 <u>피담보채권을 변제받을 때까지 목적물의 인도를 거절할 수 있고, 경매의 경우 매수인은 유치권자에게 그 유치권으로 담보하는 채권을 변제할 책임이 있으므로</u>(민사집행법 제91조 제5항, 제268조), A가 유치권을 행사하고 있는 한 사실상 우선변제권이 있는 것과 마찬가지이다. 따라서 채권자대위권의 행사요건으로서 채무자인 피고 B의 무자력 여부를 판단할 때 A의 유치권의 피담보채무 상당액은 이 사건 부동산 가액에서 공제함이 상당하다. 그런데 유치권자는 채권 전부를 변제받을 때까지 유치물 전부에 대하여 그 권리를 행사할 수 있으므로(민법 제321조), A는 이 사건 부동산에 관하여 청구금액 83억 원 전부를 피담보채무로 하여 유치권을 행사할 수 있다고 봄이 상당하다. 따라서 이 사건 부동산의 가액을 2007.11.경의 감정가액 3억 7,100만 원(을 제2호증)이라 하더라도 A의 유치권의 피담보채무가 83억 원인 점을 감안할 때 이 사건 부동산은 실질적으로 재산적 가치가 없으므로, 피고 B는 무자력 상태에 있다.

---

### 2) 부종성 : 유치권은 그림자처럼 채권을 따라다닌다

유치권은 채권의 그림자다. 채권이 생기면 유치권도 따라 생기고, 채권이 존속할 때만 유치권도 지속된다. 또한 채권이 소멸하면 유치권도 사라진다(이때 채권은 '피담보채권'이다.). 이처럼 주된 권리(채권)와 운명을 같이 하는 성질을 '부종성'이라고 부른다. 유치권을 행사하는 이유는 철저히 채권의 만족을 위해서다. 따라서 채권은 목적이 되고 유치권은 수단이 된다. 수단인 유치권은 목적인 채권에 대하여 부종성을 갖는다고 표현할 수 있다.

### 3) 수반성 : 채권이 가면 유치권도 따라간다

피담보채권이 이전하면 유치권도 이전하며 피담보채권 위에 부담이 설정되면 유치권도 그 부담에 복종한다. 유치권은 혼자 존재할 수 없는 권리다. 따라서 피담보채권과 분리된 유치권의 양도 합의는 무효다. 그러나 채권이 넘어갔다고 유치권도 무조건 따라가는 것은 아니다. 점유가 함께 가야 한다. 점유는 유치권 성립의 필수 요건이기 때문이다.

다음 판례는 부종성과 수반성을 함께 다루고 있다. 둘은 아래 표현처럼 '채권에 부종되고 수반되는 성질을 가진다' 하는 식으로 늘 붙어다니는 경향이 있다. 이 사건에서 원고는 아직 공사대금 채권(피담보채권)을 다 못 받았으므로 사건 건물을 유치할 권리가 있다고 주장한다. 그러나 법원은 그들이 채권을 타인에게 양도하였으므로 더 이상 유치권을 주장할 수 없다고 판단, 원고 패소 판결을 내린다. 살펴보자.

---

**서울고등법원 1997.4.10. 선고 96나800 판결 【공사대금】**

원고는, 피고들로부터 이 사건 건물의 신축공사와 관련하여 발생한 위 공사잔대금 채권을 상환받을 때까지는 이 사건 건물 중 4, 6층을 유치할 권리가 있다고 주장한다. 그러므로 살피건대, 피고들이 원고에게 지급할 이 사건 건물에 관한 공사대금이 여전히 남아 있는 사실은 앞서 본 바와 같으나, 다른 한편, <u>유치권은 그 목적물과 채권상의 견련성을 요건으로 하여 당연히 발생하는 법정담보물권으로서 채권에 부종(附從)되고 수반(隨)되는 성질을 가진다고 할 것인바</u>, 원고는 1995.1.19. 참가인에게 원고의 피고들에 대한 이 사건 공사대금 등 채권을 금 880,161,000원으로 평가하여 양도하고 1995.2.18. 피고들에게 확정일자[*그 문서가 그 날짜에 존재하고 있었다는 것을 증명. 한편 기입일자는 공증기관(공증인, 법원 공무원)이 사문서에 기입] 있는 내용증명 우편으로 위 채권양도 사실을 통지한 사실을 스스로 인정하고 있고, 위와 같은 채권양도 후에도 참가인이 아닌 원고가 여전히 이 사건 건물 중 4층 및 6층을 점유하고 있는 사실은 앞서 본 바와 같으므로, 이미 이 사건 공사대금 채권을 제3자에게 양도해 버린 원고로서는 더 이상 유치권을 행사할 수 없는 것이고, 결국 피고들의 명도청구를 저지하기 위한 원고의 위 주장은 이유 없다고 할 것이다.

---

### 4) 불가분성 : 유치물은 나눌 수 없다

예를 들어보자. 철수는 영철이에게 천 원을 받기 위해 구슬 10개를 점유하며 유치권을 주장하고 있다. 그런데 영철이가 900원을 주며 한 개당 100원씩 계산해서 9개를 내놓으라고 한다. 이때 철수는 아직 100원이 남아 있으므로 구슬 10개 전부에 대하여 유치권을 주장할 수 있다. 단 1개의 구슬도 반환하지 않아도 된다는 말이다. 이를 유치권의 불가분성이라고 한다.

채권이 소멸하는 형태에는 여러 가지가 있다. 위의 예처럼 직접 돈을 갚는 '변제'가 있고, 또한 채권자가 이제 안 갚아도 된다고 하는 '면제'가 있다. 또한 채권자와 채무자가 같아지는 '혼동'이 있고, 채무 관계에 변화가 생겨 구채권은 사라지고 신채권이 생기는 '경개'가 있다. 어떤 경우든 채권이 사라지면 유치권도 당연히 연기처럼 사라져야 하지만 만일 영철이와 철수의 예처럼 조금이라도 채권이 남아 있다면 이 경우 유치권자는 여전히 목적물 전부에 대하여 유치권을 행사할 수 있다. 이는 유치권의 효력을 강화하기 위해 인정되는 것으로 일부만 변제되었을 경우 유치물 전부에 대하여 경매신청이나 간이변제충당을 받을 수 있도록 하기 위함이다. 아래 판례는 유치권의 불가분성에 대해서 설명하며 그 목적물이 분할 가능하거나 여러 개의 물건인 경우에도 똑같이 적용된다고 못 박는다.

---

**대법원 2007.9.7. 선고 2005다16942 판결 [건물명도]**

1. 민법 제320조 제1항은 "타인의 물건 또는 유가증권을 점유한 자는 그 물건이나 유가증권에 관하여 생긴 채권이 변제기에 있는 경우에는 변제를 받을 때까지 그 물건 또는 유가증권을 유치할 권리가 있다."라고 규정하고 있는바, 여기서 그 물건에 관하여 생긴 채권이라 함은, 위 유치권 제도 본래의 취지인 공평의 원칙에 특별히 반하지 않는 한, 채권이 목적물 자체로부터 발생한 경우는 물론이고 채권이 목적물의 반환청구권과 동일한 법률관계나 사실관계로부터 발생한 경우도 포함한다고 할 것이고, 한편 민법 제321조는 유치권자는 채권전부의 변제를 받을 때까지 유치물전부에 대하여 그 권리를 행사할 수 있다."고 규정하고 있으므로, 유치물은 그 각 부분으로써 피담보채권의 전부를 담보한다고 할 것이며, 이와 같은 유치권의 불가분성은 그 목적물이 분할 가능하거나 수 개의 물건인 경우에도 적용된다고 할 것이다.

---

# 매수인의 '채권을 변제할 책임'이란?

낙찰자, 즉 매수인이 유치권이 걸려 있는 물건을 경매로 소유하게 되었을 때 그에게는 채권을 변제할 책임이 따르게 된다. 다음 법조항이 이를 밝히고 있다.

---

**민사집행법 제91조 (인수주의와 잉여주의의 선택등)**

⑤ 매수인은 유치권자에게 그 유치권으로 담보하는 채권을 변제할 책임이 있다.

---

이 규정에 의하여 유치권자는 채권의 변제를 받을 때까지 매수인에 대하여 유치물의 인도를 거절할 수 있다. 위 규정의 변제할 책임이 있다는 문구를 보면 마치 매수인이 적극적으로 변제책임을 지는 것처럼 보이지만 실제는 다르다. 책임은 매수인이 갖

는 것이 아니다. 인적 책임이 아니라는 말이다. 피담보채권은 유치물 위에 얹힌 부담이다. 그래서 유치물을 사려면 그 위에 얹힌 부담, 즉 피담보채권까지 함께 사야 한다는 뜻이다. 새로 소유자가 된 사람도 얼마든지 물건을 팔아서 피담보채권을 타인에게 넘길 수 있다. 따라서 유치권자는 유치목적물인 물건이나 유가증권의 인도를 거절할 수 있을 뿐이고 그 피담보채권의 변제를 매수인 등 제3자에게 적극적으로 청구할 수 없다. 다만 문제가 되었을 때 유치권 확인을 청구할 수는 있다. 반대로 매수인이 유치물을 넘겨달라는 명도 청구나 유치권이 성립하지 않음을 확인해 달라는 유치권부존재 확인청구 등의 소를 제기할 수 있다. 이와 관련된 대법원의 판례는 다음과 같다.

### 대법원 1996.8.23. 선고 95다8713 판결 【공사대금】

3. 한편 민사소송법 제728조에 의하여 담보권의 실행을 위한 경매절차에 준용되는 같은 법 제608조 제3항은 경락인은 유치권자에게 그 유치권으로 담보하는 채권을 변제할 책임이 있다고 규정하고 있는바, 여기에서 '변제할 책임이 있다'는 의미는 부동산상의 부담을 승계한다는 취지로서 인적 채무까지 인수한다는 취지는 아니므로, 유치권자는 경락인에 대하여 그 피담보채권의 변제가 있을 때까지 유치목적물인 부동산의 인도를 거절할 수 있을 뿐이고 그 피담보채권의 변제를 청구할 수는 없다고 할 것이다.

### 응용 1 : 피담보채권을 대신 변제한 당신, 구상권을 주장할 수 없다

변제할 책임에 대한 이런 법적 해석(즉 인적 책임이 아니라 물적 책임이라는 점. 따라서 유치권자는 소유자에게 적극적으로 채권의 변제를 요구할 수 없다는 점)은 이와 관련된 변형 사례를 판단하는 근거가 된다. 아주 가끔 이런 일이 벌어지기도 한다. 여러 세대가 함께 사는 집에 유치권이 걸려 있었고, 이 가운데 한 채를 경매로 받은 사람이 건물 전체에 걸려 있는 유치권의 피담보채권 전부를 변제한 경우다. 이때 이 낙찰자는 다른 세대에 경매로 입주하는 사람들에게 채권 변제를 내가 대신해주었으니 이제 돈을 돌려달라고 요구할 수 있을까?

예컨대 구분건물(내부가 구분되어 각각의 소유자가 있는 건물) 1채를 낙찰받고 집합건물 전체의 공사대금 모두를 변제한 낙찰자는 구분건물 낙찰자(일반 매수자 포함) 전체를 유치권에서 해방시켜주었지만 당초부터 공사대금채무의 부담 없이 유치권이라는 물적 책임만을 승계부담(채무 없는 책임)하는 나머지 다른 구분건물의 낙찰자를 상대로 해서는 그들이 처음부터 공사대금채무를 부담하지 아니하므로 그들을 대신하여 변제할 채무도 존재하지 아니하여 결국 다른 낙찰자들에게 자신의 구분건물의 대지권 비율을 초과해서 변제한 공사대금 부분에 대한 구상권(타인을 대신하여 채무를 변제한 사람이 그 타인에게 돈을 달라고 할 수 있는 권리)을 행사할 수 없다. 위 변제액에 대해서는 처음부터 공사대금 채무를 부담하고 있던 전 소유자에게만 구상권 행사가 가능하다(배한수, 부동산 경매 범죄로서의 허위 유치권에 관한 연구, 건국대학교 석사학위논문, 2010. p.50).

이런 일이 가능한 이유는 역시 변제할 책임에 대한 법률적 해석 때문이다. 적극적인 요구는 할 수 없다. 그래서 구상권을 주장할 수 없으며, 다만 해당 부동산의 점유를 통해 유치권을 주장해야 한다. 단 채권을 가졌다는 점에서 채무자에게 변제를 요구할 수 있다.

### 응용 2 : 피담보채권은 피압류채권이 될 수 없다

또한 이런 일을 예상해 볼 수 있다. 유치권자가 제3자에게 돈을 꾸었고, 그래서 갚아야 할 처지에 있다. 이때 제3자로서는 유치권자가 받아야 할 피담보채권이 있다는 사실을 알고, 본인이 직접 이를 매수인에게 요구할 법하다. 어떻게? 제3자가 유치권자와 맺은 계약에 따라 피담보채권을 압류하는 방법을 생각해 볼 수 있다. 만일 압류가 된다면 소유자는 졸지에 피담보채권의 액수만큼을 고스란히 내놓아야 한다.

그러나 이때도 변제할 책임에 대한 법률적 해석이 판단의 근거가 된다. 변제할 책임 이란 인적 책임이 아니기 때문에 누구도 소유자에게 돈을 내놓으라고 할 법적 권리가 없으며 따라서 피담보채권을 압류할 수 없다는 것이 법원의 판단이다. 판례를 보자.

---

### 대전지방법원 2009.7.3. 선고 2009가합3191 판결 【추심금】

**가. 원고들의 주장**

×××가 이 사건 건물에 대하여 공사대금채권을 피담보채권으로 하는 유치권을 가지고 있고 피고들은 이 사건 건물 중 일부를 부동산 임의경매를 통해 취득하였으므로, 피고들은 ×××에게 그 공사대금 상당을 지급할 의무가 있다. 그런데 원고들이 위 채권에 대하여 압류·추심명령을 받았으므로, 피고들은 원고들에게 그 공사 대금 상당을 추심금으로 지급할 의무가 있다.

**나. 판단**

먼저, ×××가 이 사건 건물에 대하여 주장하는 유치권에 의해 담보되는 공사대금채권이 압류·추심명령의 대상인 피압류채권이 되는지 여부에 관하여 본다.
민사집행법 제91조 제5항은 "매수인은 유치권자에게 그 유치권으로 담보하는 채권을 변제할 책임이 있다"고 규정하고 있는바, 여기에서 '변제할 책임이 있다'는 의미는 부동산상의 부담을 승계한다는 취지로서 인적 채무까지 인수한다는 취지는 아니므로 유치권자는 매수인에 대하여 그 피담보채권의 변제가 있을 때까지 유치 목적물인 부동산의 인도를 거절할 수 있을 뿐이고 그 피담보채권의 변제를 청구할 수는 없다(대법원

1996.8.23. 선고 95다8713 판결 참조).

위 법리에 비추어 이 사건을 살피건대, 피고들이 이 사건 건물 중 일부를 부동산임의경매 사건에서 취득하여 소유하게 된 사실은 앞서 본 바와 같으므로, ×××가 그 피담보채권의 변제가 있을 때까지 유치목적물인 부동산의 인도를 거절하는 것은 몰라도(이 역시 ×××가 적법한 유치권자임을 그 당연한 전제로 한다), ×××에 대한 채권자 지위에 있는 원고들이, 경매절차에서 이 사건 건물 중 일부의 소유권을 취득한 피고들에 대하여 공사대금채권의 변제를 청구할 수 없다.

따라서 원고들이 주장하는 유치권에 의해 담보되는 공사대금채권은 압류·추심명령의 피압류채권이 될 수 없어 결국 이 사건 1차 및 2차 압류·추심명령의 피압류채권은 존재하지 아니하므로 이 사건 1차 및 2차 압류·추심명령은 무효이다. 이 사건 1차 및 2차 압류·추심명령의 유효를 전제로 한 원고들의 청구는 더 나아가 살펴볼 필요 없이 이유 없다.

---

유치권에서 '매수인에게 변제할 책임이 있다'는 말은 단순히 그가 꼭 변제해야 한다는 말이 아니다. 만일 당신이 유치권자라면 그런 해석 때문에 답답하다고 느낄지 모른다. 물적 책임이라는 피담보채권의 한계 때문에 유치권자는 배당을 요구할 수 있는 자격도 갖지 못하기 때문이다. 다음 판례는 유치권자는 배당요구 자격이 없다는 점을 명확히 하는데 이 역시 유치권의 피담보채권은 물적 책임이라는 원칙 때문이다.

---

**의정부지방법원 2010.4.8. 선고 2009가합3644 판결 【배당이의】**

나. 이 사건으로 돌아와 살피건대, 원고 주식회사 ××, A, B, C, D는 이 사건 배당기

일에 출석한 바 없고, 원고 주식회사 ○○, ×× 주식회사, ×○, ○× 주식회사, E, 주식회사 ×○는 유치권자로서 이 사건 배당기일에 출석하여 이 사건 배당표에 관한 이의를 제기하였는바, 유치권자는 민사집행법 제148조에서 규정하고 있는 배당요구를 하지 않더라도 당연히 배당을 받을 수 있는 채권자에 해당하지 않을 뿐만 아니라, 유치권은 피담보채권의 변제를 받을 때까지 목적물을 유치할 수 있을 뿐 우선변제청구권이 인정되지 않으므로 위 원고들은 민사집행법 제148조 제2호 규정의 배당요구채권자에 해당하지도 않는다.

따라서 원고들의 이의신청은 배당기일에 불출석하거나, 배당에 참가하지 못하는 채권자들이 한 것이므로 적법한 이의신청이라 할 수 없고, 이 사건 배당이의의 소는 원고적격이 없는 자들이 제기한 것으로서 부적법하다.

* 보충 설명 : 유치권자는 배당요구를 할 수 없지만 점유를 통해 다른 채권에 앞서 사실상 우선변제를 받을 수 있다. 그러나 유치권자는 유치권자의 위치가 아닌 채권자로서 배당요구를 할 수 있다. 위의 판결문에도 나오듯이 '당연히 배당을 받을 수 있는 채권자'는 못 되어도 배당요구종기 내에 신고를 하면 배당을 받을 수 있다. 단, 이 경우 우선변제가 인정되지 못한다.

---

## 경매인을 위한 조언 : 유치권부존재 확인의 이익

잠시, 이야기의 주제를 바꿔보자. 사실 '매수인은 …채권을 변제할 책임이 있다.'라는 조항에 우리가 관심을 갖는 이유는 따로 있다. 싼 값에 나온 경매 물건, 수차례 유찰된 물건에는 하나같이 유치권이 걸려 있기 때문이다. 유치권이 무서운 이유는 매수인이 채권 변제의 책임을 져야 하기 때문 아닌가.

그런데 이런 경우 종종 유치권이 걸려 있는 부동산을 경매에 부친 사람들이 유치권자를 상대로 '유치권 부존재 확인' 소송을 건다. 부동산을 경매에 부친 사람이란 그 부동산 소유자에게 돈을 빌려준 사람들이다. 그들은 채무자가 빚을 갚을 능력이 없다는 사실을 확인하고, 자신들의 채권을 만족시키기 위해 부동산을 경매에 넘긴 것이고, 따라서 그들은 부동산이 높은 가격에 팔리기를 기도하게 된다. 그런데 유치권자가 떡 하니 버티고 있다. 경매는 자꾸 유찰되고 가격은 자꾸 떨어진다. 화가 난다. 그래서 일반 채권자들이 유치권자를 상대로 '유치권 부존재 확인' 소송을 건다. 한편 법원에서도 유치권이 신고된 물건은 자꾸 유찰된다는 사실을 경험적으로 알고 있고, 또한 가짜 유치권자가 횡행하고 있다는 사실도 직시하고 있다. 유치권자 때문에 경매 자체가 유명무실해지는 경우도 종종 목격했다. 그래서 법원은 저당권자와 같이 해당 부동산을 담보로 잡고 있는 채권자들이 '유치권 부존재 확인' 소송을 거는 것이 필요하다고 여긴다. 그게 저당권자와 같은 채권자를 보호하는 방법이기도 하다. 다음 2개의 판례는 이런 사례를 담고 있다. 경우에 따라 소의 이익이 달라진다.

---

### 대법원 2020.1.16. 선고 2019다247385 판결 【청구이의의소등】

**1. 상고이유 제1점에 관한 판단**

가. 확인의 소는 원고의 권리 또는 법률상의 지위에 현존하는 불안·위험이 있고, 확인판결을 받는 것이 그 분쟁을 근본적으로 해결하는 가장 유효·적절한 수단일 때에 허용된다(대법원 2007.12.14. 선고 2007다69407 판결 등 참조). 그리고 확인의 이익 등 소송요건은 직권조사사항으로서 당사자가 주장하지 않더라도 법원이 직권으로 조사하여 판단하여야 하고, 사실심 변론종결 이후에 소송요건이 흠결되거나 그 흠결이 치유된 경우 상고심에서도 이를 참작하여야 한다(대법원 2018.9.28. 선고 2016다231198 판결

참조).

나. 기록에 의하면 다음과 같은 사실을 알 수 있다.

    1) 원고 주식회사 원당중공업(이하 '원고 원당중공업'이라 한다)은 이 사건 각 부동산의 소유자로서, 원고 주식회사 동아중공업(이하 '원고 동아중공업'이라 한다)은 이 사건 각 부동산에 관한 근저당권자로서, 이 사건 각 부동산에 관하여 유치권을 주장한 피고를 상대로 유치권의 부존재 확인을 구하였다.

    2) 원심 변론종결 전인 2019.4.10. 이 사건 각 부동산에 관하여 주식회사 승진을 채무자로 하고 원고 동아중공업을 채권자로 하는 근저당권(이하 '이 사건 근저당권'이라 한다)에 기하여 임의경매절차(이하 '이 사건 경매절차'라 한다)가 개시되고, 위 임의경매절차에서 유한회사 충원산업개발(이하 '충원산업개발'이라 한다)이 이 사건 각 부동산의 소유권을 취득하였으며, 이를 원인으로 2019.4.11. 충원산업개발 명의의 소유권이전등기가 이루어짐과 동시에 원고 동아중공업의 근저당권설정등기가 말소되었다.

    3) 원고 원당중공업은 원심 변론종결 뒤인 2019.5.13. 이 사건 경매절차에서 충원산업개발이 매각대금을 완납하고 소유권을 취득하였다는 이유로 변론재개 신청을 하였고, 충원산업개발은 같은 달 15일 이 사건 부동산에 관한 권리를 승계하였다는 이유로 승계참가 신청을 하였다.

다. 근저당권자에게 담보목적물에 관하여 각 유치권의 부존재 확인을 구할 법률상 이익이 있다고 보는 것은 경매절차에서 유치권이 주장됨으로써 낮은 가격에 입찰이 이루어져 근저당권자의 배당액이 줄어들 위험이 있다는 데에 근거가 있고(대법원

2016.3.10. 선고 2013다99409 판결, 대법원 2004.9.23. 선고 2004다32848 판결 등 참조), 이는 소유자가 그 소유의 부동산에 관한 경매절차에서 유치권의 부존재 확인을 구하는 경우에도 마찬가지이다. 위와 같이 경매절차에서 유치권이 주장되었으나 소유부동산 또는 담보목적물이 매각되어 그 소유권이 이전되어 소유권을 상실하거나 근저당권이 소멸하였다면, 소유자와 근저당권자는 유치권의 부존재 확인을 구할 법률상 이익이 없다.

한편 민법 제575조는 '매매의 목적물이 유치권의 목적이 된 경우에 매수인이 이를 알지 못한 때에는 이로 인하여 계약의 목적을 달성할 수 없는 경우에 한하여 매수인은 계약을 해제할 수 있다. 기타의 경우에는 손해배상만을 청구할 수 있다.'고 규정하고 있고, 같은 법 제578조 제1항, 제2항은 ① 경매의 경우에는 경락인은 전 8조의 규정에 의하여 채무자에게 계약의 해제 또는 대금감액의 청구를 할 수 있다. ② 전항의 경우에 채무자가 자력이 없는 때에는 경락인은 대금의 배당을 받은 채권자에 대하여 그 대금 전부나 일부의 반환을 청구할 수 있다.'고 규정하고 있다. 위와 같이 경매절차에서 유치권이 주장되지 아니한 경우에는, 담보목적물이 매각되어 그 소유권이 이전됨으로써 근저당권이 소멸하였더라도 채권자는 유치권의 존재를 알지 못한 매수인으로부터 위 각 규정에 의한 담보책임을 추급당할 우려가 있고, 위와 같은 위험은 채권자의 법률상 지위를 불안정하게 하는 것이므로, 채권자인 근저당권자로서는 위 불안을 제거하기 위하여 유치권 부존재 확인을 구할 법률상 이익이 있다. 반면 채무자가 아닌 소유자는 위 각 규정에 의한 담보책임을 부담하지 아니하므로, 유치권의 부존재 확인을 구할 법률상 이익이 없다.

라. 따라서 원심으로서는 당사자의 주장 여부에 관계없이 직권으로 피고가 이 사건 경매절차에서 유치권을 주장하거나 신고하였는지 여부와 원고 원당중공업이 이 사

건 근저당권의 피담보채무를 승계하였는지 여부를 심리하여 원고들의 유치권 부존재 확인의 이익이 있는지 여부를 판단하였어야 한다.

---

---

### 부산고등법원 2009.10.7. 선고 2008나18857 판결 【유치권부존재】

**2. 본안전 항변에 관한 판단**

원고가 이 사건 부동산에 관한 유치권의 부존재확인을 구함에 대하여, 피고는 원고가 위 임의경매신청을 취하하여 경매절차가 소멸되었으므로 이 사건 소는 확인의 이익이 없어 부적법하다고 항변한다. 살피건대, 위 기초사실과 변론 전체의 취지를 종합하면 인정되는 다음 사정, 즉 원고는 피고 등의 유치권 주장으로 인한 계속적인 유찰로 최저매각가가 감정평가액의 50%로 저감되어 원고의 피담보채권액을 훨씬 밑도는 저가 낙찰의 위험이 높아지자 위 유치권 존부의 확인 판결이 확정된 후에 다시 경매신청을 하여 위 판결이 확인하는 유치권의 존부 현황을 기초로 경매가격이 결정되도록 하기 위하여 위 임의경매신청을 취하하였고, 이 사건 판결이 확정되면 다시 이 사건 부동산에 관하여 임의경매신청을 할 것으로 보이는 점, 유치권자가 경락인에 대하여 그 피담보채권의 변제를 청구할 수는 없다 할 것이지만 유치권자는 여전히 자신의 피담보채권이 변제될 때까지 유치목적물인 부동산의 인도를 거절할 수 있어 부동산 경매절차의 입찰인들은 낙찰 후 유치권자로부터 경매목적물을 쉽게 인도받을 수 없다는 점을 고려하여 입찰을 하게 되고 그에 따라 경매목적 부동산이 그만큼 낮은 가격에 낙찰될 우려가 있는 점, 이와 같은 저가낙찰로 인해 이후의 경매절차에서 원고의 배당액이 줄어들 위험은 근저당권자인 원고의 법률상 지위를 불안정하게 하는 것이므로 위 불안을 제거하는 원고의 이익을 단순한 사실상·경제상의 이익으로 볼 수 없는 점 등에 비추어 볼 때 경매절차를 통하여 자신의 채권을 회수할 예정인 이 사건 부동산의 근저당권자인 원고로서는 피고의 유치권 주장으로 인하여 권리 또는 법률상의 지위에 현존하는 불안·위험이 있고, 그 불안·위험을 제거함에는 유치권부존재확인판결을 받는 것이 가장 유효·적절한 수단이라고 할 것이므로, 피고의 본안전 항변은 이유 없다.

위 법리에 비추어 피고가 이 사건 부동산을 점유하고 있는지 여부에 관하여 살피건대, 을 제 7호증의 1 내지 9의 각 기재 및 영상에 의하면 피고가 이 사건 건물에 '본 건물은 법원 유치권 행사 중이오니 접근 마시고 기물 훼손 시에는 형사고발하오니 참고바랍니다. 유치권자 A'라는 내용의 안내판을 설치하고, 그 건물 1층(등기부상 지하 2층)과 건물 주변에 거푸집 가설재와 쇠파이프 등을 적재해 놓은 사실이 인정되나, 갑 제12호증의 1 내지 8의 각 기재에 변론 전체의 취지를 종합하여 인정되는 다음과 같은 사정, 즉 이 사건 1층에는 출입문이 설치되어 있지 않고, 입구 부분에 사다리가 가로 놓여 있고, 쇠파이프로 출입을 막아놓기는 하였으나 이로써 다른 사람의 출입을 통제하기는 어렵고, 피고는 30m 떨어져 있는 식당의 주인에게 이 사건 건물 출입의 통제를 맡겨 두었다고 주장하나 그것으로 사람의 출입을 통제하고 있다고 보기 어려우며, 달리 피고가 사람의 출입을 통제할 수 있는 다른 조치를 취하지는 않고 있는 것으로 보이는 점, 피고는 위 건물 내외에 거푸집 가설재를 적재하여 이 사건 부동산을 점유하고 있다고 주장하나 가설재 등이 적재된 곳은 이 사건 건물 1층 및 건물 주변에 불과하고 건물의 2층 내지 4층이나 옥상에는 물건을 보관하거나 하지는 않는 점, 이 사건 건물을 포함한 이 사건 부동산에 관하여 피고가 위와 같은 가설재 등의 적재 외에는 경비 등의 관리행위를 별도로 하고 있지는 않는 것으로 보이는 점, 이 사건 건물의 열쇠는 ○○의 대표이사 B가 보관하고 있는 점, 피고가 이 사건 건물 내외에 가설재 등을 적재해 놓은 데 대하여 소외 회사의 승낙을 받지 않은 것으로 보이는 점, 별지 목록 기재

3 부동산은 그 지상에 분묘가 소재하고 있는 토지이고, 같은 목록 기재 4 부동산은 자연림 상태의 임야로서 맹지인 점 등에 비추어 볼 때, 위 인정 사실만으로는 피고가 이 사건 부동산을 사실상 지배하고 있다고 보기 부족하다. 따라서 피고가 이 사건 부동산을 점유하고 있음을 전제로 하는 피고의 주장은 나아가 살펴볼 필요 없이 이유 없다.

---

'유치권 부존재 확인 소송이 진행된다'는 소문이 돌면 경매 경쟁률은 높아진다. 사람들은 자신이 소송을 걸기 싫어서 그렇지, 유치권이란 매우 인정받기 힘든 권리라는 사실을 알기 때문이다. 따라서 우리는 유치권 부존재 확인 소송이 있는지 없는지, 있었다면 판결은 어떻게 났는지 최대한 정보를 모아보고 그에 맞게 입찰에 나설 수 있다.

한 가지 팁을 더 주자면, 위의 조항 채권을 변제할 책임에 대한 해석, 즉 이 책임이란 인적 책임이 아니라 물건에 얹힌 부담일 뿐 유치권자가 적극적으로 소송을 걸어서 받아낼 수 있는 돈이 아니라는 사실을 안다면 이를 역이용할 수 있다.

즉 유치권자는 공격이 불가능하고 수비만 할 수 있다. 그런데 수비를 하든 뭘 하든 유치권자는 점유를 유지해야 한다. 점유라는 게 알다시피 비용과 시간이 만만치 않게 들기 마련이다. 만일 당신이 경매 물건의 인도가 급하지 않다면 버티기 작전에 돌입해도 된다. 그 사이 유치권자는 점유를 유지하기 위해 계속 비용을 들이게 될 테고, 결국 시간이 지나면서 한계에 이를 때가 온다. 이때를 견디지 못하거나 피치 못할 사정으로 점유를 해제할 때를 기다렸다가 그들이 더 이상 점유하지 않음을 증명하면 매수인은 합법적으로 유치목적물을 점유할 수 있다. 유치권자에게 한 푼도 주지 않아도 된다. 한편 시간의 경과를 지켜보면서 유치권자와 협상을 벌이는 방법도 있다. 시간적 비용에 대해서 설명하고, 적절한 선에서 타협을 보는 것이 지속적인 점유로 인한 비용을 최소화하는 방안임을 설득하는 전략도 짤 수 있다.

물론 싸움이 절대로 매수인에게 유리한 것만은 아니다. 유치권자가 억하심정을 먹고 채권자로서의 권리를 행사할 수 있기 때문이다. 유치권자는 언제든지 경매를 신청할 수 있고, 간이변제충당권을 행사할 수 있다는 사실을 잊지 말자.

## 유치권자는 횡령죄?

간혹 유치권자를 횡령죄로 고발할 수 있는지 묻는 분들이 있다. 유치권자가 인도를 거절하는 것은 횡령죄가 아닌가 하는 내용이다. 그러나 법원은 유치권자에게 횡령죄를 물을 수 없다고 못을 박는다. 다음 2개의 판례도 그런 경우다.

---

**부산지방법원 2010.7.15. 선고 2009고정8295 판결 【업무상횡령】**

비록 피고인이 반환을 거부한 위 판넬이 A의 소유라 하더라도 피고인이 위 판넬에 피고인의 비용을 투입하여 가공하였을 뿐만 아니라, 판넬 반환을 거부할 당시 A에 대한 공사대금채권을 가지고 있었으므로 피고인으로서는 위 판넬에 대하여 유치권(또는 상사 유치권)을 행사할 수 있고 그와 같은 유치권을 행사하는 데 있어 특별히 이를 명시할 것이 요구되는 것은 아닌바, 그렇다면 피고인이 불법영득의 의사를 가지고 위 판넬의 반환을 거부한 것이라고 단정할 수는 없고, 달리 피고인의 불법 영득 의사를 인정할 증거가 없다.

---

---

### 대법원 2005.7.29. 선고 2005도685 판결 【업무상횡령】

그러나 원심의 위와 같은 인정·판단은 다음과 같은 이유로 수긍하기 어렵다.

가. 형법 제355조 제1항에서 정하는 '반환의 거부'[*형법 제355조(횡령, 배임) ① 타인의 재물을 보관하는 자가 그 재물을 횡령하거나 그 반환을 거부한 때에는 5년 이하의 징역 또는 1천500만 원 이하의 벌금에 처한다.]'라고 함은 보관물에 대하여 소유자의 권리를 배제하는 의사표시를 하는 행위를 뜻하므로, 타인의 재물을 보관하는 자가 단순히 반환을 거부한 사실만으로는 횡령죄를 구성하는 것은 아니며, 반환거부의 이유 및 주관적인 의사 등을 종합하여 반환거부 행위가 횡령행위와 같다고 볼 수 있을 정도이어야만 횡령죄가 성립하고, 한편 횡령죄에 있어서의 불법영득의 의사는 타인의 재물을 보관하는 자가 자기 또는 제3자의 이익을 위하여 위탁의 취지에 반하여 권한 없이 그 재물을 자기의 소유인 것 같이 처분하는 의사를 말하는 것이므로, 비록 그 반환을 거부하였다고 하더라도 그 반환거부에 정당한 사유가 있을 때에는 불법영득의 의사가 있다고 할 수 없다(대법원 1998.7.10. 선고 98도126 판결 등 참조).

나. 그런데 관계 증거를 기록에 비추어 살펴보면, 장흥군이 2002.12.경 A건설에 장흥문화회관 신축공사를 도급하였고, 피고인은 2003.1.6.경 고소인

공소외 1의 소개로 A건설로부터 위 신축공사 중 철골공사를 하도급받으면서(주식회사 B 명의로 계약을 체결하였다), 철골제작에 필요한 H형강은 장흥군이 조달청으로부터 구매하는 것을 납품받아 사용하기로 한 사실, 피고인은 2003.2.경 샵드로잉(철골제작에 필요한 설계도면 작성)을 마치고 관급재료발주서를 작성·제출하여 조달청으로부터 철골공사에 필요한 H형강 약 160t을 납품받은 사실, 그런데 피고인이 철강절단, 앵커볼트매설 등 철골 제작을 위한 기초 작업을 하던 중 A건설에 공사금액의 30%에 해당하는 선급금의 지급을 요구하였으나 A건설에서 이를 거절한 일로 분쟁이 생겨 공사가 진척되지 못한 사실(피고인은 A건설에서 현장소장이던 공소외 2에게 피고인에게 지급할 선급금 명목으로 1,600만 원을 지급하였는데 공소외 2가 이를 유용하였다고 주장하고 있다.), 결국 A건설이 공소외 1의 소개로 C에게 위 철골공사를 다시 하도급하자 피고인은 위 철골공사를 포기하기로 하고 자신이 공급받은 H형강을 A건설에 반환하기로 한 사실, 당시 피고인은 A건설에 대하여 자신이 철골공사 준비를 위하여 지출한 각종 비용을 지급해 줄 것을 요구하였으나 설계비용 명목으로 250만 원을 지급받는 데에 그치자, 2003.4.9.경 공소외 1에게 조달청으로부터 공급받은 H형강을 반환하면서 자신이 기초 작업을 하기 위해 따로 떼어놓았던 25.058t의 H형강(원심판결의 25,058t은 오기임이 명백하다. 이하 '이 사건 물건'이라 한다)은 이를 반환대상에서 제외한 사실, 이에 공소외 1이 피고인에게 이 사건 물건도 반환해 줄 것을 요구하였으나 피고인이 이를 거절하자, 결국 공소외 1이 부족한 물량만큼의 H형강을 D강재로부터 12,644,137원에 구입하여 A건설에 인도한 사실을 인정할 수 있고, 한편 피고인은 경찰 이래 자신이 A건설로부터 지급받지 못한 철강절단비용, 앵커볼트 매설비용, 브라켓 설치비용 등 각종 공사비와 상·하차비용, 보관료 등 공사를 중도에 포기함으로써 입은 손해배상금 등을 지급받을 때까지 이 사건 물건을 유치하기 위하여 그 반환을 거부하였다는 취지로 일관되게 변명하고 있음을 알 수 있다.

다. 이러한 사실관계를 위의 법리에 비추어 살펴보면, 비록 피고인이 반환을 거부한 이 사건 물건이 장흥군의 소유라 하더라도 피고인이 그 주장과 같은 공사 준비를 마쳐 A건설에 대해 공사비 등의 채권을 가지고 있다면 피고인으로서는 그 지급을 받을 때까지 이 사건 물건에 대하여 유치권을 행사할 수 있을 것으로 보이고, 그와 같은 유치권을 행사하는 데 있어 특별히 이를 명시할 것을 요구하는 것은 아니며, 기록상 피고인이 위 공사를 포기할 당시 A건설로부터 설계비용을 지급받은 외에 달리 위 공사비 등을 정산하였다는 자료가 없어 피고인이 A건설에 대한 일정한 채권을 가지고 있다고 볼 여지가 충분하므로, 피고인의 위와 같은 이 사건 물건에 대한 반환거부의 이유 및 그 주관적인 의사 등을 종합하여 볼 때 피고인이 불법영득의 의사를 가지고 이 사건 물건의 반환을 거부한 것이라고 단정할 수는 없다고 하겠다.

----

# 6

# 유치권과 사해행위

아파트를 분양해야 하는 시행사와 아파트를 지어주고 돈을 못 받은 시공사 간에 종종 유치권 대신 신탁행위를 하는 경우가 있다. 신탁이란 신탁설정자(위탁자)와 신탁을 인수하는 자(수탁자)와의 특별한 신임관계에 기하여 위탁자가 특정의 재산권을 수탁자에게 이전시키거나 기타의 처분을 하고, 수탁자로 하여금 일정한 자(수익자)의 이익을 위하여 또는 특정한 목적을 위하여 그 재산권을 관리 처분하게 하는 사법적 법률관계를 말한다.

만일 당신이 부동산 소유자에게 받을 돈이 있는 채권자라면 시행사의 행위, 즉 신탁설정이 어떻게 보일까? 일부러 자기 재산을 줄여서 채권자가 충분한 변제를 받지 못하도록 만든 행위, 즉 사해행위로 보이지 않을까? 그러나 법원은 유치권을 포기하는 대신 신탁을 통해 채권을 만족시키려는 것이 두루두루 유익이 있으므로 이는 사해행위가 아니라고 판결을 내렸다. 즉 법적으로 문제가 없다는 뜻이다.

## 대법원 2001.7.27. 선고 2001다13709 판결 【사해행위취소등】

원심이 적법하게 인정한 위 사실들에 의하면 1998.11.12. 피고보조참가인(*피고의 소송행위를 보조하기 위하여 별도로 참가하는 사람)과 A건설이 미지급공사대금의 결제방법에 관한 약정을 할 당시 피고보조참가인이 위 아파트 신축공사를 완료하였음에도 불구하고 A건설이 자금부족으로 공사대금 중 87억 원 이상을 지급하지 못하고 있었으므로 피고보조참가인이 A건설 및 아파트 수분양자들에 대하여 유치권을 행사하여 아파트의 인도를 거절할 경우 A건설로서는 아파트 수분양자들에 대한 분양계약상의 아파트 인도채무를 이행할 수 없게 되어 수분양자들로부터 분양대금을 지급받거나 미분양 아파트를 새로 분양하는 데에 큰 어려움이 있을 것으로 예상되는 상황이었으므로 아파트 분양대금을 피고보조참가인이 직접 수령하는 대신 아파트 분양대금을 완납한 수분양자에게는 피고보조참가인이 유치권을 행사하지 않고 아파트를 인도하도록 약정하는 한편 이 약정의 이행을 확실하게 하기 위하여 A건설이 피고보조참가인이 지정하는 자에게 미분양 상태이거나 분양대금이 완납되지 않은 아파트 85세대를 신탁하기로 약정하고, 1998.11.20. A건설은 피고보조참가인 회사의 직원으로서 피고보조참가인이 지정한 피고와 위 아파트 85세대에 관하여 피고보조참가인과 A건설 사이에 약정된 업무를 처리하기 위한 이 사건 신탁계약을 체결하였음을 알 수 있다. 따라서 이 사건 신탁계약에 의하여 피고보조참가인은 위 아파트 85세대의 분양대금으로부터 자신의 공사대금채권을 우선적으로 변제받을 수 있는 지위를 확보함으로써 위 아파트 85세대에 관한 담보권을 획득한 것과 같은 경제적 효과를 얻게 되었다고 할 것이나, 피고보조참가인이 위와 같은 지위와 경제적 효과를 얻은 것은 분양대금이 완납된 아파트에 대하여는 유치권을 포기하여 수분양자에게 아파트를 인도하기로 하는 대신 얻은 것이고, 이로 인하여 피고보조참가인의 지위가 아파트 전체에 대한 담보권인 유치권을 행사할 수 있는 지위보다 강화된 것이 아니며, A건설로서는 수분양자들에게 분양계약에 따른 아파트 인도의무를 이행할 수 있게 됨으로써 피고보조참가인의 유치권 행사로 인하여 분양사업 수행이 불가능해지는 상황을 막을 수 있게 된 반면 A건설에 대한 일반채권자들에게도 피고보조참가인이 아파트 전체에 대한 유치권을 행사하여 A건설의 분양사업 수행이 불가능해지는 경우와 비교할 때 더 불리해지지는 않게 되었다고 할 것이다.

그렇다면 이와 같은 이유에서 원심이 이 사건 신탁계약의 사해성과 A건설의 사해의사를 인정하지 않은 것은 정당하고 이에 상고이유에서 주장하는 바와 같은 사해행위에 관한 법리를 오해한 위법이 있다고 할 수 없다.

―――――――――――――――――――――――――――

그러나 이와 달리 유치권의 채권을 만족시키기 위한 수준을 넘어서는 신탁행위의 경우는 사해행위라고 법정은 판결을 내린다. 신탁 자체가 문제가 아니라 그 행위가 유치권자의 권리를 넘어선 것이냐, 아니냐가 판결의 기준이 된다. 사례를 보자.

―――――――――――――――――――――――――――

### 인천지방법원 부천지원 2010.1.29. 선고 2009가합715 판결 【사해행위취소등】

**가. 피보전채권의 존재**

위 인정사실에 의하면, 원고들은 A건설에 대하여 A건설이 2001.4. 내지 5.경 원고들 소유의 건물 및 원고 B 소유의 정밀측정기계 등에 대하여 한 불법철거 및 손괴로 인한 손해배상채권을 가지고 있었으므로(다만 원고들의 이와 같은 손해배상채권의 액수가 2008.7.30.경 확정되었을 뿐이다), 원고들의 A건설에 대한 손해배상채권은 채권자취소권에 의하여 보호될 수 있는 채권이라 할 것이다.

## 나. 사해행위 및 사해의사

① 위 인정사실에 의하면, A건설은 이 사건 신탁계약이 체결될 당시 소극재산이 적극재산을 초과하는 채무초과상태로 별지 목록 기재 부동산을 포함한 이 사건 상가건물 및 부지 이외에는 별다른 재산이 없었으므로 이를 처분할 경우 원고들에 대한 손해배상채무를 변제할 자력이 없게 됨에도 불구하고, 피고와 사이에 별지 목록 기재 부동산에 대하여 이 사건 신탁계약을 체결하고 피고에게 그 소유권이전등기를 경료하여 주었으므로, 특별한 사정이 없는 한 이 사건 신탁계약은 채권자인 원고들을 해함을 알고서 행한 사해행위라고 봄이 상당하고, A건설로서는 이 사건 신탁계약을 체결함으로써 채권자들의 공동담보에 부족이 생기거나 부족이 심화됨으로써 채권자들을 해할 것임을 알았다고 볼 것이며, A건설의 사해의사가 추정되는 이상 이 사건 신탁계약은 피고가 선의인지 여부에 상관없이 사해 신탁에 해당한다 할 것이다.

② 피고의 주장에 대한 판단

이에 대하여 피고는, 이 사건 신탁계약이 이 사건 상가건물 수분양자들의 권리를 보호하기 위하여 체결된 것으로서 A건설은 채권자인 원고를 해할 의사로 신탁계약을 체결한 것이 아닐 뿐만 아니라, C건설의 공사대금채권은 이 사건 상가건물 및 부지에 대한 채권으로 유치권에 의해 담보되므로 C건설을 우선수익자로 지정하였다 하더라도 일반 채권자들을 해하는 것이 아니고 A건설의 책임재산이 감소되었다고 볼 수도 없다는 취지로 주장하나, A건설에게 사해의사가 없었다거나 이 사건 신탁계약이 사해행위에 해당하지 아니한다는 점을 뒷받침할 만한 증거를 찾을 수 없고, 오히려 위 인정사실 및 갑 제3호증, 갑 제4호증의 1 내지 3, 갑 제5 내지 8호증의 각 기재에 변론 전체의 취지를 종합하여 인정되는 다음과 같은 사정, 즉 ① A건설은 C건설과 사이에 이 사건 상가 공사도급계약을 체결할 당시인 2003.4.15.경에는 C건설의 공사대금채권 등을 보전하기 위하여 C건설에게 1순위 근저당권을 설정하기로 약정하였다가 2004.3.26.경 미분양 또는 분양 잔대금이 미지급된 상가에 대해서만 C건설을 우선수익자로 하는 신탁을 하는 것으로 채권보전조치를 변경하였고, 그 후 2005.1.경에 이르러 신탁의 범위를 확대하여 이 사건 상가건물 및 그 부지 전체에 대하여 관리 및 처분신탁을 하기로 합의한 점, ② 특히 이 사건 신탁계약 특약사항에서 C건설을 우선수익자로 정하여 C건설의 채권범위, 즉 공사대금잔액 및 중도금 대출 지급보증잔액에 대하여 우선적으로 권리를 행사할 수 있도록 규정하고 있는 점, ③ A건설은 이미 분양된 점포뿐만 아니라 분양되지 않은 점포까지도 포함하여 이 사건 신탁의 대상에 포함시켰고, 이 사건 상가건물에 대하여 준공검사를 받은 다음 날인 2005.2.3. A건설 앞으로 소유권보존등기가 경료된 후 같은 날 2005.1.20.자 신탁을 원인으로 한 피고 명의의 소유권이전등기가 경료됨으로써 일반채권자들의 집행이 사실상 불가능하게 된 점, ④ A건설은 별지 목록 제5 기재 부동산을 포함한 점포 51개에 대하여 2005.9.6. 신탁재산의 귀속을 원인으로 하여 인천지방법원 부천지원 등기과 접수번호 제120217호로 A건설 앞으로 소유권이전등기를 경료하였다가, 같은 날 접수번호 제120218호로 채권최고액 5,600,000,000원, 채무자 D개발 주식회사, 근저당권자 주식회사 E상호저축은행으로 된 근저당권설정등기를 경료하고, 같은 날 접수번호 제120220호로 채권최고액 5,000,000,000원, 채무자 A건설, 근저당권자 C건설로 된 근저당권설정등기를 경료한 후, 다시 같은 날 접수번호 제120306호로 피고 앞으로 2005.9.6. 신탁을 원인으로 한 소유권이전등기가 경료한 점, ⑤ C건설은 2007.9.경 2005.9.6.자 근저당권을 기초로 이 사건 공사비에 대한 연체이자 1,421,719,090원, ○○지역주택조합아파트건설공사 공사대금 미수금 1,016,197,434원, C건설이 지급보증한 대위변제 구상금 1,179,040,000원 등 합계 3,616,956,524원을 청구금액으로 하여 인천지방법원 부천지원 2007타경19162호로 부동산임의경매신청을 하였다가 2008.2.27.경 위 경매신청을 전부 취하한 점 등에 비추어 보면, 이 사건 신탁계약은 C건설에게 시공자로서 자신의 공사대금채권의 보전과 관련한 유치권의 범위를 초과하는 권리를 부여함으로써 다른 일반채권자들의 권리를 해하는 것으로 봄이 상당하다 할 것이고, A건설의 사해의사도 충분히 인정되므로, 피고의 위 주장은 이유 없다.

### 다. 소결론

따라서 이 사건 신탁계약은 사해신탁에 해당하여 피고가 선의인지 여부에 관계없이 신탁법 제8조 제1항에 따라 취소되어야 하고, 그 원상회복으로 피고는 A건설에게 별지 목록 제1 내지 4 기재 각 부동산에 관하여 인천지방법원 부천지원 등기과 2005.2.3. 접수 제15278호로 마친 소유권이전등기의 말소등기절차를, 별지 목록 제5 기재 부동산에 관하여 인천지방법원 부천지원 등기과 2005.9.6. 접수 제120306호로 마친 소유권이전등기의 말소등기절차를 각 이행할 의무가 있다.

---

같은 맥락에서 유치권 대신 대물변제로 채권을 만족하는 행위 역시 사해행위가 되지 않는다. 핵심은 대물변제 행위가 유치권자의 지위를 초과하지 않는다는 점이고, 이 판례에서는 그 이유로 유치권의 사실상 우선변제 효력이 있기 때문임을 밝히고 있다.

---

### 광주지방법원 2010.5.27. 선고 2009가합12063 판결 【사해행위취소등】

2) 채권자들의 공동담보가 되는 채무자의 총재산에 대하여 다른 채권자에 우선하여 변제를 받을 수 있는 권리를 가지는 채권자는 처음부터 채무자의 재산에 대한 환가 절차

에서 다른 채권자에 우선하여 배당을 받을 수 있는 지위에 있으므로, 그와 같은 우선변제권 있는 채권자에 대한 대물변제의 제공행위는 특별한 사정이 없는 한 다른 채권자들의 이익을 해한다고 볼 수 없어 사해행위가 되지 않는다(대법원 2008.2.14. 선고 2006다33357 판결). 그런데 앞서 본 사실관계에 의하면, 피고 A건설은 위 아파트 단지의 시공자로서 이 사건 세대들에 대한 유치권을 행사함으로써 사실상 B건설의 일반채권자보다 우선하여 자신의 공사대금채권을 변제받을 수 있는 지위에 있었다(나아가 피고 A건설은 공사대금 채권자로서 민법 제666조에 정한 수급인의 저당권설정청구권을 행사할 수 있었고, 이 사건 도급계약 일반조건 제22조 제2항 제2호에 기하여도 근저당권 설정을 청구할 수 있었다).

그러므로 위와 같은 지위에 있는 피고 A건설이 이 사건 세대들에 대한 유치권을 행사하는 대신(또는 민법 제666조에 의한 저당권을 설정받는 대신) 이 사건 세대들을 대물변제 받아 사실상 공사대금을 우선적으로 변제받을 수 있는 지위를 얻었다 하더라도, 이로써 바로 피고 A건설의 지위가 이 사건 세대들에 대하여 유치권을 행사할 수 있는 지위보다(또는 저당권을 설정받을 수 있는 지위보다) 더 강화된다거나 B건설의 일반 채권자들에게 부당하게 불리해지는 결과가 된다고 볼 수는 없다(대법원 2001.7.27. 선고 2001다13709 판결, 대법원 2008.3.27. 선고 2007다78616, 78623 판결). 따라서 설령 이 사건 대물변제계약이 이 사건 대물변제예약에 기하여 이행된 것이 아니라고 보더라도, B건설이 사실상의 우선변제권을 가진 피고 A건설에 이 사건 세대들을 대물변제로 제공한 행위는 특별한 사정이 없는 한 사해행위에 해당하지 아니한다고 할 것이다.

---

부동산 공사업체(수급인)의 저당권설정청구권 행사 역시 사해행위에 해당하지 않는다. 나아가 공사업체가 공사대금채권을 타인에게 양도한 경우, 저당권설정청구권도 함께 이전되는데 이 역시 사해행위가 아니다(특별한 사정이 없다는 전제 아래).

### 대법원 2018.11.29. 선고 2015다19827 판결 【사해행위취소】

민법 제666조는 "부동산 공사의 수급인은 보수에 관한 채권을 담보하기 위하여 그 부동산을 목적으로 한 저당권의 설정을 청구할 수 있다."라고 규정하고 있는바, 이는 부동산공사에서 그 목적물이 보통 수급인의 자재와 노력으로 완성되는 점을 감안하여 그 목적물의 소유권이 원시적으로 도급인에게 귀속되는 경우 수급인에게 목적물에 대한 저당권설정청구권을 부여함으로써 수급인이 사실상 목적물로부터 공사대금을 우선적으로 변제받을 수 있도록 하는 데 그 취지가 있고, 이러한 수급인의 지위가 목적물에 대하여 유치권을 행사하는 지위보다 더 강화되는 것은 아니어서 도급인의 일반 채권자들에게 부당하게 불리해지는 것도 아닌 점 등에 비추어, 신축건물의 도급인이 민법 제666조가 정한 수급인의 저당권설정청구권의 행사에 따라 공사대금채무의 담보로 그 건물에 저당권을 설정하는 행위는 특별한 사정이 없는 한 사해행위에 해당하지 아니한다.

그런데 민법 제666조에서 정한 수급인의 저당권설정청구권은 공사대금채권을 담보하기 위하여 인정되는 채권적 청구권으로서 공사대금채권에 부수하여 인정되는 권리이므로, 당사자 사이에 공사대금채권만을 양도하고 저당권설정청구권은 이와 함께 양도하지 않기로 약정하였다는 등의 특별한 사정이 없는 한, 공사대금채권이 양도되는 경우 저당권설정청구권도 이에 수반하여 함께 이전된다고 봄이 타당하다. 따라서 신축건물의 수급인으로부터 공사대금채권을 양수받은 자의 저당권설정청구에 의하여 신축건물의 도급인이 그 건물에 저당권을 설정하는 행위 역시 다른 특별한 사정이 없는 한 사해행위에 해당하지 아니한다고 할 것이다.

# 7. 상행위로 인한 채권과 상사유치권

이 부분은 건너뛰어도 문제는 없다. 다만 참고 자료 삼아 상사유치권이 있다는 사실만 지적하고 싶다. 상사유치권과 일반 유치권의 가장 큰 차이는 유치권이 발생하는 원인과 대상 물건이 다르다는 점이다. 우선 법 조항부터 보자.

---

**상법 제58조 (상사유치권)**

상인간의 상행위로 인한 채권이 변제기에 있는 때에는 채권자는 변제를 받을 때까지 그 채무자에 대한 상행위로 인하여 자기가 점유하고 있는 채무자 소유의 물건 또는 유가증권을 유치할 수 있다. 그러나 당사자 간에 다른 약정이 있으면 그러하지 아니하다.

---

상사유치권은 일반 유치권과 달리 그 대상 물건이 채무자 소유의 물건 또는 유가증권이라고 규정하고 있다(상법 제58조). 반면 유치권의 목적물은 채무자 소유로 한정하지 않고 '타인의 물건 또는 유가증권'이라고 넓게 규정된다. 즉 상사유치권은 유치권을 주장할 수 있는 사람이 채무자에 국한되지만 일반 민사 유치권은 제3의 소유자에 대해서도 유치권을 주장할 수 있다는 차이점이 있다. 또 채권 원인도 다르다. 일반 유치권의 채권은 점유한 물건 또는 유가증권과 견련성이 있어야 하지만 상사유치권은 당사자의 상행위(실질적으로는 영리에 관한 행위이며, 형식적으로는 상법과 특별법에서 상행위로 규정되어 있는 행위)에 의한 것에 한하기 때문에 범위가 다르다.

일반적으로 상행위를 쉽사리 인정하기 어려워 이를 인정하려면 이에 대한 조건과 증거가 필요하다. 그리고 상사 채권은 그 소멸시효가 5년임을 유념할 필요가 있다(민사채권 10년).

앞으로 유치권 중 상사유치권이 많이 대두될 것으로 예상된다. 피담보채권이나 견련성에 있어 차이도 있지만 특히 시효가 단축되어 있으므로 유의할 일이다.


## 상사유치권 성립의 2가지 판례

### 판례 1 : 대법원 2000.10.10.자 2000그41 결정【유치물변제충당허가】

원심은, 신청외 주식회사 A은행(1999.1.6. 이 사건 원심 신청인 주식회사 B은행으로 합병되었다. 이하 'A은행'이라고 한다)이 전액 출자하여 설립한 홍콩 현지법인인 신청외 C유한공사는 D은행 등과 함께 D은행을 주간사로 하는 대출단을 구성하여 1996.10.28. 신청외 종합금융 주식회사(이하 'E종금'이라 한다)와 사이에 미화 3천만 달러를 한도로 하는 양도성 대출계약(Transferable Loan Agreement, 이하 '이 사건 계약'이라고 한다)을 체결하고 종금에 미화 5백만 달러를 대출해준 사실, 그 후 A은행은 1998년 4월 말경 C유한공사를 폐지하면서 같은 해 5월 15일 C유한공사로부터 이 사건 계약서상의 관련 규정에 따라 대출채권을 양도하는 방식을 취하여 대출금채권을 이관받은 사실(이 사건 계약 당시 작성된 계약서에 의하면 대출자는 E종금에 대한 사전통지 또는 그의 사전 동의 없이 대출채권을 적격 양수인에게 양도할 수 있으며, 양수인이 양도인과 사이에 작성된 양도증명서를 주간사인 D은행에 송부하여 D은행이 양도사실을 등록함으로써 채권양도의 효력이 발생하는 것으로 되어 있고 C유한공사는 위와 같은 절차와 형식을 거쳐 이 사건 대출금채권을 A은행에게 이관한 것이고, 이때 적격 양수인이란 관련 법규에 따라 공인된 은행업무를 수행하는 회사 또는 E종금이 서면으로 승인하는 회사를 말한다), E종금은 1998.2.26.경 A은행에게 A은행으로부터 1995년경 대출받은 미화 2천만 달러의 대출금채무의 상환유예를 요청하면서 그 담보로 원심 별지 제1목록 기재 유가증권(이하 '이 사건 유가증권'이라고 한다)에 관하여 질권설정계약을 체결하고 A은행에게 이 사건 유가증권을 인도한 사실, E종금은 1998.4.30.까지 A은행에게 위 2천만 달러의 대출금을 전액 변제하였으나, 그 무렵 채권 발행을 통한 해외시장으로부터의 외화자금 유입을 추진하는 과정에서 위 발행채권에 대한 A은행의 보증을 요청하면서 위 유가증권을 그 보증에 대한 담보로 제공하겠다는 의사를 밝힘에 따라 이 사건 유가증권은 계속 A은행의 점유하에 남아 있게 되었으며 A은행을 합병한 이 사건 원심 신청인은 1999.3.19.경 E종금에게 위 유가증권을 직접 이 사건 계약에 기한 대출금채권의 변제에 충당하겠다는 의사를 통지한 사실을 인정한 다음, 이러한 사실관계를 전제로 이 사건 원심 신청인은 이 사건 유가증권에 관하여 이 사건 계약에 기한 대출금채권을 피담보채권으로 하는 상법 제58조 소정의 상사유치권을 가지고 있다고 판단하였다.

그리고 이 사건 대출금은 A은행이 C유한공사(원심결정문의 'A은행'은 오기로 보인다)로부터 양도받은 것이므로 위 조항 소정의 상거래로 인한 채권에 해당하지 아니하며, 또한 위 유가증권의 피담보채권인 위 1995년경 대출받은 미화 2천만 달러의 채무는 1998.4.30. 소멸하였으므로 그 이후 A은행이 유가증권을 계속 점유한 것은 불법점유에 해당하여 상사유치권이 성립될 수 없다는 특별항고인의 주장에 대하여는, 이 사건 계약은 채무자에 대한 사전통지 또는 동의를 거칠 필요 없이 주간사에 대한 등록절차만으로 금융기관간의 채권양도를 예정하고 있는 양도성 대출계약인 데다가 그 양수인 자격도 금융기관으로 제한하고 있어 채무자로서는 금융기관에 의한 위 대출금채권의 양수를 충분히 예상하고 그에 대하여 직접 채무를 부담할 의사를 가지고 있었다고 인정될 뿐 아니라 특히 이 사건에 있어서와 같이 금융기관이 채무자에게 외화자금을 조달해주기 위하여 자신의 외국 현지법인을 통하여 대출을 실행하였다가 그 현지법인의 폐지에 따라 대출금채권의 관리를 이관받은 것이라면 단지 그 과정에서 채권자인 금융기관이 그의 현지법인으로부터 대출금채권을 양도받는 형식을 취하였다는 이유만으로 위 대출금채권이 채권자와 채무자간의 상거래로 인한 채권에 해당하지 않는다거나 이를 두고 채권자가 제3자로부터 무담보의 상거래채권을 양도받아 인위적으로 유치권을 발생시킴으로써 채무자에게 예상치 못한 불이익을 주는 경우에 해당된다고 볼 수 없으므로 이 부분 주장은 받아들일 수 없고, 위 유가증권의 당초 피담보채권이 소멸된 후 A은행이 이를 계속 점유하게 된 경위에 비추어 보면 위 유가증권의 계속 점유가 불법점유에 해당한다는 특별항고인의 주장도 받아들일 수 없다고 하여, 이를 배척하였다.

관련 증거를 기록에 비추어 살펴보면, 원심의 위와 같은 사실인정은 정당한 것으로 보이고, 이러한 사실관계 하에서라면 원심이 원심 신청인은 이 사건 유가증권에 관하여 이 사건 대출금채권을 피담보채권으로 하는 상사유치권을 가진다고 인정하고 반대 취지의 피고의 주장을 받아들이지 아니한 조치는 정당한 것으로… (하략)

\* 요약 : 채무자에게 자신의 외국 현지법인을 통하여 채무자에 대한 사전통지 또는 동의 없이 주간사에 대한 등록절차만으로 금융기관 간의 채권양도를 예정하고 있는 양도성 대출계약에 따른 대출을 실행하였다가 그 현지법인이 폐지되면서 그 대출금채권의 관리를 채권양도 형식으로 이관받은 금융기관이 채무자로부터 별개의 대출금채무의 상환유예에 대한 담보로 질권 설정 받은 유가증권을 그 대출금채무가 변제된 이후에도 채무자의 요청에 따른 별도의 채권발행보증에 대한 담보로 계속하여 점유하고 있은 경우, 그 금융기관은 그 유가증권에 관하여 그 양도성 대출계약에 따른 대출금채권을 피담보채권으로 하는 상사유치권을 가진다고 한 사례다.

----

----

### 판례 2 : 대구지방법원 2010.7.30. 선고 2009가단53335 판결 【건물명도등】

3) 끝으로 상사유치권 항변에 관하여 본다.

이 상법 제58조는 '상인간의 상행위로 인한 채권이 변제기에 있는 때에는 채권자는 변제를 받을 때까지 그 채무자에 대한 상행위로 인하여 자기가 점유하고 있는 채무자 소유의 물건 또는 유가증권을 유치할 수 있다'라고 규정하고 있고, 여기서 상인간의 상행위는 기본적 상행위뿐만 아니라 보조적 상행위도 포함하고, 피담보채권의 종류도 금전채권뿐만 아니라 금전채권으로 전환될 수 있는 채권이면 족하다. 다툼 없는 사실, 갑 제3, 6호증, 을 제2 내지 4호증의 각 기재에 변론 전체의 취지를 종합하면, 원고는 부동산 임대업, 피고는 식품접객업을 하는 상인인 사실, 피고는 이 사건 임대차계약을 체결하면서 원고에게 원고가 이 사건 부동산의 실내공사비용으로 지출한 30,000,000원, 유흥주점업 허가를 받으면서 지출한 소송비용 20,000,000원, 위 A주점에서 사용하던 반주기, 음향시설, 에어컨 등의 비품대금 13,000,000원 합계 63,000,000원을 지급하고, 이 사건 부동산에 관한 2007년 말경부터 2009.7.경까지의 취득세, 중과세 등 합계 21,220,830원을 납부한 사실, 이 사건 임대차계약에 의하면 이 사건 부동산에 관한 재산세는 원고가 부담하기로 약정한 사실, 이 사건 부동산은 원고의 소유로서 현재 피고가 점유하고 있는 사실을 인정할 수 있다. 위 인정사실에 의하면 피고는 원고에게 위 21,220,830원 상당의 부당이득의 반환을 청구할 수 있고, 피고의 위 부당이득반환청구권은 원고와 피고 사이의 임대차관계에서 발생한 채권으로 상인간의 상행위로 인한 채권에 해당된다고 볼 수 있으나, 위 63,000,000원 부분은 임대차계약서에 명시되어 있지는 않으나 이 사건 임대차계약을 체결하면서 원고와 피고의 합의에 의하여 지급된 것으로 보이고, 달리 원고가 임대차 계약 종료시 위 돈을 피고에게 반환하여 주기로 약정하였다는 사실을 인정할 증거가 없으므로 피고가 원고에게 그 반환을 구할 수 없다고 판단된다.

그렇다면 피고는 위 21,220,830원 상당의 부당이득반환청구권에 기하여 이 사건 부동산을 유치할 권리가 있고, 따라서 피고의 위 항변은 위 인정범위 내에서 이유 있다 (원고가 특별히 반대의 의사표시를 하고 있지 않으므로 상환이행판결을 하기로 한다).

---

# 상사유치권 불성립의 4가지 판례

---

### 판례 1 : 대법원 2008.5.30.자 2007마98 결정 【경락부동산인도명령】

상법 제58조는 "상인간의 상행위로 인한 채권이 변제기에 있는 때에는 채권자는 변제를 받을 때까지 그 채무자에 대한 상행위로 인하여 자기가 점유하고 있는 채무자 소유의 물건 또는 유가증권을 유치할 수 있다."고 규정하고 있으므로, 채권자가 채무자와의 상행위가 아닌 다른 원인으로 목적물의 점유를 취득한 경우에는 상사유치권이 성립할 수 없는 것이다.

기록에 의하면, 재항고인은 공장건물의 신축공사가 이 사건 경매로 중단된 후에 공사현장을 점거하면서 타인의 지배를 배제하고 이 사건 토지에 대한 점유를 사실상 개시한 것으로 보일 뿐, 재항고인이 토지소유자와 '이 사건 토지에 관한 상행위'를 원인으로 이 사건 토지에 대한 점유를 취득하였다고 보기 어려우므로, 재항고인이 이 사건 토지에 관하여 상사유치권을 행사할 수 없다고 할 것이어서, 이와 다른 전제에 서 있는 재항고 이유는 더 나아가 살펴볼 필요 없이 이유 없다.

---

### 판례 2 : 대구고등법원 2011.2.9. 선고 2010나5893 판결 【유치권부존재확인】

(가) 비록 상사유치권이 목적물과 피담보채권 사이의 견련관계를 요하지는 않지만, 이는 상인간의 지속된 거래행위에서 발생하는 채권을 담보하기 위해 채무자에 대한 상행위로 인하여 점유한 물건에 대하여 인정하는 유치권인데, 영업을 위한 보조적 상행위로 부동산을 임차하는 경우 통상 임차인의 영업상대방은 제3자이고, 임대인과 임차인 사이에 지속된 거래 관계가 예정되지는 않는 점, 상가건물 임차보증금의 경우 상가건물 임대차 보호법을 통한 보호방안이 별도로 마련되어 있는 점 등에 비추어 볼 때 임차인이 영업활동을 위하여 부동산을 임차하여 점유하고 임대차보증금반환채권을 취득하게 되었다고 하더라도 이를 상사유치권이 성립하기 위한 요건으로서의 '상인간의 상행위로 인한 채권 및 채무자에 대한 상행위로 인한 점유'라고 볼 수 없다.

(나) 가사 달리 본다고 하더라도, 피고들의 위 임대차계약 체결일은 각 2008.7.1.이고,

그 이전인 2002.12.11. 이 사건 각 부동산에 관하여 원고 명의의 근저당권설정등기가 마쳐져 있었던 사실은 앞서 본 바와 같은바, 민사집행법 91조 제3항에 의하면 선행압류 또는 선행저당권이 있는 상태에서 체결된 임대차계약에 기한 임차권은 그 임차권의 대항력을 인정할 경우 담보목적물의 가치 하락으로 인하여 선행저당권자에게 담보권 설정 당시 예상하지 못한 손해가 발생하게 되는 것을 막기 위한 조항이라고 할 것인바, 이처럼 등기에 의해 또는 특별히 상가 임차인을 보호할 필요가 있어 관련법령에 의해 임대차에 대항력을 부여하는 경우조차도 선행저당권자에게는 대항하지 못하고 소멸되도록 한 규정이 있음에도 불구하고 근저당권 설정 후의 임대차계약에 기한 상사유치권을 인정한다면, 결국 목적 부동산에 관하여 등기 또는 관련 법령에 의해 인정되지 않는 임대차의 대항력을 당사자 사이의 임대차계약 체결 행위에 의해 인정하는 결과를 초래하고, 특히 상사유치권의 경우 상인간의 상행위로 인한 채권은 모두 그 피담보채권이 될 수 있어 그로 인해 선행저당권자가 입는 손해의 규모조차 예측할 수 없게 될 것이므로, 임대차보증금반환채권을 피담보채권으로 하는 상사유치권을 인정할 것인지 여부는 매우 엄격하게 해석하여야 할 것이다.

따라서 원고의 근저당권이 설정된 이후 체결된 위 임대차계약에 기하여 선행근저당권자인 원고에게 대항할 수 있는 상사유치권이 성립되었다는 취지의 피고들의 주장은 받아들일 수 없다.

----

----

### 판례 3 : 수원지방법원 성남지원 2009.5.27. 선고 2008가단3496 판결 【손해배상(기)】

**2. 피고의 항변에 대한 판단**

피고는, 원고에게 관리용역대금채권과 공사대금채권이 있어 이를 변제받기 위하여 이 사건 부동산을 점유하여 상사유치권을 행사한 것이라고 항변하므로 살피건대, 갑 제6호증의 각 기재에 변론의 전체취지를 종합하면, ① 원고와 피고는 2005.9.20.경부터 2007.9.19.까지 A주상복합아파트에 관한 관리용역 계약을 체결하였으나 원고는 피고에게 용역비 15,671,374원을 지급하지 아니한 사실, ② 피고는 2006.10.경 원고와 A주상복합아파트 3층 고시원 인테리어 공사 및 시설설치 계약을 체결한 후 공사를 진행하였음에도 불구하고 원고는 피고에게 56,905,000원의 공사대금을 지급하지 아니한 사실, ③ 피고는 관리용역대금 채권과 공사대금 채권을 회수하기 위하여 자신이 근무하던 A관리사무실에서 사용하던 원고 소유의 책상, 소파 등을 이 사건 부동산에 갖다 놓은 후 이를 점유한 사실들이 각 인정된다.

그러나 상사유치권이 성립하기 위하여는 유치목적물과 피담보채권과는 개별적인 견련성이 요구되는 것은 아니지만 최소한 영업을 통하여 점유할 것이 요구되는바, 피고가 이 사건 부동산을 점유하는 과정에 있어 피고의 영업과 관련하여 점유하였다고 볼 아무런 사정이 없어 피고의 이 사건 부동산 점유는 불법적으로 개시된 것이라고 할 것이므로, 위 상사유치권 항변은 이유 없다.

* 결론 : 영업과 관련 없는 점유는 상사유치권이 성립할 수 없다.

---

---

### 판례 4 : 대구고등법원 2011.7.20. 선고 20114819 판결 【토지인도등】

#### 가. 피고의 주장

피고는, 피고가 2006.3.18. 주식회사 A(이하, 'A'라 한다)로부터 이 사건 토지 지상에 있던 아파트의 철거공사(이하 '이 사건 철거공사'라 한다)를 공사대금 650,000,000원에 수급하여 대부분의 공사를 완료하였음에도 불구하고 A는 피고에게 위 철거공사에 따른 대금을 지급하지 아니하였으므로, 피고는 이 사건 철거 공사에 따른 대금채권을 변제받을 때까지 상법 제58조 또는 민법 제320조 제1항에 따라 이 사건 토지를 유치할 권리가 있다고 항변함과 동시에 이 사건 토지에 관한 유치권이 존재한다는 확인을 구한다.

### 나. 상사유치권의 성부

상법 제58조는 "상인 간의 상행위로 인한 채권이 변제기에 있는 때에는 채권자는 변제를 받을 때까지 그 채무자에 대한 상행위로 인하여 자기가 점유하고 있는 채무자 소유의 물건 또는 유가증권을 유치할 수 있다."고 규정하고 있으므로, 채권자가 채무자와의 상행위가 아닌 다른 원인으로 목적물의 점유를 취득한 경우에는 상사유치권이 성립할 수 없다. 그런데 갑 제4호증, 을 제3호증, 제1심 증인 B의 증언에 변론 전체의 취지를 종합하면, 피고는 A와 사이에 이 사건 철거공사에 관한 도급계약(공사대금 6억 5,000만 원)을 체결하고, 그 공사계약에 따라 이 사건 토지상에 있던 아파트 건물을 철거하기 위하여 이 사건 토지를 출입하다가 A로부터 그 대금을 지급받지 못하게 되자 그 공사현장에 대한 타인의 지배를 배제하고 이 사건 토지에 관한 점유를 개시한 사실이 인정될 뿐이고, 피고가 상행위라고 주장하는 피고와 A 사이의 이 사건 철거공사에 관한 도급계약을 직접적인 원인으로 이 사건 토지에 대한 점유를 취득한 것이라고 보기는 어려우므로, 피고는 이 사건 토지에 관하여 상사유치권을 행사할 수 없다.

* 결론 : 채권자가 채무자와의 상행위가 아닌 다른 원인으로 목적물의 점유를 취득한 경우에는 상사유치권이 성립할 수 없다.

---

## 유치권은 "떼권"이다

유치권이란 무엇일까? 하루는 문득, 유치권이란 자신의 말을 다 들어줄 때까지 사람들에게 자신과 관련되어 있는 물건이나 유가증권을 부여잡고 떼를 쓸 수 있는 권리가 아닐까 하는 생각이 들었다. 물론 '떼'라는 말이 다음이나 네이버 등에서는 부당한 요구나 청을 들어 달라고 고집하는 짓이라고 풀이하여 약간 부정적인 의미로 쓰인다. 그런데 현실적으로 유치권이란, 이를 주장하는 사람을 제외하고는 채무자, 소유자, 매수인, 매수 희망자 등의 관계인 모두를 떨떠름하고 부담스럽게 만드는 것도 사실이다. 유치권은 공평이라는 관점에서 법이 인정해 주는 권리지만 유치권자를 제외한 관계인의 입장에서는 억지를 부리고 있다는 느낌을 떨쳐버릴 수 없다. 다만 법에서 유치권을 권리로 인정하기 때문에 떼를 쓰더라도 모양새 있게 예절을 가지고 해야 한다. 법에서는 점유를 통해 유치권자가 실질적 지배를 하고 있다는 것을 외부에 보여야 하고(공시성) 또 관련된 권리가 누가 보아서도 합리성이 있어야 하며(견련성) 갚아 줄 시기가 되어 있을 때(변제기) 가능한 권리라고 그 모양새를 정해두었다. 유치권은 떼권, 그러니까 다른 모든 사람들에게 물건이나 유가증권을 부여잡고 돈을 달라고 떼를 쓸 수 있는 물적 권리이지, 적극적으로 다른 사람에게 돈을 달라고 요구할 수 있는 인적 권리는 아니다. 다만 그 떼는 관련된 권리(피담보채권)의 채권을 만족할 때까지만 행사할 수 있다. 그래서 유치권은 먼저 소송을 걸어 채권을 만족시킬 수 없고 이해관계인이 비켜 달라고 요구할 때 '돈을 주면 비켜 주겠다'고 항변할 수 있을 뿐이다. 그런데 현실적으로 경매인들은 떼권을 모두 갚아 주어야 할 돈으로 여기는 경향이 있다. 그래서 유치권자가 주장하는 채권까지 감안하여 응찰가를 계산한다. 그런데 떼 자체가 허점이 많기 때문에 적극적으로 검토하는 자에게 길이 열린다. 즉 어떤 사람은 거짓으로 떼를 쓰기도 하고 어떤 사람은 떼를 쓰기는 썼는데 모양새를 제대로 갖추지 못하기도 하여 무효가 되는 경우가 생각보다 많다. 따라서 이를 잘 연구하고 분석하면 쉽사리 정복될 수도 있는 권리가 곧 유치권이기도 하다. 알면 알수록 기회가 생긴다는 말은 곧 이를 두고 하는 말일 것이다.

6장부터는 민법 제320조 유치권 99자와 관련된 실제 판례를 살펴볼 것이다.
유치권 성립 여부의 최종 판결은 법원에서 내리게 되므로 판례를 참조하지
않을 수 없다. 차분히 읽으며 판례에 익숙해지기를 바란다.

## 6장

## 타인의 물건 또는 유가증권

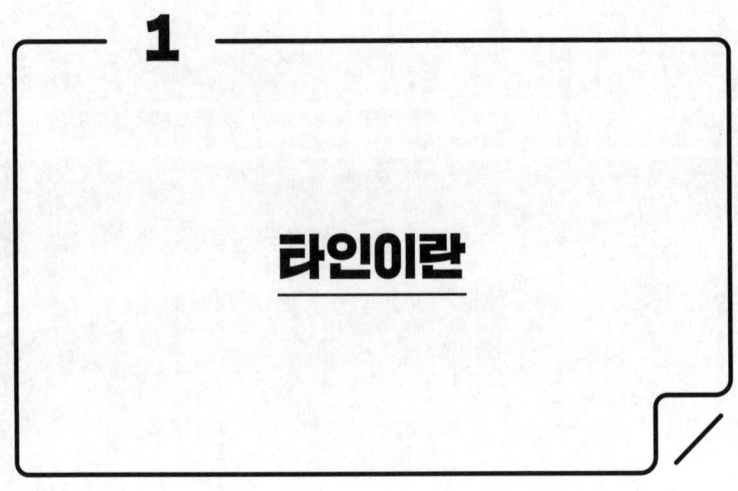

# 1 타인이란

이제 본격적으로 법조항과 판례에 대해서 알아보자. 민법 제320조는 '타인의 물건 또는 유가증권을'이라는 말로 시작된다. 이 말은 점유할 수 있는 유치물의 대상을 한정 짓는 표현이다. 유치권의 대상은 타인의 물건 또는 유가증권에 한한다.

### 타인 = 채무자 + 제3자

그렇다면 이때 '타인'은 누구를 말하는 것일까? 공사대금을 주어야 할 채무자? 물론 맞다. 그러나 다음 판례에서 보듯이 타인에는 채무자뿐 아니라 제3자도 포함된다. 예컨대 매수인처럼 새로운 건물 주인이 된 사람도 말이다.

### 청주지방법원 2009.10.28. 선고 2008가단37957 판결 【건물명도】

또한 ○○○과 ○○○이 유치권을 포기하였다고 하더라도, 이는 유치권 배제 특약으로 그 당사자 사이에서만 효력이 미친다고 할 것이고, 이러한 특약이 피고들에게까지 미친다고 볼 근거가 없으며, 유치권자의 점유 대상인 '타인의 물건'에서의 타인에는 채무자뿐만 아니라 제3자도 포함되는 것이므로 피고들이 ○○○의 ○○○에 대한 채권을 양수하지 않았더라도 이 ○○에 대한 채권만으로도 이 사건 각 부동산에 관하여 유치권을 행사할 수 있으므로 원고의 위 주장도 이유 없다.

## 소유자 = 공사업자인 경우

소유자가 공사업자가 되는 경우가 있다. 공사업자가 도급인과 소유권 보유에 대한 특별한 약정 없이 자기 노력과 재료로 건물을 지은 경우에 해당된다. 이때 공사업자는 유치권을 주장할 수 있을까? 법원은 수급인이 자기 노력과 재료를 투입하여 건물을 지은 경우 이를 그들의 소유로 본다. 자기 물건에 대해서는 유치권을 주장할 수 없다는 조항에 따라 그들은 유치권을 주장할 수 없다. 자기 부동산이 경매에 넘어간 경우라면 이때는 제3자이의의 소를 주장하여 집행권원을 부정하고 또 잠정처분으로 강제집행 정지를 신청할 수 있다.

### 대법원 1993.3.26. 선고 91다14116 판결 【손해배상(기)】

원심이 판단한 대로, 이 사건 기성부분은 원고의 재료와 노력으로 건축되었고 독립한 건물에 해당하기 때문에 이는 원고의 소유라 할 것이고, 따라서 원고가 이에 대하여 유치권을 가진다는 주장은, 유치권이 타물권(*타인의 물건 위에 성립하는 물권)인 점에 비추어 이유 없다.

---

## 채무자가 유치권자가 되는 특수한 경우

한편 단순히 '채무자'는 유치권을 주장할 수 없다고 생각하는 경우가 있는데 유치권의 피담보채권에 대한 채무자라면 당연히 유치권을 주장할 수 없다. 그러나 질권, 근저당권과 같은 담보물권의 채무자인 경우에는 유치권을 행사할 수 있는 권리가 있다. 물론 요건이 따른다. 첫째 채무가 경매 매각으로 그 효력이 사라지면 안 된다. 말소기준권리 이후의 것이라면 경매와 함께 권리가 소멸되지만 그 이전 것이라면 경매 이후에도 여전히 남게 된다. 둘째 점유하고 있어야 한다. 그래야 유치권을 주장할 수 있기 때문이다. 드문 사례이기는 하지만 무조건 채무자는 유치권자가 될 수 없다고 여기면 곤란하고, 유치권의 근거가 되는 피담보채권에 대한 채무자인 경우에는 유치권자가 될 수 없다는 점을 정확히 구분해서 기억하도록 하자.

---

**전주지방법원 남원지원 2009.10.8. 선고 2009가합127 판결 【건물명도】**

**1) 담보물권의 채무자가 유치권을 주장할 수 있는지 여부**

담보물권의 채무자라 할지라도 경매절차의 매각에 의하여 효력을 잃지 않고 그 매수인에게 인수되는 지상권, 유치권 등의 점유권원을 취득한 자는 경매절차의 매수인에게 그 권리를 주장하면서 매각물건의 인도를 거절할 수 있는바, 원고가 이 사건 근저당권의 채무자이므로 유치권자가 될 수 없다는 피고들의 주장은 그 자체로 이유 없어 받아들이지 아니한다.

---

## 채무자가 대신 점유를 해주는 경우

　유치권 관련 채무자는 당연히 유치권자가 될 수 없다. 그렇다면 채무자가 유치권자를 대신하여 해당 부동산을 점유해주는 경우에는 어떻게 될까? 뒤에서 다시 살펴보겠지만 점유에는 직접점유, 간접점유, 점유보조자에 의한 직접점유가 있다. 직접점유란 유치권자가 직접 점유하고 있는 것을 말한다. 그런데 잠시 볼일이 있는 경우 가족에게 맡길 수도 있을 텐데 이때 점유를 대신하는 사람을 점유보조자라고 한다. 이 경우 점유보조자는 보조자일 뿐 점유자는 볼일을 보러 나간 사람이다. 한편 유치권자가 소유자의 동의를 받고 해당 부동산을 임대해주는 경우도 있다. 이 경우 임차인이 직접점유자가 되고, 임대를 해준 유치권자는 간접점유자가 된다. 그런데 유치권자가 잠시 볼일을 보러 가면서 소유자, 즉 채무자에게 해당 부동산의 점유를 보조하도록 한 경우나, 혹은 소유자가 갈 곳이 없어서 유치권자의 동의를 구하고 해당 부동산에 살게 된 경우에는 문제가 조금 복잡해진다. 이때는 유치권자가 유치권을 상실하기 때문이다. 점유란 채무자에게 돈을 받기 위해 공사한 부동산을 주인에게 주지 않고 본인이 갖고 있는 것이기 때문이다. 따라서 채무자가 어떤 식으로든 점유에 개입하면 유치권은 상실된다. 그 근거는 아래 판례에 잘 나타난다.

---

**대법원 2008.4.11. 선고 2007다27236 판결 【건물명도】**

유치권의 성립요건이자 존속요건인 유치권자의 점유는 직접점유이든 간접점유이든 관계가 없으나, 다만 유치권은 목적물을 유치함으로써 채무자의 변제를 간접적으로 강제하는 것을 본체적 효력으로 하는 권리인 점 등에 비추어, 그 직접점유자가 채무자인 경우에는 유치권의 요건으로서의 점유에 해당하지 않는다고 할 것이다.

---

## 남의 빚을 위해 자기 재산을 담보로 맡긴 사람도 유치권 주장 불가능

타인의 채무를 위해 자기 재산을 담보로 제공한 사람을 물상보증인이라고 한다. 만일 유치권을 주장하는 사람이 물상보증인과 같은 위치에 있을 때는 유치권이 인정되지 않는다. 물상보증인의 지위는 소유자와 같다. 따라서 타인에 해당되지 않는다. 아래 판례에서 A가 채무자이고, B가 물상보증인이다.

---

**대법원 1959.5.14. 선고 4291민상302 판결 [가옥명도]**

원판결이 인용한 제1심 판결 급 기록을 검토하면 소외 A가 본건 건물을 피고에게 증여하고 이를 명도하여 피고로 하여금 거주케 하였으나 아직 그 소유권이전등기를 이행하기 전에 피고는 원판시 건물의 수리를 하였으며 그 후 소외 A는 피고 승인하에 본건 건물을 자기명의로 소유권이전등기를 경유한 후 원고에게 본건 근저당권을 설정하고 해 등기를 종료하였으며, 동인이 저당채무를 이행치 않으므로 인하여 본건 경매를 신립(*개인이 국가나 공공 단체에 어떤 사항을 청구하기 위하여 의사 표시를 함.)하였고 동 경매에서 원고가 경락자(*매수인)로서 소유권을 취득한 사실을 간취할 수 있다. 그러면 물상보증인과 동일한 사정에 있는 것으로 경매신립 전에 가옥을 수리한 비용에 관하여 경락인에게 하등 청구권이 없고 따라서 피고에게 유치권 없음이 명백하므로…

---

## 일시적으로 소유자가 혼란스런 경우, 가등기와 본등기 사이

가등기를 한 건물의 주인은 누구일까? 일단은 본등기 소유명의자이다. 따라서 가등기가 되었다고 하더라도 본등기를 마치지 않으면 소유는 이전되지 않는다. 여기까지는 상식이다. 그런데 가등기 이후 본등기가 끝난 뒤가 문제다. 본등기가 이루어지면 소유권은 완전히 이전되는데 이때 소유권의 이전 시기를 가등기를 할 때로 소급해서 적용한다. 가등기가 이처럼 본등기를 통해 완성되었다면 소유권 개시는 가등기 당시로 거슬러 올라가서 적용된다는 말이다.

그렇다면 가등기가 이루어진 이후 해당 부동산을 수리한 비용에 대해서 문제가 생길 수 있다. 아직 본등기 전이라면 소유자가 바뀌기 전이므로 현 소유자는 자기 물건을 수리한 것이므로 유치권을 주장할 수 없다. 그러나 가등기 이후 본등기가 이루어지면 소유 시기가 소급 적용된다고 하였으므로 당연히 전 소유자의 수리비용은 유치권의 대상이 될 수 있다. 아래 판례는 이런 복잡한 사정을 다루고 있다.

---

### 대법원 1976.10.26. 선고 76다2079 판결 【임야인도】

③ 제3점에 대하여 원심의 판시에 의하면 "이 사건에서 문제가 되어 있는 임야는 1971.5.14자로 피고명의로 소유권이전등기가 경유되었으므로 1972.12.30자로 가등기권자인 A 명의로 본등기가 경료되기까지는 피고의 소유이었음이 분명하므로 피고가 그 주장과 같이 1972년 3월경부터 같은 해 5월경까지 사이에 필요비나 유익비를 지출하였다고 할지라도 이것은 타인의 소유가 아닌 자기의 소유물에 대하여 지출한 것에 지나지 않는 것이므로 유치권이 발생할 여지가 없다"라는 취지이다. 그러나 설사 피고가 1972년 3월경부터 같은 해 5월경까지 사이에 이 사건 토지에 대하여 필요비나 유익비를 투입한 것이 피고명의로 소유권이전등기가 경유된 1971.5.14 이후이고 이것이 A 앞으로 1972.12.30 가등기에 의한 소유권이전본등기가 경유되기 이전이었다 할지라도 피고가 비용을 투입할 당시에는 이미 1971.1.26자로 위 토지에 대하여 가등기가 경유되어 있었던 터이므로 이러한 상황하에서 그 토지에 대하여 비용을 투입하였다가 그 가등기에 의한 소유권이전의 본등기가 경유됨으로써 가등기 이후의 저촉되는

등기라 하여 직권으로 말소를 당한 소유권이전등기의 명의자인 피고와 본등기 명의자인 A 내지 그 특별승계인인 이 사건 원고와의 법률관계는 결과적으로는 타인의 물건에 대하여 피고가 그 점유기간 내에 비용을 투입한 것이 된다고 보는 것이 상당하다.

---

## '혼동'으로 인한 유치권 소멸

법률에서 물권은 본권과 점유권으로 나뉘고, 본권은 또 다시 소유권과 제한물권으로 나뉜다. 제한물권이란 소유권에 대립하는 개념으로, 소유권의 일부 권능이 부여된 권리를 말한다. 유치권은 제한물권에 속한다. 그런데 소유권과 제한물권이 한 사람에게 귀속되는 경우가 있다. 유치권자가 해당 부동산의 새 주인이 되는 경우처럼 말이다. 이때 유치권은 소멸되고 소유권만이 남게 되는데 이를 '혼동'이라고 부른다.

아래 판례는 크게 세 단락으로 나뉘는데 첫 단락은 혼동에 의하여 유치권, 즉 제한물권이 소멸되고 소유권만 남는다는 얘기와, 그러나 해당 부동산이 제3자의 권리목적인 경우(예컨대 근저당과 같은)에는, 설사 혼동이 있더라도 제한물권이 소멸되지 않는다는 설명이 담겨 있다. 소멸되지 않는 이유로 제3자가 이익을 얻고 본인이 손해를 보기 때문이라고 지적한다. 두 번째 단락은 그러나 첫 단락의 설명과 달리 이 사건의 경우는 제3자의 이익이나 본인의 손해가 없다는 점을 들어 유치권, 즉 제한물권이 혼동으로 소멸되었다고 설명한다. 세 번째 단락은 사해행위취소 소송의 적용 범위를 다루고 있다. 얘기가 다소 복잡했지만 핵심은 유치권자가 소유자가 되면 본인에게 손해가 가지 않는 한 유치권이 소멸한다는 사실이다.

### 창원지방법원 밀양지원 2011.7.15. 선고 2010가합728 판결 【제3자이의】

**(2) 유치권이 혼동으로 소멸하였는지 여부**

덧붙여 원고의 유치권이 혼동으로 인하여 소멸하는지 여부에 관하여 살피건대, 어떤 물건에 대한 소유권과 제한물권이 한 사람에게 귀속되었을 때는 그 제한물권은 혼동에 의하여 소멸하는 것이 원칙이지만, 그 물건이 제3자의 권리목적으로 되어 있고 또 제3자의 권리가 혼동된 제한물권보다 아래 순위에 있을 때에는 혼동된 제한물권이 소멸된다고 하면 제3자는 부당한 이득을 보게 되고 본인은 손해를 보게 되는 부당한 결과를 가져오게 되므로 이러한 경우에는 예외적으로 혼동된 제한물권이 소멸하지 않는다(대법원 1962.5.3. 선고 62다98 판결, 대법원 1998.7.10. 선고 98다18643 판결 등 참조).

이 사건에 관하여 보건대, 앞서 든 각 증거를 종합하여 인정되는 다음과 같은 사정, 즉 ① 원고가 이 사건 매매부동산에 대한 소유권을 취득할 당시 이 사건 각 부동산에는 A의 최선순위 근저당권이 설정되어 있고, 그 후순위로 제3자의 가처분, 가압류, 압류등기 등이 설정되어 있었을 뿐인 점, ② 원고는 A의 위 근저당권의 피담보채무를 인수하였음에도, 이를 변제하지 못하여 A의 임의경매신청에 의하여 이 사건 경매절차가 진행된 것인 점, ③ 유치권자는 피담보채권 전부의 변제를 받을 때까지 유치물을 점유할 권리가 있으나 경매절차에서의 매수인에 대하여 그 피담보채권의 변제를 청구하거나, 경매절차에서 피담보채권을 우선 변제받을 권리는 없는 점 등에 비추어 보면, 유치권자인 원고가 부동산 소유권을 취득함으로써 유치권을 상실한다 하더라도, 이로 인해 근저당권자인 A 내지 가압류, 가처분권자들이 예상하지 못하였던 부당한 이득을 얻고 원고가 손해를 입게 된다고 볼 수 없으므로 원고가 이 사건 매매 부동산에 대하여 유치권을 가지고 있었다 하더라도 이는 그 유치권이 앞에서 본 혼동으로 소멸하지 않는 경우에 해당하지 않는다 할 것이어서, 원고의 유치권은 원고가 이 사건 매매부동산에 대한 소유권을 취득함으로써 혼동으로 소멸하여 존재하지 아니한다 할 것이어서 원고의 이 사건 청구는 이 점에 있어서도 이유 없다.

이에 대하여 원고는, 주식회사 B의 채권자 C은행의 사해행위취소소송에 따라 이 사건 매매 계약의 취소 및 이 사건 소유권이전등기의 말소를 명하는 판결이 확정되었으므로 혼동으로 소멸한 유치권 역시 부활한다는 취지로 주장하나, 앞서 본 바와 같이 사해행위취소의 효력은 채권자와 수익자 사이에서만 미치고 채무자에게는 미치지 아니하여 사해행위취소판결이 확정되었다 하더라도 채무자와 수익자 사이의 법률행위는 여전히 유효하므로, 주식회사 B와 원고 사이에는 이 사건 매매부동산의 소유자는 여전히 원고인 D, C은행과 원고 사이에서만 효력을 미치는 위 사해행위취소 판결이 확정되었다는 사정만으로 혼동으로 소멸된 유치권이 부활한다고 볼 수 없으며, 더욱이 이 사건 각 부동산이 임의경매절차에서 피고들에게 경락됨에 따라 위 사해행위취소 판결이 확정되었음에도 이 사건 소유권이전등기는 말소되지 아니하였으므로 위 주장은 이유 없다.

---

## 법인과 개인

유치권자가 개인인가, 별도의 인격을 갖는 단체(비법인사단) 혹은 법인인가를 구별하여야 한다. 왜냐하면 피담보채권을 가진 채권자가 개인인가 법인인가에 따라 유치물과의 견련성 해석이 달라질 수 있기 때문이다. 쉽게 말하면 개인이 유치권을 주장했는데 법원은 법인이 유치권자라고 판단을 내릴 수도 있고, 법인이 유치권을 주장했는데 법원은 개인이 유치권자라고 판단을 내릴 수도 있기 때문이다. 번지수를 잘못 찾으면 기각을 면치 못한다. 문제의 핵심은 법인이 법으로 만들어진 존재로 자연 실체는 아니라는 점이다. 그러나 점유는 현실적으로 사람(자연인)을 통해서만 이루어질 수 있다. 물론 아래 판례에서 보듯 개인의 이름을 기재했다는 사실만으로는 법인이 아니라 개인의 자격으로 점유를 했다고 할 수 없다. 살펴보자.

---

**대전고등법원 2005.9.8. 선고 2005나655 판결 【건물명도등】**

(나) 법인의 유치권행사와 그 의무위반 여부에 대한 판단 방법
유치권은 물건에 대한 사실상의 지배인 점유를 성립 및 존속요건으로 하는 권리이기 때문에 관념상의 존재인 법인으로서는 그 대표자나 피용자의 점유를 통하여서만 유치권을 행사할 수 있을 뿐이므로, 법인의 유치권이 적법하게 성립하고 존속하는지 여부나 법인이 유치물을 적법하게 관리하는지 여부 등은 법인을 위하여 유치물을 사실상 지배하고 있는 그 대표자나 피용자의 점유의 태양(*형태) 및 그들의 유치물에 대한 관리행위를 기준으로 판단할 수밖에 없는 것이고, 객관적으로 그들의 점유의사 등 점유 태양이

법인의 유치권의 성립과 존속을 위한 것으로 보이는 이상 그들의 유치물에 대한 점유 및 관리에 관한 행위는 법인의 점유 및 관리행위로 봄이 상당하고 이를 일반의 법률행위와 같이 취급하여 그들이 그러한 행위를 함에 있어 법인의 명칭을 사용하였는지 또는 그들 개인의 이름을 사용하였는지에 따라 그로 인한 사실상 내지 법률상 효과의 귀속을 엄밀히 구별할 것은 아니라 할 것이며, 만일 그 점유의사 등 외부에 드러난 점유 태양에 비추어 대표자 등의 점유 및 관리행위가 법인의 유치권의 성립과 존속을 위한 것이 아니라 이와는 독립된 것임이 객관적으로 명백하게 구별되어 이를 법인의 점유 및 관리행위로 볼 수 없는 경우라면, 법인의 유치권은 처음부터 성립하지 않았거나 소멸된 것으로 보아야 할 것이다.

이 사건에서도 위 인정사실에서 본 바와 같이, A가 종래 이 사건 건물을 점유·관리하여 온 것은 그의 개인적인 지위에서가 아니라 피고 회사의 대표이사로서 피고 회사의 이 사건 건물에 관한 공사잔대금채권을 담보하는 유치권을 행사하기 위한 것이었으므로, 피고 회사의 이 사건 건물에 대한 유치권의 성립과 존속여부 및 이를 점유·관리함에 있어 선량한 관리자의 주의를 위반하였는지 여부는 A의 점유 태양 및 관리 행위를 기준으로 판단하여야 할 것이고, A가 피고 회사의 대표이사직을 계속 유지한 상태로 이 사건 건물을 직접 점유하던 중 그 일부를 동생인 피고 B나 타인에게 임대하여 간접점유관계를 설정한 것도 피고 회사를 위한 점유계속 및 관리행위의 일환으로 봄이 상당하고, 그 임대차계약서에 A 개인의 이름을 기재하였고 이에 따라 그 계약당사자 사이에서는 A만이 임대인으로서의 지위를 가진다고 하더라도 그러한 사정만으로는 위 임대행위가 피고 회사를 위한 점유 및 관리행위와 객관적으로 명백히 구별되는 A의 독자적인 행위라고 볼 수는 없으므로, 피고 회사는 이 사건 건물의 소유자에 대한 관계에서는 A의 위와 같은 임대행위와 관련된 법률상의 책임을 부담하여야 할 것이다.

------------------------------------------------

보통의 경우라면 법인은 법률적 인격체이므로 채무 문제 역시 법인이 지도록 되어 있다. 그러나 겉으로는 회사가 법인이지만 실제적으로는 법인 대표가 법인회사의 재산과 개인 재산을 구분 없이 사용하는 경우에는 '법인격 남용'으로 보아 법인의 채무를 개인이 져야 한다고 판례는 명시한다.

---

**인천지방법원 2010.1.8. 선고 2009가합15981 (본소) 【유치권확인】, 2009가합15998 (반소) 【건물명도】 판결**

나. 원고의 유치권 주장에 대하여

1) 민법 제320조 제1항에서는 타인의 물건 또는 유가증권을 점유한 자는 그 물건이나 유가증권에 관하여 생긴 채권이 변제기에 있는 경우에는 변제를 받을 때까지 그 물건 또는 유가증권을 유치할 권리가 있다고 규정하고 있는바, 원고가 A에 대한 공사대금 채권을 피담보채권으로 하여 A의 소유이던 이 사건 건물을 유치하고 있는 이 사건에서 원고가 실질적으로 A의 개인기업에 불과하거나 A에 대한 법률적용을 회피하기 위한 수단으로 함부로 쓰여지고 있는 경우라면 원고가 A와 별개의 인격이라고 주장하는 것이 법인격의 남용으로 허용될 수 없고, 결국 이 사건 건물이 타인의 물건이라고 볼 수 없을 것이어서 유치권이 성립할 수 없게 되므로, 아래에서는 원고의 독립된 인격이 부인되는지 여부에 관하여 살핀다.

2) 회사의 법인격이 부인되기 위해서는, 회사가 외형상으로 법인의 형식을 갖추고 있으나 이는 법인의 형태를 빌리고 있는 것에 지나지 아니하고 그 실질에 있어서는 완전히 그 법인격의 배후에 있는 타인의 개인기업에 불과하거나 그것이 배후자에 대한 법률적용을 회피하기 위한 수단으로 함부로 쓰여지는 경우로서 비록 외견상으로는 회사의 행위라 할지라도 회사와 그 배후자가 별개의 인격체임을 내세워 책임을 부정하는 것은 신의성실의 원칙에 위반되는 법인격의 남용으로서 심히 정의와 형평에 반

하여 허용될 수 없는 경우에 해당해야 할 것이다(대법원 2001.1.19. 선고 98다21604 판결 등 참조).

(중략)

4) 위 인정사실과 같이 A가 원고 회사의 주식 100%를 소유하면서 대표이사로 있었고 현재도 사내이사로 등기부상 등재되어 있는 점, A와 원고 회사는 피고로부터 대출을 받으며 서로의 채무에 대하여 연대보증을 하였고 피고에게 A 소유이던 이 사건 토지 및 건물에 대하여 채무자가 원고로 된 근저당권설정등기를 마쳐주는 등 원고 회사와 A의 재산이 혼용되어 사용되고 있던 점, 피고는 원고 및 A에 대하여 17억 원 이상의 채권을 가지고 있는 점, 유치권은 목적물을 유치함으로써 채무자의 변제를 간접적으로 강제하는 것을 본체적 효력으로 하는 권리인 점(대법원 2008.4.11. 선고 2007다27236 판결 참조) 등에 비추어 볼 때 이 사건에서 원고 회사가 피고에 대하여 A와 별개의 인격이라고 주장하며 A 소유의 이 사건 건물에 대한 유치권을 행사하는 것은 실질적으로 피고에 대하여 채무를 변제할 책임을 지는 A가 원고 회사의 법인격을 내세워 재산은닉, 채무면탈 등 위법한 목적으로 법인격을 남용한 것에 해당한다고 보이므로 이는 신의성실의 원칙상 허용될 수 없다고 할 것이다.

## 2 물건이란

유치권은 타인의 물건 또는 유가증권을 점유할 때 성립한다. 경매에 의하여 소유권을 취득하는 것도 '물건 또는 유가증권'이다. 이 가운데 우리의 관심을 끄는 것은 물건이다. 경매에서 물건이라면 부동산을 가리키는 게 일반적이나 자세히 들어가면 또 생각만큼 물건이라는 의미가 우리의 상식과 잘 부합하는 것은 아니다. 여기서 말하는 '물건' 또는 '유가증권'이라는 단어는 모두 법적인 개념이고 우리가 통상 사용하는 개념 영역을 벗어난다. 그 의미는 법률의 규정과 판례, 해석을 통하여 결정된다.

물건(物件)이란 민법 제98조에서 '본법에서 정하는 물건이라 함은 유체물 및 전기 기타 관리할 수 있는 자연력을 말한다.'고 정의하고 있다. 너무 어렵다. 그럼에도 무엇을 물건이라고 부르는지 알아야 하는 이유는, 그래야 유치권이나 경매의 효력이 어디까지 미치는지 알 수 있기 때문이다.

## 어디까지가 토지인가

우선 부동산부터 알아보자. 민법 제99조 제1항에서 '토지 및 그 정착물은 부동산이다.'라고 부동산을 규정한다. 토지의 정착물은 원칙적으로 토지에 부합하여 토지와 일체를 이루는 것으로 간주하므로 토지와 분리되는 별개의 물건으로 인정되지 않는다. 그런데 토지의 정착물 중 일부는 독립된 부동산으로 취급되는 것이 있다.

돌담, 터널, 다리, 우물, 시설부지에 정착된 '철도레일' 등은 사회 통념상 그 부지에 계속적으로 고착되어 있는 상태에서는 항상 토지의 구성부분으로 취급되어 토지와 별개의 물건으로 인정되지 않는다(공유수면빈지에 축조된 공작물, 대법원 1994.4.12. 선고 93다53801 판결 참조).

---

**대법원 1972.7.27.자 72마741 결정 【집행방법에대한이의신청기각결정에대한재항고】**

기록에 의하면 원결정 첨부목록의 물건인 '레일 2킬로미터'가 그 시설부지에서 분리된 상태로서의 레일을 의미한 것이 아님이 분명하고 사회통념상 그 부지에 계속적으로 고착되어 있는 상태에서 사용되는 시설의 일부에 해당하는 물건이라고 봄이 상당하므로(교통부 소관의 철도선로에 접속하는 청원시설이라면 1953.9.22. 교통부공시 제303호 청원시설 규정에 의하여 처리되는 것이라고 하여야 할 것임.) 그 토지에 정착된 물건으로서 집달리의 압류집행은 허용되지 아니한다는 취지의 원결정은 정당하다고 하여야 할 것이다. 이와 견해를 달리하여 이 사건 레일이 통상 철재 토막과 같은 동산으로 거래되는 물건에 불과하다고 하여 원결정에는 동산에 관한 법리오해의 위법이 있다는 재항고 논지는 이유 없다.

---

## 토지로 보지 않는 경우

반면 건물은 토지에 부합하지 아니하고 언제나 독립한 부동산으로 취급되는 정착물이다. 그래서 토지와의 이용관계로 법정지상권이 문제된다. 그리고 토지의 정착물로 별도의 공시방법을 갖춘 경우, 예컨대 입목(나무)처럼 법률에 따라 등기를 하거나 명인방법(나무의 껍질을 벗겨 먹 혹은 페인트로 이름을 쓰거나 귤밭에 새끼줄을 두르고 푯말을 세워 귤을 매수하였음을 공시하는 것처럼, 예로부터 인정된 관습법상의 공시방법) 혹은 민법 제256조 단서에 의한 경우처럼 '타인의 권원에 의하여 부합된 경우'에는 토지의 구성부분으로 되지 않는다. 그래서 수목의 경우 원칙적으로 타인 토지에 식재되어 있으면 타인의 소유다. 그러나 식재자에게 수목을 식재할 정당한 권원이 있으면 식재자가 그 수목의 소유자가 된다.

---

**대법원 1989.7.11. 선고 88다카9067 판결 【손해배상(기)】**

민법 제256조는 '부동산의 소유자는 그 부동산에 부합한 물건의 소유권을 취득한다. 그러나 타인의 권원에 의하여 부속된 것은 그러하지 아니한다'라고 규정하고 있는데 위 규정단서에서 말하는 '권원'이라 함은 지상권, 전세권, 임차권 등과 같이 타인의 부동산에 자기의 동산을 부속시켜서 그 부동산을 이용할 수 있는 권리를 뜻한다 할 것이므로 그와 같은 권원이 없는 자가 토지소유자의 승낙을 받음이 없이 그 임차인의 승낙만을 받아 그 부동산 위에 나무를 심었다면 특별한 사정이 없는 한 토지소유자에 대하여 그 나무의 소유권을 주장할 수 없다고 하여야 할 것이다.

그런데도 원심이 원고가 이 사건 토지의 전 소유자로부터 승낙을 받음이 없이 그 토지를 임차한 소외 A의 승낙만을 받아 그 위에 이 사건 사철나무 1그루를 심은 사실을 확정하고서도 그 나무가 위 토지에서 분리되어 원고의 소유로 된 특별한 사정에 대하여는 심리·판단함이 없이 그 나무가 위 토지의 소유권과는 독립하여 별개의 소유권의 대상이 된다는 이유만으로 그 후 위 부동산을 취득하여 위 나무를 벌채한 피고에게 그로 인한 불법행위 책임이 있다고 판단한 것은 민법 제256조가 정하는 부동산에의 부합에 관한 법리를 오해하여 심리를 다하지 아니함으로써 판결결과에 영향을 미쳤다고 할 것이다.

---

## 농작물은 무조건 경작자의 소유

농작물의 경우 경작자에게 권원이 있을 필요없이 명인방법을 갖추지 않아도 경작자에게 토지와 별도로 소유권이 있다.

---

### 대법원 1979.8.28. 선고 79다784 판결【가압류목적물에대한제3자이의】

그리고 적법한 경작권이 없이 타인의 토지를 경작하였더라도 그 경작한 입도가 성숙하여 독립한 물건으로서 존재를 갖추었으면 입도의 소유권은 경작자에게 귀속한다는 것이 당원의 확립된 견해(당원 1963.2.21. 선고 62다913 판결, 1968.3.19. 선고 67다2729 판결, 1969.2.18. 선고 68다906 판결 각 참조)이므로 이와 같은 취지에서 위 입도의 소유권이 경작자인 원고에게 있다고 한 원심 판결은 정당하다고 할 것이다.

---

## 기둥, 지붕, 주벽이 있으면 건물

부동산 중 토지와 다른 주요한 항목인 건물에 대하여도 일정한 요건이 필요하다. 즉 기둥과 지붕 그리고 주벽을 갖추면 독립한 별개의 부동산으로 취급하고 그렇지 아니하고 그에 이르지 못하면 토지에 부합된다. 다만 건물의 개수는 단순한 물리적 구조뿐 아니라 객관적·주관적 사정이 모두 참작되어야 한다. 아래 판례는 건물의 기본 요건인 기둥, 지붕, 주벽 가운데 주벽의 요건을 충족시키지 못하여 건물로서 인정을 받지 못한 사례를 다룬다.

### 대법원 2009.1.15. 선고 2008도9427 판결 【공인중개사의업무및부동산거래신고에관한법률위반】

구 부동산중개업법(2005.7.29. 법률 제7638호 공인중개사의 업무 및 부동산 거래신고에 관한 법률로 전문 개정되기 전의 것)과 공인중개사의 업무 및 부동산 거래신고에 관한 법률 각 제3조는 위 각 법에 의한 중개대상물의 범위에 관하여 '토지와 건축물 그 밖의 토지의 정착물' 등을 규정하고 있는바, 여기서 말하는 '건축물'은, 위 각 법이 '부동산중개업을 건전하게 지도·육성하고 공정하고 투명한 부동산거래질서를 확립'을 목적으로 하고 있는 등 그 규율 대상이 부동산에 관한 것임을 명확히 하고 있는 점, 위 중개대상물의 범위에 관한 각 규정은 정착물의 한 예로 건축물을 들고 있는 외에는 부동산을 '토지 및 그 정착물'이라고 정의하고 있는 민법 제199조 제1항의 규정을 그대로 따르고 있는 점, 그 밖에 위 각 법의 입법 취지 등에 비추어 볼 때 민법상의 부동산에 해당하는 건축물에 한정되어야 할 것이다. 그런데 법률상 독립된 부동산으로서의 건물이라고 하려면 최소한의 기둥과 지붕 그리고 주벽이 이루어져야 할 것인바(대법원 1986.11.11. 선고 86누173 판결, 대법원 1996.6.14. 선고 94다53006 판결 등 참조), <u>이 사건 각 세차장구조물은 콘크리트 지반 위에 볼트조립 방식 등을 사용하여 철제 파이프 또는 철골의 기둥을 세우고 그 상부에 철골 트러스트 또는 샌드위치 판넬 지붕을 덮었으며, 기둥과 기둥 사이에 차량이 드나드는 쪽을 제외한 나머지 2면 또는 3면에 천막이나 유리 등</u>

으로 된 구조물로서 주벽이라고 할 만한 것이 없고, 볼트만 해체하면 쉽게 토지로부터 분리·철거가 가능하므로 이를 토지의 정착물이라 볼 수는 없다고 할 것이다(대법원 1966.5.31. 선고 66다551 판결 참조).

보충 : 이 경우 구조물은 민법상 부동산인 '토지의 정착물'에 해당하지 않는다. 따라서 법정지상권의 대상이 될 수 없다. 그리고 위 구조물에 대하여 유치권을 행사한다고 하더라도 이는 위 구조물에 대한 것이지 토지에 관한 것이 아니므로 토지에 대한 유치권을 행사할 수 없다. 별도로 유체동산의 경매 절차에 따라야 한다.

---

## 미완성은 중요치 않다

건물이냐 아니냐는 미완성이냐 완성이냐만으로 가름할 수 있는 것은 아니다. 기본 조건, 즉 지붕, 기둥, 주벽만 갖추면 미완성 상태라도 독립된 건물로 인정한다.

---

### 대법원 2001.1.16. 선고 2000다51872 판결 【소유권확인】

원심은, 그 채용증거에 의하여, 이 사건 공작물은 원고가 그 부지인 토지를 경락할 당시 지하 1, 2층, 지상 1층의 콘크리트 골조 및 천장공사, 지하 1, 2층에 흙이 무너져 내리는 것을 방지하는 옹벽공사만이 되어 있었고, 주벽은 설치되지 아니하였으며, 공사진척도는 약 20 내지 30%에 불과하였던 사실을 인정한 다음, 이 사건 공작물을 독립된 건물로 보기는 어렵고 토지에 부합되어 토지와 함께 경락인을 거쳐 원고의 소유가 되었다고 판단하였다.

그러나 독립된 부동산으로서의 건물이라고 하기 위하여는 최소한의 기둥과 지붕 그리고 주벽이 이루어지면 된다고 할 것인바(대법원 1996.6.14. 선고 94다53006 판결), 원심이 배척하지 아니한 갑 제8호증의 1 내지 24, 을 제11호증의 1 내지 19(각 사진)의 각 영상과 제1심 증인 A의 증언을 종합하면 이 사건 공작물은 위 경락 당시 지하 1, 2층 및 지상 1층까지의 콘크리트 골조 및 기둥, 천장(슬라브)공사가 완료되어 있고, 지상 1층의 전면(남쪽)에서 보아 좌측(서쪽) 벽과 뒷면(북쪽) 벽 그리고 내부 엘리베이터 벽체가 완성된 사실을 인정할 수 있으므로, 이 사건 공작물은 최소한의 지붕과 기둥 그리고 주벽이 이루어졌다고 할 것이어서 미완성 상태의 독립된 건물(원래 지상 7층 건물로 설계되어 있으나, 지상 1층만으로도 구분소유권의 대상이 될 수 있는 구조임이 분명하다)로서의 요건을 갖추었다고 할 것이다.

---

## 지붕이 없어도 독립된 건물로 인정받는 경우

구분소유권이 인정되는 건축물의 경우 신축 공사하는 곳이 지붕이 없더라도 아래층의 상태를 보아 이를 독립된 건물로 인정한다.

---

### 대법원 2003.5.30. 선고 2002다21592, 21608 판결 【지상권설정등기절차이행 임료 등】

2. 그러나 독립된 부동산으로서의 건물이라고 하기 위하여는 최소한의 기둥과 지붕 그리고 주벽이 이루어지면 된다고 할 것이다(대법원 2001.1.16. 선고 2000다51872 판결 참조). 기록에 의하면, 신축 건물은 경락대금 납부 당시 이미 지하 1층부터 지하 3층까지 기둥, 주벽 및 천장 슬라브 공사가 완료된 상태이었을 뿐만 아니라 지하 1층의 일부 점포가 일반에 분양되기까지 한 사정을 엿볼 수 있는바, 비록 피고 등이 경락을 원인

으로 이 사건 토지의 소유권을 취득할 당시 신축 건물의 지상층 부분이 골조공사만 이루어진 채 벽이나 지붕 등이 설치된 바가 없다 하더라도, 지하층 부분만으로도 구분소유권의 대상이 될 수 있는 구조라는 점에서 신축 건물은 경락 당시 미완성 상태이기는 하지만 독립된 건물로서의 요건을 갖추었다고 봄이 상당하다.

---

### 하나의 건물에 걸린 여러 개의 소유권, 소유권확인소송으로 해결해야

건물 하나에도 소유권은 여러 개가 있을 수 있다. 이 경우 어디서 어디까지가 누구의 소유인지 확정하는 일은 공부 등록에 따라 이루어지는 것이 아니라 사회통념이나 소유자의 의사와 같이 주관적인 사정에 따라 이루어지므로 소유권확인소송에 의하여 밝힐 수 있다고 법원은 밝힌다.

---

### 대법원 1997.7.8. 선고 96다36517 판결 【건물경계확정】

반면에 건물은 일정한 면적, 공간의 이용을 위하여 지상, 지하에 건설된 구조물을 말하는 것으로서, 건물의 개수는 토지와 달리 공부상의 등록에 의하여 결정되는 것이 아니라 사회통념 또는 거래관념에 따라 물리적 구조, 거래 또는 이용의 목적물로서 관찰한 건물의 상태 등 객관적 사정과 건축한 자 또는 소유자의 의사 등 주관적 사정을 참작하여 결정되는 것이고(당원 1990.1.12. 선고 88다카28518 판결 참조), 그 경계 또한 사회통념상 독립한 건물로 인정되는 건물 사이의 현실의 경계에 의하여 특정되는 것이므로, 이러한 의미에서 건물의 경계는 공적으로 설정 인증된 것이 아니고 단순히 사적관계에 있어서의 소유권의 한계선에 불과함을 알 수 있고, 따라서 사적자치의 영역에 속하는 건물 소유권의 범위를 확정하기 위하여는 소유권 확인소송에 의하여야 할 것이고, 공법상 경계를 확정하는 경계확정소송에 의할 수는 없다고 할 것이다.

---

## 건축허가서 상의 건축주가 무조건 소유자가 되는 게 아니다

건축물의 소유권과 관련하여 2가지 원칙을 세울 수 있다. 첫째 공사가 미완성이든 완성이든 지붕, 기둥, 주벽이 있으면 건물이 된다. 둘째 자기 노력과 비용으로 건물을 지은 사람은 건물의 소유권을 갖게 된다.

그런데 건축허가서에 건축주로 기입된 사람과 건물을 지은 사람이 다른 경우 건물은 누구의 소유가 될까? 다음 판례는 건축허가서의 한계를 지적하며 자기 노력과 비용으로 건물을 지은 사람이 소유자라고 말한다. 살펴보자.

---

### 대법원 2002.4.26. 선고 2000다16350 판결 【소유권보존등기등말소】

건축허가는 행정관청이 건축행정상 목적을 수행하기 위하여 수허가자에게 일반적으로 행정관청의 허가 없이는 건축행위를 하여서는 안 된다는 상대적 금지를 관계 법규에 적합한 일정한 경우에 해제하여 줌으로써 일정한 건축행위를 하여도 좋다는 자유를 회복시켜 주는 행정처분일 뿐 수허가자에게 어떤 새로운 권리나 능력을 부여하는 것이 아니고, 건축허가서는 허가된 건물에 관한 실체적 권리의 득실변경의 공시방법이 아니며 추정력도 없으므로 <u>건축허가서에 건축주로 기재된 자가 건물의 소유권을 취득하는 것은 아니므로</u>(대법원 1997.3.28. 선고 96다10638 판결 참조), <u>자기 비용과 노력으로 건물을 신축한 자는 그 건축허가가 타인의 명의로 된 여부에 관계없이 그 소유권을 원시취득한다 할 것이며</u>(대법원 1985.7.9. 선고 84다카2452 판결 참조), 건축업자가 타인의 대지를 매수하여 그 대금을 지급하지 아니한 채 그 위에 자기의 노력과 재료를 들여 건물을 건축하면서 건축허가 명의를 대지소유자로 한 경우에는, 부동산등기법 제131조의 규정에 의하여 특별한 사정이 없는 한 건축허가명의인 앞으로 소유권보존등기를 할 수밖에 없는 점에 비추어 볼 때, 그 목적이 대지대금 채무를 담보하기 위한 경우가 일반적이라 할 것이고(대법원 1997.4.11. 선고 97다1976 판결 참조), 이 경우 완성된 건물의 소유권은 일단 이를 건축한 채무자가 원시적으로 취득한 후 채권자 명의로 소유권보존등기를 마침으로써 담보 목적의 범위 내에서 위 채권자에게 그 소유권이 이전된다고 보아야 한다(대법원 1990.4.24. 선고 89다카18884 판결, 1997.5.30. 선고 97다8601 판결, 2001.3.13. 선고 2000다48517, 48524, 48531 판결, 2001.6.26. 선고 99다47501 판결 등 참조).

따라서 피고 A가 도급인이 되어 B와 사이에 이 사건 건물 도급계약을 체결하고 그에 따라 모든 공사를 시행하였음이 기록상(을 제17호증 등 참조) 명백한 이 사건에 있어서 원심 인정과 같이 피고 A가 건축허가명의를 자신과 원고 등의 공동명의로 한 것을 사후에 용인하였다고 하더라도 그것을 가지고 피고 A가 원고 등이 이 사건 건물 1층의 소유권을 대내외적으로 원시취득하는 것을 용인하였다고 볼 수는 없다 할 것이고, 건축허가명의를 공동명의로 한 것을 피고 A가 사후에 용인한 것은, 원심판결도 인정하고 있다시피, 피고 A 단독의 건축주 명의로 해 두면 원고 등의 권익이 침해될 수 있으므로 이를 막기 위한 담보 목적에 불과한 것이라 할 것이며, 원고 등이 이 사건 건물 1층 부분의 소유권을 원시취득하였다고 인정하기 위해서는 결국, 이 사건 건물 1층 부분의 건축을 위하여 원고 등이 비용과 노력을 들인 사실이 인정되어야만 된다 할 것이다.

그런데 기록에 의하면 1988.6.경 이후에는 원고 1이 원고 등을 대표하여 이 사건 건물 건축을 위하여 비용과 노력을 들인 것으로 볼 여지는 있어 보이나, 한편, 건축주의 사정으로 건축 공사가 중단되었던 미완성의 건물을 인도받아 나머지 공사를 마치고 완공한 경우, 그 건물이 공사가 중단된 시점에서 이미 사회통념상 독립한 건물이라고 볼 수 있는 형태와 구조를 갖추고 있었다면 원래의 건축주가 그 건물의 소유권을 원시취득하고(대법원 1993.4.23. 선고 93다1527, 1534 판결, 1997.5.9. 선고 96다54867 판결 등 참조), 최소한의 기둥과 지붕 그리고 주벽이 이루어지면 독립한 부동산으로서의 건물의 요건을 갖춘 것이라고 보아야 할 것이므로(대법원 1986.11.11. 선고 86누173 판결, 1996.6.14. 선고 94다53006 판결, 2001.1.16. 선고 2000다51872 판결 등 참조), 비록 원고 등이 이 사건 건물 건축을 위하여 1988.6.경 이후에 비용과 노력을 들였다 할지라도, 그 이전에 이 사건 건물이 사회통념상 독립한 건물이라고 볼 수 있는 형태와 구조를 갖추고 있었다면 피고 A가 단독으로 이 사건 건물에 관한 소유권을 원시취득하고, 원고 등이 그 소유권을 원시취득할 수는 없다 할 것이다.

그렇다면 원심으로서는, 원고 등이 이 사건 건물 건축을 위하여 비용과 노력을 들이기 시작한 1988.6.경 당시에 이 사건 건물이 사회통념상 독립한 건물이라고 볼 수 있는 형태와 구조를 갖추고 있었는지 여부에 관하여 심리하여 원고 등이 이 사건 건물 1층 부분의 소유권을 일부라도 취득한 것으로 볼 수 있는지 여부를 확정하였어야 할 것임에도(피고들이 원심에서 한 주장 중 원고 등은 이 사건 건물의 소유권을 취득하지 못하였다는 주장 속에는 이와 같이 원고 등이 이 사건 건물 건축을 위하여 비용과 노력을 들이기 시작한 1988.6.경 당시에 이 사건 건물이 사회통념상 독립한 건물이라고 볼 수 있는 형태와 구조를 갖추고 있었으므로 원고 등은 이 사건 건물 1층 부분의 소유권을 원시취득하지 못하였다는 취지의 주장이 포함되었다고 못 볼 바 아니다), 그러하지 아니한 채 만연히 원고 등이 이 사건 건물 중 1층 부분의 소유권을 원시취득하였다고 판단하고 이를 전제로 하여 공유물에 관한 보존행위로서 이 사건 건물 1층에 관하여 무효인 보존등기의 말소를 구할 수 있다고 판단한 원심판결에는 건물의 원시취득에 관한 법리를 오해한 나머지 심리를 미진하여 판결 결과에 영향을 미친 위법이 있다고 할 것이다.

정리 : [1] 건축허가서에 기재된 건축주가 곧 건물의 소유권을 취득하는 것은 아니다.

자기 비용과 노력으로 건물을 신축한 자가 소유권을 원시취득한다. [2] 건축업자가 타인의 대지를 매수하여 그 대금을 지급하지 아니한 채 그 위에 자기의 노력과 재료를 들여 건물을 건축하면서 건축허가 명의를 대지소유자로 한 경우, 이를 달리 해석할 것이 아니라 대지대금 채무를 담보하기 위한 경우라고 보아야 하며, 이 경우 완성된 건물의 소유권은 일단 이를 건축한 채무자가 원시적으로 취득한 후 채권자 명의로 소유권보존등기를 마침으로써 담보 목적의 범위 내에서 위 채권자에게 그 소유권이 이전된다고 보아야 한다. [3] 건축주의 사정으로 건축공사가 중단되었던 미완성의 건물을 인도받아 나머지 공사를 마치고 완공한 경우, 그 건물이 공사가 중단된 시점에서 이미 사회통념상 독립한 건물이라고 볼 수 있는 형태와 구조를 갖추고 있었다면 원래의 건축주가 그 건물의 소유권을 원시취득했다고 보아야 한다.

---

## 건축허가서와 다르게 자체로 증명이 되는 서류

건축허가서와 경매 매각허가결정서는 그 성격이 다르다. 건축허가는 건축물의 권리변동에 따라 자유롭게 양도되는 데 반해 경매 매각허가결정서와 매각대금 완납서류는 그 자체로 변경사실을 증명하는 서류가 된다.

---

### 대법원 2010.5.13. 선고 2010두2296 판결 【건축관계자변경신고수리처분취소】

1. 구 건축법(2008.3.21. 법률 제8974호로 전부 개정되기 전의 것) 제10조 제1항 및 구 건축법 시행령(2008.10.29. 대통령령 제21098호로 개정되기 전의 것) 제12조 제1항 제3호에 의하면, 건축주를 변경하는 경우에는 시장·군수·구청장에게 이를 신고하여야 한다.

한편, 건축 관계자 변경신고에 관한 구 건축법 시행규칙(2007.12.13. 건설교통부령 제594호로 개정되기 전의 것, 이하 같다) 제11조 제1항 제1호에 의하면, 건축물의 건축 또는 대수선에 관한 허가를 받거나 신고를 한 자로부터 건축 또는 대수선 중인 건축물을 양수한 사람은 그 사실이 발생한 날부터 7일 이내에 건축 관계자 변경신고서에 '변경 전 건축주의 명의변경 동의서' 또는 권리관계의 변경사실을 증명할 수 있는 서류를 첨부하여 허가권자에게 제출하여야 한다는 취지로 규정하고 있다.

이러한 각 규정의 문언내용 및 형식, 건축허가는 대물적 성질을 갖는 것이어서 행정청으로서는 그 허가를 함에 있어 건축주가 누구인가 등 인적 요소에 대하여는 형식적 심사만 하는 점, 건축허가는 허가대상 건축물에 대한 권리변동에 수반하여 자유로이 양도할 수 있는 것이고, 그에 따라 건축허가의 효과는 허가대상 건축물에 대한 권리변동에 수반하여 이전되며 별도의 승인처분에 의하여 이전되는 것이 아닌 점, 민사집행법에 따른 경매절차에서 매수인은 매각대금을 다 낸 때에 매각의 목적인 권리를 취득하는 점 등의 사정을 종합하면, 토지와 그 토지에 건축 중인 건축물에 대한 경매절차상의 확정된 매각허가결정서 및 그에 따른 매각대금 완납서류 등은 구 건축법 시행규칙 제11조 제1항에 규정된 권리관계의 변경 사실을 증명할 수 있는 서류에 해당한다고 봄이 상당하다.

---

## 채무자 소유의 미완성 건물도 경매 대상

다시 한 번 정리하자. 건물이란 최소한의 지붕, 기둥, 주벽이 있으면 미완성 상태여도 건물로 인정받을 수 있다. 그렇다면 미완성 상태의 건물이라도 채무자의 소유임을 증명할 수 있다면 채권자는 이를 경매에 부칠 수 있다는 결론을 얻을 수 있다. 아래 판례도 같은 취지로 경매가 가능하다고 말한다. 살펴보자.

### 대법원 2005.9.9.자 2004마696 결정 [부동산임의경매각하]

민사집행법 제81조 제1항 제2호 단서, 제3항은 미등기건물의 강제경매신청서에는 그 건물이 채무자의 소유임을 증명할 서류, 그 건물의 지번·구조·면적을 증명할 서류 및 그 건물에 관한 건축허가 또는 건축신고를 증명할 서류를 붙이거나 그의 조사를 집행법원에 신청하도록 규정하고, 민사집행규칙 제42조 제2항은 민사집행법 제81조 제1항 제2호 단서의 규정에 따라 채권자가 제출한 서류에 의하여 강제경매신청을 한 건물의 지번·구조·면적이 건축허가 또는 건축신고된 것과 동일하다고 인정되지 아니하는 때에는 법원은 강제경매신청을 각하하여야 한다고 규정하고, 민사집행법 제268조는 강제경매에 관한 위 규정을 임의경매에도 준용하고 있으며, 부동산등기법 제134조 제1항은 미등기부동산소유권의 처분제한의 등기촉탁에 의한 등기절차를 규정하면서 제3항은 제1항의 경우 그 등기촉탁에 따라 건물의 등기를 하는 때에는 건축물대장에 소유자로서 등록되어 있음을 증명해야 한다는 제131조의 규정을 적용하지 않고 등기부 중 표시란에 그 건물이 건축법상 사용승인을 받아야 할 건물임에도 그 사용승인을 받지 않았음을 적도록 하는 취지를 규정하고 있는 한편, 건물의 경우 건물에 관한 표시등기사항으로 건물의 지번·종류·구조 및 면적을 기재하도록 하고 있을 뿐이다(부동산등기법 제41조, 제42조 등 참조).

위의 규정들을 종합해 볼 때, 완공이 된 건물뿐 아니라 완공되지 아니하여 보존등기가 경료되지 아니하였거나 사용승인되지 아니한 건물이라고 하더라도 채무자의 소유로서 건물로서의 실질과 외관을 갖추고 그의 지번·구조·면적 등이 건축허가 또는 건축신고의 내용과 사회통념상 동일하다고 인정되는 경우에는 이를 부동산경매의 대상으로 삼을 수 있다고 할 것이다.

기록에 의하면, 이 사건 건물은 위생설비·전기설비·냉난방설비 등의 부대설비는 전혀 설치되지 아니하였고 창호공사·타일공사 등도 이루어지지 아니하였으나, 외벽, 내벽, 천장, 바닥 등 골조공사 등은 종료된 상태로서 건축허가의 내역과 같이 지하 1층, 지상 4층 건물로서의 외관을 갖추고 있는 사실 등을 알 수 있는바, 위의 법리와 이러한 인정 사실 등에 따르면, 이 사건 건물의 현상은 건축허가서에 나타난 지번·구조·면적과 별 차이가 없을 수도 있어 보이고 공사진행 정도도 상당하여 현재의 상태로도 부동산경매의 대상이 될 여지가 없지 않다고 보인다.

원심으로서는 이 사건 건물의 현상과 건축허가의 내용과의 차이, 아직 공사가 이루어지지 아니한 부분의 내용 등에 관하여 자세히 심리한 후 그에 의하여 밝혀진 사실을 토대로 하여 이 사건 건물이 부동산경매의 대상이 될 수 있는지에 관한 판단에 나아갔어야 할 것이다. 비록 토지의 근저당권자인 재항고인이 이 사건 건물에 대하여도 민법 제365조의 규정에 따라 일괄경매신청을 하면서 민사집행법 제81조 제1항 제2호 소정의 서류를 붙이지 아니하였고 같은 조 제3항의 조사를 신청하지 아니하였다고 하더라도, 법원으로서는 민사집행법 제23조 제1항, 민사소송법 제254조에 따라 그 보정을 명하고 이에 불응할 경우 경매신청을 각하할 수 있다고 할 것이지 위 서류를 붙이지 아니하였다고 하여 바로 그 경매신청이 부적법하다고 할 수는 없다고 하겠다(제1심법원은 경매신청서에서 재항고인이 이 사건 건물이 신축 중에 있는 미등기건물임을 밝혔음에도 민사집행법 제81조 제1항 제2호 소정의 서류를 제출하라는 보정명령을 한 것이 아니라 같은 항 제1호 소정의 이 사건 건물의 등기부등본을 제출하라는 보정명령을 하고 그 불응을 이유로 이 사건 임의경매신청을 각하하였는바, 이는 적법한 보정명령이라고 할 수 없고 따라서 그 보정을 하지 아니하였음을 이유로 한 임의경매신청 각하결정도 위법하다.).

---

# 3 부합물과 부속물

부합이란 서로 다른 물건이 하나의 물건을 이루는 경우를 말한다. 문제는 소유자가 다를 때 발생한다. 부합물이라면 매수인의 소유가 되지만 부합물이 아니면 골치 아파진다. 법에서 정하는 부합은 다음과 같다.

---

**민법 제256조 (부동산에의 부합)**

부동산의 소유자는 그 부동산에 부합한 물건의 소유권을 취득한다. 그러나 타인의 권원에 의하여 부속된 것은 그러하지 아니하다.

※ 부합물이 되는 경우 참고 판례 : 대법원 1996.1.31 선고 4294민상445 판결, 농장 건물에 작은 창고, 화장실 등의 부합 인정

---

부합이 되려면 거래상 독립성이 상실될 수 있을 정도가 되어야 한다. 예컨대 건물의 임차인이 벽, 천정에 부착시킨 석재·합판(대법원 1985.4.23. 선고 84도1549 판결), 주유소의 지하유류저장탱크(대법원 1995.6.29. 선고 94다6345 판결) 등은 부합의 관계에 있고, 식당건물과 그 부지에 있는 골프연습장, 철탑은 부합물이나 종물이 아니다(대법원 1997.4.24. 선고 96마1929 판결 참조).

다만 타인 소유의 부동산에 부속시킬 권원(임차권, 전세권, 지상권 등)이 있다고 해도 부착된 물건이 독립성을 상실하면 부동산 소유자가 소유권을 취득할 뿐이며 이때 부착시킨 자는 유익비의 상환을 청구할 수 있을 뿐이다. 그리고 부합물에 대한 철거보상금을 받았다고 하여 주물의 소유자가 횡령죄가 되는 것은 아니다.

### 부합물 여부는 구조나 이용의 독립성에 달려

부합물이냐 아니냐를 가름할 때는 증축을 한 사람이 누구냐는 중요하지 않다. 다만 구조나 이용에 독립성이 있느냐 없느냐만을 따진다. 다음 판례가 이를 잘 보여준다.

---

**대법원 1999.7.27. 선고 99다14518 판결 【건물명도등】**

임차인이 임차한 건물에 그 권원에 의하여 증축을 한 경우에 증축된 부분이 부합으로 인하여 기존 건물의 구성 부분이 된 때에는 증축된 부분에 별개의 소유권이 성립할 수 없으나, 증축된 부분이 구조상으로나 이용상으로 기존 건물과 구분되는 독립성이 있는 때에는 구분소유권이 성립하여 증축된 부분은 독립한 소유권의 객체가 된다고 할 것이다.

---

### 따로 팔 수 있으면 부합물 아냐

위 판례는 독립성의 여부를 따질 때 구조와 이용의 측면을 고려한다고 밝힌다. 다음 2개의 판례는 그 내용을 조금 더 구체적으로 밝히고 있을 뿐 아니라 경제적으로 독립된 건물이라는 표현으로 독립성을 뚜렷이 하고 있다. 즉 경제적으로 독립된 건물이란 이를 따로 팔 수 있다는 말로 그렇지 못할 경우에는 독립성을 인정할 수 없다는 말이다. 참고로 아래 판례에는 점유를 잃은 뒤 다시 회복하기 위해서는 점유를 빼앗긴 후 1년 안에 점유회수의 소를 신청해야 한다는 내용이 담겨 있는데, 뒤에서 다시 살펴보겠지만 만일 점유 침탈 이후 1년 안에 소송을 걸지 않으면 점유를 빼앗긴 것으로 법원은 판단하고 있다. 이 내용은 매우 중요하므로 잘 기억하자.

---

### 서울고등법원 2007.7.19. 선고 2006나112184 판결 【부당이득금】

**나. 옥탑 인도청구**

(1) 원고는, 원고가 자금을 투자하여 이 사건 건물을 증축하였으므로, 이 사건 건물 중 옥탑 116.4㎡는 원고가 원시취득하였거나, 그렇지 않다 하더라도 도급인인 A에 대한 공사대금 채권을 가지고 있는 원고로서는 이에 기해 위 채권을 변제받을 때까지 위 옥탑 부분을 유치할 권리가 있다 할 것인바, 그럼에도 피고는 2005.12.8. 원고의 위 옥탑부분의 점유를 강탈하였으므로, 피고는 원고에게 위 옥탑부분을 인도할 의무가 있다고 주장한다.

(2) 그러므로 먼저 직권으로 유치권에 기한 위 옥탑 인도청구 부분의 적법 여부에 관하여 본다. 살피건대, 유치권은 점유의 상실로 인하여 소멸하고(민법 제328조), 유치권자가 목적물의 점유를 빼앗긴 경우에는 점유물반환청구권을 행사하여 점유를 회복하여야만 유치권은 소멸하지 않으며 위 청구권은 침탈당한 날로부터 1년

내에 행사하여야 하는데(민법 제192조 제2항 단서, 제204조 제3항), 위 1년의 제척기간은 재판 외에서 권리행사 하는 것으로 족한 기간이 아니라 반드시 그 기간 내에 소를 제기하여야 하는 이른바 출소기간으로 해석함이 상당하고(대법원 2002.4.26. 선고 2001다8097, 8103 판결 참조), 점유를 침탈당한 자가 점유에 관한 소 이외의 소송에서 점유회수의 소를 추가하는 것으로 변경한 경우에도 그 변경할 당시가 침탈시부터 1년이 경과한 때에는 허용될 수 없다(대법원 1972.2.22. 선고 71다2641 판결 참조).

그런데 원고가 주장하는 바에 따르더라도 피고가 원고의 점유를 침탈한 날은 2005.12.8.이고, 원고는 2007.6.26.자 청구취지 및 청구원인 변경신청서에 이르러서야 비로소 유치권에 기한 점유를 침탈당하였다고 주장하면서 위 인도청구를 구하고 있음이 명백하므로, 위 인도청구부분은 1년의 제척기간을 도과한 것으로서 부적법하다.

(3) 다음으로, 원고가 위 옥탑부분의 소유자임을 전제로 한 인도청구에 관하여 본다. 살피건대, 어느 건물부분이 주건물에 부합된 건물인지 여부는 그 건물부분이 주건물에 부착된 물리적 구조뿐만 아니라 그 용도와 기능의 면에서 그 건물부분이 주건물과 독립된 경제적 효용을 가지고 거래상 별개의 소유권의 객체가 될 수 있는지의 여부 및 그 건물부분과 주건물을 소유하는 자의 의사 등을 종합하여 판단하여야 하며, 그 건물부분이 물리적 구조상이나 용도, 기능 및 거래의 관점에서 사회적·경제적으로 볼 때 그 자체로서는 건물로서의 독립성이 없고 주건물과 일체로서만 거래의 대상이 되는 상태에 있으면 부합이 성립한다(대법원 2006.5.11. 선고 2004다25048 판결 참조). 그런데 갑 제1, 13호증, 제14호증의 1, 2의 각 기재에 변론 전체의 취지를 종합하면, 원고가 신축한 이 사건 건물 중 위 옥탑부분은 이 사건 주택의 거실을 통하여서만 통행할 수 있고, A는 위 옥탑부분을 이 사건 주택의

일부로 사용하여 왔고, 피고 또한 위 옥탑부분을 이 사건 주택의 일부로 사용하고 있으며, 위 옥탑부분을 분리하여 독립적인 거래의 객체로 하기에는 부적합할 뿐만 아니라, 위 옥탑부분이 이 사건 주택이나 이 사건 건물과 분리하여서는 경제적으로 독립된 건물부분으로서의 효용을 갖는다고 보기 어려운 사실 등을 인정할 수 있는바, 이에 의하면 위 옥탑부분은 별도의 독립된 건물로 취급하기 어려워 이 사건 주택에 부합되거나 이 사건 건물에 공용부분으로서 부합되었다고 봄이 상당하다.

따라서 위 옥탑부분이 독립된 건물로서 별개의 배타적인 소유권의 객체가 될 수 있음을 전제로 하는 원고의 위 주장은 더 나아가 살필 필요 없이 이유 없다.

----

### 대법원 1992.12.8. 선고 92다26772, 26789 판결 【건물명도·소유권확인등】

기록에 의하여 원심이 취사한 증거관계를 살펴보면 피고 명의로 소유권보존등기가 되어 있던 바닥면적이 64.65㎡인 이 사건 벽돌조 슬래브지붕 2층 주택(기존건물) 위에 건평 27.4㎡가 3층으로서 증축되어 방 1개, 거실 1개 및 욕실로 사용되고 있으나 위 증축부분은 외관상 위 기존건물과 일체가 되어 1동의 건물의 3층으로 되어 있을 뿐 아니라 그 부분에는 화장실과 부엌의 하수관이 없고 밖으로 나가기 위하여는 기존건물 2층으로 내려오는 옥내계단을 통하는 외의 다른 출입방법이 없는 사실이 인정되고 위 사실에 비추어 보면 <u>위 3층 부분은 그 물리적 구조뿐만 아니라 그 용도와 기능의 면에서도 기존건물과 독립한 경제적 효용을 가지고 거래상 별개의 소유권의 객체가 될 수 있는 것이라고는 할 수 없다</u> 할 것인바, 위와 같은 사실관계를 인정하여 위 3층 부분이 기존건물에 부합하여 기존건물을 임의경매절차에서 경락받아 그 소유권을 취득한 원고의 소유로 귀속된 것으로 판단한 원심의 조치는 수긍이 되고 거기에 소론과 같은 심리미진, 민법 제256조 단서에 대한 오해 등의 위법이 없다. 논지가 내세우는 당원 1977.5.24. 선고 76다464 판결은 증축부분만으로도 그 이용상 소유권의 객체로 될 수 있는 경우에 대한 것으로서 이 사건에 원용하기에는 적절하지 아니하며 위 증축부분이 기존건물에 부합하여 기존건물과 분리하여서는 별개의 독립물로서의 효용을 갖지 못하는 이상 기존건물에 대한 근저당권은 민법 제358조에 의하여 부합된 위 증축부분에도 그 효력이 미치는 것이므로 기존건물에 대한 경매절차에서 경매목적물로 평가되지 아니하였다고 할지라도 경락인은 그 부합된 증축부분의 소유권을 취득하는 것이다 (당원 1981.11.10. 선고 80다2757, 2758 판결, 1991.4.12. 선고 90다11967 판결 등 참조),

---

## 경매 당시 평가 없던 부합물이라도 매수인의 소유가 된다

다음 판결 역시 마찬가지이다. 부합이 되면 부동산 소유자에게 귀속된다는 것으로 설령 타인이 자기 권원에 의해 부합을 시켰더라도 만일 분리하여 경제적 가치가 존속하지 못하면 이는 부동산 소유자의 것이 된다고 지적한다. 한편 이 판례에서 살필 것이 하나 더 있다. 부합물에 대해서 등기부상에 등재가 되지 않거나 경매 당시에 아무런 평가가 없었더라도 매수인은 그 부합물까지 소유를 취득하는 것으로 인정한다는 점이다. 판례를 살펴보자.

---

### 대법원 2007.7.27. 선고 2006다39270, 39278 판결 【엘피지집단공급시설소유권확인·가스공급시설의철거청구】

가. 어떠한 동산이 부동산에 부합된 것으로 인정되기 위해서는 그 동산을 훼손하거나

과다한 비용을 지출하지 않고서는 분리할 수 없을 정도로 부착·합체되었는지 여부 및 그 물리적 구조, 용도와 기능면에서 기존 부동산과는 독립한 경제적 효용을 가지고 거래상 별개의 소유권의 객체가 될 수 있는지 여부 등을 종합하여 판단하여야 할 것이고(대법원 2003.5.16. 선고 2003다14959, 14966 판결 등 참조), 부합물에 관한 소유권 귀속의 예외를 규정한 민법 제256조 단서의 규정은 <u>타인이 그 권원에 의하여 부속시킨 물건이라 할지라도 그 부속된 물건이 분리하여 경제적 가치가 있는 경우에 한하여 부속시킨 타인의 권리에 영향이 없다는 취지이지 분리하여도 경제적 가치가 없는 경우에는 원래의 부동산 소유자의 소유에 귀속되는 것이고</u>, 경제적 가치의 판단은 부속시킨 물건에 대한 일반 사회통념상의 경제적 효용의 독립성 유무를 그 기준으로 하여야 한다(대법원 1975.4.8. 선고 74다1743 판결 등 참조).

나. 위와 같은 법리 및 기록에 비추어 살펴보면, 원심이 그 채용 증거들을 종합하여 그 판시와 같은 사실을 인정한 다음, 이 사건 가스공급시설은 이 사건 아파트에 설치되었을 때 그 대지와 일체를 이루는 구성부분으로 부합됨으로써 그 대지에 대한 지분권을 양수한 이 사건 아파트 구분소유자들의 소유로 되었다고 봄이 상당하다고 판단한 것은 정당하여 수긍할 수 있고, 거기에 상고이유에서 주장하는 바와 같은 부합에 관한 법리오해 등의 위법이 있다고 할 수 없다.

\* 참고 : 부합이 되면 경매 목적 부동산으로 감정 평가가 되지 않더라도 매수인은 부합부분의 소유권까지 취득하게 되며 부합되지 않으면 가사 미완성의 건물이라고 하더라도 독립된 부동산이 되어 대지에 설정된 근저당권이 실행되어 경매되더라도 매수인이 건물에 대한 소유권을 취득하는 것은 아니다(대법원 2001.1.16.선고 2000다51872판결 참조).

--------------------------------------------------

## 평당가격이 기존 건물보다 높더라도 부합물이라면 매수인의 소유

다음 판례는 설령 부합된 부분이 기존 건물보다 넓거나 평당가격이 높더라도 그것이 부합물이라는 것이 확실하다면 매수인이 경매를 통해 소유권을 얻는 것은 당연하다고 말하고 있다.

---

### 대법원 1981.12.8. 선고 80다2821 판결 【건물철거】

건물에 증축이 가하여진 경우에 그 증축건물 부분이 물리적 구조상이나 용도, 기능 및 거래의 관점에서 사회적, 경제적으로 고찰할 때 그 자체는 구조상 건물로서의 독립성이 없고 종전의 건물과 일체로서만 거래의 대상이 되는 상태에 있으면 부합이 성립한다고 할 것이다. 원심판결은 이와 같은 견해에서 이 사건 건물은 이미 등기된 기존건물에 바로 접속하여 도로 쪽으로 향하여 지어진 건물로서 이 사건 건물은 그 건평은 58평 9홉이나 도로에 면한 7평 정도 외에는 공장으로 사용되고 있고 벽면이 세멘브록크로 세워지고 아연으로 지붕만 덮여 있을 뿐이어서 건물로서는 별 가치가 없으며, 그 좌우에는 같은 모양의 점포들이 일직선으로 연결되어 있어 이 사건 건물을 통하지 않고는 기존건물로 출입할 수는 없고 기존건물과 이 사건 건물은 구조상, 이용상 일체를 이루고 있어 각 독립된 경제적 가치를 갖는다고는 보기 어려운 사실 등을 인정하고, 이 사건 건물은 기존건물에 부속하여 증축된 것으로서 기존건물에 부합된 것이라고 판단하고 있는바, 원심의 위 인정판단은 원심판결 거시의 증거관계에 비추어 정당하고 그 과정에 소론의 위법은 없다.

소론과 같이 이 사건 건물부분이 기존건물의 면적에 비하여 2배 이상이고 그 평당가격도 훨씬 높다고 하더라도 위에 본 바와 같이 그 구조상이나 용도, 기능의 점에서 기존건물에 부합하여 그 일부를 이루고 거래상의 독립성이 인정되지 아니하는 이상 독립된 건물이라고는 할 수 없는 것이고, 또 임의경매에 있어서 부동산의 평가액이 저렴하였다 하여 확정된 경락허가 결정이 무효라고는 할 수 없고, 원심이 적법하게 이 사건 건물 전부가 기존건물에 부합되었다고 판단하고 있는 이상 경락허가결정의 표시여하에 불구하고, 그 전체가 기존건물과 함께 경락되었다고 볼 것이니 논지는 모두 이유 없다.

---

## 증축한 부분도 부합물이라면 매수인 소유

부합물이냐 독립물이냐 하는 점은 매우 중요하다. 설령 경매 절차에서 경매목적물로 평가되지 않았더라도 부합물이라는 점이 확실하면 당연히 매수인이 증축한 부분에 대해서도 소유권을 갖게 된다.

---

### 대법원 2002.10.25. 선고 2000다63110 판결 【건물명도】

건물의 증축 부분이 기존건물에 부합하여 기존건물과 분리하여서는 별개의 독립물로서의 효용을 갖지 못하는 이상 기존건물에 대한 근저당권은 민법 제358조에 의하여 부합된 증축 부분에도 효력이 미치는 것이므로 기존건물에 대한 경매절차에서 경매목적물로 평가되지 아니하였다고 할지라도 경락인은 부합된 증축 부분의 소유권을 취득한다(대법원 1992.12.8. 선고 92다26772, 26789 판결, 2002.5.10. 선고 99다24256 판결 등 참조) 할 것인바, 이 사건 경매절차에서 경매목적물로 평가되지 아니한 이 사건 건물의 상층 부분에 대하여는 경락인이 소유권을 취득할 수 없다는 이 부분 상고이유의 주장 또한 그 이유 없어 받아들일 수 없다.

---

## 부합물의 등기부 기재보다 경매 평가액에 반영 여부를 더 중시

부합물은 간혹 등기부상에서 누락되는 경우가 있다. 이때 이 건물이 경매에 나오게 되었다면 이는 경락을 취소해야 하는 사유가 될까? 법원에서는 등기부에 있느냐 없느냐는 중요치 않고 경매 평가액에 그 부합물의 감정이 포함되어 있는지를 더 중시하여 경락허가결정을 내리고 있다. 다음 판례가 그 사례이다.

---

**대법원 1983.11.24.자 83마469 결정 [부동산경락허가결정]**

이 사건 재항고이유의 요지는 이건 경락부동산의 등기부상의 평수와 경락건물의 실지 평수 사이에 차이가 있어 경매가격의 결정에 착오가 있어 경락허가결정은 취소되어야 한다는 데 있는바, 기록에 의하면 이건 경매의 대상이 된 실지건물은 등기부상의 건물에 부합물(부엌) 1평, 종물(물치, 변소, *물치=헛간/창고) 1평 3작이 더 많고 이에 대한 평가액을 포함하여 경매기일 공고를 한 사실이 인정되고 이러한 경우 위 종물 및 부합물에도 저당권의 효력은 미친다 할 것이므로 이를 기초로 한 경락허가결정은 적법할 뿐만 아니라 위와 같은 사유는 소송촉진 등에 관한 특례법 제13조의 규정에 의하여 준용되는 같은 법 제11조의 어느 경우에도 해당되지 아니하여 적법한 재항고이유가 되지 못한다.

---

## 복잡한 응용 사례

다음 판례는 토지 공동 주인인 건물주(아래 판례 증인 A)와 공사업자(아래 판례 피고)가 함께 온천을 만든 사례를 다루고 있다. 판례를 읽기 전, 알아둘 게 있다. 해당 공사가 있었던 곳의 토지를 A와 피고 둘이 공동 소유하고 있었다는 점이고, 둘은 함께 온천을 개발하려고 했으며, 그래서 A가 도급인이 되어 건축을 공사업자(피고)에게 맡겼다는 점이다. 즉 건물은 A의 소유이고, 땅은 A와 공사업자의 공동 소유다. 문제가 되는 것은 온천공(온천물이 나오는 구멍)과 한증막 시설이다. 법원은 온천공은 토지에 부합되어 있으므로 공사업자의 유치권을 인정할 수 없다고 말하고(왜냐하면 공사업자가 토지의 공동 주인이므로), 한증막 시설은 건물에 부합되므로 건물에 대한 유치권은 인정된다고 밝힌다(왜냐하면 건물은 A의 소유이므로).

---

**광주고등법원(전주) 2008.5.9. 선고 2007나1956 판결 【유치권부존재확인】**

**(1) 피담보채권의 존재 여부 및 견련관계**

(가) 이 사건 온천공 부분

갑 제9호증의 1 내지 6의 각 기재 및 증인 A의 일부 증언에 변론 전체의 취지를 종합하면, A가 이 사건 건물을 신축할 당시 피고에게 이 사건 건물 신축과 관련하여 온천개발 및 한증막 설치공사를 맡겼고, 피고는 B업체 C와 2003.10.5. 공사대금 130,000,000원의, 2003.12.10. 공사대금 350,000,000원의, 2004.3.2. 공사대금 120,000,000원의, 2004.3.10. 공사대금 105,000,000원의 이 사건 온천공 3개에 관한 공사도급 계약을 체결하고 이 사건 온천공을 설치한 사실은 인정되지만, 갑 제1호증, 을가 제1호증 내지 제8호증의 각 기재 및 제1심 법원의 현장검증 결과에 변론 전체의 취지를 종합하면, 이 사건 온천공은 지하수를 퍼 올리기 위해 이 사건 건물 뒤편의 '익산시 ○○면 ○○리 ○○' 위에 설치한 것이고, 위 토지는 A와 피고가 공유하고 있는 토지로 A와 피고는 위 온천공을 함께 개발하기로 약정한 사실을 인정할 수 있는바, 위와 같이 이 사건 온천공이 위 토지에서 지하수를 퍼 올리기 위해 위 토지에 설치된 점, 위 온천공 및 위 토지가 모두 A

와 피고의 공유라고 보이는 반면 이 사건 건물은 당시 A의 단독 소유였던 점, 위 온천공이 이 사건 건물에 바로 붙어 시설되지 않은 점, 이 사건 온천공은 온천공이 위치한 토지로부터 쉽게 분리하기 어렵고, 토지로부터 분리할 경우 경제적 가치가 현저히 감소하는 점 등을 종합해 보면, 이 사건 온천공은 이 사건 건물에 부합하여 그 독립성을 상실하였다고 보기 어려우며, 오히려 위 토지에 부합된 것으로 봄이 상당하다. 따라서 이 사건 온천공 시공으로 인한 피고의 공사대금채권은 이 사건 건물에 관하여 발생한 채권이라고 할 수 없으므로, 피고는 이 사건 온천공 시공을 위하여 투입한 공사대금채권을 피담보채권으로 하여 이 사건 건물에 대해 유치권을 행사할 수는 없다고 할 것이다. 따라서 이에 관한 피고의 주장은 이유 없다.

(중략)

(다) 이 사건 각 돔형 한증막 부분

갑 제9호증의 7의 기재 및 증인 A의 일부 증언(뒤에서 믿지 아니하는 부분을 제외한다)에 변론 전체의 취지를 종합하면, A가 이 사건 건물을 신축할 당시 피고에게 목욕탕 시설로 사용할 이 사건 건물 신축과 관련하여 그에 부착된 사우나 시설인 이 사건 각 돔형 한증막 설치공사를 맡겼고, 피고는 2004.6.1. 주식회사 ○○건설과 사이에 이 사건 각 돔형 한증막 부분 건설공사에 관하여 공사대금을 140,000,000원으로 정하여 도급계약을 체결하고, 위 금액 상당을 투입하여 이 사건 각 돔형 한증막을 완공한 사실이 인정되므로(위 한증막 공사대금이 위 금액을 넘어 150,000,000원이라는 증인 A의 일부 증언은 믿기 어렵다), 피고는 이 사건 각 돔형 한증막 시공에 투입한 140,000,000원의 공사대금채권에 기하여 이 사건 건물 전체에 대하여 유치권을 행사할 수 있다고 할 것이다. 이에 대해 원고는, 이 사건 각 돔형 한증막이 이 사건 건물로부터 분리사용이 가능하고, 이 사건 건물과 독립된 효용가치가 있으므로 이 사건 건물에 부합된 것으로 볼 수 없으며, 따라서 이 사건 각 돔형 한증막 설치를 위하여 피고가 지출한 공사대금은 이 사건 건물에 관하여 발생한 채권으로 볼 수 없으므로, 피고는 이 사건 각 돔형 한증막에 관한 공사대금채권에 기하여 이 사건 건물에 대하여 유치권을 행사할 수 없다고 주장하나, 갑 제4호증의 각 기재 및 제1심 법원의 현장검증결과에 의하면, 이 사건 각 돔형 한증막은 목욕탕 용도로 사용하기 위해 건축된 이 사건 건물과 연결되어 축조된 것으로 이 사건 건물 내부에서 이 사건 각 돔형 한증막으로 통하는 출입구가 설치되어 있으며, 목욕탕 이용객들이 목욕을 하다가 이 한증막에 들러 사우나를 할 수 있도록 설치되어 있는 사실을 인정할 수 있는바, 위와 같은 사정에 비추어 보면 이 사건 각 돔형 한증막은 이를 훼손하지 않고서는 이 사건 건물에서 분리할 수 없을 뿐만 아니라, 이를 분리할 경우 그 기능을 전혀 발휘할 수 없는 것으로 봄이 상당하다. 따라서 이 사건 각 돔형 한증막은 이 사건 건물에 부합되었다고 할 것이므로, 원고의 이 부분 주장은 이유 없다.

---

## 공사가 중단된 경우

공사가 중단된 가시설물은 토지의 부합물이므로 토지의 소유자가 가시설물의 소유도 갖게 된다.

---

### 부산지방법원 2011.2.9. 선고 2010가합4083 판결 【가시설물인도】

나. 먼저 원고가 이 사건 동산의 소유권을 취득한 적이 있는지에 관하여 보건대, 이를 인정할 만한 증거가 없고, 오히려 A가 2007.9.경 B 소유의 이 사건 토지에 이 사건 동

산을 투입하여 이 사건 가시설물의 설치까지 완공하였는데, 그 무렵 B의 부도로 이 사건 가시설 공사가 중단된 사실, 원고가 2008.1.경 이 사건 가시설 공사 현장을 흙으로 메우는 공사를 하여 이 사건 토지는 그때부터 나대지 상태로 방치되어 있다가, 피고들이 2008.11.26. 이 사건 가시설물이 매몰된 이 사건 토지의 소유권을 취득한 사실은 앞서 본 바와 같으며, 관련 법리에 비추어 보면, <u>이 사건 가시설물은 건물 건축을 위한 기초공사를 하고 있는 단계에서 완공된 것으로서 토지로부터 독립된 정착물의 형태를 갖추지 못한 것이어서 이 사건 토지에 부합되었다고 할 것이므로</u>, 이 사건 동산의 소유권은 최초 이 사건 가시설 공사를 위해 이 사건 토지에 이를 투입한 A에게 있다가, 위 공사의 중단으로 이 사건 가시설물이 이 사건 토지에 부합됨에 따라 그 당시 위 토지 소유자였던 B에게 귀속된 다음, 다시 경매로 이 사건 토지의 소유권을 취득한 피고들에게 이전되었다고 할 것이다. 사정이 그와 같다면, 원고는 이 사건 동산에 관한 소유권을 취득한 적이 없었다고 할 것이어서, 원고가 이 사건 동산의 소유권자임을 전제로 하는 위 주장은 더 나아가 살필 필요 없이 모두 이유 없다고 할 것이다(이 사건 동산의 인도청구가 이유 없는 이상, 대상청구에 해당하는 금원지급청구에 대한 별도의 판단은 요하지 아니한다고 할 것이다).

------------------------------------------------

## 부합물 철거보상금도 소유자의 몫

부합물의 철거에 따른 철거보상금은 부합물을 증축한 사람에게 귀속되는 것이 아니라 건물 주인에게 귀속한다.

---

### 대법원 1983.11.8. 선고 83도2411 판결 【횡령】

원심판결에 의하면, 원심은 공소외(형사소송에서 피고인 외의 모든 이를 가리키는 말) A는 피고인으로부터 피고인 소유의 건물을 임차한 후 그 건물에 덧붙여 기존건물의 반 정도의 규모로 방 한 칸과 부엌 일부를 증축하여 기존건물과 일체로서 점유·사용하여 왔던 사실을 인정하고 위 증축된 부분은 물리적 구조나 용도, 기능 및 거래의 관점에서 사회적, 경제적으로 고찰할 때 그 자체는 구조상건물로서의 독립성이 없고 기존건물과 별개의 독립물로서의 효용을 갖지 못하여 본래 건물에 부합되었다고 보아야 할 것이고 따라서 위 건물의 철거에 따른 철거보상금 역시 본래의 건물의 소유자인 피고인에게 귀속되었다 할 것이니 피고인이 그 철거보상금을 임의소비하였다 하여 A에 대하여 횡령죄가 성립된다고는 할 수 없다고 판시하고 있는바, 기록에 의하여 살펴보면 원심의 위 인정, 판단은 정당한 것으로 긍인되고 거기에 소론의 위법이 있다고는 할 수 없다. 논지는 이유 없다.

---

## 외부 사정으로 공사가 중단되어 토지 부합물이 된 경우

다음 판례는 공사업자로서는 다소 억울할 수도 있는 사건을 다루고 있다. 신축 공장의 공사가 독립된 건물로 인정받을 수 없는 상태에서 외부 사정에 의해 중단된 경우, 공사업체는 이 건물에 대하여 유치권을 주장할 수 없다는 판례다. 왜냐하면 해당 구조물은 건물이 아니라 단순히 토지 부합물에 불과하기 때문이다. 이 경우 채권은 존재하지만 그 채권을 발생시킨 물건이 존재하지 않아 유치권이 성립되지 못한다.

### 대법원 2008.5.30.자 2007마98 결정 【경락부동산인도명령】

**관련사건 : 춘천지방법원 원주지원 2005타경9809호 임의경매***

재항고인은 토지소유자와의 사이에 이 사건 토지 위에 공장을 신축하기로 하는 내용의 도급계약을 체결하고 기초공사를 진행하면서 사회통념상 독립한 건물이라고 볼 수 없는 구조물을 설치한 상태에서 이 사건 토지에 대한 경매절차가 진행됨으로 인하여 공사가 중단되었음을 알 수 있는바, 이러한 경우 위 구조물은 토지의 부합물에 불과하여 이에 대하여 유치권을 행사할 수 없다고 할 것이고, 공사중단시까지 토지소유자에 대하여 발생한 공사금 채권은 공장 건물의 신축에 관하여 발생한 것일 뿐, 위 토지에 관하여 생긴 것이 아니므로 위 공사금 채권에 기하여 이 사건 토지에 대하여 유치권을 행사할 수도 없다고 할 것이다. 따라서 같은 취지에서 재항고인의 이 사건 토지에 관한 유치권 주장을 배척하고 이 사건 인도명령을 유지한 원심결정은 정당하고, 거기에 재판에 영향을 미친 헌법·법률·명령 또는 규칙의 위반이 없다.

* 임의경매 : 민사소송법이 정하는 강제집행의 방법으로서의 경매인 강제경매에 상대되는 것으로 구경매법에 의한 경매. 저당권을 근거로 함.

## 부합물은 소유자에게 명도해야

부합물이 명확하다면 소유자에게 집을 비워주어야 한다.

### 서울고등법원 1973.5.11. 선고 72나1247 제2민사부판결 : 상고 【건물명도청구사건】

2. 피고들은 본건 건물이 원고 소유의 건물과는 별도로 소외 1이 신축한 것으로 아직

까지 등기된 바가 없으니 원시 취득이 아니어서 원고는 소유권을 주장할 수 없다고 다투므로 살피건대, 위 甲 6, 7 각 호증의 기재, 원심 및 당심증인 소외 2, 당심증인 소외 1의 각 증언 및 당심에서의 검증결과를 합쳐보면 원고가 소외 1로부터 이미 등기되어 있는 건물을 매수할 때에 본건 건물도 포함하여 매수한 것이고 본건 건물은 당초 등기된 건물에 접착하여 구조가 종전 건물의 출입구, 계단 등을 통행하도록 되어 있어 하나의 건물로서 증축되어 있는 사실이 인정되므로 등기부상 표시 건평과는 달리 증축된 현존건물이 기존건물과 불가분적 일체를 이루어 동일성이 있는 한 새로운 등기를 할 필요 없이 당초 등기된 건물의 소유자는 그 부동산에 부합한 증축된 부분의 소유권을 취득한다 할 것이므로 피고들의 위 항변은 이유 없다.

3. 다음 피고들은 본건 건물이 독립된 건물이 아니고 부합물이라 하더라도 피고들이 소외 1로부터 각각 임차하여 정당하게 입주한 것이므로 증축에 투입한 비용을 원고로부터 반환받을 때까지 원고의 명도청구에 응할 수 없다고 다투므로 살피건대, 피고들이 본건 건물을 전소유자인 소외 1이 증축한 것을 임차하여 점유하여 온 사실을 자인하고 있으므로 피고들의 비용으로 증축하였음을 전제로 한 유치권 주장은 나머지 점에 대한 판단을 할 것 없이 이유 없다.

4. 그렇다면 피고들이 본건 건물에 대하여 달리 이를 점유할 수 있는 권원에 대하여 주장과 입증이 없는 이상, 피고들은 원고에게 각 점유부분을 명도할 의무 있다 할 것이니 (후략)

---

## 매수인에게 넘어간 부합물, 부당이득반환이 가능할까?

부합물이 제대로 평가되지 않은 채 매수인에게 넘어가는 모습을 지켜봐야 하는 사람이라면 참 속이 쓰릴 법도 하다. 그러나 부합물이라고 평가를 받게 되는 순간, 이것은 토지든 건물이든 그 소유권을 갖고 있는 사람에게 그대로 넘어간다는 사실을 이해해야 한다. 다음 판례에서는 부합물 설치자의 항변이 담겨 있다. 그러나 법원은 이를 이유 없다고 판단한다.

---

**광주고등법원 2006.3.10. 선고 2005나7015 판결 [토지인도등]**

(2) 나아가 피고 A는 위 PHC파일 등은 토지와 분리가 불가능하거나 분리할 경우 지반이 무너질 염려가 있어 모두 이 사건 토지에 부합되었다 할 것인데 위 각 경매 절차에서 위 PHC파일 등에 대한 감정평가가 이뤄지지 않아 그 가액 상당이 최저경매가격에 반영되지 않은 상태로 원고들이 위 각 경매 절차에서 이 사건 토지의 소유권을 취득함으로써 법률상 원인 없이 이 사건 토지에 부합된 피고 A 소유였던 PHC파일 등을 아무런 대가를 지불하지 않고 취득하였으므로, 원고들은 부당이득의 법리에 따라 피고 A에게 위 PHC 파일 등 설치비용에 상당하는 452,323,000원을 반환할 의무가 있다고 주장한다(피고 A의 토지인도 의무와 위 부당이득반환 의무가 동시이행관계에 있다는 주장으로 보고 판단한다). 그러므로 살피건대, 피고 A의 주장과 같이 위 PHC파일 등이 이 사건 토지에 부합되었고, 그에 상응한 감정평가가 이루어지지 아니하였다 하더라도 원고들의 위 낙찰절차에 따른 부합물 취득이 법률상 원인이 없는 것이라고는 할 수 없으므로(대법원 1997.4.8. 선고 96다52915 판결 참조), 피고 A의 위 주장은 더 나아가 살펴볼 필요 없이 이유 없다.

---

## 부합물과 다른 부속물, 유치권 주장 불가능

부합물은 합하여 하나가 된 물건이다. 이에 반해 부속물은 주가 되는 물건에 딸려 있는 것을 말한다. 증축처럼 3층짜리 집에 4층을 올린 경우, 이를 분리하면 심각한 경제적 가치 저하가 일어날 때를 부합물이라고 하고, 반면 보일러처럼 탈부착이 자유로운 경우(경제적 가치 훼손이 없거나 적은 경우)에는 부속물이 된다. 부합물은 토지에 부합된 것은 토지소유자에게, 건물에 부합된 것은 건물 소유자에게 귀속되지만 부속물은 이를 설치한 자가 그 주인이 된다. 따라서 부합물은 유익비의 문제가 될 여지가 있고, 이로 인해 유치권을 행사할 소지가 있다. 그러나 부속물은 떼어 가면 그만이므로 유익비의 문제도 없고, 유치권의 소지도 없다(오직 '이 물건 당신이 사라'고 주장할 수는 있다.). 따라서 부속물은 남의 소유가 아니므로 유치권 주장이 불가능하다. 다음 판례는 이런 점을 들어 피고의 유치권 주장은 이유 없다고 밝힌다.

---

**서울고법 1973.5.31. 선고 72나2595, 2596 제7민사부판결 : 확정 【가옥명도등청구사건】**

또한 위에서 본 방과 부엌, 복도의 칸막이 공사와 다다미의 시공 등은 위 건물의 부속물로 보아야 할 것이고, 동 부속물 설치에 소요된 공사비채권은 본건 건물에 관하여 생긴 채권이 아니므로 이에 기하여 건물을 유치할 수 없다 할 것인즉 피고의 유익비에 관한 유치권행사는 어느 모로 보나 이유가 없다 할 것이다.

---

## 부속물매수청구권을 주장할 수 있는 경우

참고로 부속물매수청구권(민법 646조 등)에 대해서 잠시 살펴보자. 앞서 살폈듯이 부속물은 부합물과 달라 부속물을 설치한 사람이 부속물의 주인이 된다. 그래서 유치권을 주장할 수 없지만 반면 부속물매수청구권이 성립될 수 있다. 물론 모든 경우에 부속물매수청구권이 인정되는 것은 아니고, 아래 판례처럼 1) 객관적 편익을 주는 경우,

2) 해당 부동산의 구성부분이 되었다고 보이지 않는 경우(부속물의 요건), 3) 임대인의 동의가 있는 경우, 4) 양도 대상에서 제외하기로 약정하지 않은 경우 등의 요건이 필요하다. 살펴보자.

---

### 대법원 1995.6.30. 선고 95다12927 판결 【점유물반환등】

그러나 원심이 인정한 바와 같은 위 유리 출입문과 새시(원고는 상고이유에서 석고보드 칸막이에 대하여는 문제 삼고 있지 않다)의 설치경위 및 기록에 의하여 알 수 있는 위 유리출입문과 새시의 설치상태, 용도, 이 사건 점포가 있는 위 상가건물의 구조, 주변환경 등에 비추어 볼 때, 위 유리 출입문과 새시는 이 사건 점포의 사용에 객관적인 편익을 가져오게 하는 물건으로서 이 사건 점포의 구성부분이 되었다고 보이지는 아니하고, 한편 이 사건 점포가 소외 회사에 의하여 최초로 임대될 당시부터 임대인 측의 양해하에 비디오테이프 대여점으로 이용되어 왔으며, 위와 같은 시설은 그러한 영업에 필요하였던 것으로 보이는 점 등으로 보면, 위와 같은 시설을 부속시키는 데에 대한 임대인 측의 묵시적인 동의는 있었다고 볼 여지가 많다 할 것이므로, 그 후 이 사건 점포에 대한 임대인과 임차인의 지위가 원심이 인정한 바와 같은 경위로 승계되어 온 것이라면, 그 시설대금이 이미 임차인 측에 지급되었다거나 임차인의 지위가 승계될 당시 위와 같은 시설은 양도 대상에서 특히 제외하기로 약정하였다는 등의 특별한 사정이 인정되지 아니하는 한, 종전 임차인의 지위를 승계한 원고로서는 임차기간의 만료로 이 사건 점포에 대한 임대차가 종료됨에 있어 임대인인 위 A에 대하여 민법 제646조 제1항 소정의 부속물매수청구권을 행사할 수 있다고 보아야 할 것이다.

---

## 부속물인데 유치권이 인정되는 경우

부속물이더라도 모두 유치권의 대상이 될 수 없는 것은 아니다. 만일 주방으로 쓰일 공간만을 공사하는 경우라면 냉장고(부속물)는 유치권의 대상이 아니다. 그러나 주방 자체를 공사하는 경우가 있다. 이때 공사업자는 내부설비를 설치하는 일까지 하게 되는데 만일 공사업자가 별도로 냉장고 등의 물품을 구입하여 이를 설치하는 것까지 공사를 맡았다면 이 물건에 대해서도 공사대금채권을 갖게 된다. 즉 냉장고와 같은 부속물은 자체로 유치권의 대상인지 아닌지를 판단하는 것이 아니라 상황에 따라 다르게 판단된다.

---

**서울고등법원 2009.9.24. 선고 2008나105982 판결(확정)**

(4) 승계참가인은 피고가 주장하는 공사대금 중에는 냉동고·냉장고 시설, 선반 및 작업대 등 주방설비, 스탠드 및 쟁반 등 뷔페 진열물, 가스버너, 가스밥솥 등의 구입비용도 포함되어 있으나 이는 이 사건 건물과는 독립된 동산의 매매에 따른 채무로서 이 사건 부동산과의 견련 관계를 인정할 수 없다고 주장한다.

살피건대 A 피고가 도급받은 공사는 이 사건 부동산의 내부에 설비, 주방기기 등을 설치하는 공사이고, A 피고가 B로부터 냉동저장고 등 합계 65,000,000원 상당의 물품을 구입하여 이 사건 부동산에 냉동 창고와 주방 후드 등을 설치하는 공사를 완성한 사실은 앞서 인정한 바와 같고(을제22호증의 20 내지 30), 달리 반증이 없으므로 위 65,000,000원 상당의 채권도 이 사건 부동산에 관한 공사대금채권에 포함된다고 할 것이므로 이와 다른 전제에서 주장하는 승계참가인의 이 부분 주장도 이유 없다.

---

# 문화재도 유치권 대상일까?

Q. 국유지정문화재도 유치권을 주장할 수 있을까?
A. 주장할 수 없다.

---

**광주고등법원 1967.6.7. 66나325 제1민사부판결 : 상고 【토지인도청구사건】**

이미 앞서 든 바와 같이 이 사건 임야는 영구보존해야 할 국유지정문화재에 속한 것으로서 특단의 경우를 제쳐놓고 사권을 설정할 수 없으니만큼 국가가 일시 잠정적으로 사용 승인한 결과 피고 등이 그 주장과 같이 시설을 하였음에도 불구하고 인도하게 됨으로써 손해를 입는 경우가 있다 할지라도 별도로 원고에 대하여 보상을 청구함은 모르거니와 그 보상을 해주지 않는 한 그 점유 부분을 인도할 수 없다는 등의 유치권 항변이란 위 영구보존할 국유문화재의 위에 든 성질상 있을 수 없는 것이므로 위 피고 등의 유치권 항변은 더 이상 살필 것 없이 부당하다 하여 배척한다.

---

# 4

## 주물과 종물

　같은 지번에 위치한 두 개의 건물을 생각할 수 있다. 하나는 예전부터 있던 건물 A이고, 하나는 신축한 건물 B다. 이때 유치권자가 신축한 건물 B를 점유하면서 A 역시 함께 점유하고 있다고 주장할 수 있을까? 부합물과 같이 원래 건물에서 떼어내기 어려운 경우에는 유치권 성립 여부가 비교적 뚜렷하지만 떨어져 있는 경우에는 매우 애매해진다. 겉모습은 마치 부속물처럼 독립성을 갖고 있지만 그 효용적 측면에서는 부합물처럼 원래 건물과 긴밀한 관계를 가질 때 이를 종물이라고 부른다(이때 종물이 관계를 맺고 있는 것을 주물이라고 한다.). 종물인지 아닌지를 판별하는 게 중요한 이유는 유치권과 근저당권 등의 권리가 종물에까지 영향을 미치기 때문이다.

---

**민법 제100조 (주물, 종물)**

① 물건의 소유자가 그 물건의 상용에 공하기 위하여 자기소유인 다른 물건을 이에 부속하게 한 때에는 그 부속물은 종물이다.

② 종물은 주물의 처분에 따른다.

---

종물은 주물의 사용에 이바지하면서 부속되어 있어야 하고 독립된 물건이어야 한다. 그래서 주물 자체의 효용과 계속적·직접적으로 관계된 물건이어야 하고 주물과 종물 사이에 장소적 연관성이 있어야 한다. 반면 독립성이 상실되면 건물의 정화조, 주유소 토지에 매설된 유류저장탱크처럼 부합물로 전락하는데 이는 동산, 부동산을 가리지 않는다. 주물과 종물의 관계는 등기부상에 기재가 없어도 성립되지만 종물과 주물의 소유자가 다른 경우에는 이 관계가 성립되지 않는다. 예컨대 횟집건물과 수족관(대법원 1993.2.12. 92도3234 판결), 본채와 연탄 창고·공동변소(대법원 1991.5.14. 선고 91다2779 판결), 농지에 부속한 양수시설(대법원 1967.3.7. 66누176 판결), 주유소 건물상의 주유기(대법원 1993.12.10. 93다42399 판결), 백화점 전화 교환 설비(대법원 1993.8.13. 선고 92다43142 판결)는 종물이다.

그리고 주물과 종물 이론은 건물 소유를 위한 지상권취득(대법원 1992.7.14. 선고 92다527 판결), 전유부분에 설정된 저당권의 대지사용권에 대한 권리(대법원 1995.8.22. 선고 94다12722 판결), 전유부분에 설정된 전세권의 대지사용권에 대한 권리(대법원 2002.6.16. 선고 2001다68389 판결)에도 적용된다.

## 독립된 건물 + 경제적 효용 여부가 갈림길

주물-종물에 대한 판단은 다음 판례처럼 각각에 해당하는 물건이 독립된 건물로서 경제적 효용을 갖추고 있는지, 아닌지를 가려서 하게 된다. 아래 판례는 신축 건물이 독립된 건물로서 가치가 있다면 종물로 볼 수 없다고 판결을 내린다.

---

**전주지방법원 2010.10.7. 선고 2010가합1332 판결 [유치권부존재확인]**

다음으로 피고 A가 이 사건 건물을 점유하고 있는지에 관하여 살피건대, 피고 A가 이 사건 증축건물을 점유하고 있는 사실은 당사자 사이에 다툼이 없으나, 이 사건 건물과 이 사건 증축건물의 관계에 따라 피고 A가 이 사건 건물을 점유하고 있는 것으로 볼 수 있는지가 문제 된다. 갑 제5, 6호증, 을 제1, 5호증의 각 기재 및 영상에 의하면, 이 사건 건물과 이 사건 증축건물은 동일한 지번 위에 위치하고, 하나의 일반건축물대장에 함께 기재되어 있으나(이 사건 증축건물은 아직 미등기 상태이다) <u>이 사건 건물과 일정한 거리를 두고 건축되어 있어 물리적 구조상 독립된 건물이라 할 것이고, 이 사건 증축건물의 면적 및 용도에 비추어 이 사건 증축건물 자체가 독립된 건물로서의 경제적 효용을 갖추고 있다고 볼 것이어서 이 사건 건물의 종물이라고 볼 수도 없다.</u> 따라서 피고 A는 이 사건 건물과 별개의 이 사건 증축건물을 점유하고 있을 뿐 이 사건 건물을 점유하고 있지 않다.

---

## 대지사용권은 건물 소유권의 종물

집합건물을 소유하기 위해서는 그 토지에 대하여 사용권원을 갖고 있어야 한다. 이 때 사용권원을 대지사용권이라고 한다. 대지사용권은 건물 소유권의 종물이다.

그런데 아파트를 분양받을 때 당연히 함께 등기가 이전되리라고 생각했던 전유부분과 대지사용권이 종종 소유권이전등기 경료(완료) 시점이 달라지는 바람에 반쪽짜리 소유권을 갖게 되는 경우가 있다. 대개 전유부분에 대한 소유권이전등기의 경료는 금방 이루어지지만 대지사용권은 처리가 어려워 경료가 늦어지기도 한다.

그러나 법원은 이런 경우에도 대지사용권이 종물이라는 점을 지적하여 전유부분 소유자가 예전 소유자들이 행사했던 권리와 똑같이 대지부분을 점유·사용할 수 있는 권리를 갖고 있다고 판단한다. 이는 집합건물의 법률적 안정을 도모하기 위함인데 따라서 이 둘을 따로 팔 수 없다는 것이 다음 대법원 판례의 요지이다.

---

**대법원 2000.11.16. 선고 98다45652, 45669 【전원합의체건물명도등·부당이득금】**

**1. 상고이유 제1점에 대하여**

가. 집합건물의소유및관리에관한법률(이하 '집합건물법'이라 한다)은, 제20조에서, 구분소유자의 대지사용권은 그가 가지는 전유부분의 처분에 따르고(제1항), 구분소유자는 규약으로써 달리 정하지 않는 한 그가 가지는 전유부분과 분리하여 대지사용권을 처분할 수 없으며(제2항), 위 분리처분금지는 그 취지를 등기하지 아니하면 선의로 물권을 취득한 제3자에 대하여 대항하지 못한다(제3항)고 규정하고 있는바, 위 규정의 취지는 집합건물의 전유부분과 대지사용권이 분리되는 것을 최대한 억제하여 대지사용권 없는 구분소유권의 발생을 방지함으로써 집합건물에 관한 법률관계의 안정과 합리적 규율을 도모하려는 데 있다고 할 것이다.

한편 아파트와 같은 대규모 집합건물의 경우, 대지의 분·합필 및 환지절차의 지연, 각 세대당 지분비율 결정의 지연 등으로 인하여 전유부분에 대한 소유권이전등기만 수분양자를 거쳐 양수인 앞으로 경료되고, 대지지분에 대한 소유권이전등기는 상당기간 지체되는 경우가 종종 생기고 있는데, 이러한 경우 집합건물의 건축자로부터 전유부분과 대지지분을 함께 분양의 형식으로 매수하여 그 대금을 모두 지급함으로써 소유권 취득의 실질적 요건은 갖추었지만 전유부분에 대한 소유권이전등기만 경료받고 대지지분에 대하여는 앞서 본 바와 같은 사정으로 아직 소유권이전등기를 경료받지 못한 자는 매매계약의 효력으로써 전유부분의 소유를 위하여 건물의 대지를 점유·사용할 권리가 있다고 하여야 할 것인바, 매수인의 지위에서 가지는 이러한 점유·사용권은 단순한 점유권과는 차원을 달리하는 본권으로서 집합건물법 제2조 제6호 소정의 구분소유자가 전유부분을 소유하기 위하여 건물의 대지에 대하여 가지는 권리인 대지사용권에 해당한다고 할 것이고, 수분양자로부터 전유부분과 대지지분을 다시 매수하거나 증여 등의 방법으로 양수받거나 전전 양수받은 자 역시 당초 수분양자가 가졌던 이러한 대지사용권을 취득한다고 할 것이다(대법원 1995.3.14. 선고 93다60144 판결, 1998.6.26. 선고 97다42823 판결 등 참조). 그리고 앞서 본 집합건물법의 규정내용과 입법취지를 종합하여 볼 때, 대지의 분·합필 및 환지 절차의 지연, 각 세대당 지분비율 결정의 지연 등의 사정이 없었다면 당연히 전유부분의 등기와 동시에 대지지분의 등기가 이루어졌을 것으로 예상되는 경우, 전유부분에 대하여만 소유권이전등기를 경료받았으나 매수인의 지위에서 대지에 대하여 가지는 점유·사용권에 터잡아 대지를 점유하고 있는 수분양자는 대지지분에 대한 소유권이전등기를 받기 전에 대지에 대하여 가지는 점유·사용권인 대지사용권을 전유부분과 분리 처분하지 못할 뿐만 아니라, 전유부분 및 장래 취득할 대지지분을 다른 사람에게 양도한 후 그중 전유부분에 대한 소유권이전등기를 경료해 준 다음 사후에 취득한 대지지분도 전유부분의 소유권을 취득한 양수인이 아닌 제3자에게 분리 처분하지 못한다 할 것이고, 이를 위반한 대지지분의 처분행위는 그 효력이 없다고 봄이 상당하다 할 것이다.

---

## 가압류 결정의 효력도 미친다

마찬가지로 구분건물의 전유부분에 대한 소유권보존등기만 경료되고 대지지분에 대한 등기가 경료되기 전에 전유부분만에 대해 가압류 결정의 효력이 내려지면 종물인 대지사용권에 대해서도 그 효력이 미친다고 본다.

---

### 대법원 2006.10.26. 선고 2006다29020 판결 【배당이의】

민법 제100조 제2항에서는 "종물은 주물의 처분에 따른다."고 하고 있는바, 위 종물과 주물의 관계에 관한 법리는 물건 상호간의 관계뿐 아니라, 권리 상호간에도 적용되고, 위 규정에서의 처분이란 처분행위에 의한 권리변동뿐 아니라 주물의 권리관계가 압류와 같은 공법상의 처분 등에 의하여 생긴 경우에도 적용되어야 한다는 점, 저당권의 효력이 종물에 대하여도 미친다는 민법 제358조 본문 규정은 민법 제100조 제2항과 그 이론적 기초를 같이한다는 점, 집합건물의 소유 및 관리에 관한 법률 제20조 제1항, 제2항에 의하면 구분건물의 대지사용권은 전유부분과 종속적 일체불가분성이 인정되는 점 등에 비추어 볼 때, 구분건물의 전유부분에 대한 소유권보존등기만 경료되고 대지지분에 대한 등기가 경료되기 전에 전유부분만에 대해 내려진 가압류결정의 효력은, 대지사용권의 분리처분이 가능하도록 규약으로 정하였다는 등의 특별한 사정이 없는 한, 종물 내지 종된 권리인 그 대지권에까지 미친다고 보아야 할 것이다.

---

## 종물 판단은 서류가 아니라 구체적 사정에 달려 있다

다음 판례는 부합과 종물에 대한 판단을 동시에 다루고 있다. 부합의 경우는 비교적 판단하기 쉽지만 종물인지 아닌지는 보다 구체적인 사정이 필요하다. 우선 판례는 동일지번에 있다는 사실만으로는 종물이 될 수 없다고 지적하고, 또한 공부상에 부속건물이라고 적혀 있더라도 이를 종물로서 인정할 수 없다고 밝힌다. 나아가 종물임을 입증하기 위해서는 더 구체적인 자료가 필요하다고 말하며 몇 가지 의심되는 점을 지적하고 있다. 독립된 건물로서 쓰일 가능성이 있다는 말이다. 살펴보자.

---

### 대법원 1994.6.10. 선고 94다11606 판결 【배당이의】

#### 1. 부합에 대한 법리오해의 점에 관하여

건물이 증축된 경우에 증축부분의 기존건물에 부합 여부는 증축부분이 기존건물에 부착된 물리적 구조뿐만 아니라, 그 용도와 기능의 면에서 기존건물과 독립한 경제적 효용을 가지고 거래상 별개의 소유권의 객체가 될 수 있는지의 여부 및 증축하여 이를 소유하는 자의 의사 등을 종합하여 판단하여야 할 것이다(당원 1992.12.8. 선고 92다26772, 26789 판결; 1991.4.12. 선고 90다11967 판결; 1988.8.23. 선고 87다카600 판결 각 참조). 그런데 원심이 적법하게 확정한 바와 같이 소외 주식회사 A가 피혁가공원단의 생산을 위하여 원심판시 제1, 2건물을 건축한 후 제1건물의 북쪽벽과 남쪽벽을 이용하여 그에 덧붙여 경량철골조의 가건물형식으로 그 판시 제4, 5건물을 증축하고 거기에 그 판시와 같이 피혁 가공원단의 생산공정의 일부에 사용되는 기계를 설치하여 이를 이용하고 있고, 위 제4, 5건물의 각 면적이나 감정가격이 제1건물의 면적 및 감정가격보다 그 판시와 같이 작고 낮다면 위 증축부분인 위 제4, 5건물의 그 물리적 구조뿐만 아니라 경제적 효용의 면에서 보더라도 그 증축시에 기존건물인 위 제1건물에 부합하여 이와 일체를 이루었다 할 것이고, 거래상 독립하여 별개의 소유권의 객체가 되기는 어렵다고 보여지므로 원심이 위 제4, 5건물이 위 제1건물에 부합된 것으로 판단한 조치는 정당한 것으로 수긍이 가고, 그 과정에 소론과 같은 부합에 관한 법리오해의 위법이 있다 할 수 없다. 논지는 이유 없다.

## 2. 종물에 관한 법리오해의 점에 관하여

원심판결 이유에 의하면, 원심은 그 거시증거에 의하여, 위 A가 위 제1, 2건물에서 목할저(*나무젓가락) 생산업과 피혁가공업을 함께 하다가 원심판시와 같이 위 제1, 2건물 및 공장기계 일부에 관하여 피고 앞으로 공장저당법 제7조에 의한 근저당권을 설정하여 피혁가공업으로 업종을 단일화하고 규모를 확장하면서 완제품을 생산하기 위하여 부족한 공정을 보충할 수 있는 기계를 설치하려고 그 판시와 같이 별도의 독립된 건물이기는 하나 보일러 배관이 위 제1건물과 연결된 위 제3건물을 신축하여 위 제1건물의 부속 건물로 등기를 한 다음 그 판시와 같이 위 제1 내지 3건물 및 기계일부에 관하여 원고 앞으로 공장저당법 제7조에 의한 근저당권을 설정하였으며 위 제3건물의 일부에 위 피혁가공공정의 일부로 늘림기, 면고르기의 기계를 설치하였으며 나머지 부분에는 남녀탈의장 2칸, 남녀샤워실 2칸, 기숙사 및 화장실 2칸이 있는 사실 및 위 각 건물들의 감정가격은 그 판시와 같은 사실을 인정한 다음, 이에 의하면 비록 위 제3건물이 위 제1건물과 크기가 비슷하고 감정가격이 더 높다 하더라도 위 제1건물에는 위 제2, 4, 5건물이 부합되어 있고, 위 제3건물의 탈의장, 샤워시설 등이 위 제1, 2, 4, 5건물의 경제효용을 다하는 데 도움이 되며 같은 대지 안에 생산공정의 일관화를 위하여 건축되어 하나의 공장으로 사용되고 있는 점에 비추어 위 제3건물을 위 제1건물의 종물로 봄이 상당하므로 위 제1, 2건물에 설정된 피고의 근저당권의 효력은 위 제3건물에도 미친다고 판시하고 있다.

그러나 저당권의 효력이 미치는 저당부동산의 종물이라 함은 민법 제100조가 규정하는 종물과 같은 의미로서 어느 건물이 주된 건물의 종물이기 위하여는 주물의 상용에 이바지되어야 하는 관계가 있어야 하는바, <u>여기에서 주물의 상용에 이바지한다 함은</u>

주물 그 자체의 경제적 효용을 다하게 하는 것을 말하는 것으로서 주물의 소유자나 이용자의 상용에 공여되고 있더라도 주물 그 자체의 효용과는 직접 관계없는 물건은 종물이 아니며(당원 1988.8.23. 선고 87다카600 판결; 1985.3.26. 선고 84다카269 판결 각 참조), 또한 경매목적물과 동일 지번상에 건립되어 있다는 것만으로 그의 종물이거나 부속건물이라 할 수 없고 가옥대장 등 공부상에 경매목적건물의 부속건물이라 기재되어 있다 하여 그것을 곧 그 건물에 부합되었다거나 종물로서 저당권의 효력이 미칠 건물이었다고 단정할 수 없다(당원 1966.10.5.자 66마222 결정 참조).

기록에 의하면(1심의 현장검증결과도면 등, 기록 488면), 위 제3건물 그 자체의 면적이 480평방미터나 되는 독립된 건물로서, 그 안에 일부 탈의실, 샤워실, 화장실이 있기는 하나 공장으로 쓰이는 부분이 1/2을 넘고 있다고 보여지고, 위 제3건물의 감정가격도 금 120,960,000원으로서 위 5동의 전체 건물가액 금316,962,560원의 1/3을 초과하는 등 그 자체만으로도 독립적인 공장의 구조를 갖추고 있다고 볼 여지가 있어 위 제3건물이 위 제1건물과 보일러배관이 연결되어 있고 위 제1건물의 부속건물로 등기가 되어 있으며 위 제1, 2, 4, 5건물과 하나의 공장으로 사용되고 있다는 사정만으로 위 제3건물을 제1, 2, 4, 5건물의 종물로 단정할 수는 없으므로 원심으로서는 위 제3건물의 내부구조의 변경이 용이한지 여부와 위 제3건물 중 공장으로 사용되는 면적의 크기 등을 심리 확정한 다음 위 제3건물 자체가 독립된 공장으로서의 경제적 효용을 갖추고 있는지 여부를 판단하여야 함에도 이에 이르지 아니한 채 위 제3건물이 위 제1, 2, 4, 5건물의 종물로 보아 위 제1, 2건물에 관한 피고의 근저당권의 효력이 위 제3건물에 미친다고 본 원심의 조치에는 심리를 다하지 아니하였거나 종물에 관한 법리를 오해하여 판결에 영향을 미친 위법이 있다 할 것이다.

------------------------------------------------

## 주물의 경제적 효용에 이바지해야 종물이다

종물이냐 아니냐를 가름하기 위한 중요한 기준 하나가 있다. 바로 종물이 주물의 경제적 효용에 이바지하는가 아닌가 하는 점이다. 만일 경제적 효용에 기여하는 바가 없다면 설령 주물의 소유자나 이용자에게 유익한 물건이라 하더라도 이는 종물로서 인정받지 못한다. 다음 3개의 판례가 이를 잘 보여준다.

---

### 대법원 1997.10.10. 선고 97다3750 판결 [부당이득금반환]

종물은 주물의 상용에 이바지하는 관계에 있어야 하는 것이고, 주물의 상용에 이바지한다 함은 주물 그 자체의 경제적 효용을 다하게 하는 것을 말하는 것으로서 주물의 소유자나 이용자의 상용에 공여되고 있더라도 주물 그 자체의 효용과 직접 관계가 없는 물건은 종물이 아니라고 할 것이다(대법원 1985.3.26. 선고 84다카269 판결, 1994.6.10. 선고 94다11606 판결 등 참조). 기록에 비추어 살펴보면 이 사건 신폐수처리시설과 구폐수처리시설은 그 기능면에 있어서는 전체적으로 결합하여 유기적으로 작용함으로써 하나의 폐수처리장을 형성하고 그 기능을 수행한다 할 것이나, 이 사건 신폐수처리시설이 구폐수처리시설 그 자체의 경제적 효용을 다하게 하는 시설이라고 할 수는 없을 것이므로 이 사건 신폐수처리시설이 구폐수처리시설의 종물이라고 할 수 없다.

---

### 대법원 1985.3.26. 선고 84다카269 판결 [근저당권설정등기말소등]

그런데 이 사건에서 원판결 이유에 의하면 원심은 거시증거에 의하여 원판결 첨부 별지 제4 목록 기재물건들은 소외 주식회사 A가 같은 제1, 2목록 기재부동산에서 경영하는 B호텔의 영업재산으로서 같은 1, 2목록 기재부동산에 설치·비치된 전기, 위생, 냉난방, 세탁, 전화 교환, 공청, 방송, 소방, 승강기 등 시설이며 같은 제2목록 기재부동산도 그러한 시설을 당초부터 수용하는 구조로 건축되었고 또 그러한 시설과 더불어 호텔로서의 효용을 할 수 있으므로 같은 제1, 2목록 기재부동산의 기능을 다함에 있어서나 호텔경영에 있어서 필요불가결하다는 사실과 같은 제4목록 기재물건은 세탁 및 소방시설물의 일부와 같이 그대로 설치되어 있기도 하고 아니면 전기, 위생, 냉난방, 전화교환, 방송, 승강기 등 시설과 같이 볼트 및 다른 시설 등으로 같은 제1, 2목록 기재부동산에 고정되어 각층 각 방실에까지 이어지는 배관 및 전선 등에 연결되어 있을 뿐이어서 과다한 비용을 들이지 않고 용이하게 분리할 수 있으며 분리하더라도 독립된 재산으로서의 충분하고 또 고유의 가치를 지니며 그 자리에 다른 것으로 대체할 수 있는 그런 물건들인 사실을 인정한 다음 같은 제4목록 기재물건은 위 주식회사 A가 같은 제1, 2목록 기재부동산의 상용에 공하기 위하여 부속시킨 것이어서 모두 종물에 해당한다고 판시하고 이를 전제로 하여 원고의 이 사건 청구가 소의 이익이 없다고 하여 이를 각하하였다. 그러나 기록에 의하면 같은 제4목록 기재물건 중에는 위 호텔의 각 방실에 시설된 텔레비전, 전화기, 호텔세탁실에 시설된 세탁기, 탈수기, 드라이크리닝기, 호텔주방에 시설된 냉장고 제빙기, 호텔방송실에 시설된 브이티알(비디오), 앰프 등이 포함되어 있는 사실이 인정되는 바 위 사실관계에 의하면 적어도 위에 적시한 물건들에 관한 한 위 물건들이 위 호텔의 경영자나 이용자의 상용에 공여됨은 별론으로 하고 주물인 같은 제1, 2목록 기재부동산 자체의 경제적 효용에 직접 이바지하지 아니함은 경험칙상 명백하므로 위 부동산에 대한 종물이라고는 할 수 없다 할 것인즉 (후략)

---

### 대전지방법원 2010.1.22. 선고 2009가합9236 판결 【기계설비인도】

종물은 주물의 상용에 이바지하는 관계에 있어야 하는 것이고, 주물의 상용에 이바지한다 함은 주물 그 자체의 경제적 효용을 다하게 하는 것을 말한다(대법원 1994.6.10. 선고 94다11606 판결, 대법원 1997.10.10. 선고 97다3750 판결 등 참조).

살피건대, 이 사건 기계설비가 이 사건 찜질방 운영을 위한 주요시설인 사실, 이 사건 찜질방에 관한 대전지방법원 2006타경6195 임의경매 사건과 관련하여 A감정평가사 사무소 소속 감정평가사는 감정평가서에 이 사건 찜질방은 개별난방(가스보일러) 구조이며, 기타설비로는 폐열회수기 등이 있다고 기재한 사실은 당사자 사이에 다툼이 없거나, 을 제4, 5호증의 기재, 증인 B의 증언에 변론 전체의 취지를 종합하여 인정할 수 있다.

위 인정사실에 따르면, 이 사건 기계설비는 이 사건 찜질방의 경제적 효용을 다하게 하는 것으로 이 사건 찜질방의 상용에 이바지하는 종물의 관계에 있어, 이 사건 찜질방에 관한 임의경매개시결정의 효력은 이 사건 기계설비에도 미친다고 할 것인데, 이 사건 찜질방에 관하여 2006.3.6. 대전지방법원 2006타경6195호로 임의경매개시결정이 내려진 사실, 원고가 2008.7.경 이 사건 찜질방 및 기계설비에 관한 점유를 스스로 중단하였다가 2009.7.1. 다시 이 사건 기계설비에 관한 점유를 개시한 사실은 앞서 본 바와 같으므로, 원고의 이 사건 기계설비에 관한 2009.7.1.자 점유는 이 사건 기계설비에 관한 임의경매개시 결정 이후의 점유에 해당하고, 원고는 2009.7.1.자 점유에 기하여 피고들에게 유치권을 주장할 수 없다(원고가 이 사건 찜질방을 점유하고 있다고 볼 수 없다는 이유로 원고의 유치권을 부정하는 취지의 대전고등법원 2007나11895호 판결이 선고되어 이후 그대로 확정된 사실은 앞서 본 바와 같다).

## 부합물과 종물을 구분하는 게 현실적으로 의미가 없는 경우

부합물과 종물은 본 건물, 토지 혹은 주물의 소유자에게 그 소유권이 귀속된다. 이런 특성 때문에 다음 판례처럼 부합물에 해당하든 종물에 해당하든 둘 중에 하나일 수 있다면 결과적으로 그 소유권이 건물이나 토지 혹은 주물의 소유자에게 귀속하게 되므로 부합물과 종물을 법률적 개념으로 구분하는 게 의미가 없다.

---

**울산지방법원 2010.5.19. 선고 2009가단17225 판결 【건물명도】**

나. 판단

계쟁 건물이 본채 건물의 부합물 또는 종물에 해당하는지 여부에 관하여 본다.

살피건대, 앞서 본 증거들과 갑 제4호증, 을 제2, 5 내지 11호증(가지번호 포함)의 각 기재 또는 영상, 이 법원의 현장검증결과, 증인 A의 증언 및 갑 제5호증의 일부 기재, 증인 B의 일부 증언에 의하면, 원고는 이 사건 부동산을 취득한 후 위 부동산에 거주하고 있던 C(원고의 남편 D의 지인이다)가 살 곳을 마련하기 위하여 계쟁 건물을 건축하고, C로 하여금 무상으로 위 건물에 거주하도록 허락한 사실, 이후 D 지인인 B가 2001. 경부터 계쟁 건물에 거주하다가, 2009.2.9.경 피고로부터 20,000,000원을 받고 위 건물을 피고에게 명도해준 사실, 당시 B는 피고에게, 자신이 이 사건 부동산 소유자에게 20,000,000원을 지급하고 계쟁 건물에 관한 권리를 취득하여 위 건물에 거주하고 있으며, 제3자가 위 건물에 관한 권리를 주장할 경우 책임지고 해결하겠다고 약정한 사실, 계쟁 건물은 본채 건물을 통하지 않고는 출입이 불가능한 사실, 피고가 계쟁 건물을 수리하기 전에는 위 건물에 화장실이 없었던 사실, 본채 건물은 그 면적이 지하층 216.97㎡, 1층에서 2층 각 181.02㎡, 3층 166.92㎡인데, 계쟁 건물은 그 면적이 35.3㎡인 사실, 원고는 2001.5.1. 이 사건 부동산의 소유권을 상실한 이후 피고가 B로부터 계쟁 건물을 인도받아 그 수리를 개시할 때까지 계쟁 건물에 대한 소유권을 주장한 적이 없는 사실을 인정할 수 있고 이에 반하는 갑 제5호증의 일부 기재 및 증인 B의 일부 증언은 믿지 아니한다.

위 인정사실에 의하면, 계쟁 건물은 물리적 구조상이나, 용도, 기능 및 거래의 관점에 비추어, 본채 건물과 독립한 경제적 효용을 가진 거래상 별개의 소유권의 객체가 될 수 없고 본채 건물과 일체로서만 거래의 대상이 되는 상태에 있다고 할 것이고, 위 증축 당시 원고에게 이를 본채 건물과 독립한 별개의 건물로서 소유할 의사가 있었다고 보이지도 않으므로, 결국 계쟁 건물은 본채 건물에 부합되거나 그 종물이라 할 것이다.

다. 소결

따라서, 피고가 본채 건물에 대한 임의경매절차에서 본채 건물에 관한 소유권을 취득한 이상 그 부합물 내지 종물인 계쟁 건물에 대한 소유권도 취득하게 되었다 할 것이므로, 원고가 계쟁 건물 소유자임을 전제로 한 원고의 주장은 이유 없다.

---

## 부합물과 종물을 구분하는 게 의미가 있는 경우

다음 판례는 부합물과 종물 사이의 가장 큰 차이점에 대해서 짚고 있다. 즉 부합물은 주물의 소유권과 무관하게 주물을 가진 자의 소유가 되고, 종물은 주물과 처음부터 소유권이 같아야 한다. 만일 소유권이 다르다면 부합물은 될지언정 종물은 될 수 없으므로 경매대상에서 제외되어야 하며 따라서 경매를 통한 선의취득은 인정되지 않는다.

---

### 대법원 2008.5.8. 선고 2007다36933, 36940 판결 【건물명도·부당이득금반환】

**2. 피고(반소원고)의 반소청구에 관한 상고이유를 판단한다.**

가. 부동산에 부합된 물건이 사실상 분리복구가 불가능하여 거래상 독립한 권리의 객체성을 상실하고 그 부동산과 일체를 이루는 부동산의 구성부분이 된 경우에는 타인이 권원에 의하여 이를 부합시켰더라도 그 물건의 소유권은 부동산의 소유자에게 귀속된다(대법원 1985.12.24. 선고 84다카2428 판결 등 참조). 그리고 저당권의 효력은 법률에 특별한 규정이 있거나 설정행위에 다른 약정이 있는 경우를 제외하고는 저당부동산에 부합된 물건과 종물에도 미치지만(민법 제358조), 종물은 물건의 소유자가 그 물건의 상용에 공하기 위하여 자기 소유인 다른 물건을 이에 부속하게 한 것을 말하므로(민법 제100조 제1항) 주물과 다른 사람의 소유에 속하는 물건은 종물이 될 수 없다. 한편, 동산의 선의취득은 양도인이 무권리자라고 하는 점을 제외하고는 아무런 흠이 없는 거래행위이어야 성립한다(대법원 1995.6.29. 선고 94다22071 판결 등 참조).

따라서 저당권의 실행으로 부동산이 경매된 경우에 그 부동산에 부합된 물건은 그것이 부합될 당시에 누구의 소유이었는지를 가릴 것 없이 그 부동산을 낙찰받은 사람이 소유권을 취득하지만, 그 부동산의 상용에 공하여진 물건일지라도 그 물건이 부동산의 소유자가 아닌 다른 사람의 소유인 때에는 이를 종물이라고 할 수 없으므로 부동산에 대한 저당권의 효력에 미칠 수 없어 부동산의 낙찰인이 당연히 그 소유권을 취득하는 것은 아니며, 나아가 부동산의 낙찰인이 그 물건을 선의취득하였다고 할 수 있으려면 그 물건이 경매의 목적물로 되었고 낙찰인이 선의이며 과실 없이 그 물건을 점유하는 등으로 선의취득의 요건을 구비하여야 한다고 할 것이다.

나. 원심은 그 채택 증거에 의하여, 이 사건 건물의 소유자였던 소외인은 1993.3.18. A렌탈 주식회사(이하 'A렌탈'이라고 한다)와 발전기설비, FLOOR DUCT 설비, 소방설비, 패널공사, 전화설비, 변전실설비 등(이하 '이 사건 렌탈목적물'이라고 한다)을 임차하되 렌탈료를 60회에 걸쳐 지급하고 렌탈기간 만료 후에는 이 사건 렌탈목적물을 A렌탈에게 반환하거나 매수하기로 하는 계약을 체결한 후, 당초부터 위와 같은 시설을 수용하는 구조로 건축되어 있던 이 사건 건물에 이 사건 렌탈목적물을 설치한 사실, 이 사건 렌탈목적물은 이 사건 건물에 고착되어 냉난방, 위생, 전기, 소방, 승강기 등 각종 시설의 일부를 이루고 있어서 과다한 노력이나 비용을 들이지 아니하고는 분리할 수 없고 분리하더라도 그 경제적 가치를 현저히 손상하는 물건들이거나 또는 이 사건 건물의 경제적 효용에 직접 이바지하는 물건들인 사실, 피고(반소원고)는 1994.12.30. 소외인으로부터 이 사건 각 부동산을 매수하여 그 소유권을 이전받은 후, 1996.1.10. A렌탈과 위 렌탈계약에 관하여 임차인 명의를 소외인에서 피고(반소원고)로 변경하고 렌탈료를 조정하기로 하는 변경계약(이하 '이 사건 렌탈계약'이라고 한다)을 체결한 사실, 그 후 이 사건 건물은 B보험 주식회사와 피고 1에게 순차로 소유권이전 되었다가, 주식회사 C은행의 신청으로 개시된 임의경매절차에서 원고가 낙찰받고 2005.6.24. 매각대금을 완납함으로써 그 소유권을 취득한 사실, 그런데 피고(반소원고)는 그 후 2006.4.13. A렌탈로부터 이 사건 렌탈목적물을 40,000,000원에 매수한다는 내용의 매매계약을 체결한 사실 등을 인정하였다.

원심은 나아가, 이 사건 렌탈목적물 중 이 사건 건물에 부합된 물건은 원고(반소피고. 이하 '원고'라고만 한다)가 경매를 통하여 이 사건 건물의 소유권을 취득함으로써 그 부합된 물건의 소유권까지도 취득하였고, 이 사건 렌탈목적물 중 종물의 성격을 가지는 물건은 원고가 그 점유를 평온·공연하게 선의로 취득하였음이 추정되고 과실이 없었으므로 원고가 이를 선의취득 하였다고 판단하였다.

앞서 본 법리에 비추어 볼 때, 이 사건 렌탈목적물 중 이 사건 건물에 부합된 물건에 대한 원심의 판단은 정당하다.

그러나 종물의 성격을 가지는 물건에 대한 원심의 판단은 다음과 같은 이유로 옳다고 할 수 없다. 선의취득은 동산 거래의 안전을 보호하기 위한 것이므로 거래행위가 존재하는 것을 당연한 전제로 하는 것인데, 이 사건 렌탈목적물 중 종물의 성격을 가지는 물건은 원심이 인정한 바와 같이 이 사건 건물과는 소유자가 다르다고 보는 한에 있어서는 종물이 아니므로 이 사건 건물에 관한 소유권이나 저당권의 효력이 거기에 미칠 수 없고, 따라서 이 사건 건물이 경매되었다고 하여 이 사건 렌탈목적물 중 종물의 성격을 가지는 물건까지도 경매된 것으로 볼 수 없다고 할 것이고, 달리 원고가 그 물건들을 거래행위를 통하여 양수하였다는 주장이나 입증이 없는 이상 원고가 그 물건들을 현재 점유하고 있다는 것만으로는 선의취득의 요건을 구비한 것으로 볼 수는 없다. 그럼에도 불구하고, 원심은 이 사건 렌탈목적물 중 이 사건 건물에 부합된 것과 부합되지 아니한 것이 어떤 것인지를 구별해 보지도 아니하고 그것이 누구의 소유에 속하는 것인지를 가려보지도 아니한 채, 원고가 이를 선의취득 하였다고 단정하여 그 소유권자임을 전제로 한 피고(반소원고)의 반소청구를 배척하고 말았으니, 원심판결에는 선의취득에 관한 법리를 오해하였거나 채증법칙에 위반하여 사실을 오인함으로써 판결에 영향을 미친 위법이 있다고 할 것이다. 이 점에 관한 상고이유의 주장은 이유 있다.

--------------------------------------------------

## 소유자가 다르지만 종물의 선의취득이 인정되는 경우

물론 종물의 경우도 선의취득이 인정되는 경우가 있다. 선의취득은 1) '평온·공연하게' 선의로 취득하는 것을 말하고, 2) 또한 취득인에게 과실이 없어야 한다. 만일 이런 요건만 충족된다면 설령 종물이라고 하더라도 타인이 선의취득을 할 수 있다. 이때 '평온·공연'이란 누구도 이에 대해 이의를 제기하지 않는 것, 사람들이 그의 취득 사실에 대해서 잘 알고 있는 것을 말한다. 더구나 본인에게 과실이 없다면 이는 선의취득이 된다.

---

**서울고등법원 2007.3.30. 선고 2006나78956(본소) 【건물명도】, 2006나78963(반소) 【부당이득금반환】 판결**

(나) 나아가 원고가 제2 렌탈목적물이 피고 A가 아닌 다른 사람의 소유라는 점을 알지 못한 데 과실이 있었는지 여부에 관하여 본다. 갑 제4호증의 1, 2, 갑 제5호증, 갑 제17호증의 58 내지 60, 62, 65, 67, 74, 75, 79 내지 81, 84, 106의 각 기재에 변론 전체의 취지를 종합하여 인정되는 다음과 같은 사정, 즉 ① 피고 A는 원고가 이 사건 건물의 소유권을 취득한 이후인 2005.6.30.에서야 이 사건 렌탈목적물에 관하여 유치권신고를 하면서 이 사건 렌탈계약의 존재를 언급하였을 뿐이고, 달리 피고 A나 B가 이 사건 경매과정에서 이 사건 렌탈목적물의 소유권을 주장하거나 배당요구를 하지는 아니한 점, ② 이 사건 경매절차에서 실시된 감정평가에서도 이 사건 렌탈목적물에 관한 권리관계가 조사되지 않은 채 이 사건 건물과 일체로 보아 감정가액이 산정된 것으로 보이고, 매각공고시 제2 렌탈목적물이 매각대상이 아니라는 사실은 명시되지 않은 점, ③ 「여신전문금융업법」제36조에 의하면 시설대여업자는 시설대여 등을 하는 특정건물에 대하여 이를 표시하는 표지를 부착하여야 하는데, 이 사건 경매절차에서 B는 이 사

건 렌탈목적물에 위 표지를 부착한 사실이 없을 뿐만 아니라, 앞서 살펴본 바와 같이 제2 렌탈목적물은 원칙적으로 주물인 이 사건 건물의 처분에 따르는 종물의 성격을 가지고 있는 점 등 제반사정에 비추어 볼 때, 원고는 제2 렌탈목적물이 피고 A가 아닌 다른 사람의 소유라는 점을 알지 못한 채 이 사건 경매를 통하여 그 소유권을 취득하였다 할 것이고, 그와 같이 알지 못한 데에 어떠한 과실이 있다고 볼 수 없으므로, 원고는 제2 렌탈목적물을 선의취득하였다고 보아야 한다. 이에 관한 원고의 주장은 이유 있다.

---

## 종물이나 부합물이 아닌 경우, 경매는 무효

참고로 종물이거나 부합물인 경우에는 경매를 통해 모두 소유권이 이전된다. 그러나 만일 종물이나 부합물이 아니라고 판단되면 설령 경매를 통해 소유권이 이전되었다고 하더라도 경매는 무효가 된다고 법원은 판단한다.

---

### 대법원 1988.2.23. 선고 87다카600 판결 【부동산소유권이전등기】

1. 건물이 증축된 경우에 증축부분이 기존건물에 부합된 것으로 볼 것인가 아닌가 하는 점은 증축부분이 기존건물에 부착된 물리적 구조뿐만 아니라 그 용도와 기능의 면에서 기존건물과 독립한 경제적 효용을 가지고 거래상 별개의 소유권의 객체가 될 수 있는지의 여부 및 증축하여 이를 소유하는 자의 의사 등을 종합하여 판단하여야 할 것이고(당원 1985.11.12 선고 85다카246 판결 참조), 또한 어느 건물이 주된 건물의 종물이기 위하여는 주된 건물의 경제적 효용을 보조하기 위하여 계속적으로 이바지되어야 하는 관계가 있어야 하는바(당원 1985.3.26 선고 84다카269 판결 참

조) 원심이 적법히 확정한 바와 같이 피고는 1978.1.경 원심판시 별지목록 (2)항 기재의 기존의 건물에 인접하여 같은 대지 위에 이 사건 건물을 건립하고 같은 달 21. 이들 건물에 관하여 따로이 각 소유권보존등기를 경료하였는바, 위 두 건물은 밖으로 통하기 위한 대문을 공동으로 하고 있고 그 1층 지붕 일부씩(2층 베란다 부분)이 사용상 편의를 위하여 서로 연결되어 있고 2층에 출입하기 위한 층계를 공동으로 하고 있기는 하나, 그 1, 2층 모두 몸체들이 별도의 벽으로 이루어져 상당한 간격(원심 검증결과에 의하면 1.25미터의 간격임)을 두고 서로 떨어져 있고 더욱이 위 기존의 건물은 그곳 일부에 방과 부엌이 설치되어 있어 주거용으로 쓰일 부분이 없지는 아니하나 나머지 대부분이 물치장으로 되어 있는 반면, 이 사건 건물은 합계 135.18평방미터의 건평으로 그 대부분이 방과 마루 및 부엌으로 되어 있어 그 자체만으로도 주거용으로 쓰일 수 있는 구조를 갖추고 있으므로 이 사건 건물은 기존건물의 상용에 공하기 위하여 부속된 종물이라거나 기존건물에 부합된 부속건물이라고 할 수 없다 할 것이므로 원심이 이와 같은 취지에서 이 사건 건물을 경매신청 된 기존건물의 부합물이나 종물로 보아 경매법원에서 경매를 같이 진행하여 경락허가를 하였다 하더라도 이 사건 건물에 대한 경락은 당연 무효이고 따라서 그 경락인인 원고는 이 사건 건물에 대한 소유권을 취득할 수 없다고 판단한 것은 정당하다 할 것이고(당원 1974.2.12 선고 73다298 판결; 1983.8.23 선고 83다177 판결; 1966.11.7 고지 66마896 결정 등 참조) 거기에 논지와 같이 채증법칙위배나 심리미진으로 인한 사실오인 및 종물에 관한 법리를 오해한 위법이 있다고 할 수 없다.

---

# 5 제시외 물건

경매대상물에 대한 법적 평가, 즉 종물이냐 부합물이냐 부속물이냐에 따라 소유권의 귀속이 달라지므로 많은 이해관계가 대립될 수 있다. 이때는 경매 절차 속에서 이의를 제기해야 하며 일정한 절차가 끝나면 더 이상 다툴 수 없게 되는 경우도 있다. 이를 사전에 예방하기 위해서는 현장에 가서 물건의 상태를 정확히 파악해 볼 필요가 있다.

아무튼 경매인이 이런 종류의 물건을 만나는 경우는 감정평가서 등의 경매 정보다. 감정평가서 등에는 이를 '제시외 건물'이라고 적는데 제시목록 이외의 건물이란 뜻으로 경매대상물처럼 부동산등기부에 등기(표시)되지 않았으나 경매대상물상에 존재하는 건물 등의 물건을 말한다. 당연히 부합물, 종물, 부속물 모두 제시외 물건이 될 수 있다. 참고로, 경매 정보지 등에 '경매외 혹은 입찰외 또는 매각외 물건'이라고 표시된 경우가 있는데 이는 경매 대상물이 아니라는 뜻으로 매수인의 소유권 취득 대상이 되지 않는다(안종헌, ABC 부동산 경매, 도서출판 한빛, 2010. p.579).

제시외 물건이 종물이나 부합물이라면 저당권의 효력이 미치어 매수인이 그 종물이나 부합물까지 소유권을 취득하지만 제시외 물건이 독립된 물건이라고 하면 매수인은 소유권을 취득하지 못한다.

따라서 매각물건명세서 등에 제시외 물건이 있으면 과연 매수인이 소유권을 취득할 수 있는 권리가 있는지 구체적인 권리 분석이 필요하다. 감정평가사가 감정에 포함하였든 혹은 매각물건명세서에 기재되어 있든 최종적인 법률적인 평가는 응찰자의 몫이다. 또한 경매목적물과 동일 지번 위에 건립되어 있다는 것만으로 종물이거나 부속건물이라 할 수 없고, 가옥대장 등 공부상에 경매목적건물의 부속건물이라 기재되어 있다고 해도 곧 부합물이나 종물이라고 단정할 수 없다(대법원 1966.10.5. 선고 66마222 결정 참조).

## 미등기 건물, 어떻게 처리해야 할까?

아래 세 개의 판결은 각각 제시외 건물이 부합물이거나 종물인 때와 그렇지 않은 때를 다루고 있다. 만일 부합물이나 종물이라면 경매 목적물에 포함시키는 것이 옳고, 그렇지 않다면 경매에 포함시킬 수 없을 뿐 아니라 설령 경매가 끝난 뒤에도 낙찰을 불허가하는 것이 옳다는 내용을 담고 있다.

---

### 대법원 1986.5.23.자 86마295 결정 [부동산경락허가결정]

등기부상 등재되지 아니한 제시외 건물인 부엌 6.3평방미터, 변소 1.8평방미터, 주택 11.2평방미터 부분이 그 자체가 독립된 건물이 아니고 근저당의 목적이 된 주택 및 부속건물에 연이어 설치한 것으로서 본 건물에 부속된 그 건물의 일부에 불과하다면 이는 민법 제358조에 따라 근저당권의 효력이 미치는 대상이 되고 따라서 위 건물을 경매목적에 포함시킨 경매법원의 조치에 아무런 위법이 없다.

---

### 대법원 1981.11.10. 선고 80다2757, 2758 판결 【소유권보존등기말소등】

건물이 증축된 경우에 증축된 부분이 본래의 건물에 부합되어 본래의 건물과 분리하여서는 전혀 별개의 독립물로서의 효용을 갖지 않는다면 비록 경매절차에서 경매 목적물로 평가되지 아니하였다 할지라도 경락인은 부합의 법리와 근저당권 등의 효력 및 경매의 효력으로서 그 부합된 증축부분의 소유권을 취득한다고 봄이 상당하다 할 것인바, 이 건 증축건물은 뒤에 판단하는 바와 같이 이 건 기존공장 건물과 분리하여서는 전혀 독립한 건물로서의 효용을 갖지 아니한다 할 것이므로 원심이 이와 같은 견해 아래 이 건 증축건물이 위 경매절차에서 경매목적물로 평가되지 아니하였다 하더라도 경락인인 참가인의 근저당권 및 경매의 효력으로 그 소유권을 취득하였다고 판시하였음은 정당하고 (후략)

---

### 대법원 1999.8.9.자 99마504 결정 【낙찰불허가】

원심은 이 사건 재항고인의 근저당권에 기한 경매 대상 건물은 ××시 ××동 470의 9 지상 (가) 세멘벽돌조 슬래브지붕 2층 근린생활시설 1층 82.53㎡, 2층 82.53㎡, (나) 세멘벽돌조 선라이트 무색투명 단층 근린생활시설 139.59㎡이나 그 현황은 (가) 건물 중 2층과 (나) 건물은 멸실된 상태고, 제시외 건물로 위 같은 동 470의 9 양 지상 브록조 슬래브지붕 단층 양생실 188.1㎡, 위 양 지상 브록조 슬레이트지붕 단층 보일러실

35.5㎡가 건축되어 있는바, 경매법원이 제시외 건물을 포함하여 경매절차를 진행하였음을 인정한 다음, 위와 같이 제시외 건물이 존재하는 경우에는 소유자가 건축하여 소유하는 것으로 판명되어 경매신청인이 대위에 의한 보존등기를 하여 일괄경매신청을 하거나 그것이 종물이거나 부합물임이 명백한 경우가 아닌 한 입찰물건에 포함시켜서는 안 되는바, 경매신청인의 제시외 건물에 대한 경매신청이 없는 이 사건에서 재항고인이 위 제시외 건물이 경매 대상 부동산의 종물이거나 부합물이라는 주장·입증이 없는 이상(위 제시외 건물은 그 구조와 면적만 보더라도 경매 대상 부동산의 종물이나 부합물이 아닌 것으로 보여진다.), 경매법원이 제시외 건물을 포함하여 경매절차를 진행한 것은 입찰물건명세서의 작성 및 절차 진행에 하자가 있다고 하여 낙찰을 불허가한 것은 적법하다고 판단하였다.

---

## 미등기 수목은?

다음은 미등기 수목에 대한 사례를 다루고 있다(안종헌, ABC 부동산 경매, 도서출판 한빛, 2010. p.580~581). 핵심은 미등기 수목에 값어치가 있다면 수목의 가액을 평가하여 경매에 부쳐야 한다는 것으로 이때 미등기 수목의 값어치 정도가 경매에 영향을 미치게 된다. 참고하기 바란다.

---

### 대법원 1998.10.28.자 98마1817 결정 【낙찰허가】

3. 미등기 수목에 대한 평가의 점에 대하여

① 경매의 대상이 된 토지 위에 생립하고 있는 채무자 소유의 미등기 수목은 토지의 구성 부분으로서 토지의 일부로 간주되어 특별한 사정이 없는 한 토지와 함께 경매

되는 것이므로 그 수목의 가액을 포함하여 경매 대상 토지를 평가하여 이를 최저경매가격으로 공고하여야 하고(대법원 1976.11.24.자 76마275 결정 참조), 다만 입목에 관한 법률에 따라 등기된 입목이나 명인방법을 갖춘 수목의 경우에는 독립하여 거래의 객체가 되므로 토지 평가에 포함되지 아니한다고 할 것이다. 원심결정의 이유에 의하면, 원심은 거시 증거에 의하여, 이 사건 임야에는 그 소유자가 부천시의 지원을 받아 식재한 잣나무 2,950주, 홍단풍 50주 등이 자라고 있는 한편 이 사건 임야는 도시계획상 자연녹지지역 내의 공원으로 결정되어 있는 사실을 인정한 다음, 원래 공원 내에 식재된 수목은 이식·벌채 등 소유자의 개발이 제한되어 있어 그 토지와 분리하여 평가할 수 없으므로 위 수목의 가액을 별도로 평가하지 아니하였다고 하여 최저입찰가격의 결정에 잘못이 있다고 할 수 없다고 판단하였는바, 이 사건 임야가 도시계획상 자연 녹지지역 내에 설치된 공원으로서 그 사용·수익에 있어서 공법상의 제한이 있다고 하여도 그 지상에 식재된 수목이 경제적 가치를 가지지 않는 것은 아니므로, 앞서 본 법리에 비추어 볼 때, 경매법원으로서는 마땅히 위 수목의 가액을 포함하여 경매 대상이 된 이 사건 임야의 가액을 평가하여야 함에도 불구하고 위 수목의 가액을 제외시킨 채 오직 토지가격만을 평가하여 이를 그대로 최저입찰가격으로 결정한 것은 그 가격결정에 중대한 하자가 있는 경우에 해당하여 민사소송법 제663조 제2항, 제635조 제2항 및 제633조 제6호의 규정에 따라 낙찰을 불허하여야 할 것이고, 따라서 이와 다른 견해에 선 원심 판단에는 감정평가 및 최저낙찰가격의 결정에 관한 법리오인의 위법이 있다고 할 것이고, 이 점을 지적한 논지는 이유 있다.

② 지상의 미등기 수목 등의 가액을 평가하지 않고 토지 및 건물의 가액만 평가된 물건을 낙찰 받았으나 소유자 측에서 아무런 이의를 제기하지 않아 법원은 매각절차를 계속 진행시켜 낙찰자가 대금을 완납하였다면 타인이 권원에 의해 식재한 수목

이 아닌 미등기 수목은 토지의 부합물로서 민법 제358조 규정(=저당권의 효력은 저당부동산에 부합된 물건과 종물에 미친다)에 의해 토지를 낙찰받으면 미등기 수목은 토지의 부합물로서 낙찰자가 소유권을 취득하게 된다.

따라서 낙찰자가 매각대금완납 후 전 소유자가 미등기 수목이 감정가격에 포함되지 않았음을 이유로 미등기 수목을 파가겠다고 할 경우에 낙찰자의 매각대금 완납으로 이미 소유권이 낙찰자에게 귀속된 상태이기 때문에 낙찰자는 이에 응할 필요가 없다. 단지 전 소유자는 매각절차상에서 미등기 수목을 평가하지 않은 채 경매가격을 결정한 사실에 대하여 매각허가결정일 이전에 이의를 제기한 후 매각불허가결정을 받아내고 미등기 수목을 포함하여 재감정을 한 후 경매진행되도록 조치하여야 할 것이다.

* 사건 설명 : 2001년 10월 23일 D그룹의 K 전 회장의 자택(대지 : 400평, 건물 : 130평, 1차 법원경매가격 : 약 38억 원)이 경매신청되었고, 대지 위의 미등기 수목 등을 감정가격에 포함시키지 않은 채 토지 및 건물의 가액만 평가하여 경매 진행시켜 K모씨가 2002년 4월 3일에 10대 1의 경쟁률을 뚫고 48억여 원에 낙찰받았다. 이에 K 전 회장 측에서 미등기 수목의 가액을 포함하지 않은 것은 감정평가서상 가격결정의 하자로서 낙찰허가결정에 대하여 취소신청을 하였고, 경매법원은 이를 받아들여(=법원의 결정문 내용 : K 전 회장의 주택에는 수령이 오래 된 향나무 10여 그루와 소나무 20여 그루, 희귀목 50여 그루와 함께 수십 개의 자연석 등이 조성된 정원이 있음에도 불구하고 경매절차의 기초가 된 감정평가보고서 등에는 빠져 있었던 것이 인정된다) 낙찰허가결정을 2002년 4월 19일에 취소하고 지상의 미등기 수목 등을 포함하여 재평가한 후 경매를 다시 진행하기로 하였다. 그러나 낙찰자는 법원의 낙찰허가취소결정에 대하여 항소하였고, 이에 항소심 재판부인 서울지법 민사합의 제51부는 2002년 12월 22일에 "모든 수목과 정원석에 대한 감정가는 8천 8백여만 원에 불과하여 전체 감정가 38억여 원에서 차

지하는 비중이 미미하고 낙찰가격이 최저입찰가격을 크게 상회하고 있어 낙찰을 취소할 만한 중대사유로 볼 수 없다"며 낙찰이 인정된다고 하자 이에 K 전 회장 측에서 재항고(=대법원 2003마56) 하였으나 대법원은 2003년 4월 22일 기각결정을 내렸으며, 경매법원은 2003년 6월 13일자로 대금 납부일을 지정하였다.

----

그러나, 유치권은 물건을 점유하고 있어야 하고, 점유를 상실하면 유치권도 소멸되는바, 피고가 공사를 완료한 이후 이 사건 각 부동산을 계속 점유하고 있었음을 인정할 아무런 증거가 없고, 오히려, 갑 제4 내지 7호증의 각 기재 내지 영상에 의하면, 피고는 이 사건 경매가 개시될 무렵 이 사건 각 부동산을 점유하고 있지 않았고, 2009.7.14. 경에야 이 사건 각 부동산 주변에 있는 컨테이너 박스에 현수막 1장을 걸어놓은 사실이 인정되는바, 피고의 위와 같은 행위를 유치권 행사로서의 점유라고 보기도 어려울 뿐만 아니라…

〈청주지방법원 2010.1.27. 선고 2009가단 17578 판결【유치권부존재】〉

· 7장 ·

## 점유가 없으면 유치권도 없다

# 1

# 점유란 '사실상 지배'

　유치권에서 가장 중요한 것은 점유다. 점유가 없으면 유치권도 없다. 점유를 하고 있기 때문에 돈을 받을 때까지 유치권을 행사할 수 있다.

　시계 수리공의 예는 자주 접했을 것으로 생각된다. A가 시계를 고치기 위해 수리공에게 찾아갔다. 수리공이 시계를 고쳐주었다. 그런데 A가 수리비를 내지 않는다. 이 경우 수리공은 수리비를 받을 때까지 시계를 점유할 수 있다. 이것이 유치권 행사를 위한 점유다.

　다만 유치권자인 수리공은 시계를 마음대로 처분할 수 없다. 처분의 권한은 시계 주인에게 있기 때문이다. 시계 주인은 수리공의 허락을 받지 않고 얼마든지 시계를 남에게 팔 수 있다. 물론 시계를 구입한 새 주인은 수리공에게 지불할 돈까지 떠안게 된다.

　어쨌든 유치권 주장에서 가장 중요한 것은 자신이 점유자임을 밝히는 것이다. 우선 법에서 정하는 점유란 무엇인지 살펴보자.

### 민법 제192조 (점유권의 취득과 소멸)

① 물건을 사실상 지배하는 자는 점유권이 있다.

② 점유자가 물건에 대한 사실상의 지배를 상실한 때에는 점유권이 소멸한다. 그러나 제204조의 규정에 의하여 점유를 회수한 때에는 그러하지 아니하다.

### 민법 제194조 (간접점유)

지상권, 전세권, 질권, 사용대차, 임대차, 임치 기타의 관계로 타인으로 하여금 물건을 점유하게 한 자는 간접으로 점유권이 있다.

### 민법 제195조 (점유보조자)

가사상, 영업상 기타 유사한 관계에 의하여 타인의 지시를 받아 물건에 대한 사실상의 지배를 하는 때에는 그 타인만을 점유자로 한다.

### 민법 제198조 (점유계속의 추정)

전후양시에 점유한 사실이 있는 때에는 그 점유는 계속한 것으로 추정한다.

* 2011.1.1에 점유 사실이 있고, 2011.12.31에 점유 사실이 있으면 2011.1.1부터 12.31까지 계속 점유하였던 것으로 일단 인정한다는 말.

## 점유의 최종 판단자

현실에서 유치권자의 점유를 빼앗을 수 있는 자는 집행관이다. 법원은 집행관에게 점유판단에 대해 어떤 것을 요구하고 있는지를 보자.

------------------------------------------------

**대법원 2022.6.30.자 2022그505 결정 [집행에관한이의]**

부동산 인도청구권의 집행은 직접 부동산에 대한 채무자의 점유를 빼앗아 채권자에게 그 점유를 취득하게 하는 직접강제 방법에 의하여 진행하므로(민사집행법 제258조 제1항), 집행의 대상자는 집행권원에 표시된 채무자 본인이고, 목적물을 제3자가 점유하고 있는 경우에는 민사집행법 제258조에 의한 인도 집행을 할 수 없다.

따라서 집행기관으로서 집행관은 부동산 인도 집행을 개시함에 있어 집행권원에 표시된 채무자가 목적물을 점유하는지를 스스로 조사·판단하여야 한다. 이때 집행관은 그 개연성을 인정할 수 있는 외관과 징표에 의하여서만 판단할 수 있을 뿐이고 실질적 조사권은 없더라도, 집행관이 집행권원 등 관련 자료를 조사하면 쉽게 그 점유관계를 판단할 수 있는 경우 이를 조사·판단하여야 한다.

한편 점유사실을 인정하거나 점유자가 누구인지 판단함에 있어서 주민등록표 등본이나 사업자등록증은 중요한 자료이지만 유일한 자료는 아니다. 집행관은 이러한 자료 뿐만 아니라 실제의 점유상황과 그 밖의 사정 등을 종합적으로 살펴 점유사실의 인정 내지 점유자를 특정하여야 한다. 특히 영업장 등의 점유자를 판단함에 있어서는 사업자등록증, 간판, 상호, 영수증, 기타 영업장 내의 부착물이나 집기, 각종 우편물, 납세고지서 등으로 점유자를 확인하고, 이를 통하여도 채무자의 점유를 확인할 수 없는 경우에 이르러야 집행불능으로 처리할 수 있다.

------------------------------------------------

## 점유의 기본 조건 : 자물쇠 + 현수막

민법 제192조 1항에서는 점유를 '사실상 지배'라는 한마디로 정의한다. 사실상 지배란 '내가 지배하고 있고, 이에 대해 아무도 토를 달지 않으며, 다른 사람이 못 들어오도록 내가 관리하고 있는 상태'다. 여기서 우리는 점유의 두 가지 요건을 생각해 볼 수 있다. 하나는 '타인의 출입을 배제할 것', 다른 하나는 '남이 내가 점유 중임을 알고 있을 것'이다. 타인의 출입을 배제하는 가장 좋은 방법은 자물쇠로 잠그고 열쇠를 관리하는 방법이다. 남에게 내가 점유 중임을 알리는 가장 좋은 방법은 팻말이나 현수막으로 유치권 행사 중임을 알리는 것이다. 다음 세 개의 판례 역시 이 두 가지를 점유의 요건으로 꼽고 있다.

---

### 서울남부지방법원 2005.1.13. 선고 2004나4084 판결 【건물명도】

원고가 이사건 아파트 신축직후인 2001.11.경부터 그 현관문에 시정장치(*잠금장치)를 하고 '××물산(원고)의 유치권 행사로 인한 폐쇄'라는 취지의 공고문을 부착한 다음 그 열쇠를 직접 관리하여 왔다면 원고는 위 신축 직후부터 이사건 아파트를 점유하고 있다고 볼 것이다.

---

### 서울중앙지방법원 2009.9.4. 선고 2009가합49365 판결 【손해배상(기)】

앞서 본 바와 같이, 원고가 이 사건 아파트에 관하여 생긴 징수금 채권 등을 담보하기 위하여 2003.9.20.경부터 이 사건 아파트의 출입문을 시정하여(*자물쇠로 잠그고) 그 열쇠를 보관하는 한편, 2008.4.28. 원고가 유치권을 행사하고 있다는 내용의 경고문을 이 사건 아파트의 출입문에 게시하였다면, 원고는 타인의 지배를 배제하고 사회관념상 이 사건 아파트를 사실상 지배하여 이 사건 아파트의 점유를 취득하였다고 봄이 상당하므로, 망(고인) ××로부터 위 징수금 채권 등을 변제받을 때까지 이 사건 아파트를 유치할 권리를 가진다.

---

### 대법원 1996.8.23. 선고 95다8713 판결 【공사대금】

'점유라고 함은 물건이 사회통념상 그 사람의 사실적 지배에 속한다고 보여지는 객관적 관계에 있는 것을 말하고 사실상의 지배가 있다고 하기 위해서는 반드시 물건을 물리적, 현실적으로 지배하는 것만을 의미하는 것이 아니고 물건과 사람과의 시간적, 공간적 관계와 본권관계, 타인지배의 배제가능성 등을 고려하여 사회관념에 따라 합목적적으로 판단하여야 한다'면서 그 사례로 공장 신축공사 공사잔대금(*약정한 공사대금 중 아직 지급하지 않은 공사대금 채권)에 기한 공장 건물의 유치권자가 공장 건물의 소유회사가 부도가 난 다음에 그 공장에 직원을 보내 그 정문 등에 유치권자가 공장을 유치·점유한다는 안내문을 게시하고 경비용역회사와 경비용역계약을 체결하여 용역경비원으로 하여금 주야 교대로 2인씩 그 공장에 대한 경비·수호를 하도록 하는 한편 공장의 건물 등에 자물쇠를 채우고 공장 출입구 정면에 대형컨테이너로 가로막아 차량은 물론 사람들의 공장 출입을 통제하기 시작하고 그 공장이 경락된 다음에도 유치권자의 직원 10여 명을 보내 그 공장 주변을 경비·수호하게 하고 있었다면, 유치권자가 그 공장을 점유하고 있었다고 볼 여지가 충분하다.

---

출입문 통제의 수단으로 자물쇠와 열쇠가 등장하며, 유치권 행사 중임을 나타내는 경고문이 나온다. 참고로 점유 관련 판례에는 '시정장치'라는 표현이 종종 등장하는데 이는 잠금장치를 의미한다('시정하다'라는 표현도 나오는데 이는 '잠그다'는 의미.).

한편 위 판례에서는 추가로, 용역경비원과 직원으로 하여금 점유 중인 부동산을 경비·수호하도록 했다는 점을 점유의 요건으로 인정한다.

잠금장치는 '배타적 점유'를 위해 필요하다. 배타란 타인을 배척한다는 뜻이다. 아무나 들락날락하도록 내버려둔다면 점유라고 할 수 없다. 공고문이나 팻말 등은 사람들에게 내가 점유자임을 알리는 중요한 요건이다. 소유의 경우는 '내가 주인이요' 하고 알릴 필요가 없다. 그러나 점유는 소유와 달리 따로 증명할 방법이 없으므로 '내가 점유 중이요' 하고 외부에서 알 수 있게 해야 한다.

## 출입을 관리할 수 있는가?

자물쇠는 수단이고, 결국은 출입 여부가 유치권을 가늠하는 중요한 요소가 되겠다. 내가 못 들어가거나 아무나 들락날락거리면 나는 유치권을 주장할 수 없다.

---

### 부산지방법원 2010.5.26. 선고 2009가합20751 판결 【유치권부존재확인】

우선 위 피고가 이 사건 각 부동산을 점유하는지 여부에 관하여 본다. 점유라고 함은 물건이 사회통념상 그 사람의 사실적 지배에 속한다고 보여지는 객관적 관계에 있는 것을 말하고 사실상의 지배가 있는지 여부는 물건과 사람과의 시간적, 공간적 관계와 본권관계, 타인지배의 배제가능성 등을 고려하여 사회관념에 따라 합목적적으로 판단하여야 하는바, 갑 제12 내지 14호증, 을다 제10 내지 12호증의 각 기재 및 영상, 증인 B, C의 각 증언, 이 법원의 현장검증결과에 의하면, 피고 A의 하수급인들이 채권자단을 구성하여 이 사건 건물의 4층을 사무실로 사용하고 보안장비를 설치하여 이 사건 건물에의 출입을 통제하면서 경비원 소외(소송과 무관한 사람) D를 통하여 이 사건 건물을 경비, 관리하고 있는 사실, 한편 피고 A는 이 사건 건물에의 출입을 통제당한 후

2009.7.경 이 사건 각 부동산의 출입구 옆의 인접 토지상에 컨테이너박스를 설치해 둔 사실을 인정할 수 있으나, 위 인정사실만으로 피고 A가 이 사건 각 부동산을 점유하고 있다고 인정하기 부족하고, 달리 이를 인정할 증거가 없다.

------------------------------------------------

------------------------------------------------

### 대법원 1995.7.14. 선고 94다23821 판결 【소유권이전등기】

물건에 대한 점유란 사회관념상 어떤 사람의 사실적 지배에 있다고 보이는 객관적 관계를 말하는 것으로서 사실상 지배가 있다고 하기 위하여는 반드시 물건을 물리적, 현실적으로 지배하는 것만을 의미하는 것이 아니고, 물건과 사람과의 시간적, 공간적 관계와 본권[*물건(物件) 을 정당하게 지배할 수 있는 권리]관계, 타인 지배의 가능성 등을 고려하여 사회관념에 따라 합목적적으로 판단하여야 할 것인바(당원 1992.11.10. 선고 92다37710 판결 참조), 부락민들이 군 소유의 임야를 자연 상태 그대로 주변 경작지에 대한 방풍림(바람을 막기 위해 심은 숲)으로 이용하고 있다거나 그 임야에서 화목 등 땔감을 채취하여 온 사실만으로는 그 임야를 부락민 중 경작지를 전득한 자들이 배타적으로 점유하여 온 것이라고 단정할 수 없다고 할 것이다.

------------------------------------------------

## 공공 통로도 안 된다

'공공 통로' 역시 누구나 다닐 수 있도록 개방된 곳이므로 '배타적 지배', 즉 점유권을 주장할 수 없다.

―――――――――――――――――――――――――――――

**대법원 1974.7.16. 선고 73다923 판결 [토지인도등]**

피고들이 원고 주장과 같이 이 사건 토지를 일상 통로로 사용하고 있기는 하나 그러하게 된 것은 이 사건 토지들은 공로에 연결하고 또 이어지는 골목길로서 최소한 10년 전부터 이 사건 토지에 인접된 부분에 주택들이 건립되면서부터 피고들을 포함한 그 주택거주자들이나 일반인들이 공로에의 통로로서 통행하고 있는 사실을 인정한 다음 이렇게 공중의 통행에 제공되고 있는 이상 피고들의 통행로에 쓰이고 있다는 사실만으로 바로 피고들의 배타적인 점유 아래 있다고 할 수 없다 하여 원고의 청구를 전부 배척하였다. (중략)

기록에 비추어 보니 원심의 위와 같은 사실인정에 무슨 잘못이 있음을 발견할 수 없을 뿐 아니라 이른바 점유라 함은 물건이 사회관념상 그 사람의 사실적 지배에 속한다고 보아지는 객관적 관계에 있는 것을 말함이니 여기엔 타인의 간섭을 배제하는 면이 있다고 할 것인바, 원심이 위 인정과 같은 사정 아래 피고들의 점유하에 있지 않다고 한 판시는 정당하며 (후략)

―――――――――――――――――――――――――――――

## 현수막만으론 점유 안 된다

현수막(혹은 팻말이나 공시문 등)으로 점유를 인정받을 수 있을까? 아래 두 개의 판례는 현수막이 걸려 있음에도 불구하고 일반인이 자유롭게 출입을 한다면 이는 점유가 될 수 없다고 밝힌다.

**전주지방법원 남원지원 2009.10.8. 선고 2009가합127 판결 【건물명도】**

라) 설령 원고의 위와 같은 분양담당직원이 이 사건 건물에서 분양 업무를 수행함으로 인하여 유치권에 기한 점유가 이루어졌다고 하더라도, 그 분양담당직원이 있던 분양사무실이 2008.9.경 이 사건 건물에서 철수한 사실은 앞서 인정한 바와 같고, 을가 제22호증의 1 내지 4. 을가 제23호증의 1, 2, 을가 제26호증의 1, 2의 각 기재, 증인 A의 증언에 변론 전체의 취지를 종합하면 비록 원고가 2008.9.경 분양사무실을 철수하면서 이 사건 건물의 주변에 유치권의 존재를 알리는 현수막을 설치하기는 하였으나 이 사건 건물에 대한 일반인의 출입을 통제가 이루어지지 않아 누구나 제한 없이 이 사건 건물에 출입할 수 있는 상태였고 이 사건 건물의 각 전유부분 역시 그 현관문이 잠겨 있지 않아 이 사건 경매절차에서 별지 목록 기재 부동산의 소유권을 취득한 피고들이 법원의 인도 명령에 기한 집행절차 등을 밟을 필요 없이 그 부동산에 대한 점유를 개시하게 된 사실, 원고가 이 사건 건물에 대한 관리인을 맡긴 B는 2009.2.경부터 같은 해 4월 중순경까지의 기간 동안 이 사건 건물의 305호에서 숙식하거나 출퇴근을 하기는 하였으나 나아가 달리 이 사건 건물에 드나드는 사람을 확인·통제하거나 이 사건 건물에 발생한 하자를 확인하여 조치를 취하는 등의 기본적인 관리행위조차 행하지 아니한 사실, 원고는 이 사건 건물의 지층 복도를 합판으로 막아 그곳에 사람들이 드나들 수 없도록 하였으나 그 무렵 그 합판이 누군가에 의하여 훼손된 이후 복구된 적이 없는 사실을 인정할 수 있는바, 위 인정사실에 의하면 위 분양사무실을 철수한 이후 원고가 이 사건 건물을 사실적으로 지배하면서 점유하였다고 보기는 어렵고 오히려 그 무렵부터 원고는 이 사건 건물에 대한 점유를 상실하였다고 봄이 상당하므로, 이와 같이 원고가 이 사건 건물에 대한 점유를 상실함으로써 원고가 주장하는 유치권도 소멸하였다고 볼 것이다.

### 제주지방법원 2010.5.13. 선고 2009가합3230 판결 【유치권부존재확인】

피고 A, B, C, D, E가 이 사건 각 부동산을 계속적으로 점유하고 있었는지에 관하여 살피건대, 피고 C가 2010.2.29. 제주지방법원에 유치권 신고를 한 사실은 앞서 본 바와 같고, 위에서 든 각 증거 및 을 제7호증의 1 내지 8, 제8호증의 1 내지 7의 각 기재 및 영상에 변론 전체의 취지를 종합하면, 피고 A, B, D가 이 사건 각 부동산 주위에 '유치권 행사 중, 유치권자 안전설비 D, ××산업 A, ○○ 공사 B'라는 내용의 팻말을 세워 놓고, 이 사건 각 건물의 현관에 유치권 행사 공시문을 부착한 사실을 인정할 수 있으나, 한편, 위에서 본 각 증거 및 변론 전체의 취지를 종합하면, 2008타경13205호 부동산 현황조사서, 2010타경813호 부동산현황조사서에는 피고 F만이 이 사건 각 건물 중 일부를 점유하고 있는 것으로 기재되어 있고, 피고 F를 제외한 나머지 피고들이 이 사건 각 부동산을 점유하고 있는지에 관하여는 아무런 기재가 없으며, 이 사건 제1 내지 5건물은 폐문상태라고 기재되어 있는 점, 2010.1.28 현재 이 사건 각 건물에 주소를 두고 있는 사람은 없는 점, 피고 A, B, D, E는 2010타경813호 임의경매사건에서는 현재 유치권 신고를 하지 아니한 점, 피고 A, B, D는 2008.10.6. 제주 지방법원에 유치권 신고를 하면서 이 사건 각 부동산 부근에 '유치권 행사 중, 유치권자 안전설비 D, ××산업 A, ○○ 공사 B'라고 기재된 팻말을 세워놓은 사진을 제출하였으나, 그 외에 이 사건 각 건물의 현관에 공시문을 부착한 사진을 제출하지는 아니한 점, 피고 C, E의 경우에 이 사건 각 건물을 점유하고 있다고 인정할 만한 사진 등을 전혀 제출하고 있지 아니한 점 등을 아울러 고려하여 볼 때, 위 팻말과 공시문 부착만으로 피고 A, B, C, D, E가 이 사건 각 부동산을 점유하고 있다고 보기 부족하고, 달리 위와 같은 사실을 인정할 증거가 없다.

### 점유를 판단할 때는 모든 정황을 종합한다

자물쇠나 열쇠, 팻말 따위는 모두 점유를 위한 수단에 불과하다. 점유 여부를 가릴 때는 모든 정황을 종합하여 그가 주장하는 점유가 사실상의 지배였는지를 따지게 된다.

아래 판례가 이런 점유의 특성을 잘 보여준다. 법원은 여러 가지 사실을 하나씩 살핀 뒤 이를 종합하여 하나의 결론을 내린다. 다툼 없이 지배하고 있던 일부 호실에 대해서는 점유를 인정하나, 점유를 두고 지속적으로 다툼이 벌어진 다른 호실에 대해서는 점유를 인정하지 않는다.

---

**대전지방법원 2010.5.4. 선고 2009가단19236 판결 【건물명도】**

갑 제4호증의 2, 6, 갑 제10호증의 4, 5, 6, 7, 8, 24, 41, 갑 제11호증의 1, 2, 갑 제13, 15호증, 을 제2호증의 1 내지 52의 각 기재, 증인 ○○의 일부 증언에 변론 전체의 취지를 종합하면, ① 원고가 당초 유치권자협의회에 참여하였다가 피고 회사와의 사이에 2007.10.11. 자 합의가 있기 전에 탈퇴하였고, 유치권자협의회 대표인 A에게 인감증명서를 교부하지 않은 사실, ② 이후 원고는 A의 중개로 피고 회사와의 사이에 독자적인 합의를 시도하였고, 그 과정에서 2007.11.경 A와의 사이에 위 2007.10.11. 자 합의에 따라 피고 회사가 원고에게 대물로서 지급하기로 한 것 외에 피고 회사로부터 추가로 현금 7,500만 원 및 추가공사대금을 지급받는 것을 조건으로 추가 공사를 마무리하고, 유치권을 행사하지 않기로 합의한 사실, ③ 그런데 피고 회사가 위 현금 등을 지급하지 않고 소유권 이전해주기로 한 오피스텔 세대에 대하여 소외 B에 의해 가압류등기가 마쳐지게 되자, 원고는 2008.2.경부터 이 사건 오피스텔 201, 202호에 사무실을 마련하고 직원들을 상주시키면서 유치권을 주장한 사실, ④ 또한 원고는 2008.2.17.경 오피스텔 현관 주출입문을 잠그고, 지하 ×층 발전기실 등의 출입문을 용접하는 등의 방법으로 오피스텔의 출입을 봉쇄하려고 하였으나, 같은 달 20. A 또는 피고 회사의 직원들에 의해 퇴거당하였고, 2008.3.경까지 원고 측이 출입문 등을 용접하면 피고 회사 측에서 이를 철거하는 일이 반복된 사실, ⑤ 원고 회사의 대표이사인 C는 '2008.2.17. 17:00경 자물쇠를 이용하여 이 사건 오피스텔의 현관 주출입문을 잠그고, 용접기를 이용하여 지하 ×층 발전기실, 기계실 출입문을 용접하여 그 출입을 방해한 사실' 및 '2008.3.1. 01:00경 이 사건 오피스텔의 ×층 출입문 등 출입문 15개를 용접하게 하여 이를 손괴한 사실'과 '2008.3.8. 22:00경 이 사건 오피스텔의 비상계단 출입문 등 출입문 4개를 용접하게 하여 이를 손괴한 사실'로 기소되어 각 벌금형을 선고받은 사실, ⑥ 원고는 이 사건 오피스텔 201, 202호 외의 다른 세대에 대해서 이를 직접 점거하거나 그 시정장치를 변경하지는 못한 사실, ⑦ 피고 회사의 직원들이 2008.4.12.경 이 사건 오피스텔에 들어가 원고의 직원들을 강제로 퇴거시키고, 201, 202호에 있던 원고의 사무실을 철거하고, 이 사건 오피스텔 각 호실의 번호키를 변경한 사실을 인정할 수 있는바, 위 인정사실을 종합하여 보면, 원고가 이 사건 오피스텔 201, 202호에 대해서는 이를 사무실로 사용하면서 2008.4.12.경까지 점유하였다고 할 것이나, 그 외 나머지 이 사건 오피스텔 세대에 대해서는 원고가 2008.4.12. 무렵 이를 점유하였다고 볼 수 있는 사정으로 C가 2008.3.1. 01:00경 및 같은 달 8. 22:00경 일부 출입문을 용접하였다는 것뿐인데, 용접행위가 있은 시간, 피고 회사가 곧 이를 철거한 점 등에 비추어보면, 원고가 제출하는 증거만으로는 원고가 이 사건 오피스텔 전체에 대해 타인의 지배를 배제하면서 사회통념상 사실상 지배하고 있었다고 보기에 부족하고, 달리 이를 인정할 증거가 없다.

------------------------------------------------

## 타인의 점유지에 숟가락을 얹었다면 이건 점유가 아니다

타인이 점유하고 있는데 이에 편승하여 컨테이너 박스 등을 설치하면 점유를 인정받을 수 있을까? 점유는 배타적 지배가 되어야 한다. 아래 판례는 '타인에 편승하는 것은 점유가 아니다.'라고 판결을 내린다.

---

**춘천지방법원 강릉지원 2010.4.8. 선고 2009가합788(본소) 【유치권부존재확인】, 2010가합50(반소) 【토지인도】 판결**

위 인정사실들을 종합하여 보면, ××건설이 먼저 이 사건 토지의 둘레에 가시철망과 철조망을 설치하고 컨테이너 박스와 현수막 등을 설치하여 유치권 행사를 위해 이를 점유하고 있는 가운데 피고들이 이에 편승하여 위 ××건설의 컨테이너 박스 주위에 자신들의 컨테이너 박스를 설치하고 현수막 등을 설치한 사실만으로는 피고들이 유치권의 행사를 위해 이 사건 토지를 배타적으로 점유하고 있었다고 보기에 부족하고, 달리 이를 인정할 증거가 없다.

---

## 점유한 만큼만 유치권 인정

배타적 점유라는 요건을 따지면 자연스럽게 점유한 만큼만 유치권이 인정된다는 결론을 얻을 수 있다. 특히 여러 개의 사무실로 분리되어 있는 건물인 경우, 다른 사무실에 대한 통제가 이루어지지 않은 경우에 그렇다.

### 대법원 2009.1.15. 선고 2008다70763 판결 【유치권확인】

증거의 취사선택과 사실인정은 그것이 자유심증주의에 위반되는 등의 특별한 사정이 없는 한 사실심법원의 전권에 속한다(대법원 2006.5.25. 선고 2005다77848 판결 등 참조). 그리고 부동산 경매절차에서 유치권 행사가 허위채권에 기한 것일 경우 매각대금을 부당하게 하락시켜 경매의 공정성을 훼손하고 이해관계인의 권리를 침해할 우려가 있으므로, 유치권 성립 여부에 대한 판단은 신중하게 할 필요가 있다.

원심은 채용 증거를 종합하여, 원고들이 이 사건 건물 중 이 사건 사무실 부분만을 점유하여 온 사실을 인정한 다음, 이 사건 건물 중 이 사건 사무실 부분에 대하여만 유치권확인 및 점유방해금지청구를 인용하고(*그런 주장에 이유가 있다고 인정한다는 뜻), 나머지 부분에 대한 유치권확인 및 점유방해금지청구와 점유회수청구를 기각하였는바, 위 법리와 기록에 비추어 살펴보면 이러한 원심의 사실인정과 판단은 정당하고, 거기에 상고이유의 주장과 같은 법리오해 또는 채증법칙 위배 등의 위법이 없다.

### 점유 범위 사례 : 분묘와 임야

너른 임야에 분묘 일부를 관리하고 있다는 사실만으로 임야 전체에 대한 점유를 주장할 수 없다.

### 대법원 1992.11.10. 선고 92다37710 판결 【소유권보존등기말소】

원심이 확정한 바와 같이 원고들이 이 사건 임야 일부에 분묘(*유해 또는 유골을 매장하는 시설) 몇 기를 설치하여 이를 관리하고 있음에 불과하다면, 그와 같은 사정만으로 원고들이 이 사건 임야 전체를 점유하고 있다고 단정할 수는 없는 것이므로 같은 취지의 원심판단은 정당하고, 거기에 소론과 같은 점유와 취득시효에 관한 법리오해나 원고들의 주장을 오해한 위법이 있다 할 수 없다.

---

### 구분소유권과 증축건물의 점유권은?

구분소유권(하나의 건물 아래 독립된 각각의 공간에 대한 소유권)이 인정되는 건물에 대해서는 출입구나 통로를 통해서 점유권을 따지기 어렵다. 아래 판례에서 밝히는 것처럼 독립된 공간을 누가 점유하고 있는지가 더 중요하다.

---

**부산지방법원 2010.7.6. 선고 2010가단6358 판결 【건물명도등】**

(2) 한편, 별지 각 건물은 구분소유권의 대상이 되는 구분건물이고, 원고 역시 구분소유권에 기해 이 사건 청구를 하고 있다. 따라서 별지 각 건물의 점유자가 누구인지, 별지 각 건물에 대한 유치권이 성립하는지 여부는, ○○빌 출입구나 통로가 아니라 별지 각 건물을 사실적으로 지배하고 있는 것이 누구인지에 따라 판단하여야 한다. 그런데 앞서 본 바와 같이 별지 각 건물을 사실적으로 지배하고 있는 것은 원고이므로 그 점유자는 원고이다. 그리고 피고들이 건물 전체의 출입구를 통제하면서 원고의 출입과 통행을 막고 있기는 하나, 이는 별지 각 건물에 대한 원고의 소유권 또는 점유권 행사를 방해하는 행위에 불과하고, 그것만으로 피고들이 별지 각 건물을 점유하는 것으로 볼 수 없다.

---

## 본 건물과 증축건물 가운데 하나만 점유해도 둘 다 점유가 인정될까?

본 건물을 점유하고 있는 점유는 과연 증축건물까지 점유한 것으로 봐야 할까? 혹은 반대의 경우는 어떻까? 이 문제는 증축건물이 '물리적 구조상' 독립된 건물인지 아닌지에 따라 판별된다. 독립된 상태라고 판단되면 점유가 인정되지 않고, 독립되지 않은 건물, 즉 종물이라면 점유로 인정된다.

---

**전주지방법원 2010.10.7. 선고 2010가합1332 판결 【유치권부존재확인】**

다음으로 피고 A가 이 사건 건물을 점유하고 있는지에 관하여 살피건대, 피고 A가 이 사건 증축건물을 점유하고 있는 사실은 당사자 사이에 다툼이 없으나, 이 사건 건물과 이 사건 증축건물의 관계에 따라 피고 A가 이 사건 건물을 점유하고 있는 것으로 볼 수 있는지가 문제된다. 갑 제5, 6호증, 을 제1, 5호증의 각 기재 및 영상에 의하면, 이 사건 건물과 이 사건 증축건물은 동일한 지번 위에 위치하고, 하나의 일반건축물대장에 함께 기재되어 있으나(이 사건 증축건물은 아직 미등기 상태이다) 이 사건 건물과 일정한 거리를 두고 건축되어 있어 물리적 구조상 독립된 건물이라 할 것이고, 이 사건 증축건물의 면적 및 용도에 비추어 이 사건 증축건물 자체가 독립된 건물로서의 경제적 효용을 갖추고 있다고 볼 것이어서 이 사건 건물의 종물이라고 볼 수도 없다. 따라서 피고 A는 이 사건 건물과 별개의 이 사건 증축건물을 점유하고 있을 뿐 이 사건 건물을 점유하고 있지 않다.

---

## 출입문이 따로 없어서 물건으로 입구를 막아둔 경우는 점유가 아니다

열쇠 대신 다른 것으로 문을 막아두면 어떻게 될까? 점유의 유무를 판별하는 데 있어서 출입문의 통제 여부는 중요한 판단 근거가 된다. 그런데 출입문이 따로 없어서 건축 자재로 입구를 막아둔 경우, 이를 건물 점유의 요건으로 볼 수 있을까? 아래 판례에 따르면 건축 자재로 막는 것만으로는 사람들의 출입을 통제할 수 없으며 따라서 이는 점유가 아니다.

---

**부산고등법원 2009.10.7. 선고 2008나18857 판결 【유치권부존재】**

물건에 대한 점유란 사회관념상 어떤 사람의 사실적 지배에 있다고 보이는 객관적 관계를 말하는 것으로서 사실상의 지배가 있다고 하기 위하여는 반드시 물건을 물리적, 현실적으로 지배하는 것만을 의미하는 것이 아니고, 물건과 사람과의 시간적, 공간적 관계와 본권관계, 타인지배의 배제 가능성 등을 고려하여 사회통념에 따라 합목적적으로 판단하여야 한다(대법원 1992.6.23. 선고 91다38266 판결, 대법원 2001.1.16. 98다20110 판결 등 참조).

위 법리에 비추어 피고가 이 사건 부동산을 점유하고 있는지 여부에 관하여 살피건대, 을 제7호증의 1 내지 9의 각 기재 및 영상에 의하면 피고가 이 사건 건물에 '본 건물은 법원 유치권행사 중이오니 접근 마시고 기물을 훼손시에는 형사고발하오니 참고 바랍니다. 유치권자 A'라는 내용의 안내판을 설치하고, 그 건물 1층(등기부상 지하 2층)과 건물 주변에 거푸집 가설재와 쇠파이프 등을 적재해 놓은 사실이 인정되나, 갑제12호증의 1 내지 8의 각 기재에 변론 전체의 취지를 종합하여 인정되는 다음과 같은 사정, 즉 이 사건 건물 1층에는 출입문이 설치되어 있지 않고, 입구 부분에 사다리가 가로 놓여 있고, 쇠파이프로 출입을 막아 놓기는 하였으나 이로써 다른 사람의 출입을 통제하기는 어렵고, 피고는 30m 떨어진 곳에 있는 식당의 주인에게 이 사건 건물 출입의 통제를 맡겨 두었다고 주장한 그것으로는 사람의 출입을 통제하고 있다고 보기 어려우며, 달리 피고가 사람의 출입을 통제할 수 있는 다른 조치를 취하지는 않고 있는 것으로 보이는 점, 피고는 위 건물 내외에 거푸집 가설재를 적재하여 이 사건 부동산을 점유하고 있다고 주장하나 가설재 등이 적재된 곳은 이 사건 건물 1층 및 건물 주변에 불과하고 건물의 2층 내지 4층이나 옥상에는 물건을 보관하거나 하지는 않은 점, 이 사건 건물을 포함한 이 사건 부동산에 관하여 피고가 위와 같은 가설재 등의 적재 외에는 경비 등의 관리행위를 별도로 하고 있지는 않는 것으로 보이는 점, 이 사건 건물의 열쇠는 ××의 대표이사 B가 보관하고 있는 점, 피고가 이 사건 건물 내외에 가설재 등을 적재해 놓는 데 대하여 소외 회사의 승낙을 받지 않은 것으로 보이는 점, 별지 목록 기재 3 부동산은 그 지상에 분묘가 소재하고 있는 토지이고, 같은 목록 기재 4 부동산은 자연림 상태의 임야로서 맹지인 점 등에 비추어 볼 때 위 인정사실만으로는 피고가 이 사건 부동산을 사실상 지배하고 있다고 보기 부족하다. 따라서 피고가 이 사건 부동산을 점유하고 있음을 전제로 하는 피고의 주장은 나아가 살펴볼 필요 없이 이유 없다.

--------------------------------------------------

## 타인의 침탈을 막을 수 있는 적극성이 있어야 점유

점유는 실제 점유를 통해서만 증명할 수 있다. 만일 누군가 내 것을 빼앗으려고 한다면 당신은 어떻게 하겠는가? 당연히 온몸으로 저지하며 빼앗기지 않기 위해 노력해야 한다. 아래 판례에서는 점유자가 점유를 빼앗으려는 자에 대하여 적극적으로 점유를 보호하기 위해 애쓰지 않았다면 이는 배타적인 지배가 아니라고 판결을 내린다.

## 부산지방법원 2011.3.23. 선고 2010가합13025 판결 【점유회수청구】

2) 원고들의 유치권신고 이후의 점유관계

가) 2010.5.1. 이전의 상황

원고들은 2010.1.6. 위 공과금 등 상환청구권과 공사대금채권을 피담보채권으로 하여 경매법원에 유치권신고를 하였고, 원고 A-1은 원고 A에게 자신을 위하여 이 사건 건물을 점유하여 줄 것을 위임하였다. A-2의 수주 물량이 미미하여 직원들이 외부로 출장을 다니거나 다른 회사에서 일을 받아 하는 경우가 많아 원고 A와 A-2의 몇몇 직원들은 유치권 행사를 위해 번갈아 가며 이 사건 부동산에 출근하여 숙식을 하였다.

피고는 이 사건 부동산의 소유권을 취득한 날인 2010.3.2. C로부터 이 사건 부동산과 함께 그 안에 있는 기계기구 등 유체동산 일체에 관한 점유권을 인수하고 C-1에 이를 통보하고 공장과 사무실의 열쇠를 받았다. 피고는 2010.3.18. 원고 A를 상대로 이 사건 부동산에 관한 인도명령을 신청하였으나 경매법원은 2010.4.29. 이를 기각하는 결정을 하였다.

원고 A는 2010.4. 무렵 이 사건 부동산의 정문과 공장, 사무실의 출입구에 설치되어 있던 잠금장치를 새로 교체하여, C-1 또는 피고가 이 사건 부동산에 출입할 수 없도록 하였다.

나) 2010.5.1. 이후의 상황

경매법원이 피고의 인도명령신청을 기각하자 원고 A와 A-2의 직원들은 피고 측에 대한 승소로 여겨 더 이상 유치권행사를 위해 이 사건 부동산을 지키지 않아도 된다고 생각하고 2010.4.30. 18:00 무렵 잠금장치만 해 둔 채 모두 그곳에서 나왔다. 그 후 근로자의 날인 2010.5.1과 일요일인 그 다음날까지 아무도 출근하지 않았고 이 사건 부동산에서 숙식을 하며 지키는 사람도 없었다.

피고는 이 사건 부동산의 소유권 취득 이후 재산권을 행사하기 위해 일주일에 1, 2회 직원 한두 명을 보내어 이 사건 부동산을 둘러보게 하다가, 원고 A 등이 이 사건 부동산을 비운 사이 2010.5.1. 오전 직원들을 이 사건 부동산으로 보내 사무실 집기를 공장과 사무실 안으로 들이려고 하였다.

그런데 원고 A가 열쇠를 교체하여 놓은 바람에 피고 직원은 기존에 갖고 있던 열쇠로 이 사건 부동산으로 들어갈 수가 없게 되자 C-1 직원과 함께 경찰관을 불러 사정을 설명하고 원고들에게 전화연락을 취한 다음 자물쇠를 절단하고 안으로 들어가 공장과 사무실에 피고 회사의 집기를 들여 놓고 업무를 보기 시작하였다. 원고 A는 당일 이러한 사정을 전화로 전해 들었음에도 즉시 별다른 조치를 취하지 않고 있다가 2010.5.3.에야 이 사건 부동산으로 찾아와 자신의 유치권을 침해했다며 피고 측에 항의하였다. 이때까지 원고들과 피고 사이에 이 사건 부동산의 점유나 출입을 둘러싼 충돌은 없었다.

## 나. 판단

물건이 사회통념상 어떤 사람의 사실상 지배에 속한다고 보이는 객관적 관계에 놓여 있을 때, 그 사람이 물건을 점유하고 있다고 말할 수 있다. 사실상 지배가 있다고 하기 위해서는 물건과 사람과의 시간적, 공간적 관계와 본권관계, 타인지배의 배제가능성 등을 고려하여 사회관념에 따라 합목적적으로 판단하여야 한다(대법원 1996.8.23. 선고 95다8713판결 참조).

앞서 본 사실에 따르면, 원고들은 2010.4.29.까지 유치권을 행사하기 위하여 이 사건 부동산에 상주하면서 용역경비업체에 이 사건 부동산의 경비업무를 위탁하고 잠금장치로 외부인의 출입을 통제하는 등 이 사건 부동산을 물리적, 현실적으로 지배하고 있었으므로, 위 부동산을 점유하고 있었다. 그 후 2010.5.1. 피고가 이 사건 부동산으로 들어올 때까지 원고측 사람들이 일시적으로 이 사건 부동산에서 모두 퇴거함으로써 숙식을 하거나 출근하여 이 사건 부동산을 지키는 사람이 아무도 없었지만, 교체한 잠금장치를 잠가놓아 다른 사람의 출입을 통제하고 있었으므로 이를 통해 여전히 그 점유를 유지하고 있었다.

따라서 피고가 이 사건 부동산으로 이사를 마친 2010.5.1. 현재 원고들이 이 사건 부동산을 점유하고 있었다고 할 수 있다.

5. 피고의 점유 침탈 여부에 관한 판단

위에서 인정한 사실관계를 보면, 피고가 이 사건 부동산의 소유권을 취득할 때까지 원고들뿐만 아니라 근저당권자인 C도 C-1을 통하여 이 사건 부동산을 같이 점유하고 있었다. 피고는 소유권취득 이후 C와 C-1로부터 이 사건 부동산에 관한 점유권을 인수하고 정당하게 열쇠를 교부받는 한편 소유권행사를 위해 자주 직원을 보내어 이 사건 부동산에 출입하도록 하였고, 이에 대하여 원고들과 별다른 충돌이 없었으므로, 이로써 피고는 C로부터 이 사건 부동산에 관한 점유를 승계하였다고 볼 수 있다. 이러한 상황에서 원고들이 2010년 4월 무렵 기존의 잠금장치를 임의로 교체한 것만으로 그들이 2010.5.1. 당시 C나 피고를 배제한 채 독점적이고 배타적으로 이 사건 부동산을 점유하고 있었다고 보기는 어렵다. 그러므로 원고들이 임의로 잠금장치를 교체하여 놓고 일시 이 사건 부동산에서 퇴거한 사이에 피고가 이 잠금장치를 절단하고 아무도 없이 비어 있는 공장과 사무실 건물에 들어간 것을 원고들의 점유를 침탈한 행위라고 할 수 없다.

----

## 적극성이 부족했던 또 다른 사례

위의 판례처럼 적극적이고 지속적으로 점유를 지키기 위한 노력이 부족하여 점유를 인정받지 못하는 경우가 종종 있다. 아래 판례에서도 매수인이 아무런 제재를 받지 않고 공사까지 진행했는데 2개월 뒤에 나타나서 점유를 주장하는 유치권의 사례를 들고 있다. 당연히 판례는 점유를 인정하지 않는다.

---

**광주고등법원 (전주) 2010.4.23. 선고 2009나1790 판결 【유치권부존재】**

(1) 그러므로 원고가 이 사건 지하 ○○호를 낙찰 받을 당시 피고가 이를 점유하고 있었는지에 대하여 살피건대, 이에 관한 증거로는 을 제1호증, 을 제6호증의 1, 2, 을 제8, 9호증, 을 제11호증의 1 내지 3, 을 제12호증의 1 내지 8, 을 제13호증의 4, 8, 9, 11, 13, 14, 을 제16호증의 2, 을 제20호증의 1, 2의 각 기재 및 영상, 제1심 증인 A의 증언이 있다. 그런데 위 증거들 가운데 을 제1, 8, 9호증, 을 제13호증의 4, 8, 9, 11, 14의 각 기재는 피고 대표이사 B의 일방적인 주장 내지 그 주장을 정리한 것이므로 이를 그대로 믿기 어렵고, 나머지 증거들에 의하면, 피고가 공사대금 채권을 회수하기 위한 방편으로 이 사건 지하 ○○호의 주위에 유치권을 행사하고 있다는 서류를 게시하기도 하였고, 또 피고의 관리인으로 B-1을 선정한 후 그에게 건물을 관리하도록 지시하였고, 이에 따라 B-1이 이 사건 건물의 관리인으로 역할을 하기도 하였던 사실, 그리고 A-1은 이 사건 지하 ○○호를 낙찰 받기에 앞서 2008.1.경 피고의 유치권 문제를 협의하기 위하여 피고 대표이사를 만나기도 하였던 사실은 인정되나, 아래의 사실관계에 나타나는 사정에 비추어 보면, 그와 같은 사정만으로 피고가 유치권자로서 이 사건 지하 ○○호를 점유하여 왔다고 단정하기는 어렵다.

(2) 오히려 갑 제4 내지 6호증의 각 1, 2, 을 제7호증의 1 내지 43, 을 제13호증의 5,

6, 7, 10, 12, 13, 을 제15호증의 각 기재 및 영상, 제1심 증인 A-1, A의 각 증언 및 당심 증인 A의 증언에 변론 전체의 취지를 종합해 보면, ① 원고가 이 사건 지하 ○○호를 낙찰 받은 2008.5.경 당시 이 사건 지하 ○○호는 출입문이 잠겨 있지 않아 사실상 외부로부터 이곳으로 진입하는 데 별다른 장애가 없었던 사실, ② 원고는 이 사건 지하 ○○호를 낙찰 받기 전에 이 사건 건물 중 1층 ○○호를 이미 낙찰 받은 상태였고, 그 건물을 관리하기 위해서 원고를 대리한 C를 통하여 2007.12.25.경 A-2를 위 ○○호(1층)의 관리인으로 선임하여 이를 관리하도록 하였는데, 이 사건 지하 ○○호를 추가로 낙찰 받은 후인 2008.5.15.경 C는 이 사건 지하 ○○호로 내려가는 지하 주차장 입구에 쇠사슬을 연결하여 타인의 출입을 통제하는 한편, 이 사건 지하 ○○호의 출입문에도 시정장치(잠금장치)를 하고서 A-2에게 열쇠를 인계하고 그로 하여금 이 사건 지하 ○○호도 함께 관리하도록 하였던 사실, ③ 그리고 C는 2008.7.30.경 이 사건 지하 10호의 조명상태가 불량하자 이를 개량하기 위하여 주식회사 ××로 하여금 전기공사를 시행하도록 하였고, 이에 따라 위 회사가 약 20여 일 동안 전기공사를 실시하였는데, 그 과정에서 피고나 그 관리인으로 지정된 B-1로부터 아무런 제지를 받지 않았던 사실, ④ 한편, 피고는 2005.6.14. 유치권 행사 대상 건물의 경비를 위하여 무인경비시스템(세콤) 장치를 설치하였는데, 그 당시 이 사건 건물 중 지상 2층과 4층에 대하여만 그 장치를 설치하도록 하였을 뿐이고 이 사건 지하 ○○호에 대하여는 그러한 장치를 설치하지 않고 있다가, 원고가 이를 낙찰 받고 위와 같이 전기공사까지 마치자 2008.10.1.경에서야 이 사건 지하 ○○호에 대하여도 추가로 경비시스템 장치를 설치하도록 하였던 사실, ⑤ 피고의 관리인인 B-1은 이 사건 건물 옆에 있던 컨테이너 박스에 개를 키우면서 건물을 관리하기는 하였으나, 이 사건 지하 ○○호에 대한 시정장치의 열쇠를 소지하거나 지하 출입구의 출입을 통제할 만한 장치를 갖지 못하고 있었던 사실, ⑥ 그리고 B-1은 주로 아침에 직장에 출근할 때 이 사건 건물에 들렀다가 저

녁에 개밥을 주기 위하여 다시 들르는 정도로 이를 관리하였을 뿐이지, 평소 이 사건 지하 ○○호에 들어가 그 상태를 확인하는 등의 조치를 취하면서 관리를 한 것은 아니었고, 특히 원고의 관리인으로 선정된 A-2가 이 사건 지하 ○○호로 통하는 지하 주차장 출입구에 설치된 쇠사슬의 열쇠를 소지하면서 출입을 통제하는 것에 대하여도 별다른 이의를 제기하지 않았던 사실, ⑦ 또한 B-1은 원고 측의 의뢰에 따라 2008. 7. 30. 경 이 사건 지하 ○○호에서 전기공사가 진행되는 상황을 확인하고서도 이를 제지하지 않은 채 단지 피고의 대표이사 B에게 그러한 공사 진행 사실을 알려주었을 뿐이고, 나아가 B로부터 그 공사를 저지하라는 지시를 받고서도 자신의 일이 바쁘다는 이유로 그 공사를 저지하지도 않았던 사실이 인정된다.

그리하여 이러한 사실관계에 나타나는 원고와 피고의 관리인 지정과 그들의 건물 관리상황, 이 사건 지하 ○○호에 대한 시정장치나 전기공사 진행 실태, 무인경비시스템의 설치경위, 특히 원고가 이 사건 지하 ○○호를 낙찰 받은 후 이를 점유하고 관리하거나 상당기간 전기 공사를 실시하는 데 아무런 장애를 받지 않았을 뿐만 아니라, 유치권자라고 주장하는 피고가 그러한 공사가 끝난 후 약 2개월 정도가 지난 후에서야 비로소 무인경비시스템을 설치하도록 하여 이에 대한 점유의사를 표출한다는 것도 쉽게 수긍하기 어려운 점 등의 제반 사정을 종합해 보면, 피고의 위와 같은 관리 실태만으로는 피고가 이 사건 지하 ○○호에 대한 유치권자로서 이를 점유하였다고 보기 어렵고, 오히려 피고가 이를 제대로 점유하지 않고 방치된 상태에서 원고가 이를 낙찰 받고 점유하게 되었다고 봄이 상당하다.

---

## 열흘 비운 사이, 철거된 부동산

점유라는 것은 참으로 피곤한 일이다. 점유를 증명하기 위한 유일한 수단은 실제 행위밖에 없기 때문이다. 점유자는 지속적으로 점유를 하면서 타인의 침입을 배제해야 한다. 그런데 불가피한 사정으로 '잠시' 점유지를 비우게 되면 어떻게 될까? 다음 판례는 원고가 잠시 자리를 비운 사이 자신이 점유 중인 부동산이 철거되었다며 손해배상을 청구한 소송이다. 법원은 철거에 소요된 시간이 10일이었는데 그 사이에 이를 저지하거나 이의를 제기한 적이 없었으므로 당연히 점유는 없었던 것이라고 판결을 내린다.

### 서울북부지방법원 2010.7.1. 선고 2010가합1009 판결 【손해배상(기)】

원고가 이 사건 건물 철거 당시 이를 점유하고 있었는지에 대하여 보건대, 유치권 존속의 요건인 점유는 물건이 사회통념상 그 사람의 사실적 지배에 속한다고 보여지는 객관적 관계에 있는 것을 말하고 사실상의 지배가 있다고 하기 위하여는 반드시 물건을 물리적, 현실적으로 지배하는 것만을 의미하는 것이 아니고 물건과 사람과의 시간적, 공간적 관계와 본권관계, 타인지배의 배제가능성 등을 고려하여 사회관념에 따라 합목적적으로 판단하여야 하는바(대법원 1996.8.23. 선고 95다8713 판결 등 참조), 갑 제6호증, 을 제5호증의 3 내지 5의 각 기재, 증인 A의 증언, 갑 제4호증의 2, 12, 15, 16, 18, 25, 26의 각 영상에 의하면, 2003년 이 사건 토지에 대하여 개시된 부동산임의경매절차(수원지방법원 여주지원 2003타경14312호)에서 B, C가 이 사건 건물에 대한 유치권을 신고한 사실, 2006년 이 사건 토지에 대하여 개시된 부동산임의경매절차(위 법원 2006타경7407호)에서 원고가 이 사건 건물에 대한 유치권을 신고한 사실, 이 사건 건물 외부에 "유치권(D)이 현재 권리 행사중에 있습니다"라는 문구의 팻말이 설치되고, 이 사건 건물 벽에 위와 같은 내용의 표시가 이루어진 사실(증인 A는 2009.4.말경 그러한 표시가 이루어졌다고 증언하고 있다)은 인정된다.

그러나 을 제6, 7호증의 각 기재, 증인 A의 증언, 갑 제4호증의 1 내지 28, 을 제3호증의 1 내지 5의 각 영상에 변론 전체의 취지를 더하여 인정되는 다음과 같은 사정, 즉 원고는 이 사건 건물의 점유 방법에 관하여 위 팻말 설치와 벽면에 유치권 행사를 표시한 것 이외에 주장하는 바가 없고, 이 사건 건물의 완성도나 내부시설에 비추어 건물 내부에 사람이 거주할 수 있는 상황이 아니었던 것으로 보이는 점, 증인 A의 증언에 의하면 이 사건 건물의 철거에 10일 정도가 소요되었음에도 불구하고 원고가 그 무렵 이를 저지하거나 철거에 대하여 이의를 제기하지는 않은 것으로 보이는 점(원고는 자신이 잠시 자리를 비운 사이에 건물이 모두 철거되었다고 주장하나, 원고의 위 주장은 경험칙상 납득하기 어렵다), 행정관청(양평군 단월면장)에서도 이 사건 건물이 방치되고 있음을 지적한 점 등을 종합하여 보면, 위 인정사실만으로는 원고가 이 사건 건물 철거 당시 이를 사실적으로 지배하고 있었다고 보기 어렵다.

---

## 남들이 나의 점유를 알 수 있는가?

한편 점유 요건을 충족시키려면 내가 점유하고 있다는 사실을 남이 알 수 있어야 한다. 객관적 인식 여부가 필요하다.

---

### 대전지방법원 홍성지원 2011.2.25. 선고 2010가합1378 판결 【유치권부존재확인】

나아가 설령 A 내지 원고들이 위 각 부동산의 열쇠를 보관하고 출입관리 및 순회, 감시를 하였다 하더라도 그러한 사정만으로는 사실적 지배 여부에 대한 외부로부터의 객관적인 인식 가능성이 있다고 보기 어려우므로, 위 각 부동산이 이 사건 경매개시결정 이전부터 원고들 또는 A의 사실적 지배하에 있었다고 인정하기 어렵다.

따라서 원고들 또는 A가 위 각 부동산을 관리하여 점유하였다는 원고들의 위 주장은 어느 모로 보나 이유 없다.

----

## 점유의 주체가 개인인가, 법인인가?

점유의 주체에 대해서 법원은 개인 점유인지 개인이 대표이사로 있는 회사의 점유인지 엄격히 구분한다.

----

### 대전고등법원 2007.10.11. 선고 2007나4040 판결【유치권부존재확인】

(1) 살피건대, 을9-1, 2의 각 영상과 제1심 증인 C의 증언에 의하면, 피고를 포함한 10여 명의 하도급업자 등이 채권 확보를 위해 이 사건 건물의 준공 이래 5~6년간에 걸쳐 본관 옆 컨테이너로 설치된 현장사무소에 드나들었던 사실은 인정되나, 한편 을1, 갑1, 2, 3의 각 기재와 제1심 증인 C의 일부 증언에 변론 전체의 취지를 더하면, 이 사건 건물은 2000.4.경 완공되어, 소외 회사는 2000.4.4. 소유권보존등기를 마친 후 2000년 가을경부터 약 6개월간 승마장 영업을 한 사실을 인정할 수 있고, 유치권 행사에 있어서의 점유란 물건이 사회통념상 그 사람의 사실적 지배에 속한다고 보이는 객관적 관계에 있는 것을 말하고 사실상의 지배가 있다고 하기 위해서는 물건과 사람과의 시간적, 공간적 관계와 본권관계, 타인지배의 배제 가능성 등을 고려하여 사회관념에 따라 합목적적으로 판단하여야 하는 것인바(대법원 1996.8.23. 선고 95다8713 판결 등), 위 인정사실과 같이 소외 회사가 이 사건 건물을 인도받아 2000년 가을경부터 승마장 영업을 시작한 이상 이 사건 건물에 관한 점유는 소외 회사에게 이전되었다고 할 것이고, 원고를 비롯한 채권자들이 위 현

장사무소에 출입하였다는 사정만으로 피고가 이 사건 건물을 점유하였다고 볼 수 없다.

(2) 피고는 또한, 피고가 2000.10.18. 소외 회사의 이사로 등기된 이래, 2004.8.18.부터는 공동대표이사로, 2004.11.10.부터는 감사로, 2005.10.14.부터 2006.6.12.까지는 다시 대표이사로 등기되어 소외 회사의 업무를 처리하였고, 소외 회사를 정상화하고 이 사건 건물이 경매되지 않도록 노력하였으며, 원고 금고에 대한 채무를 일부 변제하는 등으로 이 사건 건물을 점유하였다고 주장하나, 피고가 소외 회사의 이사, 감사, 대표이사 등 기관으로 법인등기부에 등기되고 소외 회사의 업무를 처리하였다는 사정만으로 피고가 이 사건 건물을 점유하였다고 할 수 없고, 피고가 소외 회사를 경영하고 소외 회사가 이 사건 건물을 점유하였다고 하여도, 이는 소외 회사의 점유일 뿐인 데다가 소외 회사 기관으로서의 점유가 유치권자로서의 피고 개인의 점유에 해당한다고 볼 수도 없다.

--------------------------------------------------

# 낙찰 받은 경락인의 대착각 :
# 유치권자에게는 부동산인도명령이 소용없다!

부동산 경매에는 '부동산인도명령'이라는 게 있다. 낙찰 받은 경락인이 대금을 납부한 후 6개월 이내에 신청하면 법원은 부동산을 매수인에게 인도하도록 명한다. 이때 부동산인도명령의 대상이 되는 사람은 다음과 같다. 1) 채무자 2) 소유자 3) 압류 효력이 발생한 이후 점유를 시작한 부동산 점유자. 만일 압류 효력이 발생하기 전부터 점유를 하고 있던 사람이 유치권자라고 소명되면 부동산인도명령은 기각된다. 아래 판례도 그런 경우이다.

---

**대법원 2002.11.26. 선고 2002다32721 판결 【건물명도등】**

가. 원심은, 원고가 이 사건 건물 부분을 모두 경락받은 후 경매법원의 부동산인도명령에 따라 1998.3.경 자치회 관리사무소 직원인 소외 A로부터 이 사건 건물 3층 비상계단으로 통하는 출입문의 열쇠를 교부받았으므로 이 사건 건물 부분에 대한 피고의 점유가 상실되어 유치권도 소멸하였다는 원고의 주장에 대하여, 위 부동산인도명령의 상대방에는 피고가 포함되어 있지 아니할 뿐만 아니라 위 부동산인도명령은 이 사건 건물 부분에 대한 적법한 점유권원인 유치권에 기하여 경락인인 원고에게 대항할 수 있는 지위에 있는 피고에게는 그 효력이 미치지 아니하므로, 위 부동산인도명령의 집행으로 피고가 위 오피스텔 건물에 대한 점유를 상실하였다고 볼 수 없을 뿐만 아니라 위에서 본 바와 같이 피고가 위 오피스텔 건물 중 미분양분을 점유, 관리하고 있

었던 사정 등에 비추어 보면, 피고가 이 사건 건물 부분을 포함한 미분양 오피스텔의 관리를 위하여 위 자치회 관리사무소에 일시 맡겨 둔 위 열쇠를 원고가 넘겨받았다는 사정만으로 원고가 이 사건 건물 부분에 대한 점유를 취득하였다거나 피고가 그 점유를 상실하였다고 볼 수는 없다고 판단하였는바, 기록에 의하면 이러한 원심의 인정 및 판단은 정당하고, 거기에 상고이유로 주장하는 바와 같은 유치권의 소멸에 관한 법리오해 등의 위법이 없다.

---

## 부동산현황조사보고서가 중요한 순간

점유 여부를 판단하는 데 있어서 참조할 만한 자료가 적은 경우 부동산현황조사보고서는 주요한 근거 자료가 된다. 만일 집행관이 현장을 방문했을 당시에 점유의 흔적이 없다면 이는 유치권을 주장하는 사람에게 불리하게 작용할 수 있다.

---

### 수원지방법원 2010.6.1. 선고 2009가합23781 판결 【유치권부존재확인】

이 사건에 관하여 살피건대, 갑 제2호증의 25, 32 내지 48의 각 기재 및 영상, 증인 A의 일부 증언에 변론 전체의 취지를 종합하면, 피고나 피고의 동업자 등이 일주일에 한두 번 이 사건 토지에 설치되어 있던 주식회사 B의 현장관리사무실용 컨테이너에 드나들면서 공사관련자들을 만나곤 하였고, 위 컨테이너에 피고가 이 사건 토지에 대하여 유치권을 행사하고 있다는 취지가 기재된 현수막을 설치한 사실을 인정할 수 있으나, 한편 이 사건 경매절차에서 집행관이 2009.5.26. 이 사건 토지에 관하여 현황조사를 마치고 작성한 부동산현황조사보고서에는 위 토지의 점유자가 '채무자(소유자)

로 표시되어 있고, 유치권자는 존재하지 않는다는 취지로 기재되어 있는 사실, 그 무렵까지는 피고의 현수막이 설치되어 있지 않았던 사실 등을 인정할 수 있는바, 이러한 점들이나 이 사건 토지의 면적, 타인의 침입에 대한 배제가능성 등 이 사건 변론과정에 나타난 제반 사정을 아울러 고려하면 앞서 인정한 사실관계만으로는 피고가 위 임의경매개시결정 기입등기가 마쳐진 2009.5.14.부터 이 사건 변론종결일까지 계속하여 이 사건 토지를 사실상 지배하여 점유하고 있었다고 보기 어렵고, 달리 이를 인정할 증거가 없다.

---

## 반대 증거가 충분하다면 부동산현황보고서는 참고만

물론 부동산현황보고서 등은 절대적인 증거가 될 수 없으며 다음 판례처럼 반대되는 증거자료가 충분하다면 다만 참고할 뿐이다.

---

### 서울고등법원 2009.9.24. 선고 2008나105982 판결

을제9, 10, 21호증의 각 기재와 갑제6호증, 을제7, 8호증의 각 영상, 제1심 증인 A의 증언 및 위 검증결과에 변론의 전체의 취지에 의하면 피고는 이 사건 부동산에 관한 위 임의경매개시결정의 기입등기가 마쳐지기 전에 이 사건 부동산에 관한 피고의 유치권 행사 중임을 알리는 안내문을 엘리베이터와 비상계단 등에 부착하고, 이 사건 부동산으로 통하는 엘리베이터 3대의 11층 문 앞을 석고보드 등을 세워 막아 놓은 사실, 피고는 2007.4.경부터 이 사건 부동산이 위치한 ○○프라자의 관리인인 A에게 이 사건 부동산에 대한 관리를 위임한 사실, 이 사건 부동산 11층과 12층으로 통하는 비상계단으로 통하는 출입문은 원래부터 잠금 장치가 되어 있었던 사실을 인정할 수 있다.

비록 갑제7호증의 기재와 제1심 증인 C의 증언에 의하면 위 임의경매절차에서 이 사건 부동산의 현황과 점유관계를 조사한 집행관 B의 사무원 C는 이 사건 부동산의 점유관계를 조사하기 위하여 현장에 갔으나 이해관계인 부재로 상세한 점유관계를 알 수 없으나, 이 사건 부동산은 내부 수리중이라는 내용의 부동산 현황조사서(갑제7호증 기록 229, 230쪽)를 작성하기는 하였으나 위 내용만으로는 C의 현황조사 당시에 피고가 이 사건 부동산을 점유하지 않았다고 단정할 수 없고 나아가 위 C, 제1심 증인 D의 각 증언만으로는 위 인정사실을 뒤집기 부족하며 달리 반증이 없다.

---

## 보호받는 점유, 권리행사방해죄의 '타인의 점유'

유치권이 있어야만 점유가 가능한 것은 아니다. 권리행사방해죄에서 보호하는 '타인의 점유'란 것도 점유를 인정받을 수 있다.

---

### 대법원 2018.5.15. 선고 2018도1260 판결

가. 권리행사방해죄에서의 보호대상인 '타인의 점유'는 반드시 점유할 권원에 기한 점유만을 의미하는 것은 아니고, 일단 적법한 권원에 기하여 점유를 개시하였으나 사후에 점유권을 상실한 경우의 점유, 점유권원의 존부가 외관상 명백하지 아니하여 법정절차를 통하여 권원의 존부가 밝혀질 때까지의 점유, 권원에 기하여 점유를 개시한 것은 아니나 동시이행항변권 등으로 대항할 수 있는 점유 등과 같이 법정절차를 통한 분쟁해결시까지 잠정적으로 보호할 가치 있는 점유는 모두 포함된다고 볼 것이다. 다만 절도범인의 점유와 같이 점유할 권리가 없는 자의 점유임이 외관상 명백한 경우는 포함되지 아니한다(대법원 2010.10.14. 선고 2008도6578 판결 등 참조).

(중략) 이러한 사정을 앞서 법리에 비추어 살펴보면, 피해회사가 현장 사무실을 유치권에 기하여 점유한 것은 적법한 권원에 기하여 점유를 개시한 것이거나 적어도 점유권원의 존부가 외관상 명백하지 아니하여 법정절차를 통하여 권원의 존부가 밝혀질 때까지의 점유로서 권리행사방해죄의 보호대상인 '타인의 점유'에 해당한다고 할 것이고, 이를 점유할 권리 없는 자의 점유임이 외관상 명백한 경우라고 보기는 어려우므로, 피고인은 미필적으로나마 피해회사의 보호가치 있는 유치권 행사 업무를 방해하고, 피해 회사의 적법한 유치권 행사를 방해함으로거 권리 행사를 방해한다는 것을 인식하였다고 볼 여지가 충분하다.

------------------------------------------------

# 2. 사실상 지배는 사회관념에 따라야

아래 대법원 판례는 자주 인용되는 판례 가운데 하나다. 이 판례가 등장하기 전까지는 '사실상의 지배'를 '물리적, 현실적 지배'라고 보는 경향이 강했다. 점유를 지극히 좁은 의미에서 파악했던 것이다. 그러나 이 판례는 '사실상의 지배'라는 말의 의미를 단순히 '물리적, 현실적 지배'로 국한시키지 않고, 사회관념에 따라 해석해야 한다고 설명한다. 판례의 사례 역시 원고가 지속적으로 유치권을 행사하기 위해 노력했다는 점을 지적하며 피고(경락인)에 대한 판결에서 유치권자인 원고의 손을 들어준다. 참고로 아래 판례는 하급심에서 유치권자의 점유를 인정하지 않았던 것을 대법원에서 뒤집은 것이다.

## 대법원 1996.8.23. 선고 95다8713 판결 【공사대금】

점유라고 함은 물건이 사회통념상 그 사람의 사실적 지배에 속한다고 보여지는 객관적 관계에 있는 것을 말하고 사실상의 지배가 있다고 하기 위하여는 반드시 물건을 물리적, 현실적으로 지배하는 것만을 의미하는 것이 아니고 물건과 사람과의 시간적, 공간적 관계와 본권 관계, 타인지배의 배제가능성 등을 고려하여 사회관념에 따라 합목적적으로 판단하여야 하는 것이고, 점유회수의 소에 있어서는 점유를 침탈당하였다고 주장하는 당시에 점유하고 있었는지의 여부만을 살피면 되는 것인바, 원심이 확정한 사실관계 및 기록에 의하여 인정되는 바와 같이 원고가 위 A전선이 부도가 나고 난 다음에 이 사건 공장에 직원을 보내 그 정문 등에 원고가 이 사건 공장을 유치·점유한다는 안내문을 게시하고 소외 B 주식회사와 경비용역계약을 체결하고, 용역경비원으로 하여금 주야 교대로 2인씩 이 사건 공장에 대한 경비·수호를 하도록 하는 한편 이 사건 공장의 건물 등에 자물쇠를 채우고 공장 출입구 정면에 대형 컨테이너로 가로막아 차량은 물론 사람들의 공장 출입을 통제하기 시작하고 피고가 이 사건 공장을 경락한 다음에도 원고의 직원 10여 명을 보내 이 사건 공장 주변을 경비·수호하게 하고 있었다면 원고가 이 사건 공장을 점유하고 있었다고 볼 여지가 충분하다고 할 것이므로 원심으로서는 과연 원고가 위와 같이 이 사건 공장을 수호·경비할 당시에 위 A전선의 직원이 이 사건 공장에 상주하면서 공장을 관리하고 있었는지의 여부, 원고가 용역경비원으로 하여금 공장을 수호·경비하도록 하였다면 그 경비의 내용이 어느 정도인지의 여부, 이 사건 공장 건물의 시정상태와 그 열쇠를 누가 소지하고 있었는지의 여부 등을 좀 더 밝혀 보고, 만약 원고의 점유가 인정된다면 원고의 주장처럼 피고에게 점유를 침탈당한 것인지의 여부까지도 나아가 살핀 다음 원고의 이 사건 공장의 반환청구에 관하여 판단하였어야 함에도 막연히 그 판시(*어떤 사항에 관하여 판결하여 보임)와 같은 이유로 원고의 이 사건 공장의 반환청구를 배척하였으니 점유회수의 소에 있어서의 점유에 관한 법리를 오해한 나머지 심리를 다하지 아니함으로써 판결에 영향을 미칠 위법을 저질렀다고 하지 않을 수 없다. 따라서 이 점을 지적하는 상고 논지는 이유 있다.

---

아래 판례는 위의 〈대법원 1996.8.23. 선고 95다8713 판결〉을 참조한 뒤 어떤 경우가 사회관념에 따라 점유로 볼 수 있는지 나열하고 있다. 나열된 내용에는 일관된 의도를 위한 행위들이 포함되어 있다.

---

### 대법원 2009.9.24. 선고 2009다39530 【유치권부존재】

원심은, 그 채택한 증거에 의하여 피고들이 2003.8.29. 현장사무실에서 이 사건 건물을 점유하면서 유치권을 행사하기로 결의한 다음 건물경비업체를 통하여 이 사건 건물의 방범활동을 하도록 하고, 피고들의 직원들이 현장사무실에 상주하도록 하면서 주차장 외벽 등에 현수막을 걸고 건물임차인들의 영업과 서로 배치되지 아니하는 방법으로 이 사건 건물을 점유·관리하였다고 보아 피고들이 이 사건 경매절차 개시 전에 이 사건 건물을 점유하기 시작하였다고 판단하였는바, 앞서 본 법리 및 기록에 비추어 살펴보면 원심의 위와 같은 인정 및 판단은 정당한 것으로 수긍이 가고, 거기에 상고이유로 주장하는 바와 같은 점유의 개시 및 적법성추정에 관한 법리오해, 심리미진, 채증법칙 위반의 위법이 없다.

---

건물 말고, 건물부지에 대한 점유 여부는 사회관념에 따라 판단한다.

---

### 대법원 2008.7.10. 선고 2006다39157 판결

#### 3. 점유 상당의 부당이득 발생 및 그 액수에 관한 주장에 대하여

사회통념상 건물은 그 부지를 떠나서는 존재할 수 없는 것이므로 건물의 부지가 된 토지는 그 건물의 소유자가 점유하는 것으로 볼 것이고, 이 경우 건물의 소유자가 현실적으로 건물이나 그 부지를 점거하고 있지 아니하고 있더라도 그 건물의 소유를 위하여 그 부지를 점유한다고 보아야 한다(대법원 1986.7.8. 선고 84누763 판결, 대법원 2003.11.13. 선고 2002다57935 판결 등 참조).

한편, 미등기건물을 양수하여 건물에 관한 사실상의 처분권을 보유하게 됨으로써 그 양수인이 건물부지 역시 아울러 점유하고 있다고 볼 수 있는 등의 다른 특별한 사정이 없는 한 건물의 소유명의자가 아닌 자로서는 실제로 그 건물을 점유하고 있다고 하더라도 그 건물의 부지를 점유하는 자로는 볼 수 없다고 할 것이다(대법원 1993.10.26. 선고 93다2483 판결, 대법원 1994.12.9. 선고 94다27809 판결 등 참조).

---

# 법조계에서 말하는 '점유'

점유 여부를 판단할 때는 여러 요소 가운데 어느 하나만으로 결정을 내리는 경우는 극히 드물다. 보통의 경우 여러 요소들을 종합하여 이것이 사회 통념에 맞는지 확인하고, 당해 점유자에게 요구되는 사실적 지배력의 정도 및 범위를 살펴서 최종적으로 점유 여부를 가린다. 〈대법원 1996.8.23. 선고 95다8713〉 판결과 관련하여 당시 부산지방법원 이학수 판사는 〈유치권이 요구한 점유의 정도〉라는 논문에서 점유 존부의 판단 기준 중 '사회일반인, 사람과 물건의 관계, 사람과 사회일반인의 관계'를 다음과 같이 정리했다(〈이학수, 유치권이 요구한 점유의 정도, 판례연구 제8집, 부산 판례연구회, 1998.〉 인용).

다. 사회일반인

(1) 외부로부터의 인식가능성 : 적어도 사실적 지배에 관하여 관심이 있는 자가 인식할 수 있는 정도의 것이어야 할 것이다. 따라서 타인의 토지에 몰래 분묘를 설치한 경우는 토지를 점유하고 있다고 할 수 없는 것이다.

(2) 각인된 의식 : 교육, 홍보, 행동, 표시 등에 의하여 물건이 그 사람의 사실적 지배하에 있는 것이라고 사회 일반인이 어느 정도 인식하였느냐 여부

라. 사람과 물건의 관계

(1) 공간적 관계 : 마음만 먹으면 조속한 시간 내에 물건에 대해 사실적 지배를 할 수 있을 만큼 사람과 물건 간에 거리적, 위치적으로 접근해야 할 것이다. 대표적인 예로

부동산 소유자와 그 부동산 부지의 관계를 들 수 있다. 그러나 교통 통신의 발달로 위 공간적 관계의 중요도가 예전과 같지 아니함이 분명하다.

(2) 시간적 관계 : 사람의 물건에 대한 사실적 지배가 어느 정도의 계속성을 가져야 한다. 따라서 연극의 관객은 그 극장의 의자에, 식당의 고객은 그 식당의 식기에 대하여 점유를 가지지 못한다.

마. 사람과 사회 일반인의 관계
직전 점유자가 물건에 대한 사실적 지배를 계속할 수 없게 함과 아울러 제3자의 간섭을 배척할 수 있어야 한다. 여기서 타인지배의 배제 가능성이란 타인이 압도적인 물리력을 갖추고 침탈하여오는 것까지를 배제할 수 있는 정도까지를 요구한 것은 아니고 평온, 공연하게 점유를 빼앗으려 할 때 그를 방어할 수 있을 정도면 되는 것이다.

바. 이상에서 언급한 여러 요소들은 그 어느 하나만이 판단기준으로 되는 경우는 드물고, 통상의 경우 이들 요소들이 종합된 바탕 위에서 사회 통념에 근거하여 당해 점유에게 요구되는 사실적 지배력(어떤 사람이나 집단, 조직, 사물 등을 자기의 의사대로 복종하게 하여 다스리는 힘)의 정도 및 범위를 잣대로 하여 비로소 점유 여부가 판단되는 것이다.

한편 김기찬 박사는 〈부동산경매에서 유치권 개선에 관한 연구〉라는 2008년도 박사학위 논문에서 점유 유무의 판단 기준을 아래와 같이 제시하고 있다.

① 사람에 관하여 지배역량이 있는지, 지배도구는 있는지, 당해 물건을 사실적으로 지배할 수 있는 정당한 본권을 가졌는지 아니면 정당한 본권이 아니더라도 본권이 있다고 믿었고 그럴 만한 사유가 있느냐 여부,

② 물건에 관하여 지배대상이 되는 물건의 형상, 크기, 부피, 위치 등은 어떠한지이며,

③ 사회일반인이 인식할 수 있는지 여부에 관하여 사실적 지배에 관하여 관심이 있는 사회 일반인이 인식할 수 있는지 여부 또는 교육, 홍보, 행동, 표시 등에 의하여 물건이 그 사람의 사실적 지배하에 있는 것이라고 사회 일반인이 어느 정도 인식하였느냐 여부,

④ 공간적으로 마음만 먹으면 조속한 시간 내에 물건에 대해 사실적 지배를 할 수 있을 만큼 사람과 물건 간에 거리적, 위치적으로 관계가 있는지, 시간적으로 사람의 물건에 대한 사실적 지배가 어느 정도 계속성을 가질 수 있는지,

⑤ 직전 점유자가 평온, 공연하게 점유를 빼앗으려 할 때 그를 방어하여 물건에 대한 사실적 지배를 계속할 수 없게 함과 아울러 제3자의 간섭을 배제할 수 있는지 여부 등에 의해 판단한다.

# 3
## 점유 의미의 확대

건물주인 A가 시공사 B에게 건축 도급을 맡겼다. 그런데 B가 시공을 완료했는데도 A가 공사대금을 지급하지 않는다. B는 그날로 유치권 행사를 위해 점유를 시작했다. 여기까지는 누가 소유자이고, 누가 점유자인지 명확하다. 그런데 건물주인 A가 완공된 부동산을 저당 잡히고 C에게 돈을 빌렸다. A가 돈을 갚지 않자 C는 이 건물을 경매에 넘기고 D가 낙찰받았다. D가 낙찰 받은 건물에 가보니 유치권자가 있었다. 이 경우 보통은 낙찰받은 D가 유치권자에게 대금을 지불해야 할 의무까지 함께 떠안기 마련이다.

그런데 종종 이런 일이 벌어진다. 건물을 낙찰받은 D(매수인 혹은 경락인)가 자물쇠를 임의로 교체하고, 자기 마음대로 부동산인도명령문을 공고하여 유치권자인 공사업자들이 건물로 못 들어가도록 막았다. 점유를 빼앗기 위해 물리적인 힘을 행사한 사례다. 이에 점유를 빼앗긴 공사업자들은 경락인을 상대로 '건물을 비워달라(건물명도),

우리는 유치권 행사 중이다.'는 내용으로 소를 걸었다.

점유의 문자적인 의미만을 따진다면 현재 점유를 하고 있는 사람은 매수인(경락인)이다. 그러나 법률은 상식적인 판단에서 이런 경우 매수인의 점유를 인정하지 않고 유치권자의 점유를 인정한다. 다음 판례 역시 '사실적 지배'라는 말의 의미를 확대해석하여 적용하고 있다. 살펴보자.

### 대법원 2003.7.25. 선고 2002다34543 판결 【건물명도】

#### 1. 원고들이 이 사건 건물을 점유하고 있었는지 여부

점유라 함은 물건이 사회통념상 그 사람의 사실적 지배에 속한다고 보여지는 객관적 관계에 있는 것을 말하고 사실상의 지배가 있다고 하기 위하여는 반드시 물건을 물리적·현실적으로 지배하는 것만을 의미하는 것은 아니고 물건과 사람과의 시간적·공간적 관계와 본권관계, 타인지배의 배제가능성 등을 고려하여 사회관념에 따라 합목적적으로 판단하여야 하는 것이고, 점유회수의 소에 있어서는 점유를 침탈당하였다고 주장하는 당시에 점유하고 있었는지의 여부만을 심리하면 되는 것이다(대법원 1996.8.23. 선고 95다8713 판결 참조).

원심판결 이유에 의하면, 원심은 그 채용 증거들을 종합하여, 원고들은 A로부터 공사대금을 지급받지 못하자, 원고 B가 이 사건 건물의 열쇠를 보관하면서 이 사건 건물을 관리하였으며, 1998.4.14. A 및 이 사건 건물 부지 소유자인 A-1(A의 아버지이다)로부터 이 사건 건물 및 부지를 담보로 제공하여 제1, 제2 금융권이나 사채업자 등으로부터 자금을 차용할 수 있는 권한을 위임받기도 한 사실, 원고들은 이 사건 건물을 임대하여 공사대금에 충당하고자 임대 및 분양광고 전단지를 제작하여 배포하기도 하였고, A가 ××생명 주식회사에게 이 사건 건물 3층 80평을 임대함에 있어서도 원고 B가 참석하여 직접 임대보증금을 받아 공사대금에 충당한 사실, 원고들 및 하도급 공사업자들은 이 사건 건물에 대하여 임의경매(*저당권을 권원으로 한 경매)절차가 개시된 1998.6.말경부터는 이 사건 건물 1층의 숙실, 경비실, 사무실 등에 침구와 간단한 취사도구를 가져다 놓고 그곳에서 숙식하였으며, 또한 이 사건 건물 외벽 전, 후면에 이 사건 공사대금이 해결되지 아니하였다는 내용과 A의 채권자들인 C농협, C-1농협 등을 비난하는 내용의 현수막을 부착하고, 1층 유리창 등에 '경매하는 사람들 보아라. 공사노임 10억 원을 해결하지 않으면 경매하여도 권리행사를 할 수 없으며 노임이 해결되지 않을 시 칼부림이 날 것이다.'는 내용의 글을 써 붙였고, 위 현수막 등은 1999.10.말경까지도 그대로 부착되어 있었던 사실, 원고 B는 1999.10.말경 주식회사 ○○의 직원인 D가 이 사건 건물의 출입문과 경비실 등의 잠금장치를 교체하자 D로부터 그 열쇠를 빼앗고, 잠금장치 교체를 지시한 피고의 관리이사인 D-1에게 항의하기도 한 사실 등을 인정한 다음, 이에 터잡아 원고들은 적어도 1998.6.말경부터 이 사건 건물을 점유하고 있었다고 판단하였는바, 위 법리 및 기록에 비추어 관계 증거들을 살펴보면, 원심의 위와 같은 사실인정 및 판단은 정당한 것으로 수긍이 되고, 거기에 상고이유에서의 주장과 같이 심리를 다하지 아니하고 채증법칙(*증거를 모을 때 지켜야 할 원칙)을 위배하여 사실을 잘못 인정하거나 점유에 관한 법리를 오해한 위법이 있다고 볼 수 없으며, 이 사건 건물에 대한 임의경매절차에서 1998.8.17.자로 집행관이 작성한 현황조사보고서에 이 사건 건물 중 임차부분을 제외한 나머지 부분을 소유자가 점유하고 있다고 기재되어 있다거나, 원고들이 위 임의경매절차에서 유치권자로 신고하지 아니하고 일반채권자로서 권리신고 및 배당요구신청을 하였다고 하여 달리 볼 것은 아니다.

**2. 피고가 원고들의 이 사건 건물에 대한 점유를 침탈하였는지 여부**

나아가 원심은, 그 채용 증거들을 종합하여, 주식회사 ○○은 1999.10.6. ××상호신용금고와 이 사건 건물의 경비 및 방호업무용역계약을 체결하고, 그 무렵 직원인 D 외 1인을 이 사건 건물에 파견하여 이 사건 건물의 경비 및 방호업무를 담당하게 한 사실, D는 피고의 지시에 따라 1999.10.말경 열쇠업자인 E에게 의뢰하여 사람들이 주로 드나드는 주출입문인 이 사건 건물의 뒷문과 경비실의 잠금장치를 교체한 사실, 그런데 원고 B가 D로부터 위 교체된 잠금장치의 열쇠를 빼앗고 피고의 관리이사 D-1에게 항의한 사실, 피고는 그 직후 다시 이 사건 건물의 모든 잠금장치를 교체하고, 1999.10.28.자 원주지원의 부동산인도명령문을 관리사무실 벽면 유리와 1층 로비 통로 우측 유리벽면과 기둥벽면 3, 4군데에 붙인 후 원고들과 하도급 공사업자들 및 A의 동생인 A-2 등에게 '법원에서 인도명령을 받아왔기 때문에 공사관계자나 건축주 누구도 앞으로 출입하지 말아라.'고 말하였고, 그 이후 원고들과 하도급 공사업자들은 이 사건 건물에 출입하지 못한 사실 등을 인정한 다음, 이와 같이 1999.10.말경에는 단순한 경락인(그나마 경락허가결정이 확정되지도 아니한 상태였다)에 불과하였던 피고가 이 사건 건물의 잠금장치를 임의로 교체하고, 적법하게 집행되지도 아니한 부동산인도명령문을 공고하는 방법으로 원고들의 이 사건 건물 출입을 막았다면, 피고가 그 무렵 원고들의 이 사건 건물에 대한 점유를 침탈하였다고 봄이 상당하다고 판단하였는바, 관계 증거들을 기록에 비추어 살펴보면, 원심의 위와 같은 사실인정 및 판단은 정당한 것으로… (하략)

---

위의 판례는 '사실상 지배'라는 말의 의미를 보다 분명히 하고 있는 판례이다. '사실상 지배'란 단순히 물리적 현실적인 지배만을 의미하는 것이 아니라 사회관념에 맞아

야 한다. 점유가 일시적으로 불가능 상태에 놓였다고 하더라도 점유권이 사라지는 것은 아니다. 법원은, 피고(매수인)가 나타나기 전까지는 이전 건물주로부터 유치권자로 인정받고 있었던 점, 유치권자로서 자신의 권리를 표현했던 점 등을 따져서 원고(공사업체)의 점유권을 인정했다. 더구나 적법치 못한 방법으로 출입을 방해했으므로 이는 점유를 침탈한 행위라고 판례는 밝히고 있다.

그렇다면 가처분 집행으로 점유를 빼앗긴 유치권자, 과연 점유를 돌려받을 수 있을까? 다음에 소개하는 사건은 과정이 매우 복잡하다. 일단 개요를 보자.

A는 배를 만들고 싶었지만 돈이 없었다. 그래서 C에게 돈을 빌려 자금을 마련한 뒤 B에게 배를 만들어달라고 요청했다. B가 배를 완성했지만 A가 건조 대금을 다 주지 않자 B는 유치권을 행사, 이 배를 점유했다. 그런데 돈을 빌려주었던 C가 이 배에 근저당권을 설정해 놓은 상태였다. C는 이 배를 경매에 내놓은 뒤 자신이 구입하고 명도단행가처분을 신청, B가 점유하고 있던 배를 인도받았다(참고로 명도란 넘겨 달라는 뜻으로 점유권자인 B에게 배를 내놓으라는 말이다. '명도단행가처분'은 판결을 기다리기까지 시간적, 물적 피해가 예상될 때 이를 가처분 방식으로 빨리 진행하기 위해서 신청하는 것을 말한다.).

졸지에 배를 빼앗긴 B는 A를 상대로 건조비 소송을 걸어 승소 판결을 받았다. 또한 위의 명도단행가처분의 본안소송에서는 'B의 유치권을 인정한다. B는 A에게 못 받은 돈을 받은 즉시 C에게 배를 인도하라'는 일부 승소 판결이 내려졌다(물론 가처분을 통해 배는 C에게 넘어갔다. 그러나 본안소송에서는 B의 점유를 인정하고 있으며 가처분은 어디까지나 임시적인 것임을 밝힌다.). 이에 B는 가처분취소 신청을 하여 신청을 받아내었으나(즉 C에게 준 배를 다시 돌려받을 수 있다는 말) 그 사이 C는 자신이 점유하고 있던 배를 E에게 팔았다.

배의 소유주가 C에서 E로 바뀌어 가처분취소 집행을 행사할 수 없게 된 B. C가 배를 가지고 있을 때는 아직 가처분 상태였으므로 B가 배를 돌려받을 수 있었으나 C에서 E로 소유주가 바뀌자 B의 점유도 사라지고 말았다. 더 이상 유치권을 주장할 수 없게 된 B는 그래서 C를 상대로 유치권 소멸에 따른 손해배상을 청구했다. 아래 판례는 이 손해배상 청구에 대한 소송이다. 미리 결론을 말하면 법원은 원고 B의 손을 들어주었다.

우리가 눈여겨볼 점은 B가 실제로 배를 점유하지 않고 있음에도 불구하고, 법원은 가처분이 임시적인 것임을 지적하며 점유는 여전히 B에게 있다고 말한다. 실제의 점유가 확대 해석된 경우이다.

### 대법원 1996.12.23. 선고 95다25770 판결 【손해배상(기)】

원심판결 이유에 의하면, 원심은 그 채택한 증거들을 종합하면 원고는 1983.11.25. 소외 A와의 사이에 이 사건 선박을 대금 130,000,000원에 건조하여 위 A에게 인도하여 주기로 하는 내용의 선박건조 도급계약을 체결하고, 이어서 1984.12.20. 이 사건 선박의 주기관 등의 설치공사 부분에 대하여 그 공사금을 금 103,125,415원으로 정하여 선박을 완공하기로 하는 내용의 추가 도급계약을 체결한 다음 이 사건 선박건조를 완성하였는데, 위 A는 1984.12.26. 이 사건 선박에 관하여 자기 명의의 소유권보존등기까지 마쳤으나, 위 대금 중 금 159,000,000원만 지급하고, 그 나머지 금 74,125,415원을 지급하지 아니하므로 원고는 위 잔대금(*공사대금 중 받지 못한 잔금) 채권으로써 이 사건 선박에 관하여 유치권을 행사하면서 이를 점유하고 있었던 사실, 한편 피고는 정부의 계획조선사업에 따라 각종 어선 등에 대한 계획조선사업자의 실수요자를 선정하여 계획조선자금의 대출 및 관리업무를 수행하면서, 위 A를 계획조선사업자로 선정하여 선박건조자금을 대출하고 위 A가 원고의 조선소에서 위 도급계약에 따라 선박을 건조하고 선박이 준공되면 그 선박에 대하여 피고가 후취담보(*먼저 돈을 빌리고 완성이 된 후에 담보를 잡는 형식)를 취득하기로 약정함에 따라 이 사건 선박에 관하여 위 A 명의의 소유권보존등기가 경료(*완료)되자 1984.12.26. 광주지방법원 목포지원 접수 제527호로 채무자를 위 A, 근저당권자를 피고, 채권최고액을 금 400,000,000원으로 하고 같은 달 24. 근저당설정계약을 원인으로 한 근저당설정등기를 경료받은 다음, 위 A가 대출금을 상환하지 아니하자 위 근저당권에 기하여 1985.12.26. 원고가 점유 중이던 이 사건 선박에 대한 임의경매(*저당권을 권원으로 한 경매) 신청을 하여 1986.7.2. 피고가 경락받아 그 대금을 납부하고 같은 해 9.27. 피고 명의의 소유권이전등기를 경료하고 이어서 1987.3.27. 이 사건 선박을 소외 B에게 대금 161,320,000원에 10회 분할 상환 받는 방식으로 할부로 매각하고 소유권이전은 할부금이 상환되면 이전하여 주기로 유보한 사실, 그런 다음 피고는 이 사건 선박의 소유권에 기한 인도청구권을 가지고 원고를 상대로 광주지방법원 목포지원 87카911호로 선박인도가처분신청을 하여 1987.5.8. 위 법원으로부터 이 사건 선박에 대하여 '피신청인(이 사건 원고)의 점유를 풀고 신청인(이 사건 피고)이 위임하는 집달관에게 그 보관을 명하며 집달관은 신청인의 청구가 있을 때에는 이 사건 선박의 현상을 변경하지 않을 것을 조건으로 신청인에게 사용하게 하여야 하고, 신청인은 그 점유를 타에 이전하거나 점유명의를 변경할 수 없다'는 내용의 가처분결정을 받아 같은 날 이 사건 선박에 대한 인도집행을 단행하여 같은 달 9. 원고 회사의 공장장인 소외 C로부터 이를 인도받아 위 B에게 인도한 사실, 그러나 원고는 위 A를 상대로 광주지방법원 목포지원 86가합264호로 이 사건 선박의 건조비 소송을 제기하여 위 미지급선박건조대금 74,125,415원 및 이에 대하여 소장 송달 익일인 1987.3.15.부터 완제일까지 연 2할5푼의 비율에 의한 지연손해금을 지급하라는 내용의 원고승소판결을 선고받고 위 판결은 그 무렵 확정되었으며, 또한 피고가 위 광주지방법원 목포지원 87카911호 선박인도가처분 신청사건의 본안소송으로 같은 법원 87가합91호로 원고를 상대로 제기한 선박인도소송에서는, 1989.7.21. 원고가 전 소유자인 위 A에 대한 위 선박건조대금 금 74,125,415원 채권으로써 이 사건 선박에 관하여 행사한 유치권항변이 인정되어 '원고(당해 소송의 피고)는 소외 A로부터 금 74,125,415원을 지급받음과 동시에 피고(당해 소송의 원고)에게 선박을 인도하라'는 피고 일부승소판결이 선고되었고, 이에 대하여 피고가 항소하였으나 1990.7.19. 항소기각 되고, 1990.8.15. 위 판결이 확정되었으나, 피고는 위 B에게 소유권이전을 유보하고 할부로 매각하였던 이 사건 선박에 관하여 1993.1.8. 피고로부터 소외 D에게로 1987.3.27. 매매를 원인으로 한 소유권이전등기를 경료하여 주어버렸고, 위와 같은 유치권을 인정받은 원고는 그 후 피고를 상대로 한 광주지방법원 목포지원 94카기145호 사정변경에 인한 가처분결정취소 신청사건에서 1994.10.10. 위 87카911호에 의한 선박인도가처분결정의 취소를 받아 내었으나 그 집행이 불가능하게 된 사실을 인정할 수 있으므로 피고는 원고에게 위 유치권의 상실로 인한 손해를 배상할 책임이 있다고 판시한 다음, 위 손해배상채권이 시효소멸하였다는 피고의 항변에 대하여는, <u>가처분의 피보전권리는 채무자가 소송과 관계없이 임의로 의무를 이행하거나 본안소송에서 피보전권리가 존재하는 것으로 판결이 확정됨에 따라 채무자가 의무를 이행한 때에 비로소 법률상 실현되는 것이어서 채권자의 만족을 목적으로 하는 이른바 단행가처분의 집행에 의하여 피보전권리가 실현된 것과 마찬가지의 상태가 사실상 달성되었다 하더라도 그것은 어디까지나 임시적인 것에 지나지 않고, 가처분이 집행됨으로써 그 목적물이 채권자에게 인도되었다고 하더라도 그와 같은 잠정적인 상태를 고려함이 없이 그 목적물의 점유는 채무자에게 있다고 보아야 하는 것이므로</u>(*즉 가처분을 통한 집행은 임시적인 것이므로 여전히 점유는 원고에게 있다고 보고 있다.) 피고가 위 광주지방법원 목포지원 87카911호 선박인도가처분 결정의 집행에 의하여 이 사건 선박을 인도받았으나 이 사건 선박의 점유는 여전히 그 가처분의 집행채무자(*사법상(私法上) 또는 행정법상의 의무를 이행해야 하는 자, 선박인도가처분을 받았으므로 선박을 인도해야 하는 사람이라는 뜻.]인 원고에게 있는 것으로 보아야 하고, 그 가처분의 집행채권자[*사법상(私法上) 또는 행정법상의 의무를 이행하지 않는 자에 대하여, 국가의 강제권력에 의하여 그 의무이행을 청구하는 자]인 피고가 이 사건 선박을 위 B에게 인도하였을지라도 그에게 소유권이전을 유보한 매매를 하고 그 점유를 환원할 수 있는 상태에 둔 이상 위 B의 직접점유도 아직 집행채권자인 피고 및 집행채무자인 원고의 간접점유하에 있는 점유로 보아야 할 것이며, 그 후 피고가 선박할부대금을 전부 상환하고 1993.1.8.자로 위 D에게 이 사건 선박에 관하여 소유권이전등기를 경료하여 위 D로 하여금 이 사건 선박에 관한 완전한 소유권을 취득하게 하여 버림으로써 이 사건 선박에 관한 소유권이나 점유를 환원시킬 수 없는 새로운 사태가 만들어진 것이라면, 그때 비로소 가처분의 집행채권자로서 인도집행 받은 이 사건 선박의 점유를 타에 이전하거나 점유명의를 변경하여서는 아니 되는 가처분의 결정취지에 반하여 점유를 타에 이전하여 그 점유명의를 변경한 것이 되고, 원고의 점유를 침탈하여 원고로 하여금 유치권을 상실하게 한 것이라고 보아야 할 것이므로 원고가 위 유치권을 상실하게 된 시점은 피고의 주장과 같은 1987.5.8. 당시의 인도집행시가 아니라 1993.1.8. 피고가 위 D에게 이 사건 선박에 관하여 소유권이전등기를 경료하여 버림으로써 위 D로 하여금 완전한 소유권을 취득하게 하여 버린 때라고 볼 것이며, 그때 비로소 피고는 이 사건 선박에 대한 원고의 점유를 침탈하여 유치권을 상실하게 하는 불법행위를 저질렀다고 볼 것이고, 1993.8.13. 원고가 이 사건 손해배상청구의 소를 제기하였음은 기록상 명백하여, 이미 소멸시효가 완성되었다는 피고의 항변은 이유 없다는 이유로 피고의 위 소멸시효항변을 배척하였는바, 기록과 관계 법령에 의하면 원심의 위와 같은 인정 판단은 정당한 것으로 수긍할 수 있고, 원심판결에 소론과 같이 단행가처분 및 점유의 변경에 관한 법리를 오해한 위법이 있다고 볼 수 없다.

--------------------------------

점유도 상속될까? 아래 판례는 분묘수호계약을 맺은 묘지 주인과, 묘지 땅 주인이 사망한 뒤 자식들끼리 소송이 붙은 사례다(원고 : 땅 주인의 자식들과 새로 토지 지분을 취득한 사람들, 피고 : 묘지 주인의 자식). 이 사례에서 법원은 분묘수호계약이 이 계약을 맺은 당사자가 사망하더라도 효력을 잃는 것은 아니라고 말하며, 점유권도 상속이 된다고 밝힌다.

### 대법원 1979.3.27. 선고 77다2217 판결 【임야인도】

살피건대, 점유권도 상속에 의하여 승계될 수 있는 것인바, 피고의 피상속인인 소외(*소송과 무관한 사람) 망(*사망자) A의 본건 토지에 관한 점유가 원심판결 실시와 같이 동 A와 당시 본건 토지의 소유자였던 소외 망 B(원심은 원고 B-1과 원고 B-2가 위 B의 재산상속인으로 인정한 취지인바, 위 원·피고가 이를 다툰 흔적을 기록상 찾아 볼 수 없다) 사이의 분묘수호계약(*묘지의 주인과 묘지 땅 주인이 다를 경우, 묘지를 지키기 위해 맺은 계약으로 분묘기지권이 발생한다.)에 의한 것이었다면 본건 토지에 관하여 그 후 원고 B-1의 재산상속인 아닌 사람으로서 새로 본건 토지의 지분권을 취득한 원고 B-3와 원고 B-4에 대하여는 위 A의 점유를 승계한 피고가 그 권리(분묘수호계약으로 인한 권리)를 주장할 수 없다고 할지라도, 위 분묘수호계약이 위 소외 B와 등 A의 사망으로 인하여 당연히 실효(*효력을 잃음)되는 것은 아니라고 할 것이니, 동 분묘수호계약이 다른 사유에 의하여 해지되지 않는 한 (중략) 재산상속인 원고 B-1과 원고 B-2는 피고에 대하여 피고가 본건 토지의 불법 점유자임을 전제로 하는 본건 토지의 인도나 임료상당의 손해배상을 구할 수 없는 것이라고 할 것이다. 그렇다면 원심판결에는 상속에 의한 점유승계에 관한 법리를 오해한 위법이 있는 것이고 따라서 이 점을 지적하는 상고논지 제1점은 이유 있다.

점유를 일시적으로 상실했다가 이를 다시 얻게 된 경우, 몇 가지 요건을 충족하면 점유가 지속된 것으로 인정받을 수 있다. 아래 판례를 보면 1) 유치권을 명백히 포기한다는 의사가 없는 경우, 2) 낙찰이 이루어지기 전에 다시 점유를 획득한 경우에는 점유가 지속된 것으로 보고 유치권을 인정한다.

---

### 대법원 2005.1.13. 선고 2004다50853, 50860 판결 【유치권확인·건물명도】

원심판결 이유에 의하면 원심은, 그 채용 증거들에 의하여 판시(*어떤 사항에 관하여 판결하여 보임) 사실을 인정한 다음, 그 인정 사실에 기초하여 원고는 위 A에 대하여 이 사건 건물의 건축에 따른 공사대금 채권 및 이에 대한 지연손해금 채권을 가지고 있고, 그 채권을 확보하기 위하여 이 사건 건물을 점유하고 있으며, 그 공사대금 채권과 이 사건 건물 사이에는 견련성이 인정되므로, 원고는 이 사건 건물에 관하여 위 공사대금 채권 및 지연손해금 채권을 피담보채권으로 하는 유치권을 가지고 있다고 판단한 후, 피고의 주장, 즉 원고가 위 A에게 이 사건 건물을 인도함으로써 이 사건 건물에 관한 유치권을 포기하였거나, 원고의 점유의 상실로써 이 사건 건물에 관한 유치권이 소멸되었다는 주장에 대하여, 원고가 1997.8.10. 위 A 와 사이에 위 A가 공사대금의 지급을 1년 이상 지체할 경우 이 사건 토지 및 건물에 관하여 소유권을 이전받기로 하는 내용의 약정을 하였고, 그 후 원고가 1997.8.23. 공사를 완공한 후 이 사건 건물을 위 A에게 인도하였으나, 위 약정은 원고의 공사대금 채권의 확보수단으로 체결된 것으로서, 그 후 원고가 위 A에게 이 사건 건물을 인도하였다는 사정만으로 원고가 이 사건 건물에 관한 유치권을 포기하였다거나 그에 기초한 권리행사를 하지 아니하기로 약정하였다고 볼 수 없고, 달리 이를 인정할 만한 증거가 없으며, 또한 유치권의 성립에는 채권자의 채권과 유치권의 목적인 물건 사이에 일정한 관련이 있으면 충분하고,

물건점유 이전에 그 물건과 관련하여 채권이 발생한 후 그 물건에 대하여 점유를 취득한 경우에도 그 채권자는 유치권으로써 보호되어야 할 것이며, 나아가 유치권의 대상이 되는 물건에 대한 점유인데, 원고가 점유를 상실하였다가 그 후 피고가 이 사건 건물을 낙찰받기 전에 그 처분권자인 재단법인 B와 위 A의 승낙하에 다시 이 사건 건물을 점유하게 된 것이므로, 원고는 이 사건 건물을 다시 적법하게 점유하게 됨으로써 이러한 새로운 점유에 기초하여서 이 사건 건물에 대한 유치권을 취득하였다고 봄이 상당하고, 원고가 그 이전에 이 사건 건물에 대한 점유를 일시 상실하였다는 사정만으로 원고의 이 사건 건물에 대한 유치권이 종국적으로 소멸되었다고 볼 수 없다고 판단하였다.

유치권자가 물건에 대한 점유를 일시 상실하였다가 후에 다시 같은 물건을 점유하게 된 경우에는 점유 상실 당시 유치권을 포기하는 등 특별한 사정이 없는 한 그 채권을 위하여 유치권을 취득한다고 할 것이다(1955.12.15. 선고 1955민상136 판결 참조).

------------------------------------------------

# 4
# 점유만 한다고 다 유치권자가 될 수는 없다

　점유의 범위는 매우 넓다. 물건을 훔친 도둑도 어쨌든 점유하고 있는 셈이다. 그러나 여기서 말하는 점유는 유치권자의 점유이다. 유치권을 주장하기 위한 점유를 인정받으려면 유치권자로서의 권리를 적극 행사해야 한다.

　점유만 하고 있다고 해서 무조건 유치권자가 될 수는 없는 법이다. 유치권을 행사하려면 경매 개시 이전부터 유치권 의사를 표시해야 한다. 공사대금을 받아낼 목적으로 건물주에게 해당 건물을 저당 잡혀 돈을 꾸게 하고 급기야 자신이 그 건물주와 매매계약을 체결하여 제3자에게 팔 궁리를 했는데, 저당권자가 경매 개시를 신청하자 부랴부랴 건물주와의 매매계약을 해지하고 내가 유치권자라고 주장하면 어떻게 될까? 다음 판례에서는 이 경우 유치권자로 인정받을 수 없다고 밝힌다(참고로 유치권자인지 아닌지를 가려내기 위해 벌이는 소송을 '유치권부존재확인' 소송이라고 부른다.).

## 대구고등법원 2006.7.12. 선고 2005나8133 【유치권부존재확인】

(2) 그러나 피고가 A에 대한 이 사건 건물의 신축공사에 따른 공사잔대금(*약정한 공사대금 중 아직 지급하지 않은 공사대금) 채권을 가지고 있고, 피고가 이 사건 건물을 2003.11.경부터 현재까지 점유하고 있다고 하더라도, 위 인정사실에 드러난 다음과 같은 사정, 피고는 2003.8.경 이 사건 건물이 완공된 후에도 그 공사대금을 지급받지 못하여 이 사건 건물에 대하여 유치권을 행사할 수 있었음에도 불구하고 이를 행사하지 아니하고 A로 하여금 이 사건 건물을 원고에게 담보로 제공하고 그로부터 대출을 받도록 알선한 다음, 그 대출금으로부터 자신의 이 사건 건물 신축공사에 따른 공사대금채권 중 일부인 4억 원을 변제받았던 점, 그 후 이 사건 상가건물 신축공사가 2003.10.경 완공되고 위 상가공사의 공사대금채권 일부도 지급받지 못하자, 2003.11.경 이 사건 건물을 자신이 매수한 뒤 여관 영업을 정상화시켜 이를 직접 제3자에게 처분하여 그 매매대금으로부터 위 각 공사에 따른 공사잔대금을 회수하기로 하고, A에게 그 매매대금 중 계약금 조로 5,000만 원을 지급하기도 하였으며, 이와는 별도로 자신의 공사대금 채권을 담보하기 위하여 그 당시까지의 A에 대한 이 사건 각 공사대금 채권 잔액인 5억 3,000만 원을 피담보채권으로 하여 이 사건 각 부동산에 자기 명의의 근저당권을 설정하였는데, 위 설정 당시 이 사건 건물의 담보가치가 원고 및 피고의 근저당 채권최고액을 상회하고 있어 위 근저당권으로 피고의 공사잔대금 확보는 가능한 것으로 보여지는 점, 피고는 A와의 위 매매계약 체결 무렵부터 이 사건 건물에서 여관영업을 하면서 이 사건 건물을 제3자에게 매도하려고 하였을 뿐 이 사건 건물에 관하여 유치권을 주장하지는 않던 중, A로부터 이 사건 건물의 소유권이전등기에 필요한 서류도 제공받지 못하고 있던 상태에서 원고의 신청에 의하여 이 사건 건물에 대한 경매절차가 개시되자 2004.6.경 이 사건 건물에 관한 매매 계약을 해제하고,

2004.8.경에서야 비로소 이 사건 각 부동산에 관한 부동산임의경매절차에서 위와 같은 유치권 신고를 하였던 점 등 이 사건 건물을 담보로 한 원고의 A에 대한 대출경위, 피고 명의의 근저당권 설정 당시의 이 사건 건물의 담보가치, 피고와 A 사이의 위 매매계약 체결경위 및 목적, 피고의 이 사건 건물에 대한 점유개시의 경위 및 목적, 원고의 이 사건 건물에 대한 경매절차개시신청 및 피고의 A에 대한 이 사건 건물 매매계약의 해제 요구시점, 피고의 이 사건 건물에 대한 유치권행사주장시점 등을 참작하면, 피고가 2003.11.경 이 사건 건물에 대한 점유를 개시할 당시는 이 사건 건물의 신축공사에 따른 공사잔대금채권에 기한 유치권을 행사할 의도가 아니라 이 사건 건물을 자신이 인수하여 영업하다가 제3자에게 매각한 뒤 지급받게 될 매매대금에서 공사잔대금을 변제받든지 또는 그 이전에 설정한 피고 명의의 근저당권을 실행하여 공사잔대금을 변제받을 목적이었는데, A가 피고에게 이 사건 건물을 이전하여 주지 아니한 상태에서 원고가 이 사건 건물에 대한 임의경매를 신청하여 그 경매절차가 진행되자 공사잔대금채권의 확보책으로 피고와 A 사이의 이 사건 건물에 대한 매매계약을 해제하고, 경매법원에 유치권신고를 한 것이라고 보아야 할 것이다.

그렇다면, 피고의 이 사건 건물에 대한 점유의 개시는 피고와 A 사이의 위 매매계약과 관련된 여관영업의 위수탁관리약정에 따른 것이지 피고의 공사잔대금채권의 확보를 위한 유치권행사에 기한 것이라 할 수 없으므로, 이를 전제로 한 피고의 주장은 이유 없고, 이 점을 지적하는 원고의 주장은 이유 있다.

(3) 한편 이와 달리 피고가 이 사건 건물을 위 매매계약 체결 이전부터 유치권에 기하여 점유하여 오고 있었다고 하더라도, 앞서 살펴 본, ① 이 사건 각 부동산을 원고에게 담보로 제공할 당시의 이 사건 각 부동산의 담보가치, ② 위 각 부동산에 관한 원고 명의 근저당권의 채권최고액, ③ 위 각 부동산에 관한 피고 명의 근저당권의 순위 및 채

권최고액, ④ 피고가 이 사건 건물을 매수하면서 A에게 지급하기로 한 매매대금액 등을 종합해 볼 때, 피고가 2003.11.경 자신의 A에 대한 5억 3,000만 원의 공사잔대금채권을 피담보채권으로 하여 이 사건 각 부동산에 관하여 자신을 근저당권자로 하여 근저당권을 설정하고 이와 더불어 이 사건 건물을 매수하는 계약을 체결한 것은, 적어도 피고와 A 사이에서 피고가 이 사건 건물의 신축공사에 따른 공사잔대금채권을 확보하기 위하여 유치권을 행사하는 대신에 이루어진 것이라고 할 것이고, 그렇다면 피고는 그 때부터 이 사건 건물에 대한 유치권 행사를 포기한 것이라고 봄이 상당할 것이다.

또한 이 사건에서 유치권의 담보물권으로서의 특성과 담보물의 교환가치에 대한 저당권자의 신뢰이익 존중이라는 두 가지 판단 요소를 종합하여 볼 때, ① 피고는 이 사건 건물을 신축한 뒤 공사대금을 수령할 목적으로 이 사건 건물을 담보로 A가 원고로부터 대출을 받는 것을 알선하여 그 대출금에서 공사대금 일부를 변제받은 이후에 이 사건 건물의 점유를 취득하였고, ② 피고는 유치권의 목적대상인 물건에 대하여 매매 및 위수탁관리약정을 원인으로 하여 원고의 근저당권이 설정된 부동산의 점유를 취득한 뒤 경매 절차가 개시된 이후에 매매계약 등을 해제하고, 유치권행사를 주장하고 있는 바, 이러한 사정 아래서는 피고가 이 사건 건물을 점유하고 있고, 이 사건 건물신축과 관련한 채권을 가지고 있다고 하더라도, 근저당권자인 원고나 장차 경매절차에서 당해 부동산을 매수한 사람을 상대로 하여 유치권을 내세워 대항하는 것은 신의칙상 허용되지 않는다고 할 것이어서(만일, 이와 반대로 피고와 같은 지위에 있는 사람에 대하여 단순히 건물을 점유하고 있고, 그 건물에 대한 공사대금채권이 잔존하고 있다는 사정만으로 유치권을 무제한적으로 허용할 경우, 건물의 건축주가 당해 건물의 건축공사 수급인과 통모하여, 위 수급인이 당해 건물을 점유하고 있지 않은 상태에서 당해건물을 저당물로 제공하여 자금을 차용한 뒤에 위 수급인으로 하여금 당해 건물을 점유하게 하여 유치권을 주장하게 함으로써 쉽사리 당해 건물에 대한 저당권의 원활한 진행을 방해할 수 있게 되는 등 일종의 도덕적 해이를 유발할 가능성이 크기 때문이다), 원고의 유치권 부존재에 관한 주장은 이 점에서도 이유 있고, 피고의 주장은 이유 없다.

---

위 판례에는 '신의칙(=신의성실의 원리)'이라는 표현이 등장하는데(민법 제2조 제1항 참조), 권리를 행사하거나 의무를 이행할 때는 신의를 좇아 성실히 임해야 한다는 뜻이다. 신의칙이 중요한 변수로 등장하는 이유는 피고의 주장처럼 유치권을 인정하게 되면 저당권자가 큰 손해를 입기 때문이다. 그래서 법원은 원고의 손을 들어주었다. 따라서 유치권 행사를 위한 점유인가, 아닌가 하는 점이 중요해진다. 신의칙과 관련된 판례 한 가지를 더 살펴보자..

---

### 부산고등법원 2010.3.25. 선고 2009나11631 판결【유치권부존재확인】

피고가 원고에 대하여 887,644,363원의 공사대금채권을 가지고 있고, 2008.9.18. 무렵부터 이 사건 건물 중 별지 부동산목록 기재 부분을 점유하고 있다고 하더라도, 앞서 거시한 증거에 의하면, 피고는 2007.4.9. 공사대금지급과 관련하여 A와 사이에 이 사건 건물을 담보로 대출을 받아 대출금으로 피고에 대한 채무를 우선적으로 변제할 것을 약정한 후 건물을 인도하였고, 실제로 A는 이 사건 건물을 담보로 2007.4.18. 원고들로부터 2,560,000,000원을 대출받아 감정평가수수료 등 대출비용을 공제한 1,229,999,999원으로 선순위 근저당권자인 B조합에 대한 채무를 변제한 다음, 나머지 1,111,059,545원 전부를 피고에 대한 공사대금채무 변제에 사용한 사실, A는 그 이전인 2007.3.21.에도 B조합으로부터 건축 중이던 이 사건 건물을 담보로 대출을 받아 그 대출금 중 일부로 피고에 대한 공사대금채무를 변제하였는데, 그 당시 피고는 위 B조합에게 유치권포기각서를 작성하여 준 사실, A는 원고들로부터 대출을 받기 위해 원고들이 지정한 C감정사무실에 이 사건 건물에 대한 감정평가를 의뢰하였는데, 당시 이 사건 건물에는 유치권 행사를 위해 건물을 점유하거나 이 사건 건물을 임차하여 사용하는 사람이 없었고, 이에 위 감정기관은 이 사건 건물의 감정평가액을 43억 원으로 평가하여, 원고들은 위 가액의 60%에 해당하는 2,560,000,000원을 대출하기로 결정하였던 사실이 인정되고, 위와 같은 사실에 위 2007.4.9.자 약정에 나타난 당사자들의 의사(A의 피고에 대한 공사대금 변제방식으로 이 사건 건물을 담보로 한 대출금으로 충당되지 않는 부분에 관하여는 이 사건 건물에 근저당권을 설정하여 주고, D사우나의 영업권을 양도하여 주기로 한 점) 등을 보태어 보면, 피고는 A가 원고들로부터 대출을 받더라도 채무 전액의 변제가 불가능하다는 것을 알면서도 이 사건 건물을 계속 점유하여 유치권을 행사하는 것보다는 이를 포기하여 이 사건 건물을 담보로 대출을 받고 그 대출금으로 일부 변제를 받고 잔여채권은 근저당권에 의해 담보하기로 한 것이고, 만약 A로부터 2007.7.20.까지 공사대금 전액을 변제받지 못하게 되면 D사우나를 운영하면서 그 수익으로 나머지 채무의 변제에 충당하겠다는 의사로 위 약정을 했을 뿐 A에게 대출을 하여 준 금융기관 등 제3자에 대하여 다시 유치권을 행사하기로 한 것으로 보이지 아니 한다(피고가 D사우나를 직접 운영하기로 한 것은 A가 위 약정을 이행하지 아니하는 경우 A를 신뢰할 수 없어 그 운영수익을 직접 취득하겠다는 것이지, 그 점유 및 이로 인한 유치권의 취득에 그 의도가 있었다고 볼 수 없다.).

또한, 유치권의 담보물권으로서의 특성과 담보물의 교환가치에 대한 저당권자의 신뢰이익의 존중이라는 두 가지 판단요소를 종합하여 볼 때, 피고가 이 사건 건물을 신축한 뒤 공사대금을 수령할 목적으로 A에게 이 사건 건물을 인도하고, A로 하여금 이 사건 건물을 담보로 원고들로부터 대출을 받도록 하여, 그 대출금에서 공사대금 일부를 변제받았음에도 불구하고 위 수탁관리약정을 원인으로 원고들의 근저당권이 설정된 이 사건 건물의 점유를 다시 취득한 뒤 위 근저당권의 실행을 위한 경매절차에서 유치권행사를 주장하는 것은 신의칙상 허용되지 않는다고 할 것이다. 더구나 원고가 금융기관이고, 이 사건 건물이 신축건물이라는 사정만으로, 대출 당시에는 유치권자가 없었는데 대출 이후 일부 공사대금을 수령하지 못한 피고가 언제든지 이 사건 건물을 점유하여 유치권을 행사하리라는 사정을 예상하도록 기대할 수 없다(원고 대출 담당직원이 이런 사정을 예상할 수 있었다는 취지의 제1심 증인 E의 증언은 선뜻 믿기 어렵고, 달리 이를 인정할 증거도 없다.).

---

법률이 유치권을 인정하는 이유는 유치권을 통해 채무를 변제받을 수 있도록 하기 위해서다. 그런데 만일 유치권 행사가 아닌 다른 방식으로 채무를 변제받기로 하여 점유해야 할 부동산을 채무자에게 쓰도록 했다면 이 사람의 유치권은 어떻게 될까? 아래 판례에서는 '유치권이 없다'고 판결을 내린다.

---

### 전주지방법원 2009.8.27. 선고 2008가합8644 판결 【유치권부존재확인】

먼저, 채권단의 전용 사무실을 설치하여 이 사건 건물을 점유하였다는 주장에 관하여 살피건대, 갑 제8호증의 2, 을바 제15호증의 각 기재에 의하면, A(*채무자)가 2002.3.23.경 피고 B, B-1이 포함된 B-2의 채권단에게 이 사건 건물 2층 화장실 옆 방을 사무실로 사용하도록 허용한 사실이 인정되나, 앞서 본 증거에 변론 전체의 취지를 종합하여 인정되는 다음과 같은 사정, 즉 채권단에게 사무실 사용을 허용하는 위 합의서에는 A의 영업을 정상화, 활성화하여 이익을 극대화해서 채무를 조속히 변제함을 목적으로 한다는 내용의 합의조항이 포함되어 있고, A는 2001.8.말경부터

2002.12.2.경까지 이 사건 건물에서 영업을 하였던 점에 비추어 보면, 당시 위 피고들은 채권의 확보방법으로 A의 영업 정상화를 통해 수익금을 분배받은 방식을 택한 것이라 할 것인바, 유치권의 본질이 목적물에 관하여 생긴 채권을 변제받을 때까지 그 목적물을 점유하면서 그 인도를 거절하는 방법으로 간접적으로 채무자의 심리를 압박함으로써 우선변제를 받게 하는 데 있다는 점에 비추어 보면 이 사건 건물 내 사무실을 채권단에게 사용하도록 제공하였다는 사정만으로는 당시에 위 피고들이 채권단을 통해 이 사건 건물을 점유하고 있었다고 보기 어렵다(그렇지 않다고 하더라도 다음에서 보는 바와 같이 위 피고들이 이 사건 건물을 계속 점유하였다고 보기도 어렵다.).

다음으로, A가 이 사건 건물에서의 영업을 중단 이후에는 이 사건 건물을 계속 점유하고 있었다는 주장에 관하여 살피건대, 을바 제24, 25호증의 각 기재에 의하면, 피고 B-1이 2003.1.6. 이 사건 부동산에 대한 공매절차에서 한국자산관리공사 전주지사에, 2005.1.27. 이 법원 2004타경42642호 경매절차에서 경매법원에 각 유치권 신고를 한 사실은 인정되나, 한편 갑 제9호증의 1, 2, 을바 제17 내지 22호증의 각 기재에 변론 전체 취지를 종합하여 인정되는 다음과 같은 사정, 즉 B-2의 채권단은 이 사건 부동산을 매각하여 채권을 변제받기 위해 A와의 사이에 각 채권자의 채권액을 13% 내지 20.23%로 삭감하는 데 동의하였고, 이후 A는 2005.5.6.경 C와 사이에 이 사건 건물에 대한 매매 가계약을 체결한 후 2006.1.5.경까지 이 사건 건물을 점유·사용하였으며, 피고 B, B-1도 이 사건 부동산의 인수를 원하는 회사의 편의를 위해 이 사건 건물에서 철수한 적이 있다고 자인하는 점 등에 비추어 보면, A가 이 사건 건물을 점유·사용할 무렵부터 위 피고들이 앞서 본 바와 같이 이 사건 건물에 시정장치(*문을 잠그는 장치)와 현수막을 설치한 2006.2.7.경까지 위 피고들을 포함한 B-2의 채권단은 이 사건 건물에서 퇴거하여 점유를 상실하였던 것으로 봄이 상당하므로 위 불법행위로 인한 점유 이전부터 채권단을 통해 계속적으로 이 사건 건물을 점유하여 왔다는 위 주장은 이유 없다.

---

다음 판례도 점유의 목적이 유치권 행사가 아니었다는 점 때문에 유치권이 성립되지 못한 사례다. 설령 경매개시 이전부터 점유하고 있었더라도 점유의 목적이 유치권 행사가 아니라면 이는 유치권이 없는 것이다.

---

**전주지방법원 남원지원 2009.10. 8. 선고 2009가합127 판결 【건물명도】**

가) 원고가 피고들에 대하여 이 사건 공사대금 채권에 기한 유치권을 경매절차의 매수인 또는 이해관계인에게 주장하기 위해서는 경매개시결정의 기입등기(*새로운 등기원인이 발생하여 새 항목을 기입한 등기)가 경료(*법적 절차가 완료되었다는 뜻)되어 압류의 효력이 발생하기 전까지 원고가 이 사건 건물을 점유하고 있었어야 한다(대법원 2006.8.25. 선고 22050 판결 등 참조).

나) 그러므로 과연 원고가 이 사건 경매개시결정 기입등기 경료 전에 이 사건 건물을 점유하였는지에 관하여 살피건대, 앞서 본 바와 같이 이 사건 건물의 신축공사에 관한 하도급업체의 대표인 주식회사 A의 신청에 의하여 2007.7.31. 강제경매개시결정이 이루어졌고, 같은 해 8.7. 그 기입등기가 경료된 사실, 한편 원고는 2007.3.경부터 2008.9.경까지 원고가 채용한 분양담당직원인 B로 하여금 이 사건 건물의 102호 분양사무실에서 근무하면서 분양에 관한 업무를 수행토록 하였다가 2008.9.경 그 분양사무실을 철거하면서 비로소 이 사건 건물에 유치권의 존재를 알리는 현수막 등을 설치한 사실이 인정되기는 하나, 위와 같은 B를 통한 점유는 원고가 B-1과 사이의 특약에 기하여 이 사건 건물의 분양업무를 수행하기 위해

분양 담당직원을 이 사건 건물에서 근무하게 한 것이므로 이는 B-1과 사이의 분양대행에 관한 위 특약에 기한 점유에 불과하고, 원고의 B-1에 대한 공사대금채권을 확보하기 위한 유치권에 기한 점유는 아니라고 할 것이다.

다) 따라서 위 인정사실만으로는 원고가 위 강제경매개시결정의 기입등기 이전부터 이 사건 건물을 점유하여 왔다고 인정하기에 부족하고 달리 이를 인정할 만한 증거가 없다.

---

다음 판례 역시 점유 문제를 유치권의 시각에서 접근한다. 즉 유치권은 당사자 사이의 합의에 의하여 설정할 수 없는 법정담보물권이라는 점(법률상 당연히 생기는 담보물권을 법정담보물권이라고 한다. 당사자의 계약에 따라 권리설정범위가 결정되는 약정담보물권과 대립되는 개념이다. 즉 유치권은 당사자끼리 약속으로 정할 수 있는 권리가 아니다.), 유치권 인정 여부에 따라 수많은 이해관계인에 영향을 끼친다는 점을 들어 피고들의 점유를 인정하지 않고 있다.

---

### 서울고등법원 2009.5.1. 선고 2008나37898 판결 【건물명도】

(나) 또한 위 나머지 피고들은, 앞서 본안 전 항변에서 주장한 바와 같이 B가 2005.9.14.경 유치권자들의 대표인 B-2와 사이에 이 사건 각 건물에 관한 유치권의 성립을 용인하는 내용의 약정을 체결한 만큼, 유치권자의 불법점유의 하자가 치유되었다는 취지로 주장한다.

살피건대, E가 B-2와 사이에 B가 당시 위 협력업체들이 점유하고 있는 75세대의 유치권을 인정하고, 2005.10.31.까지 ○○빌리지에 관한 가압류, 가처분 등을 해제(말소)

하지 못할 경우에는 협력업체들이 나머지 모든 세대를 점유하여도 어떠한 민·형사상의 책임을 묻지 않기로 하는 취지의 약정을 체결한 사실은 인정되나 나아가 E가 B 대표이사 B-1의 위임을 받아 위 약정을 체결하였음을 인정할 증거가 없다는 점은 앞에서 본 바와 같으므로, 위 피고들의 위 주장은 이유 없다. E가 B-1의 위임에 의하여 위와 같은 약정을 체결하였다는 점이 인정된다고 하더라도, 유치권은 당사자 사이의 합의에 의하여 설정할 수 없는 법정담보물권인 점, 유치권이 인정되는지 여부에 따라 이 사건 각 건물에 관한 이해관계인에게 큰 영향을 미치게 되는 터에 이 사건 각 건물에 관하여 다른 이해관계인이 존재하지 않는다는 점에 관한 입증이 없는 이 사건(오히려 많은 이해관계인이 존재하는 것으로 보인다)에서 B와 B-2 사이의 위와 같은 약정만으로 점유의 하자가 치유되어 유치권의 발생 여부가 결정된다고 보기는 어려우므로, 이 점에서도 위 피고들의 유치권 주장은 이유 없다.

---

'점유의 하자가 치유되었다'는 말은 원래는 하자가 있던 점유가 어떤 이유에 의해 하자가 없어져 점유에 문제가 없게 되었다는 뜻이다. 위의 사례에서는 계약에 의해 점유에 문제가 없어졌다고 주장하나 법원은 유치권이란 계약에 따라 주고받을 수 있는 물권이 아님을 지적하며 피고들의 주장에 이유 없다고 밝힌다.

채무자와 계약을 맺었더라도 점유를 인정받기 위해서는 실제 사실행위가 필요하다. 점유란 계약서로 인정되는 권리가 아니기 때문이다.

---

### 서울고등법원 2008.6.25 선고 2008나42036 판결 【건물명도】

(나) 이 사건으로 돌아와 먼저 피고들이 이 사건 임의경매개시결정의 기입등기가 경

료된 2004.12.27. 이전부터 이 사건 건물을 직접 점유하여 왔는지에 관하여 보건대, 을제7호증의 2 내지 8, 을제8호증의 1 내지 5의 각 기재 및 영상만으로는 이를 인정하기에 부족하고, 오히려 갑제3호증, 갑제4호증의 각 기재 및 제1심 증인 A, B, C의 각 증언에 변론 전체의 취지를 종합하면, D의 며느리인 E가 2004.4.1.경부터 2005.10.15.경까지 D를 위하여 이 사건 건물을 관리하여 온 사실, 피고들은 2005.1.경부터 이 사건 건물의 1층 또는 지하 1층에 유치권을 행사한다는 취지의 안내문을 부착하고, 같은 달 15. 이 사건 임의경매절차에서 유치권자로서 권리신고를 하는 한편, 피고들의 직원들이 가끔 이 사건 건물에 들러 지하 1층에 있는 총무과 사무실의 책상을 사용하기도 하였으나, 이 사건 건물에 상주하거나 위 건물을 관리하지는 아니한 사실, 그 후 피고들은 2005.10.15.경 이 사건 건물 1층에 있는 사무실을 점유하는 한편 E로부터 이 사건 건물의 열쇠를 교부받아 그 무렵부터 이 사건 건물의 출입을 통제하여 왔고, 그로 인하여 이 사건 건물에서의 병원영업도 2005.10.15.경부터 중단된 사실을 인정할 수 있는바, 위 인정사실에 의하면 피고들이 이 사건 건물을 직접점유하기 시작한 것은 2005.10.15.경부터라 할 것이고(유치권 행사에 관한 단순한 안내문 부착이나 가끔 이 사건 건물에 들르기 시작한 것만으로는 이 사건 건물을 점유하였다고 하기에 부족하고, 설령 이를 점유로 본다 하더라도 그 시기가 2005.1. 초순경으로서 이미 위 임의경매개시결정의 기입등기가 경료된 2004.12.27. 이후이다), 이는 위 기입등기 이후이므로 피고들은 위 점유에 근거한 유치권을 내세워 이 사건 임의경매절차에서의 매수인인 원고에게 대항할 수 없다 할 것이다.

(다) 다음으로 피고들이 D와 사이에 이 사건 건물에 관한 건물 관리 및 사용 계약을 체결하여 이 사건 건물을 D와 공동점유 또는 D를 통하여 간접점유함으로써 유치권을 취득하였는지에 관하여 보건대, 을제5호증의 기재에 변론 전체의 취지를 합하여 보면, 피고들이 2004.12.22.경 D와 사이에 이 사건 건물에 관하여 "① 이 사건 건물 시설의 관리 및 사용권한은 D가 피고들에게 공사대금 완불시까지 피고들이 점유 및 사

용하기로 하고, 임시사용승인을 하여 주기로 한다. ②D는 피고들의 동의를 얻어 건물 일부를 사용할 수 있다. ③ 피고들은 이 사건 건물에 대한 강제 집행 착수시 유치권을 주장하여도 D는 어떠한 이의를 제기하지 않으며 피고들이 공사대금을 전액 수령할 수 있도록 협조한다."는 내용의 건물관리 및 사용계약을 체결한 사실을 인정할 수 있고, 그 후 피고들이 2005.1.경부터 이 사건 건물의 1층 또는 지하 1층에 유치권을 행사한다는 취지의 안내문을 부착하고 피고들의 직원이 가끔 이 사건 건물에 들러 지하 1층에 있는 총무과 사무실의 책상을 사용하는 한편, 2005.1.15. 이 사건 임의경매절차에서 유치권자로서 신고한 사실은 위에서 본 바와 같으나, 위 각 인정사실만으로는 피고들이 위 건물관리 및 사용계약이 체결된 2004.12.22.경부터 D와 공동으로 이 사건 건물을 점유하여 왔다고 보기에 부족하고 달리 이를 인정할 만한 증거가 없으므로, 피고들이 이 사건 건물을 D와 공동으로 점유하였음을 전제로 한 유치권 주장은 이유 없다. 그리고 유치권은 목적물을 유치함으로써 채무자의 변제를 간접적으로 강제하는 것을 본체적 효력으로 하는 권리인 점 등에 비추어, 그 직접점유자가 채무자인 경우에는 유치권의 요건으로서의 점유에 해당하지 않는다고 할 것이므로, 피고들이 D와 사이에 위 건물관리 및 사용계약을 체결함으로써 채무자인 D를 통하여 이 사건 건물을 간접점유하게 되었다 하더라도 그와 같은 방식의 간접점유에 의하여는 유치권이 성립되지 않는다 할 것이므로 이 부분 유치권 주장 역시 이유 없다.

---

다음 판례는 유치권이 행사되는 바람에 다른 당사자 사이에 교환 계약 이행이 불가능하게 되어 계약해제를 당한 사건을 다루고 있다. 따라서 교환계약이나 매매 계약을 할 때 계약 이행의 장애가 되는 적법한 유치권이 있는지 미리 확인해야 한다.

## 대법원 1993.4.23. 선고 93다289 판결 【건물명도 등】

원심판결에 의하면 원심은 원고들이 1989.4.12. 피고 A, B와의 사이에 원고들 소유의 이 사건 여관과 위 피고들이 소외(*본 소송과 무관한 사람) C로부터 매수하였다고 주장하는 이 사건 상가부분을 교환하고, 같은 해 4.26. 위 각 건물을 상호 명도하여 주기로(*점유를 넘겨주기로) 하는 계약을 체결한 사실을 다툼이 없는 사실로 확정한 다음, 관계증거를 종합하여(*시간에 주의! 6년 전 일로 돌아간다.) 소외 D는 1983.12.30. 서울 마포구 노고산동 ××의 × 대116.7평방미터 지상에 이 사건 상가부분을 포함한 지상 10층 지하 2층의 건물(이하 'E빌딩'이라고 한다)의 건축을 소외 ××주식회사(이하 '소외 회사'라 한다)에게 총 공사대금 2,017,689,818원에 도급을 주어, 위 회사가 1985.6.25. 이를 완공하였고 같은 달 27. 위 D 명의로 그 건물에 관하여 소유권보존등기를 하고 위 대지에 관하여도 같은 해 8.10. 위 매매를 원인으로 한 소유권이전등기를 하였으나 당시 소외 회사는 위 D로부터 총 공사대금 중 금137,831,028원을 변제받지 못하고 있었던 사실, 소외 회사는 나머지 공사대금채권의 확보를 위하여 위 1985.6.25.경부터 위 동인빌딩의 지하 1층과 이 사건 상가부분에 대하여 유치권을 행사하기로 하고, 그 출입문에 그러한 취지의 경고문을 붙여 놓으면서 이 사건 상가부분의 정식출입구 2개 모두를 자물쇠로 시정해 놓고 위 빌딩 9층에 상근하는 소외 회사의 직원들로 하여금 수시로 위 상가부분에 출입하면서 이를 관리하게 한 사실, 위 건물 중 이 사건 상가부분은 1985.7.23. 소외 F에게 매도되어 그 앞으로 소유권이전등기가 되었다가, 위 F의 국세체납으로 인하여 공매처분(*법률의 규정에 따라 공적 기관에 의하여 강제적으로 이루어지는 매매)되게 되자 위 F의 처인 소외 G가 1988.3.31. 이를 경락받았던 사실, 위 F(명의상으로는 위 G)는 이 사건 상가부분을 사용하거나 임대하려 하였으나 소외 회사의 유치권 행사로 할 수 없게 되자, 1988.7.경 위 D의 대리인인 소외 H와 함께 위 경고문을 없애고 위 상가부분에 대한 시정장치(*문을 잠그는 장치)를 바꾼 후 새로운 열쇠를 소지하게 된 사실, 이 같은 상태인 1989.2.9. 위 F는 이 사건 상가부분을 소외 C에게 매도하고 같은 달 11. 위 C 명의로 소유권이전등기를 마치면서 위 열쇠를 교부하였는데, 소외 회사의 직원들은 위와 같은 시정장치 교체사실을 전혀 몰랐고 원고들 역시 이 사건 교환계약 전후를 통하여 이러한 사정을 전혀 모르는 상태에서 위 교환계약(*당사자가 서로 금전 이외의 재산권을 이전하기로 약정함으로써 성립하는 계약. 민법 제596조)에 따라 이 사건 상가부분에 관하여 소외 C 명의에서 원고들 앞으로 소유권이전등기를 넘겨받으면서, 그 무렵 위와 같이 교체된 열쇠를 위 피고들로부터 교부받고 이 사건 여관을 피고들에게 명도한 사실[이 사건 여관의 대지는 환지(*구획정리사업에 있어 정리 전의 택지의 위치·지목·면적·이용도 기타 필요한 사항을 고려하여 소유자에게 재분배하는 택지) 정리 중이어서 아직 위 피고들 명의로 소유권이전등기를 할 수 없는 형편임을 서로 양해하고 위 교환계약을 이행하였다], 위 교환계약 당시 위 피고들이 이 사건 상가부분을 임차하겠다고 하였다가, 계약 후 임차하지 아니한다고 하므로 원고들은 이 사건 상가를 시정하여(*자물쇠를 채워) 둔 채 방치하여 오면서 다른 임차인을 구하다가 1989.9.7. 소외에게 이를 임대하기로 계약하였으나, 소외 회사가 1989.9.25. 위와 같이 시정장치가 교체된 사실을 발견하고 다시 위 시정장치 2개를 다른 것으로 바꾸면서 출입문에 경고문을 써 붙이고 타인의 출입을 금함으로써 원고들은 위 이 사건 상가부분을 점유할 수 없게 되었으므로 서울지방법원 서부지원 89678호로 소외 회사에 대하여 점포사용방해금지가처분신청을 하고 피고 A, B들과 전 소유명의자인 소외 C, F 등의 협조를 얻어 유치권행사가 부적법함을 다투었으나, 소외 회사의 유치권행사가 적법하다는 이유로 1989.12.15. 위 법원으로부터 기각결정을 받았고, 다시 위 결정에 대하여 서울고등법원 90라5호로 항고하였으나 1990.2.12. 항고기각되어 그대로 확정되었으며, 또한 원고들은 그 사이에 소외 회사의 대표이사인 소외 J와 총무부장인 소외 K에 대하여 위와 같은 유치권행사가 불법점유라는 전제에서 서울지방검찰청 서부지청에 업무방해죄로 형사고소하였으나 역시 위 유치권행사가 적법하다는 이유로 1989.12.5. 무혐의 결정이 된 사실, 이에 원고들은 1990.1.22. 위 피고들에 대하여 이 사건 상가부분을 명도하여 줄 것을 최고하였던 사실을 각 인정하고, 이 사건 상가부분은 위 ○○빌딩이 완공된 1985.6.25부터 소외 회사의 유치권의 목적이 되었고, 이로 인하여 원고들이 위 피고들로부터 이를 명도받지 못함으로써 위 교환계약은 그 목적을 달성할 수 없게 되었다 할 것이므로, 위 교환계약 당시 이러한 사정을 알지 못하였던 원고들은 위 피고들에 대하여 위 교환계약을 해제할 수 있다고 할 것인데(또한 위 피고들이 결국 원고들에게 위 상가부분을 명도하지 못하는 등으로 그 교환계약상의 채무를 이행하지 못한 이상 원고들이 그 이행을 상당한 기간을 두고 최고하였으므로, 원고들은 위 피고들의 이행지체로 인한 계약해제권도 가진다 할 것이다.) 원고들이 위 피고들에 대하여 이 사건 교환계약에 관한 해제의 의사표시를 한 이 사건 소장부본이 1990.6.29.까지 모두 위 피고들에게 송달된 사실은 기록상 명백하므로, 이 사건 교환계약은 같은 날짜에 적법하게 해제되었다고 판단하였다.

살피건대, 소외 회사의 위 D에 대한 공사대금채무가 잔존함(*이를 '공사잔대금'이라고 한다.)을 전제로 이 사건 상가부분에 관한 소외 회사의 유치권이 존속하고 있다고 판단한 원심의 사실인정과 판단은 수긍이 가고 거기에 채증법칙(*증거를 수집할 때 지켜야 할 원칙) 위배로 인한 사실오인의 위법이 없고, 유치권의 소멸에 관한 피고들 소송대리인의 법리오해 주장은 원심이 소외 회사의 이 사건 상가부분의 점유에 관하여 인정한 사실관계와 달리 소외 회사가 이 사건 상가부분의 점유를 상실하였음을 전제로 한 것이므로 논지는 이유 없다.

----

유치권의 의미를 생각해 보면 당연히 채무자는 유치권자가 될 수 없다. 유치권이란 채무자에게 돈을 받기 위해 행사하는 권리이기 때문이다. 다음 판례는 채무자가 유치권자가 될 수 없음을 지적한다.

---

**대법원 2008.4.11. 선고 2007다27236 판결【건물명도】**

유치권의 성립요건이자 존속요건인 유치권자의 점유는 직접점유이든 간접점유이든 관계가 없으나, 다만 유치권은 목적물을 유치함으로써 채무자의 변제를 간접적으로 강제하는 것을 본체적 효력으로 하는 권리인 점 등에 비추어, 그 직접점유자가 채무자인 경우에는 유치권의 요건으로서의 점유에 해당하지 않는다고 할 것이다.
* 집 주인과 세입자의 관계를 생각해 보자. 이 경우 세입자는 직접점유자가 되고, 집 주인은 간접점유자가 된다. 직접점유와 간접점유에 대해서는 뒤에서 다시 다룰 것이다.

---

아래 소개하는 판례는 유치권을 주장하는 공사업체가 사전에 채권자(금융기관)에 대하여 연대채무를 지겠다고 약정하였고 동시에 유치권을 포기한 사건을 다루고 있다. 이 경우는 유치권으로 대항할 수 없다. 참고로 아래 판례에서는 피담보채권을 양도한 경우 유치권은 소멸한다는 사실을 지적하고 있다. 점유까지 양도하는 경우라면 유치권이 함께 양도될 수 있다.

---

**서울중앙지방법원 2006.10.1. 고지 2006타기3153 결정【부동산인도명령】**

1. 피신청인(*이 사건은 '부동산인도명령신청'이므로 신청한 사람을 신청인, 신청을 받은 사람을

피신청인이라고 한다.)들은, A건설주식회사(이하 "A건설"이라고만 한다.)가 별지 목록 기재 각 부동산을 포함한 건물 전부에 관하여 건축주 B에 대한 공사대금 채권을 피담보채권으로 하는 유치권을 획득하였는데, 피신청인 주식회사 C종합목재(이하 "C종합목재"라고만 한다.)가 2004.11.22 경 A건설로부터 위 피담보채권을 양수(*타인의 권리, 재산 및 법률상의 지위 따위를 넘겨받는 일)하면서 유치권도 함께 양수하였으므로 피신청인 C종합목재는 유치권에 기하여 이 사건 각 부동산을 점유할 권원이 있고 나머지 피신청인들은 피신청인 C종합목재를 위하여 이 사건 각 부동산을 점유하고 있으므로 이 사건 인도명령신청은 이유 없다는 취지의 주장을 한다.

2. 그러나 피신청인들이 내세우는 주장은 다음과 같은 이유에서 받아들일 수 없다.

가. 별지 목록 기재 각 부동산을 포함한 이 사건 건물 전부를 신축하는 과정에서, 건축주 B(갑)와 시공사 A건설(을) 및 금융기관인 주식회사 ××상호저축은행(병, 이하 '××은행'이라 한다.)은 삼자 간의 합의를 하여 2003.9.5. 사업약정서를 작성하였는데 그 내용은 이 사건 건물을 신축하기 위하여 ××은행이 B에게 25억 원을 대출하고 A건설이 시공을 담당하는 것을 기본 골격으로 하되, ××은행의 대출금 회수를 위하여 A건설이 ××은행에 대하여 연대 보증채무를 부담하고(제4조) 분양이 정상적으로 될 경우 그 수입금 등 자금은 1순위로 대출금 이자 및 5억 원에 충당하며(제6조) A건설이 부도 등의 사유로 정상적으로 시공을 수행할 수 없는 경우 A건설이 가지는 유치권을 포기하기로(제8조) 약정이 되어 있다.

나. 위와 같은 약정 내용에 비추어 보면 A건설은 ××은행에 대하여 연대채무를 부담하면서 ××은행이 위 대출금 채권을 우선 회수할 수 있도록 협조해야 할 입장에 있다고 할 것이므로 그 후 ××은행이 이 사건 건물에 관하여 근저당권을 설정받은 후 대출금채무를 변제받기 위하여 임의경매를 신청한 이 사건에 있어서 A건설로서는 유치권 주장으로써 근저당권자 ××은행에 대항할 수 없고, 그에 따라 이

사건 임의경매에서 별지기재 각 부동산을 매수한 신청인들에 대하여도 대항할 수 없다고 봄이 상당하다. 또한 A건설은 2004.10.21.경 부도가 발생하여 이 사건 건물의 시공을 마무리하지 못한 채 같은 해 11.22.경 미지급공사대금 채권을 피신청인 C종합목재에 양도하였던 것이므로 위 사업약정서 제8조에 따라 A건설의 유치권포기 효과가 발생되었다고 판단된다. 그렇다면 A건설로서는 매수인인 신청인들에 대하여 유치권 주장을 할 수 없다고 할 것이므로 이러한 A건설로부터 유치권을 양도받았다는 피신청인 C종합목재도 역시 신청인들에게 유치권으로써 대항할 수 없고 설령 피신청인 C종합목재가 위 사업약정서의 내용을 몰랐다고 하더라도 달리 볼 이유는 없다.

(중략)

라. 그런데 이 사건 임의경매 과정에서 피신청인 C종합목재는 신청인들이 별지 목록 기재 각 부동산의 매각대금을 납부할 때까지 아무런 유치권 주장을 한 바 없고 오히려 피신청인 C종합목재에 공사대금채권전부를 양도함으로써 피담보채권을 상실한 상태인 A건설이 2005.1.20. 유치권신고서를 제출하였을 뿐이다(A건설은 자신이 유치권자이고 신고를 하였으므로 그것을 가지고 피신청인 C종합목재의 유치권 신고로 볼 여지는 없다.). 여기에다가 집행관의 현황조사보고서에 의하면, 이 사건 경매가 개시된 후인 2004.12.경 피신청인 C종합목재가 별지목록기재 각 부동산을 포함한 이 사건 건물을 점유하면서 유치권을 행사하고 있다고 볼 여지는 전혀 없고, 오히려 경매기록상 701호 B가 그 점유를 주장하고 801호는 B-1이 그 점유를 주장하고 있는 실정이므로 피신청인 C종합목재가 별지 목록 기재 각 부동산을 현재 점유하고 있다고 하더라도 그것은 이 사건 임의경매개시결정의 기입등기(*새로운 등기 원인이 생겼을 때 그것을 등기부에 기재하는 일. 소유권보전등기, 소유권이전등기, 저당권설정등기 따위)가 마쳐져 압류의 효력이 발생한 이후에 비로소 피신

청인 C종합목재가 점유를 개시한 것으로 봄이 상당하므로 이러한 경우 피신청인 C종합목재로서는 유치권을 내세워 매수인인 신청인들에게 대항할 수 없는 것이다(대법원 2005.8.19.2005다 22688 판결 참조).

---

우리가 위 사건에서 얻는 교훈은 위와 같은 공사대금 채권에 있어 시행사(건축주)나 금융기관 혹은 시공사 사이의 대출 계약관계가 어떻게 되었는지, 특히 공사대금채권으로 유치권자가 될 가능성이 있는 시공사가 어떤 내용의 계약을 체결하였는지, 유치권을 신고할 사람은 누구인지, 점유 개시 시점은 언제인지 잘 분별할 필요가 있다(이 사건에서 C종합건설이 경매개시결정 등기 전에 점유를 넘겨받았다면 유치권이 성립할 가능성이 있다.). 만일 A건설과 금융기관이 체결한 대출 약정 보증 내용을 한 번만 살펴보았어도 위와 같은 결과는 나오지 않았을 것으로 보인다.

## 점유의 개시 목적이 다른 임차인의 경우는?

임차인의 점유는 어떨까? 설령 유치권을 주장할 수 있는 위치에 있더라도 유치권을 행사하기 위해서가 아니라 임대차 계약에 의해 점유를 시작한 것이 아닌가? 그러나 이 경우, 법원은 임차인의 손을 들어준다.

---

**광주지방법원 2009.9.10선고 2009가합1964 판결 【유치권부존재확인】**
원고는 피고의 점유가 임차인으로서의 점유이므로 유치권이 성립하지 않는다고 주장하나, 피고의 점유 개시가 임대차 계약에 의한 것이라고 하더라도, 점유가 적법한 이상 유치권이 성립하는 데 아무런 지장이 없으므로, 원고의 주장은 이유 없다.

---

**무허가 미등기 건물의 유치권 주장**
아래 판례는 유치권자가 대항하지 못하는 경우에 대해서 다루고 있다. 살펴보자.

---

**대법원 1989.2.14. 선고 87다카3073 판결 【건물명도】**
(1) 건물철거는 그 소유권의 종국적 처분에 해당하는 사실행위이므로 원칙으로는 그 소

유자에게만 그 철거처분권이 있다고 할 것이나 미등기건물을 그 소유권의 원시취득자로부터 빚 대신 양도받아 점유 중에 있는 자는 비록 등기부상의 소유권취득에 관한 등기를 하지 못하고 있다 하더라도 그 권리의 범위 내에서는 점유 중인 건물에 대하여 법률상 또는 사실상 처분을 할 수 있는 지위에 있으므로 그 건물의 존재로 불법점유를 당하고 있는 토지 소유자는 이와 같은 지위에 있는 건물점유자에게 그 철거를 구할 수 있는 것이므로 같은 견해 아래 이 사건을 판단한 원판결은 옳고 여기에 소론과 같은 건물의 원시취득과 법률행위에 의한 부동산물권의 변동에 관한 법리오해가 있다고 볼 수 없다.

(2) 채무자가 채권자에게 어느 부동산으로 대물변제(*다른 것으로 대신 변제)하기로 약정했다 하더라도 그 소유권이전을 의미하는 등기가 끝나기 전에는 대물변제계약이 효력을 발생했다고 할 수 없음은 소론과 같다. 그러나 이 사건에서 원심이 확정하고 있는 바에 의하면, 원심은 다만 이 사건 무허가 미등기건물을 완공한 소외 A로부터 그 사람(*소외 A)에게 공사비 등으로 금6,000,000원을 빌려준 피고가 그 6,000,000원의 변제에 갈음하여 이를 양도받은 것이라는 것만을 설시하고 있을 뿐이지 여기에서 더 나아가 위에서 본소외인과 피고 간의 대물변제가 효력을 발생했다는 사실까지를 확정하고 있지는 아니하며 이와 같은 원심의 설시취지에 의하면 변론에서 당사자가 사용한 '대물변제'의 문구의 의미를 당사자의 진의대로 해석하여 사실을 확정하고 있음이 명백하므로 이와 같은 원심의 태도는 옳고 여기에 소론과 같은 재판상의 자백(*상대방의 주장 가운데 자신에게 불리한 내용을 인정하는 일)의 구속력(*행정행위가 그 내용에 따라 행정청이나 그 행정행위의 상대방 기타 관계인을 구속하는 효력)에 관한 법리오해(*판결에서 법적인 논리나 해석 등을 그르침)로 판단을 유탈(*빼먹음)한 위법이 있다고 볼 수 없다.

(3) 피고가 소외 A에게 이 사건 건물에 관한 유치권이 있다 하여도 같은 건물의 존재와

점유가 토지소유자인 원고에게 불법행위가 되고 있는 이 사건에 있어서는 소외인에 대한 유치권으로 원고에게 대항할 수 없는 것이므로 원판결에 소론과 같은 유치권의 성립에 관한 법리 오해가 있다 할 수 없다.

---

판례에서는 소유권이전이 완료된 상태가 아님을 지적하며, 이 건물에 대한 피고의 권리는 채무자(소외 A)의 토지에 대한 유치권밖에 없다고 명시한다. 유치권이 있으므로 채무자에게 돈을 받을 때까지 버티면 된다. 그런데 문제가 있다. 유치권의 대상이 되는 이 건물이 제3자인 토지소유자(원고)의 토지를 불법점유하고 있다는 점이다. 이 경우 토지소유자는 이 건물을 점유 중인 피고에게 건물철거를 청구할 수 있다. 유치권은 소외 A, 즉 채무자에 대한 것이지 이 유치권으로 건물철거청구권을 지닌 토지점유자에게 대항할 수 없다.

한편 유치권자는 자신의 점유물을 점유권의 한계를 벗어나서 마음대로 다루어서는 안 된다. 아래 사례처럼 유치권자가 자기 마음대로 타인에게 점유물을 사용토록 했을 때는 유치권을 위한 점유를 벗어난 것으로 본다.

---

**의정부지방법원 2009.11.17. 선고 2009가단16308 판결 【유치권존부확인】**

이 법원의 현증검증결과 이 사건 주택의 층으로 올라가는 계단에 사각철제 기둥 4개를 세워 보강공사가 되어 있었고, ×층은 올라가는 계단에 쇠기둥아크릴로 빗물가리개공사가 되어 있었으며, ×층 주택 일부를 알루미늄새시로 증축하여 A, B 등이 사용하고 있었으며, ×층에 방을 축조하여 B가 침대 등 가구를 두고 사용하고 있다는 사실, 피고가 점유하고 있는 컨테이너 박스에는 각종 공사장비, 고물 등이 들어 있는 사실 등을 인정할 수 있다. 위 인정사실에 의하여 인정되는 바와 같이, 일부 이 사건 주택에 공사를 한 점은 인정되나, ① 이 사건 주택 및 그 공사한 내역에 비하여 그 공사대금이 과다한 것으로 보이는 점, ② 피고가 그 컨테이너 하나를 점유하고 있는 것만으로는 이 사건 각 부동산에 대하여 유치권의 요건인 점유를 하고 있다고 보기 힘든 점, ③ 이 사건 주택의 ×층 방을 피고의 허락하에 B가 주거의 목적으로 사용하는 것은 유치권의 점유의 한계를 벗어난 것으로 보이는 점 등에 비추어 볼 때, 피고의 유치권은 성립되었다고 볼 수 없다.

----------------------------------------

# 5. 점유는 경매개시결정 기입등기 전에 이루어져야 한다

2005년 대법원은 유치권과 관련된 중요한 판결을 내린다. 경매개시결정 기입등기 이후에 점유가 시작되었다면 유치권을 내세울 수 없다는 내용이다. 이후 많은 사건이 이 판례에 따라 처리되고 있다.

---

**대법원 2005.8.19. 선고 2005다22688 판결 【건물명도】**

채무자 소유의 건물 등 부동산에 강제경매개시결정의 기입등기가 경료되어 압류의 효력이 발생한 이후에 채무자가 위 부동산에 관한 공사대금 채권자에게 그 점유를 이전함으로써 그로 하여금 유치권을 취득하게 한 경우, 그와 같은 점유의 이전은 목적물의 교환가치를 감소시킬 우려가 있는 처분행위에 해당하여 민사집행법 제92조 제1항, 제83조 제4항에 따른 압류의 처분금지효에 저촉되므로 점유자로서는 위 유치권을 내세

위 그 부동산에 관한 경매절차의 매수인에게 대항할 수 없다 할 것이다.

---

점유는 경매 부동산에 대한 경매개시결정의 기입등기 이전에 이루어져야 한다. 경매개시결정 기입등기 이후의 점유는 압류의 효력 때문에 유치권을 성립시킬 수 없다. 따라서 점유를 언제부터 계속적으로 시작했는지 그 시점을 알아내는 것이 중요하다. 매수인이 나중에 부동산인도명령을 받고 점유자로부터 경매 부동산을 인도받으려고 할 때 가장 중요한 시비 사유 역시 점유 개시 시기가 경매개시결정 기입등기 전인가 후인가 하는 문제다. 한편 경매가 개시된 줄 몰랐다는 것은 변명의 여지가 못 된다고 대법원은 못을 박는다.

---

**대법원 2006.8.25. 선고 2006다22050 판결 [토지인도]**

이 경우 위 부동산에 경매개시결정의 기입등기가 경료되어 있음을 채권자가 알았는지 여부 또는 이를 알지 못한 것에 관하여 과실이 있는지 여부 등은 채권자가 그 유치권을 매수인에게 대항할 수 없다는 결론에 아무런 영향을 미치지 못한다.

---

다음 판례는 피고가 경매개시결정의 기입등기 완료 전부터 해당 부동산을 점유하고 있었다는 주장에 대하여 판사가 감정평가사, 집행관의 보고서, 유치권 신고 일시, 경비원의 급여 지급 행태, 사진 등의 증거를 종합하여 이를 반박하고 원고의 주장을 인용한 사례이다.

### 서울중앙지방법원 2008.10.29. 선고 2007가합798 판결 【건물명도등】

이 사건에서 피고들의 점유가 이 사건 부동산에 대하여 경매개시결정의 기입등기가 경료되기 이전에 개시되었는지 여부에 관하여 보건대, 이에 부합하는 듯한 을 제7, 9, 10, 18, 20, 22, 23, 25호증(가지번호 포함)의 각 기재, 증인 A, B의 각 증언은 갑 제3, 4, 6, 9, 13호증, 을 제11, 12호증(가지번호 포함)의 각 기재, 이 법원의 의정부지방법원장, C에 대한 각 사실조회결과에 변론 전체의 취지를 종합하여 인정되는 다음과 같은 사실관계에 비추어 보면 이를 선뜻 믿기 어렵고, 을 제3, 11 내지 17, 19호증(가지번호 포함)의 각 기재, 증인 D의 증언만으로는 피고들이 이 사건 임의경매의 경매개시기입등기 전에 이 사건 부동산을 점유하기 시작하였다는 점을 인정하기에 부족하며, 달리 이를 인정할 만한 증거가 없으므로 결국 이를 전제로 한 피고들의 주장은 이유 없다.

① 이 사건 임의경매절차에서 이 사건 부동산을 감정평가하였던 C는 2006.3.27.부터 같은 해 4.14.까지 사이에 약 5회에 걸쳐 이 사건 부동산을 방문하였는데, 당시 시건장치가 되어 있었던 공장건물의 문을 열어 준 자는 피고들이 아니라 E의 차장 F였고, 당시 유치권 행사와 관련된 현수막, 팻말 등은 없었다. 피고들은 E의 실질적인 경영자인 B로부터 피고들이 이전에 공사하면서 사용하였던 열쇠 복사본을 이용하여 이 사건 부동산을 관리하도록 허락받았다고 주장하나, F에게 공장건물의 문을 열어주도록 연락한 자도 E의 이사 D로서 당시에도 여전히 E에서 공장건물의 열쇠를 보관하고 있으면서 이 사건 부동산을 점유, 관리하였던 사정을 짐작케 한다.

② 이 사건 임의경매절차에서 이 사건 부동산의 현황조사를 담당하였던 의정부지방법원 집행관 G의 직원인 H는 2006.4.13. 18:00, 2006.4.20. 20:30, 2006.4.24. 09:40에 이 사건 부동산을 방문하였는데, 당시 아무도 만나지 못하였고, 유치권행사와 관련된 현수막, 팻말 등은 발견되지 않았다.

③ 피고들은 이 사건 임의경매절차에서 개시결정이 있은 때로부터 7월 남짓 지난 2006.10.17.(피고 I), 2006.11.2.(피고 J)에 이르러서야 유치권을 신고하였는데, 피고 I는 2006.7.12. 경매법원에 채권신고를 할 당시에는 이와 같은 유치권을 주장하지 아니하였다.

④ 피고들은 2006.1.9.부터 A에게 공장건물의 관리를 위임하였다고 주장하나, 그에 대한 급여지급이 확인되는 것은 2007.1.부터일 뿐이다. 피고들은 피고가 대표이사의 친형인 K에게 관리인 급여를 송금하고, K가 A에게 급여를 지급하였다고 주장하나, 이에 관한 객관적인 금융자료를 제출하지 못하고 있다.

⑤ 피고들은 2006.1.9. 이 사건 부동산에 대한 점유를 개시하면서 촬영한 사진이라면서 을 제9호증의 1, 2를 제출하고 있는데, 위 사진의 조작을 주장하는 원고의 2008.8.19. 준비서면이 제출된 이후에 피고들은 위 사진 하단에 기재된 날짜표시는 피고 측 직원이 포토샵으로 그 숫자를 기재해놓은 것이라고 자인하고 있고, 디지털카메라로 촬영된 위 사진에 관한 파일을 보관 중 멸실하였다고 진술한 바 있어 위 사진은 사후에 그 날짜를 소급하여 기재하여 넣은 것으로 의심할 만한 충분한 근거가 있다.

-------------------------------------------------

그러나 특별히 참작할 사유가 있는 경우, 일시 중단된 경우도 유치권을 행사할 수 있다는 판례가 최근 선고되었다. 즉 경매개시결정 전에 성립된 유치권 변제기 유예로 소멸되었으나 점유를 계속하던 중 경매개시결정이 되고 그 후 변제기가 재차 도래하여 유치권의 성립 요건을 다시 충족하게 된 경우, 그 유치권으로 경매절차의 매수인에게 대항할 수 있다.

### 대법원 2022.12.29.선고 2021다253710 판결

- 경매개시결정 전에 성립된 유치권 변제기 유예로 소멸되었으나 점유를 계속하던 중 경매개시결정이 되고 그 후 변제기가 재차 도래하여 유치권의 성립 요건을 다시 충족하게 된 경우, 그 유치권으로 경매절차의 매수인에게 대항할 수 있는지 여부(한정적극)

피고가 경매개시결정 전후로 계속하여 경매목적물을 점유해 온 이 사건에서 피고의 공사대금채권의 변제기가 변제기 유예 이전에 이미 도래하여 피고가 이 사건 경매개시결정등기 전에 유치권을 취득하였을 경우, 이 사건 경매개시결정 이후 변제기가 재차 도래함으로써 피고가 다시 유치권을 취득하였다고 볼 여지가 있다. 또한 경매개시결정 전후로 유치권자가 부동산을 계속 점유하면서 집행법원에 유치권을 신고하였고 현황조사보고서에 이러한 사정이 기재되기도 하였으며 유치권의 존재를 확인하는 판결까지 확정되어 매수인 등이 유치권이 존재한다는 점을 알고 있었던 것으로 보이고 달리 거래당사자가 유치권을 자신의 이익을 위하여 고의로 작출하였다는 사정을 찾아볼 수 없다. 그렇다면 이 사건에서는 유치권의 행사를 허용하더라도 경매절차의 이해관계인에게 예상하지 못한 손해를 주지 않고 집행절차의 법적 안정성을 해치치 않아 유치권의 행사를 제한할 필요가 없으므로, 피고는 경매절차의 매수인인 원고에게 유치권을 주장할 수 있다고 봄이 타당하다.

---

한편 공매는 경매와 다르다. 공매란 국가나 지방자치단체 혹은 공공기관 등에서 법령에 따라 압류등기를 하도록 되어 있는데 과거에는 이 압류등기 일자가 경매개시결정 기입등기와 같은 효력을 가졌지만〈대법원 2014.3.20. 선고 2009다60336 전원합

의체 판결)이 나오면서 상황이 달라졌다.

### 대법원 2014.3.20. 선고 2009다60336 전원합의체 판결 【유치권부존재확인】

〔다수의견〕 부동산에 관한 민사집행절차에서는 경매개시결정과 함께 압류를 명하므로 압류가 행하여짐과 동시에 매각절차인 경매절차가 개시되는 반면, 국세징수법에 의한 체납처분절차에서는 그와 달리 체납처분에 의한 압류(이하 '체납처분압류'라고 한다)와 동시에 매각절차인 공매절차가 개시되는 것이 아닐 뿐만 아니라, 체납처분압류가 반드시 공매절차로 이어지는 것도 아니다. 또한 체납처분절차와 민사집행절차는 서로 별개의 절차로서 공매절차와 경매절차가 별도로 진행되는 것이므로, 부동산에 관하여 체납처분압류가 되어 있다고 하여 경매절차에서 이를 그 부동산에 관하여 경매개시결정에 따른 압류가 행하여진 경우와 마찬가지로 볼 수는 없다.

# 6
# 점유매개관계에 의해 증명되는 간접점유

---

**민법 제194조 (간접점유)**

지상권, 전세권, 질권, 사용대차, 임대차, 임치 기타의 관계로 타인으로 하여금 물건을 점유하게 한 자는 간접으로 점유권이 있다.

---

점유에는 직접점유와 간접점유가 있는데 둘 다 점유로 인정받는다. 간접점유란 일정한 법률관계(점유매개관계 : 물건에 대한 점유를 매개하여 주는 관계로, 임차권, 전세권, 사용대차권 등으로 이루어진 관계를 말함)를 바탕으로 타인으로 하여금 물건을 점유하게 하는 것을 말한다. 예컨대 세입자에게 전세를 주는 경우 주인은 해당 부동산에 대해 간접점유자가 되고 세입자는 직접점유자가 된다. 점유자가 둘로 늘어나는 셈이다. 이때 간접

점유자와 직접점유자 사이에는 점유매개관계가 형성되어 있어야 한다. 점유매개관계를 성립시키는 것에는 지상권, 전세권, 질권, 사용대차, 임대차, 임치(당사자 중 한쪽이 금전이나 물건을 맡기고 상대편이 이를 보관하기로 약속함. 또는 그로써 성립하는 계약. 늑기탁) 등이 있다.

한편 점유자는 점유보조자를 통해 점유를 하기도 한다. 점유보조자는 타인의 지시를 받아 물건에 대한 사실상의 지배를 하는 자다. 점유보조자는 점유를 보조할 뿐 점유자가 아니다. 예컨대 점포의 종업원이 주인을 대신하여 지배하는 경우, 이때의 종업원을 점유보조자라고 한다.

### 1) 간접점유

아래 판례는 피고 B가 피고 A를 위하여 점유·관리해 주기로 약정하였다고 하더라도 실질적인 점유매개관계나 반환청구권이 없으면 간접점유가 되지 않는다는 내용을 담고 있다.

---

**대전고등법원 2008.5.21. 선고 2007나11895 판결 【유치권부존재확인】**

먼저, 피고 A기업이 이 사건 1 내지 5 부동산을 피고 B를 통하여 간접점유하고 있는지 여부에 관하여 살피건대, 간접점유의 경우 직접점유자의 점유권은 간접점유자로부터 전래되는 것으로서, 간접점유자와 직접점유자 사이에는 점유매개관계가 존재하여야 하고 간접점유자는 직접점유자에 대하여 반환청구권을 행사할 수 있어야 하는바, 이 사건에 있어서 피고 A기업의 주장 자체에 의하더라도 간접점유자인 피고 A기업과 직접점유자인 B 사이에 어떤 점유(*매개)관계가 존재하는 것이 아니라 단지 이 사건 2 내지 5 부동산을 임차하여 찜질방을 운영하면서 유치권을 주장하던 피고 B가 피고 A기업을 위하여 이 사건 1 내지 5 부동산을 점유·관리해 주기로 약정하였다는 것이므로, 피고 A기업과 피고 B 사이에 점유매개관계가 존재한다거나 피고 A기업이 피고 B에 대하여 반환청구권을 행사할 수 있다고 할 수 없어, 피고 A기업이 B를 통하여 이 사건 1 내지 5 부동산을 간접점유하고 있다고 볼 수는 없고, 또한 피고 A기업이 이 사건 4 부동산의 일부인 피부 관리실을 직접 점유하였는지 여부에 관하여 살피건대, 이에 부합하는 듯한 을 제9호증의 1내지 6, 을 제10호증, 을 제12호증의 각 기재와 영상, 제1심 증인 C, D의 각 증언만으로는 이를 인정하기에 부족하고 달리 이를 인정할 증거가 없다.

위 판결 내용을 풀어 쓰면 '소외 甲이라는 회사와 보수공사계약을 체결하고 2005.7.10.부터 약 한 달 동안 보일러 시설 및 배관공사 등 찜질방 수리공사를 시행하고 그 공사대금 중 3억 10만 원을 지급받지 못해, 공사대금을 지급받기 위하여 이 사건 부동산 중 피부관리실을 직접 점유하면서 피고 乙과 사이에 이 사건 찜질방 영업을 방해하지 않는 대신 피고 乙이 피고 丙 회사를 위하여 이 사건 찜질방 건물 전체를 점유, 관리해 주기로 하는 약정을 함으로써 피고 乙을 통하여 이 사건 찜질방 건물 전체를 간접점유해왔기 때문에 유치권이 있다'는 피고 丙 회사의 주장에 대하여, 재판부는, 간접점유의 경우 직접점유자의 점유권은 간접점유자로부터 전래되는 것으로서, 간접점유자와 직접점유자 사이에는 점유매개관계가 존재하여야 하고 간접점유자는 직접점유자에 대해 반환청구권을 행사할 수 있어야 하는데, 피고 丙 회사의 주장 자체에 의하더라도 간접점유자인 피고 丙 회사와 직접점유자(점유매개자)인 피고 乙 사이에 어떤 점유매개관계가 존재하는 것이 아니라 단지 이 사건 건물을 임차하여 찜질방을 운영하면서 유치권을 주장하던 피고 乙과 사이에 이 사건 찜질방의 영업을 방해하지 않는 대신 피고 乙이 피고 丙 회사를 위하여 이 사건 찜질방 건물 전체를 점유·관리해 주기로 약정하였다는 것이므로, 피고 丙 회사와 피고 乙 사이에 점유매개관계가 존재한다거나 피고 丙 회사가 피고 乙에 대하여 반환청구권을 행사할 수 있다고 할 수 없어, 피고 丙 회사가 피고 乙을 통하여 이 사건 찜질방 건물 전체를 간접점유하고 있다고 볼 수는 없다(또한 피고 丙 회사가 이 사건 부동산 중 피부관리실을 직접 점유했다고 보기 어렵다). 따라서 피고 丙 회사가 이 사건 찜질방 건물 전체를 점유하고 있음을 전제로 하는 위 주장은 피고 丙 회사가 소외 甲 회사에 대하여 3억 10만 원의 공사대금 채권을 가지고 있는지 여부에 관하여 더 나아가 판단할 필요 없이 이유 없으므로, 이 채권을 피담보채권으로 하는 유치권은 존재하지 않는다. (후략)

* 설명 : 간접점유자가 직접점유자에 대하여 반환청구권을 가질 수 없는 경우, 점유매개관계가 없어 유치권을 주장할 수 없게 된다. 한편 매개관계가 있더라도 직접점유자가 딴소리를 하는 경우에도 유치권은 불투명해진다. 따라서 간접점유자로서는 직접점유자에 대해서, 또한 점유자는 점유보조자에 대해서 관계를 유지하고 증거를 보존하는 일에 관심을 기울여야 한다.

---

아래 판례는 점유자가 다른 사람으로 하여금 사실상 점유를 하게 할 때 그 관계를 확인하여 유치권 성립 유무를 판단하여야 한다는 내용을 담고 있다. 점유 방법은 간접점유 방식, 즉 임대차나 사용대차관계이든 점유보조자에 의한 직접점유이든 상관없다. 그러나 원심에서 이를 제대로 확인하지 않은 것은 잘못이라는 지적이다.

---

### 대법원 2004.5.14. 선고 2004228 판결

2. 또한, 이 사건은 재항고인(*대법원에 다시 항고한 사람)이 임대차계약에 기하여 임차인으로서의 대항력(*민법에서, 이미 유효하게 이루어진 권리관계를 제삼자가 인정하지 않을 때,

이를 물리칠 수 있는 법률에서의 권리와 능력) 등을 주장하는 것이 아니라 A가 유치권을 취득하였고, 재항고인은 유치권자라는 A를 위하여 이 사건 부동산을 점유하고 있다고 주장하고 있는 사안이므로, 유치권자라고 주장하는 A와 B건설 사이에 채권이 존재하는지, 그 채권을 위하여 A가 B건설 소유의 이 사건 부동산을 점유하고 있는 것으로 인정할 수 있을 것인지만을 검토하여 그 유치권의 성립 여부를 판단하여야 할 것이고, A와 B건설 사이에 적법한 임대차계약이 체결되었는지는 유치권의 성립에 아무런 영향이 없다고 할 것이므로, 원심이 이 사건 부동산에 관한 임대차계약이 체결되었다고 볼 자료가 없다는 점만을 이유로 재항고인의 유치권 주장을 배척한 것 역시 유치권에 관한 법리를 오해한 것으로서 위법하다고 볼 것이다.

3. 한편, 유치권의 성립에 있어서 유치권자의 점유는 직접점유는 물론 간접점유로도 충분하고, 재항고인 및 A 모두가 재항고인이 A를 위하여 이 사건 부동산을 점유하고 있는 것이라고 주장하고 있으므로 특별한 사정이 없는 한 A는 재항고인을 통하여 이 사건 부동산을 점유하고 있다고 볼 수 있을 것이므로, 원심이 재항고인이 이 사건 부동산을 점유하게 된 경위, 재항고인의 점유가 A를 위한 것이 아니라고 볼 사정 등에 관하여 아무런 언급도 하지 않은 채 재항고인과 A의 주장을 배척하고, 재항고인이 A를 위하여 이 사건 부동산을 점유하고 있다고 볼 수 없다고 판단한 것 역시 유치권의 성립에 관한 법리를 오해한 위법이 있거나 증거법칙을 위반하여 사실을 잘못 인정한 위법이 있다고 할 것이다.

---

다음 사건이 가장 일반적으로 간접점유를 인정하는 경우다. 유치권의 피담보채권(유익비)이 있고, 해당 유치물을 제3자에게 임차하고 있는 경우 간접점유가 인정된다.

### 서울고등법원 2000.6.15. 선고 99나48643 판결 【건물철거등】

피고는 가사 이 사건 제3토지를 정당하게 점유할 권한이 없다 하더라도 이를 임차하여 점유하면서 복토 및 포장을 하는 등으로 금7,794,200원 이상의 유익비(물건의 가치를 증대시키기 위해 지출된 비용)를 지출하였고 그 이상의 가치가 증가하여 현존하므로 그 유익비상환청구권에 기하여 이 사건 제3토지에 대하여 유치권을 행사한다고 주장하므로 살피건대, 피고가 1983.3.경 원래 논과 밭이었던 이 사건 제1토지 중 이미 위 A에 의하여 복토된 99㎡(약 30평)의 나머지 부분과 이 사건 제2, 3토지 부분을 복토하여 현재와 같은 대지로 만든 후 아스콘 포장공사를 한 사실과 피고가 1991.9.27.경 위 B에게 이 사건 제2, 3토지상의 각 건물을 임대하여 위 B가 그 무렵부터 현재까지 그곳에서 카센타 및 자동차정비업 등을 하고 있는 사실은 위에서 본 바와 같고, 을 제5호증의 1, 을 제6호증의 1, 을 제7호증의 각 기재에 변론의 전 취지를 종합하면 위 A와 피고의 위 복토 등 총 공사비용으로 금49,330,000원 정도가 소요되었고, 피고가 이 사건 제3토지에 관하여 공사비로 지출된 금액이 금7,794,220원 정도 되는 사실, 현재 위 공사로 인하여 이 사건 제3토지의 가치가 위 비용 이상으로 증가하여 현존하고 있는 사실을 인정할 수 있는바, 위 인정사실에 의하면 피고는 원고 C에게 이 사건 제3토지에 관하여 피고가 구하는 바에 따라 위 투입공사비용 금7,794,220원의 유익비상환 채권이 있다 할 것이어서(대법원 1973.7.24. 선고 69다60 판결 참조. 피고가 위에서 본 바와 같이 위 B에게 이 사건 제3토지상의 건물들을 임대하여 위 B가 현재 그곳에서 카센타 등을 운영하고 있으므로 피고가 이 사건 제3토지를 위 B를 통하여 간접 점유하고 있다 할 것이다.), 피고의 위 주장은 이유 있다 할 것이므로 피고는 위 원고로부터 위 유익비 7,794,220원을 수령함과 상환으로 위 원고에게 이 사건 제3토지를 인도할 의무가 있다 할 것이다.

아래 판례에서 원고는 일부 점유를 통한 전부 점유, 제3자를 통한 간접점유를 주장하고 있다. 그러나 판례는 점유매개관계가 없다는 사실을 들어 간접점유를 인정하지 않고 있으며, 나아가 객관적인 사정을 헤아려 일부 점유로 전부 점유를 주장할 수 없다고 밝힌다.

---

### 부산고등법원 2008.8.21. 선고 2007나17697 판결 【유치권확인】

**2. 유치권확인청구 및 점유방해금지청구에 관한 판단**

가. 원고들의 청구원인에 관한 판단

(1) 원고들의 점유 범위

이 사건 변론종결일 현재 이 사건 건물 중 이 사건 사무실 부분은 원고들이 점유하면서 사무실로 사용하고 있고, 그 나머지 부분은 피고가 이를 점유하면서 찜질방 영업을 하고 있는 사실은 앞서 본 바와 같다.

원고들은, 이 사건 사무실이 이 사건 건물의 중앙에 위치하고 있고, 이 사건 가처분 결정문이 건물 내 두 곳에 부착되어 있는 점, 이 사건 사무실 외 나머지 부분은 피고가 원고들을 속이고 원고들의 점유를 강제로 침탈한 곳이라는 점 등에 비추어, 원고들이 이 사건 사무실 부분을 점유함으로써 이 사건 건물 전부를 계속 점유하고 있다고 보아야 한다고 주장하므로 살피건대, 앞서 인정한 바 있거나 갑 8호증의 5, 9호증의 4, 11호증, 12 호증, 을 7호증의 각 기재에 변론 전체의 취지를 종합하여 인정할 수 있는 다음과 같은 사정들, 즉 ① 피고들이 현재 이 사건 나머지 부분을 점유하면서 찜질방 영업을 하고 있는 점, ② 원고들 중 일부가 위 찜질방 손님들의 출입을 방해하여 피고의 찜질방 영업을 방해하였다는 공소사실로 형사처벌을 받은 사실을 인정할 수 있는 점,

③ 2006.10.30. 이 사건 인도 집행 당시 이 사건 건물 중 이 사건 사무실 외 다른 부분은 모두 피고에게 인도집행되었고, 그 이전에는 2005년 2월경부터 소외 2, 3이 이 사건 사무실을 제외한 이 사건 건물 내에서 찜질방 영업을 한 점, ④ 이 사건 건물의 출입문 열쇠는 피고 부부만 소지하고 있을 뿐 원고들은 출입문 열쇠조차 확보하지 못한 점 등에 비추어 보면, 이 사건 사무실이 이 사건 건물의 중앙에 위치하고 있고 이 사건 가처분 결정문이 건물 내 두 곳에 부착되어 있다는 사정만으로는 원고들이 이 사건 사무실 부분을 점유함으로써 이 사건 건물 전부를 점유하고 있는 것이라고 보기는 어려우므로, 원고들의 위 주장은 이유 없다.

또 원고들은 피고를 통하여 이 사건 사무실 외 나머지 부분도 간접점유 하고 있다고 주장하나, 원고들의 피고를 통한 간접점유가 인정되려면 원고들과 피고 사이에 점유매개관계가 인정되고 원고들이 피고를 상대로 점유반환청구권을 행사할 수 있어야 할 것인데, 원고들과 피고 사이에 그러한 점유매개관계가 있음을 인정할 아무런 증거가 없으므로, 원고들의 위 주장도 이유 없다.

### 3. 점유회수청구에 관한 판단

**가. 원고들의 주장**

원고들은 피고를 상대로 점유방해금지가처분 결정을 받아 이 사건 건물 내에 그 결정문을 부착하고 관리인을 두어 이 사건 건물 전부를 점유하고 있었으나, 2007.3.4.경 피고가 이 사건 건물의 자물쇠를 몰래 열고 안으로 들어가 원고들의 의사에 반하여 원고들의 점유를 침탈하였으므로, 피고는 침탈한 원고들의 점유를 원상회복하여야 할 의무가 있다.

나. 판단

점유라 함은 물건이 사회통념상 그 사람의 사실적 지배에 속한다고 보여지는 객관적 관계에 있는 것을 말하고, 사실상의 지배가 있다고 하기 위해서는 반드시 물건을 물리적, 현실적으로 지배하는 것만을 의미하는 것은 아니고 물건과 사람과의 시간적, 공간적 관계와 본권관계, 타인 지배의 배제가능성 등을 고려하여 사회관념에 따라 합목적적으로 판단하여야 하는 것이며, 점유회수의 소에 있어서는 점유를 침탈당하였다고 주장하는 당시에 점유하고 있었는지의 여부만을 심리하면 되는 것이다(대법원 2003.7.25. 선고 2002다34543 판결 참조).

이 사건에서 원고들이 점유를 침탈당하였다는 2007.3.4.경 이 사건 건물 전체를 점유하고 있었는지에 관하여 살피건대, 甲 9호증의 1 내지 5, 15호증, 18호증의 1, 19호증, 22호증의 각 기재 및 위 소외 1의 일부 증언과 앞서 본 바와 같이 이 사건 건물 전체에 관하여 점유방해가처분 결정을 받은 사실만으로는 이를 인정하기에 부족하고, 달리 이를 인정할 증거가 없으며, 오히려 앞서 인정한 다음과 같은 사정들, 즉 2006.10.30. 이 사건 인도집행 당시 이 사건 건물 중 이 사건 사무실 외 다른 부분은 모두 피고에게 인도집행되었고, 그 이전에도 소외 2, 3이 이 사건 사무실을 제외한 이 사건 건물 내에서 찜질방 영업을 한 점, 이 사건 건물의 출입문 열쇠는 피고 부부만 소지하고 있을 뿐 원고들은 출입문 열쇠조차 확보하지 못한 점 등을 종합해 볼 때, 2007.3.4.경 원고들이 피고의 지배를 배제하고 이 사건 건물 전체를 점유하고 있었다기보다는 피고의 양해하에 이 사건 건물에 출입하면서 이 사건 사무실만을 점유해 온 것으로 보이므로, 원고들의 이 부분 청구는 더 나아가 살필 필요 없이 이유 없다.

------------------------------------------------

다만 간접점유에서 점유매개관계를 이루는 임대차계약 등이 종료된 이후에도 직접점유자가 목적물을 점유한 채 이를 반환하지 않고 있는 경우, 점유매개관계가 단절되지 않는다.

**대법원 2019.8.14. 선고 2019다205329 판결 【건물인도】**

유치권의 성립요건인 유치권자의 점유는 직접점유이든 간접점유이든 관계없다. 간접점유를 인정하기 위해서는 간접점유자와 직접점유를 하는 자 사이에 일정한 법률관계, 즉 점유매개관계가 필요한데, 간접점유에서 점유매개관계를 이루는 임대차계약 등이 해지 등의 사유로 종료되더라도 직접점유자가 목적물을 반환하기 전까지는 간접점유자의 직접점유자에 대한 반환청구권이 소멸하지 않는다. 따라서 점유매개관계를 이루는 임대차계약 등이 종료된 이후에도 직접점유자가 목적물을 점유한 채 이를 반환하지 않고 있는 경우에는, 간접점유자의 반환청구권이 소멸한 것이 아니므로 간접점유의 점유매개관계가 단절된다고 할 수 없다.

점유자는 점유를 침탈당하였을 경우, 이를 반환청구할 권리를 갖고 있다. 그런데 간접점유의 경우 이 문제는 직접점유자의 행동에 따라 해석이 달라진다. 즉 직접점유자가 임의로 점유를 이전한 경우 간접점유자의 점유가 침탈되었다고 할 수 없어 간접점유자의 점유 역시 소멸된다.

### 의정부지방법원 2009.6.4. 선고 2008가합1351 판결 【건물명도】

(가) 또한, 유치권자라고 주장되는 원고가 피고에 대하여 그 점유의 반환을 청구하기 위해서는 원고의 점유가 피고에 의하여 침탈되어야 하는데, 직접점유자가 임의로 그 점유를 타에 양도한 경우에는 그 점유이전이 간접점유자의 의사에 반한다 하더라도 민법 제204조 소정의 점유침탈에 해당하지 않는다 할 것이다(대법원 1993.3.9. 선고 92다5300 판결 참조).

살피건대, 갑 제17 내지 19, 33, 34, 45호증(각 가지번호 포함)의 각 기재는, ① 2007.11.8. 원고의 신고로 현장에 있던 경찰관들이 당시 별다른 폭행·협박은 없었다고 보고한 점(을 제7호증의 1, 2, 8), ② A의 피의사건 수사 과정에서 B가 피고 회사 직원인 C에게 폭행·협박 없이 순순히 열쇠와 보안카드를 넘겨주었다고 진술한 점(을 제7호증의 7) 등에 비추어 믿기 어렵고, 갑 제21, 36호증(각 가지번호 포함)의 각 기재 및 영상만으로는 피고 회사의 직원 C 등이 A의 직원인 B에게 폭행·협박을 가하여 강제로 이 사건 건물의 출입문 열쇠와 보안카드를 빼앗고 피고 회사의 직원들과 A가 D를 강박하여 양해각서 및 명도각서를 작성받았다는 원고의 주장사실을 인정하기에 부족하고, 달리 이를 인정할 만한 증거가 없는바, 직접점유자인 E측이 임의로 그 점유를 피고에게 양도하였다고 볼 것이므로, 간접점유자인 원고의 점유가 침탈되었다고 할 수 없어 원고는 그 점유를 상실함으로써 유치권을 상실하여, 피고에게 반환 청구할 수 없다.

---

간접점유의 경우, 직접점유자가 점유매개자의 역할을 그만두는 경우에는 유치권이 소멸한다.

### 전주지방법원 군산지원 2010카합368 결정 【공사방해금지가처분】

유치권자가 목적물의 점유를 상실하면 유치권은 당연히 소멸하는 것이므로(민법 제328조), 이 사건의 쟁점은 피신청인이 2010.7.경 이 사건 공사현장에서 철수한 이후부터 이 사건 공사현장을 다시 점유하기 시작한 2010.12.3. 이전까지 재하수급인들을 통하여 이 사건 공사현장을 점유하였는지 여부라 할 것이다.

유치권자의 점유는 직접점유이든 간접점유이든 상관없으나, 간접점유의 경우 직접점유자의 점유권은 간접점유자로부터 전래되는 것으로서 간접점유자와 직접점유자 사이에는 점유매개관계가 존재하여야 하고 간접점유자는 직접점유자에 대하여 반환청구권을 행사할 수 있어야 한다. 그러므로 간접점유는 직접점유자가 점유매개자의 역할을 그만두는 경우에 소멸한다고 할 것이다.

이 사건으로 돌아와 보건대, 피신청인이 이 사건 공사현장에서 철수한 이후 신청인이 재하수급인들과 직접 공사계약을 체결하거나 협의하에 다른 업체를 선정하여 공사를 속행한 사실은 앞서 본 바와 같고, 기록에 의하면, 유한회사 A를 제외한 재하수급인들(이하 나머지 '재하수급인들'이라 한다)은 신청인과 직접 공사계약을 체결한 이후 신청인의 관리·감독 아래 이 사건 공사를 계속 진행하여 2010.12.3. 당시 위 근린생활시설의 신축공사 공정률이 85%(실내마감공사 제외)에 이른 사실, 나머지 재하수급인들은 피신청인에게 재하도급계약에 의한 공사대금지급 청구를 하지 않겠다는 의사를 명백히 하고 있고, 피신청인 또한 신청인과 나머지 재하수급인들 사이의 공사계약체결 및 공사 속행에 대하여 상당 기간 동안 아무런 이의를 제기하지 않았던 사실이 소명되는 바, 이에 비추어 보면 나머지 재하수급인들은 신청인과 직접 공사계약을 체결하고 신청인의 관리 감독 아래 이 사건 공사를 속행할 무렵 피신청인을 위한 점유매개자의 역할을 그만두었다고 보여진다(유한회사 A는 2010.10 경 신청인과 합의 후 이 사건 공사현장에서 철수함으로써 점유를 상실하였다).

따라서 피신청인이 적어도 2010.10. 이후에는 재하수급인들을 통하여 이 사건 공사현장을 간접점유하였다고 보기 어렵고, 달리 이를 인정할 만한 소명자료가 없으므로, 피신청인은 이 사건 공사현장에 대한 점유를 상실하여 이에 따라 유치권도 당연히 소멸하였다고 할 것인데, 피신청인은 2010.12.3.부터 이 사건 공사현장을 불법 점유하면서 이 사건 공사를 방해하고 있고, 또한 피신청인이 위 공사현장을 점유함으로써 발생하고 있는 신청인의 손해는 계속 증가하고 있는 것으로 보이는 사정을 고려하면, 신청인의 이 사건 가처분은 그 피보전권리 및 보전의 필요성이 소명되었다고 할 것이다.

---

다음 판례는 간접점유와 배타적 점유에 대해서 다루고 있다. 판례는 간접점유는 인정하고 있으나 배타적 점유에 있어서는 부분 점유만을 인정하고 있다.

---

### 광주고등법원 2010.4.16 선고 2009나1954 판결 [유치권부존재확인]
#### 나. 피고들이 유치권에 해당하는 점유를 하고 있는지 여부에 관한 판단

(1) 점유 개시가 불법행위에 의한 것이었는지 여부

물건을 점유하는 자는 소유의 의사로 선의, 평온 및 공연하게 점유한 것으로 추정되고, 점유자가 점유물에 대하여 행사하는 권리는 적법하게 보유한 것으로 추정되므로, 그 점유가 불법행위로 인하여 개시되었다는 사정을 들어 유치권을 배척하려면, 그와 같은 사정은 유치권의 부존재를 주장하는 자가 입증하여야 하는데(대법원 1966.6.7 선고 66다600, 601 판결 등 참조), 갑 제15호증의 5, 갑 제17호증의 4, 6, 갑 제18호증의 7

의 각 기재에 의하면 유치권을 주장하는 피고들과 이 사건 건물의 소유자 사이에서 분쟁이 있었음이 인정될 뿐이고, 피고들의 이 사건 건물에 대한 점유가 불법행위에 의한 것이었다고 단정하기에 부족하다. 오히려 을가 제2, 4호증의 각 기재, 당심 증인 A의 증언에 변론 전체의 취지를 보태어 보면, 피고 B가 1997.6.7. A와 사이에서 이 사건 건물 완공 시 공사대금이 미지급될 경우 유치권을 행사할 수 있도록 협조받기로 약정한 사실, A가 이 사건 건물이 완공 이후 피고 B에게 공사대금을 지급하지 아니하자 피고 B가 1998.3.2. 부도를 낸 사실, 하수급인(*원수급인으로부터 하도급을 받은 수급인)인 피고 B-1이 A의 명시적·묵시적 동의하에 1998.5.경부터 하수급업체들로부터 공사대금의 수령 등에 관한 권한을 위임받은 자의 지위에서 이 사건 건물을 점유하기 시작하였고, 피고 B 역시 1998.5.8. 피고 B-1에게 이 사건 건물에 대한 유치권행사에 관한 권한을 위임하여 이를 간접점유하기 시작한 사실을 인정할 수 있다.

(2) 이 사건 건물을 배타적으로 점유하였는지 여부
(가) 피고들이 1998.5.경부터 선의로, 평온 및 공연하게 이 사건 건물을 점유하기 시작하였고, 2009.5.12. 제1심의 가집행선고가 붙은 판결에 터 잡아 명도를 구하는 원고에게 이 사건 건물 중 자신들이 점유하는 부분을 명도한 직후 이 사건 가지급물반환신청에 의하여 그 점유 회복을 구하고 있음은 앞서 인정한 바와 같으므로, 피고들은 1998.5.경부터 2009.5.12.까지 계속해서 이 사건 건물 전체를 점유한 것으로 추정되고, 그 점유를 상실한 직후 점유회복을 구하는 신청을 하였다고 봄이 상당하다.
(나) 다만 부동산에 경매개시결정의 기입등기가 마쳐져 압류의 효력이 발생한 이후에 위 부동산에 관한 공사대금 채권자가 그 점유를 개시함으로써 유치권을 취득한 경우, 그와 같은 점유의 취득은 목적물의 교환가치를 감소시킬 우려가 있는 처

분행위에 해당하여 민사집행법 제92조 제1항, 제83조 제4항에 따른 압류의 처분금지효에 저촉되므로 점유자로서는 위 유치권을 내세워 그 부동산에 관한 경매절차의 매수인에게 대항할 수 없고(대법원 2005.8.19. 선고 2005다22688 판결 등 참조), 그러한 법리는 공사대금 채권자가 압류의 효력 발생 전에 점유를 하였다가 이를 상실한 후 압류의 효력 발생 이후에 다시 점유를 개시한 경우에도 마찬가지로 적용되므로, 피고 B-1이 이 사건 경매절차의 각 경매개시결정 기입등기가 마쳐진 2004.2.5. 및 2004.7.1.경 이 사건 건물에 대한 점유계속의 추정이 복멸(*뒤집힘)되는지에 관하여 별지 제1, 2 목록 기재 건물로 나누어 살펴본다.

(다) 이 사건 건물 중 101호와 102호를 제외한 나머지 부분(별지 제2 목록 부분)이 부분 건물에 대한 점유계속의 추정이 복멸되는지 여부를 가리려면 갑 제8호증의 3, 4, 5, 갑 제9호증의 3, 4, 갑 제15호증의 3, 갑 제16호증의 4, 갑 제17호증의 8, 갑 제23호증의 1, 2, 갑 제25호증의 1, 2의 각 기재, 당심 증인 C, C-1의 각 일부 증언에 변론 전체의 취지를 종합하여 인정되는 다음의 사정을 고려하여야 한다.

(ㄱ) 피고 B-1은 이 사건 건물의 전 소유자인 ××대표이사 D-1에 대한 사기 피의(*의심을 받음) 사건과 관련하여, 2001.6.21. 검찰에서 1998.4.18. 피고 B의 부도로 공사대금을 받지 못하여, 1998.8.11.경부터 이 사건 건물 102호에 집기 등을 들여놓고 사무실로 사용하다가 전입신고까지 마치고 주거용으로 사용하였고, 2층은 2001.4.5.경부터 20여 개의 하청업체에서 가재도구와 사무실 집기 등을 가져다 놓고 점유하고 있으며, 3층은 2000.1.경부터 하수급인 중 1인인 B-2가 가재도구 일체를 가져다 놓고 점유하고 있다는 취지로 진술하였다가, 2001.9.7. 광주지방법원 순천지원 2001고합87호 특정경제범죄가중처벌등에관한법률위반(사기)사건에

증인으로 출석하여 피고 B-1 자신은 이 사건 건물 101호, 102호만을 점유하고 있고, 하수급인들이 위 건물 1 내지 3층에 대해서 유치권을 행사하고 있으나, 피고 B가 4, 5층에 대하여 유치권을 행사하고 있는지는 잘 모르겠다는 취지로 진술하였다.

(ㄴ) 광주지방법원 순천지원은 위 사건에서 이 사건 건물의 점유상태에 관하여 피고 B-1이 1층 101호, 102호를 점유하고 있는 외에 2층부터 5층까지는 철제문이 설치되어 있고 그 문에는 시정장치가 되어 있는데, 그 열쇠는 이 사건 건물의 관리인인 D-3이 보관하고 관리하고 있는 점, 피고 B-1이 2001.3.24.경 2층으로 올라가는 철제문을 철거하였다가 D-3으로부터 항의를 받고 다시 철제문을 설치한 점, 2층에는 소파 5세트, 책상과 의자 각 10개 정도만 있었던 점 등에 비추어 약간의 가재도구와 사무도구를 두었다는 것만으로는 사회통념상 B-1과 하수급인들이 시간적·공간적으로 건물을 배타적으로 관리하고 있다고 보기 어려운 점 등을 이유로 이 사건 건물 101호, 102호를 제외한 부분에 대한 피고 B-1 및 하수급인들의 점유를 인정하지 아니하였고, 이를 ××중앙회 ××지점에 고지하지 아니한 채 대출금을 교부받았더라도 사기죄가 되지 아니한다고 하여 D-1에게 무죄 판결을 선고하였으며, 그 항소심인 광주고등법원 2002도124호에서도 같은 이유로 검찰의 항소를 기각하여, 위 판결이 2002.7.12. 확정되었다.

(ㄷ) 이 사건 경매절차 중 광주지방법원 순천지원 2004타경2745호 사건에서 그 감정인은 2004.2.20.과 2004.2.21., 그 집행관은 2004.4.6. 11:00경 이 사건 건물을 방문하여 조사한 뒤 위 법원에 감정평가서와 부동산현황조사보고서를 통해 C-1이 2002.9.10.부터 이 사건 건물 지하 1, 2층을 임차하여 나이트클럽을 운영하고 있고, 지상 6, 7층은 호텔 영업 중이며, 나머지 4,

5, 8층은 비어 있다는 취지로 보고하였고, 같은 법원 2004타경20279호 경매절차에서 그 감정인은 2004.7.1., 그 집행관은 2004.8.5. 11:00경 이 사건 건물을 방문하여 조사한 뒤 위 법원에 감정평가서와 부동산현황조사보고서를 통해 1층 101호 내지 104호, 2층 201호, 3층 301호 모두 공실이라고 보고하였고, 피고 B-1이 유치권을 주장하였는지에 대하여는 보고한 바 없다.

(ㄹ) 이 사건 건물의 소유자이던 D-2는 이 사건 경매절차에서 각 경매개시결정 기입등기가 마쳐진 때를 전후한 2004.6.22.경 ××연구소 대표 D-3과 사이에서 위 건물 전체를 리모델링하여 분양하는 사업을 동업하기로 약정하고, 2004.8.27. ××대표 D-4에게 그 공사를 도급하였는데, 이 사건 경매절차로 이러한 사업이 중단되었고, C-1은 2002.9.경부터 2007.2.경까지 D-2로부터 그 지하 1, 2층을 임차하여 나이트클럽을, C는 2003.4.경부터 D-2 대표이사 D-4의 처인 D-5의 명의로 사업자등록을 한 상태에서 그 6, 7층에서 호텔을 운영한 바 있다.

(ㅁ) 또한 피고들은 2008.12.19.자 준비서면을 통해 1999.6.경 이 사건 건물의 주계단 중 1층, 3층, 5층과 비상계단 1층 등 네 곳에서 위층으로 통하는 계단통로에 사각 철봉으로 철문을 만들어 사람들의 통행을 차단하고, 1층 로비에 B 채권단 사무실을 만들어 책상 3개, 의자 13개, 테이블 등을 비치하여 점유사실을 명확히 하였으나, D-2 대표이사 D-4가 2002.2.경 30여 명을 동원하여 강제로 철문과 사무실을 해체해버리는 바람에, 피고들은 2004.10.경에서야 주계단 1층과 비상계단 1층 등 두 곳의 철문을 다시 복구하고 건물 1층 로비에 조립식 패널로 유치권 관리사무실을 만든 후 이 사건 건물을 점유 관리하고 있다는 취지로 주장한 바도 있다.

따라서 을가 제4, 5, 16호증의 각 기재에 A의 증언을 보태어 보면, 광주지방법원 순천지원 1999타경28309호 부동산임의경매절차에서 집행관이 작성한 부동산 현황조사보고서에 '이 사건 건물 중 1층 101호 내지 103호, 2층 201호, 3층 301호, 4층 401호, 5층 501호, 502호, 8층 801호, 802호는 피고 B가 공사대금채권을 변제받기 위하여 점유하고 있고, 피고 B의 동의하에 B-2가 지하 1, 2층을 나이트클럽으로, B-3이 1층 104호를, D-5(D-4 송××의 처)가 지상 6, 7층을 임대차 없이 점유사용하고 있다'고 기재되어 있고, 그 무렵인 1999.경 피고 B-1이 하수급인들의 대표자 겸 피고 B의 수임인 지위에서 이 사건 건물의 대부분을 점유한 사실을 인정할 수 있다고 하더라도, 위 (ㄱ) 내지 (ㅁ)에서 인정한 제반사정을 종합하면, 피고들은 그 이후 이 사건 경매절차의 각 경매개시결정 기입등기가 마쳐진 2004.2.5. 및 2004.7.1.경까지 사이에 이 사건 건물 중 101호와 102호를 제외한 나머지 부분에 대한 점유를 상실하였고, 위 기입등기가 마쳐진 이후인 2004.10.경 1층 로비 이외의 출입문에 시정장치를 설치하여 제3자의 진입을 막은 뒤, 당시 영업 중이던 지하층 나이트클럽과 6, 7층 호텔에 출입하는 사람들은 자신들의 관리하에 있는 이 사건 건물 1층 로비를 통해서만 출입하도록 제한하는 방식으로 이 사건 건물 전체를 점유하기 시작하였다고 봄이 상당하고, 아래에서 보는 이 사건 건물 101호와 102호에 대한 점유의 계속을 인정하는 근거로 삼는 증거들은 위와 같은 사실인정에 방해가 되지 아니하므로, 피고들의 이 부분 건물에 대한 점유계속의 추정은 깨졌다고 하겠다.

(라) 이 사건 건물 101호와 102호 부분(별지 제1 목록 기재 건물)

살피건대 이 사건 건물 중 101호와 102호를 제외한 나머지 부분에 대한 점유계속의 추정이 깨어졌다고 인정하는 근거로 삼은 증거들만으로 이 사건 건물 101호와 102호에 대한 점유계속의 추정 역시 깨어졌다고 인정하기에 부족하고, 오히려 을가 제43호증, 을가 제49 내지 54호증(각 가지번호 포함), 을나 제1호증, 제2호증의 1, 2의 각 기재, 당심 증인 A-1의 증언, ○○동 ○호 아파트 관리사무소에 대한 사실조회결과에 변론 전체의 취지를 보태어 보면, 피고 B-1은 1998.5.경부터 이 사건 건물 101호를 유치권 관련 업무를 처리하는 사무실 내지 창고로, 이 사건 건물 102호를 임시 거소로 사용하다가, 1999.5.10. 이 사건 건물 소재지로 전입신고를 마치고 가족과 함께 거주하였고, 2005.8.경 그 가족들이 여주시 ○○○에 있는 ○○호 아파트로 이사한 이후에도 이 사건 건물 101호와 102호를 자신의 생활근거지 중 하나로 삼아 관리하면서 우편물을 수령하는 등의 업무를 처리한 사실이 인정되므로, 이 사건 경매절차 중 주식회사 ××의 신청에 의한 경매개시결정의 기입등기일인 2004.7.1. 무렵 피고 B-1은 이 사건 건물 101호와 102호를 직접점유하고 있었고(이 사건 건물 101호와 102호는 주식회사 ××의 신청에 의한 광주지방법원 순천지원 2004타경2745호 부동산임의경매사건에서 매각되었다), 피고 B는 피고 B-1을 통하여 이를 간접점유하고 있었다고 하겠다.

(3) 유치권의 점유 인정 여부에 관한 결론
따라서 피고들은 이 사건 경매절차의 각 경매개시결정 기입등기 당시 그 경매가 개시된 이 사건 건물의 해당 부분 중 101호와 102호를 제외한 나머지 부분을 배타적으로 점유하지 못하고 있었는바, 이 사건 경매절차의 매수인으로서 소유권을 취득한 원고에게 유치권을 이유로 대항할 수 없어 그 유치권은 존재하지 아니하고, 원고에게 이를 명도할 의무를 부담한다고 할 것이므로, 같은 취지의 원고 주장은 정당하나, 나아가 피고들이 이 사건 건물 101호와 102호에 대하여도 유치권자로서 적법하게 배타적으로 점유하지 못하고 있다는 원고의 주장은 받아들일 수 없다.

------

### 2) 점유보조

점유보조자는 말 그대로 점유자를 보조하는 것일 뿐 어떤 점유의 권리도 행사하지 못한다. 따라서 점유의 권리는 점유자에게 있는 것이지, 점유보조자가 함부로 점유의 권리를 행사해서는 안 된다. 아래 사건에서 점유보조자라고 주장하는 피고는 전입신고를 마치고 3년 이상 가족과 함께 거주했다. 법원은 이런 행위가 점유보조가 아니라 점유에 해당한다고 보았다.

------

### 수원지방법원 2010.6.29. 선고 2009가단24817 판결 【건물명도등】

**2. 청구원인에 대한 판단**

가. 위 인정사실에 의하면, 특별한 사정이 없는 한 이 사건 주택의 점유자인 피고는 그 소유자인 원고에게 위 주택을 인도하고, 주택의 점유 기간 동안 차임 상당의 부당이득금을 지급할 의무가 있다. (이에 대하여 피고 및 피고 B는, 자신이 유치권자인 피고 B의 점유보조자에 불과하여 피고 스스로가 이 사건 주택을 점유하고 있는 것은 아니므로, 피고를 상대로 이 사건 주택의 인도 등을 구할 수는 없다고 다툰다. 그러나 설령 피고가 피고 B의 요청으로 이 사건 주택을 점유하게 되었다고 하더라도, 피고가 전입신고를 마치고 3년 이상 이 사건 주택에서 가족과 함께 거주하고 있는 이상 이를 두고 단순한 점유보조자의 점유로는 볼 수 없고 피고가 피고 B와의 임대차 또는 사용대차 관계에 의하여 위 주택을 직접점유하고 있다고 보아야 하므로, 피고 및 피고 B의 이 부분 주장은 받아들일 수 없다.)

**3. 피고 및 피고 B의 주장에 대한 판단**

(2) 그러나 유치권자는 유치물의 보존에 필요한 사용을 위해서만 유치물을 사용, 대여 또는 담보 제공할 수 있는바(민법 제324조 제2항), 유치권자는 채무자 또는 소유자의 승낙이 없는 이상 그 목적물을 타에 대여할 수 있는 권한이 없으므로, 유치권자의 그러한 대여행위는 소유자의 처분권한을 침해하는 것으로서 소유자에게 그 대여의 효력을 주장할 수 없고, 따라서 소유자의 승낙 없는 유치권자의 임대차 또는 사용대차에 의하여 유치권의 목적물을 대여받은 자의 점유는 소유자에게 대항할 수 있는 적법한 권원에 기한 것이라고 볼 수 없다(대법원 2009.5.28. 선고 2009다2095 판결 등 참조), 설령 피고 B 주장과 같이 피고가 부상으로 이 사건 주택을 점유하고 있다고 하더라도, 그 점유의 형태가 점유보조자의 점유가 아닌 직접점유에 해당함은 앞에서 본 바와 같으므로, 이러한 사용대차에 의하여 유치권의 목적물을 대여받은 피고의 점유는 소유자인 원고에게 대항할 수 없다.

(3) 그러므로 피고는 원고에게 이 사건 주택을 인도하고 그 점유로 인한 얻은 이득을 부당이득으로서 반환하여야 할 것이므로, 피고 및 피고 B의 유치권 주장은 이유 없다. (덧붙이건대, 피고 B가 유치물의 보존에 필요한 사용을 위한 범위를 벗어나 피고에게 유치물을 대여하였으므로, 원고는 민법 제324조 제3항이 정한 바에 따라 유치권의 소멸을 청구할 수 있는바, 원고가 이 사건 제5차 변론기일에서 유치권소멸청구의 의사표시를 하였으므로, 피고 B가 주장하는 유치권은 이로써 소멸하였음을 밝혀둔다.)

---

점유보조자가 점유 행위를 통해 어떤 이익을 얻고 있다면 이는 보조가 아니라 점유다. 아래 사건에서 법원은 점유보조자라고 주장하는 피고가 점유를 통해 이익을 얻고 있으므로 이를 점유라고 보아야 한다고 판결을 내린다.

## 부산지방법원 2011.3.8. 선고 2010가단110967 판결 【건물명도】

(1) 이에 대하여 피고는, 자신이 별지 건물에 관하여 유치권을 행사하고 있는 하도급 업체들(이하 '협의체')의 점유보조자에 불과하다고 주장한다.

(2) 살피건대, 점유보조자는 가사상, 영업상 기타 유사한 관계에 의하여 명령·복종 관계 또는 사회적 종속관계에 있는 타인의 지시를 받아 물건을 사실상 지배하는 자를 말한다. 민법 제195조는 이러한 경우 그 타인만을 점유자로 한다고 규정하고 있는데, 이를 점유보조자가 사실상 지배하고 있더라도 그것은 오로지 타인의 점유를 돕기 위한 것이어서 그를 점유자로 보호할 만한 사회적·경제적 이익이 없기 때문이다. 따라서 물건을 사실상 지배하는 자가 점유자인지 아니면 점유보조자에 불과한지를 판단하기 위해서는, 객관적으로 보아 그와 타인 사이의 명령·복종 혹은 종속관계가 있는지 여부와 그 정도, 그의 사실상 지배를 보호할 사회적·경제적 이익이 있는 여부, 그를 물권적 반환청구권의 상대방으로 인정할 필요나 이익이 있는지 여부 등을 종합적으로 고려해 판단하여야 한다.

(3) 그런데 을10호증의 2, 을47호증의 각 기재에 변론 전체의 취지를 종합하면, 피고는 2009.3.9. 그 아내 A와 B, B-1과 함께 별지 건물에 입주하여 거주한 사실, 2009.3.30.에는 별지 건물로 전입신고까지 마친 사실을 인정할 수 있다. 여기에 피고가 점유자라고 주장하는 협의체는 현재 그 실체나 구성원조차 불명확한 점(갑 21, 29 내지 33호증, 증인 C, C-1) 등을 종합해 보면, 피고가 오로지 협의체의 점유를 돕기 위하여 별지 건물을 사실상 지배한 것이라고 하나 피고에게 점유자로서의 권리와 의무를 부여할 사회적·경제적 이익이 없다고 보기는 어렵고, 오히려 피고는 그가 주장하는 유치권자와 형성한 별도의 점유매개관계에 따라 독자적인 사회적·경제적 이익을 향유하여 별지 건물을 점유하고 있다고 봄이 상당하다.

그렇다면 피고의 이 부분 주장은 이유 없다.

------

다음 판례에도 점유보조자의 요건이 등장한다. 법원은, 1) 점유자가 점유보조자의 요건을 갖추지 못한 사람에게 점유보조를 맡겼다는 점, 2) 점유자로서 소유자의 권한을 침해하여 부동산을 남으로 하여금 쓰게 했다는 점에 주목하여 판결을 내리고 있다.

------

### 춘천지방법원 강릉지원 2011.4.19. 선고 201042555 판결 【점유회수청구】

2) A가 점유보조자인지 여부

점유보조자란 가사상, 영업상 기타 유사한 관계에 의하여 타인의 지시를 받아 물건에 대한 사실상의 지배를 함으로써 독립한 점유자로 인정되지 아니하는 자를 의미하므로, 지상권, 전세권, 질권, 사용대차, 임대차, 임치 기타의 점유매개관계를 통하여 타인의 물건을 점유하는 자를 점유보조자라고 할 수는 없다(대법원 2007.11.25. 선고 2006다63174 판결 참조).

다음의 사정을 종합하면, A는 원고와의 사용대차 또는 그에 유사한 계약관계에 기하여 이 사건 부동산을 점유하고 있는 직접점유자로 볼 수 있을지언정, 원고의 지시를 받아 이 사건 부동산을 사실상 지배하고 있는 점유보조자는 아니라고 판단된다. 즉, A는 원고가 건축업을 하면서 알게 된 A-1의 딸로서 원고와는 가사상, 영업상, 기타 어떠한 직접적인 관계도 없는데, 원고의 허락을 받아 2008.3.31.경부터 이 사건 부동산에서 거주하고 있다. 피고가 A를 상대로 속초지원에 부동산인도명령 신청을 하자, A는 2009.9.21. '원고가 자신에게 이 사건 부동산을 점유하여 살라고 하여 2008.3.31.부터 이 사건 부동산에서 살고 있다'는 내용의 진술서를 제출하였다. A는 2009.11.19.

위 부동산인도명령에 대한 즉시항고를 제기하면서 원고가 A를 통하여 이 사건 부동산을 간접점유하고 있다고 주장하였다(을 8호증의 5, 5.6. 제1심 증인 A, 변론 전체의 취지).

3) 따라서 B가 실제로 이 사건 부동산을 점유하였다거나, A가 이 사건 부동산의 점유보조자에 불과함을 전제로 한 원고의 주장은 이유 없다.

나. 점유의 침탈여부에 관하여

원고의 주장을, 피고가 A의 직접점유를 침탈함으로써 원고의 간접점유를 침탈하였다는 취지로 선해하여 판단한다.

이 사건에 관하여 2008.2.20. 속초지원 2008타경1052호로 부동산강제경매 절차가 개시되었다. A는 원고로부터 사용승낙을 받아 위 경매절차 개시 이후인 2008.3.31. 이 사건 부동산에 전입신고를 마치고 그 무렵부터 거주하였다. 피고는 위 경매절차에서 이 사건 부동산을 매수한 후 2009.11.16. 속초지원 2009타기218호로 A를 상대로 이 사건 부동산에 관한 인도명령을 발령받았다. A가 즉시항고하였으나 2009.12.23. 이 법원 2009라58호로 즉시항고가 기각되었다. 피고는 위 인도명령을 집행권원으로 하여 부동산인도집행신청을 하였고, 이에 따라 속초지원 소속 집행관은 2010.1.6. 13:00경 이 사건 부동산에 관한 A의 점유를 해제하고 피고에게 그 점유를 인도하였다(다툼 없는 사실, 갑 5호증의 2, 을 2, 7호증, 을 8호증의 2~6, 변론전체의 취지). 유치권자는 채무자의 승낙 없이 유치물을 대여하지 못하므로(민법 제324조 제2항), 원고의 A에 대한 위 사용승낙행위는 소유자의 처분권한을 침해하는 것으로서 소유자에게 그 사용승낙행위의 효력을 주장할 수 없고, 따라서 A가 원고로부터 사용승낙을 받았더라도 그 점유는 매수인인 피고에게 대항할 수 있는 권원에 기한 것이라고 할 수 없다(대법원 2009.11.26. 선고 2009다35552 판결 및 대법원 2002.11.27 자 2002마3516 결정 참고). 이 사건 부동산은 위와 같이 피고에게 대항할 수 없는 권원에 기하여 점유하고 있던 A를 상대로 한 위 인도명령의 집행을 통해 그 점유가 피고에게로 이전된 것이므로 점유의 위법한 침탈에 해당한다고 볼 수 없다.

---

채무자는 점유자가 될 수 없다. 이 사실에 착안, 자신의 아내를 점유자로 내세워 유치권을 행사하려던 채무자가 있다. 판례는 설령 아내가 점유자라고 하더라도 유치권은 성립하지 않는다고 밝히고, 또한 동거가족이 점유할 때는 그 가족이 점유보조자가 된다고 설명한다(즉 직접점유자는 여전히 본인이다.).

---

### 창원지방법원 2009.9.11. 선고 2009나6305 판결 【제3자이의】

(2) 한편, 유치권의 성립요건이자 존속요건인 유치권자의 점유는 직접점유이든 간접점유이든 관계가 없으나, 다만 유치권은 목적물을 유치함으로써 채무자의 변제를 간접적으로 강제하는 것을 본체 효력으로 하는 권리인 점 등에 비추어 그 직접점유자가 채무자인 경우에는 유치권의 요건으로서의 점유에 해당하지 않는다고 할 것인바(대법원 2008.4.11. 선고 2007다27236판결), 이 사건의 경우 설령 원고의 위 주장대로 채무자의 처를 직접점유자로 하는 유치권 행사의 위임약정 아래 채무자의 처가 그 목적물을 점유하고 있었다고 하더라도, 목적물을 유치하여 변제를 간접적으로 강제하는 유치권의 본체적인 효력이 없기는 마찬가지이므로, 채무자의 점유 또한 유치권의 성립 및 존속요건으로서의 점유로 보기는 어렵다고 할 것이다.

(3) 또한, 동거가족이 부동산을 점유하고 있더라도 이는 당사자의 점유로 인정되어 집행력이 미친다고 할 것이므로(당사자를 위하여 목적물을 소지하고 있는 경우 필요한 승계집행문 부여도 필요치 아니한다) 원고의 위 주장도 이유 없다.

비슷한 사례다. 유치권을 주장하는 자가 채무자를 직접점유자로 하고, 본인들은 채무자를 통한 간접점유를 하고 있다고 주장한다. 그러나 법원은 이 역시 채무자의 직접점유 자체를 인정하지 않으므로 유치권은 불성립한다고 말한다.

**대법원 2008.4.11. 선고 2007다27236 판결 [건물명도]**

피고들이 이 사건 건물에 관한 공사대금채권자로서 임의경매개시결정의 기입등기가 경료되기 이전인 2004.12.22.부터 채무자인 소외인의 직접점유를 통하여 이 사건 건물을 간접점유함으로써 유치권을 취득하였으므로, 그 유치권에 기하여 경매절차의 매수인인 원고의 건물 명도청구에 대항할 수 있다고 판단하였으니, 원심판결에는 유치권의 요건인 점유에 관한 법리를 오해한 위법이 있다.

* 간접점유는 직접점유자와 점유보조자에 따라 점유가 오락가락하는 경우가 다반사다. 즉 직접점유자 내지는 점유보조자가 사라지면 이를 기반으로 한 유치권이 성립하지 않아 매수인은 쉽게 유치물을 명도받을 수 있게 된다.

점유보조를 인정받으려면 가족이거나 혹은 고용관계가 있어야 한다.

**의정부지방법원 2009.7.2. 선고 2008나4002 [건물명도], 20084019(병합) [건물명도 판결]**

피고들은 자신들이 별지 제2목록 유치권자란 기재 유치권자(이하 '유치권자'라고만 한다)들의 점유보조자에 불과하다는 취지로 주장하므로, 과연 위 피고들이 그 주장의 유치권자에 대하여 '사회적인 종속관계'에 있는 자들에 해당하는지에 관하여 살피건대, 을 2호증의 11, 83 내지 85, 을 4호증의 1 내지 5, 을 5호증의 1, 2, 3의 각 기재 및 이 법원의 현장검증결과만으로는 이를 인정하기에 부족하고 달리 이를 인정할 만한 증거가 없으며, 오히려 피고들의 종속성을 인정할 만한 고용계약서 등도 제출하지 못한 점 등에 비추어 보면, 위 피고들은 별지 제1목록 기재 해당 건물을 그 주장의 유치권자들과 사이에서 별도의 점유매개관계를 형성하고 점유하게 된 별도의 독자적 점유권자라 할 여지도 있으므로, 이와 반대 사실을 전제로 한 피고들의 위 주장은 이유 없다.

---

종중의 일원이 타인에게 부동산을 임대한 경우, 이 부동산은 종중이 간접점유를 한 셈일까? 아래 판례에서는 종중이 간접점유를 인정받으려면 임대한 자가 종중의 대표기관 내지는 집행기관이거나 그 대리인이어야 하며 그 외의 경우에는 개인의 자격으로 임대한 것이어서 종중의 간접점유는 인정될 수 없다고 판결을 내린다.

---

### 대법원 1999.2.23. 선고 98다50593 판결 【소유권이전등기】

종중은 공동선조의 봉제사, 분묘의 수호 및 종원 상호간의 친목도모를 목적으로 하는 종족의 자연적 집단으로서 민법상 인격 없는 사단이므로, 종중이 어떤 부동산에 관하여 임대차를 점유매개관계로 하여 간접점유를 취득하였다고 하기 위하여는 그 임대차 관계를 성립시킨 자가 사실상으로나마 종중의 대표기관 내지는 집행기관이거나 그 대리인이어야 하고, 종원이 단지 종중과 무관하게 사인의 자격에서 임대한 것에 불과하다면 그 간접점유의 귀속주체는 어디까지나 그 개인일 뿐 종중이 그를 통하여 당해 부동산을 간접점유하였다고 볼 수 없다(대법원 1997.4.25. 선고 96다46484 판결 참조). 원심판결의 이유에 의하면, 원심은 거시 증거에 의하여, 소외 A가 1975년경 당시 원고 종중의 종중원이던 소외 B의 과수원에서 일해 준 대가로 위 B의 승낙을 받아 이 사건 토지 위에 시멘트블럭조 슬레이트지붕 주택 1동 30.74㎡를 신축하여 약 5년간 위 B에게 임료를 지급하면서 살다가 1980년경 위 주택만 소외 C에게 매도한 사실, 위 C는 1988년까지는 위 B에게, 그로부터 1994년까지는 역시 원고 종중의 종중원인 소외 D에게 매년 벼 100근의 도조를 납부하여 온 사실을 인정한 다음, 원고 종중이 이 사건 토지를 소유의 의사로 점유하여 1996.1.26. 그 취득시효가 완성되었다는 원고의 주장에 대하여, 위 B 및 위 D의 이 사건 토지를 점유·관리하였다고 하여 원고 종중의 점유·관리로 볼 수 없고 달리 원고 종중의 점유를 인정할 증거가 없다는 이유로 이를 배척하였다. 기록에 의하면, 위 B가 위 A에게 이 사건 토지를 임대하고 또 위 C로부터 그에 대한 임료를 지급받은 것은 전혀 사인의 지위에서 자신의 이익을 위하여 행한 것일 뿐 원고 종중을 대표하거나 대리하여 행한 것이 아닌 점을 엿볼 수 있는바… (하략)

------------------------------------------------

## 7 점유보호청구권

점유보호청구권이란 점유에 대한 침해나 침해의 우려가 있는 경우에 본권의 유무를 가리지 않고 침해를 배제하거나 예방해 달라고 청구할 수 있는 물권적 권리로, 제척기간(권리를 행사할 수 있는 기간)은 1년이다. 우리 민법에는 점유보호청구권으로 1) 점유물 반환청구권, 2) 점유물 방해배제청구권, 3) 점유물 방해예방청구권을 인정하고 있다. 그리고 채권의 일종일 손해배상청구권도 인정하고 있다. 단 점유보조자는 위 권리를 주장할 수 없다. 하나씩 살펴보자.

## 1) 점유물 반환 청구권

---

**민법 제204조 (점유의 회수)**

① 점유자가 점유의 침탈을 당한 때에는 그 물건의 반환 및 손해의 배상을 청구할 수 있다.

② 전항의 청구권은 침탈자의 특별승계인에 대하여는 행사하지 못한다. 그러나 승계인이 악의인 때(*침탈인 줄 알고도 승계했을 때)에는 그러하지 아니하다.

③ 제1항의 청구권은 침탈을 당한 날로부터 1년 내에 행사하여야 한다.

---

점유자가 점유를 침탈당하였을 때 물건의 반환과 손해의 배상을 청구하는 권리다. 여기서 침탈이란 점유자가 줄 생각이 없는데 물건을 빼앗긴 것을 말한다. 그래서 강취(강제로 빼앗는 것), 절취(몰래 훔치는 것)는 침탈일 수 있지만 사기, 강박(협박), 착오 등에 의해 점유가 이전된 경우에는 침탈이 아니다. 다만 간접점유자에게는 아래와 같은 특칙이 있다.

---

**민법 제207조 (간접점유의 보호)**

② 점유자가 점유의 침탈을 당한 경우에 간접점유자는 그 물건을 점유자에게 반환할 것을 청구할 수 있고 점유자가 그 물건의 반환을 받을 수 없거나 이를 원하지 아니하는 때에는 자기에게 반환할 것을 청구할 수 있다.

---

점유를 침탈당한 직접, 간접점유자는 침탈을 한 점유자(간접점유 포함)나 악의인 특별승계인(민법 제204조제2항 참조)을 상대로 침탈당한 날로부터 1년의 제척기간 내에 반환청구를 행사해야 한다. 이 경우 침탈자가 선의의 제3자에게 목적물을 임대한 경우 선의의 제3자(임차인)에게 반환청구를 할 수 없다(침탈자가 간접점유자가 된다.). 다만 점유를 침탈당한 자가 본권인 유치권 소멸에 따른 손해배상청구권을 행사하는 경우 제척기간 1년이 적용되지 않는다.

---

### 대법원 2021.8.19. 선고 2021다213866 판결 【손해배상(기)】

민법 제204조에 따르면, 점유자가 점유의 침탈을 당한 때에는 그 물건의 반환 및 손해의 배상을 청구할 수 있고(제1항), 위 청구권은 점유를 침탈당한 날부터 1년 내에 행사하여야 하며(제3항), 여기서 말하는 1년의 행사기간은 제척기간으로서 소를 제기하여야 하는 기간을 말한다(대법원 2002.4.26. 선고 2001다8097, 8103 판결 참조). 그런데 민법 제204조 제3항은 본권 침해로 발생한 손해배상청구권의 행사에는 적용되지 않으므로 점유를 침탈당한 자가 본권인 유치권 소멸에 따른 손해배상청구권을 행사하는 때에는 민법 제204조 제3항이 적용되지 아니하고, 점유를 침탈당한 날부터 1년 내에 행사할 것을 요하지 않는다.

---

다음 판례는 승계인이 침탈 사실을 알고 그러했는지 여부(선의인지 악의인지)를 가리지 않은 채 판결을 내린 원심을 깨고, 승계인에게 점유회수청구를 하는 것이 옳지 않다고 판결을 내린 대법원 판례다. 요컨대 승계인에게 점유회수청구를 하기 위해서는 승계인이 침탈 사실을 알고 그랬다는 사실을 입증할 필요가 있다.

## 대법원 1995.6.30. 선고 95다12927 판결 【점유물반환등】

원심판결 이유에 의하면, 원심은 거시증거(*제시한 증거)에 의하여, 원고는 1991.8.29. 소외 A로부터 이 사건 점포를 임차보증금 12,000,000원, 월차임 50,000원, 임차기간 1년으로 정하여 임차한 다음 이 사건 점포에서 비디오테이프 대여점을 운영하면서 이를 점유·사용하여 오던 중 1992.8.28.자로 임대차기간이 만료되자 같은 상가 내에 있는 113호 점포를 임차하여 비디오테이프, 선반 등의 비품을 모두 옮긴 다음 위 A에게 임차보증금의 반환을 요구하면서 이 사건 점포의 출입문에 자물쇠를 채워 둔 사실, 피고는 이 사건 점포 등 위 A의 재산관리업무를 담당하여 오던 중 1993.6.8. 이 사건 점포에 원고가 채워 놓은 자물쇠를 강제로 따고 들어간 다음부터 이를 점유·사용하여 온 사실, 참가인은 이 사건 소송이 계속 중이던 1994.9.1. 위 A로부터 이 사건 점포를 임차하고 피고의 점유를 승계하여 현재까지 이를 점유·사용하여 온 사실을 인정한 다음, 이에 의하면 피고는 원고가 점유하고 있는 이 사건 점포의 점유를 침탈하였다고 할 것이고, 참가인은 이 사건 소송의 계속 중 피고로부터 그 점유를 승계하였으므로, 참가인은 원고에게 이 사건 점포를 명도할 의무가 있다고 판단하였다.

기록에 의하면, 원고가 참가인에 대하여 이 사건 점포의 명도를 구하는 것은 점유회수청구권에 기한 것임이 뚜렷한바, 이러한 점유회수청구권은 침탈자의 특별승계인에 대하여는 행사하지 못하고, 다만 승계인이 악의인 때에만 행사할 수 있는 것이다(민법 제204조 제2항). 그런데 참가인이 이 사건 점포를 점유하게 된 경위가 위 원심이 인정한 바와 같다면 참가인은 침탈자인 피고의 특별승계인에 해당한다 할 것이므로, 참가인이 점유의 침탈이 있었음을 알고 있었다는 점에 관한 원고의 주장입증이 없는 한 참가인에 대한 명도청구는 받아들일 수 없다 할 것인바, 원심이 이 점에 관하여 심리, 확정하지 아니한 채 그 판시와 같은 이유만으로 원고의 참가인에 대한 명도청구를 받아들인 것은 위 법리를 오해한 위법이 있다.

---

유치권자가 점유를 상실하면 모든 게 끝일까? 민법제192조2항은 사실상의 지배를 상실하면 점유권이 소멸한다고 명시한다. 그러나 점유 회수의 소가 남아 있다. 이 소송에서 승소 판결을 받게 되면 다시 점유권이 인정되어 유치권을 주장할 수 있다는 말이다. 다만 그 전까지는 현재 점유자의 점유권을 일단 인정한다(이를 '추정'이라고 한다.).

점유회수의 소를 통해 점유를 회복하기 위해서는 확정 판결이 끝나야 한다. 1심에서 승소했다는 사실만으로는 점유가 인정되지 않으며 따라서 현재 점유자의 우선 점유를 추정할 수밖에 없다.

---

### 대법원 2004.2.27. 선고 2003다46215 판결

○○망 A와 채무자들 사이의 건축공사도급계약이 적법하게 해지되고 또한 이 사건 토지상의 건축공사가 새로운 수급인인 채권자 B에 의하여 완료된 이상 채무자들이 건축공사를 위하여 이 사건 토지에 출입할 권한이 있다 할 수 없고, 나아가 이 사건 토지상의 건물이 채무자들의 공사대금채권 보전을 위한 유치권의 목적물이었다고 하더라도 채무자들이 그에 대한 점유를 상실한 이상 그것이 채권자 B의 불법적인 점유침탈로 인한 것이라고 하더라도 유치권은 소멸되는 것이고, 다만 채무자들이 민법 제204조에 의한 점유회수의 소를 제기하여 승소판결을 받는 등 하여 점유를 회복하게 되면 유치권은 되살아난다고 할 것이나 아직 점유의 회복이 이루어지지 아니한 이상 점유회수 청구사건의 제1심에서 승소판결을 받았다는 사실만으로 이 사건 토지상의 건물에 관한 유치권이 존재한다고 할 수 없는바, 그럼에도 채무자들이 건축공사도급계약의 해

지 효력을 다투는 한편 자신들이 시공한 부분의 공사대금채권을 보전하기 위하여 유치권에 기하여 이 사건 토지상의 건물을 점유할 권한이 있고 그 점유를 위하여 이 사건 토지에 출입금지를 명할 필요가 있다고 할 것이다.

---

다음 판례는 반환청구권과 점유회수의 소가 모두 부정된 사례다.

먼저, 반환청구권. 좋은 땅이 있다는 사탕발림에 넘어가 임차 중인 식당을 넘겨주고(즉 임차권을 넘겨주고) 땅을 받은 사람이 있다. 나중에 알고 보니 땅이 개발제한에 묶여 시가가 터무니없이 낮았다. 그래서 교환계약을 취소하게 되었는데 그 사이 식당을 넘겨받은 이 사기꾼은 임차권이 만료되어 건물 주인과 새로 임대차계약을 맺었다. 반환받을 임차권이 소멸되었으므로 반환청구권 역시 제기할 수 없다.

다음, 점유회수의 소. 이 소는 점유를 침탈당했을 때 청구할 수 있다. 그러나 사기나 강박(협박), 착오는 침탈의 요건에 해당하지 않는다. 침탈로 인정받으려면 강제로 빼앗겼거나 몰래 훔쳐갔다는 사실을 입증해야 한다(대법원 2009.11.16. 선고 2009다35552 판결 참조).

---

### 대법원 1992.2.28. 선고 91다17443 판결 【건물명도】

원심판결 이유에 의하면, 원심은 소외 A가 이 사건 건물의 종전 소유자인 소외 B로부터 이 사건 건물을 보증금 20,000,000원에 임차하여 그곳에 위 A의 처인 소외 C 명의로 대중음식점영업을 허가받아 식당을 경영하고 있었는데, 원고는 위 A와 1987.8.19.자로 이 사건 식당경영권을 위 임차보증금 20,000,000원을 포함하여 합계 금65,000,000원으로 평가하여 원고 소유의 임야 9필지 약 3,000평과 서로 교환하기로 약정하고 그 무렵 이 사건 건물을 명도받아 식당을 경영하다가, 다시 원고는 피고와 1987.11.10.자로 소외 D의 소개로 피고 소유의 충북 옥천군 ××면 ××리 ×× 임야 23,895평방미터(이하 '이 사건 임야'라 한다)와 이 사건 식당을 교환하기로 하되 피고가 이 사건 임야에 추가하여 원고에게 금20,000,000원을 더 지급하기로 하는 내용의 교환계약을 체결하고, 원고는 피고로부터 위 교환계약에 따라 위 금20,000,000원을 지급받은 후 1987.11.20.자로 이 사건 임야에 관한 소유권을 아직 넘겨받지 아니한 상태에서 이 사건 건물에 대한 임차권을 피고에게 양도하고 이 사건 식당을 피고에게 명도하여 주었는데, 그 후 원고가 이 사건 임야의 시가와 현황을 조사하여 본 결과 이 사건 임야는 자연환경보전지역 또는 수리안전보전지역으로서 개발이 제한된 곳이고 급경사의 암석지로 된 야산으로서 시가 금2,628,450원 정도에 불과한 임야로 판명되었는데, 피고는 위 교환계약 체결시 마치 이 사건 임야가 개발이 가능한 지역으로 그 입구까지 도로가 뚫려 있고 곧 대규모의 관광단지개발이 시작될 것이므로 그 시가가 금55,000,000원 정도 되는 것처럼 원고에게 거짓말을 함으로써 이에 속은 원고가 위 교환계약을 체결한 것이므로 원고는 위 교환계약이 피고의 사기에 의한 의사표시임을 이유로 1989.1.9.자로 위 교환계약을 취소하였다는 것이고, 한편 피고는 원고로부터 이 사건 식당을 명도받아 경영하다가 원고가 양도한 종전 임대차계약기간이 만료된 후 다시 위 B와 이 사건 건물에 관한 임대차계약을 체결하였다가, 이 사건 건물의 소유권이 위 B로부터 소외 E에게 이전된 후 다시 위 E와 이 사건 건물에 관한 새로운 임대차계약을 체결하여 지금까지 이 사건 식당을 경영하여 오고 있는 사실을 각 인정한 다음, 원고의 위 교환계약 취소 의사표시로 위 교환계약이 적법하게 취소된 이상 피고는 특별한 사정이 없는 한 부당이득(*정당한 이유 없이 타인의 손실로 얻은 이득)의 반환으로서 원고에게 이 사건 건물의 점유를 반환할 의무가 있다고 할 것이나, 위에서 본 바와 같이 피고는 원고로부터 이 사건 건물을 명도받은 후 원고가 취득하였던 종전의 임차권이 기간만료로 소멸된 뒤 다시 이 사건 건물의 종전 소유자인 위 B, 새로운 소유자인 위 E 등과 각 새로운 임대차계약을 체결하여 이 사건 건물을 지금까지 점유하여 오고 있는 바이므로, 위와 같은 새로운 권원에 의한 피고의 점유를 법률상 원인 없는 점유라고 할 수 없으며, 피고가 그 점유로 인하여 이미 임차권을 상실한 원고에게 무슨 손해를 가하고 있다고도 할 수 없으므로 원고의 피고에 대한 이 사건 건물의 반환청구권은 피고의 새로운 권원취득에 의하여 소멸하였다고 판단하고서 원고의 주위적 청구(*청구원인 가운데 가장 우선시되는 것)를 배척하고 있는바, 기록에 의하면 원고의 위 부분 사실인정과 판단은 정당하여 수긍이 가고 거기에 부당이득에 관한 법리오해, 이유불비(*이유가 전부 또는 일부 존재하지 않거나 불명확한 경우를 말한다), 이유모순의 위법이 있다 할 수 없다. 논지는 이유 없다.

상고인은, 원고의 주위적 청구원인사실은 위 계약취소로 인한 원상회복의 일환으로 이 사건 건물에 대한 사실상의 지배상태인 점유를 원고에게 넘겨 달라는 것이고 본권에 대항할 수 있는 점유를 넘겨 달라는 것이 아닌데, 원심은 피고가 새로운 본권 즉 임차권을 취득하였음을 이유로 원고의 위 주위적 청구를 배척하였으니, 이 점에서 원심은 판결에 영향을 미친 계약취소로 인한 원상회복에 관한 법리오해의 위법을 저지른 것이라고 주장하고 있으나, 위에서 본 바와 같이 이 사건의 경우 원고는 피고의 사기의 의사표시에 의하여 이 사건 건물을 명도해준 것이고, 이 사건 건물의 점유를 침탈당한 것이 아니므로 원고가 피고에 대하여 점유회수의 소권을 가지고 있음을 전제로 한 위 상고논지도 역시 이유 없다.

---

세입자가 자기 마음대로 임차 중인 건물을 A에게 점유하도록 허락했다. 이때 집 주인은 A에게 건물을 비워달라고 요구할 수 있을까? 법률적으로 바꿔 말하면 집 주인

은 점유를 침탈당한 것일까? 그래서 점유를 회수할 수 있을까? 정답부터 말하면 세입자가 집 주인에게 묻지 않고 점유를 양도했더라도 이는 집 주인의 점유를 침탈한 것이 아니다.

### 대법원 1993.3.9. 선고 92다5300 판결 【건물명도】

원고는 위 A 사이의 위 임대차계약에 기하여 위 A를 직접점유자로 하여 이 사건 대지를 간접 점유하고 있는데 피고들의 위 각 건물의 점유로 말미암아 이 사건 대지에 대한 자신의 위 점유가 침탈당하였으니 민법 제207조, 제204조 소정의 점유물회수청구권에 기하여 피고들은 위 각 건물에서 퇴거할 의무가 있고 더욱이 원고에 대하여 위 각 건물의 철거 및 이 사건 대지의 인도의무를 진 위 A의 승낙하에 위 각 건물을 점유하고 있는 피고들은 이 사건 대지를 점유할 정당한 권원이 없으므로 위 각 건물의 철거를 위하여 자신들이 점유하고 있는 위 각 건물들로부터 퇴거할 의무가 있다는 취지의 원고주장에 대하여, 직접점유자가 임의로 그 점유를 타에 양도한 경우에는 그 점유이전이 간접점유자의 의사에 반한다 하더라도 민법 제204조 소정의 점유침탈에 해당하지 않는다는 전제 아래, 피고들이 이 사건 대지의 직접점유자인 위 A의 승낙이나 동인과의 임대차계약에 기하여 위 각 건물을 점유하고 있다고 인정되고 피고들이 위 각 건물을 점유함으로써 그 건물부지인 이 사건 대지를 점유하고 있다고 보이는 이 사건에서는 위 A의 승낙을 받거나 그로부터 임차하여 위 각 건물을 점유하고 있는 피고들에게 퇴거를 구할 수는 없고, 또한 원고의 위 A에 대한 이 사건 대지상의 건물철거 및 대지인도청구권은 동인과의 임대차계약에 기한 채권적 청구권에 불과한 것으로서 계약당사자 이외의 자인 피고들에게 그 효과를 주장할 수 없다는 이유로 원고의 위 주장을 배척하였는바, 원심은 결국 위 A가 피고들로 하여금 위 각 건물을 점유하게 함으로써 자신의 이 사건 대지에 대한 점유도 피고들에게 이전하여 주었다는 취지로 판시하면서 이와 같은 경우에는 이 사건 대지의 간접점유자인 원고의 점유가 침탈되지 아니하였다고 판단한 것으로서, 원심의 위와 같은 전제와 사실인정 및 판단은 모두 수긍할 수 있고 거기에 소론과 같은 간접점유자의 점유회수의 소에 관한 법리오해의 위법이 있다고 할 수 없다.

---

한편 점유를 회복하는 방법으로 반드시 점유회수의 소를 거쳐야 하는 것은 아니다. 현 점유자가 점유를 넘겨주면 얼마든지 점유를 회복할 수 있다.

---

**서울동부지방법원 2009.5.12. 선고 2007 가단8144 판결 【제3자이의】**

피고는 'A, B 부부가 원고들의 이 사건 건물부분에 대한 점유를 침탈하여 점유를 상실하였다. 원고들은 점유회수를 위하여 점유회수의 소를 제기하기도 하였으나(서울동부지방법원 2006가단79064호), 위 점유회수의 소는 제척기간을 도과하여 제기된 것이어서 원고들로서는 위 소를 통해 점유회수를 할 수 없는 상황이었고, 원고들은 그러한 사정 때문에 위 소를 취하하였다. 따라서 원고들의 유치권 역시 소멸하였다.'라는 취지로 주장한다. A가 이 사건 건물부분에 대해 점유를 개시한 사실, A의 처인 B가 이 사건 건물부분으로의 전입신고를 마친 사실은 앞서 인정한 바와 같다. 그러나 한편 A가 원고들에게 이 사건 건물부분을 다시 인도하여 현재 원고들이 이를 점유하고 있는 사실 역시 앞서 인정한 바와 같다. 유치권자가 일시 점유를 상실하였더라도 이후 점유를 회복하게 되면 유치권을 취득하게 되는 것이고 그 점유회복이 반드시 점유회수의 소에 의하여야 하는 것은 아닌바, 원고들이 A로부터 이 사건 건물부분을 인도받아 이를 점유하고 있는 이상 앞서의 판단과 같이 원고들은 여전히 이 사건 건물부분에 대한 유치권자라 할 것이다.

피고는 다시 '피고는 B를 상대로 점유이전금지가처분을 집행하였다. 따라서 설령 A, B가 이후 원고들에게 이 사건 건물부분을 인도하였다고 하더라도 위 인도는 위 가처분 집행에 반하므로 이로써 피고에게 대항할 수 없다.'라는 취지로 주장하기도 한다. 그러나 원고들은 A로부터 이 사건 건물부분을 인도받았을 뿐이므로 피고의 점유이전금지가처분 집행에 기초한 주장은 받아들이기 어렵고, 나아가 앞서의 인정사실에 비추어 보면 B가 현재 원고들의 점유를 배제한 채 이 사건 건물을 독자적으로 점유하고 있다고 보기 어려우므로, B가 이 사건 건물부분으로 전입신고한 사실이 있다거나 B에 대한 점유이전금지가처분 집행이 이루어졌다는 사실이 원고들의 유치권성립을 방해할 사유가 되지 못한다.

## 2) 점유물 방해 제거 청구권

점유자가 자신의 점유를 방해받을 때 점유를 지킬 수 있는 권리가 점유물 방해 제거 청구권이다. 방해를 제거하거나 혹은 손해배상을 받으려면 방해가 종료한 날로부터 1년 이내에 권리를 행사해야 한다. 권리 행사는 주로 재판을 통해 이루어진다. 다만 공사로 인한 경우 민법 제205조 제3항과 같은 특칙이 있다.

---

**민법 제205조 (점유의 보유)**

①점유자가 점유의 방해를 받은 때에는 그 방해의 제거 및 손해의 배상을 청구할 수 있다.

② 전항의 청구권은 방해가 종료한 날로부터 1년 내에 행사하여야 한다.

③ 공사로 인하여 점유의 방해를 받은 경우에는 공사착수 후 1년을 경과하거나 그 공사가 완성한 때에는 방해의 제거를 청구하지 못한다.

---

그렇다면 어떤 경우 법원은 점유를 방해한다고 볼까? 법원은 누가 보더라도 납득할 만한 구체적인 사정이 있어야 한다는 점을 거론하며 아래의 사건처럼 실제 행위가 뒤따르지 않을 때는 방해가 아니라고 밝힌다.

---

### 대법원 1987.6.9. 선고 86다카2942 판결 【점유물방해제거등】

점유권에 의한 방해배제청구권(점유보유청구권)은 물건 자체에 대한 사실상의 지배 상태를 점유 침탈 이외의 방법으로 침해하는 방해 행위가 있는 경우에 성립되는 것이고, 방해예방청구권(점유보전청구권)에 있어서 점유를 방해할 염려나 위험성이 있는지의 여부는 구체적인 사정 하에 일반경험법칙에 따라 객관적으로 판정되어야 할 것이다(당원 1964.5.19 선고 63다928 판결; 1962.4.4 선고 4294민상1443 판결 각 참조). 원심판결은 그 이유에서 원고는 피고 소유인 원심판시의(*원심의 판결문에서 말한) 이 사건 대지 위에 그 판시의 창고를 건축하여 1975.2.28 피고에게 기부채납(*국가나 지방자치단체에 무료로 주었다는 말)한 뒤 이를 사용하고 있는데 피고가 원고를 상대로 하여 이 사건 창고의 무상사용권만을 원고에게 부여한 것이지 그 부지에 대하여는 무상사용권을 부여하지 아니하였다는 이유로 그 부지에 대한 사용료 청구소송을 제기하고 이에 대한 원고주장의 서울고등법원 77나1159 판결에서는 원고는 이 사건 창고와 그 부지에 대하여 다함께 무상사용권이 있되 다만 그 기간은 창고 및 부지에 대한 사용료의 총액이 창고건립에 소요된 원고의 투자분 평가액에 달할 때까지의 기간으로 약정되었다고 인정하면서 원고의 무상사용 기간 내임이 계산상 분명한 1975.2.28부터 1977.4.21까지의 부지사용료 청구는 이유 없다고 판시한 사실을 인정한 다음 이러한 사실관계 아래에서 원고의 주장과 같이 피고가 원고에게 그 산하의 인천지방해운항만청장을 통하여 1980.11.29 이 사건 창고 및 부지의 무상사용기간을 1984.8.19까지라고 통고하는 한편 그 후 10여회에 걸쳐 새로운 사용허가신청서의 제출요구, 피고가 정한 무상사용 기간 경과 후의 사용료의 납부고지 및 독촉 등의 내용으로 된 공문을 발송하고 원고의 거래처인 인천직할시장에게 인천시가 위 창고에 보관중인 화물을 다른 곳으로 옮겨줄 것을 협조 요청하는 등의 공문을 발송하는 행위가 있었다 하더라도 이로써 피고가 원고의 이 사건 창고 및 그 부지에 대한 사실상의 지배 자체를 방해하는 위법한 행위를 한 것에 해당한다고는 볼 수 없다 할 것이고, 위 창고 등에 대한 원고의 점유가 방해될 염려나 위험성이 객관적으로 존재한다고도 할 수 없다는 취지로 판시하였는바, 이러한 원심의 조치는 앞에서 본 견해에 비추어 정당한 것으로 수긍이 가고… (하략)

---

점유방해제거(배제)청구를 하기 위해서는 청구권자가 직접 점유를 하고 있어야 한다. 만일 점유가 침탈된 경우에는 점유회복청구권만을 행사할 수 있다.

---

### 대전고등법원 2010.4.22. 선고 2009나6002 판결 【유치권확인】

**2) 점유방해배제청구에 관한 판단**

점유라 함은 물건이 사회통념상 그 사람의 사실적 지배에 속한다고 보여지는 객관적 관계에 있는 것을 말하고, 점유자가 물건에 대한 사실적 지배를 상실하면, 청구권자의 직접 점유를 요건으로 하는 점유방해배제청구권을 행사할 수는 없고, 점유회복청구권만을 행사할 수 있다 할 것이다.

살피건대, 원고가 2008.6.4.경 이 사건 건물에 대한 사실적 지배를 상실한 사실은 앞서 본 바와 같으므로, 원고가 이 사건 건물을 점유하고 있음을 전제로 하는 원고의 이 부분 주장은 더 나아가 살필 필요 없이 이유 없다.

### 3) 점유회복청구에 관한 판단

원고는 이 사건 건물을 유치권자로서 적법하게 점유하고 있었음에도 피고가 원고의 점유를 불법적으로 침탈하였다고 주장하면서 피고에 대하여 이 사건 건물의 인도를 구한다.

사실적 지배가 있다고 하기 위하여는 반드시 물건을 물리적, 현실적으로 지배하는 것만을 의미하는 것은 아니고 물건과 사람과의 시간적, 공간적 관계와 본권관계, 타인 지배의 배제가능성 등을 고려하여 사회관념에 따라 합목적적으로 판단하여야 하는 것이며, 점유회복의 소에 있어서는 점유자가 물건을 점유할 정당한 권리를 보유하고 있었는지 여부와 관계없이, 점유를 침탈당하였다고 주장하는 당시에 점유하고 있었는지 여부만을 심리하면 되는 것이다(대법원 2003.7.25. 선고 2002다34543 판결).

살피건대, 앞서 본 바와 같이 원고는 2008.6.경 이 사건 건물 각 층에 열쇠를 채우고, 4층에 사무실을 마련하고, 1층 계단에 나무 칸막이를 설치하는 방법으로 이 사건 건물 전체를 점유하고 있었는데, 피고가 2008.6.4. 그 직원인 A 등을 통하여 이 사건 건물에 대한 원고의 점유를 침탈하였다고 할 것이므로, 피고는 점유회복을 구하는 원고에게 이 사건 부동산을 인도할 의무가 있다 할 것이다.

## 3) 점유물 방해 예방 청구권

---

**민법 제206조 (점유의 보전)**

① 점유자가 점유의 방해를 받을 염려가 있는 때에는 그 방해의 예방 또는 손해배상의 담보를 청구할 수 있다.
② 공사로 인하여 점유의 방해를 받을 염려가 있는 경우에는 전조(민법 제205조)제3항의 규정을 준용한다.

---

점유자의 점유가 방해를 받을 염려가 있을 때 그 방해의 예방 또는 손해배상의 담보를 선택적으로 청구할 수 있는데 그 담보는 고의, 과실을 요하지 않고 다만 손해가 발생하여 손해배상청구권이 성립하기 위하여는 상대방의 고의, 과실 등 불법행위가 성립하여야 한다.

제척기간은 현실적으로 없지만 다만 공사의 경우 공사를 착수한 후 1년을 경과하거나 그 공사가 완성될 때에는 청구하지 못하도록 되어 있다.

## 4) 점유의 소와 본권의 소

---

**민법 제208조 (점유의 소와 본권의 소와의 관계)**

① 점유권에 기인한 소와 본권에 기인한 소는 서로 영향을 미치지 아니한다.

② 점유권에 기인한 소는 본권에 관한 이유로 재판하지 못한다.

---

본권이란 임차권이나 소유권처럼 정당한 점유를 가능케 하는 권리이나 점유권과는 다르다. 예컨대 도둑이 내 물건을 훔쳐 가면 본권은 내게 있으나 점유권은 도둑에게 있다.

민사 소송에서 점유의 소와 본권의 소는 실체적 경합관계(*둘은 서로 다른 행위라는 뜻)에 있고 그 결과 동시에 소가 제기되어도 중복 소송이 되지 아니한다. 따라서 점유의 소에서는 점유 문제만 다루고, 본권의 소에서는 본권 문제만 다룬다(점유의 소는 점유보호청구권의 요건만 심리하면 되지 본권자인가를 문제 삼아서는 안 된다. 즉 본권상 항변을 하여 물건의 반환 등을 거부할 수 없다.).

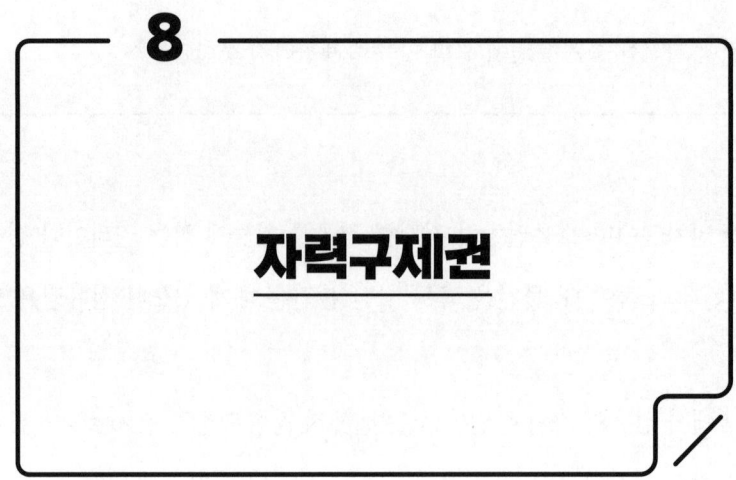

---

**민법 제209조 (자력구제)**

① 점유자는 그 점유를 부정히 침탈 또는 방해하는 행위에 대하여 자력으로써 이를 방위할 수 있다.

② 점유물이 침탈되었을 경우에 부동산일 때에는 점유자는 침탈 후 직시 가해자를 배제하여 이를 탈환할 수 있고 동산일 때에는 점유자는 현장에서 또는 추적하여 가해자로부터 이를 탈환할 수 있다.

---

점유자의 자력구제권은 점유의 침탈 또는 방해하는 행위에 대하여 국가 권력에 의하지 않고 스스로 방위 또는 탈환할 수 있는 권리다. 다만 자력구제권은 직접점유자에

게만 인정되고 간접점유자는 자력구제권이 없고 점유보조자는 인정하여야 한다는 학설이 있고 미성년자의 법정대리인은 예외적으로 자력구제권을 가질 수 있으며 그 상대방은 점유를 침탈, 방해한 자와 악의의 승계인이다. 본권자(소유자 혹은 임대인 등)에게는 자력구제권이 없고 그 권리 구제를 위하여서는 본권의 소를 제기할 수밖에 없다.

### 1) 자력방위권

(1) 점유를 부정하게 침탈 또는 방해하는 행위에 대하여 자력으로 방위하는 것이다.
(2) 방위의 방법은 필요한 정도를 넘어서는 안 되고 과잉자구행위일 경우 불법행위가 되어 손해배상책임을 질 수 있다.

### 2) 자력탈환권

(1) 점유물이 침탈되었을 때 침탈 후 부동산일 경우 직시 가해자를 배제하여 탈환할 수 있고 동산의 경우 현장에서 또는 추적하여 탈환할 수 있는 권리다.
(2) '직시'란 지체 없이 또는 당한 순간이 아니라 사회 관념상 가해자를 배제하여 점유를 회복하는 데 필요하고 상당한 범위 안에서 가능한 한 '신속히'를 의미한다. 만약 침탈당한 후 상당한 시일이 지났으면 이때는 실력으로 자력탈환권을 행사할 것이 아니라 소송으로 점유물 반환 청구권을 행사할 수 있을 뿐이다.

위법에 의한 점유 침탈이라면 국가 공권력의 명도집행이라도 다시 자력으로 탈환할 수 있다.

---

### 대법원 1987.6.9. 선고 86다카1683 판결 【건물명도단행가처분】

원심판결을 보면, 원심은, 신청인이 신청외(*신청과 무관한 사람) A를 상대로 이 사건 점포에 대한 점유이전금지 가처분결정(남부지원 8310746호)을 받아 1983.9.8 그 집행을 한 후 위 A를 상대로 하여 받은 본안판결(남부지원 84가단 1856호)에 기하여서 1985.7.6. 14:00 피신청인이 점유 중에 있던 이 사건 점포에 대한 명도집행을 단행하였으나, 피신청인은 1983.10.경 이 사건 점포의 소유주들과 사이에 임대차계약을 체결하고 1984.5.1 그들로부터 이 사건 점포를 인도받아 점유하고 있었을 뿐, 위 A로부터 그 점유를 승계받은 것이 아니었다는 사실을 적법히 인정한 다음, 따라서 피신청인에게는 위 가처분이나 판결의 효력이 미칠 수 없음에도 불구하고 위 판결에 기하여 피신청인이 점유하고 있던 이 사건 점포에 대한 명도집행을 단행한 것은 위법하고 이러한 위법한 강제집행에 의하여 부동산의 명도를 받는 것은 공권력을 빌려서 상대방의 점유를 침탈하는 것이 되므로, 피신청인이 위와 같은 강제집행이 일응 종료한 후 불과 2시간 이내에 자력으로 그 점유를 탈환한 것은 민법상의 점유자의 자력구제권의 행사에 해당하는 것이며 그 반면에 있어서, 신청인은 위 명도집행으로 인하여 보호받을 만한 확립된 점유를 취득하였다고 볼 수 없다고 판시하고 있는 바, 위와 같은 원심의 판단에 강제집행의 효력이나 점유자의 자력구제에 관한 법리오해가 있다 할 수 없다.

그리고 원심이, 신청인은 위 명도집행으로 인하여 이 사건 점포에 대하여 보호받을 만한 확립된 점유를 취득하였다고 볼 수 없으므로 점유권자임을 이유로 하는 이 사건 신청은 이유 없다고 판시하고 있는바, 이는 신청인의 위 명도집행은 위법한 것이어서 그 판시와 같은 경위에 비추어 신청인이 보호받을 만한 점유를 취득하였다고 보기도 어려울 뿐만 아니라(보전의 필요성의 측면에서), 위 명도집행 직후에 피신청인의 자력구제에 의하여 점유를 탈환당함으로써 그 점유마저 상실하였고 또 점유를 탈환당한 신청인에게 또 다시 점유물반환청구권이 허용될 수 없는 법리에 비추어 신청인이 내세우고 있는 피보전권리인 점유권도 인정되지 아니한다는 취지로 보여지므로, 결국 이 사건 신청을 배척한 원심의 판단은 결론에 있어서 정당하고, 원심이 민법 제208조 제2항에 위배하여 점유권을 기인한 소를 본권에 관한 이유로 재판한 위법이 있다는 소론은 원심판결 취지를 오해한 것으로서 받아들일 수 없다.

---

자력구제의 정도는 어디까지일까? 점유를 침탈하려는 자가 자신이 점유자임을 주장하기 위해 현수막을 내걸었다. 원 점유자가 이 현수막을 찢었다. 법원은 위법이 아니라고 밝힌다.

---

**서울중앙지방법원 2011.1.20. 선고 2010고단4675 판결 【재물손괴】**

### 가. 컨테이너 손괴의 점

(1) 이 법원이 적법하게 조사하여 채택한 증거들을 종합하면, 피고인이 공소사실과 같이 컨테이너 현수막을 치우라고 지시하고, 그 지시를 받은 A와 직원들이 컨테이너를 약 8m 정도 옮긴 사실은 인정된다.

(2) 그러나 위 증거들에 의하면 위 컨테이너는 B가 유치권을 주장할 목적으로 설치한 것이어서 그 효용은 유치권 주장에 필요한 직원들의 점유를 용이하게 하기 위함인데(C는 수사기관에서 컨테이너로 공사현장을 출입구로 막았다고 진술하고 있는데, 설령 B가

진입로를 막으려는 의도로 컨테이너를 설치하였다고 하더라도 '진입로 장벽'으로서의 용도는 컨테이너 본래의 용법에 따른 용도라고 볼 수 없다.), 피고인이 단순히 컨테이너의 위치를 옮긴 것만으로는 컨테이너에 대한 효용 침해, 즉 본래의 용법에 따라 사용할 수 없는 상태에 이르렀다고 보기 어렵고(피고인이 컨테이너를 잠그거나 직원들이 컨테이너에 출입하지 못하게 하는 등의 행위를 하였다고 볼 만한 자료가 없다.), 검사가 제출하는 증거들만으로는 달리 그 효용을 해하였다는 점을 인정할 증거가 없다(설령 그 효용을 해하였다고 하더라도 다음 현수막 손괴의 점에서 보는 바와 같이 정당행위에 해당하므로 이 점에서 보더라도 죄가 되지 아니한다).

### 나. 현수막 손괴의 점

살피건대, 위 증거들 및 기록에 나타난 다음과 같은 사정, 즉 ① D산업개발은 이 사건 공사를 위한 자금을 조성하기 위하여 주식회사 E 등(이하 '이 사건 저축은행'이라 한다)으로부터 대출을 받았는데, 시공사인 B가 D산업개발의 이 사건 저축은행에 대한 위 대출금채무 중 일부에 관하여 연대보증을 하였고, 이 사건 저축은행은 이 사건 공사 진행과 관련한 문제 발생시 대출금채권의 보전이 어려워질 것에 대비하여 B와 사이에 'B 또는 D산업개발이 분할 상환 원금과 그 이자의 지급을 2회 이상 연속하여 지체한 사정 등이 발생한 경우에는, B는 이 사건 부동산 중 당시 국가나 남양주시 소유였던 이 사건 부동산에 대한 유치권을 행사할 수 없고, 시공권을 포기하며, 타 시공사에 의한 이 사건 공사의 시공에 방해가 되는 일체의 행위를 할 수 없다'는 내용의 제소전화해를 한 바 있으므로, B는 이 사건 공사대금채권을 피담보채권으로 하여 어떠한 유치권도 행사하지 않기로 약정하였다고 볼 수 있는 점, ② 피고인이 공소사실과 같은 행위를 할 당시 컨테이너에 특별히 설치된 비품이 없었고 전기도 연결되지 않는 등 정기적으로 관리되고 있지 아니하였고, 위 토지의 출입을 통제하거나 경비하는 사람도 없는 위 토지에 대한 점유를 계속하였다고 보기 어려운 점(고소인 C도 2009.12.30. 이후 직원들이 상주하지 않았다고 진술하고 있다.) 등에 따라 인정되는 피고인이 현수막의 손괴 행위에 이르게 된 경위와 목적, 수단 및 의사 등 제반 사정을 종합하여 보면, 피고인의 이러한 행위는 사회통념상 허용될 만한 정도의 상당성이 있는 것으로서 위법성이 결여된 행위라고 할 것이어서, 피고인의 위 행위는 형법 제20조에 정한 정당행위에 해당하여 범죄로 되지 아니한다.

---

점유를 침탈당하였을 때 어느 시간 범위 내에서 탈환이 가능할까? 우선, 점유자가 침탈 사실을 알고 모르고는 중요하지 않으며 되도록 빨리 해야 한다. 다음 판례는 이 점을 지적하며 침탈 후 5일 뒤에 자력탈환을 시도했던 기존 점유자의 행위를 자력탈환으로 인정하지 않았다.

---

### 대법원 1993.3.26. 선고 91다14116 판결 【손해배상(기)】

민법제209조제1항에 규정된 점유자의 자력방위권은 점유의 침탈 또는 방해의 위험이 있는 때에 인정되는 것인 한편, 제2항에 규정된 점유자의 자력탈환권은 점유가 침탈되었을 때 시간적으로 좁게 제한된 범위 내에서 자력으로 점유를 회복할 수 있다는 것으로서 위 규정에서 말하는 "직시"란 "객관적으로 가능한 한 신속히" 또는 "사회관념상 가해자를 배제하여 점유를 회복하는 데 필요하다고 인정되는 범위 안에서 되도록 속히"라는 뜻으로 해석할 것이므로 점유자가 침탈사실을 알고 모르고와는 관계없이 침탈을 당한 후 상당한 시간이 흘렀다면 자력 탈환권을 행사할 수 없다. (중략) 원고는 이 사건 기성부분이 완성된 때부터 이를 계속 점유하여 왔으나, 적어도 피고 A가 이를 철거하기 시작한 그달 7. 이후에는 그 점유를 피고 A에게 침탈당하였다고 보이고, 그렇다면 원고가 그달 12, 14, 16.에 각 인부를 동원하여 그 탈환을 시도한 것은 자력탈환권의 요건인 "직시"에 해당한다고도 할 수 없고, 원고가 피고 A의 침탈 또는 방해하려는 행위에 대하여 자력방위권을 행사하였다는 자료도 전혀 없다.

---

만 하루가 경과하기 전에 탈환에 나설 경우에는 탈환권을 인정한다. 또한 탈환권의 행사는 최종적으로 유치권이 없다고 결정이 나더라도 만일 충분히 유치권이 있다고 착각할 만한 사유가 있었다면 문제가 없다(달리 말하면 유치권자가 될 가능성이 없는데도 불구하고 탈환권을 주장했다면 위법성이 있다는 뜻이다.).

---

### 대전지방법원 2009.3.26. 선고 2008고단2807 판결 【가. 건조물침입 나. 재물손괴 다. 업무방해 라. 모욕】

위 인정사실에 비추어 보면, 피고인들은 이 사건 공사현장을 점유하고 있다가 A 측의 직원들에 의하여 점유를 빼앗긴 것이고, 이와 같이 점유를 빼앗긴 때로부터 만 하루를 경과하기 전에 이를 탈환하기 위하여 문 잠금장치를 훼손하고 건물에 들어간 사실은 민법 제209조에 의한 자구행위에 해당하므로 위법성이 없다고 판단된다.

또한 피고인들이 이 사건 신축건물을 점유하면서 A 측의 출입을 통제한 행위는 유치권의 행사라고 믿은 데 따른 것이므로 위법성이 없거나, 최종적으로 유치권이 성립하지 않는다 하더라도 위법성조각사유의 전제사실에 관한 착오에 해당하는 것으로서 기성금액수에 관하여 계속해서 분쟁이 있어왔던 점에 비추어 보면 그와 같은 착오에 상당한 이유가 있다고 보이므로 책임이 있다고 볼 수 없다.

---

탈환을 개시했으나 곧바로 탈환이 이루어지지 않는 경우도 있다. 다음 판례는 침탈당한 직후 곧장 탈환을 시도했으나 탈환에 실패, 기어이 48시간이 지나기 전에 탈환에 성공한 경우, 이를 자력구제권의 정당한 행사로 판단한다.

---

**부산고등법원 2007.9.7. 2007나859 【점유물반환】**

점유자는 그 점유를 부정히 침탈 또는 방해하는 행위에 대하여 자력으로써 이를 방위할 수 있고, 그 점유물이 부동산일 때에는 침탈 후 직시(直時) 가해자를 배제하여 이를 탈환할 권리가 있는바(민법제209조제1항, 제2항) 피고가 원고들의 점유 침탈이 있은 뒤 바로 건물의 점유를 탈환하려고 시도하다가 결국 침탈이 있은 지 48시간 이내에 자력으로 원고들을 배제하여 건물을 탈환한 것은 객관적으로 가능한 신속한 시간 내에 점유를 탈환한 것으로서, 이는 자력구제권의 정당한 행사에 해당한다고 판단되므로 위법성을 조각한다고 할 것이다.

---

## 탈환 불인정 기간

참고로 탈환을 불인정한 판례와 기간은 다음과 같다. 아래 판례 등을 보면 적어도 1일 전후 시간은 자력구제가 가능한 시간이라고 하나 여러 가지 상황을 고려하여야 할 것으로 보인다.

- 수원지방법원 2008나12917 점유침탈 후 회복되는 기간 : 5일 내지 8일
- 부산지방법원 동부지원 2008가단26898 점유침탈기간 : 6.27 경~7. 초순경
- 의정부지방법원 2007가합10723 점유침탈기간 : 10.31.~11.19.
- 서울중앙지방법원 2006나17316 점유침탈기간 : 11.11.~11.13.
- 수원지방법원 2003나17191 점유침탈기간 : 3.8.~3.29.
- 서울고등법원 98나54900 강제집행 종료 후 30일

다만 직접점유자가 임의로 그 점유를 타에 양도한 경우에는 그 점유이전이 간접점유자의 의사에 반한다 하더라도 민법 제204조 소정의 점유침탈에 해당하지 않는다.

------------------------------------------------

### 대법원 1993.3.9. 선고 92다5300 판결

직접점유자가 임의로 그 점유를 타에 양도한 경우에는 그 점유이전이 간접점유자의 의사에 반한다 하더라도 민법 제204조 소정의 점유침탈에 해당하지 않는다는 전제 아래, 피고들이 이 사건 대지의 직접점유자인 위 소외 3의 승낙이나 동인과의 임대차계

약에 기하여 위 각 건물을 점유하고 있다고 인정되고 피고들이 위 각 건물을 점유함으로써 그 건물부지인 이 사건 대지를 점유하고 있다고 보이는 이 사건에서는 위 소외 3의 승낙을 받거나 그로부터 임차하여 위 각 건물을 점유하고 있는 피고들에게 퇴거를 구할 수는 없고, 또한 원고의 위 소외 3에 대한 이 사건 대지상의 건물철거 및 대지인도청구권은 동인과의 임대차계약에 기한 채권적 청구권에 불과한 것으로서 계약당사자 이외의 자인 피고들에게 그 효과를 주장할 수 없다는 이유로 원고의 위 주장을 배척하였는바, 원심은 결국 위 소외 3이 피고들로 하여금 위 각 건물을 점유하게 함으로써 자신의 이 사건 대지에 대한 점유도 피고들에게 이전하여 주었다는 취지로 판시하면서 이와 같은 경우에는 이 사건 대지의 간접점유자인 원고의 점유가 침탈되지 아니하였다고 판단한 것으로서, 원심의 위와 같은 전제와 사실인정 및 판단은 모두 수긍할 수 있고 거기에 소론과 같은 간접점유자의 점유회수의 소에 관한 법리오해의 위법이 있다고 할 수 없다.

---

## 3) 상호침탈

점유를 빼앗겼다가 다시 빼앗은 경우가 있다. 이를 상호침탈이라고 하는데 이때 처음 침탈자는 반환청구를 할 수 없다. 명분이 있으면 어떤 방식으로든 점유를 유지해야 한다.

---

### 대전지방법원 2010.1.22. 선고 2009가합9236 판결 【기계설비인도】

점유를 침탈당한 원점유자가 침탈자로부터 실력으로 그 점유를 탈환한 상호침탈의 경우 침탈자의 반환청구를 인정하면 다시 원점유자가 반환을 청구하여 무용한 소송절차를 반복할 가능성이 크기 때문에 침탈자가 원점유자에 대하여 점유물의 반환을 구할 수는 없다고 할 것이다. 원고가 2009.7.1. 이 사건 찜질방을 낙찰받음으로써 그 종물인 이 사건 기계설비에 관한 소유권을 취득하고 점유를 승계한 피고들의 이 사건 기계설비에 관한 점유를 아무런 권원 없이 침탈한 사실은 앞서 본 바와 같으므로, 이 사건은 상호침탈의 경우에 해당하고, 원고는 민법 제204조에 기하여 원점유자인 피고들을 상대로 이 사건 기계설비의 반환을 구할 수 없다.

---

### 대전지방법원 천안지원 2011.6.29. 선고 2010가단32401 판결 【토지인도등】

원고는 피고가 2010.11.23. 소외 회사로부터 이 사건 토지 및 공장에 관한 점유를 침탈당하여 약 1주일 정도 점유가 단절되었으므로 피고는 그 유치권으로 원고에게 대항할 수 없다고 재항변하므로 살피건대, 피고가 소외 회사로 인하여 약 1주일간 점유가 단절되었던 사실은 당사자 사이에 다툼이 없으나, 을 제5 내지 7호증(가지번호 포함)의 각 기재, 증인 A의 증언에 변론 전체의 취지를 종합하면, 소외 회사의 실질적인 운영자인 B가 고용한 경호업체 소속 직원들이 2010.11.23.경 이 사건 토지 및 공장에 침입하여 피고의 점유를 침탈하였고, 이에 피고는 주식회사 ○○경호업체에 의뢰하여 약 1주일 후 그 점유를 회복한 사실이 인정되고, 이러한 사실과 민법 제209조는 점유자의 자력구제권을 규정하고 있고, 민법 192조 제2항은 점유회수의 소에 의해 점유를 회수한 경우 점유권이 상실되지 않도록 규정되어 있는 점에 비추어 보면, 피고의 점유가 회복된 이상 피고의 유치권의 효력도 유효하게 존재한다고 봄이 상당하므로 위 재항변은 이유 없다.

------------------------------------------

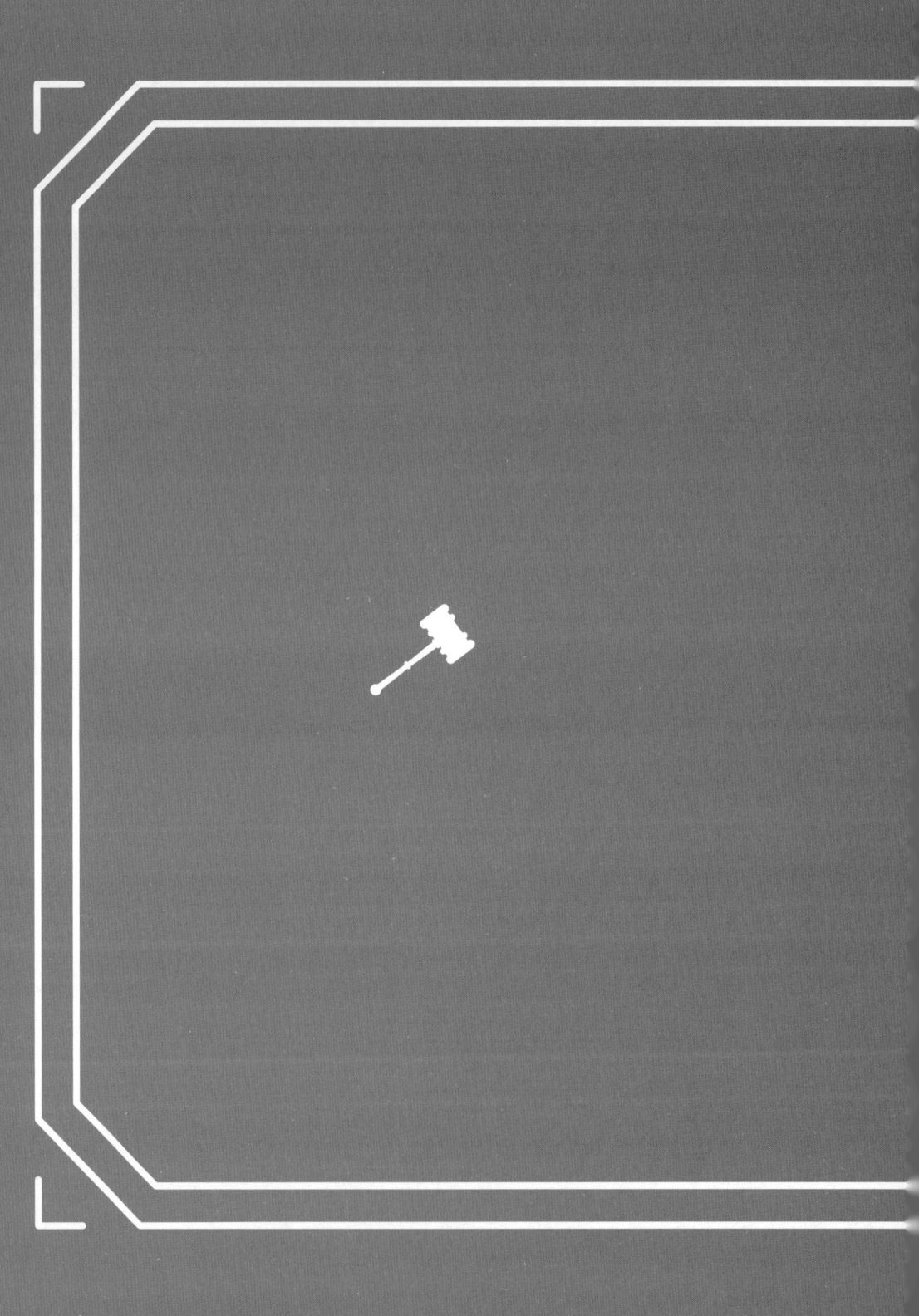

· 8장 ·

## 불법점유

# 1 불법행위로 인한 점유

　점유는 유치권의 핵심이다. 7장에서 우리는 점유의 정의와 요건에 대해서 살폈다. 그런데 점유의 요건을 100% 다 갖추더라도 점유를 인정받지 못할 때가 있다. '불법행위'에 의한 점유인 경우다.

　민법 제320조 제2항은 '전항의 규정은 그 점유가 불법행위로 인한 경우에 적용하지 아니한다.'라고 규정하며 만일 점유가 불법행위에 의한 것이라면 유치권은 없다고 밝히고 있다.

　예컨대 훔친 물건을 수선하여 수리비용을 청구한 경우를 생각해 볼 수 있다. 이 경우에는 훔친 물건의 반환을 거절할 수 없다. 임대차계약이나 사용대차(무상 임대차)를 체결하지 아니한 채 권원 없이 타인의 물건을 점유한 자가 그 물건에 관하여 필요비 내지 유익비를 지출하였더라도 그 필요비 내지 유익비 청구권에 기하여 유치권을 행사할 수 없다.

문제는 어디까지가 불법행위인가 하는 점이다. 특히 처음 점유를 할 때는 불법행위가 아니었다가 이후 점유취득의 권원이 소멸하면서 불법행위가 되는 경우도 있다.

불법행위란 민법 제750조에 해당하는 행위, 즉 고의 과실에 의한 위법한 행위를 의미한다고 한정적으로 해석하는 견해가 있고, 공평의 관념(유치권의 출발점)에 더 충실하여 점유가 민법 제750조의 불법행위뿐 아니라 '공공의 질서와 선량한 풍속(공서양속)'에 위반하는 경우까지 모두 유치권의 성립을 부정해야 한다는 견해도 있다. 이정배 박사는 〈유치권자의 민사 책임에 관한 연구(성균관대학교 박사학위 논문, 2010. pp.102-116 참조)〉에서 불법점유의 의미와 유형에 대해 아래와 같이 정리했다.

### : 무엇을 불법점유라고 하는가

민법의 규정에 따르면 유치권의 성립을 위하여 점유는 적법하게 시작되어야 하고 불법행위로 인한 것이어서는 안 된다(제320조 제2항). 이러한 불법행위에 의한 점유 내지 불법점유는 일반적으로 정당한 권원이 없이 타인의 물건을 점유하는 것을 의미하고, 점유할 수 있는 정당한 권원에는 소유권이나 지상권, 전세권, 유치권, 질권 등의 물권적 권원과 임차인, 사용차주, 수치인 등의 권리나 매수인, 취득시효완성 후의 점유자의 권리 및 동시이행항변권 등의 채권적 권원이 모두 포함되고, 위임 없이 타인의 사무를 관리하는 것도 포함될 수 있다.

불법점유에 의한 유치권의 성립을 부정하는 것은 유치권이 채권자의 점유에 근거하여 인정되는 법정의 담보물권인데, 타인에 대하여 채권을 갖고 있는 자라 하더라도 불법적인 방법으로 채무자의 물건을 점유한 경우에까지 법정의 담보물권을 인정함으로써 채권을 보호하는 것은 오히려 채권자와 채무자의 공평에 반하는 결과를 야기하기 때문이다. 예를 들어 타인 소유의 동산을 훔쳐서 그 물건을 수선한 경우에, 수선대금이나 유익비의 상환청구권에 근거하여 그 물건의 반환을 거절할 수는 없으며, 타인의 부동산에 대하여 임대차 계약을 체결하지 않고서 무단으로 점유한 자가 그 물건에 대하여 필요비나 유익비를 지출한 경우에 비용의 상환청구권을 근거로 유치권을 행사할 수 없다. 비록 이 경우에 점유의 정당한 권원이 없다고 하더라도 점유자는 회복자에 대하여 부당이득반환의 특칙으로서 민법 제203조 제1항과 제2항에 의하여 그 비용의 상환을 청구할 수 있고, 이러한 무권원점유자의 비용상환청구권도 민법 제320조 제1항의 물건에 관하여 생긴 채권으로서 원칙적으로 유치권에 의하여 담보될 수 있지만, 유치권은 공평의 이념을 구현하기 위한 제도이므로 점유가 불법성을 띤다든가 출연비용의 과다로 회복자가 그 상환에 곤란을 느끼고 있는 경우에는 법이 점유자로부터 유치권에 의한 보호를 제한할 수 있게 함으로써 유치권제도의 본래의 사명을 유지시키고 있는 것이다.

이러한 점유의 불법행위는 채무자뿐만 아니라 목적물을 점유하고 있는 제3자에 대하여 발생한 것이어도 무방하다. 즉 채권자가 수선한 채무자의 물건을 제3자가 점유하고 있는 경우에, 채권자가 제3자로부터 그 물건을 탈취하여 점유를 취득하였다고 하더라고 유치권은 성립하지 않는다. 그리고 불법점유에 의하여 유치권의 성립이 부정되는 효과 외에 정당한 권리자에 의하여 물권적 반환청구를 받거나 불법행위에 의한 손해배상 청구를 받을 수 있고, 계약의 종료 후에 물건을 반환하지 않고 계속 점유함으로써 불법점유가 되는 경우에는 채무불이행 책임도 발생하게 되며, 이러한 책임은 서로 경합적으로 인정된다.

나아가 이정배 박사는 불법행위를 무권원점유개시형과 권원상실형으로 구분하여 설명한다. 참고로 '무권원'이란 '권리의 근거가 없다'는 뜻이고, '권원상실'은 '권리의 근거가 사라졌다'는 뜻이다.

### : 무권원점유개시형

민법 제320조 제2항에는 일본민법 제295조 제2항과 달리 '점유가 불법행위로 인한 경우'라고 할 뿐 점유가 불법행위로 인하여 '시작'된 경우로 규정하고 있지 않다. 그러나 민법에 명문이 없음에도 불구하고 유치권의 성립을 인정하기 위한 요건으로서 점유가 불법행위로 인하여 '시작'된 경우가 아닐 것이라고 해석할 수 있다. 그리하여 점유가 불법행위로 인하여 시작된 경우를 이른바 '무권원점유개시형'이라고 하고, 정당한 권원에 점유가 개시되었다가 후에 불법점유가 된 경우는 '권원상실형'이라 하여 구별할 수 있다.

일반적인 불법점유의 형태로서 무권원점유개시형을 보다 세부적으로 분류하면 그 유형에 따라 다음과 같이 나누어질 수 있다. 즉 ① 점유자의 의사에 반하여 물건의 사실적 지배를 빼앗은 것으로서 무권원점유형의 대표적인 형태이며 절도나 강도에 의한 점유침탈이 포함되지만 절도 중에서도 부동산침탈이 대종을 이루고 있다. ② 유실물이나 표류물 등 소유자 의사에 기하지 않고서, 그 점유를 떠난 물건을 처음부터 영득의 의사로 취득하는 경우도 있다. ③ 무효인 법률행위에 기한 점유취득으로서 반사회질서, 불공정, 비진의표시(*진심과 달리 말하는 것), 통정허위표시(*상대와 짜고 진심과 달리 말하는 것) 등과 같이 무효인 법률행위에 기하여 물건의 점유를 취득한 자 및 그 전득자는 물권행의 유인성을 인정하는 판례의 태도에 비추어 보면 실질적으로 무권원 점유자에 해당한다. 이때 물건의 반환은 소유권에 기한 반환청구에 의하여 할 것이지만, 점유의 부당이득반환청구권 역시 성립하며, 물권적 반환 청구권은 부당이득반환의 수단으로서 부당이득반환의 성격을 갖는다. ④ 사기나 강박에 의한 점유취득도 이에 포함될 수 있다. 사기나 강박에 의해 법률행위에 기하여 물건이 인도된 경우에 그 물건을 회수하려면 법률행위를 취소해야 하고, 취소가 되면 그 소급효에 의하여 처음부터 무권원으로 의제된다. 물론 이러한 의제는 무효와 달리 취소의 효력발생 시까지는 정당한 권원이 있었던 것이므로 그때부터 비로소 무권원으로 취급된다. 그리고 일반적으로 취소의 경우는 점유할 당시에는 정당한 권원에 의한 것이지만 그 후 취소됨으로써 불법점유가 되기 때문에 권원상실형에 속하는 것이 맞겠지만, 사기나 강박에 의한 경우는 점유취득의 원인행위 자체가 불법성을 띠므로 무권원점유개시형으로 취급되는 것이다. ⑤ 무단전차(*전대차란 임차인이 다시 세를 놓는 일을 말함.)나 임차권양수에 기하여 점유를 취득한 경우에는 전대인과 전차인, 임차권양도인과 양수인 사이의 계약으로서는 유효하지만 임대인의 동의 없이 이루어진 무단전대나 무단양도는 임대인에 대하여 그러한 유효성을 대항할 수 없기 때문에 불법점유가 된다.

　(보충 설명) ⑤ 무단전대로 인한 불법점유에서, 임차인이나 공사업자처럼 정당한 유치권자라도 채무자나 소유자의 승낙 없이 전대하거나 임차를 하게 되면 불법점유가 되어 유치권을 상실하게 된다. 따라서 만일 유치권자가 임의로 전대한 적이 없는지 찾아보면 유치권 다툼에 유리한 위치를 점할 수 있다.


: **권원상실형**

점유가 개시될 때에는 정당한 권원이 있었으나 그 후에 소멸하여 권원이 없어진 경우는 권원상실의 원인에 따라 다음과 같이 분류될 수 있다. ① 정당한 권원으로서 계약과 같은 원인이 취소되거나 해제·해지, 기간만료, 피담보채권의 소멸 등의 사유로 해소되었음에도 불구하고 계속하여 점유하는 경우인데 권원상실형의 대표적 유형이고 임대차계약 종료에 의한 것이 많다. ② 매매계약과 같이 재산이전형 계약에 의하여 대금을 완불받고 등기도 경료하여 주었으나 아직 인도를 하지 않고 있는 매도인의 점유가 매수인에 대하여 불법점유를 구성할 수 있다. ③ 매매는 임대차를 깨뜨린다는 채권적 권원의 상대성법리에 의하여 정당한 권원에 기한 종전의 점유가 새로운 소유자에 대항력을 잃고 불법점유가 되는 경우이다. 예를 들어 임대인이 임차목적을 제3자에게 매도한 경우, 임차인은 새로운 소유자에 대하여는 대항하지 못하게 되어, 임차인의 점유는 불법점유가 된다. 또한 이중매매에서 제1매수인의 점유는 등기를 마친 제2매수인에 대하여 불법점유가 되고, 양도담보에서 담보권설정자의 점유는 담보권자로부터 목적물을 매수하여 등기를 마친 제3취득자에 대하여 불법점유를 구성한다. ④ 계약으로 인한 점유매매관계에 기하여 타인의 물건을 점유하는 자가 영득의사로 그 물건의 반환을 거부하는 등 회복자에 대하여 소유의 의사를 표시하면 점유매개관계는 단절되고 그 이후의 점유는 불법점유가 된다. 또한 유실물 등을 습득하여 사무관리 의사로 점유하는 자가 횡령의 의사가 생겨 사무 관리의 요건을 결하게 되면 그 이후의 점유는 불법점유가 된다. ⑤ 저당권이 설정되었거나 가등기가 되어 있는 부동산을 매수하여 이전등기까지 마치고 점유하는 자도 저당권실행으로 인한 경락인 또는 본등기를 마친 가등기권자에 대하여 불법점유가 된다.

이처럼 불법점유의 요건은 법에서 정하는 불법행위에 국한하지 않고 공평의 관념에 더 충실하기 때문에 설령 불법행위에 해당하지 않는다고 하더라도 점유개시 행위가 윤리적으로 비난할 수 있는 것인 경우에는 민법 제320조 제2항을 적용한다. 다음 판례에서도 불법이냐 아니냐 하는 점이 법의 테두리 안에서 적용되는 것이 아니라 당시 상황에 맞게 윤리적인 측면에서 고려되고 있음을 알 수 있다.

---

### 대법원 1963.10.31. 선고 63다466 판결

을이 광업법에 위배되는 덕대계약(*광업권자가 광물의 채굴에 관한 자기의 권리를 제3자인 덕대(德大)에게 수여하고 덕대는 자기의 자본과 관리 하에 광물을 채굴하고 그 대가를 지불할 것을 약정하는 권리를 말한다.)에 의거하여 광업업자인 갑으로부터 광산을 인도 받아 광산개발을 위하여 유익비를 출연한 경우에는 비록 무효인 계약에 원유하기는 하였으나 갑은 자기의 의사로 을에게 광산을 인도하였던 것이 명백하므로 을의 광산점유가 불법행위로 인한 것이라 할 수 없고 또 을의 비용지출도 윤리적으로 비난할 수 있는 것이 아니어서 불법원인급여라고 할 수 없는 것이므로 을은 유익비의 상환을 받을 때까지 갑의 광산인도청구에 대하여 유치권을 행사할 수 있는 것이다.

--------

위 덕대계약이 무효이기는 하나 광업권자가 자기의 의사에 의하여 광산을 인도하였으므로 이에 의한 광산의 점유는 불법행위가 아니라고 판시하고 유익비의 상환을 받을 때까지 유치권을 행사할 수 있다고 판례는 밝힌다. 관련 사건이 불법행위에 의해 시작되었다는 것만으로 불법행위에 의한 점유가 되지는 않는다. 설령 불법행위가 개입된 사건이더라도 점유 자체가 불법행위가 아님이 명백하다면 점유는 인정을 받는다.

다음 사례 역시 최초의 사건이 불법에 의한 것이라도 이후의 정당한 점유까지 모두 불법으로 볼 수 없다는 판결이다.

--------

**대법원 1984.7.16.자 84모38 결정 【압수물환부처분에대한준항고기각결정에대한재항고】**

그러나 위 수사기록에 의하면, 재항고 외 1이 위 A로부터 위 물건을 매수함에 있어 원심확정 사실과 같은 사기행위로 인하여 취득한 사실은 엿보이나 위 A가 재항고 외 1에게 사기로 인한 매매의 의사표시를 취소한 여부가 분명하지 아니할 뿐만 아니라 위 물건은 재항고 외 1의 위탁을 받은 재항고 외 B가 이를 인도받아 재항고인 C의 창고에 임치하여 재항고인이 보관하게 된 사실이 인정되고 달리 재항고인이 위 물건이 장물이라는 점을 알았다고 확단할 자료는 보이지 아니하는바, 그렇다면 재항고인은 정당한 점유자라 할 것이고 이를 보관시킨 재항고 외 1에 대하여는 임치료청구권이 있고, 그 채권에 의하여 이 사건 물건에 대한 유치권이 있다고 보여지므로 위 A는 재항고인에 대하여 위 물건의 반환청구권이 있음이 명백하다고 보기는 어렵다 할 것이므로 이를 피해자에게 환부할 것이 아니라 민사소송에 의한 해결에 맡김이 마땅하다 할 것이다.

그러함에도 원심은 재항고인이 이 건 물건을 점유함에 있어 정당한 권한이 있는 여부에 대하여는 아무런 심리도 하지 아니한 채 매매당사자 사이의 사기행위만을 앞세워 제3자가 정당하게 점유하는 물건에 대하여 매도인에게 환부할 이유가 명백하다고 한 조치는 압수장물의 환부에 있어서 피해자에게 환부할 명백한 사유에 관한 법리를 오해하고 심리를 다하지 아니한 위법이 있다 할 것이므로 이를 탓하는 논지는 이유 있다.

--------

다음 판례에는 불법점유를 '유추 · 적용한다'는 표현이 등장한다. 법리를 그대로 적용하는 것이 아니라 윤리적인 측면까지 확대해서 판단한다는 말이다. 이 사건의 핵심은 공사업자가 견련성이 없는 채무자의 다른 건물을 채무자의 동의를 얻어 점유하게 된 경우를 다루고 있다. 견련성이 없으므로 유치권이 성립될 여지는 없다. 그러나 문제는 기존의 공사대금채권이 존재했다는 점. 아래 판례에서는 상황이 명확하지 않아 '기존 공사대금채권'이 무엇인지 알기는 힘들다. 다만 우리의 관심사는 법원이 이 문제를 불법점유라고 여긴다는 사실이다. 보통의 경우 1) 경매개시결정 기입등기 이전에 2) 소유자의 동의를 얻어 점유를 시작하면 유치권을 인정받는다. 그러나 아래 판례

처럼 이번 공사대금채권이 아니라 기존 공사대금채권을 변제받을 목적으로 갑작스레 소유자의 동의를 구하고 점유를 시작한 경우에는 문제가 된다. 요컨대 유치권 문제가 없는 것으로 알고 있던 근저당권자가 갑작스레 예전 공사대금채권을 받아야겠다며 점유를 시작한 유치권자의 등장으로 손해를 입을 수 있기 때문이다. 손해를 입기는 매수인(경락인)의 경우도 마찬가지이다. 규정에 따르면 문제가 없는 것처럼 보이는 유치권 주장이지만 그러나 법원은 유치권 제1의 원칙인 공평의 이념을 참조하며 이를 불법행위로 규정한다.

### 서울중앙지법 2005.10.28. 선고 2004가단342086 판결 【건물명도】

그리고 피고 A와 피고 B는 C와 직접 도급계약을 체결하였다고 주장하므로 보건대, 앞서 본 법리에 비추어, 위 피고들이 주장하는 피고 A의 ○○빌라에 대한 감리용역 및 설계용역대금 채권이나 피고 B의 ○○빌라 조경공사대금 채권이 이 사건 ××주택에 관하여 생긴 채권이라고 볼 수는 없으므로(건축공사자재를 공급한 자의 자재대금 채권도 건물과 견련성이 인정될 수 없는 것이고, 수급인의 공사대금채권도 수급인이 그 노력과 자재로 건물을 시공하였다는 이유로 견련성이 인정되는 것은 아니다) 이 부분 주장도 이유 없다.

나아가 앞서 인정한 사실과 증거를 종합하면, C는 이 사건 ××주택의 대지에 대하여는 이미 1997.1.16. D 앞으로 근저당권설정을 마쳤고, 이 사건 ××주택을 1998.6.30.경 준공하자 1998.7.3. 그 명의로 소유권보존등기를 마치면서 같은 날 D를 근저당권자로 하는 근저당권을 설정하여 위 각 근저당권에 기한 임의경매절차에서 원고가 이를 경락받아 그 소유권을 취득하였고, 위 피고들은 1998.7.3. 근저당권설정등기 이후에 이 사건 ××주택을 점유한 사실을 인정할 수 있으며, 이에 반하여 일부 피고들에 대하여는 그 이전에 점유를 승낙하였다는 취지의 C와 E의 확인서(을제6호증의

1 내지 8 등)의 기재는 믿지 아니하고 달리 반증 없는바, 이는 이미 저당권이 설정된 부동산에 관하여 취득한 유치권으로써 경매절차에서 그 부동산을 매수한 사람을 상대로 대항하는 것이 허용되는지 여부의 문제가 되는데, 유치권의 법정담보물권으로서 특성과 담보물의 교환가치에 대한 저당권자 등의 신뢰와 이익의 보호, 유치권 인정의 기초인 공평의 이념 등에 비추어, 이미 저당권이 설정된 부동산임을 알거나 알 수 있으면서도 기존 공사대금채권을 회수할 목적으로 당해 부동산의 점유를 취득한 경우에는 민법 제320조 제2항 불법행위로 인한 점유의 규정을 유추·적용하여 장차 경매절차에서 당해 부동산을 매수한 사람을 상대로 유치권을 내세워 대항하는 것은 허용되지 않는다고 볼 것이고(대법원 1987.3.10. 선고 86다카1718 판결, 대법원 1999.4.23. 선고 98다32939 판결 등이 임차권이나 전세권에 대하여 같은 취지로 해석한다), 위 피고들은 이 사건 ××주택에 관하여 위 각 근저당권이 설정된 사실을 알거나 알 수 있으면서도 기존 공사대금채권을 회수하는 등의 목적으로 C나 E의 이른바 협조를 받아 점유를 취득한 경우에 해당하므로 위 근저당권에 기한 경매절차에서 이 사건 ××주택의 소유권을 취득한 원고에 대하여 불법행위로 인한 점유에 해당하여 유치권으로 대항할 수 없다고 할 것이므로, 같은 취지로 위 피고들의 점유가 불법점유에 해당한다는 원고의 재항변은 이유 있어 결국 이 점에서도 위 피고들의 유치권항변은 이유 없다.

---

혹시 헷갈릴지 몰라 판례 하나를 추가한다. 아래 대법원 판결은 근저당권 설정 후 경매개시결정 기입등기 전에 취득한 유치권은 유효하다고 판시하고 있다. 현재로서는 근저당권 설정 이후라도 경매개시결정 기입등기 전에만 취득하면 유치권은 불법한 것이 아니므로 그 점유 또한 불법이 아닌 것으로 정리된다. 아래 판례는 원칙에 해당하고, 위 판례는 변형으로 보면 좋다.

## 대법원 2009.1.15. 선고 2008다70763 판결 【유치권확인】

부동산 경매절차에서의 매수인은 민사집행법 제91조 제5항에 따라 유치권자에게 그 유치권으로 담보하는 채권을 변제할 책임이 있는 것이 원칙이나, 채무자 소유의 건물 등 부동산에 경매개시결정의 기입등기가 경료되어 압류의 효력이 발생한 후에 채무자가 위 부동산에 관한 공사대금 채권자에게 그 점유를 이전함으로써 그로 하여금 유치권을 취득하게 한 경우, 그와 같은 점유의 이전은 목적물의 교환가치를 감소시킬 우려가 있는 처분행위에 해당하여 민사집행법 제92조 제1항, 제83조 제4항에 따른 압류의 처분금지효에 저촉되므로 점유자로서는 위 유치권을 내세워 그 부동산에 관한 경매절차의 매수인에게 대항할 수 없다. 그러나 이러한 법리는 경매로 인한 압류의 효력이 발생하기 전에 유치권을 취득한 경우에는 적용되지 아니하고, 유치권 취득시기가 근저당권설정 후라거나 유치권 취득 전에 설정된 근저당권에 기하여 경매절차가 개시되었다고 하여 달리 볼 것은 아니다.

---

점유가 침탈되었을 때 원래 점유자는 자력에 의해 점유를 탈환할 수 있다. 그런데 조건이 있다. '직시(直時)' 해야 한다는 조건이다. '직시'의 해석을 두고 의견이 분분하지만 대체로 24시간 이내에 이루어지면 인정받는다. 그런데 아래 판례는 5~8일 이후에 침탈을 회복한 경우로 상식적인 선에서 '직시'라고 보기 힘들다. 만일 이런 조항을 그대로 적용하면 점유를 회복한 자의 점유는 불법행위에 의한 점유가 될 수 있다. 그러나 아래 판례에서 보듯, 불법행위라는 말을 매우 유연하고 상식적으로 해석하여 만일 그가 유치권을 주장할 권리가 있는 사람이라면 자력에 의한 5~8일 이후의 점유회복은 불법이 아니라고 판결을 내린다.

### 수원지방법원 2009.3.13. 선고 2008나12917 판결 【건물명도등】

(1) 먼저, 공사대금채권에 관하여 살펴본다. 피고 회사가 이××(김××)로부터 이 사건 공장의 신축공사를 도급받아 시공한 후 그 공사대금을 지급받지 못한 점은 앞서 인정한 바와 같으므로 유치권 성립의 전제가 되는 공사대금채권이 존재한다 할 것이다.

(2) 다음으로, 점유관계에 관하여 살펴본다. 민법 제320조 제2항에 의하면, 불법행위로 인한 점유일 경우에는 유치권이 인정되지 않고, 민법 제209조 제2항에 의하면, 부동산인 점유물이 침탈되었을 경우 점유자는 침탈 후 직시(直時) 가해자를 배제하여 이를 탈환할 수 있도록 되어 있다. 이 사건의 경우 원고가 점유를 침탈한 날로부터 5일 내지 8일이 경과된 후에 피고 회사가 점유를 회복한 점에 비추어 볼 때, 피고 회사의 점유회복은 민법 제209조 제1항에 따른 자력탈환권의 범위를 벗어난 것으로 볼 수 있다. 그러나 민법 제320조 제2항에서 불법점유의 경우 유치권을 인정하지 않는 이유는 불법행위에 의해 점유를 취득한 자에게 유치권을 인정하여 그 채권을 보호하는 것이 공평의 원칙에 위배된다는 등의 이유 때문인데, 원고는 피고 회사에 대한 관계에서 먼저 점유를 불법적으로 침탈한 자로서 원고의 점유 자체가 하자 있는 점유이고, 피고는 원고를 상대로 점유회복청구권을 가지고 있는 점, 피고 회사의 점유탈환이 원고의 불법점유침탈시점으로부터 5-8일 후에 불과한 점 등에 비추어 볼 때, 설령, 피고 회사의 점유탈환이 자력탈환권의 범위를 벗어난 것이라고 하여도, 피고 회사의 점유가 민법 제320조 제2항에서 정하는 불법점유에 해당한다고 볼 수 없으므로, 피고 회사에게는 위 공사대금채권에 기해 이 사건 공장을 유치할 권리가 있다고 보아야 한다.

법인의 대표기관이 아닌 대리인이나 지배인이 대표기관과 공모 없이 한 행위라도 그 직무권한 범위 내에서 직무에 관하여 타인이 점유하는 법인의 물건을 취거한 경우, 권리행사방해죄가 규정하는 '자기의 물건을 취거한 경우'에 해당한다.

## 대법원 2020.9.24. 선고 2020도9801 판결 【권리행사방해·문서손괴·건조물침입】

1) 법인의 대표기관이 아닌 대리인이나 지배인이 대표기관과 공모 없이 한 행위라도 그 직무권한 범위 내에서 직무에 관하여 타인이 점유하는 법인의 물건을 취거한 경우에는 대표기관이 한 행위와 법률적·사실적 효력이 동일하고, 법인의 물건을 법인의 이익을 위해 취거하여 불법영득의사가 없는 점과 범의 내용 등에 관해서 실질적인 차이가 없으므로 권리행사방해죄가 규정하는 '자기의 물건을 취거한 경우'에 해당한다(대법원 2005.1.14. 선고 2004도8134 판결 참조).

2) 원심판결 이유와 적법하게 채택된 증거에 의하면 다음과 같은 사실을 알 수 있다.
    가) 부동산 임대업 등을 목적으로 하는 공소외 1 회사는 피해 회사가 관리하고 있던 이 사건 호실에 관하여 2018.10.31. 공소외 1 회사 앞으로 소유권이전등기를 마쳤다.
    나) 피고인의 동생인 공소외 3은 공소외 1 회사의 대표이사이고, 피고인은 공소외 1 회사의 관리부장으로 회사 업무를 총괄하면서 부동산 임대 및 주유소 영업 관리 업무를 담당하고 있었다.
    다) 피고인은 2018.11.2. 공소외 3에게서 이 사건 호실에 관한 모든 업무 및 권한을 위임받은 후 이 사건 호실에 가 관련 공소사실 기재 행위를 하였다.

3) 위 사실관계를 앞서 본 법리에 비추어 살펴보면, 피고인이 공소외 1 회사의 대표기관이 아니기는 하나, 피고인의 관련 공소사실 기재 행위는 공소외 1 회사로부터 위임받은 직무권한 범위 내에서 직무에 관하여 한 행위로 공소외 1 회사의 대표기관이 한 행위와 다름없으므로 권리행사방해죄의 '자기 물건'을 취거한 행위에 해당할 여지가 크다.

4) 그럼에도 원심은 판시와 같은 이유로 관련 공소사실을 무죄로 판단하였다. 이러한 원심의 판단에는 권리행사방해죄에서 '자기의 물건'에 관한 법리를 오해한 나머지 필요한 심리를 다하지 아니하여 판결에 영향을 미친 잘못이 있다.

## 2. 점유의 권원 문제

점유의 권원이 없음을 알거나 과실로 알지 못하고 점유를 개시한 경우에도 불법점유에 해당되어 유치권을 주장할 수 없다.

**서울서부지방법원 2009.5.29. 선고 2008가합12712 판결 【건물명도】**

민법 제320조 제2항에 의하면, 물건에 관한 원고의 점유가 불법행위로 인한 경우에는 유치권이 성립하지 않는바, 그 점유가 적극적으로 가해진 불법행위, 즉 침탈, 사기, 강박 등에 의한 경우뿐만 아니라, 점유자가 소유자에 대항할 수 있는 점유의 권원이 없이, 그리고 권원 없음을 알거나 과실로 알지 못하고 개시된 경우도 점유가 불법행위에 의한 경우에 포함되고, 점유를 시작할 당시에는 적법한 점유권원이 있었으나 나중에 그 점유권원이 소멸하여 점유자가 물건에 관하여 비용을 지출하거나 채권을 취득할 당시에는 물건을 점유할 권원이 없음을 알았거나 적어도 중대한 과실로 이를 알지 못한 경우에도 점유자에게 유치권이 성립하지 않는다(대법원 1966.6.7. 선고 66다600, 601 판결 등 참조).

이 사건으로 돌아와 보건대, 이 사건 약정의 내용에 당시 A가 해결해야 할 유치권자로 피고 B의 대표이사 C 또는 B는 전혀 언급되어 있지 않은 점, D가 2008.2.20. 이 법원 2007타기1344호로 경락부동산 인도명령을 받을 때에도 A만을 피신청인으로 하였고, 위 인도명령의 집행도 피고들의 존재로 인하여 사실상 집행불능에 이른 점 등을 종합하여 볼 때, C가 2007.12.경 A와 공사도급계약을 체결한 후 이 사건 각 부동산에 대한 인테리어 공사를 시작하였다고 보기 어려울 뿐만 아니라, 설사 그와 같이 공사를 시작하였다 하더라도 별도로 독립된 점유를 개시하였다기보다는 A의 점유보조자의 지위에 불과하였다고 보는 것이 타당하다.

또한, 이 사건 약정 당시 D와 A는 시공사를 E건설로 선정하여 시공하도록 하고, E건설의 책임하에 본 공사에 따른 부분별 공사를 해당 F건설업체에게 도급할 수 있다고 약정하였으므로, 가사 2008.2.14. 당시 피고 B가 A와 재차 공사도급계약을 체결하고 이 사건 각 부동산에 대한 점유를 개시하였다 하더라도, 이는 A가 이 사건 약정을 통하여 취득한 권한을 넘어서서 체결한 계약에 따른 것으로 D에 대하여는 그 효력을 주장할 수 없는바, 피고 B가 D에 대항할 수 있는 점유의 권원이 없음을 알거나 과실로 알지 못하고 점유를 개시한 경우에 해당한다고 보아야 하므로, 유치권이 성립할 수 있는 적법한 점유에 해당하지 않고, 피고 B가 이 사건 각 부동산에 대한 장소적 지배력을 행사하였다 하더라도 피고 B의 지위는 A의 점유보조자로서의 지위를 넘어서지 못한다고 보는 것이 타당하다.

한편, 피고 G는 작성일이 2008.4.18.부터 2008.9.4. 사이로 되어 있는 여러 개의 하도급계약서를 제출하였고, 위 각 하도급계약서 중 2008.5.8. 이전의 공사에 관한 계약서는 2008.4.18.자 주식회사 H와의 석재공사 하도급계약서, 2008.4.20.자 주식회사 I와의 설비공사 하도급계약서, 2008.4.26.자 주식회사 J와의 전기공사 하도급계약서 등이 있으나 이와 같은 자료만으로 피고 G가 2008.5.8. 이전에 A와 직접 이 사건 각 부동산에 관한 외부공사를 도급받는 내용의 공사도급계약을 체결하였다고 보기에는 부족하고 달리 이를 인정할 증거가 없으며, 설사 위 사실을 인정할 수 있다 하더라도, 이는 피고 B의 경우와 마찬가지로 A가 이 사건 약정을 통하여 취득한 권한을 넘어서서 체결한 계약에 따른 것으로 D에 대하여는 그 효력을 주장할 수 없는바, 피고 G가 D에 대항할 수 있는 점유의 권원이 없음을 알거나 과실로 알지 못하고 점유를 개시한 경우에 해당한다고 보아야 하므로, 유치권이 성립할 수 있는 적법한 점유에 해당하지 않고, 피고 G가 이 사건 각 부동산에 대한 장소적 지배력을 행사하였다 하더라도 피고 G의 지위는 A의 점유보조자로서의 지위를 넘어서지 못한다고 보는 것이 타당하다. 그런데 이 사건 약정 당시 ○○가 2008.5.8.까지 이 사건 각 부동산의 준공을 완료하지 못할 경우 공사대금 및 유치권 관련 모든 권리를 포기하고, 이 사건 각 부동산을 D에게 반환하기로 한 사실은 위에서 본 바와 같고, 피고들은 A로부터 이 사건 각 부동산에 관한 공사를 도급받거나 공사를 이행할 당시 이 사건 약정의 내용을 알고 있었던 것으로 보이므로, 이 사건 각 부동산이 2008.5.8.까지 준공되지 않은 이상(피고들은 ○○가 2008.5.8.까지 준공을 완료하지 못 한 것은 D의 귀책사유로 인한 것이므로 A의 권리가 소멸하거나 이 사건 각 부동산을 반환할 의무가 발생하는 것은 아니라는 취지로 주장하나, D의 귀책사유를 인정할 만한 아무런 증거가 없으므로 위 주장은 받아들일 수 없다), A의 공사대금 및 유치권과 관련된 모든 권리는 소멸하고, A의 점유보조자인 피고들도 원고와 D에 대하여 공사대금 채권 및 유치권을 주장할 수 없다고 할 것이다.

따라서 피고들의 적법한 점유를 전제로 한 유치권 주장은 이를 받아들일 수 없다.

------------------------------------------------

받을 돈이 점유 중인 부동산의 가격에 비하면 턱 없이 작을 때 과연 이때의 점유는 정당한 것일까? 다음 판례는, 받을 돈이 채 만 원도 안 되는 사람이 33억짜리 부동산을 점유하는 경우, 이를 점유권원이 없는 불법점유라고 밝힌다.

---

### 대전고등법원 2007.7.26. 선고 2007나390 판결 【유치권부존재확인】

여기서 불법행위에 의한 점유란 강취, 기망 등에 의한 점유뿐만 아니라 점유할 권원이 없음에도 이를 알거나 과실로 알지 못하고 점유를 개시하는 경우를 말한다. 이 사건에 관하여 보건대, 피고는 A에 대한 공사대금 잔금을 지급받기 위해 2004.2.27.경 이 사건 부동산에 대한 점유를 개시하면서 유치권을 행사하고 있는데, 위 점유 개시 당시 피고의 공사대금 잔금채권이 8,210원에 불과함은 앞서 본 바와 같으므로, 피고가 이와 같이 8,210원이라는 극히 미미한 채권을 변제받기 위하여 33억 원 상당에 달하는 이 사건 부동산을 점유하는 것은 공평과 신의칙에 비추어 허용되지 아니한다고 할 것이어서, 피고의 이 사건 부동산에 대한 점유는 그 점유 권원이 없는 위법한 점유이고, 민법 제320조 제2항에 따라 피고의 이 사건 부동산에 대한 유치권은 성립하지 않는다고 할 것이다.

피고는, 하도급업체들에 대한 채권양도가 철회되었으므로 피고에게 650,000,000원 또는 750,000,000원의 공사대금 채권을 피보전채권으로 한 유치권이 존재한다고 주장하나, 위 채권양도가 철회되었다고 하여 피고의 불법점유가 적법하게 되는 것은 아니므로, 피고의 위 주장은 이유 없다.

---

유치권은 유치권의 목적물을 점유함으로써 유치권을 주장할 수 있다. 그런데 아래 판례의 사건처럼 종종 채권자들은 유치권자가 아닌 일반 채권자처럼 행동하면서 채무를 이행하라고 독촉하는 경우가 있다. 특히 채무자에게 영업을 하도록 하면서 해당 목적물의 점유를 넘긴 경우는 유치권을 주장할 수 없게 된다. 그리고 뒤늦게 점유를 시작하면 법원은 이를 점유권원이 없는 상태에서의 점유이므로 불법점유라고 밝힌다.

---

**광주고등법원(전주) 2010.5.7. 선고 2009나2502 판결 【유치권부존재확인】**

가. 피고들의 점유 또는 그 점유의 적법성에 대하여 살피건대, 피고들이 A의 채권단을 통해 이 사건 각 부동산을 점유하여 왔다는 점에 관한 피고들의 구체적인 주장은 다음과 같다.

① 2001.9.경 A가 부도를 낸 이후에도 그 영업을 계속할 때에는 피고들이 채권단을 구성한 다음 이 사건 각 부동산 내에 채권단의 사무실을 설치하고 이를 통해 이 사건 각 부동산을 관리하면서 계속적으로 점유하여 왔다.

② A가 2002.12.경 영업을 중단한 이후에는 이웃에 있는 주택에서 전기를 끌어와 지하실의 물을 퍼내는 등의 방법으로 건물을 관리함과 아울러 이 사건 각 부동산을 점유하여 왔고, 이를 토대로 이 사건 각 부동산에 대한 경매절차 및 공매절차 등에서 피고들의 유치권을 신고하는 등의 방법으로 유치권을 행사하여 왔다.

나. 먼저 위 1항 주장에 대하여 살펴본다. 갑 제8호증의 2, 을바 제15호증의 각 기재 및 당심 증인 B, C의 각 일부 증언에 변론 전체의 취지를 종합해 보면, A가 부도를 낸 후 A와 그 채권단은 A의 영업을 정상화시켜 채권단이 그 채권을 회수할 수 있

도록 하는 방안을 협의하였고, 그 결과 2002.3.23.경 피고 D가 포함된 A의 채권단은 공사의 하자나 미비점을 보완하여 A의 영업활성화에 기여하되, A는 원칙적으로 채권단에 대한 채무를 채권액의 40%로 정산함과 아울러 이를 2002.9.30.까지 변제하기로 하였으며, 그 이행을 위하여 A는 채권단에게 이 사건 각 부동산 중 2층 일부(2층 회장실 옆방인 구 윤 ○○방)를 채권단의 사무실로 사용하도록 하고, 주 1회 정도 채권단이 A의 경리장부나 입출금 자료를 열람하도록 한다는 내용의 합의가 이루어졌던 사실, 그리하여 이에 따라 채권단은 윤 ○○방을 사용하면서 A의 영업 상황 등을 확인하며 그 채권을 회수하기 위하여 노력하였고, 그러한 과정을 통해 A는 영업을 개시한 2001.8.말경부터 그 후 부도를 내고서도 2002.12.2.경까지 이 사건 각 부동산에서 영업을 계속하였던 사실이 인정된다.

이러한 사실관계에 나타나는 여러 사정, 즉 채권단이 이 사건 각 부동산 중 일부를 점유하게 된 경위나 목적, 점유 부분이나 점유 상황, A의 영업 실태 등에 비추어 보면, 이 사건 각 부동산은 채무자인 A가 부도를 낸 후에도 채권단과는 별도로 소유자로서 이를 점유하며 사용한 것으로 보이는 반면, 채권단의 점유는 그 채권을 회수하는 데 편의를 도모하기 위하여 건물 일부를 사무실로 사용한 것에 불과하다고 할 것이므로, 이러한 채권단의 점유를 가리켜 유치권자로서 이 사건 각 부동산 전체를 점유한 것으로 보기는 어려운 것으로 판단된다. 뿐만 아니라 위 증거들과 갑 제33호증의 기재에 의하면, 피고 E의 경우에는 A와 그 채권단이 위와 같이 채권회수 방법에 관한 합의를 한 2002.3.23. 이전인 같은 달 18.경 이미 A의 채권단으로부터 탈퇴한 사실이 인정되는데, 이러한 사실관계에 의하면 피고 E의 경우에는 채권단을 통하여 이 사건 각 부동산을 점유하였다고 볼 수도 없다. 따라서 피고들의 이 부분 주장은 받아들일 수 없다.

다. 다음으로 위 2항 주장에 대하여 살펴본다.

(1) 갑 제5호증의 5, 6, 을라 제8, 10, 11, 21호증, 을바 제24 내지 27호증의 각 기재 및 당심 증인 C의 증언에 의하면, ① 피고 D가 2003.1.6.과 2004.4.29. 이 사건 각 부동산에 대한 공매절차에서 한국자산관리공사에 유치권을 신고하고, 그 후 2005.1.27.에도 전주지방법원 2004타경42642호 부동산임의경매 신청 사건에서 집행법원에 유치권을 신고하였으며, 피고들이 2008.3.12. 이 사건 경매절차에서도 각각 유치권을 신고하였던 사실, ② 또한 피고 E의 대표이사 F, 피고 D의 이사 G 등은 2006.2.7. 이 사건 각 부동산의 북측과 남측 출입문에 "공고문, 본 건물은 유치전용중입니다. 유치권자 허락 없이 출입시 형사고발합니다. 유치권자 일동 000-000-0000"라는 내용의 표지판을 설치하고, 북좌측 출입문에 "유치, 점유 건물로 무단 출입시 형사고발합니다. 유치권자 일동 000-000-0000"라는 내용의 현수막을 게시하며, 남측 출입문에 "본 건물은 유치전용중이므로 출입을 금합니다. 유치권자 일동 000-000-0000"라는 내용의 현수막을 게시하며, 주출입문 밑부분에 체인과 자물쇠로 시정장치를 함과 아울러, 상가출입문, 북측면 제3출입문(상가 ○○호 출입문) 및 북측면 제4출입문(상가 ○○○호 출입문)에도 동일하게 시정장치를 한 후 이 사건 각 부동산에 대한 타인의 출입을 통제한 사실, ③ 그리고 A가 2002.12.경 영업을 중단한 후부터 A가 2005.5.6.경 김××와 사이에 이 사건 각 부동산에 대한 매매 가계약을 체결한 다음 이 사건 각 부동산을 점유하여 사용할 때까지 사이에도 채권단이 일부 출입문 열쇠를 소지하면서 이 사건 각 부동산에 출입한 바가 있었고, 또한 2006.8.28.경에는 이 사건 각 부동산에 대한 관리를 위하여 무인경비회사에 무인경비를 의뢰하기도 하였던 사실은 인정된다. 그러나 다른 한편, 갑 제9호증의 1, 2, 갑 제21, 27, 32호증, 갑 제35호증의 1 내지 4, 을라 제

11호증, 을바 제16 내지 22호증의 각 기재 및 당심 증인 B의 증언에 변론 전체의 취지를 종합해 보면, ① 이 사건 각 부동산은 A의 영업이 중단된 후에도 H 등이 시정장치를 한 상태에서 타인의 출입을 통제하여 왔던 사실, ② 한편 A의 영업이 중단된 후 공과금 등이 연체되는 등의 사정으로 이 사건 각 부동산에 대한 공매절차가 진행됨으로써 채권자들의 채권 회수가 사실상 어려워지자, A와 채권단은 2002.11.20.경부터 2005.5.6.경까지 계속하여 이 사건 각 부동산을 제3자에게 매각하고 그 매각대금으로 채권자들의 채권액 중 일부를 지급하는 방안을 협의하여 왔던 사실, ③ 이에 따라 A가 2005.5.6.경 김××와 사이에 이 사건 각 부동산에 대한 매매 가계약을 체결한 후 그 무렵부터 2006.1.5.경까지 이 사건 각 부동산을 점유·사용하였으며, 채권단도 A의 매각절차에 동의하여 이에 협조하는 입장을 취하여 왔고 이로 인해 A는 채권단의 방해 없이 위 기간 동안 이 사건 각 부동산을 사실상 점유·사용하였던 사실, ④ 그런데 A와의 매각절차가 무산되자 A의 H 등은 이 사건 각 부동산에 대하여 다시 시정장치를 하면서 이에 대한 타인의 출입을 통제하여 왔는데, 2006.2.7.경 피고 E의 대표이사 F, 피고 D의 이사 G 등이 앞서 본 바와 같이 이 사건 각 부동산에 유치권 행사를 알리는 표지판이나 현수막을 게시하고, H 등이 장치한 시정장치를 제거한 다음 그들이 별도로 시정장치를 하고 타인의 출입을 통제하기 시작하였던 사실이 인정된다. 이러한 사실관계에 나타나는 여러 사정, 즉 이 사건 각 부동산에 대한 A와 채권단 소속 채권자들의 점유 경위나 실태, 매각과 관련된 협의 상황, 공매절차나 경매절차상 유치권 신고 상황 등에 비추어 보면, A가 영업을 중단한 이후에도 피고들을 포함한 채권단이 이 사건 각 부동산을 계속 점유하여 왔다고 보기 어려울 뿐만 아니라, 설령 채권단이 이를 점유하여 왔다고 할지라도 A가 매매협의 과정에서 이 사건 각 부동산을 점유·사용한 기간에는 채권단이 그 점유를 상실하였다고 봄이 상당하다. 뿐만 아니라, 유치권을 주장하는 자의 점유는 불법행위로 인하여 취득한 것이 아니어야 하는데, 위 사실관계에 나타나는 제반 사정에 의하면, 채권단이 A가 이 사건 각 부동산에서 퇴거한 후인 2006.2.7.경부터 이 사건 각 부동산에 대한 점유를 취득하였다고 할지라도 이는 채무자인 A에게 적법하게 대항할 수 있는 점유의 권원이 없이 개시된 것으로서 불법행위로 인한 점유라고 봄이 상당하다.

(2) 이에 대하여 피고들은, A의 채권단이 이 사건 각 부동산을 매수하려는 김××의 편의를 위해 그 회사와 합의하여 김××가 이 사건 각 부동산에 출입하는 것을 허용하거나 채권단이 일시적으로 이 사건 각 부동산에서 철수하기도 하였지만 그 회사가 인수하기로 한 약정을 제대로 이행하지 않아 김××를 철수시킨 다음 다시 채권단이 이 사건 각 부동산을 점유하여 왔으므로, 피고들을 포함한 채권단은 김××가 이 사건 각 부동산을 점유할 때에도 이 사건 각 부동산을 직접 점유하였거나, 적어도 김××를 통하여 간접적으로 점유하였고, 김××가 철수한 다음에는 다시 종전과 같이 채권단이 이 사건 각 부동산을 적법하게 점유하여 왔다고 주장한다. 그러나 갑 제21호증, 을라 제9호증, 을마 제3호증, 을바 제21, 22호증의 각 기재 및 당심 증인 C의 증언만으로는 이를 인정하기에 부족하고 달리 이 점을 인정할 만한 증거가 없다. 오히려 을라 제11호증의 기재에 의하면, H 등이 2006.2.경 피고 E의 대표이사인 F를 상대로 J1, J2, J3 등과 함께 A에 무단으로 침입하여 현수막을 게시하는 등의 행위를 함으로써 A의 주거에 침입하고 업무를 방해했다는 혐의로 고소하자, F는 수사기관에서 조사를 받으면서 "자신이 J1, J2, J3 등과 같이 A에 간 일은 있지만 당시 A로 통하는 부지에 출입을 금지하는 바리케이트나 장애물이 전혀 없어서

어느 누구라도 출입이 가능한 상태였고 자신들이 건물에 갔을 때 고소인이 이미 자물쇠로 채워 놓아서 건물 안으로 들어갈 수도 없었다"라고 진술하여 그 주거침입 등에 관한 혐의를 부인하기까지 한 사실이 인정된다.

(3) 따라서 위와 같은 제반 사정에 비추어 볼 때, 피고들이 A의 영업이 중단된 이후에도 채권단을 통하여 이 사건 각 부동산을 적법하게 계속 점유하여 왔다는 취지의 이 부분 주장도 받아들일 수 없다.

---

민법은 단지 점유가 불법행위에 의한 경우에는 유치권이 성립하지 않는다고 규정한다. 그런데 처음에는 정당한 권원에 의하여 점유를 취득하였다고 하더라도 후에 그 권원이 소멸한 경우에 결과적으로 그 점유가 불법행위가 된다면 유치권은 어떻게 될까? 예컨대 건물임차인이 임대차계약이 해지·해제된 후에도 계속 건물을 점유하면서 이른바 유익비, 필요비 등을 지출하였다고 하여도 임대인에 대한 상환청구권에 관하여는 유치권이 성립하지 못한다고 법원은 판단한다.

대법원은 중대한 과실 없는 선의의 점유자는 그 점유가 결과적으로 불법점유였던 경우에도 유익비에 관하여 유치권을 행사할 수 있다고 판시하여 악의 또는 중과실의 점유자의 경우에만 유치권의 성립을 부정하는 취지를 설시한 바 있으나, 그 후 다른 판결에서는 경과실로 권원의 부존재를 알지 못한 경우에도 유치권이 성립하지 않는다고 판시하는 경우도 있다.

---

### 대법원 2002.11.27.자 2002마3516 결정 [부동산인도명령]

유치권의 성립요건인 유치권자의 점유는 직접점유이든 간접점유이든 관계없지만, 유치권자는 채무자의 승낙이 없는 이상 그 목적물을 타에 임대할 수 있는 처분권한이 없으므로(민법 제324조 제2항 참조), 유치권자의 그러한 임대행위는 소유자의 처분권한을 침해하는 것으로서 소유자에게 그 임대의 효력을 주장할 수 없고, 따라서 소유자의 동의 없이 유치권자로부터 유치권의 목적물을 임차한 자의 점유는 구 민사소송법(2002.1.26. 법률 제6626호로 전문 개정되기 전의 것) 제647조 제1항 단서에서 규정하는 '경락인에게 대항할 수 있는 권원'에 기한 것이라고 볼 수 없다.

------

위와 같이 유치권자가 제3자에게 임대를 할 경우 민법 제324조 제2항에 따라 원칙적으로 다른 사람에 임대할 권리가 없으므로 소유자의 동의가 있었다는 증거가 없는 이상 불법행위로 된다. 이는 법의 규정에 정면으로 위반되는 것이므로 중과실까지 따질 이유가 없는 것이다. 위와 같은 사례에서 유치권자라는 사람이 소유자의 동의 없이 제3자에게 점유보조를 시키지 않고 임차 등으로 직접점유를 시키고 있는지 확인하여 만약 임차한 경우가 있을 때 우리는 유치권의 소멸을 청구할 수 있는 유력한 증거로 확보할 수 있다.

아래 이어지는 3개의 판례는 점유 권원이 없음을 알면서도 점유한 경우에는 불법점유라고 판시한다.

------

### 서울북부지방법원 2010.8.11. 선고 2009가단57498 판결 【건물명도】

나. 유익비상환청구권에 기한 유치권 주장에 대하여

피고는, A로부터 이 사건 건물을 임차한 후 보일러공사, 도배공사, 창호공사, 바닥공사, 주방공사, 화장실공사, 도색공사, 미장공사, 지붕공사 및 장대석공사를 실시하여 이 사건 건물의 가치가 25,194,000원 증가하였으므로 참가인 또는 원고로부터 25,194,000원의 유익비를 지급받을 때까지는 이 사건 건물을 유치할 권리가 있다고 주장한다. 그러므로 살피건대, A가 이 사건 건물을 임대할 권한이 없음은 위에서 본 바와 같은바, 이러한 A에 대한 유익비상환 청구권의 존재를 이유로 원고에 대하여 건물의 인도를 거부할 수 없다 할 것이다.

한편, 피고는 민법 제203조에 기하여 점유자로서 소유자인 원고에 대하여 유익비상환청구권은 가지고 있다고 할 것이다. 그러나 점유자가 유익비상환청구권을 가진다고 하더라도 그 점유가 불법행위로 인한 경우에는 유치권을 가지지 못하고(민법 제320조 제2항), 여기서 '점유가 불법행위로 인한 경우'라고 함은 점유의 취득이 불법행위에 기한 것을 말하는 것으로서, '점유할 권리'가 없음을 알면서 또는 과실로 이를 알지 못하고서 점유한 경우를 말하는바, 이 사건으로 돌아와 보건대, 갑 3호증, 갑 10호증의 3, 6의 각 기재에 변론 전체의 취지를 종합하면, 피고는 A와 사이에 이 사건 건물에 관한 임대차계약을 체결할 당시 이미 이 사건 건물이 원고 재단 명의로 소유권이전등기가 마쳐진 것을 알고 있었던 사실을 인정할 수 있는바, 위 인정사실을 위 법리에 비추어 보면, 피고의 점유는 불법행위로 인한 것이라 할 것이므로, 피고는 원고에 대한 유익비상환청구권에 기한 유치권을 가지지 못한다 할 것이다.

---

### 춘천지방법원 속초지원 2010.1.8. 선고 2009가합333 판결 【유치권확인】

살피건대, 점유라 함은 당해 물건이 사회관념상 그 사람의 사실적 지배에 속한다고 보여지는 객관적 관계에 있는 상태를 의미하고, 사실상의 지배가 있다고 하기 위하여는 타인의 간섭을 배제할 수 있는 면이 있어야 할 것인데, 이 사건 건물 내의 냉장고 등의 일부 유체동산을 압류하였고 그 압류동산의 보존을 위하여 이 사건 건물에 출입하였다는 사정만으로 위 건물을 점유하고 있다고 보기는 어려울 뿐 아니라, 가사(*설령) 이 사건 건물에 관한 원고의 점유가 인정된다고 하더라도, 물건을 점유한 채권자의 점유가 불법행위로 인한 경우에는 유치권이 성립하지 아니하고(민법 제320조 제2항 참조), 여기서 '점유가 불법행위에 의한 경우'라 함은 그 점유가 적극적으로 가해진 불법행위, 즉 침탈, 사기, 강박 등에 의한 경우뿐 아니라, 점유자가 소유자에 대항할 수 있는 점유의 권원이 없이, 그리고 권원 없음을 알거나 과실로 알지 못하고 개시된 경우도 포함된다고 봄이 상당한데, 원고의 주장에 의하더라도 원고는 이 사건 건물의 소유자인 피고들의 동의 없이 위 건물 내의 유체동산 압류 과정에서 습득한 출입문 열쇠를 이용하여 건물에 임의로 출입하였다는 것인바, 사정이 그러하다면 원고의 이 사건 건물에 관한 점유권원 없음을 알았거나 과실로 알지 못하고 개시된 경우에 해당한다 할 것이므로 결국 원고가 피고들과의 관계에서 이 사건 건물에 대한 유치권의 성립을 주장할 수는 없다.

---

---

### 부산지방법원 2007.11.21. 선고 2007나9365 판결 【토지인도등】

이에 대하여 피고는, 자신이 이 사건 주택 및 창고를 건축하면서 10,000,000원을 들여 이 사건 토지에 대한 복토 및 정지 작업을 하여 그 지가가 상승하였으므로, 원고로부터 위 작업 비용 또는 상승한 지가 상당을 지급받을 때까지 이 사건 토지를 유치할 유치권이 있다고 주장한다.

그러나 피고가 아무런 권원 없이 이 사건 토지 위에 이 사건 주택 및 창고 중 일부를 건립하여 이를 직접 또는 타에 임대하여 사용하게 하는 방법으로 점유하고 있는 사실은 앞에서 본 바와 같고, 위와 같은 점유 개시 경위, 그 점유 면적 등에 비추어 보면, 피고는 자신이 아무런 권원이 없다는 점을 알면서 또는 적어도 중대한 과실로 권원 없음을 알지 못하고 이 사건 토지 중 위 ㉮ 내지 ㉳ 부분을 점유하였다고 봄이 상당한바, 이러한 피고의 점유는 불법행위로 인한 것이라 할 것이므로, 피고가 가사 이 사건 토지를 점유하면서 복토 및 정지 작업을 행하는 등으로 비용을 지출하였다고 하더라도 이로써 이 사건 토지에 관하여 유치권을 행사할 수는 없다.

---

권리가 없는 사람에게 집을 매수한 사람이 해당 건물에 살면서 유익비를 지출한 경우, 이때 집 주인이 매수인에게 집을 비워달라고 요구할 수 있는데, 그렇다면 이 경우 매수한 사람은 유익비를 근거로 점유를 할 수 있을까?

여기서 중요한 것은 매수인이, 매도인이 무권리자임을 알고 있었느냐 하는 점이다. 만일 몰랐다면 점유는 불법이 아니다.

---

### 인천지방법원 1990.6.15. 선고 89나2004 판결 【건물명도】

다. 피고 A는 다시, 자신이 위 제3건물에 입주하여 이를 점유하던 중 방의 보일러 시설 등에 도합 금822,600원의 유익비를 지출하였으므로 이를 상환받을 때까지 위 건물에 대한 유치권을 행사한다고 항변하므로 살피건대, 위 을 제1호증, 을 제2호증의 1, 2, 원심 증인 B의 증언에 의하여 진정성립이 인정되는 을 제9호증의 3(간이세금계산서), 4(영수필통지서)의 각 기재와 위 증인의 증언에 변론의 전 취지를 종합하면 피고 A는 위 C로부터 앞서 본 바와 같이 이 사건 제3건물을 매수하여 입주하면서 방의 보일러시설에 금260,000원, 수도공사에 금350,000원을 들여 공사를 시행하였고 그로 인하여 위 지출비용 이상으로 건물의 가치가 증가하여 현존하고 있는 사실을 인정할 수 있고 달리 반증이 없다(피고 A는 주거용 방의 도배공사에도 금212,600원을 지출하였다고 주장하나, 이는 통상의 필요비라 할 것이고 위 피고가 이 사건 제3건물을 사용·수익해 온 이상 위 비용은 청구할 수 없다 할 것이다.). 원고 D는 피고 A의 이 사건 제3건물에 대한 점유는 불법점유이므로 유치권이 발생하지 않는다는 취지의 주장을 하므로 살피건대, 위 피고가 위 건물을 무권리자인 소외 C로부터 매수한 사실은 위에서 본 바와 같으나 위 각 비용의 지출 당시에 위 피고가 위 C가 무권리자임을 알았거나 또는 그 알지 못한 데 중대한 과실이 있었음을 인정할 아무런 증거가 없는 이상 위 피고의 위 건물에 대한 점유를 불법 점유라고 볼 수는 없으므로 위 원고의 위 주장은 이유 없다.

---

부동산을 매수하는 과정이 무효인 경우 그런 매수에 기하여 매수인이 해당 부동산을 점유하는 것은 불법점유다.

---

### 대법원 1973.7.24. 선고 69다60 판결 [소유권이전등기말소]

민법 제203조, 320조 소정의 점유는 간접점유를 포함함이 소론과 같으나 귀속재산처리법 제2조 3항에 의하여 주식이 국가에 귀속된 국내법인의 재산은 동법 제8조 단서에 의하여 해산(*존속이유를 잃은 법인이 본래의 권리능력을 상실하는 일)의 경우 이외에는 처분하지 못하며 만일 처분하더라도 법률상 당연 무효라 함이 당원의 판례(65.7.28. 선고 65다1254)인바, 본건에 있어서는 피고 A가 관재당국으로부터 원고의 재산인 본건 부동산을 위의 해산 절차 없이 매수하였다는 것이므로 이는 당연 무효이고 피고 A가 본건 부동산에 대한 점유는 권원이 없는 불법점유자임을 면할 길 없으니 설사 위 부동산에 대하여 필요비나 유익비를 지출하였다 하더라도 유치권이 발생한다 할 수 없으므로…

---

원인무효인 보존등기를 경료하고 있는 자로부터 그 부동산을 임차한 사람은 정당한 소유자가 위 등기의 말소소송을 제기하여 승소 확정한 후 자기가 그 소유자임을 고지 받았다면 그 이후부터 불법점유자가 된다. 따라서 현재의 소유자에게 그 이후의 수리비로 유치권 항변을 할 수 없다.

---

### 서울고등법원 1970.4.29. 선고 69나1994 판결 【가옥명도청구사건】

다시 피고는 피고가 위 건물에 입주하고 있으면서 121,960원을 들여 위 건물을 수리하였으니 위 수리비를 지급받기 전에는 위 건물을 명도하여 줄 수 없다고 유치권 항변을 하고 있으므로 살피건대, 원심증인 소외 1 및 동인의 증언에 의하여 진정성립이 인정되는 을 1 내지 8호증(각 청구서 및 영수증)의 기재내용에 의하면 피고는 1967.10.경부터 1968.7.초순경까지 수리비 123,960원을 들여 위 집을 수리한 사실을 인정할 수 있으나 당심 증인 소외 2의 증언의 성립에 다툼이 없는 甲 제1호증(등기부등본), 동 제5호증(판결)의 기재내용을 종합하면, 피고는 1966.경 당시 등기부상 소유명의인 소외 3에게 전세금 110,000원을 내고 입주하였으나(등기 없는) 동 소외인 명의의 등기(보존등기)는 원인무효로서 정당한 소유자인 소외 4가 소외 3을 상대로 위 등기의 말소소송을 제기하여 승소의 확정판결을 받아 소외 3은 그 소유권을 상실한 사실, 소외 4는 1967.3.경 판결을 받은 후 피고에게 자기가 본건 건물의 소유자임을 고지하면서 여러 번 위 건물의 명도를 요구한 사실 등을 인정할 수 있으니 피고는 1967.3. 이후부터는 본건 건물을 불법점유하고 있다고 할 것이며, 따라서 피고는 그 이후의 수리비로서 현재의 소유권자인 원고에게 유치권 항변을 할 수 없다고 할 것이니 피고의 이 항변 역시 그 이유가 없다고 할 것이다.

---

점유를 타인에게 넘겨주는 것을 점유승계라고 한다. 하자보수를 목적으로 하는 적법한 점유자가 아무 권한이 없음에도 불구하고 점유를 채권단에게 넘겨주었을 때, 이때의 점유승계는 하자보수와 전혀 무관한 것이므로 불법점유가 된다.

공사완공 후 도급인에게 건물을 인도한 뒤 다시 하자보수의 목적이 아닌 새로운 점유의 개시는 불법점유다.

---

**서울서부지방법원 2009.1.9. 선고 2008고정1112, 1114(병합), 1170(병합) 판결 【가. 주거침입(인정된 죄명 건조물침입), 나. 건조물침입, 다. 재물손괴】**

가. 살피건대, 타인의 물건이나 유가증권을 점유한 자가 그 물건이나 유가증권에 관하여 생긴 채권을 가지는 경우에 그 채권의 변제를 받을 때까지 그 목적물을 점유할 수 있는 권리를 가진다고 할 것인데(이른바 '유치권') 위 유치권의 목적이 될 수 있는 것은 동산과 부동산 모두 그 대상이 되고, 일정한 경우(점유 중 소유자가 변경된 경우) 그 '타인'은 채무자뿐 아니라 '제3자'도 포함된다고 할 것이나, 그 채권자의 점유는 불법행위에 의하여 시작된 것이어서는 아니 된다고 할 것이다.

나. 이 사건에서 앞에서 인정한 사실에 의하면 피고인은 2008.1.14.(혹은 13.경)부터 이 사건 ××호, ×××호에 들어가 점유하기 시작하였는바(피고인은 하자보수 목적으로 2008.1.7.경부터 이 사건 ××호, ×××호를 계속 점유했다고 주장하나 앞에서 인정한 사실에 비

추어 받아들일 수 없다) 위 점유개시가 적법한지에 관하여 본다.

앞에서 인정한 사실에 의하면 A, B(명의인 C)가 이 사건 각 아파트의 소유권보존등기를 경료하고 이 사건 회사로부터 아파트의 열쇠 등을 교부받아 가지고 있었으므로 위 A, B도 이 사건 각 아파트를 점유하고 있었다고 할 것이고, 다만 이들이 이 사건 아파트에 완전히 입주하지 아니한 이상 A, B뿐 아니라 이 사건 회사도 분양자로서 입주시까지 소유자들과 함께 이 사건 아파트를 공동으로 점유, 관리하고 있었다고 보아야 할 것이므로, 이 사건 회사가 D에게 이 사건 아파트의 하자보수 등을 요구하면서 마스터카드를 교부한 것은 일응 적법한 점유의 이전이 있었다고 볼 것이다.

그러나 D로서는 이 사건 각 아파트를 하자보수의 목적으로 점유개시하여 이를 계속 점유한 경우에만 적법하다고 할 것이지 하자보수가 끝나 그 점유를 종료한 다음 하자보수의 목적이 아닌 새로운 점유의 개시는 적법하다고 볼 수 없다고 할 것인바, 앞에서 본 바와 같이 D가 하자보수건으로 이 사건 아파트의 마스터카드를 교부받아 가지고 있다가 하자보수를 완료하고서도(점유를 종료한 것이라고 볼 것이다) 이를 계속 가지고 있다가 아무런 권한이 없이 이를 채권단에게 넘겨주고 피고인을 비롯한 채권단이 하자보수와 아무런 관계없이 2008.1.14.(혹은 13.경) 이 사건 ××호, ×××호에 새로 침입하여 점유한 것은 불법한 점유의 개시라고 할 것이다.

---

점유를 상실한 이후에 소유자의 허락 없이 점유를 하면 이는 불법점유에 해당된다.

---

**대전고등법원 2005.10.7. 선고 2005나1108 판결 【건물명도】**

(1) 건물의 신축공사를 한 수급인이 그 건물을 점유하고 있고 또 그 건물에 관하여 생

긴 공사대금 채권이 있다면 수급인은 그 채권을 변제받을 때까지 건물을 유치할 권리가 있다고 할 것이지만, 그 유치권은 수급인이 점유를 상실하는 순간 소멸하고, 그 후 수급인이 다시 건물에 대한 점유를 개시하였다고 하더라도 그 점유가 위법한 것이라면 유치권은 발생하지 않는다.

그런데, 위 인정사실에 의하면, 원고는 2003.2.경 당시 이 사건 건물을 점유하였던 김○○ 외 ○인으로부터 이 사건 건물을 인도받았으므로, 설령 당시의 점유자들에게 유치권이 있었다고 한들 이는 점유의 상실로 인해 소멸하였다고 할 것이고, 그 후 2003.7.경 피고들이 이 사건 건물 중 위 각 점유 부분에 대한 점유를 다시 개시하였다고 하더라도 원고의 허락 없이 출입문 시정장치를 무단 교체하는 방법으로 점유가 개시된 이상 이는 위법한 것이므로, 결국 피고들의 유치권은 인정되지 않는다고 할 것이다.

------------------------------------------

## 3. 적법 점유 추정의 원칙

　점유가 불법행위에 의하여 시작되었다고 하는 것은 물건의 반환을 청구하는 자가 주장, 입증하여야 한다. 제320조 제2항은 제1항의 예외규정이기 때문이다. 또한 민법 제200조(권리의 적법의 추정)에 '점유자가 점유물에 대하여 행사하는 권리는 적법하게 보유한 것으로 추정한다.'고 규정되어 있다. 따라서 유치권자라고 하면서 물건 등을 점유하고 있다면 적법 점유가 추정되므로 이를 뒤집으려면 증거의 수집과 제출에 각별한 노력이 필요하다.

　아래 판례는 이른바 '적법 점유 추정'으로 딱히 증거가 없더라도 점유가 적법하다고 추정해야 한다는 내용을 담고 있다. 유치권자의 주장이 맞는지 틀린지는 이를 깨려는 사람이 적극적으로 주장, 입증하여야지 방심했다가는 위 추정을 번복하기 매우 힘들다.

### 대법원 1966.6.7. 선고 66다600, 601 판결 【임야인도】

원판결을 검토하면, 원심은, 피고가 본건 임야를 점유하고 있는 사실을 확정하면서, 피고의 본건 임야 중 약 3,300평을 개간함에 지출한, 유익비 상환청구권을 전제로 한, 본건 임야에 대한 유치권의 항변에 대하여, 피고가 적법하게 본건 임야를 점유하는 것이라는 증거가 없다는 이유로, 그 항변을 가볍게 배척하였다. 그러나 어떠한 물건을 점유하는 자는 소유의 의사로, 선의(*자신의 행위가 법률관계의 발생, 소멸 및 그 효력에 영향을 미치는 사실을 모르는 일), 평온 및 공연하게 점유한 것으로 추정될 뿐 아니라(민법 제197조 제1항 참조), 점유자가 점유물에 대하여 행사하는 권리는 적법하게 보유한 것으로 추정되는바(민법 제200조 참조)이므로, 원심이 특별한 반증(*소송법상 본증에 의하여 증명될 사실을 부인하는 자가 제출하는 증거) 없이, 피고의 본건 임야에 대한 점유가 적법하게 점유하는 것이라는 증거가 없다는 이유로, 피고의 위 항변을 배척하였음은, 위에 설명한 점유권의 추정규정을 간과하고, 법률해석을 잘못한 위법이 있을 뿐 아니라, 피고의 본건 임야에 대한 유익비 상환청구권을 기초로 하는 유치권의 주장을 배척하려면, 적어도 피고의 본건 임야에 대한 점유가 불법행위로 인하여 개시되었거나, 유익비 지출 당시에 이를 점유할 근원이 없음을 알았거나, 이를 알지 못함이 중대한 과실에 기인하였다고 인정할 만한 사유를, 원고 측의 주장입증에 의하여 인정하여야 할 것이었음에도 불구하고(본원 1955.12.15. 선고 4288민상136 판결 참조), 원심이 이러한 점에 대한 심리 판단 없이, 피고의 유치권 항변을 배척하였음은 심리미진의 위법을 면치 못할 것이다.

다음 판례는 유치권 관련 판례는 아니지만 '추정'과 이를 번복하기 위한 책임이 누구에게 있는 것인지 잘 보여주므로 여기에 실었다. 점유에는 두 가지가 있는데 하나는 자주점유이고 하나는 타주점유이다. 자주점유란 소유의 의사를 갖고 하는 점유를 말하며 타주점유란 소유의 의사가 없는 점유다. 자주점유에 대한 입증책임은 타주점유를 주장하는 상대방에게 있다. 판례에서는 타인의 소유권을 배척하는 의사 없이 점유하는 것이 증명되면 자주점유가 아니라고 밝힌다.

### 대법원 2003.8.22. 선고 2001다23225, 23232 판결 【토지소유권보존등기말소등·가처분이의】

한편, 민법 제197조 제1항에 의하면 물건의 점유자는 소유의 의사로 점유한 것으로 추정되므로 점유자의 점유가 소유의 의사 없는 타주점유임을 주장하는 상대방에게 타주점유에 대한 입증책임이 있는 것이고, 점유자가 스스로 매매 등과 같은 자주점유의 권원을 주장한 경우 이것이 인정되지 않는다는 이유만으로 자주점유의 추정이 번복된다거나 또는 점유권원의 성질상 타주점유로 볼 수는 없다 할 것이나(2000.5.26. 선고 99다59757 판결 등 참조), 점유자가 성질상 소유의 의사가 없는 것으로 보이는 권원에 바탕을 두고 점유를 취득한 사실이 증명되었거나, 점유자가 타인의 소유권을 배제하여 자기의 소유물처럼 배타적 지배를 행사하는 의사를 가지고 점유하는 것으로 볼 수 없는 객관적 사정, 즉 외형적·객관적으로 보아 점유자가 타인의 소유권을 배척하고 점유할 의사를 갖고 있지 아니하였던 것이라고 볼 만한 사정이 증명된 경우에 그 추정이 깨어지는 것이고(대법원 1997.8.21. 선고 95다28625 전원합의체 판결, 2002.2.26. 선고 99다72743 판결 등 참조), 점유자가 점유개시 당시에 소유권취득의 원인이 될 수 있는 법률행위 기타 법률요건 없이 그와 같은 법률요건이 없다는 사실을 잘 알면서 타인 소유의 부동산을 무단점유한 것이 입증된 경우에도 특별한 사정이 없는 한 점유자는 타인의 소유권을 배척하고 점유할 의사를 갖고 있지 않다고 보아야 할 것이므로 이로써 소유의 의사가 있는 점유라는 추정은 깨어졌다고 할 것이다(대법원 1997.8.21. 선고 95다28625 전원합의체 판결, 2000.3.16. 선고 97다37661 전원합의체 판결 등 참조).

그런데 피고들의 주장 자체에 의하더라도 피고 A가 이 사건 토지를 점유하기 시작할 무렵에 이 사건 토지가 그의 형이자 원고들의 피상속인인 망 B의 소유인 사실을 알고 있었다는 것이고, 여기에 더하여 피고들이 주장하는 이 사건 토지의 매수사실까지 인정되지 않는다면 이로써 자주점유의 추정을 번복할 만한 외형적·객관적인 사정은 입증되었다고 볼 여지가 크다고 할 것이다.

사정이 이러하다면 원심으로서는 피고 A의 이 사건 토지에 대한 점유가 외형적·객관적으로 보아 권원의 성질상 자주점유인지 타주점유인지 여부에 관하여 좀 더 심리를 하여 보았어야 함에도, 이에 이르지 않고 자주점유의 추정이 번복되었다는 원고들의 주장을 받아들이지 아니하고 피고들의 시효취득 항변을 인용하였으니, 원심은 자주점유 추정의 번복에 관한 법리를 오해하였거나 심리를 다하지 못하여 판결 결과에 영향을 미친 위법이 있다고 할 것이다.

-------------------------------------------

# 4. 불법점유로 인한 부당이득반환 또는 손해배상

불법점유의 결과 불법점유자는 민법 제741조(부당이득의 내용)에 의해 법률상 원인 없이 점유한 것으로 부당이득을 반환하거나 민법 제750조(불법행위의 내용)에 의한 고의나 과실에 의한 점유인 것으로 판명된 경우는 그 손해를 배상하여야 한다.

---

**서울고등법원 2010.6.25. 선고 2010나4563 판결 【소유권이전등기】**

**나) 다음으로, 부당이득 주장에 관하여 본다.**

(1) 유치권자는 유치물 소유자의 승낙 없이 유치물을 보존에 필요한 범위를 넘어 사용할 수 없고(민법 제324조 제2항 본문), 유치권자가 유치물을 그와 같이 사용한 경우에는 그로 인한 이익을 부당이득으로 소유자에게 반환하여야 한다. 그 경우에 그 반환의무의 구체적인 내용은 다른 부당이득반환청구에서와 마찬가

지로 의무자가 실제로 어떠한 구체적 이익을 얻었는지에 좇아 정하여진다. 따라서 유치권자가 유치물에 관하여 제3자와의 사이에 전세계약을 체결하여 전세금을 수령하였다면 전세금이 종국에는 전세입자에게 반환되어야 할 것임에 비추어 다른 특별한 사정이 없는 한 그가 얻은 구체적 이익은 그가 전세금으로 수령한 금전의 이용가능성이고, 그가 이와 같이 구체적으로 얻은 이익과 관계없이 추상적으로 산정된 차임 상당액을 부당이득으로 반환하여야 한다고 할 수 없다. 그리고 이러한 이용가능성은 그 자체 현물로 반환될 수 없는 성질의 것이므로 그 가액을 산정하여 반환을 명하여야 할 것인바, 그 가액은 결국 전세금에 대한 법정이자 상당액이라고 할 것이다. 한편, 공사대금채권에 기하여 유치권을 행사하는 자가 스스로 유치물인 주택에 거주하며 사용하는 것은 특별한 사정이 없는 한 유치물인 주택의 보존에 도움이 되는 행위로서 유치물의 보존에 필요한 사용에 해당한다고 할 것이나(민법 제324조 제2항 단서), 유치권자가 유치물의 보존에 필요한 사용을 한 경우에도 특별한 사정이 없는 한 차임에 상당한 이득을 소유자에게 반환할 의무가 있다(대법원 2009.9.24. 선고 2009다40684 판결).

(2) 이 사건 빌라에 대하여 2005.1.11. 원고의 처분금지가처분등기가 기입되면서 피고 명의의 소유권보존등기가 마쳐졌다가, 2006.11.24. A 앞으로 소유권이전등기가 마쳐진 사실은 위에서 본 바와 같고, 원고가 채무자인 피고의 승낙 없이 이 사건 빌라 중 101, 102, 201호를 위 소유권보존등기일 무렵부터 딸 등 가족들과 함께 거주하는 형태로, 202, 302, 401호를 전세금을 수령하고 제3자에게 임대하는 형태로 각 점유·사용하고 있는 사실은 당사자 사이에 다툼이 없거나 갑 제24호증의 1 내지 4, 을 제25호증의 2, 을 제27호증의 1, 을 제31, 32, 33호증의 각 1 내지 8의 각 기재, 환송 전 당심 증인 B의 일부 증언에 변론 전체의 취지를 종합하여 이를 인정할 수 있으므로, 원고가 유치권에 터잡아 위 7세대

를 점유하고 있다고 하더라도 이를 사용함으로써 얻은 이익은 피고가 소유자로 있던 2006.11.23.까지 피고에 대한 관계에서 부당이득이 되므로 피고에게 반환되어야 한다.

피고는, 이 사건 빌라에 관한 A 명의의 소유권이전등기는 원고가 A를 상대로 제기한 사해행위취소소송이 2009.7.11. 확정됨에 따라 무효화되었고 장차 말소될 운명에 있으므로 실체관계에서는 이미 이 사건 빌라가 피고 소유로 환원되었다고 주장하면서, 원고에게 A 명의의 등기기간까지 포함하여 당심 변론종결일 내지 장래 이 사건 빌라 인도일까지의 부당이득반환을 구하나, 채권자취소의 효과는 채무자에게 미치지 아니하고 채무자와 수익자와의 법률관계에도 아무런 영향을 미치지 아니하므로 취소채권자의 사해행위취소 및 원상회복청구에 의하여 채무자에게로 회복된 재산은 취소채권자 및 다른 채권자에 대한 관계에서 채무자의 책임재산으로 취급될 뿐 채무자가 직접 그 재산에 대하여 어떤 권리를 취득하는 것은 아니고(대법원 2002.9.24. 선고 2002다33069 판결, 대법원 2001.5.29. 선고 99다9011 판결 등 참조), 더욱이 원고가 확정판결에 기하여 아직 수익자 명의로 된 등기의 말소등기절차를 실행하지 않아 원상회복조차 이루어지지 아니하였음이 피고 주장 자체로 분명하므로, 이 사건 빌라가 소급하여 채무자인 피고의 소유로 환원되었음을 전제로 하는 피고의 위 주장은 나머지 점에 대하여 살필 필요도 없이 이유 없다.

(3) 나아가 원고가 반환하여야 할 부당이득의 액수에 관하여 본다.

위 101, 102, 201호 3세대에 대한 2005년 이래의 임료가 2006.11.23.까지 별지 표1의 월 임료란 기재 해당 금액으로서 매달 변동이 없는 금액으로 유지된 사실은 당사자 사이에 다툼이 없으므로, 위 3세대에 관하여 원고가 반환할 부당이득의 액수는 별지 표1과 같이 합계 50,868,224원이고, 제3자에게 임대한

202, 302, 401호에 관한 전세금에 대한 법정이자 상당의 부당이득은 별지 표 2(부당이득금 산정의 시기에 대하여는 원고 스스로 전세계약 체결일에 전세금을 일시에 받은 것으로 계산하고 있으므로 당사자들 사이에 다툼이 없고, 종기는 앞서 본 바와 같이 피고가 소유자로 있던 2006.11.23.까지이다)와 같이 합계 15,507,396원이다. 따라서 원고가 피고에게 반환할 부당이득 액수는 합계 66,375,620원(50,868,224원 +15,507,396원)이다.

**다) 불법행위 주장에 관하여 본다.**

피고는, 원고가 피고의 동의 없이 위 빌라 4세대를 시가에 훨씬 못 미치는 금액에 임대함으로써 소유자의 사용권을 침해하고 소유자로 하여금 사용수익을 못하게 하는 손해를 발생시켰으므로, 피고는 원고에게 임료감정결과에 의한 임료 상당 내지 위 임료와 전세금에 대한 법정이자의 차액 상당에 대하여 불법행위에 기한 손해배상채권이 있다고 주장하면서, 위 채권으로 원고의 공사대금채권과 상계한다고 항변한다.

살피건대, 민법 제324조에 의하면 유치권자는 선량한 관리자의 주의로 유치물을 점유하여야 할 의무를 부담할 뿐, 유치권자가 유치물을 점유하면서 이를 적정가격으로 임대할 의무를 부담하는 것은 아니므로 시세보다 저가로 임대되었다는 사정만으로 배임행위라거나 시세에 따른 임료와의 차액 상당의 손해를 입혔다고 볼 수 없고, 한편 유치권자는 채권의 변제를 받을 때까지 목적물을 유치할 권리가 있고 이를 반환하지 않더라도 불법행위가 되지 않는 점, 승낙 없는 사용 내지 대여라고 하더라도 소유자의 유치권 소멸청구에 의하여 유치권이 소멸되기 전까지는 소유자의 반환청구권이나 사용 수익권이 회복되지는 아니하는 점(이 사건에서 피고는 2010.5.6.자 준비서면의 송달로 유치권 소멸청구의 의사표시를 하고 있다) 등에 비추어 보면, 유치물에 대한 사실상·법률상의 처분행위를 수반하지 않는 이상, 유치권자가 소유자의 승낙 없이 유치물을 사용 내지 대여한 것만으로는 소유자의 사용수익권을 침해하는 위법행위에 해당된다고 평가하기 어려울 뿐만 아니라 그로 인하여 소유자가 차임 상당의 손해를 현실적으로 입었다고 보기도 어려우므로(부당이득의 경우, 유치권자가 소유자의 승낙 없이 유치물을 사용·대여하여 유치물의 사용가치까지 취한 것은 법률상 원인 없이 소유자의 손실 아래 이익을 얻은 것으로 사회관념상 인과관계가 있을 뿐 아니라 공평의 관념에 위배되는 재산적 가치의 이동이 있다고 보아서 그 반환의무를 인정하는 것에 불과하므로, 가해행위의 위법성이나 손해발생과의 상당인과관계 등 불법행위의 성립요건과는 차이가 있다), 이와 다른 전제에 서 있는 피고의 위 주장은 이유 없다.

(중략)

4) 따라서 피고는 원고로부터 이 사건 빌라를 인도받음과 동시에 원고에게 이 사건 빌라 공사대금 정산액 486,600,000원에서 위 66,375,620원을 공제하거나 대등액에서 상계하고 남은 420,224,380원을 지급할 의무가 있다(원고는 공사를 마친 2004.10. 무렵부터의 공사대금채권의 지연손해금부터 먼저 상계되어야 한다고 주장하나, 위에서 본 바와 같이 이 사건 빌라 인도와 동시이행관계에 있는 피고의 공사대금 지급의무는 지체에 빠지지 않으므로, 위 주장은 이유 없다).

---

### 광주고등법원(제주) 2010.9.8. 선고 2009나1285 판결 【손해배상(기)】

**(1) 손해배상책임의 발생**

동업관계에 있는 자들이 공동으로 처리하여야 할 업무를 동업자 중 1인에게 맡겨 그로 하여금 처리하도록 한 경우 다른 동업자는 그 업무집행자의 동업자인 동시에 사용자의 지위에 있다 할 것이므로, 업무집행과정에서 발생한 사고에 대하여 사용자로서 손해배상책임이 있다고 할 것이다(대법원 2006.3.10. 선고 2005다65562 판결 등 참조).

살피건대, 원고가 2005.3.15.경 A에 대한 공사대금채권에 기하여 A의 양해 하에 이 사건 주택에 관한 점유를 시작하였음은 앞서 본 바와 같고, 원고의 A에 대한 위 다세대주택 전체에 대한 공사대금채권은 위 공사라는 하나의 법률관계에 의하여 생긴 것으로서 그 공사대금채권 전액과 위 공사 목적물인 위 다세대주택의 각 세대 사이에는 견련관계가 있다 할 것이므로(대법원 2007.9.7. 선고 2005다16942 판결 참조), 원고는 위 공사대금채권을 피담보채권으로 하는 적법한 유치권의 행사를 위하여 이 사건 주택을 점유하게 되었다 할 것이다. 또한 피고는 B, C와 사이에 위 다세대주택 건축 및 분양에 관하여 동업관계에 있었는데, 동업의 추진을 위하여서는 원고 등 유치권자들을 퇴거시키고 공사를 진행하여야 할 필요가 있었던 사실, 그에 따라 피고와 C는 B에게 위 퇴거업무를 위임하였고 B는 명도소송을 통하여서는 퇴거가 불가능해지자 이 사건 주택의 현관문을 뜯어내고 집기를 은닉하는 등의 방법으로 원고를 이 사건 주택에서 강제로 퇴거시킨 사실은 앞서 본 바와 같은바, B는 원고의 유치권 행사 사실을 알면서 이 사건 주택에 대한 원고의 점유를 침탈함으로써 원고로 하여금 유치권을 상실하게 하는 불법행위를 저질렀다고 할 것이고, B의 이러한 불법행위는 피고 등의 동업관계와 관련성 있는 사무집행 과정에서 발생한 것이라고 봄이 상당하다. 따라서 피고는, 가사 B의 불법행위 자체에는 직접 공모·가담하지 않았다 할지라도 다른 동업자인 B가 원고에게 입힌 손해에 대하여 사용자로서 배상책임을 부담한다고 할 것이다.

이에 대하여 피고는, 원고가 민법 제204조에 따라 점유를 침탈당한 날로부터 1년 이내에 점유회수청구를 하여 얼마든지 점유를 회복할 수 있었음에도 원고 스스로 이러한 시도를 하지 않았으므로, B의 행위는 유치권 침해의 불법행위에 해당하지 아니하거나 적어도 원고의 위와 같은 부주의는 피해자 측 과실로 참작되어야 한다고 주장하나, B의 행위로 인하여 앞서 본 바와 같이 원고의 점유가 침탈되어 유치권이 일단 침해된 이상 점유회수청구권의 존부는 불법행위의 성립에 아무런 방해가 되지 아니한다 할 것이고, 가사 원고에게 위 주장과 같은 부주의가 있다고 하더라도 피해자의 부주의를 이용하여 고의로 불법행위를 저지른 자는 피해자의 부주의를 이유로 자신의 책임을 감면받을 수 없다 할 것이므로, 피고의 위 주장은 모두 이유 없다.

**(2) 손해배상의 범위**

일반적으로 담보 부동산이 타인의 불법행위로 인하여 담보권이 소멸됨으로써 담보권자가 입게 되는 손해는 담보 목적물인 부동산의 가액 범위 내에서 채권최고액을 한도로 하는 피담보채권액이라 할 것이므로(대법원 1997.11.25. 선고 97다35771 판결 등 참조), 원고의 이 사건 주택에 관한 유치권이 소멸함으로써 입은 손해는 특별한 사정이 없는 한 이 사건 주택의 가액범위 내에서 유치권에 의하여 담보되는 위 공사대금채권액이라 봄이 상당하다.

살피건대, 원고가 당초 A와 위 공사에 관한 도급계약 체결시 위 다세대주택 1세대의 가액을 7,750만 원으로 산정하여 대물로 제공받기로 합의한 사실, 피고 등이 원고의 퇴거 직후인 2006.12.26. 이 사건 주택을 합자회사 D에게 7,500만 원에 매도한 사실은 앞서 본 바와 같으므로, 위 불법행위 당시 이 사건 주택의 가액은 적어도 7,500만 원 정도인 것으로 추단된다. 또한 원고가 A로부터 도급받은 실내건축공사 중 제2주택의 실내건축공사는 모두 마치고 제1주택은 도배공사와 마룻바닥공사만을 남겨 놓은 상태에서 공사가 중단된 사실은 앞서 본 바와 같고, A가 원고에게 이 사건 주택의 점유를 양해한 것은 원고의 기성고(*공사의 진척도에 따른 공정을 산출해 현재까지 시공된 부분만큼의 소요자금을 나타내는 것) 공사대금이 이 사건 주택의 시가 이상이 된다고 보고한 것이라 추단되는 점과 원고가 이 사건에서 당시 자신의 기성고가 95% 정도라고 주장하는 데 대하여 피고가 이를 명백히 다투지 아니하는 점 등에서 보면, 위 점유침탈 당시 원고의 기성고에 따른 공사대금채권액(지연이자 포함)은 최소한 위 7,500만 원 이상은 된다고 봄이 상당하다.

따라서 피고는 원고에게 사용자책임에 기한 손해배상으로서 이 사건 주택의 가액과 공사대금채권액 중 적은 금액인 7,500만 원 및 이에 대하여 B의 점유 침탈일인 2006.11.30.부터 피고가 그 이행의무의 존부 및 범위에 관하여 항쟁함이 상당한 당심 판결 선고일인 2010.9.8.까지는 민법에 정한 연 5%, 그 다음날부터 다 갚는 날까지는 소송촉진 등에 관한 특례법에 정한 연 20%의 각 비율로 계산한 지연손해금을 지급할 의무가 있다.

------------------------------------------------

# 직접점유하지 않은 불법점유자에 대한 인도청구 판례

**서울동부지방법원 2010.6.8. 선고 2009가단41688 판결 【선박등인도】**

원고는 피고 A에 대하여도 불법점유를 원인으로 위 선박 및 부속물의 인도를 구하나, 불법점유를 이유로 하여 그 인도를 청구하려면 현실적으로 그 목적물을 점유하고 있는 자를 상대로 하여야 하고 불법점유자라 하여도 그 물건을 다른 사람에게 인도하여 현실적으로 점유를 하고 있지 않은 이상 그 자를 상대로 한 인도청구는 허용될 수 없는바, 앞서 본 바와 같이 피고 A는 위 선박 및 부속물을 피고 B에게 인도함으로써 이를 간접점유하고 있을 뿐이고 원고에 대한 관계에서 현실적으로 이를 점유하고 있는 직접점유자는 피고 B라 할 것이므로, 원고의 위 주장은 이유 없다.

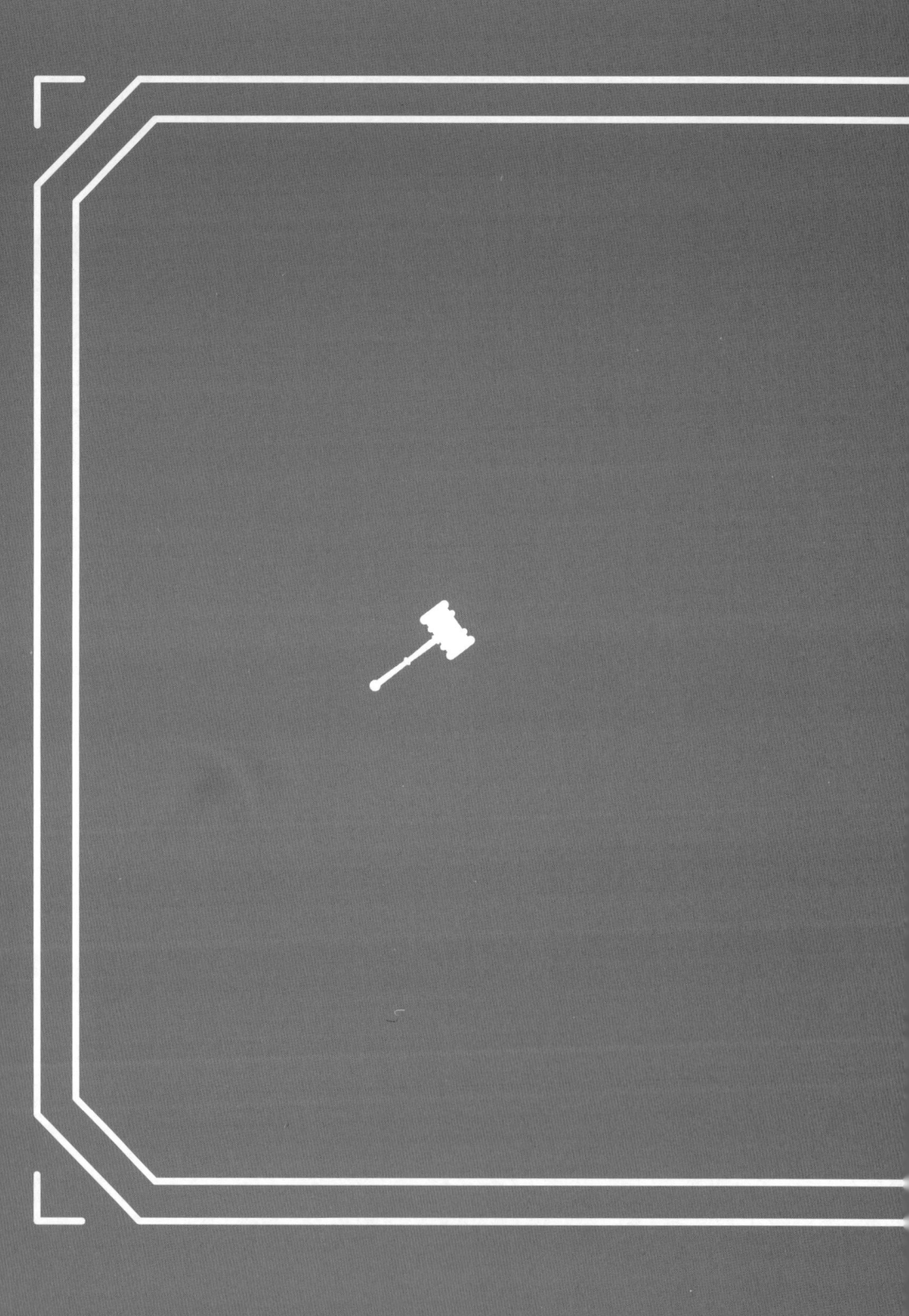

## 9장

## 피담보채권과 견련성

# 1
# 피담보채권이 있어야 유치권이 성립한다

　견련성은 법조계에서도 논란이 되고 있는 부분이다. 그 해석을 놓고 서로 다른 판결을 내리는 경우도 있기 때문이다. 법원에서도 견련성이 모호하다는 사실을 잘 알고 있기 때문에 논란이 되는 내용을 판단의 근거로 삼지는 않는다. 이 책에서도 견련성 관련 문제를 모두 속 시원히 보여줄 수 없다. 다만 명확한 내용과 불명확한 내용을 구분하여 기억하면 좋을 것으로 생각한다.

　견련성이란 관련이 있다는 말이다. 쉽게 말해 유치권자가 받아야 할 돈이 자신이 공사를 해준 그 건물과 관련이 있어야 한다. 이를 어렵게 설명하면 유치권상의 채권이 그 물건이나 유가증권에 관하여 생긴 채권이어야 한다는 말이다. 이때 그 채권을 '그 물건 위에 얹힌 채권'이라는 뜻의 피담보채권으로 부른다. 우선 견련성 문제를 살펴보기 전에 채권부터 짚고 넘어가자.

　공사대금을 건물로 대신 변제한 경우(대물변제), 당연하게도 피담보채권은 소멸되어 유치권은 성립하지 않는다.

---

**인천지방법원 1995.2.17. 선고 94나5953 판결 【건물명도·소유권확인】**

피고는 또 원고의 본소청구에 관하여, 피고로서는 그가 점유하고 있는 별지 제1 목록 기재 부동산에 관하여 공사비용을 지출하였으므로 유치권이 있어 원고의 청구에 응할 수 없다고 항변하나, 피고와 위 A 등이 1987.5.29. 위 1986.12.경의 약정을 무효로 하고 위 A 등이 위 각 건물이 완공된 후 피고에게 위 건물의 처분권(*특정한 물건의 소유권을 이전하거나, 그 물건에 담보권을 설정하는 따위의 행위를 할 수 있는 권리)을 위임하여 그 분양 대금에서 피고가 자신 및 하수급인들의 공사대금 기타 위 건물 건축에 따른 일체의 비용을 지급받거나 지급하기로 약정한 사실은 앞서본 바와 같은바, 위 약정에 의하면 위 각 건물(별지 제1 목록 기재 부동산도 포함되어 있다)을 처분하여 그 대금으로 공사대금의 지급에 갈음하는 것은 별론으로 하고 별지 제1목록 기재 부동산에 대한 공사대금채권을 전제로 한 피고의 유치권항변은 이유 없다.

---

유치권자와 채무자가 임대차계약을 맺었다는 사실만으로 피담보채권이 임대차 보증금 반환채권으로 변경되었다고 볼 수 없다. 따라서 이 경우는 유치권상 채권이 소멸하지 않았기 때문에 유치권은 성립된다.

---

**광주고등법원 2010.8.26. 선고 2010나742 판결 【유치권부존재확인】**

위 인정사실에 의하면, 피고가 채무자 회사와 이 사건 임대차계약을 체결한 것은 미지급된 공사대금채권의 회수를 담보하기 위한 것이라고 보일 뿐, 피고와 채무자 회사에게 공사대금채권을 임대차보증금 반환채권으로 확정적으로 변경(경개)하기로 하는 의사가 있었다고 보이지 않으므로, 피고와 채무자 회사가 공사대금채권을 임대차보증금 반환채권으로 변경(경개)하기로 합의하여 피고의 공사대금채권이 소멸하였다는 취지의 원고의 위 주장도 받아들일 수 없다.

---

두 사람 이상이 공동으로 소유하는 물건을 공유물이라고 하는데 이 경우 공유물에 대한 공사가 유치권으로 인정받으려면 공유자 지분의 과반수 이상의 동의를 구해야 한다. 그렇지 못한 경우 이때의 공사대금채권은 공유자에 대해서 발생한 것이 아니라고 법원은 판결한다.

---

### 대전고등법원 1999.10.21. 선고 97나4515 판결【건물명도등】

한편 이 사건 건물에 대한 1, 2층의 창호공사는 이 사건 건물에 새로운 시설을 하는 행위로서 이는 공유물의 관리행위에 해당한다고 할 것이고, 공유물의 관리에 관한 사항을 정하기 위하여서는 공유자의 지분의 과반수 이상의 동의가 있어야 하는바(민법 제265조*), 위 A의 공유지분이 1/4에 불과한 사실은 앞서 본 바와 같고, 위 창호공사에 대하여 이 사건 건물 공유지분 과반수 이상의 동의가 있었다고 볼 아무런 증거가 없으므로, 공유지분의 과반수에 미달하는 위 A와 사이에 위 창호공사계약을 체결하고 공사를 하여 이 사건 건물을 점유하게 된 피고로서는 위 A에 대하여 위 공사대금을 청구할 수 있을 뿐이고, 피고의 위와 같은 점유경위에 비추어 볼 때, 피고는 공유물의 보존행위로서 이 사건 건물의 명도를 구하는 원고에 대하여는 위 공사대금채권을 이유로 유치권을 행사할 수는 없다고 할 것이므로, 피고의 위 유치권 항변 및 반소청구에 관한 주장은 모두 다 이유 없다.

* 민법 제265조(공유물의 관리, 보존) 공유물의 관리에 관한 사항은 공유자의 지분의 과반수로써 결정한다. 그러나 보존행위는 각자가 할 수 있다.

---

피담보채권은 얼마든지 양도가 가능하다. 그러나 양도자는 채권을 양도함과 동시에 유치권을 더 이상 주장할 수 없게 된다. 유치권을 주장할 채권이 없기 때문이다. 한편 양도된 채권을 다시 양수한 경우가 있다. 이 경우 공사대금채권은 양수금 채권으로 이름이 바뀌는데 여전히 그 물건에 관하여 생긴 채권이므로 유치권은 성립한다. 또한 유치권을 주장할 수 있는 사람이 피담보채권, 즉 공사대금채권을 압류당하거나 전부명령을 받아서 제3의 채권자(아래 판례에서는 피고)에게 주어야 할 경우에는 역시 유치권은 소멸된다. 그러나 이 경우에도 압류나 전부명령(채무자가 제3자에 대하여 가지고 있는 채권을 압류하여 지불로 바꾼 다음 채권자에게 이전하게 하는 집행 법원의 명령)이 하자에 의해 취소되면 해당 채권은 부당이득반환채권으로 이름이 바뀌지만 여전히 그 채권은 그 물건에 관하여 생긴 채권이므로 유치권은 성립된다. 아래 판결은 이처럼 공사대금채권이 떠돌이 운명을 겪지만 기본적으로 그 물건에 관하여 생겼다는 사실에는 변화가 없으므로 유치권은 성립한다는 것이 골자이다(물론 점유가 지속된다는 전제 아래).

---

### 울산지방법원 2011.4.7. 선고 2010가합4680 판결 【채권양도절차이행】

(1) 원고 A는 B로부터 이 사건 공사를 도급받아 진행하다가 도급계약을 해지당하여 B에 대하여 기성률(*공사 진척도)에 따른 공사대금채권을 가지고 있었는데 이를 C

에게 양도하였으나 다시 동인에게서 양수받았고, 이후 피고가 2010.4.20. 위 공사대금채권(양수금채권) 중 64억 4,000만 원에 대하여 압류 및 전부명령을 받아갔지만 위 명령에 무효사유가 있어 결국 피고에 대하여 부당이득반환채권을 가지게 된 사실, 원고 A로부터 이 사건 공사를 하도급받은 원고 D는 대금 800만 원, 원고 E는 대금 9,730만 원을 지급받지 못하여 각 공사대금채권을 변제받기 위하여 원고 A의 피고에 대한 이 사건 부당이득반환채권 중 각 공사대금 해당금액을 양도받은 사실, 원고 A는 2009.2.경부터, 원고 D, E는 2010.4.경부터 현재까지 이 사건 아파트를 점유하고 있는 사실은 앞서 본 바와 같고, 이러한 사실관계에 의하면 원고 A의 경우 애초 B에 대한 공사대금채권이 C에게 양도되었다가 다시 양수받아서 양수금채권이 되고 피고에게 전부되었다가 무효사유가 존재하여 피고에 대한 부당이득반환채권이 되었지만 공사대금을 변제받지 못 하고 있는 이상 여전히 공사대금채권의 성질을 가지고 있고, 원고 D, E의 경우 각 공사대금채권의 변제를 위하여 원고 A로부터 피고에 대한 부당이득채권의 일부씩을 양도받은 것이어서 원고들의 각 채권들은 이 사건 아파트에 관하여 생긴 채권에 해당하고, 원고들은 모두 위 아파트에 대하여 독립한 점유를 행사하고 있으며 피고가 이에 대하여 다투고 있어 그 확인의 이익도 인정되므로, 특별한 사정이 없는 한 이 사건 아파트에 대하여 유치권을 행사할 수 있다고 할 것이다.

---

신축공사를 위하여 기존건물을 철거한 경우, 나아가 공사부지를 정리한 경우에는 과연 '그 물건'이라고 부를 수 있는 것이 있을까? 법원은 유치권의 목적물인 그 물건의 요건에 해당하는 건축물이 없으므로 이 경우 견련성이 없다고 밝힌다.

### 서울고등법원 2008.4.4. 선고 2007나77370 판결 【유치권부존재확인】

(1) 원고는 이 사건 건물에 관하여 피고 및 선정자 A의 유치권이 존재하지 않는다고 주장하고, 이에 대하여 피고는 '피고와 선정자 A는 B로부터 이 사건 1차 공사 및 이 사건 2차 공사를 각 도급받아 대지상의 건축물·구조물 등을 철거하고 하천 복개공사를 완성한 이후 토목공사, 골조공사를 ○층까지 시공한 공사업자로서 이 사건 건물을 점유하고 있는 유치권자'라고 다툰다.

(2) 민법 제320조 제1항 소정의 그 물건에 관하여 생긴 채권은 채권이 목적물 자체로부터 발생한 경우 또는 채권이 목적물의 반환청구권과 동일한 법률관계나 사실관계로부터 발생한 경우를 말하는 것이다(대법원 2007.9.7. 선고 2005다16942 판결 참조). 그런데 이 사건 1차 공사는 그 공사내용이 이 사건 건물의 신축공사 자체가 아니라 이 사건 건물의 신축공사를 하기 이전에 기존의 지상 건축물 등을 철거하고 공사부지 및 그 주변 등을 정리하는 것을 내용으로 하는 공사에 불과하므로 그러한 공사에 따라 발생한 공사대금채권까지 유치권의 목적물인 이 사건 건물에 관하여 생긴 채권이라고 볼 수는 없다.

---

대부계약 해지로 인한 손실보상금청구채권은 '그 물건에 관하여 생긴' 채권이 아니므로 유치권은 성립하지 않는다.

### 울산지방법원 2009.8.12. 선고 2009구합1307 판결 【무단점유시설물철거계고처분취소】

가사 원고에게 어떤 손해가 있다 하더라도 대부계약 해지로 인한 손실 보상금 청구채권은 이 사건 토지에 관하여 생긴 채권이 아니므로 원고에게 이 사건 토지에 대한 유치권이 있다고 할 수도 없고 그 밖에 아직 보상금을 지급받지 않았다는 이유로 그 보상금을 받을 때까지 이 사건 토지를 점유할 권원이 있다고 할 만한 법적인 근거도 없다.

------------------------------------------------

직접점유자가 간접점유자를 대신하여 유치권을 행사할 수 있을까? 비록 건물에 대한 점유를 승계한 사실이 있다 하더라도 피담보채권이 양도되지 아니하였다면 간접점유자를 대위하여 혹은 이를 원용하여 유치권을 주장할 수 없다. 유치권은 담보물권의 하나로서 부종성(附從性), 즉 채권에 따라 움직이기 때문이다.

------------------------------------------------

### 서울고등법원 1997.9.24. 선고 96나26222 판결 【건물명도】

유치권은 당해 물건에 관하여 발생한 채권을 갖는 자가 그 채권의 변제를 받을 때까지 물건을 유치할 권리이므로, 유치권의 행사 여부는 유치권자에게 맡겨져 있으며, 유치권자가 스스로 이를 행사함으로써 비로소 소유자에 대하여 자신의 물건인도 또는 명도의무의 이행을 거부할 수 있는 것이다. 그러므로 가사 위 A가 원고에 대하여 유익비상환청구권에 기하여 유치권을 갖고 있다 하더라도 위 A가 이를 행사하여 원고에 대하여 이 사건 건물부분의 명도의무의 이행을 거부할 수 있음은 별론으로 하고… (중략) …위 A로부터 이 사건 건물부분을 전차한 직접점유자인 피고가 원고에 대하여 간접점유자인 위 A의 유치권을 대위행사 또는 원용하여 자신의 명도의무의 이행을 거부할 수는 없다 할 것이다.

------------------------------------------------

유치권 성립 후 상속, 합병과 같은 포괄 승계 사유가 발생한 경우에는 승계인이 유치권자의 지위를 승계할 수 있으나 유치물의 점유만 승계한 경우는 유치권자가 될 수 없다. 채권이 같이 승계되어야 한다. 이 경우, 채권이든 점유든 한 가지만 갖고 있는 자는 모두 유치권을 상실한다.

---

**대법원 1972.5.30. 선고 72다548 판결 【건물명도】**

소외인 A가 이 사건 건물에 관하여 공사금채권이 있어 A가 이 건물을 점유하고 있다면 A에게는 위 공사금채권을 위하여 이 건물에 대한 유치권이 인정될 것이다. 그러나 피고들이 A로부터 그 점유를 승계한 사실이 있다고 하여 피고들이 A를 대위하여 유치권을 주장할 수는 없다. 왜냐하면 피대위자인 A는 그 점유를 상실하면서 곧 유치권을 상실한 것이기 때문이다.

---

점유의 승계와 관련하여 한 가지 판례를 더 보자. 아래 사례는 유치권 양도·양수계약을 맺는 동시에 점유까지 양도하였으나 결정적으로 피담보채권을 넘기지 않아서 유치권이 성립하지 않는 경우를 다루고 있다.

---

**수원지방법원 안양지원 2011.5.18. 선고 2010가단10083 판결 【건물명도등】**

**1) 주장**

소외회사는 A에 대하여 이 사건 건물을 포함한 ××신축공사의 공사대금 846,800,000원, 대여금 105,000,000원, ○○공사대금 14,800,000원 합계 966,600,000원의 채권을 피담보채권으로 하여 2008.3.경부터 이 사건 건물을 점유하며 유치권을 행사하여 왔는데, 2009.5.14. 피고로부터 1억 원을 차용하면서 A에 대한 채권 중 1억 원의 공사대금채권을 양도하고 그 지급을 담보하기 위하여 2009.5.22. 이 사건 건물 일부를 피고에게 점유 이전하였으므로 피고는 유치권 양수인으로서 이 사건 건물을 점유할 정당한 권리가 있다고 주장한다.

**2) 판단**

을 제3 내지 12, 19 내지 20호증(각 가지번호 포함)의 각 기재에 의하면, 소외회사가 2007.7.경 A로부터 이 사건 건물을 포함한 ○○○의 세대 내장공사에 관하여 690,000,000원, 103호 내장공사에 관하여 43,000,000원, 세대 가구·조명·위생기기 설치공사에 관하여 390,000,000원, 103호의 디스플레이 공사에 관하여 10,000,000원 합계 1,133,000,000원의 공사를 도급받은 사실, 소외회사는 위 공사를 진행하던 중 A가 2008.2.19.경 부도나자 같은 해 3.경부터 이 사건 건물을 포함한 A 7세대를 점유하며 유치권을 행사한 사실, 소외회사는 인천지방법원 ○○○호로 A에 대하여 공사비 및 대여금 합계 966,600,000원의 지급을 구하는 지급명령을 신청하여 2009.2.12. 확정된 사실을 인정할 수 있으므로 소외회사는 2008.3.경 이 사건 건물에 관하여 유치권을 취득하였다고 할 것이다.

나아가 피고가 소외회사로부터 위 유치권을 적법하게 양수하였는지 여부에 관하여 살펴보면, 유치권은 법정담보물권으로서 피담보채권이 존재하지 않으면 유치권 역시 존재할 수 없고, 채권이 발생하지 않거나 또는 소멸한 때에는 유치권도 또한 발생하지 않거나 소멸하며, 물권의 수반성에 의하여 피담보채권과 분리하여 이전될 수 없으며 그 성질상 목적물의 점유와 함께 이전되어야 할 것인바, 을 제1, 2, 18호증의 각 기재에 의하면 피고가 2009.5.14. 소외회사와 사이에 '유치권 권리 양도의 대가로 1억 원을 지급하고 이 사건 건물에 대한 유치권을 양도한다'는 내용의 유치권 권리 양도·양수계약(이하 '이 사건 양도계약'이라 한다)을 체결하고 같은 해 6.14. 소외회사에 1억 원을 지급하였으며, 2009.5.22.부터 이 사건 건물에 전입신고를 한 후 점유해 온 사실은 인정되나, 이 사건 양도계약이 소외회사의 유치권뿐 아니라 피담보채권인 공사대금 채권까지 모두 양도한 것이라는 점에 관하여는 이에 부합하는 듯한 증인 C의 증언은 쉽게 믿기 어렵고, 달리 이를 인정할 증거가 없으며, 오히려 앞에서 채택한 증거와 변론 전체의 취지에 의하여 인정되는 다음과 같은 사정, 즉 이 사건 양도계약에 양도되는 피담보채권의 구체적인 내용 등에 관하여 아무런 기재가 없는 점, 소외회사가 이 사건 양도계약 이후인 2009.8.31. 위 경매절차에서 지급명령에 의하여 확정된 공사대금채권 966,600,000원 전액에 대하여 유치권 권리신고를 하였고, 이 사건 소 제기 이전에는 그중 일부의 채권양도 사실을 통지하지 않은 점 등에 비추어 보면, 이 사건 양도계약은 담보권인 유치권만의 양도로서 효력이 없다고 할 것이므로 피고의 위 주위적 주장은 이유 없다.

------------------------------------------------

# 점유하기 전에 피담보채권이 발생해도
# 나중에 점유하면 유치권은 성립

헷갈릴까 봐 한 번 더 밝힌다. 점유와 피담보채권의 순서는 무엇이 먼저여도 상관이 없다. 다만 둘이 동시에 충족되었을 때 유치권이 성립할 요건을 갖추게 된다.

---

**대법원 1965.3.30. 선고 64다1977 판결 【가옥명도·손해배상】**

원판결이 인용한 1심판결 이유 설명에 의하면 소외 A가 피고 주장과 같은 본건 건물의 건축비에 관한 채권이 있다 하여도 동 채권은 피고의 주장 자체에 의하여 위 A가 점유 중 본건 건물에 관하여 생긴 채권이라고는 할 수 없다는 이유로 피고의 유치권 항변을 배척하여 유치권 성립의 요건으로서 물건의 점유와 채권에 관련이 있음을 필요로 하는 듯이 판단하였으나 현행법상 유치권의 성립에는 채권자의 채권과 유치권의 목적인 물건과에 일정한 관련이 있으면 충분하고 물건점유 이전에 그 물건에 관련하여 채권이 발생한 후 그 물건에 대하여 점유를 취득한 경우에도 그 채권자는 유치권으로써 보호되어야 할 것임에도 불구하고 물건의 점유와 채권과에 관련 있음을 요하는 것으로 판단한 원판결에는 유치권 성립에 관한 법리를 오해한 위법이 있다 할 것이다.

---

# 2. 견련성: 이원설과 일원설 등

 유치권상의 채권과 목적물이 서로 관련 있을 때 이를 '견련성'이라고 한다. 그러나 목적물에 관하여 생긴 것이 구체적으로 무엇을 의미하는지는 분명치 않다. 현실적으로 유치권은 당사자의 약정과는 상관없이 법률상 성립요건이 충족되어 있으면 성립하는 법정담보물권이고 특히 그 목적물 소유자의 의사와는 무관하게 결정되므로 그 목적물 소유자 스스로도 유치권이 성립하였는지 여부를 알 수 없을 때도 있다. 이 때문에 그 목적물의 양수인에게 상대방의 신뢰성에 대한 위험 이상의 과도한 위험을 부과시킬 수도 있다고 〈유치권 성립 요건으로서의 견련성에 관하여(박용석, 부산대학교 법학연구 제48권 2호 통권 58호, 2008.2, pp.225)〉에서 지적한다.

 견련성과 관련해서 현재 이원설(견련성이 두 가지 원인에서 비롯된다는 이론)과 일원설이 대립되고 있는 상황이지만 판례에서는 이에 대하여 명확한 입장을 보이지 않고 있다. 그러나 이해의 여지가 전혀 없는 것은 아니다. 박용석 교수가 부산대학교 법학연구 제48권 제2호에서 정리한 내용(위 책, pp.226~228)을 인용한다.

**: 이원설(광의설)**

견련성의 기준을 유형화하여 이원적으로 설명하는 견해로서 우리나라의 다수설이다.

이에 의하면 ① 채권이 목적물 자체로부터 발생한 경우와 ② 채권이 목적물의 반환 청구권과 동일한 법률관계 또는 동일한 사실관계로부터 발생하는 경우 가운데 어느 하나에 해당하는 경우에는 채권과 목적물 사이에 견련성을 인정한다.

그리고 ①의 예로서 목적물에 지출한 비용상환청구권, 목적물로부터 받은 손해배상청구권 등을 들고, ②의 예로는 물건의 매매계약이 취소된 경우에 부당이득에 의한 매매대금의 상환청구권과 목적물의 반환의무와 같이 동일한 법률관계에 생기는 반환청구권 또는 우연히 서로 물건을 바꾸어 간 경우와 같이 동일한 사실관계로부터 생긴 상호간의 반환청구권을 들 수 있다.

그리고 이설은 ①의 경우와 관련하여 채권은 목적물을 원인으로 해서 발생하여야 하므로 채권이 목적물 그 자체를 목적으로 하는 경우(예컨대 임차권)에는 목적물과의 견련관계는 인정하지 않는다고 한다.

그리고 ②의 경우와 관련하여 이설은 i) 부동산 이중매매에서 소유권을 취득한 제2매수인이 목적부동산을 점유 중인 제1매수인을 상대로 당해 부동산의 인도청구를 하는 경우에 제1매수인이 매도인의 채무 불이행을 이유로 그에게 가지는 손해배상청구권, ii) 부동산 임대인이 임대차 목적물을 제3자에게 양도하여 그 양수인이 임차인을 상대로 당해 부동산의 인도 청구를 하는 경우에 임차인이 임대인의 채무불이행을 이유로 그에 대해 가지는 손해배상청구권, iii) 양도담보권자가 목적부동산을 제3자에게 양도하여 그 양수인이 당해 부동산을 점유 중인 양도담보설정에 대해 인도청구를 하는 경우에 양도담보설정자가 양도담보권자의 채무불이행을 이유로 그에 대해 가지는 손해배상청구권 등은 목적물과의 견련성이 인정되지 않는다고 한다. 그 이유로 일견 이러한 경우 손해배상청구권과 목적물 인도청구권은 동일한 법률관계로부터 발생한 것으로 보이지만 이러한 경우들에 있어서 손해배상청구권은 목적부동산으로 발생한 것이 아니라 매도인·임대인·양도담보권자의 배신행위에 의해 성립한 것이며, 또 이러한 자들은 현재 부동산을 점유 중인 제1매수인·임차인·양도담보권자에 대해서 반환청구권을 가지는 위치에 있지 않는바, 애당초 반환청구권을 가지지 않는 자와의 사이에는 유치권을 인정할 여지가 없기 때문이라고 설명한다. 그리고 그 결과 이설은 이러한 경우 제1매수인·임차인·양도담보설정자는 제2매수인이나 양수인의 목적물 인도청구권에 대해 유치권을 가지고 대항할 수 없다고 한다.

또한 이원설이 제시하는 기준을 그대로 유지하면서 우리 민법상의 유치권의 특성을 고려하여 "피담보채권과 목적물 반환청구권이 동일한 법률관계 또는 사실관계로부터 발생한 경우"라는 기준에 대한 제한을 가함으로써 이원설에 대한 보완을 시도함이 바람직할 뿐만 아니라 부동산 위에도 성립하는 권리이기 때문에 채무자나 목적물의 소유자뿐 아니라 양수인 등 제3자에 대해서까지 불측이 손해를 입힐 수 있는 권리라는 점을 고려할 때, 애당초 약정담보물권을 취득하거나 기타 자신의 채권을 보전할 수 있는 기회가 채권자에게 존재하였던 경우에는 유치권의 성립을 부정하여야 한다는 견해가 있고 다수설인 이원설을 취하더라도 유치권의 인정여부는 구체적인 사안에 따라 여러 사정을 종합하여 판단해야 할 것이라는 견해가 있다.

### : 일원설(협의설)

이것은 견련성의 기준을 일원론적으로 설명하는 입장으로 종래 우리 민법의 해석으로는 소수설에 속하는 견해로, 채권과 물건과의 관계를 목적론적으로 고찰하여 채무자가 스스로 그 채무이행을 하지 않고 물건의 반환을 구하는 것이 사회관념상 부당하다고 생각되는 경우에 채권과 물건 간에 견련성이 있다는 견해(사회적 관념설)와 채권의 성립과 물건의 존재 간에 상당 인과관계가 있는 경우에 견련성이 있다고 하는 견해(상당인과 관계설)가 존재하였고, 최근에는 위의 이원설이 제시하는 두 가지 기준 가운데 특히 두 번째 기준이 타당하지 못하다고 비판하면서 첫 번째 기준이 적용되는 경우 이외에는 극히 한정된 범위에서만 견련성을 인정하자는 견해도 있고, 채권이 목적물 그 자체로부터 발생한 경우와 공평상 이에 준하는 경우(공평설) 또는 채권이 목적물 자체로부터 발생한 경우 및 목적물과 직접 관련이 있는 경우에 한하여 견련성을 인정하여야 한다는 견해와 목적물과 채권이 서로 직접적으로 결합하는 물적 견련성이 존재하는 경우에 한정해서 인정하는 것이 타당하다는 견해와 채권이 목적물 자체로부터 생긴 경우 이외에는 유치권 항변을 인정하는 것이 공평의 원칙에 부합하는지 여부에 따라 견련관계를 판단하여야 할 것이라는 견해 등이 있다.

*참고 : 박용석 교수의 설명을 보면, 그는 '현행 민법의 해석론으로는 채권이 목적물 자체로부터 발생한 경우에 한하여 견련성을 인정하고, 공평의 원칙상 이에 준할 수 있는 경우를 포함한다고 하는 것이 타당할 것'이라고 말하며 일응 일원설에 힘을 싣는 듯이 보인다.

이원설에 의하면 채권이 물건의 인도 청구권 내지 반환청구권과 동일한 법률관계 또는 사실관계에서 발생하는 경우 그러한 채권에 대하여 유치권이 인정된다.

목적물의 소유권이 매수인에게 이전된 경우의 물건 매매대금 채권, 운송인의 운송료 채권, 물건의 수선료 채권 등은 채권이 당해 물건의 반환청구권 또는 인도청구권과 동일한 법률관계로부터 생긴 경우이며, 모임 등에서 구두를 바꿔 신고 가거나 우산을 잘못 가지고 간 경우, 이때 상호간의 반환청구권은 채권이 당해 물건의 반환청구권과 동일한 사실관계로부터 생긴 경우 등이다.

그러나 매매계약이 무효인 경우, 또는 계약이 취소되거나 해제된 경우, 매수인의 대금반환청구권과 매도인의 목적물 반환청구권과의 관계에 있어 일원설의 입장에서 보면 매수인의 대금반환청구권은 매매목적물에 관하여 생긴 채권이 아니므로 유치권의 성립을 인정할 수 없지만, 이원설의 입장에서 보면 이 경우 매수인의 대금반환청구권과 매도인의 목적물의 반환청구권은 모두 동일한 법률관계로부터 발생한 것으로 유치권의 성립이 인정된다.

채무불이행에 의한 손해배상청구권과 목적물 간의 견련성에 관하여는 손해배상청구권을 원래의 채권의 연장으로 보아야 하기 때문에 물건과 원래의 채권 간에 견련성이 있다면 손해배상청구권과 목적물 사이에도 견련성이 인정된다.

그러나 물건과 채권의 직접적인 견련성이 인정되지 아니하면서 물건에 대한 인도청구권과 물건과의 견련성이 인정될 여지가 있는 경우 유치권을 인정할 수 있는가 하는 점에 관하여는 논의가 분분하다.

즉 부동산의 이중매매(부동산 등을 소유한 사람이 한 사람과 매매계약을 체결한 뒤, 그 소유권이 이전되기 전에 또 다른 사람과 매매계약을 체결하는 것)에 있어서 부동산 소유자 을이 제1매수인 갑이 아닌 제2매수인 병에게 그 등기를 완료해 주었다면 병의 소유권에 기한 목적물반환청구권에 대하여 갑은 을에 대한 채무불이행으로 인한 손해배상청구권을 가지고 유치권을 행사할 수 있는가?

부동산의 임대인 을이, 임차인 갑이 점유 중인 임대목적물을 제3자 병에게 매각한 경우에 갑은 을에 대한 이행불능〔채권 성립시에 가능하였던 급부(給付)가 그 뒤에 발생한 사유로 이행할 수 없게 되는 일]에 의한 손해배상청구권을 가지고 병에 대하여 유치권을 행사할 수 있는가?

양도담보권자(돈을 빌리면서, 차후 돌려받기로 하고 자기 물건의 소유권을 넘겨준 사람) 을이 계약을 위반하고 목적물인 부동산을 제3자 병에게 매각하여 매수인 병이 목적물을 점유 중인 양도담보설정자 갑에게 부동산의 인도를 청구한 데 대하여 갑은 담보권자 을에 대한 이행불능에 의한 손해배상청구권에 기하여 유치권을 주장할 수 있는가?

이런 문제들은 모두 각 학설의 입장에 따라 결론이 달라질 수 있다. 이원설의 입장에서 본다면 을의 매각행위가 없었다면 갑의 손해배상청구권과 병의 인도청구권은 발생하지 않았을 것이므로 두 청구권은 동일한 법률관계에서 생긴 것으로서 견련성을 인정할 수 있고, 따라서 갑의 유치권은 성립할 수 있다고 볼 수 있다.

법원에서도 이원설과 일원설의 의견이 다르다는 점을 알고 있다. 다만 아래 판례처럼 이원설을 지지하는 듯한 내용을 담을 때도 있다. 그러나 이는 이원설을 지지한다는 뜻이 아니라 논란의 여지를 없애기 위해 이원설 입장을 잠시 빌린 것으로 보는 것이 타당하다.

---

### 의정부지방법원 고양지원 2010.5.7. 선고 2009가합7571 판결 【토지명도】

또한, 타인의 물건을 점유한 자가 유치권을 가지려면, 점유자의 채권과 점유의 목적물 사이에 견련관계, 즉 채권이 목적물 자체로부터 발생하거나, 채권이 목적물의 반환청구권과 동일한 법률관계 또는 사실관계로부터 발생한 경우여야 하는데(대법원 2007.9.7. 선고 2005다16942 판결 참조), 원고 A가 이 사건 시설물에 단전, 단수 조치 및 출입문 봉쇄를 한 것은 2009.5. 내지 6.경으로, 앞에서 본 바와 같이 2008.12.31. 이 사건 임대차계약기간이 만료된 이후에 피고들이 인라인 하키장 운영을 하지 않으면서도 이 사건 대지의 인도를 거부하였기 때문에 취해진 조치로서, 이로 인하여 피고들이 손해를 입었다고 하더라도, 그에 따른 손해배상청구권이 이 사건 대지 자체로부터 발생하였다거나 이 사건 대지의 반환청구권과 동일한 법률관계 또는 사실관계로부터 발생하였다고 볼 수는 없다.

---

# 3 채권이 물건 자체에서 발생하는 경우의 견련성

　채권이 물건 자체로부터 발생한 경우 채권자는 그 채권에 기하여 유치권을 행사할 수 있다. 이는 가장 전형적인 유치권의 형태로서 이러한 유치권의 성립에 관하여는 아무런 다툼이 없다.

　예컨대 임차인 또는 수치인이 임차목적물 또는 임치물(임치인이 보관하여 달라고 맡긴 금전이나 물건 기탁물)에 대하여 지출한 필요비 및 유익비의 상환청구권 또는 물건의 성질 또는 하자로 인하여 받은 손해에 대한 손해배상청구권은 물건에 관하여 생긴 채권으로서 임차목적물 또는 임치물에 대하여 유치권이 성립한다.

　또 도급 · 임치 · 위임계약의 경우에 수급인 · 수치인 · 수임인의 출연 기타 노무제공의 결과가 목적물에 그대로 반영되어 있는 경우에는 그 계약상의 보수청구권은 목적물 그 자체로부터 발생한 것으로 보아 견련성을 인정할 수도 있다(엄동섭, 〈유치권의 성립요건-견련성〉, 고시계, 2005.11. p.28. 재인용).

다만, 한 가지 유의할 점이 있다. 유치권 행사의 근거가 되는 채권은 물건을 원인으로 하여 발생한 것이어야 하며 채권이 물건 그 자체를 목적으로 하는 경우는 유치권이 성립하지 않는다. 예컨대 임차인의 임차물을 사용·수익하는 채권은 임차물을 목적으로 하는 채권이지 임차물에 관하여 생긴 채권은 아니므로 임대차 보증금 반환 청구권 등에 대하여는 유치권이 성립하지 않는다.

세 들어 살던 집 천장에 물이 새는 바람에 수리비를 지불하게 되었다. 이때 수리비는 그 물건에 관하여 생긴 것이므로 견련성이 있다.

---

### 대전지방법원 2008.5.28. 선고 2007나12997 판결 【건물명도】

이 사건 점유부분을 점유하고 있던 중 위 점유부분의 천장 누수로 인하여 피고가 임차기간 중 입게 된 손해는 이 사건 점유부분의 하자 자체로 발생한 손해임이 명백하고, 따라서 피고가 건물주인 A에 대하여 갖는 손해배상채권은 유치권의 피담보채권이 된다고 할 것이다. 이에 대하여 원고는, 피고의 유치권의 행사가 원고로부터 이사비용을 받아내기 위한 것으로 권리남용에 해당한다고 주장하나, 피고의 권리행사는 유치권에 기한 것이므로 권리남용에 해당한다고 볼 수 없다.

---

부동산 관련 세금이나 관련 소송비용의 상환청구권은 견련성이 인정된다.

---

### 대법원 2006.1.26. 선고 2004다69420 판결 【건물명도등】

유치권이 성립하려면 피보전채권(*피담보채권)과 유치권의 목적물 사이에 견련관계가 있어야 하는바, 이 사건 대지 및 건물을 과세목적물로 하여 부재자인 A에 대하여 부과된 세금은 목적물 자체로부터 발생한 비용으로서 그 상환청구권과 이 사건 대지 및 건물 사이에 견련관계가 없다고 할 수 없고, 또 기록에 의하면 민○○가 부재자인 A 소유 부동산과 관련하여 진행한 총 31건의 소송 중 1968.4.11. 화해가 성립된 서울민사지방법원 67가3912호 부동산소유권이전등기 소송은 이 사건 대지 및 건물에 관한 것으로서 그 소송비용의 상환청구권과 이 사건 대지 및 건물 사이에도 견련관계가 있는 것으로 보인다.

한편 민법 제688조 제1항에 의하여 부재자 재산관리인이 상환을 청구할 수 있는 필요비는 선량한 관리자의 주의를 가지고 재산관리인이 필요하다고 판단하여 지출한 비용으로서 부재자에게 실익이 생기는지 여부 또는 부재자가 소기의 목적을 달성하였는지 여부를 불문하므로, 이 사건 건물의 내부나 천정의 보수, 기존 담장의 철거 및 신축 등을 위하여 민○○가 지출한 비용 중에는 민○○ 개인의 주거생활의 유지 및 편의만을 위한 것이 아니라 부재자 재산관리인으로서 A의 재산인 이 사건 대지 및 건물의 관리를 위하여 지출한 비용이 포함되어 있다고 볼 여지가 있고, 유치권자가 유치물을 보관하기 위하여 유치건물을 사용하였을 경우 특별한 사정이 없는 한 임차료에 상당한 이득을 반환할 의무가 있다고 할 것이나(대법원 1962.8.30. 선고 62다294 판결 참조), 기록상 민○○가 이 사건 대지 및 건물을 점유·사용함으로 인하여 취득한 임차료 상당의 이득액을 산정할 자료가 나타나 있지 아니하므로, 민○○가 이 사건 대지 및 건물을 사용함으로 인하여 반환하여야 하는 부당이득의 범위가 부재자재산관리인으로서 가지는 비용상환청구권을 초과한다고 단정할 수도 없다.

------

다음 판례는 재개발조합과 조합원 사이에 신축 건물을 둘러싼 유치권 분쟁이다.

원고는 재개발조합이고 피고는 조합원이다. 해당 부동산이 경매로 넘어가고 경매를 통해 소유자가 바뀌었다. 원고는 유치권을 신고하고 점유 중이었는데 일부 피고가 새로운 소유자에게 점유를 넘겨줌으로써 원고의 유치권이 상실되게 되었다. 이에 원고는 피고를 상대로 손해배상을 청구한 것이다. 여기서 쟁점은 원고의 채권, 지연 손해금, 관리비 등이 과연 이 사건 건물과 견련성이 있느냐 하는 점이다. 법원은 조합의 특성상 조합원이 돈을 지불하지 않으면 입주가 불가능하다는 점 등을 고려하여 원고가 가진 채권이 견련성이 있다고 판단한다.

### 서울중앙지방법원 2009.9.4. 선고 2009가합49365 판결 【손해배상(기)】

살피건대, 갑 제1호증의 1, 2, 제5호증의 각 기재에 변론 전체의 취지를 종합하면, 위 화해권고결정으로 확정된 징수금 등 채권액 276,738,328원 및 이에 대한 2008.4.18.까지의 지연손해금이 합계 417,040,869원인 사실, 원고가 2008.3.31. 이 사건 아파트에 관한 2001.8.분부터 2008.2.분까지의 관리비 10,065,580원을 납부하였고, 2008.1.10. 이 사건 아파트에 관한 유리샷시비용으로 3,600,300원을 지출한 사실, 원고가 이 사건 아파트에 관한 대위*등기비용으로 8,101,300원을 지출한 사실을 인정할 수 있다. 또한, 갑 제1호증의 1, 2, 제18호증의 2 내지 제19호증의 4의 각 기재에 변론 전체의 취지를 종합하면, 원고의 조합 정관에서 조합은 사업에 필요한 경비를 충당하기 위하여 조합원으로부터 경비를 부과·징수할 수 있고, 조합원은 부과금 및 청산금을 납부할 의무가 있으며, 조합은 분양기준가액과 분양받은 대지 또는 건축시설과 사이에 차액이 있을 때에는 그 차액을 조합원으로부터 징수할 수 있다고 규정하고 있는 사실(제8조, 제32조, 제64조), 원고와 시공사, 망 B 사이에 체결된 이 사건 아파트의 분양계약에 따라 조합원은 징수금을 완납한 후에야 이 사건 아파트에 입주할 수 있는 사실, 망 B가 원고와 관할구청 등에 납부하여야 할 시유지(*시 소유의 토지) 계약금 및 불하대금, 시유지 균등배분금, 이주비, 세금 등은 조합의 사업에 필요한 경비의 성격을 지니고 있으며, 조합원은 이러한 경비를 지급한 후에야 이 사건 아파트에 입주할 수 있는 사실 등을 인정할 수 있는바, 위 인정사실에 의하면 위 화해권고결정으로 확정된 이 사건 아파트의 징수금 중 2차 중도금 이후 분 합계 48,801,942원과 ② 이 사건 아파트의 시공사 또는 관할구청에 납부하여야 할 시유지 계약금 및 불하대금, 시유지 균등배분금 및 토지, 건물 등록세, 교육세 등의 세금과 이주비 합계 167,399,846원 및 위 각 금원에 대한 지연손해금채권은 이 사건 아파트에 관한 망 B의 인도청구권과 동일한 법률관계로부터 발생한 것으로서, 또한 이 사건 아파트에 관한 관리비, 유리샷시비용, 대위등기비용은 목적물 자체로부터 발생한 비용으로서, 위 징수금 등에 대한 채권 및 위 각 비용에 대한 상환청구권과 이 사건 아파트 사이에는 견련관계가 있다.

\* 대위(代位) : 제삼자가 다른 사람의 법률적 지위를 대신하여 그가 가진 권리를 얻거나 행사하는 일

------------------------------------------------

# 4 채권이 목적물 자체에서 발생하지 않은 경우의 견련성

※ 이 내용 중 몇몇은 건국대학교 부동산 대학원 홈페이지(http://gsres.konkuk.ac.kr) 게시판에 등재된 김재권 변호사의 〈불황기의 경매투자 전략 : 유치권 깨트리기〉에서 인용하였음.

농지개혁법을 위반하여 농지임대차계약이 무효가 되었다. 이에 벼 33섬으로 지불한 임차료를 돌려받기 위해 임차인은 유치권을 주장했다. 그러나 법원은 농지임대차계약의 무효 여부와 상관없이 반환받을 채권이 농지(그 물건)에 관하여 발생한 것이 아니라 임대차계약에 의해 발생한 것이므로 견련성이 없다고 판단한다.

------

**대법원 1970.10.30. 선고 70다1390, 1391 판결 【경작방해금지(본소), 부당이득금반환(반소)】**

그러나 소론(*논한바) 벼 33섬은 이 농지에 대한 임차료로 미리 원고에게 지급한 것이므로 이는 이 농지에 관하여 지급한 것이 아니고 이 농지를 목적으로 하는 임대차계약에 인한 임차료로서 지급한 것이라 할 것이니, 이를 반환받을 채권 역시 이 농지에 관하여 발생한 채권이라고는 말할 수 없음으로 원심이 피고의 소론 유치권에 관한 항변을 이와 같은 견해 아래에서 배척한 것은 정당하다.

------

건축물 공사가 건축물의 요건(기둥, 주벽, 지붕)을 갖추지 못한 채 중단된 경우가 있다. 이때 토지 소유자가 다른 사람이라면 이 구조물은 토지에 귀속한다는 점을 앞서 살폈다. 그런데 이 구조물을 공사한 사람은 그 공사대금을 과연 어디서 받아야 하는 것일까? 구조물이 토지에 귀속되었으므로 토지 소유자에게 받아야 하나? 즉 그에게 유치권을 주장해야 하나? 그러나 법원은 채권의 목적물인 건물 자체가 없으므로 이는 견련성 측면에서 유치권이 성립하지 않는다고 밝힌다.

------

**부산고등법원 2010.7.14. 선고 2009나18168(본소)【구조물철거등】, 2010나4066(반소)【구상금】판결**

먼저, 위 피고가 이 사건 토지에 대한 유치권자라는 주장에 관하여 본다. 설령 위 피고가 지반공사를 하였다 하더라도 그것이 ○○의 신축을 위한 것인 이상 지반공사로 인하여 발생하는 채권은 위 ○○의 신축에 관하여 발생한 것일 뿐 이 사건 토지에 관하여 생긴 것이라 할 수 없으므로, 위 공사대금을 피담보채권으로 하여 이 사건 토지에 대하여 유치권을 행사할 수 없다 할 것이다.

다음으로, 위 피고가 이 사건 철골조 구조물에 대한 유치권자이므로 토지인도청구에 응할 수 없다는 주장에 관하여 본다. 건물의 신축공사를 도급받은 수급인이 사회통념상 독립한 건물이라고 볼 수 없는 정착물을 토지에 설치한 상태에서 공사가 중단된 경우에 위 정착물은 토지의 일부 또는 부합물에 불과하여 이러한 정착물에 대하여 유치권을 행사할 수 없는 것인데(대법원 2008.5.30.자 2007마98 결정, 대법원 2003.9.23. 선고 2003다26518 판결 등 참조), 갑 4, 5호증의 기재 및 영상에 의하면 이 사건 철골조 구조물은 외벽이나 지붕이 없고, 콘크리트 바닥 위에 H빔 등이 조립되어 있는 상태에 불과한 사실을 인정할 수 있고, 위 인정사실에 의하면 이 사건 철골조 구조물은 사회통념상 독립한 건물로 되었다고 볼 수 없고, 이 사건 토지의 일부이거나 독립된 유체동산이라고 봄이 상당한바, 이 사건 철골조 구조물에 대하여 유치권이 성립될 리 없고, 위 구조물이 독립된 유체동산인 경우, 위 유체동산의 소유자인 A가 이 사건 토지를 점유할 정당한 권원이 인정되지 아니하여 이 사건 토지의 소유자인 원고에게 부당이득반환채무 또는 손해배상채무를 부담하는 이 사건에서, 위 피고가 위 유체동산에 대한 유치권으로 원고에게 대항할 수는 없다 할 것이므로(대법원 1989.2.14. 선고 87다카3073 판결 참조), 위 피고의 주장은 이유 없다.

---

건축물과 관련하여 생긴 채권으로 토지에 대하여 유치권을 주장할 수 없다. 건물과 토지는 별개이므로 견련성이 없기 때문이다.

**대전지방법원 천안지원 2011.2.18. 선고 2010가합2865(본소) 【구조물철거 및 대지인도】, 2010가합4021(반소) 【유치권존재확인】 판결**

피고 A는 78,045,000원의 설계용역대금 청구권을 피담보채권으로 하여 이 사건 토지를 점유하고 있고, 피고 B는 242,000,000원의 공사대금 청구권을 피담보채권으로 하여 이 사건 철골구조물 등을 소유하는 방법으로 이 사건 토지를 점유하고 있으므로 유치권이 있다.

나. 판단

살피건대, 피고들이 주장하는 채권은 이 사건 토지 위에 신축할 건축물에 대한 건축설계용역 대금채권이거나 위 건축물을 신축하기 위한 토공사 및 가시설 공사대금채권으로서 이 사건 토지에 관하여 생긴 것이 아니므로 위 각 채권으로 이 사건 토지에 대하여 유치권을 행사할 수도 없거니와 이 사건 철골구조물은 원고의 소유가 아님은 앞서 본 바와 같으므로, 피고들의 유치권 주장은 더 나아가 살필 필요 없이 그 자체로 이유 없다.

**대전지방법원 홍성지원 2011.2.17. 선고 2010가단8808 판결 【유치권부존재확인】**

(1) 먼저 건물의 신축공사를 한 수급인이 그 건물을 점유하고 있고 또 그 건물에 관하여 생긴 공사대금채권이 있다면, 수급인은 그 채권을 변제받을 때까지 건물을 유치할 권리가 있으나, 건물을 토지에 대하여 독립된 부동산으로 인정하고 있는 우리 법제에서는 건물에 대한 공사대금 채권에 기하여 토지에 대하여 유치권을 행사할 수 없다.

이 사건에 관하여 보건대, 피고는 자신이 한 '토공사'는 이 사건 건축물의 지하 1, 2층을 설치하는 과정에서 땅을 파내는 공사라고 밝히고 있는바, 그렇다면 피고가 한 위 토공사는 이 사건 건축물을 설치하기 위한 기초공사 과정에서 이루어진 것일 뿐 그로 인해 이 사건 토지 자체의 형질 등이 변경된 것은 아니어서 이를 두고 이 사건 토지에 대한 별도의 공사로 보기 어렵다. 따라서 피고는 위 '토공사'에 기한 공사대금채권에 기해 이 사건 토지에 유치권을 행사할 수 없다.

(2) 또한 채권자가 채무자와의 상행위가 아닌 다른 원인으로 목적물 점유를 취득한 경우에는 상사유치권이 성립할 수 없다. 그런데 위 인정사실에 의하면, 피고는 이 사건 건축물 공사대금채권을 확보하기 위해 이 사건 건축물에 대한 점유를 개시함으로서 결과적으로 이 사건 건축물이 위치한 이 사건 토지를 점유하게 되었을 뿐, 이 사건 토지에 관한 상행위를 원인으로 점유를 취득한 것이 아니다. 따라서 피고는 이 사건 토지에 관하여 상사유치권을 행사할 수 없다.

---

철거공사를 하고 대금을 못 받은 공사업자가 해당 부지를 점유할 수 있을까? 법원은 철거공사는 토지에 대한 것이 아니라 별도의 도급계약에 따른 것임을 밝히며 유치권이 성립하지 않는다고 못 박는다.

---

### 광주지방법원 2011.1.25. 선고 2010가단17500 판결 【토지인도】

나. 이에 대하여, 피고가 이 사건 철거공사 대금채권에 기하여 이 사건 사업부지에 대하여 정당하게 유치권을 행사하고 있으므로 응할 수 없다고 다투므로 살피건대, 피고가 이 사건 사업부지를 점유할 정당한 권원이 있기 위하여서는 이 사건 사업부지에 대

하여 유치권이 성립되어야 할 것인데, 피고의 주식회사 A에 대한 이 사건 철거공사 대금채권은 주식회사 A와의 이 사건 도급계약에 터잡아 발생한 것일 뿐, 이 사건 사업부지 자체에서 발생하거나 소유권에 기한 원고의 이 사건 사업부지 반환청구권과 동일한 법률관계 내지 사실관계에서 발생한 것이라고 볼 수 없는바, 이 사건 철거공사 대금채권에 기하여 이 사건 사업부지에 관한 유치권이 성립하지 아니한다 할 것이고, 결국 피고로서는 이 사건 사업부지를 점유할 정당한 권원이 있다고 할 수 없으므로, 피고의 위 주장은 더 나아가 살필 필요 없이 이유 없다.

---

그러나 건물의 신축공사의 일부인 토목공사가 건물을 신축하기 부적합한 토지의 기초를 조성하는 공사 등인 경우에 한하여 예외적으로 그 공사대금 채권과 토지의 견련성이 인정된다.

---

**대법원 2008.7.10. 선고 2006다39157 판결**

유치권의 피담보채권은 '그 물건에 관하여 생긴 채권'이어야 하는바, 건물의 신축공사를 한 수급인이 그 건물을 점유하고 있고 또 그 건물에 관하여 생긴 공사대금채권이 있다면 수급인은 그 채권을 변제받을 때까지 건물을 유치할 권리가 있는 것이지만(대법원 1995.9.15. 선고 95다16202, 16219 판결 등 참조), 건물의 신축공사를 도급받은 수급인이 사회통념상 독립한 건물이라고 볼 수 없는 정착물을 토지에 설치한 상태에서 공사가 중단된 경우에 위 정착물은 토지의 부합물에 불과하여 이러한 정착물에 대하여 유치권을 행사할 수 없는 것이고, 또한 공사중단시까지 발생한 공사대금채권은 토지에 관하여 생긴 것이 아니므로 위 공사대금채권에 기하여 토지에 대하여 유치권을 행사할 수도 없는 것이다(대법원 2008.5.30.자 2007마98 결정 등 참조). 다만 건물의 신축공사의 일부인 토목공사가 건물을 신축하기 부적합한 토지의 기초를 조성하는 공사 등인 경우에 한하여 예외적으로 그 공사대금 채권과 토지의 견련성이 인정되어 유치권을 행사할 수 있을 뿐이다(대법원 2007.11.29. 선고 2007다60530 판결 등 참조).

---

보통의 유치권은 '그 물건'을 사용하면서 생기는 것이 아니라 그 물건을 수리하든가 공사해주면서 생기는 법이다. 아래 판례는 '그 물건'을 사용하면서 생긴 채권에 대하여 유치권을 주장하는 피고에 대하여 '견련성이 없다.'고 밝힌다.

---

### 대전지방법원 천안지원 2011.1.11. 선고 2010가합3189 판결 【물품대금등】

피고는, 원고가 제공한 금형이 노후화된 것이어서 생산성이 저하되는 등의 손실을 보았으므로 이에 관한 손실보상채권이 있고, 그 밖에도 원고에 대하여 코일 제고 반품과 관련한 채권, 물품대금채권이 있는데, 이러한 채권들을 지급받기 위하여 유치권의 행사로서 이 사건 금형을 점유하고 있으므로, 원고의 이 사건 금형 인도청구에 응할 수 없다는 취지로 주장한다.

살피건대, 어떤 물건에 관하여 유치권이 성립하기 위해서는 피담보채권이 그 물건과 견련성이 있는 채권, 즉 '그 물건에 관하여 생긴 채권'이어야 하고, 그 물건에 관하여 생긴 채권이라 함은 유치권 제도 본래의 취지인 공평의 원칙에 특별히 반하지 않는 한 채권이 목적물 자체로부터 발생한 경우는 물론이고 채권이 목적물의 반환청구권과 동일한 법률관계나 사실관계로부터 발생한 경우도 포함한다(대법원 2007.9.7. 선고 2005다16942 판결 등 참고).

그런데 이 사건의 경우 피고의 주장에 의하더라도, 피고가 유치권의 피담보채권으로 주장하는 채권들 중 재고 반품과 관련된 채권은 이 사건 금형과는 아무런 관련이 없는 채권이고 손실보상채권, 물품대금채권은 이 사건 금형을 도구로 사용하여 코일을 가공하는 과정 또는 그 결과 발생된 채권들에 불과하다. 나아가 이 사건 금형의 반환 청구권은 이 사건 사용대차계약에 따른 것이고, 피고가 주장하는 채권들은 이 사건 기본 계약관계와 관련된 채권들이어서, 피고가 주장하는 채권들이 이 사건 금형의 반환청구권과 동일한 법률관계나 사실관계로부터 발생한 것이라고 볼 수도 없다. 따라서, 피고가 유치권의 피담보채권이라고 주장하는 채권들은 이 사건 금형과 견련성이 인정되지 않으므로, 이를 전제로 하는 피고의 유치권 주장은 이유 없다.

---

동업을 맺고 투자한 돈이 공사에 쓰였다. 이때 동업관계가 종료됨에 따라 투자한 돈을 회수하려고 한다. 이 돈은 분명 공사에 쓰였으므로 유치권상의 피담보채권이 될 수 있지 않을까? 그러나 법원은 동업약정에 의한 투자이므로 그에 따른 상환채권은 될 수 있지만 유치권상의 피담보채권은 될 수 없다고 밝힌다.

---

**울산지방법원 2011.6.9. 선고 2010가합8569 판결 【유치권부존재확인】**

2) 다음으로 피고가 주장하는 주유소 신축공사대금 등 622,600,000원의 상환청구 채권이 이 사건 부동산에 관하여 생긴 채권인지 여부에 관하여 보건대, 민법 제320조 제1항은 '타인의 물건 또는 유가증권을 점유한 자는 그 물건이나 유가증권에 관하여 생긴 채권이 변제기에 있는 경우에는 변제를 받을 때까지 그 물건 또는 유가증권을 유치할 권리가 있다'라고 규정하고 있는바, 여기서 '그 물건에 관하여 생긴 채권'이라 함

은, 위 유치권 제도 본래의 취지인 공평의 원칙에 특별히 반하지 않는 한, 채권이 목적물 자체로부터 발생한 경우는 물론이고 채권이 목적물의 반환청구권과 동일한 법률관계나 사실관계로부터 발생한 경우도 포함한다 할 것이다(대법원 2007.9.7. 선고 2005다16942 판결 등 참조). 그런데 피고의 주장 자체에 의하더라도 피고는 A와의 동업약정에 기하여 피고의 지분에 상응하는 주유소 공사대금 등 주유소 건축 및 운영과 관련한 금원을 투자했던 것이고, A와의 동업관계가 종료됨에 따라 원고가 동업약정에 기하여 투자한 공사대금 등의 상환채권을 갖게 되었다는 것일 뿐이므로, 피고의 위와 같은 채권은 피고와 A 사이의 동업약정에 기하여 발생한 채권일 뿐 이 사건 부동산 자체로부터 발생하였다거나 이 사건 부동산의 반환청구권과 동일한 법률관계나 사실관계로부터 발생한 것이라고 할 수 없으므로, 피고는 위와 같은 채권을 피담보채권으로 하여 이 사건 부동산에 대한 유치권을 행사할 수 없다 할 것이다.

---

아래도 비슷한 사례다. 공사 투자비는 공사 자체에서 발생한 것이 아니므로 견련성을 인정받을 수 없다.

---

### 서울서부지방법원 2011.2.11. 선고 2010가단37601 판결 【건물명도】

그러나 갑 제1호증과 을 제3호증의 1 내지 10의 각 기재에 의하면 피고가 위 주장과 같이 공사대금채권을 양도받은 것은 이 사건 건물에 관하여 위 임의경매의 개시결정 기입등기가 이루어진 후인 사실이 인정되므로 그 경매절차의 매수인인 원고에게 유치권으로 대항할 수 없고, 또한 갑 제2호증과 을 제17 내지 37호증(각 가지번호 포함)의 각 기재에 의하면 A는 2008.8.22. 피고와 A가 이 사건 건물을 신축함에 있어 피고가 투자를 하기로 하면서 준공에 필요한 도배, 장판, 조명기구, 주차장 바닥, 도시가스 등의 공사를 피고가 책임지고 나머지 준공에 필요한 모든 부분은 A가 책임지기로 약정하였고 그에 따라 피고가 공사업자에게 공사비를 지급한 사실이 인정되므로 피고가 지급한 이러한 공사비는 A와의 위 약정에 따른 것일 뿐이어서 유치권의 전제로서 A에 대한 공사비 채권이 성립하였다고 볼 수 없으며 설령 이 부분 피고의 주장을 투자에 따른 A에 대한 정산금 채권이라고 선해한다 하더라도 이는 이 사건 건물 자체로부터 발생한 것이 아니어서 유치권 성립 요건인 견련관계를 인정할 수 없을 것이다. 따라서 위 주장은 이유 없다.

---

상행위에서 발생하는 상사유치권의 경우, 일반 유치권과 견련성에서 차이를 보인다. 아래 법조항처럼 상사유치권의 경우는 '그 채무자에 대한 상행위로 인하여'라는 견련성이 충족되어야 한다.

---

**상법 제58조 (상사유치권)**

상인 간의 상행위로 인한 채권이 변제기에 있는 때에는 채권자는 변제를 받을 때까지 그 채무자에 대한 상행위로 인하여 자기가 점유하고 있는 채무자 소유의 물건 또는 유가증권을 유치할 수 있다. 그러나 당사자 간에 다른 약정이 있으면 그러하지 아니하다.

---

아래 판례에서는 최소한 영업을 통하여 점유할 것으로 표현하며 상행위에 따른 견련성이 있어야 함을 지적한다.

---

### 수원지방법원 성남지원 2009.5.27. 선고 2008가단3496 판결 【손해배상(기)】

피고는, 원고에게 관리용역대금채권과 공사대금채권이 있어 이를 변제받기 위하여 이 사건 부동산을 점유하여 상사유치권을 행사한 것이라고 항변하므로 살피건대, 갑 제6호증의 각 기재에 변론의 전체취지를 종합하면, ① 원고와 피고는 2005.9.20.경부터 2007.9.19.까지 ○○코랜드빌 주상복합아파트에 관한 관리용역 계약을 체결하였으나 원고는 피고에게 용역비 15,671,374원을 지급하지 아니한 사실, ② 피고는 2006.10.경 원고와 ○○코랜드빌 주상복합아파트 3층 고시원 인테리어 공사 및 시설설치 계약을 체결한 후 공사를 진행하였음에도 불구하고, 원고는 피고에게 56,905,000원의 공사대금을 지급하지 아니한 사실, ③ 피고는 관리용역대금채권과 공사대금채권을 회수하기 위하여 자신이 근무하던 ○○코랜드빌 관리사무실에서 사용하던 원고 소유의 책상, 소파 등을 이 사건 부동산에 갖다 놓은 후 이를 점유한 사실들이 각 인정된다.

그러나, 상사유치권이 성립하기 위하여는 유치목적물과 피담보채권과는 개별적인 견련성이 요구되는 것은 아니지만 최소한 영업을 통하여 점유할 것이 요구되는바, 피고가 이 사건 부동산을 점유하는 과정에 있어 피고의 영업과 관련하여 점유하였다고 볼 아무런 사정이 없어 피고의 이 사건 부동산 점유는 불법적으로 개시된 것이라고 할 것이므로, 위 상사유치권 항변은 이유 없다.

---

때가 되어도 돈을 안 주는 A에 대하여 B는 그 지연에 따른 지연손해금을 청구할 수 있다. 한마디로 이자 달라는 얘기다. 그런데 이런 지연손해금의 경우 약정에 따라 정하는 경우가 많다. 그러나 설령 약정에 의한 것이더라도 이때의 손해배상채권이 유치권을 주장할 수 있는 피담보채권에서 발생했다면, 즉 공사대금채권(원채권)을 못 받아서

그에 대해 청구한 것이라면 원채권이 견련성을 갖는 만큼, 손해배상채권 역시 견련성을 인정한다고 다음 판례는 밝힌다.

---

### 대법원 1976.9.28. 선고 76다582 판결 【건물명도】

원판결에 의하여 확정된 사실에 의하면 수급인인 피고의 본건 공사잔금채권이나 그 지연손해금청구권과 도급인인 원고의 건물인도청구권은 모두 원, 피고 사이의 건물신축도급계약이라고 하는 동일한 법률관계로부터 생긴 것임이 인정될 수 있으므로 피고의 본건 손해배상채권 역시 본건 건물에 관하여 생긴 채권이라 할 것이며 채무불이행에 의한 손해배상청구권은 원채권의 연장으로 보아야 할 것이므로 물건과 원채권과 사이에 견련관계가 있는 경우에는 그 손해배상채권과 그 물건과의 사이에도 견련관계가 있는 법리라 할 것으로서 본건 손해배상채권이 소론과 같이 배상액의 예정에 해당하는 특약조항에 의하여 발생한 것이라 하여 그 결론을 달리할 바 못 되고 이와 같은 견지에서 본건 손해배상채권에 관한 피고의 유치권 항변을 인용한 원판결에 유치권의 피담보채권에 관한 법리를 오해한 위법이 있다고 할 수 없다.

주의 : 이 판례는 도급계약에 관한 것으로서 도급목적물과 공사금채권의 견련성을 인정한 것이지 도급목적물의 인도청구권과 손해배상채권과의 견련성을 인정한 것이라고 보기가 어렵다.

---

위의 사례와 반대로 원채권이 견련성이 없는 경우, 이에서 비롯된 손해배상청구권 역시 견련성이 없으므로 유치권을 인정하지 않는다.

### 대법원 1976.5.11. 선고 75다1305 판결 【건물명도】

건물의 임대차에 있어서 임차인의 임대인에게 지급한 임차보증금반환청구권이나 임대인이 건물시설을 아니하기 때문에 임차인에게 건물을 임차 목적대로 사용 못한 것을 이유로 하는 손해배상청구권은 모두 민법 제320조에 규정된 소위 '그 건물에 관하여 생긴 채권'이라 할 수 없으므로(보증금에 관한 당원 1960.9.29. 선고 4292민상229 판결 참조) 원심판결이 이와 같은 취지에서 보증금반환채권과 손해배상채권에 관한 피고의 유치권 주장을 배척한 조치는 정당하고 반대의 견해로 나온 소론은 이유 없고….

임대차 관계에서 권리금 반환이나 보증금 반환과 같은 경우는 그 물건에 관하여 생긴 채권이 아니라 그 물건 자체를 목적으로 하는 채권이다. 이 경우에는 당연히 해당 채권이 견련성이 없으므로 유치권은 성립하지 않는다.

### 대법원 1994.10.14. 선고 93다62119 판결 【건축명도등】

원심이 적시한 을 제14호증의 2, 3의 기재에 의하면 망인이 피고들에게 이 사건 건물을 명도 받을 때 시설비와 개조비를 반환하기로 약정한 사실은 인정할 수 있으나 그러한 사실만으로 권리금까지도 반환하기로 약정한 것으로 보기는 어렵다 할 것이고, 기록상 이에 관한 약정이 있었다고 볼 만한 자료도 찾아볼 수 없으며, 설사 그와 같은 약정이 있었다 하더라도 소론의 권리금반환청구권은 이 사건 건물에 관하여 생긴 채권이라 할 수 없으므로 그와 같은 채권을 가지고 이 사건 건물에 대한 유치권을 행사할 수 없다 할 것이어서 피고들의 유치권항변은 어차피 배척될 것이 분명하므로 원심이 비록 이에 관하여 판단하지 아니한 잘못이 있다 하더라도 이는 판결의 결과에 영향이 없는 것이라 할 것이다.

--------------------------------------------------

임차인이 민법 제646조 규정에 의한 부속물매수청구권을 행사한 경우 부속물매수대금 채권과 건물 전체 간의 견련성, 건물 또는 공작물의 임대차관계종료 시에 임차인이 임대인에 대하여 그 부속물의 매수를 청구하였기 때문에 매매의 효력이 생긴 경우, 임차인은 그 대금채권에 관하여 건물 전체에 대하여 유치권을 행사할 수 있을까? 판례는 임대인의 부속물매수대금 지급 시까지 연기적 항변권을 행사할 수 있을 뿐(동시이행의 항변권) 유치권을 인정하지 않는다.

--------------------------------------------------

**서울고등법원 1972.10.11. 선고 72나2595, 2596 판결 【가옥명도등】**

위에서 본 방과 부엌, 복도의 칸막이 공사와 다다미의 시공 등은 위 건물의 부속물로 보아야 할 것이고, 동 부속물 설치에 소요된 공사비채권은 본건 건물에 관하여 생긴 채권이 아니므로 이에 기하여 건물을 유치할 수 없다 할 것인즉, 피고의 유익비에 관한 유치권 행사는 여러 모로 보나 이유가 없다 할 것이다.

--------------------------------------------------

공사대금채권을 가진 공사업자에게는 당연히 유치권이 있다. 그렇다면 공사업자의 동업자에게도 유치권이 인정될까? 그러나 판례는 동업자가 가진 채권은 동업관계에서 비롯된 것일 뿐, 공사 자체에서 비롯된 것이 아니므로 그의 채권은 유치권상 피담보채권이 될 수 없다고 밝힌다.

## 대구지방법원 2009.3.27. 선고 2008도3813 판결 【절도】

### 가. 동업관계 주장에 대하여

원심이 적법하게 조사하여 채택한 증거들에 의하면, ① 피고인은, 위 다세대주택 전기단자함에서 이 사건 열쇠 1묶음을 가져오고도 열쇠의 행방을 묻는 피해자에게 처음에는 열쇠를 가져가지 않았다고 말하다가, 피해자가 피고인으로부터 30,000,000원을 차용하였다는 약정서를 써주어야 열쇠를 반환하겠다고 요구하여 피해자로부터 위와 같은 내용이 담긴 약정서를 교부받은 사실, ② 피고인이 수사기관에서 조사받으면서 위 다세대주택을 신축하는 과정에서 피해자에게 18,000,000원을 빌려주었다고 진술한 사실 등이 인정될 뿐, 피고인의 수사기관 및 법정에서의 진술, 공판기록에 편철된 A 등 작성의 사실확인서, 변호사 B 작성의 각 인증서(××종합법률사무소 2008년 등부 제1270호, 제1271호 제1272호), 피고인 및 피해자 작성의 각 주식인수증, 피해자 작성의 주식배정표의 각 기재만으로는 피고인이 피해자와 사이에 위 다세대주택 공사를 동업으로 하였다거나 위 공사에 투자하여 이익분배약정을 하였음을 인정하기에 부족하고, 가사 피해자에 대한 동업관계에 의한 배당금채권이 존재한다고 하더라도, 조합원의 1인이 조합원의 공동점유에 속하는 합유의 물건을 다른 조합원의 승낙 없이 단독으로 취거한 경우에는 절도죄가 성립한다고 할 것인데(대법원 1982.4.27. 선고 81도2956 판결 참조), 피고인이 다른 동업자의 동의 없이 공동 점유하는 열쇠를 판시와 같이 자신을 위한 의사로 자신의 지배하에 옮긴다는 인식이 있었다면 절도죄에 있어서의 불법영득의 의사는 있었다고 볼 것이므로, 피고인의 이 부분 주장은 이유 없다.

### 나. 유치권 주장에 대하여

유치권이 발생되기 위하여는 채권자가 타인의 물건을 적법하게 점유하고 있어야 할 뿐더러 피담보채권이 유치할 물건에 관하여 생긴 것이어야 하는데, 피고인과 피해자 사이의 동업관계가 인정되지 아니하고, 가사 동업관계에 있다고 하더라도 피고인이 피해자의 동의 없이 열쇠를 취거한 것은 적법한 점유가 아님은 앞에서 본 바와 같거니와, 피고인이 주장하는 동업관계에 기한 채권이 위 열쇠나 주택에 관하여 생긴 채권으로 볼 수도 없어 유치권 성립요건으로서의 견련관계가 없으므로(단순한 차용금 채권이라고 하더라도 마찬가지이다) 유치권이 성립될 수 없으니, 피고인의 위 주장은 이유 없다.

---

타인에게 돈을 맡겨 대신 부동산을 사게 하였으나 그 타인이 자기 돈인 양 행세하여 부동산을 산 경우, 이때 돈 주인은 부동산의 소유권을 주장할 수 없으나 대신 그 타인에게 맡긴 돈에 대하여 부당이득반환청구권을 갖게 된다. 그런데 이 청구권은 신탁계약에 의해 발생한 것이지 부동산 자체에서 발생한 것이 아니므로 청구권 채권에는 견련성이 없다.

---

### 대법원 2009.3.26. 선고 2008다34828 판결 【유치권부존재확인】

명의신탁자와 명의수탁자가 이른바 계약명의신탁약정을 맺고 명의수탁자가 당사자가 되어 명의신탁약정이 있다는 사실을 알지 못하는 소유자와 사이에 부동산에 관한 매매계약을 체결한 뒤 수탁자 명의로 소유권이전등기를 마친 경우에는 명의신탁자와 명의수탁자 사이의 명의신탁약정은 무효이지만 그 명의수탁자는 당해 부동산의 완전한 소유권을 취득하게 되고(부동산실권리자명의등기에관한법률 제4조 제1항, 제2항 참조), 반면 명의신탁자는 애초부터 당해 부동산의 소유권을 취득할 수 없고 다만 그가 명의수탁자에게 제공한 부동산 매수자금이 무효의 명의신탁약정에 의한 법률상 원인 없는 것이 되는 관계로 명의수탁자에 대하여 동액 상당의 부당이득반환청구권을 가질 수 있을 뿐인바(대법원 2005.1.28. 선고 2002다66922 판결 참조), 명의신탁자의 이와 같은 부당이득반환청구권은 부동산 자체로부터 발생한 채권이 아닐 뿐만 아니라 소유권 등에 기한 부동산의 반환청구권과 동일한 법률관계나 사실관계로부터 발생한 채권(대법원 2007.9.7. 선고 2005다16942 판결 참조)이라고 보기도 어려우므로, 결국 민법 제320조 제1항에서 정한 유치권 성립요건으로서의 목적물과 채권 사이의 견련관계를 인정할 수 없다 할 것이다.

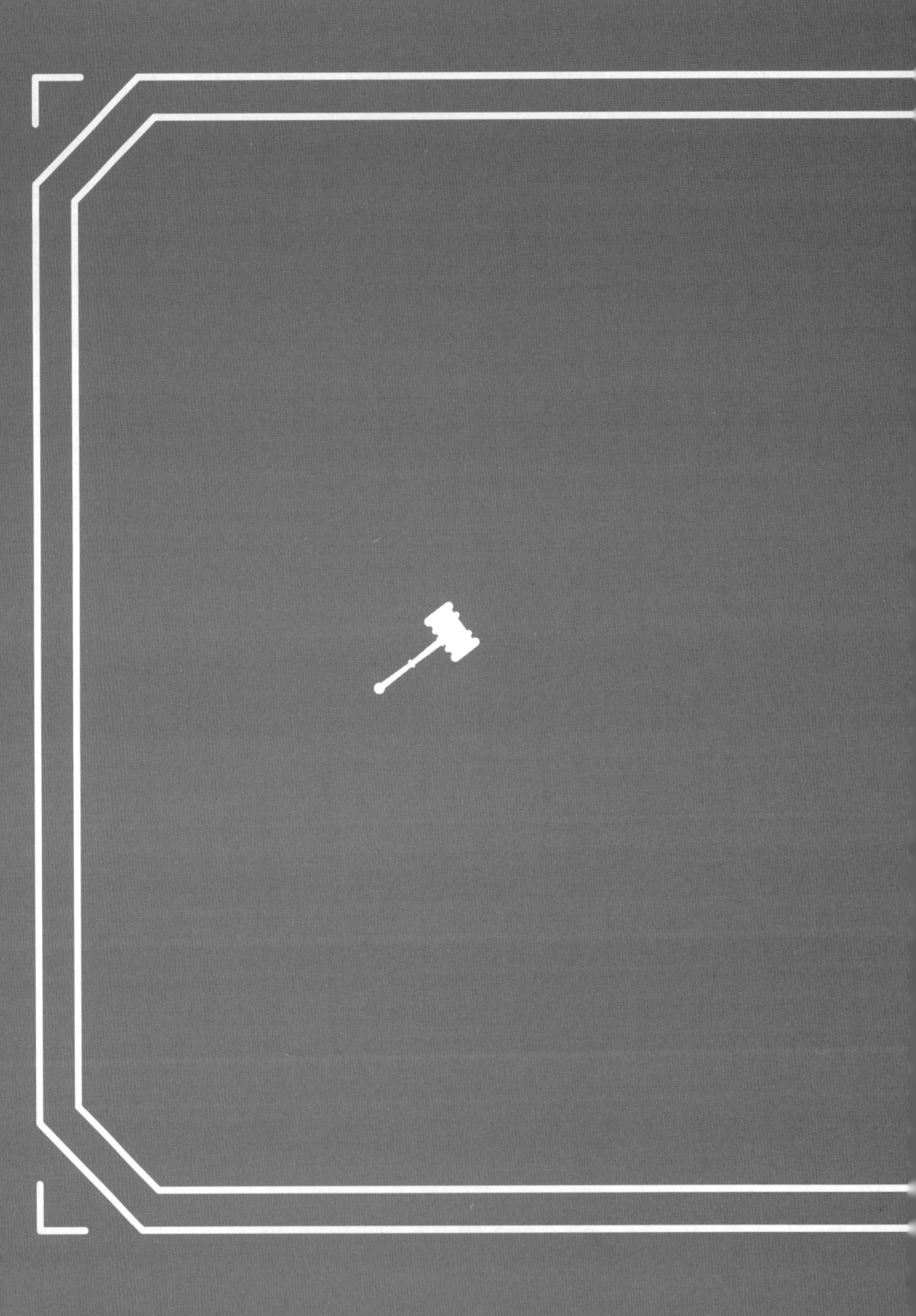

· 10장 ·

# 변제기

# 1
# 채무를 이행해야 할 시기

변제기란 채권자가 채무자에게 채무의 이행을 청구할 수 있는 시기를 말한다. 아무 때나 돈을 갚으라고 할 수는 없는 법이다. 유치권은 피담보채권이 변제기에 있을 때 성립한다. 약정담보물권에 있어서 변제기는 담보권실행의 요건에 불과하나, 유치권에 있어서는 성립요건에 해당한다. 따라서 변제기에 있지 않으면 유치권도 없다. 변제기가 필수 조건이 된 이유는 공평의 원칙을 지키기 위해서다. 만일 변제기가 도래하기 전에 유치권을 인정하면, 제3자에 대한 인도 거절권을 갖게 되어 변제기 전에 상대방의 채무이행을 간접적으로 강제하는 꼴이 된다. 이는 채무자에게 지나친 요구다. 그래서 따로 기한을 정하지 않은 때에는 공사를 완료한 시점부터 변제기가 도래한 것으로 보고 만일 채무를 이행하지 않으면(지체책임, 민법 제387조 제2항 참조) 유치권이 성립되는 것으로 인정한다. 반면 공사는 마쳤지만 변제기가 도래하지 않는 경우도 있다. 법원이 상당한 상환기간을 허여한 경우가 대표적이다. 민법은 여러 곳에서 유익비상환청구권에 관하여 법원이 상당한 기한을 허여할 수 있도록 규정하고 있다[민법 제203조(점유자의 반환청구권) 제3항, 제310조(전세권자의 상환청구권) 제2항, 제325조(유치권자의 상환청구권) 제2항 단서, 제626조(임차인의 상환청구권) 제2항 후단]. 이러한 경우 채무자에게 기한이 허여되면 변제기 요건을 결여하게 되어 채권자는 유치권을 잃게 된다. 다만, 채권자가 채무자에게 목적물을 반환하지 않고 목적물을 계속 점유하고 있는 한, 그 후 허용된 기간이 만료하면 그때로부터 유치권이 성립한다.

유치권자가 채권의 수령지체, 이른바 채권자 지체(민법 제400조)에 빠져 있는 경우에 원칙적으로 유치권을 행사할 수 없다. 그러나 이 경우는 조금 더 신중히 판단한다. 왜냐하면 채권자의 사소한 잘못을 가지고 유치권을 상실케 한다면 더 큰 공평의 원칙에 반하기 때문이다. 예컨대 공사대금 채권으로 유치권을 행사하고 있는 채권자에게 채무자가 1회의 변제제공을 하러 갔다가 유치권자가 부득이한 사정으로 이를 받지 못한 경우 채권자 지체라고 하여 유치권을 바로 배제할 수는 없다.

또 채권이 변제기에 있더라도 상대방이 동시이행항변권을 행사할 때에는 유치권의 행사가 배제된다(손진홍, 〈부동산 권리 분석과 배당〉, 법률정보센타, 2010. p.509).

변제기에서 가장 크게 문제가 되는 경우는 언제부터가 변제기이냐 하는 점이다. 변제기에 대한 정의가 명확한 것이 아니므로 사안마다 어떻게 처리되는지 판례를 따져야 한다. 예컨대 공사가 중단된 경우 이를 변제기가 도래한 것으로 보아야 하는지 아닌지에 대해서 명확한 기준이 존재하지 않고 그때그때 상황을 종합하여 판단하고 있다.

다음 판례는 가장 기초적인 변제기의 정의에 입각하여 내린 판례이다. 변제기는 다른 사정이 없는 한 공사가 끝난 뒤에 도래한다는 것이 기본적인 원칙이다. 따라서 공사가 끝나지 않으면 변제기가 아니므로 유치권은 성립하지 않는다.

### 울산지방법원 2011.5.27. 선고 2010가단32725 판결 【제3자이의】

그런데, 도급계약의 보수는 특약이 없는 한 완성된 목적물의 인도를 요하지 아니하는 경우에는 그 일을 완성한 때에, 그리고 완성된 목적물의 인도를 요하는 경우에는 그 인도와 동시에 지급하여야 하므로(민법 제665조 제1항, 대법원 1968.5.21. 선고 67다639 판결 등 참조), 이 사건 도급계약에 따른 A의 원고에 대한 위 8,500만 원 상당의 공사대금채무는, 원고가 특약의 존재에 관하여 달리 주장, 증명하지 못하는 이상, 최소한 원고가 위 도급계약에 의하여 시공을 약정한 위 전기공사를 완료하였을 때 비로소 변제기에 있게 되는 것이며, 위 인정사실에 의하면, 원고는 자신이 B를 위하여 한국전력공사에 대위변제한 위 5,016,000원 상당의 구상금 역시 위 공사대금과 함께 지급받기로 B와 약정하였으므로, A의 원고에 대한 위 구상금 채무 역시 원고가 위 전기공사를 모두 마쳐 공사대금채무의 변제기가 도래하였을 때 비로소 그 변제기에 있게 된다(오히려 갑 제14호증의 10의 기재에 변론 전체의 취지를 종합하면, 원고는 1999.7.15. 이 사건 도급계약을 체결하면서 공사대금 및 대위변제금 상당액의 지급방법에 관하여서는 공사 완료 후 이 사건 부동산을 대물변제의 형식으로 양수하고 위 부동산의 가액과 위 공사대금 및 대위변제금 상당액의 차액을 B에 지급하기로 B와 합의한 사실이 인정되므로, 결국 원고와 B는 위 공사대금채무 및 구상금채무의 변제기를 원고가 도급받은 전기공사를 포함하여 ××빌리지의 신축공사가 모두 완료하여 이 사건 부동산에 의한 대물변제가 가능하게 된 이후로 합의하였다고 봄이 상당하다).

그러나, 원고가 이 사건 도급계약에 따라 시공을 약정한 위 전기공사를 완료한 사실은 이를 인정할 아무런 증거가 없으므로(오히려, 원고는 이 사건 변론종결일 무렵까지도 위 전기공사를 완료하지 못하여 수시로 공사를 계속하고 있는 사실을 자인하고 있다), A의 원고에 대한 위 공사대금채무 및 구상금채무는 모두 변제기에 이르지 못하였다 할 것이며, 그렇다면, 앞서 본 법리에 비추어 볼 때, 원고가 A에 대하여 가지고 있는 위 공사대금채권과 구상금채권은 모두 그 변제기가 도래하지 아니하여 원고는 위 각 채권을 피담보채권으로 하여 이 사건 부동산에 대한 유치권을 가지지 못한다 할 것이다.

---

공사가 중단된 경우라도 변제기는 찾아올 수 있다. 다음 판례에서는 기존 계약, 즉 공사가 완료되면 돈을 주겠다는 계약이 해제되었고, 또한 정황상 계약이 해제되었다는 것이 분명하다면 설령 중단되었더라도 그간 진척된 정도에 따라 공사대금을 지급해야 할 의무(채권)가 있다고 밝힌다.

---

### 서울고등법원 2010.7.2. 선고 2009나74757 판결 【토지인도등】

가) 그렇다면 실제 A건설이 진행한 공사의 기성고(*공사 진척도)에 따른 공사대금채권이 피고의 유치권의 피담보채권이라 할 것이다.

나) 이에 대하여 원고는, 2006.4.25.자 하도급계약서(갑 제29호증)에 의하면 공사대금은 '토목공사 완료 후' 지급하기로 되어 있는데 A건설이 공사를 60% 정도만 진행한 상태에서 공사를 중단하였으므로, A건설의 B건설에 대한 공사대금채권은 변제기가 도래하지 아니하여 위 채권을 피담보채권으로 하는 유치권은 성립하지 않는다고 주장한다.

살피건대, B건설이 A건설에게 토목공사 완료 후 공사대금을 지급하기로 약정하였고, A건설이 2006.6.2.경 공사를 중단한 사실은 앞서 본 바와 같으나, 앞서 본 바와 같이 원고가 2006.7.11. B건설과의 도급계약을 해제한 점, 변론종결일 현재 공사가 중단된 지 3년 가까이 지났고 A건설이 다시 공사를 진행할 가능성은 없어 보이는 점 등을 고려할 때 B건설과 A건설의 계약관계는 종료되었고 B건설은 A건설에게 공사 중단시까지의 기성고에 따른 공사대금을 정산하여 지급할 의무가 있다고 봄이 상당하므로, 원고의 위 주장은 받아들이지 않는다.

참조 : 이 판례에서 피고는 시공사와 짜고 공사대금채권을 늘려서 요구했고, 원고는 이럴 경우 계약 무효이므로 유치권도 성립하지 않는다고 주장한다. 그러나 법원은 증거 자료를 통해 실제 사건을 복원하여 그에 합당한 만큼 공사대금채권을 정하면서 동시에 유치권을 인정한다.

---

토지만 빌린 임차인이 토지 위에 건물을 지어주고 이를 임대인에게 팔 경우에는 공사 완료와 동시에 이 물건을 팔 수 있는 매수청구권을 갖게 된다. 이 경우는 그가 건물 임차인으로서 공사 계약을 맺은 것이 아니라 공사업자로서 계약을 맺은 것이기 때문에 가능하다. 반면 토지와 함께 건물까지 임차한 경우에는 사정이 바뀐다. 이 경우는 임차인이 세 들어 사는 집을 수리하고 그 비용을 반환받는 것과 똑같이 계약이 만료되어야 공사비용상환을 청구할 수 있다. 특히 임대차계약을 맺을 당시 임대차계약이 끝날 때 공사대금을 주기로 약정을 했다면 변제기가 된다. 아래 판례는 건물 임차인의 매수청구권, 공사비용상환청구권 등은 전세계약이 끝남과 동시에 변제기가 도래하므로 그 이전에 유치권을 주장할 수 없다고 밝힌다.

---

### 대법원 2007.9.21. 선고 2005다41740 판결 [유치권부존재확인]

**1. 전세권자의 지상물매수청구권에 관한 상고이유에 대하여**

토지임차인의 건물 기타 공작물의 매수청구권에 관한 민법 제643조의 규정은 성질상 토지의 전세권에도 유추 적용될 수 있다고 할 것이지만, 그 매수청구권은 토지임차권 등이 건물 기타 공작물의 소유 등을 목적으로 한 것으로서 기간이 만료되어야 하고 건물 기타 지상시설이 현존하여야만 행사할 수 있는 것이다.

위 법리와 기록에 비추어 살펴보면, 원심이 피고는 이 사건 건물과 그 부지인 토지 전부에 대한 전세권자일 뿐이고 토지 부분만 분리하여 건물소유를 목적으로 토지임대차를 한 것이 아니며 또한 그 전세권의 존속기간이 만료되지도 않은 이상 위 매수청구권이 발생하였다고 할 수 없으니 이를 피담보채권으로 한 피고의 유치권은 성립할 수 없다고 판단한 것은 정당한 것으로 수긍이 가고, 거기에 상고이유로 주장하는 바와 같은 법리오해 등의 위법이 없다.

**2. 공사대금청구권에 기한 유치권에 관한 상고이유에 대하여**

원심판결 이유를 기록에 비추어 살펴보면, 공사대금청구권에 기한 피고의 유치권 주장은 이 사건 전세권 관련 합의서(을 제4호증의 1, 2) 제7조에 의한 피고의 전세권설정자에 대한 공사비용상환청구권을 피담보채권으로 한 것임을 알 수 있는바, 원심이 이를 피고와 이 사건 부동산 소유자들 사이의 공사계약에 따른 공사대금채권에 기한 유치권 주장이라고 전제하여 판단한 것은 잘못이나, 위 공사비용상환청구권은 이 사건 전세권의 기간 만료시에 변제하기로 약정되어 있으므로 아직 그 변제기가 도래하지 아니하였고, 따라서 이를 피담보채권으로 한 유치권이 성립될 수 없어 피고의 이 부분 주장은 배척될 수밖에 없다고 할 것이므로 원심 판결은 결론에 있어서 정당하고, 원심의 위 잘못은 판결 결과에는 영향이 없다. 이 점에 관한 상고이유의 주장은 이유 없다.

**3. 지상물매수청구권 등에 기한 유치권에 관한 상고이유에 대하여**

유치권은 그 목적물에 관하여 생긴 채권이 변제기에 있는 경우에 성립하는 것이므로 아직 변제기에 이르지 아니한 채권에 기하여 유치권을 행사할 수는 없다고 할 것이다. 원심판결 이유를 위 법리와 기록에 비추어 살펴보면, 원심이 이 사건에서 피고가 주장하는 지상물매수청구권이나 부속물매수청구권 또는 비용상환청구권 등은 어느 것이나 피고의 전세권의 존속기간이 만료되는 때에 발생하거나 변제기에 이르는 것인데, 아직 그 전세권의 존속기간이 만료되지 아니하였으므로 위 각 채권에 기한 피고의 유치권은 성립되지 아니한다는 취지로 판단한 것은 정당하고, 거기에 상고이유의 주장과 같은 법리오해 등의 위법이 없다.

---

공사도급계약의 수급인이 도급인에게 건물의 인도를 위한 이행제공 또는 이행을 하였다고 볼 수 없는 경우, 도급인에게 공사대금 지급의무에 관하여 이행지체의 책임이 없어 수급인은 유치권을 행사할 수 없다.

---

### 대법원 2020.7.9. 선고 2020다218031 판결 【유치권부존재확인】

(1) 도급계약의 보수는 그 완성된 목적물의 인도와 동시에 지급하여야 한다(민법 제665조 제1항). 한편 쌍무계약에서 쌍방의 채무가 동시이행관계에 있는 경우 일방의 채무의 이행기가 도래하더라도 상대방 채무의 이행제공이 있을 때까지는 그 채무를 이행하지 않아도 이행지체의 책임을 지지 않는 것이고, 이와 같은 효과는 이행지체의 책임이 없다고 주장하는 자가 반드시 동시이행의 항변권을 행사하여야만 발생하는 것도 아니다. 따라서 사실심 변론종결일까지 수급인이 도급인에게 건물의 인도를 위한 이행제공 또는 이행을 하였다고 볼 수 없는 경우 건물의 인도의무와 동시이행관계에 있는 공사대금 지급의무에 관하여 도급인에게 이행지체의 책임이 있다고 할 수 없다(대법원 2002.10.25. 선고 2002다43370 판결, 대법원 2015.6.24. 선고 2014다36702, 36719 판결 등 참조).

---

A가 길을 가다가 망가진 시계를 주웠다. A는 이를 수리하여 차고 다녔는데 하루는 시계의 소유자인 B가 이를 돌려달라고 요구했다. 이 경우 A는 수리비를 썼으므로 이를 상환해달라고 청구할 수 있다. 이를 유익비상환청구권이라고 한다.

민법 제203조 제2항에 따르면 적법한 점유 권한이 없는 점유자(시계를 주운 A)가 회복자(소유자인 B)에게 유익비상환청구권을 행사하려면 1) 점유자가 회복자에게 부동산을 인도하거나 2) 점유자가 회복자로부터 인도청구를 받아야 한다. 그래야 유익비상환청구권의 변제기가 도래한 것으로 법은 정하고 있다.

---

### 대구고등법원 2008.4.24. 선고 2006나8673 판결 【유치권부존재확인】

#### 다. 점유자의 유익비상환청구권에 기한 유치권의 존부

한편, 민법 제320조 제1항에 의하면 유치권은 그 목적물에 관하여 생긴 채권이 변제기에 있는 경우에 성립하는 것이므로 아직 변제기에 이르지 아니한 채권에 기하여 유치권을 행사할 수는 없다(대법원 2007.9.21. 선고 2005다41740 판결 참조). 그리고 민법 제203조 제1, 2항에 의한 점유자의 회복자에 대한 비용상환청구권은 점유자가 회복자로부터 점유물의 인도청구를 받거나 회복자에게 점유물을 인도하는 때에 발생하고 또 그때 변제기에 이른다 할 것이다. 설령 피고와 A 사이의 명의신탁약정이 계약명의신탁에 해당하여 이 사건 부동산의 소유권이 A에게 있고, 피고가 점유자로서 이 사건 부동산에 관하여 보수·개조공사를 시행하였다고 하더라도 그로 인한 피고의 A 등 회복자에 대한 비용상환청구권은 현재까지 피고가 A 등 회복자로부터 이 사건 부동산의 인도청구를 받거나 A 등 회복자에게 이 사건 부동산을 인도였다고 인정할 만한 증거가 없으므로 아직 변제기에 이르기는커녕 발생하지도 않았다. 따라서 피고가 A 등 회복자로부터 이 사건 부동산의 인도청구를 받거나 A 등 회복자에게 이를 인도하지 아니한 현재 상태에서는 이 사건 부동산의 점유자로서 A 등 회복자에 대한 비용상환청구권에 기하여 이 사건 부동산에 관한 유치권을 취득하였다고 볼 수 없으므로, 이 부분에 관한 피고의 주장도 이를 받아들일 수 없다.

다만 피고가 장차 A 등 회복자로부터 이 사건 부동산의 인도청구를 받게 될 경우 A 등 회복자에 대하여 점유자의 비용상환청구권에 기한 유치권을 행사할 수 있는지의 여부는 그 시점에 이르러 판단할 문제이다.

---

그러나 위의 사례와 달리 점유자가 계약관계 등 적법하게 점유할 권리를 가지는 경우에는 당사자끼리의 약정이나 또는 위 계약 관계를 규율하는 법조항이나 법리에 따라 그 변제기가 정해진다.

아래 판례는 조금 더 복잡하게 얽혀 있는 사례를 다루고 있다. 원심은 이 사건을 점유 권한이 없는 점유자의 유익비상환청구권 문제로 보고 있고, 대법원은 설령 계약서를 쓰지 않았더라도 당사자들의 행동이 계약에 의한 것이 입증되면 이는 점유권한이 있는 점유자의 유익비상환청구권으로 보아야 한다고 말한다.

---

### 대법원 2009.3.26. 선고 2008다34828 판결 【유치권부존재확인】

**3. 유익비상환청구권의 변제기 및 유치권의 성립요건에 관한 법리오해의 점에 대하여**

원심 판결 이유에 의하면 원심은, 피고가 주장하는 유익비상환청구권은 민법 제203조 제2항에 의한 것으로서 이는 점유자가 회복자로부터 점유물의 인도청구를 받거나 회복자에게 점유물을 인도하는 때에 발생하고 또 그때 변제기에 이르는데, 피고가 소외인 등 회복자로부터 이 사건 부동산의 인도청구를 받거나 그에게 이 사건 부동산을 인도하였다고 인정할 만한 증거가 없으므로 위 유익비상환청구권이 발생하거나 변제기에 이르지 아니하였고, 따라서 피고가 그에 기하여 이 사건 부동산에 관한 유치권을 취득하였다고 볼 수 없다고 판단하였다.

그러나 원심의 위 판단은 수긍하기 어렵다. 민법 제203조 제2항에 의한 점유자의 회복자에 대한 유익비상환청구권은 점유자가 계약관계 등 적법하게 점유할 권리를 가지지 않아 소유자의 소유물반환청구에 응하여야 할 의무가 있는 경우에 성립되는 것으로서, 점유자가 유익비를 지출할 당시 계약관계 등 적법한 점유의 권원을 가진 경우에 그 지출비용 또는 가액증가액의 상환에 관하여는 그 계약관계를 규율하는 법조항이나 법리 등이 적용된다(대법원 2003.7.25. 선고 2001다64752 판결).

원심이 적법하게 확정한 사실관계에 의하면 피고는 소외인과의 사이에 이 사건 부동산에 관한 명의신탁약정을 체결하고 ×××신용협동조합으로부터 이 사건 부동산을 매수하여 소외인 명의로 소유권이전등기를 마쳤으며 나아가 소외인과 통모하여 이 사건 부동산의 임차인인 것처럼 가장한 채 이 사건 부동산을 점유·사용해 왔다는 것인바, 비록 피고와 소외인 사이의 위 임대차계약은 통정허위표시로서 무효라 할 것이나, 위와 같은 이른바 계약명의신탁의 경우 매도인인 ×××신용협동조합이 피고와 소외인 사이의 명의신탁 약정 사실을 알고 있었다는 점에 관한 주장입증이 없는 한 부동산 실권리자명의 등기에 관한 법률 제4조 제1, 2항에 따라 수탁자인 소외인이 이 사건 부동산의 완전한 소유권을 취득한다 할 것인데(대법원 2002.12.26. 선고 2000다21123 판결 참조), 소외인이 이 사건 부동산에 관한 소유권이전등기를 마쳐 대내외적으로 완전한 소유권을 취득한 후에도 피고는 명의신탁자로서 자신이 이 사건 부동산의 실질적인 소유자라는 인식하에 무상으로 이 사건 부동산을 점유·사용해 왔고, 소외인 또한 명의수탁자로서 이 사건 부동산이 실질적으로는 피고의 소유라는 인식하에 피고의 위와 같은 점유 사용에 대하여 어떠한 이의도 제기하지 아니하였던 것으로 보이므로, 결국 피고와 소외인 사이에는 피고가 이 사건 부동산을 무상으로 점유·사용하기로 하는 묵시의 약정이 있었고 피고가 그러한 약정에 따라 이 사건 부동산을 점유해 온 것으로 봄이 타당하다. 따라서 피고는 이 사건 부동산을 점유·사용하는 중에 지출한 유익비에 관하여 위와 같은 사용대차계약의 당사자인 소외인에게 상환청구권을 행사할 수 있고, 그러한 유익비상환청구권의 변제기는 그에 관한 당사자의 약정 또는 위 사용대차계약 관계를 규율하는 법조항이나 법리에 의하여 정해진다 할 것이다.

그런데 이 사건 기록에 의하면, 피고는 이 사건 부동산을 점유·사용하던 중 소외인과의 협의하에 이 사건 부동산에 도시가스공사, 정원개량공사 등을 하여 공사비용을 지출하였고 위와 같은 공사로 인하여 이 사건 부동산의 가액이 증가하여 현존하고 있는 사실, 위와 같은 공사비용 지출 후 이 사건 부동산에 관한 경매절차가 개시되고 그 경매개시결정이 송달됨으로써 위 사용대차계약 관계를 계속하기 어렵게 된 사실, 피고는 위 공사비용의 지출로 소외인에 대하여 유익비상환청구권이 있고 그 변제기가 도래하였음을 전제로 경매법원에 대하여 이 사건 부동산에 관한 유치권신고를 한 사실, 소외인 또한 위 유익비상환청구권의 변제기가 이미 도래하였다는 전제하에, 이를 자신이 피고에게 지급하였어야 하나 재정상태가 악화되어 그 지급의무를 이행하지 못하고 있다는 취지의 확인서를 피고에게 작성해 준 사실을 알 수 있는바, 위와 같은 사실들에 비추어 보면, 피고가 주장하는 유익비상환청구권은 위 사용대차계약 관계에 기하여 발생한 것인데, 늦어도 피고가 위 유치권신고를 할 무렵에는 위 계약관계의 당사자인 피고와 소외인의 묵시적인 합의에 의하여 그 계약관계가 이미 종료되었고 위 유익비상환청구권의 변제기도 이미 도래한 것으로 보인다.

그럼에도 불구하고 원심이 피고의 유익비상환청구권을 민법 제203조 제2항에 따른 점유자의 회복자에 대한 유익비상환청구권으로만 파악한 나머지 피고가 아직 이 사건 부동산을 인도하거나 인도청구를 받지 않은 한 위 유익비상환청구권의 변제기가 도래하지 아니하였다고 판단하고 만 것은, 점유자가 적법한 점유의 권원을 가지는 경우의 유익비상환청구권의 변제기에 관한 법리를 오해하여 그 변제기가 도래하였는지 여부에 관하여 필요한 심리를 다하지 아니한 위법이 있고, 이는 판결 결과에 영향을 미쳤음이 명백하다.

---

유치권이 성립한 뒤 다시 쌍방이 합의하여 채무 이행 시기를 늦추었다면 그때가 될 때까지 변제기는 도래하지 않은 것으로 보아, 채권자는 유치권을 행사할 수 없다고 다음 판례는 밝히고 있다.

---

### 대전지방법원 2010.5.27. 선고 2009나17156 판결 【건물명도】

살피건대, 갑 5호증의 1, 2, 갑 6, 8호증, 갑 11호증의 1, 을 1, 2, 6, 8 내지 15호증(각 가지번호 포함)의 각 기재와 변론 전체의 취지를 종합하면, 피고가 2003.9.20. A와 사이에, 공사 기간은 2003.10.1.부터 2003.12.20까지, 공사대금은 2억 원으로 하되 그 중 3,000만 원은 선금으로 지급받고 나머지 1억 7,000만 원에 대해서는 특약으로 ① 이 사건 건물 리모델링 완공 후 매각하여 지급한다. ② 완공 후 3개월 내에 매각이 되지 않을 시 피고는 A에게 이 사건 건물(××모텔, (구)××파크) 운영권 이양을 요구할 수 있고, A는 피고의 요구에 응하여야 한다.'고 정하는 내용의 리모델링공사(이하 '이 사건 공사'라 한다.) 도급계약을 체결한 사실, 피고는 2003.12.20.경 이 사건 공사를 완료하였는데, A로부터 이 사건 공사대금 중 1억 7,000만 원을 지급받지 못한 사실, 이 사건 공사 계약 당시 A는 이 사건 건물에서 처인 B 명의로 사업자등록을 하고 '××모텔'이라는 상호로 여관업을 운영하고 있었는데, 피고와 A는 2005.10.경 위 특약에 따라 피고가 이 사건 건물을 직접 운영하여 그 운영수익금으로 미지급 공사대금에 충당하기로 하였고, 이에 따라 피고는 2005.10.경부터 이 사건 건물의 102호 방에 거주하면서 이 사건 건물을 직접 운영·관리하고 있는 사실, 피고는 2006.12.19. 경매법원에 '이 사건 공사로 인한 1억 7,000만 원의 공사대금채권을 담보하기 위하여 이 사건 건물을 점유하면서 유치권을 행사하고 있다.'는 취지의 권리신고 및 배당요구서를 제출한 사실을 인정할 수 있으나, 한편 피고는 2006.11.28. A로부터 '이 사건 건물이 매각되지 아니하여 미지급 공사대금을 1억 7,000만 원으로 확정하고, 이자 명목으로 제세공과금을 제외한 매달 수입금을 지급하며, 일반대여금채권으로 전환하여 2013.11.20.까지 완제하겠다.'는 내용의 이행각서를 작성·교부받은 사실을 인정할 수 있고, 여기에다가 피고는 당심 제1차 변론기일에서 '이 사건 건물에 대한 유치권과 관련한 모든 재판에서, A가 피고에게 미지급 공사대금을 이 사건 건물의 매매 후 지급하려고 하였으나 이 사건 건물이 매매되지 아니하여 이를 1억 7,000만 원의 일반채권으로 전환하고 이 사건 건물의 제세공과금을 제외한 매달 수익금을 이자로 지급하는 것과 피고에게 임대하는 형식의 유치권을 주었다.'는 취지(2009.12.15.자 준비서면)로 진술하여 A로 교부받은 위 이행각서와 같은 내용의 합의가 A와 피고 사이에 있었음을 인정하는 것으로 보이는 점까지 보태어 보면, 피고는 2006.11.28. A와 사이에 미지급 공사대금의 변제기를 2013.11.20.까지 연장하기로 합의하였다고 봄이 상당하다.

따라서, 피고의 이 사건 건물에 대한 유치권은 피고가 이 사건 공사대금채권을 담보하기 위하여 이 사건 건물을 점유한 2005.10.경에 성립하였다가, 피고가 2006.11.28. A와 사이에 이 사건 공사대금채권을 일반대여금채권으로 전환하면서 그 변제기를 2013.12.20.로 연장하기로 합의함으로써 피담보채권인 1억 7,000만 원의 대여금채권의 변제기가 도래하지 않게 되어 소멸하였다고 할 것이므로, 피고의 위 주장은 이유 없다.

------------------------------------------------

도급인이 수급인에게 준공 검사가 끝난 뒤에 공사대금을 주겠다고 약속을 했는데 준공검사업체의 사정으로 검사가 끝나지 않은 상태였다. 이때 공사업체는 유치권을 주장할 수 있을까? 변제기를 단순하게 해석하면 아직 변제기가 도래하지 않았으므로 유치권은 성립하지 않는 것으로 보인다. 그러나 아래 판결에서는 결론이 다르다. 법원은 준공검사 이후 지급이라는 말을 '공사의 완료를 의미하는 것'으로 파악하였고, 또한 수급인이 준공검사업체의 사정까지 어찌할 수 없다는 점을 들어 공사대금채권이 변제기에 있다고 판결을 내린다.

### 수원지방법원 안양지원 2010.5.6. 선고 2009가단5429 판결 【유치권부존재확인】

위 인정사실에 의하면, 피고는 이 사건 공사도급계약에 기한 공사대금채권을 피담보채권으로 하여 이 사건 건물에 관하여 유치권을 행사할 수 있다고 할 것이므로, 이에 반하는 원고의 유치권부존재 주장은 받아들이지 아니한다[이와 관련하여 원고는, 이 사건 공사도급계약서에 공사대금의 지급시기가 '준공 검사 후 지급'으로 기재되어 있음에도 피고가 주식회사 A로부터 준공검사를 받지 아니하였으므로 위 공사대금채권의 변제기가 도래하지 아니하여 유치권이 성립할 수 없다는 취지로도 주장한다. 살피건대, 을 3호증(가지번호 포함)의 각 기재에 변론전체의 취지를 종합하면, 앞서 본 바와 같이 피고가 도급받은 내부인테리어공사를 모두 완성한 다음 주식회사 A에 준공검사원까지 제출하였던 사실을 인정할 수 있는바, 위 도급계약서에서 준공 검사 후 지급으로 기재한 것은 변제기를 준공검사를 받을 때까지 무작정 미룰 의도로 기재하였다기보다는 피고의 공사 완성을 변제기로 삼을 의사에서 그렇게 기재한 것으로 해석하는 것이 계약당사자의 의사에 부합하는 해석일 뿐 아니라 위와 같이 피고가 이 사건 공사를 완성하고 준공검사원까지 제출한 이상 주식회사 A측의 사정으로 준공검사를 받을 수 없었다고 하더라도 그 책임을 피고에게 돌릴 수는 없다고 할 것이므로(피고가 이행제공을 하였다고 할 것이다), 위 공사대금채권의 변제기는 피고의 공사완성 및 준공검사원 제출로 이미 도래하였다고 봄이 상당하므로 위 주장은 받아들이지 아니한다.].

---

경매개시결정 기입등기 이후에 점유가 개시된 경우에는 유치권을 주장할 수 없다. 앞에서 살폈던 내용이다. 그런데 설령 점유가 경매개시결정 기입등기 이전부터 개시되었다고 하더라도 기입등기 이전에 변제기가 도래하지 않아 피담보채권이 생기지 않았다면 유치권은 성립하지 않는다.

---

### 대전고등법원 2006.6.15. 선고 2005나9676 판결 【건물명도】

위 인정사실에 의하면, 피고와 A는 이 사건 도급계약 체결 당시부터 A가 이 사건 도급계약의 공사대금을 지급하지 못할 것을 예상하고, 피고가 이 사건 공사를 마친 후에 이 사건 공사대금을 임대차보증금으로 하여 이 사건 건물을 임차하기로 약정하였으며, 피고가 이 사건 공사를 마친 후 위 약정에 따라 이 사건 건물을 점유, 사용하고 있으므로, 피고는 A에게 임대차보증금 반환 채권을 가지고 있을 뿐, A에게 공사대금의 지급이나 유익비 상환을 구할 수는 없다. 피고가 A에게 공사대금 채권 또는 유익비 상환청구권을 가지고 있음을 전제로 하는 위 유치권 주장은 이유 없다.

설령, 피고가 A에게 공사대금 채권 또는 유익비 상환청구권을 가지고 있다고 하더라도, 피고는 이 사건 건물 및 대지에 관하여 곧 경매절차가 개시될 가능성이 있음을 충분히 인식하고, 경매개시결정이 이루어지기 직전에 이 사건 공사를 도급받았고, 이 사건 공사는 대부분 이 사건 경매개시결정의 기입등기가 이루어진 후에 이루어지고, 완성되었다.

민사집행법 제91조 제5항에서 규정한 유치권은 신청채권자에게 대항할 수 있는 것이어야 한다. 이미 소유자가 자력이 없어 채권을 변제받기 어렵다는 사정을 알고 소유자와의 계약에 따라 공사를 하거나 비용을 지출한 사람을 근저당권자인 신청채권자의 채권 등에 우선하여 보호할 이유가 없는 점, 만약 유치권의 성립을 제한 없이 인정한다면 전 소유자와 유치권자 사이의 묵시적인 담합 등에 의한 유치권의 남용을 막을 방법이 없게 되어 담보권자 등 채권자나 경매절차의 이해관계인의 이익을 해할 위험이 있다는 점 등에 비추어 보면, 경매절차가 개시되어 이미 압류의 효력이 발생한 후에 성립한 유치권은 근저당권자인 신청채권자의 근저당권을 해하는 것으로서, 근저당권자인 신청권자에게 대항할 수 없다고 하여야 한다.

피담보채권이 변제기가 되기 이전에는 유치권이 발생하지 않으므로, 피고 주장의 유치권은 이 사건 공사를 완성한 때에 성립한다. 이 사건 공사는 2003.6.경 완성되었고, 그때는 이미 이 사건 임의경매 개시결정의 기입등기가 마쳐져 압류의 효력이 발생한 후다. 피고가 경매개시결정의 기입등기가 마쳐지기 이전에 이 사건 공사를 위하여 점유를 시작하였다고 하더라도, 피고는 원고에게 유치권을 주장할 수 없다.

------------------------------------------

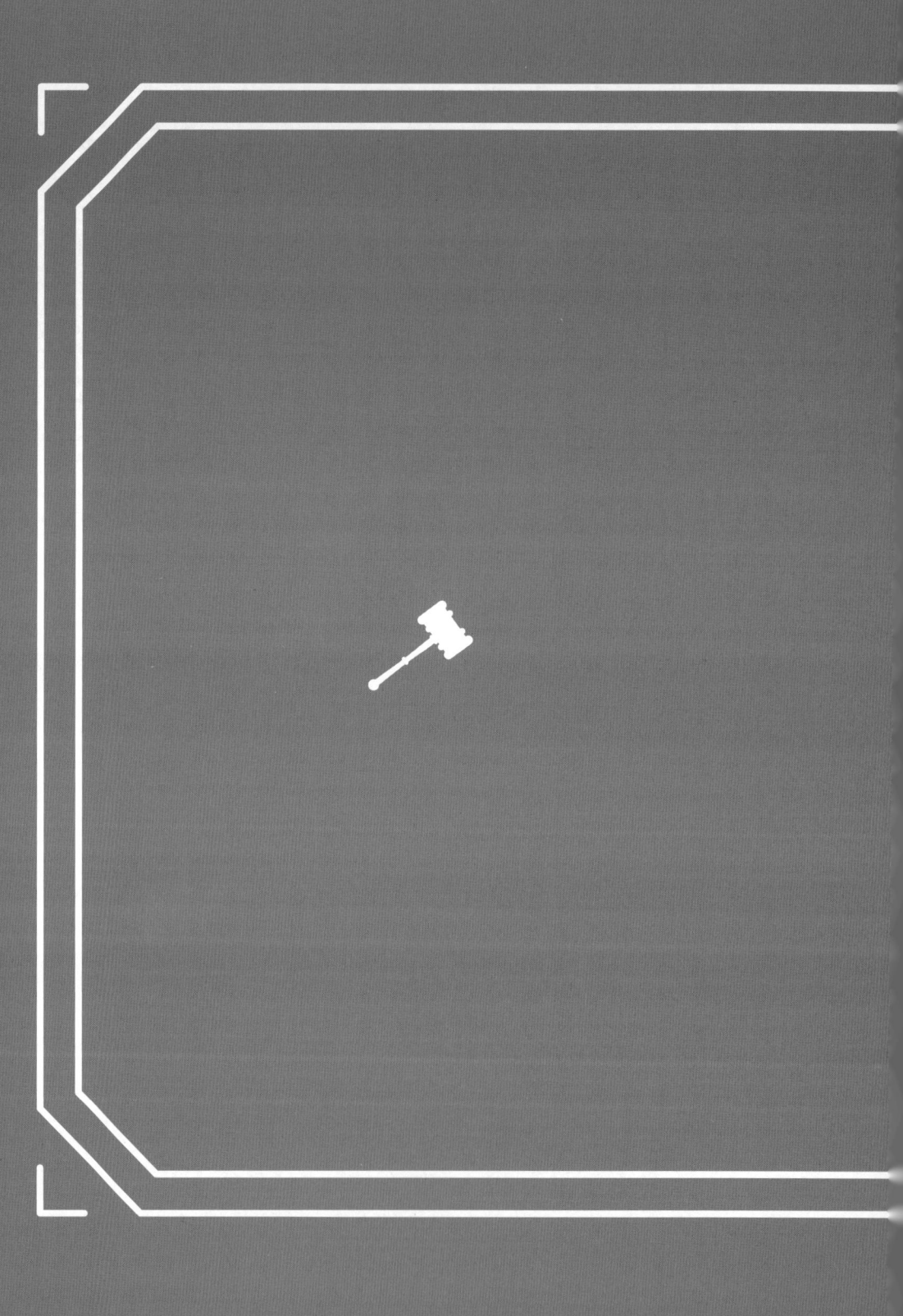

· 11장 ·

## 소멸시효

# 1 피담보채권의 소멸시효 완성

 물건을 유치할 수 있는 권리, 즉 유치권이 성립하려면 채권이 있어야 한다. 그런데 이 채권은 두 가지 시간의 제약을 받는다. 하나는 변제기다. 특약이 없는 한 공사가 끝난 시점에서 채권이 발생한다(채권이 발생하기 전에는 유치권도 없다는 뜻이다.). 다른 하나는 소멸시효다. 모든 채권에는 소멸시효라는 게 있어서 소멸시효가 완성되면 채권은 쓸모없게 된다(채권이 소멸되면 유치권도 덩달아 사라진다는 말이다.). 공사대금 채권의 경우는 다음 법에서 정하는 것처럼 소멸시효가 3년이다(아래 민법 제163조 제3호 참조).

---

**민법 제163조 (3년의 단기소멸시효)**

다음 각호의 채권은 3년간 행사하지 아니하면 소멸시효가 완성한다.

1. 이자, 부양료, 급료, 사용료 기타 1년 이내의 기간으로 정한 금전 또는 물건의 지급

을 목적으로 한 채권

2. 의사, 조산원, 간호원 및 약사의 치료, 근로 및 조제에 관한 채권

3. 도급받은 자, 기사 기타 공사의 설계 또는 감독에 종사하는 자의 공사에 관한 채권

4. 변호사, 변리사, 공증인, 계리사 및 사법서사에 대한 직무상 보관한 서류의 반환을 청구하는 채권

5. 변호사, 변리사, 공증인, 계리사 및 사법서사의 직무에 관한 채권

6. 생산자 및 상인이 판매한 생산물 및 상품의 대가

7. 수공업자 및 제조자의 업무에 관한 채권

* 참고로 상사채권은 5년, 일반 채권은 10년, 채권 및 소유권 이외의 재산권은 20년이다.

---

소멸시효의 발생 시점에 대해서는 유치권뿐 아니라 모든 채권이 동일한 적용을 받는다. 아래 법조항을 보면 소멸시효는 권리를 행사할 수 있는 때로부터 진행한다고 밝히고 있다.

---

**민법 제166조 (소멸시효의 기산점)**

① 소멸시효는 권리를 행사할 수 있는 때로부터 진행한다.

② 부작위를 목적으로 하는 채권의 소멸시효는 위반행위를 한 때로부터 진행한다.

---

---

**민법 제167조 (소멸시효의 소급효)**

소멸시효는 그 기산일에 소급하여 효력이 생긴다.

---

아래 판례는 청약금을 지급하고 점포에 들어갔는데 청약 승낙의 거절이 확정되면서 벌어진 사건을 다루고 있다. 청약금반환채권을 다루고 있지만 결국은 유치권의 피담보채권도 똑같다. 거절이 확정된 순간 청약금반환채권이 발생하게 되고, 이때부터 소멸시효가 진행되는 것이며, 또한 유치권을 갖고 있더라도 유치권 행사만으로 소멸시효를 중단시킬 수 없다는 것이 아래 판례의 요지이다.

---

**대법원 1993.12.14. 선고 93다27314 판결 【부당이득금】**

2. 원고의 위 청약금반환채권은 피고가 청약에 대한 승낙을 거절한 것으로 확정된 때로부터 발생하고 또한 행사할 수 있었던 것이므로 원고에게 위 점포의 점유권이 있다는 이유로 소멸시효가 진행하지 아니한다는 소론은 독단적인 견해에 불과하고 또한 소론이 주장하는 바와 같이 점포임대차 청약금반환채권이 점포명도의무와 동시이행관계에 있다 하더라도 피고는 원고로부터 점포명도의무의 이행제공을 받을 때까지 그 지급을 거절할 수 있는 데 지나지 아니하므로 청약금반환채권은 청약에 대한 거절이 확정된 때 이후부터 소멸시효가 진행한다 할 것이고(당원 1991.3.22. 선고 90다9797 판결 참조), 원고가 상사유치권을 가지고 있다 하더라도 민법 제326조는 유치권의 행사가 소멸시효의 진행에 영향을 미치지 아니한다고 규정하고 있으므로 소멸시효의 진행을 막을 수 없다 할 것인바, 이와 같은 취지에서 원고의 주장을

배척한 원심의 판단은 정당하고 거기에 소론과 같은 물권의 효력, 동시이행의 항변권, 상사유치권에 관한 법리오해의 위법이 없으므로 이 점에 관한 논지도 모두 이유 없다.

3. 소멸시효는 객관적으로 권리가 발생하고 그 권리를 행사할 수 있는 때로부터 진행하고 권리를 행사할 수 없는 동안에는 진행하지 아니하며, 권리를 행사할 수 없는 때라 함은 그 권리행사에 법률상의 장애사유, 예컨대 기간의 미도래나 조건불성취 등이 있는 경우를 말하는 것이지 사실상 그 권리의 존재나 권리행사가능성을 알지 못하였거나 알지 못함에 있어서의 과실유무 등은 시효진행에 영향을 미치지 아니한다 할 것인바(당원 1992.3.31. 선고 91다32053 판결 참조), 소론이 주장하는 바와 같이 원고와 동일한 경위로 피고의 대리인에게 청약금을 지급하고 점포에 입주한 소외 A, B가 피고를 상대로 제기한 사건에서 위 대리인이 임대계약체결권한을 위임받지 않았다는 이유로 패소 확정되었다가 판결의 증거로 된 증인의 증언이 허위진술이라는 재심*사유를 들어 제기한 재심소송에서 승소확정판결을 받은 1991.3.12.까지는 원고의 청약금반환채권의 존재가 불분명하였기 때문에 제소하지 아니하였다는 사정은 권리행사에 법률상의 장애사유가 있는 경우라고 할 수 없으므로 시효진행에 영향을 미치지 아니한다 할 것이니 이와 다른 주장을 하는 소론은 받아들일 수 없다.

* 재심 : 민사소송법상 확정판결로 끝난 사건에 대해 중대한 하자가 있음을 이유로, 다시 재판할 것을 요구하는 신청, 형사소송법상 확정판결에 대해 사실 교정의 부당함을 이유로 행하는 사건의 재심판에 의하여 재판의 취소 변경을 구하는 비상의 불복신청. 일정한 요건 아래서만 청구의 당부를 판단받을 수 있음.

-------------------------------------------

소멸시효는 채권에 있는 개념이다. 유치권과 같은 담보물권에는 소멸시효가 따로

없다. 그러나 유치권의 근거가 되는 채권의 소멸시효 때문에 유치권이 본의 아니게 소멸시효의 영향을 받는다. 즉 채권이 소멸시효의 완성에 의해 종잇조각이 되면 이 채권에 기반하고 있는 유치권 역시 소멸한다. 반대로 유치권은 채권에 아무런 영향을 끼치지 못한다.

이 묘한 관계 때문에 위의 판례와 같은 이상한 일이 벌어진다. 유치권을 열심히 행사하고 있던 사람이 소멸시효 완성에 걸려 유치권이 소멸되는 경우다. 흔히들 유치권을 행사하면 자동으로 채권의 소멸시효가 중단되는 것으로 안다. 즉 3년이 지나도 채권이 소멸하지 않고 자동으로 기간이 연장된다고 여긴다. 당신도 그렇게 믿고 있다면 다음 법조항을 보라.

---

**민법 제326조 (피담보채권의 소멸시효)**

유치권의 행사*는 채권의 소멸시효의 진행에 영향을 미치지 아니한다.

* 유치권의 행사 : 유치물의 단순한 점유를 지속하는 행위를 말한다. 소멸시효의 진행에 영향을 미치지 아니한다. 유치권이 존재하는 채권에 관하여도 소멸시효는 진행하며, 유치권을 행사하고 있어도 채권의 소멸시효의 중단 또는 정지를 초래하지 않는다는 말이다.

---

위 설명에 중단이라는 표현이 있는데 만일 당신이 유치권자라면 소멸시효를 중단시키는 행위를 해야 하고, 만일 당신이 매수인이라면 유치권자의 소멸시효가 얼마나 남았는지, 중단되지는 않았는지 살펴야 한다. '중단'에 대해서는 뒤에서 다시 알아보고, 우선 판례를 살펴보자. 아래 판례는 소멸시효 완성에 의하여 채권이 휴지조각이 된 경우다.

### 광주고등법원 2010.5.19. 선고 2009나4779 판결 【유치권부존재확인】

(1) 앞서 본 인정사실에 따르면, 피고 A는 B와 사이의 공사도급계약에 따른 공사대금채권 447,369,950원을 가지고 있다고 봄이 상당하다. 그러나 피고 A의 공사대금채권은 도급받은 자의 공사에 관한 채권으로 민법 제163조 3호에 정해진 채권으로서 그 소멸시효 기간이 3년이고, 피고 A가 공사를 완공한 시기는 2005.6. 무렵이므로 이 사건 소는 그로부터 3년이 지나 제기되었음이 역수상 분명하므로 피고 A의 물품대금채권은 시효중단의 사유가 없는 한 이미 시효로 소멸하였다 할 것이다.

(2) 그러므로 먼저, 채무의 승인으로 위 공사대금채권에 대한 소멸시효가 중단되었는지 여부에 관하여 보건대, B가 C를 설립하고 그 대표이사로 취임한 후에 C가 2006.6.23. 피고 A의 공사대금채권을 담보하기 위하여 금전소비대차계약공정증서를 작성하여 교부한 사실은 위에서 본 바와 같고, 을가 제11호증의 1, 2의 각 기재와 변론 전체의 취지를 종합하면, B가 2008.7.10. 피고 A에게 공사대금채권 447,366,950원을 2008.12.15.까지 지급하겠다는 내용의 현금보관증을 작성하여 교부한 사실 및 C가 2009.5.2. 피고 A에게 2011.12.31.까지 위 공사대금채권을 지급하겠다는 내용의 현금보관증을 작성하여 교부한 사실이 인정되지만, C가 B의 공사대금채무를 담보하기 위해 피고 A에게 금전소비대차계약공정증서를 작성하여 준 것을 B 개인이 자신의 채무를 승인한 것으로 볼 수는 없고, B와 C가 현금보관증을 작성하여 줌으로써 채무를 승인하였다고 하더라도 이는 모두 소멸시효가 완성된 후에 시효이익을 포기한 것에 해당하고, 소멸시효 완성 후의 시효이익의 포기는 그 포기한 사람에 대하여만 효력이 있으므로 원고에 대하여는 효력이 없다. 따라서 채무의 승인으로 소멸시효가 중단되었다고 볼 수 없다.

(3) 나아가, 피고 A의 유치권실행을 위한 경매 신청에 따라 압류등기가 마쳐짐으로

써 소멸시효가 중단되었는지에 관하여 보건대, 갑 제14의 1, 2의 기재에 변론 전체의 취지를 종합하여 보면, 원고는 2008.9.10. 경매절차를 통하여 이 사건 건물의 소유권을 취득하였고, 그 후 피고 A는 2008.11.3. C에 대한 공사대금채권 447,369,950원을 청구금액으로 하여 유치권실행을 위한 경매를 신청하였고(광주지방법원 2008타경44557), 집행법원은 2008.11.10. 제2 건물에 대하여 경매절차를 개시하고 피고 A를 위하여 이를 압류한다는 결정을 하였으며, 2008.11.12. 그 기입등기가 마쳐진 사실을 인정할 수 있다.

그러나 민법 제175조는 '압류, 가압류 및 가처분은 권리자의 청구에 의하여 또는 법률의 규정에 따르지 아니함으로 인하여 취소된 때에는 시효중단의 효력이 없다'고 규정하고 있고, 위 규정에 따라 압류가 취소된 경우 시효중단의 효력이 압류 시점에 소급하여 소멸하는 것인데, 피고 A가 제기한 위 유치권실행을 위한 경매신청이 2009.8.12. 취하된 사실은 당사자 사이에 다툼이 없으므로 유치권실행을 위한 경매신청의 취하에 따라 소멸시효 중단의 효력도 소급하여 소멸하였다고 할 것이다. 그러므로 소멸시효가 중단되었다는 피고 A의 주장은 모두 이유 없다.

---

소멸시효는 채권의 개념이기 때문에 유치권과 달리 생각해야 한다. 유치권은 법정담보물권이므로 누구에게나 대항력을 가질 수 있다. 즉 채무자뿐 아니라 제3자에게도 유치권을 주장하여 점유를 넘기지 않을 수 있다는 말이다. 그러나 채권의 차원에서 보면 양상이 달라진다. 채권은 당사자 사이에서만 유효하다. 아래 판례 역시 시효소멸 중단의 효력은 중단의 사유에 해당하는 행위를 했던 당사자 사이에서만 영향을 끼칠 뿐 다른 사람에게는 영향을 끼치지 못한다는 내용을 담고 있다.

## 광주지방법원 순천지원 2008.7.10. 선고 2007가합3934 판결 【유치권부존재】 (상소 : 광주고등법원 2008나5102호, 앞의 판결)

**나. 피담보채권의 소멸시효 완성에 따른 유치권 소멸 여부**

이에 대하여 원고는 피고들의 위 각 공사대금채권 또는 레미콘대금채권의 소멸시효가 완성되었다고 항변하고, 피고 F는 A 또는 C에 대한 각 공사대금채권 또는 보증채권의 소멸시효가 완성되기 전에 C를 상대로 광주지방법원 순천지원에 2004차6811호로 미지급 공사대금 302,000,000원 및 그에 대한 지연손해금의 지급을 구하는 공사대금 지급명령을 신청하여 그에 따라 광주지방법원 순천지원이 2004.9.6. 발한 지급명령이 2004.9.25. 확정되었음을 이유로, 피고 G, B는 피고 B의 C에 대한 위 공사대금채권의 소멸시효가 완성되기 전에 피고 B가 C를 상대로 광주지방법원에 2003가합6639호로 위 미지급 공사대금의 지급을 구하는 공사대금청구 소송을 제기하였고 그 소송계속 중 2003.8.28. 'C는 피고 B에게 900,000,000원을 2003.11.30.까지 지급한다. 다만, C가 위 금원을 그 지급기일까지 지급하지 아니하는 때에는 이에 대하여 그 다음날부터 다 갚는 날까지 연 20%의 비율에 의한 금원을 가산하여 지급한다.'는 내용의 조정이 성립하였음을 이유로 각 소멸시효가 연장되었거나 중단되었다는 취지로 주장한다. 소멸시효를 원용할 수 있는 사람은 권리의 소멸에 의하여 직접 이익을 받는 사람에 한정되는데, 유치물을 양수한 사람은 당해 유치권의 피담보채권의 소멸에 의하여 직접 이익을 받는 자이므로 그 피담보채권의 채무자가 아니더라도 그 피담보채권에 관한 소멸시효를 원용할 수 있는바(대법원 1995.7.11. 선고 95다12446 판결 참조), 원고는 유치물의 양수인으로서 피고들이 주장하는 유치권의 피담보채권에 관하여 소멸시효를 원용할 수 있으므로, 피고들의 위 각 공사대금채권 또는 레미콘대금채권의 소멸시효가 완성되었는지 여부에 관하여 살펴본다.

위 인정사실에 의하면 피고 H의 A에 대한 레미콘대금채권의 변제기는 2002.11.21. 경, 피고 G의 A에 대한 공사대금채권의 변제기는 2002.7. 중순경, 피고 G의 피고 B에 대한 공사대금채권의 변제기는 2003.3. 말경, 피고의 A에 대한 공사대금채권의 변제기는 2002.5.30.경, 피고 F의 A 또는 C에 대한 각 공사대금채권의 최종 변제기는 2003.3. 말경, 피고 B의 C에 대한 공사대금채권의 변제기는 2003.3. 말경임을 인정할 수 있고, 위 각 공사대금채권 또는 레미콘대금채권은 민법 제163조 제1호 또는 제3호에 해당하는 채권으로서 그 소멸시효는 3년이라 할 것이다.

그리고 민법 제165조는 제1항은 '판결에 의하여 확정된 채권은 단기의 소멸시효에 해당한 것이라도 그 소멸시효는 10년으로 한다.', 제2항은 '파산절차에 의하여 확정된 채권 및 재판상의 화해, 조정 기타 판결과 동일한 효력이 있는 것에 의하여 확정된 채권도 전항과 같다.'라고 규정하고 있는데, 위 규정의 '확정된 채권'이란 '기판력에 의하여 그 존재가 확정된 채권'을 의미하고, 그 확정의 인적 범위는 기판력의 주관적 범위와 일치하여야 할 것이므로 원칙적으로 소송당사자 사이에 국한되는바, 피고 B와 C 사이에 위 주장과 같이 조정이 성립하였다고 하더라도 그 확정의 효력은 피고 B와 C 사이에 국한되고 원고에게는 미치지 아니하므로, 피고 B와 원고 사이에서는 위 공사대금 채권의 소멸시효가 10년으로 연장되지 않는다.

나아가, 소멸시효 중단은 당사자 및 그 승계인 간에만 효력이 있고(민법 제169조), 여기서 승계인이라 함은 '시효중단에 관여한 당사자로부터 중단의 효과를 받는 권리를 그 중단 효과 발생 이후에 승계한 자'를 뜻하는바(대법원 1997.4.25. 선고 96다46484 판결 참조), 원고는 유치물의 양수인일 뿐 위 각 공사대금채무의 승계인이 아니므로 소멸시효 중단의 효력을 받는 승계인에 해당하지 아니하고 따라서 피고 F와 C 사이의 시효중단 및 피고 B와 C 사이의 시효중단은 모두 원고에게는 효력이 없을 뿐만 아니라, 피고 B

의 라콘○○○에 대한 공사대금채권의 지급을 구하는 소가 제기된 것을 피고 G의 피고 B에 대한 공사대금채권의 지급을 구하는 소가 제기된 것으로 볼 수도 없으므로, 피고 F, B, G의 위 주장은 모두 받아들이지 않는다.

### 다. 소결

따라서 피고 H의 A에 대한 레미콘대금채권은 2005.11.21.경, 피고 G의 A에 대한 공사대금채권의 변제기는 2005.7. 중순경, 피고 G의 피고 B에 대한 공사대금은 2006.3.말경, 피고의 A에 대한 공사대금채권은 2005.5.30.경, 피고 F의 A 또는 C에 대한 각 공사대금채권은 2006.3.말경, 피고 J의 C에 대한 공사대금채권은 2006.3.말경 각 그 소멸시효가 완성되었다고 할 것이고, 그 결과 이를 피담보채권으로 하는 유치권 역시 모두 소멸하였으므로, 피고들은 모두 이 사건 건물에 관하여 유치권을 보유하고 있지 않다고 봄이 상당하다.

---

소멸시효 완성을 하루 앞두고 타인에게 채무를 넘기는 경우가 있다. 이때 소멸시효는 어떻게 될까? 만일 채무를 인수한 시점에서 차용증 따위를 작성했다면 이 차용증을 작성한 시점에서부터 소멸시효를 다시 계산해야 한다고 법원은 판단한다.

---

### 대전고등법원 2011.5.25. 선고 2010나8417 판결 【손해배상(기)】

그러나, 위에서 본 바와 같이 피고는 종전 건축주로부터 공사대금채무를 인수한 것인데, 피고의 채무가 채무인수에 의한 것이라면, 그 소멸시효완성의 여부도 인수채무를 기준으로 판단하여야 할 것인바(대법원 1998.10.2. 선고 98다26583 판결 등 참조), 피고가 위 채무를 인수한 시점은 토지매매대금에 관한 차용증을 작성한 2004.12.1.이고, 그 때부터 계산하면 위 유치권 상실 당시에는 아직 소멸시효가 완성되지 않았으므로 피고의 위 주장도 이유 없다.

------------------------------------------

## 2. 소멸시효의 중단

제아무리 목청을 높여 유치권을 주장하더라도, 유치권을 주장하는 것만으로는 피담보채권의 소멸시효를 중단시킬 수 없다(민법 제326조). 만일 소멸시효가 그대로 진행되어 그 기간이 완료되면 유치권자가 물건을 점유하고 있더라도 피담보채권이 소멸되어 유치권도 함께 소멸한다. 유치권의 피담보채권이 소멸되기까지 걸리는 시간은 짧으면 3년이다(공사대금채권·관리비채권 3년, 상사채권 5년, 일반채권 10년).

그렇다면 유치권자 입장에서는 어떻게 해야 할까? 단순히 점유만 하고 있을 것이 아니라 민법 제168조 이하가 정하는 중단사유에 해당하는 구체적인 행위를 해야 한다. 그래서 소멸시효를 중단시켜야 한다. 민법에서 정하는 중단 사유 및 시효중단과 관련된 법조항은 다음과 같다.

**제168조 (소멸시효의 중단사유)**

소멸시효는 다음 각호의 사유로 인하여 중단된다.

1. 청구

2. 압류 또는 가압류, 가처분

3. 승인

**제169조 (시효중단의 효력)**

시효의 중단은 당사자 및 그 승계인 간에만 효력이 있다.

**제170조 (재판상의 청구와 시효중단)**

① 재판상의 청구는 소송의 각하, 기각 또는 취하의 경우에는 시효중단의 효력이 없다.

② 전항의 경우에 6월내에 재판상의 청구, 파산절차참가, 압류 또는 가압류, 가처분을 한 때에는 시효는 최초의 재판상청구로 인하여 중단된 것으로 본다.

**제171조 (파산절차참가와 시효중단)**

파산절차참가는 채권자가 이를 취소하거나 그 청구가 각하된 때에는 시효중단의 효력이 없다.

**제172조 (지급명령과 시효중단)**

지급명령은 채권자가 법정기간 내에 가집행신청을 하지 아니함으로 인하여 그 효력을 잃은 때에는 시효중단의 효력이 없다.

### 제173조 (화해를 위한 소환, 임의출석과 시효중단)

화해를 위한 소환은 상대방이 출석하지 아니하거나 화해가 성립되지 아니한 때에는 1월내에 소를 제기하지 아니하면 시효중단의 효력이 없다. 임의출석의 경우에 화해가 성립되지 아니한 때에도 그러하다.

### 제174조 (최고와 시효중단)

최고는 6월내에 재판상의 청구, 파산절차참가, 화해를 위한 소환, 임의출석, 압류 또는 가압류, 가처분을 하지 아니하면 시효중단의 효력이 없다.

### 제175조 (압류, 가압류, 가처분과 시효중단)

압류, 가압류 및 가처분은 권리자의 청구에 의하여 또는 법률의 규정에 따르지 아니함으로 인하여 취소된 때에는 시효중단의 효력이 없다.

### 제176조 (압류, 가압류, 가처분과 시효중단)

압류, 가압류 및 가처분은 시효의 이익을 받은 자에 대하여 하지 아니한 때에는 이를 그에게 통지한 후가 아니면 시효중단의 효력이 없다.

### 제177조 (승인과 시효중단)

시효중단의 효력 있는 승인에는 상대방의 권리에 관한 처분의 능력이나 권한 있음을 요하지 아니한다.

### 제178조 (중단 후에 시효진행)

① 시효가 중단된 때에는 중단까지에 경과한 시효기간은 이를 산입하지 아니하고 중

단사유가 종료한 때로부터 새로이 진행한다.
② 재판상의 청구로 인하여 중단한 시효는 전항의 규정에 의하여 재판이 확정된 때로부터 새로이 진행한다.

---

중단 사유를 간략히 살펴보자.

### (1) 승인

채무자의 채무승인이란 말 그대로 채무자에게 채무가 있음을 확인하는 것이다. 그냥 말로 '그래, 내가 너한테 줄 돈 있다.' 하는 것보다는 각서를 받아두는 것이 확실하다. 한 가지 헷갈려서는 안 되는 문제가 있다. 채무자가 유치물을 사용하거나 혹은 임대해도 좋다고 승낙을 하더라도 이것은 채무승인과는 아무 상관이 없다는 사실이다.

### (2) 유치권에 의한 경매 신청 : 압류(민사집행법 제92조 제1항)

경매가 개시되면 압류의 효력이 생긴다. 만일 유치권자가 유치물을 경매 신청하면 민법 제168조 제2호에 의해 채권의 시효중단 효력이 생긴다.

### (3) 최고

'최고'란 독촉행위를 말한다. 빨리 돈을 갚으라고 알리는 행위가 바로 최고다(민법 제174조 규정). 내용증명우편을 보내 변제를 독촉하는 경우이다. 물론 최고만으로 시효가 중단되지는 않는다. 최고 이후 6개월 내에 재판상의 청구, 파산 절차 참가, 화해를 위한 소환, 임의출석, 압류 또는 가압류, 가처분 등 강력한 중단방법을 수반해야 비로소 중단의 효력이 생긴다. 한편 유치권자가 피담보채권을 주장하며 물건의 반환을 거부하는 행위가 있었다면 이 역시 최고에 해당한다고 볼 여지가 있다.

한편 시효가 중단된 후 판결이 확정되면 채권의 소멸시효는 10년으로 연장된다.

---

**민법 제165조 (판결등에 의하여 확정된 채권의 소멸시효)**

① 판결에 의하여 확정된 채권은 단기의 소멸시효에 해당한 것이라도 그 소멸시효는 10년으로 한다.

② 파산절차에 의하여 확정된 채권 및 재판상의 화해, 조정 기타 판결과 동일한 효력이 있는 것에 의하여 확정된 채권도 전항과 같다.

③ 전2항의 규정은 판결확정 당시에 변제기가 도래하지 아니한 채권에 적용하지 아니한다.

---

채무자가 유치권자에게 '돈을 언제까지 갚겠다.'는 내용의 각서를 작성해 주었다면 소멸시효는 중단된다. 각서 등으로 승인을 받는 것은 소멸시효가 중단되었다가 그 중단사유가 소멸되었을 때부터 다시 시작하므로 사실상 소멸시효의 연장이 공사대금채권의 경우이므로 3년이라고 보고 있다. 만일 법원 판결에 의해 확정된 경우에는 소멸시효가 10년으로 연장된다고 다음 판례는 밝히고 있다.

---

**광주고등법원 2010.4.16. 선고 2009나1954 판결 【유치권부존재확인】**

(2) 피고들의 공사대금이 변제로 소멸하였는지에 관하여 여수세무서장에 대한 사실조회결과에 변론 전체의 취지를 보태어 보면, 주식회사 A가 이 사건 건물 신축공사가 진행되던 1997.1.부터 1998.1.까지 사이에 합계 521,239,292원의 부가가치

세를 환급받았고, 같은 기간 위 공사를 도급한 B가 그 대표이사로 재직하였던 사실, 피고들은 C가 2001.5.16. B로부터 이 사건 건물을 매수하면서 공사대금채무를 인수하였다고 주장하였는데, C의 2002.12.31. 기준 대차대조표에 공사대금채무가 기재되어 있지 아니한 사실은 인정된다. 그러나 앞서 인정한 바와 같이 B가 피고 D에게 이 사건 건물이 완공될 무렵인 1998.2.5. 미지급공사대금 40억 6,850만 원이 남아 있음을 확인해 주었고, 1999.4.13. 피고 E와 사이에서 미지급된 하수급 공사대금 27억 원을 직접 지급하기로 약정하였음이 인정되는 이상, 위에서 본 사실만으로 피고들의 공사대금채권이 변제되어 소멸하였다고 보기에 부족하고, 달리 이를 인정할 증거가 없다.

(3) 피고들의 공사대금채권이 시효로 소멸하였는지에 관하여

(가) 일반적으로 유치권이 성립된 부동산의 매수인은 피담보채권의 소멸시효가 완성되면 시효로 인하여 채무가 소멸되는 결과 직접적인 이익을 받는 자에 해당하므로 소멸시효의 완성을 원용(*자기 이익을 위해 딴 데서 증거를 수집하는 일)할 수 있는 지위에 있다고 할 것이나, 매수인은 유치권자에게 채무자의 채무와는 별개의 독립된 채무를 부담하는 것이 아니라 단지 채무자의 채무를 변제할 책임을 부담하는 점 등에 비추어 보면, 유치권의 피담보채권의 소멸시효기간이 연장된 경우 매수인은 소멸시효기간이 연장된 효과를 부정하고 종전의 단기소멸시효기간을 원용할 수는 없으므로(대법원 2009.9.24. 선고 2009다39530 판결 등 참조), 이러한 법리에 따라 피고들의 공사대금채권이 시효로 소멸하였는지에 관하여 본다.

(나) 피고 D의 공사대금채권 부분

(ㄱ) 이 사건 건물이 1998.2.경 완공된 사실은 앞서 인정한 바와 같고, 을

가 제 1, 3호증, 을가 제6 내지 13호증(가지번호가 있는 경우 가지번호 포함)의 각 기재에 변론 전체의 취지를 보태어 보면, ㉮ 이 사건 건물 신축공사의 도급인인 B가 수급인인 피고 D에게 ① 1998.2.5. 미지급공사대금이 40억 6,850만 원임을 확인하고, 이를 이 사건 건물의 준공 시까지 지급하지 아니할 경우 연 25%의 비율에 의한 지연손해금을 가산하여 지급하겠다는 취지의 이행각서를, ② 1998.2.8. 미지급공사대금 및 지연손해금을 2004.2.15.까지 6회에 걸쳐 분할하여 지급하겠다는 취지의 공사비지불각서를, ③ 2000.2.8. 미지급공사대금 40억 6,850만 원 및 지연손해금 채무를 승인한다는 취지의 채무승인서와 액면금 56억 9,590만 원, 발행일 2000.2.7., 지급기일 2002.2.7.인 약속어음을, ④ 2001.1.30. 미지급공사대금 및 지연손해금을 2002.5.30.까지 2회에 걸쳐 분할하여 지급하겠다는 공사비지불이행각서를, ⑤ 2001.2.4. 미지급공사대금 원금이 40억 6,850만 원이라는 취지의 확인서를, ⑥ 2002.2.8. 미지급공사대금이 40억 6,850만 원임을 승인하고 2001.5.25. 지급한 공사대금 1,000만 원은 지연손해금의 변제에 충당한다는 취지의 채무승인서와 액면금 73억 2,330만 원, 발행일 2002.2.7., 지급기일 2004.2.7.인 약속어음을, ⑦ 2002.4.15. 앞서 본 2001.1.30.자 공사비지불이행각서에 그 지급기한을 2003.8.30.까지로 변경하는 내용을 추가로 기재한 공사비지불이행각서를, ⑧ 2004.2.8. 미지급공사대금이 40억 6,850만 원임을 승인하고 2003.11.27. 지급한 공사대금 300만 원은 지연손해금의 변제에 충당한다는 취지의 채무승인서를, ⑨ 2006.2.8. 미지급공사대금이 40억 6,850만 원임을 승인하고 2년 이내에 지급하겠다는 취지의 채무승인서를 각 교부하였고, ⑩ 2006.5.30. 미지급공사대금 40억 6,850만 원을 2006.6.7.까지

지급하되, 이를 이행하지 못할 경우 연 20%의 비율에 의한 지연손해금을 가산하여 지급하기로 약정하고, 즉시 강제집행이 가능하도록 하는 내용의 공정증서를 작성해 준 사실, ④ 피고 D가 2007.3. 초경 이 사건 건물에 관하여 광주지방법원 순천 지원 2007타경5189호로 유치권에 기한 경매를 신청하여 2007.3.5. 경매개시결정을 받았고, 2007.3.9. 그 기입등기가 마쳐졌으며, 그 직후에 B에게 부동산임의경매개시결정 정본이 도달하였는데, 이 사건 변론종결일 무렵까지 위 경매절차가 종료되지 아니한 사실이 인정된다.

(ㄴ) 위에서 본 사실에 따르면, 피고 D에 대한 공사대금 채무자인 B는 그 지급의무가 발생한 1998.2.경부터 3년 이내에 피고 D에게 공사대금채무를 승인하는 취지의 각서 등을 교부하고, 종전 각서를 교부한 때로부터 3년 이내에 같은 취지의 각서 등을 재교부하는 방식으로 채무가 시효로 소멸하지 아니하도록 승인해 왔는데, 피고 D가 마지막으로 채무가 승인된 2006.5.30.로부터 3년 이내에 유치권에 기한 임의경매를 신청하였고, 이 사건 건물에 관하여 경매개시결정 기입등기가 마쳐져 압류의 효력이 발생함으로써, 피고 D의 공사대금채권의 소멸시효는 중단되었고, 이 사건 변론종결일까지 그 중단사유가 해소되지 아니하였다고 하겠다.

(다) 피고 E의 공사대금채권 부분

(ㄱ) 을나 제3 내지 7호증(가지번호가 있는 경우 가지번호 포함), 을나 제11호증의 각 기재에 변론 전체의 취지를 보태어 보면, ㉮ 이 사건 건물의 신축공사 도급인인 B가 피고 E에게 ① 1999.4.13. 미지급공사대금 중 하수급인들에게 귀속되어야 할 공사대금이 27억 원임을 확인하고, 이를 2000.12.30.까지 직접 지급하겠다는 취지의 지불이행각서를, ② 2000.7.20. 같은 공

사대금이 27억 원임을 확인하는 취지의 지불각서와 액면금 27억 원, 발행일 2000.7.20., 지급기일 2001.12.30.인 약속어음을, ③ 2001.1.30. 같은 공사대금 및 지연손해금을 2002.5.30.까지 2회에 걸쳐 분할하여 지급하겠다는 공사비지불이행각서를, ④ 2002.4.15. 앞서 본 2001.1.30.자 공사비지불이행각서에 그 지급기한을 2003.8.30.까지로 변경하는 내용을 추가로 기재한 공사비지불이행각서를 각 교부하였고, ⑤ 2003.11.24., 2005.5.27. 및 2006.6.7. 위 미지급공사대금 중 일부를 지급한 사실(을나 제10호증의 기재에 의하면, B는 2005.5.7.에도 피고 E에게 공사대금지불각서를 교부한 사실이 인정되나, 위 각서는 피고 E가 직접 하수급한 부분에 대한 공사대금채무만을 승인하는 취지이다), ㉯ 피고 E가 2007.12. B를 상대로 하여 광주지방법원 순천지원 2007차3410호로 공사대금 지급명령을 신청하였고, 위 법원이 2007.12.10. B는 피고 E에게 27억 원 및 이에 대하여 지급명령 송달 다음날부터 갚는 날까지 연 20%의 비율에 의한 돈을 지급하라는 취지의 지급명령을 발령하였으며, 위 명령이 2008.2.26. B에게 송달되어 2008.3.12. 확정된 사실이 인정된다.

(ㄴ) 위에서 본 사실에 따르면, B는 1999.4.13. 하수급업체로부터 공사대금 수령에 관한 권한을 위임받은 하수급인인 피고 E에게 미지급된 하수급공사대금을 직접 지급하기로 약정하면서 지불이행각서를 교부하고, 종전 각서를 교부한 때로부터 3년 이내에 그 채무를 승인하는 취지의 각서 등을 재교부하거나 일부 공사대금을 변제하는 방식으로 채무가 시효로 소멸하지 아니하도록 승인해 왔으며, 피고 E가 마지막으로 채무가 승인된 2006.6.7로부터 3년 이내에 B를 상대로 하여 신청한 광주지방법원 순천지원 2007차3410호 공사대금사건에서 B는 피고 E에게 27억 원 및 이에 대한 지연

손해금을 지급하라는 취지의 지급명령이 발령되어 확정됨으로써, 피고 E의 공사대금채권의 소멸시효는 10년으로 연장되었고, 그로부터 소멸시효기간인 10년이 지나지 않았음은 역수상 명백하다.

(4) 유치권의 피담보채권 인정 여부에 관한 결론

따라서 피고들이 주장하는 유치권의 피담보채권이 존재하지 아니한다는 원고의 주장은 받아들일 수 없다고 하겠다.

---

아래 판례는 채무자가 유치권자에게 채무의 일부를 변제하였다면 이는 채무의 승인에 해당한다고 볼 수 있다는 내용을 담고 있다. 물론 소멸시효는 중단된다.

---

### 서울남부지방법원 2011.6.1. 선고 2010가단18175 판결 【용역대금(상가일반관리비)】

가. 원고가 피고 소유의 이 사건 건물 중 9층 내지 11층에 대해 가압류(의정부지방법원 2010카단462)를 신청한 것은 2010.1.22.이므로 그로부터 3년 전인 2006.10.분부터 2006.12.분까지의 관리비채권의 소멸시효(3년)가 완성되었는지 여부가 문제된다.

나. 을 7호증의 기재에 의하면, 원고가 A가 납부하지 않은 관리비 중 공용부분 관리비채권을 기초로 2010.1.22. 피고가 경매절차에서 매수한 이 사건 건물 중 9층 내지 11층에 대하여 가압류를 신청하여 2010.2.12. 인용 결정을 받은 사실을 인정할 수 있고, A가 2007.1.25.경 원고에게 관리비 중 부가가치세로 689,800원을 납부한 사실은 앞서 본 바와 같다.

위 인정사실에 의하면, A의 관리비 중 부가가치세의 일부 변제는 채무의 승인에 해당하여 소멸시효 진행의 중단사유가 되고, 그로부터 3년이 경과하기 전인 2010.1.22. 원고가 위 가압류를 신청함으로써 다시 소멸시효의 진행이 중단되었다(한편 위 가압류는 2010.3.3. 집행취소가 되어 그때로부터 다시 소멸시효 기간이 진행되었으나 2010.3.15. 이 사건 소가 제기됨으로써 다시 소멸시효의 진행이 중단되었다).

---

아래는 소멸시효를 놓고 두 가지 이야기가 나온다. 일단 분양계약서로 공사대금채권을 대신하되 90일 이내에 현금으로 갚으면 분양계약서를 돌려주기로 약정을 맺었다. 이 경우 채권은 90일이 지난 뒤에야 다시 생기는 것이므로 소멸시효 역시 90일 이후에 다시 진행된다. 즉 90일 이후부터 3년이 지나야 소멸이 완성된다는 뜻이다.

다른 하나는 무변론판결을 채무 승인으로 인정할 수 있는가 하는 문제다. 민사에서 원고의 소장에 대해 피고가 30일 이내에 답변서를 제출하지 않을 경우, 법원은 이를 자백으로 간주하게 된다. 이 경우 변론기일 자체가 열리지 않고 판결을 내리는 것을 '무변론판결'이라고 한다. 법원은 무변론판결을 채무 승인으로 인정할 수 없다고 밝힌다.

---

### 서울동부지방법원 2011.4.26. 선고 2010가단70880 판결 【건물명도및임료】

가사 피고회사의 소외회사에 대한 위 6,500만 원의 공사대금채권이 존재하였다는 피고들의 주장을 그대로 받아들인다 하더라도, 피고들의 위 주장사실에 비추어 볼 때, 위 공사대금채권은 피고회사가 공사를 그만둔 2004.7.경 소멸시효가 진행되었다가, 소외회사가 2004.12.20.경 피고회사와 미지급공사대금을 3억 5,000만 원으로 확정함으로써 그 채무를 승인하였으니 이로써 그 소멸시효의 진행이 중단되었지만, 위와 같이 확정된 공사대금 중 5,000만 원을 2004.12.29.까지 현금으로 지급하고 나머지 공사대금은 위 1001호와 1002호에 대한 분양계약서를 발급하되 그 발급일부터 90일 이내에 현금을 지급하고 분양계약서를 회수하기로 합의한 점에 비추어 볼 때 늦어도 위 합의일부터 90일 경과한 2005.3.20.경 다시 소멸시효가 진행되었고, 그로부터 민법 제163조 제3호에서 정한 소멸시효기간인 3년이 경과하였음이 역수상 분명한 2008.3.20.경 시효로 소멸하였다 할 것이다.

한편, 소외 A가 제기한 위 소송에서 소외회사가 아무런 대응을 하지 아니하여 무변론 판결이 선고되었다 하더라도, 그와 같은 소외회사의 행위를 소멸시효 중단사유인 채무의 승인에 해당한다고 볼 수 없을 뿐만 아니라, 설사 이를 채무의 승인에 해당한다고 보더라도, 소외 A가 피고회사를 대위하여 소외회사를 상대로 제기하였다는 위 소송에서 확정된 채권은 피고회사의 소외회사에 대한 위 1001호 및 1002호에 관한 위 미지급공사대금 3억 2,000만 원의 변제에 갈음하는 대물변제 약정에 기한 소유권이전등기청구권이므로 위 공사대금채권이 위 판결에 의하여 확정되었다고 볼 수는 없어 위 확정판결에도 불구하고 위 공사대금채권에는 여전히 앞서 본 3년의 소멸시효기간이 적용되므로, 위 공사대금채권은 늦어도 그 판결선고일로부터 3년이 경과하였음이 역수상 분명한 2009.6.29.경 시효로 소멸하였다 할 것이다.

---

시효가 완성되면 채권은 휴지조각이 된다. 그러나 채무자가 시효 완성 이후 갚겠다고 '변제 각서'를 다시 써주면 채권은 자동으로 부활하게 된다. 다음 판례는 이런 상황을 담고 있다.

### 부산지방법원 2011.7.15. 선고 2010나22498 판결 【제3자이의등】

피고는, 원고의 A에 대한 공사대금채권이 시효로 소멸하였으므로, 이를 피담보채권으로 한 원고의 유치권도 소멸하였다고 주장한다.

살피건대, 유치권의 행사는 채권의 소멸시효 진행에 영향을 미치지 아니하고 공사대금채권은 민법 제163조 제3호에 따라 3년간 이를 행사하지 아니하면 시효로 소멸하는 것인바, 앞서 본 바와 같이 원고의 위 오피스텔에 관한 공사는 2004.2.말경 완성되어 그때부터 위 공사대금채권을 행사할 수 있었으므로 그로부터 3년간 위 채권을 행사하지 아니하면 시효로 소멸한다고 할 것이나, 한편, 갑 제15호증 내지 제17호증의 7, 제20호증, 제25호증 내지 제28호증, 제32호증, 제33호증, 제34호증의 각 기재에 변론 전체의 취지를 종합하면, A는 2004.11.23. 위 채권단과 사이에 원고를 비롯한 공사업자들에 대한 각 공사대금채무를 인정하면서 그 미지급공사대금채권에 갈음하여 위 오피스텔 건물을 대물 변제하기로 약정한 사실, 이후 위 약정대로 대물변제가 이루어지지 않게 되자 A는 원고 등 채권단과 사이에 채권단 구성원들이 위 오피스텔을 분양하거나 임대하여 그 수익금으로 미지급 공사대금의 지급에 갈음하기로 합의하였고, 이에 따라 원고는 2005.9.경부터 위 오피스텔 중 일부 호실을 다른 사람에게 임대하여 수령한 차임을 자신의 공사대금채권의 이자에 충당하여 온 사실, ○○○○은 2008.6.26. 위 채권단 대표인 B에게 채권단에 대한 미지급 공사대금채무를 2008.12.31.까지 변제하겠다는 내용의 각서를 작성해 준 사실을 인정할 수 있는바, 위 인정 사실에 의하면 원고의 A에 대한 공사대금채권은 대물변제 약정이 체결된 2004.11.23. 시효가 중단되었고, 그때로부터 다시 3년이 경과하여 시효가 완성된 후인 2008.6.26. A가 위 변제각서를 작성해 줌으로써 시효이익을 포기하였다고 봄이 상당하므로, 위 공사대금채권의 소멸 시효완성을 전제로 한 피고의 위 주장 역시 이유 없다.

---

아래 판례는 주의 깊게 살펴보기 바란다. 설령 소멸시효가 완성되었다고 하더라도 만일 이를 주장하여 유치권의 소멸을 문제 삼지 않고, 나아가 재판을 통해 유치권이 적법한 것으로 확정되었다면 이후의 소멸시효 완성에 따른 유치권 소멸 주장은 소용이 없다는 내용을 담고 있다. 민사소송, 특히 유치권 관련 소송은 법원에서 알아서 그 성립 여부를 가려주는 것이 아니다. 유치권을 깨려는 사람이 그만큼 많이 공부하고 발품을 팔아서 유치권이 성립하지 않는 이유를 밝혀야 한다. 변론주의 때문이다.

---

### 대법원 1993.4.23. 선고 93다289 판결 [건물명도]

원심판결은 소외회사가 위 A에 대하여 공사금채권이 있었다고 하더라도 준공 후 3년이 되는 1988.6.25.에는 시효로 소멸하였으므로 이를 담보하기 위한 소외회사의 이 사건 상가부분에 대한 유치권행사 역시 부적법한 것이라는 위 피고들의 주장에 대하여 일반적으로 공사대금채권은 3년의 시효기간이 완성됨으로써 소멸하나, 그 소멸시효의 법률상 이익을 받는 자가 이를 항변으로서 원용하지 않는 한 그 의사에 반하여 재판할 수 없는 바, 위 유치권에 관련된 재판에서 시효가 문제로 되지 아니한 채 유치권이 적법한 것으로 확정됨으로써 원고들이 이 사건 상가부분을 명도받지 못하였고, 매도인인 피고 B, C들이 위 유치권을 배제해 줄 수 없게 되었다는 이유로 위 피고들의 소멸시효주장을 배척하였다.

(중략)

위 공사금채무가 공사준공 후 3년이 경과된 1988.6.25. 소멸시효가 완성되었고, 피고

B, C가 이 사건 상가 부분의 승계취득자로서 매도인들을 순차대위하여 위 A의 공사금 채무의 소멸시효 완성의 효과를 채권자대위권의 행사로 원용할 수 있음은 논지가 지적하는 바와 같다 할 것이나, 피고들이 이 사건 교환계약의 해제시까지 위 교환계약상 명도의무의 주된 부분인 소외회사의 유치권배제를 하여주지 아니함으로써 명도의무를 이행하지 아니하다가 원고들이 위 계약을 적법히 해제한 후에야 위 유치권의 소멸을 주장한다 하더라도 이로써 위 해제의 효력을 좌우할 수 없다 할 것이니 위 항변을 배척한 원심의 판단은 정당하고 거기에 소멸 시효완성의 효과, 변론주의에 관한 법리오해나 심리미진 또는 신의성실의 원칙에 관한 법리오해의 위법이 없다고 할 것이다. 논지는 모두 이유 없다.

---

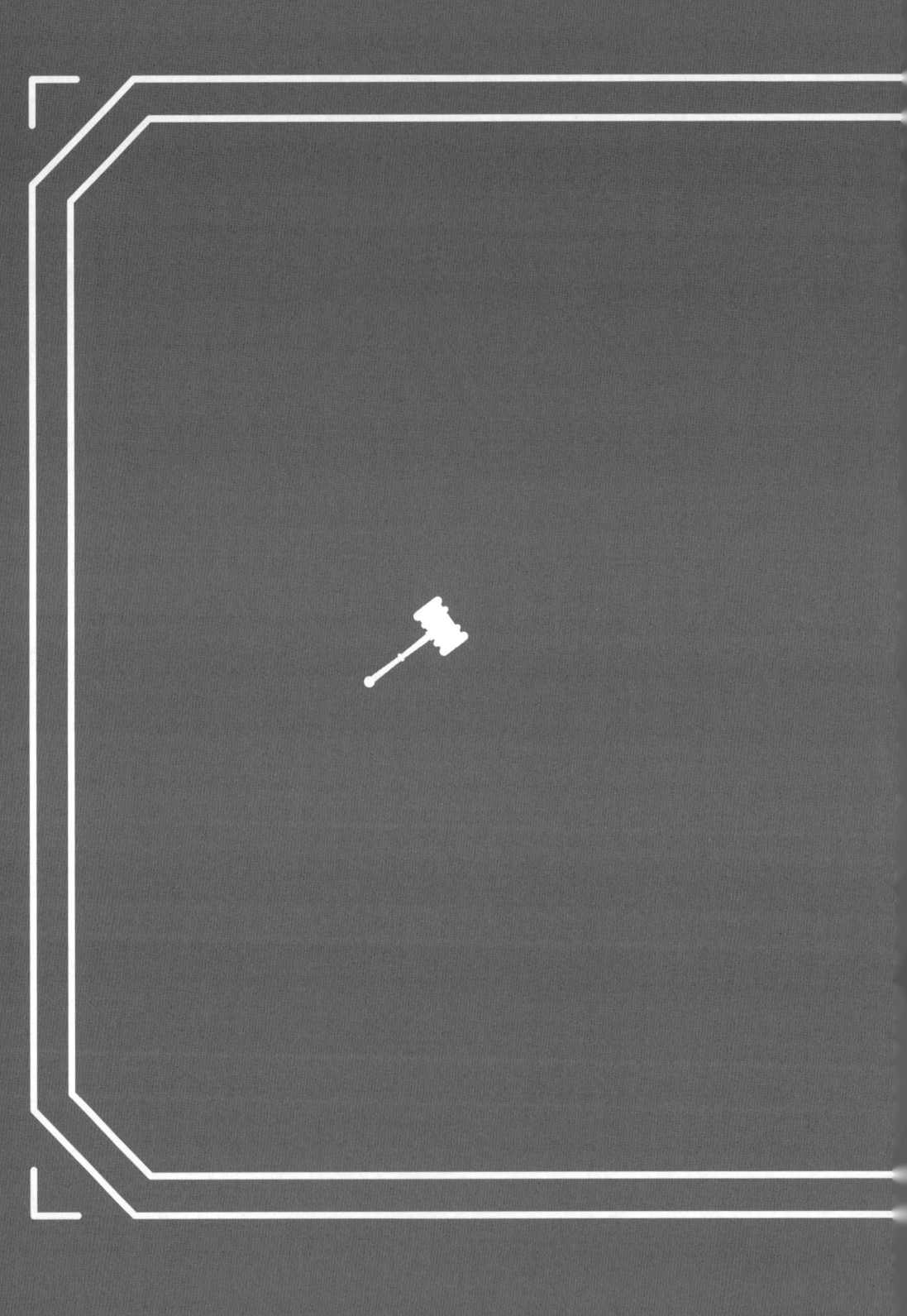

· 12장 ·

## 유치권의 소멸

# 1

# 유치권은 언제 소멸되는가

앞서 우리는 민법 제320조 조항에 따라 유치권이 성립하는 경우와 성립하지 않는 경우에 대해서 살폈다. 요컨대 유치권이라고 할 수 있는지, 없는지 그 성립 자체를 다루었다. 그러나 여기서는 최초 유치권이 성립하였으나 제반 상황의 변화로 인해 유치권이 소멸되는 경우에 대해서 살필 것이다. 간략히 살펴보면 다음과 같은 경우에 유치권은 자동적으로 사라지거나 혹은 유치권의 소멸을 청구할 수 있다.

1) 채무자가 돈을 갚은 경우(변제 완료)
2) 피담보채권이 소멸시효에 의해 소멸되는 경우
3) 점유를 잃는 경우
4) 국가나 자치단체, 공공단체에서 공공의 이익을 위하여 개인 소유의 토지를 법률에 따라 강제로 취득하는 경우(토지 수용)

5) 유치권자가 자신의 권리를 포기하는 경우(포기)

6) 유치권자가 선관의무*를 위반한 경우(타인의 물건을 점유하고 있을 때는 '선량한 관리자의 주의의무', 즉 선관의무가 요구된다. 경제적 효용이 전부 사라질 만큼 물건이 망가진 경우, 이를 '물건의 멸실'이라고 하는데 이 역시 선관의무를 위반한 사례다.)

7) 채무자가 채권자에게 상당한 담보를 제공한 경우

8) 유치권자가 그 물건의 소유자가 된 경우, 즉 채권자와 채무자가 같아지는 경우(혼동)

**\* 민법 제324조 (유치권자의 선관의무)**
① 유치권자는 선량한 관리자의 주의로 유치물을 점유하여야 한다.
② 유치권자는 채무자의 승낙 없이 유치물의 사용, 대여 또는 담보제공을 하지 못한다. 그러나 유치물의 보존에 필요한 사용은 그러하지 아니하다.
③ 유치권자가 전2항의 규정에 위반한 때에는 채무자는 유치권의 소멸을 청구할 수 있다.

1)~5)번까지는 앞서 살펴보았거나 혹은 내용을 살펴볼 것도 없이 명확한 경우고, 여기서는 6)~8)번을 살펴보자.

# 2
## 선관의무 위반인 경우 (부당 대여)

　유치권자는 유치목적물에 대하여 선량한 관리자로서의 주의로 점유할 의무가 있다. 유치물의 보존에 필요한 사용은 채무자나 소유자의 승낙이 없어도 가능하지만 이를 초과한 사용이나 대여, 담보 제공의 경우는 사전 승낙을 얻어야 한다. 참고로 채무자와 소유자의 승낙이 대립할 경우 소유자의 승낙이 앞선다.

　다만 유치권자에 의한 유치물의 사용·임대 등에 소유자의 승낙이 있거나 그것이 보존행위에 해당할 경우에는 민법 제323조에 의하여 유치권자는 유치물의 과실을 수취하여 다른 채권보다 먼저 자기 채권의 변제에 충당할 수 있다(대법원 2010.2.11. 선고 2009다49117 판결 참조).

　만약 유치권자가 선관의무를 위반하면 그 즉시 유치권이 소멸하는 것은 아니고, 채무자나 소유자 또는 유치물의 소유권을 취득한 제3자 등이 유치권자를 상대로 유치권의 소멸을 청구해야 한다. 소멸청구권은 형성권으로 청구 즉시 유치권을 소멸시킬 수 있다. 통상 내용증명 우편이나 소송상 소장이나 준비서면 등을 통하여 의사표시를 하는 경우가 많다. 다음 판례가 가장 대표적인 선관의무 위반 내용으로 소유자 동의 없이 업무시설인 유치물을 주거용으로 변경, 사용한 경우이다. 물론 유치권은 소멸 청구로 소멸된다.

### 서울남부지방법원 2011.6.10. 선고 2010가합16022 판결 【유치권부존재확인】

민법 제324조 제2항은 '유치권자는 채무자의 승낙 없이 유치물의 사용, 대여 또는 담보제공을 하지 못한다. 그러나 유치물의 보존에 필요한 사항은 그러하지 아니하다.'고 규정하고, 같은 조 제3항은 '유치권자가 제2항의 규정에 위반한 때에는 채무자는 유치권의 소멸을 청구할 수 있다.'고 규정하고 있다.

먼저 이 사건 건물 부분 중 505호의 사용이 유치물의 보존에 필요한 사용에 해당하는지 여부에 대하여 살피건대, 위 인정사실에 의하면, 피고 A는 이 사건 건물 부분 중 505호가 주거용도로 변경된 상태에서 B로부터 그 점유를 이전받아 가족과 함께 거주하고 있는바, 이 사건 건물은 근린생활시설 내지 업무시설인 점, 505호를 주거용으로 사용하여야 할 납득할 만한 이유를 찾아볼 수 없는 점에 비추어 보면, 위 505호를 본래의 용도를 벗어난 주거용으로 사용하는 것은 유치물의 보존에 필요한 사항이라고 볼 수 없다. 따라서 피고 A가 위 505호를 주거용도로 사용하는 것에 관하여 ××의 승낙을 받았음을 인정할 근거가 없는 이상, 위 505호에 관한 피고 C, A의 유치권은 원고의 위 유치권 소멸청구에 의하여 소멸되었다고 봄이 상당하므로, 이 부분 원고의 주장은 이유 있다.

만일 소유자의 승낙을 받지 않은 상태에서 거주용 주택, 음식점으로 쓰이던 건물을 공장이나 판매점으로 사용하는 경우에는 선관의무 위반으로 유치권 소멸 청구가 가능하다. 또 법인의 경우 유치물을 적법하게 관리하는지 여부 등은 법인을 위하여 유치물을 사실상 지배하고 있는 그 대표자나 피고용자의 점유의 형태나 관리행위를 기준으로 판단한다.

---

### 대전고등법원 2005.9.8. 선고 2005나655 판결 【건물명도등】

**(가) 유치권자의 선관의무**

유치권자는 선량한 관리자의 주의로 유치물을 점유하여야 하고, 소유자의 승낙 없이는 유치물을 사용하거나 대여 또는 담보제공을 할 수 없으며, 소유자는 유치권자가 위 의무를 위반한 때에는 유치권의 소멸을 청구할 수 있다. 다만, 유치권자도 유치물의 보존에 필요한 범위 내에서는 유치물을 사용할 수 있고, 이러한 사용에 해당하는 경우에는 소유자로서도 유치권의 소멸을 청구할 수 없다.

**(나) 법인의 유치권행사와 그 의무 위반여부에 대한 판단 방법**

유치권은 물건에 대한 사실상의 지배인 점유를 성립 및 존속요건으로 하는 권리이기 때문에 관념상의 존재인 법인으로서는 그 대표자나 피용자(*피고용자)의 점유를 통하여서만 유치권을 행사할 수 있을 뿐이므로, 법인의 유치권이 적법하게 성립하고 존속하는지 여부나 법인이 유치물을 적법하게 관리하는지 여부 등은 법인을 위하여 유치물을 사실상 지배하고 있는 그 대표자나 피용자의 점유의 태양(*방식) 및 그들의 유치물에 대한 관리행위를 기준으로 판단할 수밖에 없는 것이고, 객관적으로 그들의 점유의사 등 점유 태양이 법인의 유치권의 성립과 존속을 위한 것으로 보이는 이상 그들의 유치물에 대한 점유 및 관리에 관한 행위는 법인의 점유 및 관리행위로 봄이 상당하고 이를 일반의 법률행위와 같이 취급하여 그들이 그러한 행위를 함에 있어 법인의 명칭을 사용하였는지 또는 그들 개인의 이름을 사용하였는지에 따라 그로 인한 사실상 내지 법률상 효과의 귀속을 엄밀히 구별할 것은 아니라 할 것이며, 만일 그 점유의사 등 외부에 드러난 점유태양에 비추어 대표자 등의 점유 및 관리행위가 법인의 유치권의 성립과 존속을 위한 것이 아니라 이와는 독립된 것임이 객관적으로 명백하게 구별되어 이를 법인의 점유 및 관리행위로 볼 수 없는 경우라면, 법인의 유치권은 처음부터 성립하지 않았거나 소멸된 것으로 보아야 할 것이다.

이 사건에서도 위 인정사실에서 본 바와 같이, A가 종래 이 사건 건물을 점유 관리하여 온 것은 그의 개인적인 지위에서가 아니라 피고 회사의 대표이사로서 피고 회사의 이 사건 건물에 관한 공사잔대금채권을 담보하는 유치권을 행사하기 위한 것이었으므로, 피고 회사의 이 사건 건물에 대한 유치권의 성립과 존속여부 및 이를 점유·관리함에 있어 선량한 관리자의 주의를 위반하였는지 여부는 A의 점유태양 및 관리행위를 기준으로 판단하여야 할 것이고, A가 피고 회사의 대표이사직을 계속 유지한 상태로 이 사건 건물을 직접 점유하던 중 그 일부를 동생인 피고 B나 타인에게 임대하여 간접점유관계를 설정한 것도 피고 회사를 위한 점유계속 및 관리행위의 일환으로 봄이 상당하고, 그 임대차계약서에 A 개인의 이름을 기재하였고 이에 따라 그 계약 당사자 사이에서는 A만이 임대인으로서의 지위를 가진다고 하더라도 그러한 사정만으로는 위 임대행위가 피고 회사를 위한 점유 및 관리행위와 객관적으로 명백히 구별되는 A의 독자적인 행위라고 볼 수는 없으므로, 피고 회사는 이 사건 건물의 소유자에 대한 관계에서는 A의 위와 같은 임대행위와 관련된 법률상의 책임을 부담하여야 할 것이다.

**(다) 건물의 일부를 임대한 행위에 관하여**

위 인정사실에 의하면, A는 이 사건 건물의 소유자로부터 승낙을 받지 않고 이 사건 건물 중, 2층 202호를 동생인 피고 B에게 1995.1.경부터 임대한 외에, 2000.6.경 내지 10.경부터 1층 부분을 주식회사 ××에게 보증금 1,000만 원, 임료 월 80만 원에, 2층 201호를 C에게, 3층 301호를 D에게 보증금 2,300만 원에, 3층 302호를 E에게 보증금 2,000만 원에 각 2년 이상 임대하였고, 이러한 임대차 관계는 원고가 이 사건 토지와 건물의 소유권을 취득한 이후에도 여전히 계속되고 있었는바, 위와 같은 임대행위는 그 임대기간과 보증금 등 임료의 액 및 각 임대목적물이 이 사건 건물에서 차지하는 면적의 정도 등에 비추어 볼 때 유치권자가 소유자의 승낙 없이는 할 수 없는 행위라고 봄이 상당하고, 유치물의 보존에 필요한 범위 내에 있는 유치물의 사용행위라고 볼 수는 없다.

한편, 유치권자가 소유자의 승낙을 얻어 적법하게 유치물을 임대한 경우에는 그 임대료를 과실에 준하여 이를 수취하여 채권변제에 우선충당할 수 있다고 할 것이지만 위와 같은 임대행위에 소유자의 동의가 없었던 이상 그 임대료는 소유자에 대한 관계에서 적법하게 수취할 수 있는 과실이라고 볼 수 없으므로, 유치권자의 과실수취권은 위와 같은 무단 임대행위를 정당화하는 권원이 된다고 할 수 없고, 원고가 피고 회사의 이 사건 건물에 대한 유치권 및 임대행위를 알고 이를 매수하였다는 사정만으로는 위와 같은 무단 임대행위를 용인하였거나 승낙한 것이라 볼 수도 없다.

**(라) 건물 1층의 사용관계와 그 벽의 일부를 철거한 행위**

위 인정사실과 피고 회사의 주장에 의하면, A는 피고 회사 및 그와 동업 관계에 있는 업체의 영업을 위해 임의로 이 사건 건물 1층 뒤쪽 벽의 3평가량을 철거하여 1층에 몰딩기계 등을 설치하여 이를 공장 내지 판매장으로 사용하면서 위 벽을 철거된 상태로 장기간 방치하였는바(피고 회사는 이를 즉시 복구하였다고 하나, 2002.6.21. 철거한 이후 제1심 법원의 현장검증 당시인 2004.7.23.까지 그대로 방치되어 있었음은 위에서 본 바와 같고 그 이후에도 복구하였음을 인정할 증거가 없다), 피고 회사의 이 사건 건물 1층에 대한 위와 같은 사용은 그 사용방법이나 태양, 그 본래의 용도가 주택 및 음식점인 점 등에 비추어볼 때 유치물의 보존에 필요한 사용의 범위를 넘는 것이고, 나아가 그러한 사용을 위해 벽의 일부를 철거한 것도 유치물에 대한 관리상의 주의의무를 위반한 행위라 할 것이며, 가사 후에 원상으로 복구하였다거나 실질적으로 소유자에게 손해가 되지 않는다고 하여 적법하거나 정당한 것으로 볼 수는 없는 것이다.

**(마) 신의칙 위반여부 등**

피고 회사에게 이 사건 건물에 대한 유치권이 있었다고 하더라도, 피고 회사 또는 그 대표이사인 A가 법률에 규정된 선량한 관리자로서의 주의의무를 위반하여 그 임의대로 타인소유에 속하는 이 사건 건물의 상당부분을 장기간 타에 임대하였고 그 벽의 일부를 훼손하여 그곳에 몰딩기계 등을 설치하고 공장 및 판매장으로 사용·수익하면서 장기간 복구하지 않은 점 등에 비추어 보면, 피고들이 주장하는 사유만으로는 원고의 유치권 소멸청구와 명도청구 등이 신의칙에 위반된다고 보이지 아니하며, 위와 같이 유치권 소멸청구가 있은 후에 임차인을 퇴거시키고 철거하였던 부분을 원상회복하였다고 하여 피고 회사의 점유가 적법한 상태로 회복된다거나 소멸된 유치권이 부활되는 것도 아니다.

---

유치물을 손상시킨 경우에도 선관의무 위반에 해당된다.

### 춘천지방법원 2009.12.1.자 2009카합141 결정 【방해배제가처분】

가사 채권자가 위 (가)부분 등 실제로 시공하지 아니한 건물 부분에 관하여 유치권을 가진다고 하더라도 채권자는 선량한 관리자의 주의로 유치물을 점유할 의무가 있다고 할 것인데, 기록 및 심문 전체의 취지에 의하면 채권자의 직원인 A가 2008.9.23.경 위 건물 1층 대형 현관문을 중장비를 이용하여 파손한 사실이 소명되는바, 채무자로서는 채권자에 대하여 유치권의 소멸을 청구할 수도 있음에 비추어 이 사건 방해배제가처분의 보전의 필요성이 있다고 할 수도 없다.

앞의 판례처럼 유치물의 손상이 뚜렷한 경우에는 선관의무 위반 여부를 어렵지 않게 파악할 수 있다. 그런데 플래카드나 피켓, 창문 래커칠 등도 유치물 손상이라고 볼 수 있을까? 다음 판례는 그 정도만으로는 선관의무 위반에 해당한다고 볼 수 없다고 밝힌다.

### 서울고등법원 2010.11.24. 선고 2009나53262(본소) 【공사대금】, 2009나53279(반소) 【건물명도등】, 2009나53286(반소) 【구상금】 판결

(다) 또한 피고는 원고에게 유치권이 있다고 하더라도, 원고는 유치권자로서 선량한 관리자의 주의의무가 있다고 할 것인데 원고가 이 사건 점유부분의 창문에 붉은 래커칠을 하고 이 사건 건물 부근에서 플래카드 및 피켓 등을 이용하여 허위 사실을 게시하고 예식장 및 뷔페 영업을 방해하는 집회·시위를 하는 등 이를 위반하였으므로, 피고가 유치권의 소멸을 청구하여 원고의 유치권은 소멸하였다고 재항변한다.

살피건대, 유치권자는 선량한 관리자의 주의로 유치권을 점유하여야 하고(민법 제324조 제1항), 유치권자가 위 의무를 위반한 때에는 채무자는 유치권의 소멸을 청구할 수 있다(민법 제324조 제3항)고 할 것이나, 원고가 이 사건 점유부분의 창문에 붉은 래커칠을 하거나 이 사건 건물 부근에서 플래카드 및 피켓 등을 이용하여 집회·시위 등을 한 것만으로는 유치권을 소멸시킬 정도로 유치물인 이 사건 점유부분에 손상을 가하거나 내·외부 시설의 현상을 훼손하였다고 보기 어려우므로 원고의 유치방법이 선량한 관리자의 주의의무에 반한다고 할 수 없어, 피고의 재항변도 이유 없다.

---

다음 판례는 유치권자가 유치물을 타인에게 사용대차(돈 안 받고 하는 임대차)로 점유를 넘긴 경우, 설령 유치권자가 '유치물을 보존하기 위한 행위'라고 주장하더라도 이는 유치물의 보존이 아니라 유치권 보존을 위한 행위에 불과하다고(즉 간접점유를 통해 유치권을 성립시키기 위한 행위라는 뜻) 판단한다. 즉 선관의무 위반이다.

---

### 대법원 2009.5.28. 선고 2009다2095 【건물명도】

**3. 유치권자의 유치물 보존행위 등에 관한 법리오해 주장**

원심은 이 사건 부동산에 대한 유치권자인 ××종합건설 주식회사가 사용대차를 통해 A 및 피고에게 이 사건 부동산의 점유를 이전해 준 사실을 인정하고서도, 위와 같은 점유이전의 목적과 경위가 오로지 ○○아파트 재건축정비사업조합원들의 점유권 침탈 및 방해를 방지하고 이로써 유치권 행사의 실질을 도모하기 위한 것이라는 이유만을 들어 그 사용대차계약 및 점유이전을 유치물의 보존을 위한 행위라고 판단하고, ××종합건설 주식회사의 유치권을 원용하는 피고의 항변을 받아들였다.

그러나 유치권자는 채무자 또는 소유자의 승낙이 없는 이상 그 목적물을 타에 대여할 수 있는 권한이 없으므로, 유치권자의 그러한 대여행위는 소유자의 처분권한을 침해하는 것으로서 소유자에게 그 대여의 효력을 주장할 수 없고, 따라서 소유자의 승낙 없는 유치권자의 임대차 또는 사용대차에 의하여 유치권의 목적물을 대여받은 자의 점유는 소유자에게 대항할 수 있는 적법한 권원에 기한 것이라고 볼 수 없다(대법원 2002.11.27.자 2002마3516 결정, 대법원 2004.2.13. 선고 2003다56694 판결 등 참조). 또한 A 및 피고에 대한 이 사건 부동산 점유이전의 목적과 경위가 원심이 인정한 바와 같다 하더라도, 그 사용대차계약 및 점유이전은 ××종합건설 주식회사의 유치권을 보존하기 위한 행위가 될 수 있을지언정 민법 제324조 제2항 단서가 규정하는 "유치물의 보존에 필요한 사용"에 해당된다고 볼 수는 없다.

---

소유자의 동의 없는 무단 임대라도 무조건 선관의무 위반이라고 볼 수 없다. 아래 사건처럼 전부가 아닌 일부 임대라면 이는 유치물 보존에 필요한 사용이라고 볼 수 있다는 것이 법원의 판단이다.

---

### 서울고법 1973.9.21. 선고 72나1978, 1979 제8민사부판결 : 상고 【가옥명도 건축비청구사건】

1. 피고가 원고로부터 원고 소유의 대지를 매수하여 그 계약금만 지급한 상태에서 원고의 승낙하에 그 대지상에 건물의 신축을 시공 중 그 자금이 부족하여 원고로부터 그 자금의 일부를 차용하여 그 건물을 완공하고 원고와의 사이에 위 건물을 원고의 소유로 하되 피고가 약정기일까지 원고의 위 금원을 변제하면 원고는 위 건물소유

권을 피고에게 양도하기로 약정하였다가 피고가 위 약정기일까지 위 금원을 변제하지 아니하여 원고가 피고에 대하여 위 건물의 명도를 구하는 본건에 있어서, 피고는 총 건축공사비 중 원고로부터 차용한 위 자금을 제외한 피고가 투입한 공사비 금액범위 내에서는 유치권을 행사할 수 있다.

2. 유치권자인 피고가 위 건물(1층 66.73평 2층 75.71평)의 대부분을 사용하고 그 1층 중 56.73평을 다른 사람에게 대여한 것이라면 위 건물의 보존에 필요한 정도의 사용이라 못 볼 바 아니어서 이러한 경우에는 채무자인 원고에게 유치권소멸청구권이 발생할 여지가 없다.

---

유치권자는 소유자의 동의나 승낙을 받아야지 채무자의 동의만으로는 부족하다.

---

### 대법원 2002.11.27.자 2002마3516 결정

유치권의 성립요건인 유치권자의 점유는 직접점유이든 간접점유이든 관계없지만, 유치권자는 채무자의 승낙이 없는 이상 그 목적물을 타에 임대할 수 있는 처분권한이 없으므로(민법 제324조 제2항 참조), 유치권자의 그러한 임대행위는 소유자의 처분권한을 침해하는 것으로서 소유자에게 그 임대의 효력을 주장할 수 없고, 따라서 소유자의 동의 없이 유치권자로부터 유치권의 목적물을 임차한 자의 점유는 구 민사소송법(2002.1.26. 법률 제6626호로 전문 개정되기 전의 것) 제647조 제1항 단서에서 규정하는 '경락인에게 대항할 수 있는 권원'에 기한 것이라 볼 수 없다.

---

유치물을 변경 없이 일부 임대하는 것은 유치물의 보존에 필요한 사용으로 인정받을 수 있다. 특히 소유자가 유치권자의 임대 사실을 알고도 그에 대해서 곧장 이의를 제기하지 않았다면 이는 묵시적 동의로 본다. 다음 판례는 이런 사정들을 복합적으로 고려하여 선관의무 위반 여부를 판단, 위반이 아니라고 결론을 내린다.

---

**대구지방법원 2010.5.11. 선고 2009가합475 판결 【유치권부존재확인】**

**(마) 유치권소멸청구권 행사 주장에 대한 판단(위 ⑤ 주장에 대한 판단)**

유치권자는 원칙적으로 채무자의 승낙 없이 유치물을 대여하지 못하는 것이고, 이것에 위반할 경우에는 채무자가 그 유치권의 소멸을 청구할 수 있는 것이나, 건물 중 일부만을 대여하였다면 그 정도에 따라 유치물의 보존에 필요한 사용이라고 보지 못할 바 아니며, 이러한 경우에는 채무자에게 유치권소멸청구권이 발생할 여지가 없다(대법원 1965.3.9. 선고 64다1797 판결 등 참조).

앞서 든 증거에 변론 전체의 취지를 종합하면 인정되는 바와 같이, 피고들이 이 사건 건물에 유치권자 사무실을 운영하고 경비 설비를 설치하였으며 출입통제를 하고 이 사건 건물 출입구나 벽 등에 안내문과 현수막을 게시하는 등으로 이 사건 건물을 사용하여 온 점, 피고들 등 이 사건 건물에 관한 유치권자들의 대표인 A는 2008.10.30. B에게 이 사건 건물 1층 102호(1층 동편 약 100㎡)를 보증금 300만 원, 월차임 50만 원, 임대차기간 2008.11.1.부터 24개월로 정하여 임대하였고, B는 그때부터 위 장소에서 'C의료기'라는 상호로 의료기기 등 판매업을 한 점, 원고들이 이 사건 2010.2.4.자 준비서면의 송달로 D를 대위하여 위 임대 등을 이유로 한 유치권소멸청구를 한 점은 인정되나, 한편, 피고들이 이 사건 건물을 위와 같이 직접 사용한 것은 유치권을 적절히 행사하기 위한 것일 뿐이었고, 이외에 이 사건 건물을 제대로 관리하지 않거나 훼손하였다는 등의 사정을 찾아볼 수 없는 점, 위 임대 면적이 불과 약 100㎡로서 이 사건 건물 전체 건평인 6,565.33㎡(지하 2층 676.09㎡, 지하 1층 660.5㎡, 1층 509.54㎡, 2층 666.98㎡, 3층 내지 8층 각 675.37㎡)의 약 1.52%에 불과한 점, 이 사건 건물은 그 용도가 병원으로서 의료시설이고, 임차인 B가 위 장소에서 운영한 C의료기도 의료기기 등 판매상점인 점, D가 이후 위 임대사실을 알고도 별다른 이의를 하지 않았던 것으로 보이는 점 등에 비추어 보면, 피고들 등 이 사건 건물 유치권자들의 위 임대행위는 유치물인 이 사건 건물의 보존에 필요한 정도의 사용일 뿐만 아니라 유치권소멸청구권자인 D의 사후적인 묵시적 승인도 있었다고 보이므로, 결국 D의 유치권소멸청구권이 발생하였다고 할 수 없다.

이와 같이 피대위채권인 D의 유치권소멸청구권이 존재하지 않는 이상, 나머지 점에 대하여는 더 나아가 살필 필요 없이 원고들의 위 주장도 이유 없다.

---

유치권자가 선관의무를 위반한 경우, 소유자가 일방적으로 유치권 소멸 청구를 하면 형성권으로 유치권은 즉각 소멸된다.

---

### 광주고등법원 2010.5.19. 선고 2009나44779 판결 【유치권부존재확인】

**(4) 선관주의의무 위반에 따른 유치권의 소멸청구(민법 324조 제3항)**

원고는 피고 A가 제1 건물을 유치권자로서 점유함에 있어서 선량한 관리자의 주의로 점유하여야 하고, 또 원고의 승낙 없이 유치물을 대여할 수 없음에도 불구하고 피고 A는 2009.7.24. B에게 제1 건물을 임대하였으므로 유치권의 소멸을 구한다. 그러므로 살피건대, 유치권자는 선량한 관리자의 주의로 유치물을 점유하여야 하고, 유치권자는 유치물의 보존에 필요한 사용을 제외하고는 채무자의 승낙 없이 유치물을 사용, 대여 또는 담보제공을 하지 못하며, 유치권자가 이를 위반하는 때에는 채무자는 유치권의 소멸을 청구할 수 있다(민법 제324조). 여기서 채무자에는 목적물의 소유자를 포함하고, 유치권의 소멸청구는 형성권으로서 채무자 또는 소유자의 일방적 의사표시에 의하여 유치권은 소멸된다.

이 사건에서 보건대, 갑 제21, 22호증의 각 기재에 변론 전체의 취지를 종합하여 보면, 피고 A는 원고가 소유권을 취득한 이후 원고의 승낙 없이 2009.7.24. B에게 제1건물을 임대차 보증금 300만 원, 월차임 80만 원으로 정하여 임대하였고, 원고의 피고 A의 의무위반을 근거로 한 유치권 소멸청구의 의사표시가 담긴 2009.11.2.자 준비서면이 피고 A에 도달한 사실을 인정할 수 있고, 위 인정사실에 따르면, 피고 A는 유치물에 대한 주의의무를 위반하였다고 봄이 상당하고, 원고가 피고 A에 대해 그와 같은 주의의무위반에 기초하여 유치권 소멸 청구의 의사표시를 함으로써 피고 A의 유치권은 민법 제324조 제3항에 따라 소멸하였다고 봄이 상당하다.

---

여러 개의 유치물 중 일부에 대하여 선량한 관리자의 의무위반이 인정되는 경우 해당되는 부분만 유치권 소멸청구의 대상이 된다.

---

### 대법원 2022.6.16. 선고 2018다301350 판결 【토지인도】

민법 제321조는 "유치권자는 채권 전부의 변제를 받을 때까지 유치물 전부에 대하여 그 권리를 행사할 수 있다."고 정하므로, 유치물은 그 각 부분으로써 피담보채권의 전부를 담보하고, 이와 같은 유치권의 불가분성은 그 목적물이 분할 가능하거나 수개의 물건인 경우에도 적용되며(대법원 2007.9.7. 선고 2005다16942 판결 참조), 상법 제58조의 상사유치권에도 적용된다(대법원 2016.12.27. 선고 2016다244835 판결 참조).

민법 제324조는 '유치권자에게 유치물에 대한 선량한 관리자의 주의의무를 부여하고, 유치권자가 이를 위반하여 채무자의 승낙 없이 유치물을 사용, 대여, 담보 제공한 경우에 채무자는 유치권의 소멸을 청구할 수 있다.'고 정한다. 하나의 채권을 피담보채권으로 하여 여러 필지의 토지에 대하여 유치권을 취득한 유치권자가 그중 일부 필지의 토지에 대하여 선량한 관리자의 주의의무를 위반하였다면 특별한 사정이 없는 한 위반행위가 있었던 필지의 토지에 대하여만 유치권 소멸청구가 가능하다고 해석하는 것이 타당하다.

---

유치권자가 채무자의 동의 없이 건물을 임대한 경우, 이때 임차인은 어떻게 될까? 임차인의 점유는 경락인에게 대항할 수 있는 권원에 기한 것이 아니므로 집을 비워주어야 한다는 것이 법원의 판단이다.

---

### 대법원 2002.11.27.자 2002마3516 결정 【부동산인도명령】

유치권의 성립요건인 유치권자의 점유는 직접점유이든 간접점유이든 관계없지만, 유치권자는 채무자의 승낙이 없는 이상 그 목적물을 타에 임대할 수 있는 처분권한이 없으므로(민법 제324조 제2항 참조), 유치권자의 그러한 임대행위는 소유자의 처분권한을 침해하는 것으로서 소유자에게 그 임대의 효력을 주장할 수 없고, 따라서 소유자의 동의 없이 유치권자로부터 유치권의 목적물을 임차한 자의 점유는 구 민사소송법(2002.1.26. 법률 제6626호로 전문 개정되기 전의 것) 제647조 제1항 단서에서 규정하는 경락인에게 대항할 수 있는 권원에 기한 것이라고 볼 수 없다.

또한 기록에 의하면, 이 사건 건물의 유치권자로서 재항고인들에게 그 2층 부분을 임대하였다고 하는 ××산업개발 주식회사(이하 '××산업'이라 한다)에 대하여는 낙찰자의 신청에 의하여 이 사건 건물 전부를 낙찰자에게 인도하라는 인도명령이 이미 확정되어 있음을 알 수 있으므로, ××산업이 재항고인들로부터 그 점유를 이전받더라도 이를 점유할 수 없게 됨으로써 그 유치권을 더 이상 유지할 수도 없게 되었다. 따라서 같은 취지에서 재항고인들이 가사 ××산업으로부터 그 2층 부분을 임차하였다고 하더라도, 재항고인들은 낙찰자에게 대항할 수 있는 권원을 갖고 있다고 볼 수 없다고 판단한 원심의 조치는 정당하고, 거기에 재항고이유로 주장하는 바와 같은 법리오해 등의 위법이 없다.

--------------------------------------------------

유치권자가 제3자에게 유치물을 임대하는 경우, 채무자나 소유자의 동의를 구해야 한다. 그런데 채무자와 소유자가 다른 경우, 즉 해당 물건이 경매로 다른 사람의 소유가 된 경우, 유치권자는 누구의 동의를 구해야 하는가? 법원은 이 경우 채무자가 아니라 소유자의 동의를 구해야 한다고 판결을 내린다.

--------------------------------------------------

### 대법원 2011.2.10. 선고 2010다94700 판결 【건물명도】

#### 1. 상고이유 제1점 및 제2점에 대하여

유치권의 성립요건인 유치권자의 점유는 직접점유이든 간접점유이든 관계없지만, 유치권자는 채무자 또는 소유자의 승낙이 없는 이상 그 목적물을 타에 임대할 수 있는 권한이 없으므로(민법 제324조 제2항 참조), 유치권자의 그러한 임대행위는 소유자의 처분권한을 침해하는 덕으로서 소유자에게 그 임대의 효력을 주장할 수 없다. 따라서 소유자의 승낙 없는 유치권자의 임대차에 의하여 유치권의 목적물을 임차한 자의 점유는 소유자에게 대항할 수 있는 적법한 권원에 기한 것이라고 볼 수 없다(대법원 2002.11.27.자 2002마3516 결정, 대법원 2004.2.13. 선고 2003다56694 판결 참조).

원심판결 이유에 의하면, 원심은 그 채택증거를 종합하여 판시와 같은 사실을 인정한 다음, 설령 A가 B로부터 공사대금 680,873,334원을 지급받을 때까지 이 사건 건물에 대한 유치권을 가진다고 하더라도, 피고가 A의 위 유치권을 원용하여 원고의 이 사건 건물에 관한 인도청구를 거절하기 위해서는 피고가 A로부터 이 사건 건물을 임차함에 있어 당시 이 사건 건물의 소유자인 ××실업 주식회사(이하 '××실업'이라고 한다) 또는 이후 소유자가 된 C, 원고로부터 이에 관한 승낙을 받았다는 점에 관한 입증이 있어야 하는데, 피고가 주장하는 A에 대한 위 공사대금 채무자인 B의 동의만으로는 민법 제324조 제2항에 따른 동의가 있었다고 볼 수 없다는 취지로 판단하였다. 위 법리 및 기록에 비추어 보면, 원심의 이러한 사실인정과 판단은 정당하다.

---

## 3 타담보 제공으로 유치권이 소멸된 경우

민법 제327조는 타담보 제공으로 유치권을 소멸시킬 수 있다는 내용이 담겨 있다. 이 조항을 만든 목적은 유치권의 불가분성 때문이다. 불가분성이란 나눌 수 없다는 말이다. 예컨대 공사대금채권이 1천만 원이라고 해도 유치권자는 그 건물 전체를 유치할 수 있게 된다. 불가분성에 의해 유치물을 나눌 수 없기 때문이다. 문제는 유치권자의 채권이 유치물에 비하면 작은 경우가 많다는 점. 돈 1천만 원 때문에 몇 억짜리 건물을 놀리게 되면 소유자로서는 큰 손해가 아닐 수 없다. 민법 제327조는 이런 불합리한 문제를 해결하기 위해 제정된 것으로 만일 채무자가 상당한 담보를 제공할 수 있다면 유치권 소멸을 청구할 수 있도록 했다. 한편 유치권자로서도 유치권 자체가 간접적으로 변제를 강제하는 수단에 불과하기 때문에 담보를 제공받는 것이 더욱 유리하다. 예컨대 채무의 이행 확보라는 점에서는 질권, 저당권 내지 연대보증(채무를 진 사람이 채무를 갚지 않을 경우 그 사람을 대신하여 채무의 변제를 약속하는 것)과 같은 인적담보(채무자의 책임재산에 제3자의 책임재산을 추가하는 방법에 의한 담보로, 보증채무와 연대채무가 있음) 등의 담보가 유치권자에게 좋다는 말이다.

잠시 법조항을 살펴보자.

---

**민법 제327조 (타담보제공 및 유치권 소멸)**

채무자는 상당한 담보를 제공하고 유치권의 소멸을 청구할 수 있다.

---

위 조항에는 단지 소멸 청구권자가 '채무자'라고만 되어 있으나 소유자여도 무방하다.

'상당한 담보'란, 단순히 유치권 목적물의 가격과 담보 목적물의 가격을 비교하여 결정한다는 게 아니다. 예컨대 10억짜리 건물을 유치하고 있었다고 해서 담보 목적물이 10억에 상당해야 한다는 말이 아니다. 어차피 유치권자가 받아야 할 돈은 정해져 있으므로 그에 상당한가를 따지게 된다(유치물의 가격이 피담보채권보다 적은 경우에도 마찬가지로 피담보채권에 상당하는 담보여야 한다.).

또한 담보의 종류에는 제한이 없다. 다만 인적담보인 경우 보증인은 유치물의 가격에 상당하는 금액을 한도로 하여 채권을 보증하면 된다. 물론 유치권에 의한 담보력보다 담보력이 떨어질 때는 담보를 인정하지 않는다. 그러나 질권, 저당권은 우선 변제능력을 가지고 있기 때문에 목적물의 가격이 다소 뒤떨어지더라도 상당하다고 인정하는 경우도 간혹 있다.

담보 제공은 채무자가 임의로 판단하여 할 수 있는 것은 아니고, 유치권자의 승낙이나 혹은 이를 대신할 수 있는 법원의 판결이 있어야 한다. '제공한다'는 말은 담보물권을 설정 또는 보증계약을 체결하는 것을 말한다. 단순히 담보물권을 설정한다는 것 또는 보증인을 세운다는 것을 약속하는 것만으로는 부족하고, 또한 담보물권설정계약의 청약, 보증인에 의한 보증계약의 청약만 가지고도 족하지 않다. 실제 설정 및 계약 체결에 이르러야 한다. 또한 유치권자로 하여금 채권변제의 확보를 얻게 하는 것이 목적이므로 담보 제공이 유치권 발생 이후일 필요가 없다. 예컨대 채무자가 유치권 발생 전에 이미 충분한 담보를 제공하고 있는 경우, 제3자가 채권자의 채무를 보증하고 있는 경우, 혹은 채무자가 상당한 근저당을 설정하고 있는 경우에는 새로운 다른 담보를 공여(어떤 물건이나 이익 따위를 상대편에게 돌아가도록 함.)하지 않고서 유치권의 소멸을 청구할 수 있다.

아래 판례는 상당한 담보를 제공했으므로 유치권이 소멸되었다는 내용을 담고 있다. 앞으로 유치권의 피담보채권과 유치물을 비교하여 담보제공을 어떻게 하여 유치권의 부담을 덜 수 있는지 가늠할 수 있는 중요한 판례로 생각된다.

---

### 대법원 2021.07.29. 선고 2019다216077 【건물명도(인도)】

**이유**

상고이유(상고이유서 제출기간이 지난 다음 제출된 상고이유보충서 등은 이를 보충하는 범위에서)를 판단한다.

**1. 사안 개요**

원심판결 이유에 따르면 다음 사실을 알 수 있다.

원고는 2016.2.16. 담보권 실행을 위한 경매절차에서 원심판결 별지 2 목록 기재 각 건물(이하 '제2 건물'이라 한다)을 매수하였다. 피고는 제2 건물이 속한 집합건물에 관해서 생긴 공사대금채권을 피담보채권으로 하여 제2 건물에 대하여 유치권을 행사하고 있다. 피담보채권은 '피고가 C에 대하여 가지는 공사대금 4억 1,700만 원과 이에 대하여 2008.5.16.부터 다 갚는 날까지 연 20%의 비율로 계산한 지연손해금' 채권이다. 원고는 이 사건 2018.10.26.자 청구취지 및 청구원인 변경신청서에서 피고에게 원고가 소유한 원심판결 별지 1 목록 기재 각 건물(이하 '제1 건물'이라 한다)에 관해서 최선순위 근저당권을 설정해주는 방법으로 다른 담보를 제공하겠다는 청약을 하면서 유치권 소멸을 청구하는 의사표시를 하였고, 위 변경신청서가 2018.10.30. 피고에게 도달하였다. 2017.11.16. 기준 감정평가액은 제2 건물이 1억 5,500만 원이고, 제1 건물이 1억 5,900만 원이다.

## 2. 담보의 상당성 유무

가. 채무자는 상당한 담보를 제공하고 유치권의 청구할 수 있다(민법 제327조). 유치권 소멸 청구는 민법 제327조에 규정된 채무자뿐만 아니라 유치물 소유자도 할 수 있다. 민법 제327조에 따라 채무자나 소유자가 제공하는 담보가 상당한지는 담보가치가 채권 담보로서 상당한지, 유치물에 의한 담보력을 저하시키지 않는지를 종합하여 판단해야 한다. 따라서 유치물 가액이 피담보채권액보다 많을 경우에는 피담보채권액에 해당하는 담보를 제공하면 되고(대법원 2001.12.11. 선고 2001다59866 판결), 유치물 가액이 피담보채권액보다 적을 경우에는 유치물 가액에 해당하는 담보를 제공하면 된다.

나. 원심은 다음과 같이 담보의 상당성이 인정된다는 이유로 원고의 청구를 인용하였다.

채무자나 소유자가 민법 제327조에 따라 상당한 담보를 제공하고 유치권 소멸을 청구하는 경우 유치물 가액이 피담보채권액보다 적을 때에는 유치물 가액에 해당하는 담보를 제공하면 된다. 제2 건물 가액은 합계 1억 5,500만 원으로 피담보채권액보다 적으므로, 원고는 유치권 소멸을 청구하기 위해서 제2 건물 가액에 해당하는 담보를 제공하면 된다. 원고가 제공한 담보는 우선변제권이 있는 최선순위 근저당권 설정이고 담보물인 제1 건물 가액은 합계 1억 5,900만 원으로 제2 건물 가액과 비슷하다.

다. 원심판결 이유를 위에서 본 법리와 기록에 비추어 살펴보면, 원심판결은 정당하고 상고이유 주장과 같이 담보의 상당성과 유치권의 불가분성 등에 관한 법리를 오해한 잘못이 없다.

(같은 취지 판례 : 대법원 2021.10.28. 선고 2021다241991【건물명도(인도)】)

------------------------------------------------------------

돈이나 수표 따위를 법원에 임시 보관시키는 일을 공탁이라고 한다. 이는 공탁법에 따라 이루어진다. 그렇다면 담보 제공을 위해 공탁을 하는 것은 과연 민법 제327조에 의한 담보 제공으로 인정받을 수 있을까? 법원은 법 규정에 공탁에 대한 내용이 없음을 이유로 들어 이를 인정하지 않는다.

------------------------------------------------------------

**부산지방법원 2004.3.11. 선고 2003가합652 판결【건물명도등】**

살피건대, 민법 제327조의 규정에 의하여 유치권의 소멸을 청구하기 위하여서는 소멸청구를 하기 전에 미리 담보를 제공할 필요는 없고 담보제공에 대한 유치권자의 승낙의 의사표시를 구함과 동시에 유치권의 소멸을 청구할 수도 있으나, 제공하려는 담보는 소멸되는 유치권이 가지고 있던 담보력을 저하시키지 아니하는 정도의 상당한 담보이어야 한다. 그런데 원고가 제시하는 담보 중 먼저 유익비에 상당하는 금액을 공탁하는 것에 관하여 보면, 담보를 위한 공탁은 그 근거법령에서 이를 규정하고 있는 경우에 허용되는 것인데, 타담보제공에 의한 유치권 소멸 청구의 근거법령인 민법 제327조는 담보를 위한 공탁을 규정하고 있지 아니하므로 이는 허용될 수 없다 할 것이고, 다음으로 이 사건 건물 및 그 부지에 관하여 근저당권을 설정하는 것에 관하여 보면, 甲 제1호증의 1, 2의 각 기재에 의하면, 이 사건 건물 및 그 부지에 관하여는 이미 주식회사 ××명의로 채권최고액이 13억 원인 제1순위 근저당권이 설정되어 있는 사실을 인정할 수 있는데, 이 사건 건물 및 그 부지가 위 제1순위 근저당권의 피담보채권을 감안하는 경우 얼마나 담보 여력이 있는지 여부를 판단할 자료가 없는 이 사건에서, 이 사건 건물 및 부지에 관하여 근저당권을 설정하는 것만으로 상당한 담보의 제공이라고 할 수 없다.

---

유치물을 담보물로 제공할 수 있을까? 법원은 가능하다고 말한다. 물론 민법 327조는 '타담보'라고 표기되어 있으나 이는 다른 담보물을 뜻하는 것이 아니라 성격이 다른 담보를 뜻하는 것으로 볼 수 있다.

---

### 서울지방법원 2001.8.23. 선고 2000나77835 판결 【건물명도등】

위 인정사실에 의하면, 위 A는 1997.6.23. 피고에게 위 다세대주택 신축공사 잔대금 채무에 대한 담보로서, 신축된 위 다세대주택 9세대 전부에 관하여 1순위로 근저당권설정등기를 경료하여 주었다는 것이고, 위 근저당권설정등기에 기하여 개시된 임의경매절차에서 위 다세대주택 9세대의 감정평가액의 합계가 위 공사잔대금 채권액 124,470,000원을 크게 상회하는 점, 피고가 위 다세대주택 중 단지 6세대의 낙찰대금으로부터 공사잔대금채권 전액을 변제받은 점을 고려하여 볼 때, 위 A로서는 피고에게 위 근저당권설정등기를 마쳐 줌으로써 위 공사잔대금 채무에 상당한 담보를 제공하였다 할 것이다. 그런데, 원고가 2000.6.9. 10:00 이 사건 제1심 법원의 제2차 변론기일에서 피고에 대하여 위와 같은 담보제공에 근거한 유치권 소멸 청구의 의사표시(위 유치권 소멸 청구의 의사표시는 당해 유치물에 관하여 이해관계를 가지고 있는 자인 피담보채무의 채무자, 담보제공자, 유치물의 소유자 중 어느 하나에 해당하는 자이면 상당한 담보가 제공되어 있는 이상 누구든지 할 수 있다 할 것이다)를 한 사실은 기록상 분명하므로, 이로써 피고의 유치권은 민법 제327조의 규정에 따라 소멸하였다 할 것이어서 원고의 재항변은 이유 있고 결국 피고의 유치권 항변은 2000.6.9. 이후의 점유 부분에 관하여는 이유 없게 되었다 할 것이다. 피고는 다시, 위와 같이 상당한 담보에 해당되기 위하여는 당해 유치물을 제외한 다른 물건이어야 하므로 위와 같이 유치권의 대상이 되는 부동산에 근저당권을 설정하여 준 것만으로는 담보 적격이 없다고 주장하나, 위 담보로서의 적격을 가지기 위하여는 그 담보권을 실행하여 그로부터 그 피담보채무의 변제를 받을 수 있으면 족한 것일 뿐 유치권의 대상이 되는 목적물이라 하여 그 담보 적격이 없다 할 수는 없으므로 피고의 위 주장 또한 이유 없다.

------------------------------------------

# 4

# 혼동에 의한 유치권 소멸

유치권자가 해당 유치물의 소유자가 된 경우, 이때 유치권은 혼동에 의해 사라진다. 다음 판례는 유치권을 주장하는 사람이 소유권을 갖게 되었으므로 그 주장은 이유가 없다는 판결을 담고 있다. 또한 이후로 소유권이전등기가 말소되었더라도 유치권이 다시 생기지 않는다는 점도 분명히 하고 있다.

---

**대구지방법원 2010.7.7. 선고 2009가단36736 판결 【건물명도】**

(나) 이 사건으로 돌아와 피고들이 경매개시결정 기입등기 경료 전부터 이 사건 부동산을 유치권자로서 점유하였는지에 관하여 살피건대, 갑 제2, 3호증, 을 제7호증의 1 내지 8, 28, 29의 각 기재에 의해 인정되는 다음의 사정, 즉 이 사건 경매부동산 현황조사보고서에 피고들 및 공사업자들의 점유에 대한 언급이 전혀 없

는 점, 피고들은 이 사건 부동산을 2007.12.11.부터 공사업자들로 하여금 점유하도록 하여 간접점유를 시작하였다가 2008.12.22.부터는 이 사건 부동산을 양도받아 직접 점유하였다고 주장하고 있으나, 공사업자가 공사를 진행하면서 점유를 한 것은 자신들이 공사를 하기 위한 점유이지 피고들을 위한 점유가 아니고, 공사업자들 중 일부는 자신들의 공사대금 채권을 담보하기 위하여 유치권주장을 하고 있었으므로, 공사업자들의 점유를 피고들의 간접점유라고 볼 수 없어 피고들이 직접점유를 시작한 2008.12.22.부터 점유하기 시작하였다고 보이는 점 등에 비추어 을 제1, 3, 4, 5호증, 을 제7호증의 9 내지 27, 을 제9, 10호증의 각 기재만으로는 피고들이 이 사건 대지에 관한 경매개시결정 기입등기 경료 전인 2007.12.11.부터 이 사건 부동산을 점유하였음을 인정하기에 부족하고, 달리 이를 인정할 만한 증거가 없으므로, 피고들은 유치권을 내세워 원고에게 대항할 수 없다.

가사, 피고들이 공사대금채권을 담보하기 위한 유치권을 가지고 있었다고 하더라도 이 사건 부동산에 대하여 2008.12.24. 피고 A 명의로 소유권이전등기를 경료하여 소유권을 취득함과 동시에 유치권은 혼동에 의해 소멸하였다고 할 것이고(민법 제191조 제1항 본문), 피고 A의 소유권이전등기가 B가 이 사건 본등기를 경료함으로써 말소되었다고 하더라도 소멸된 유치권이 다시 부활하는 것은 아니므로, 피고들의 유치권이 존재함을 전제로 한 적법 점유 주장은 이유가 없다.

---

유치권자가 유치물의 주인이 된 경우 기본적으로는 혼동에 의해 유치권이 소멸된다. 그런데 이 물건에 근저당권과 같은 권리가 걸려 있다면 문제가 된다. 유치권은 근저당권에 앞서는 권리로 우선변제를 받을 수 있는데 만일 유치권이 사라지고 나면 근

저당권자가 우선변제자가 되어 유치권자로서는 불이익을 당할 수밖에 없다.

이런 경우를 예방하기 위해 법원은 근저당권과 같이 다른 권리가 있는 건물을 유치권자가 매입한 경우에는 예외적으로 혼동을 인정하지 않고 유치권이 살아 있는 것으로 판결한다.

### 부산지방법원 2010.9.15. 선고 2009나23426 판결 【유치권부존재확인】

가. 소유권취득에 따른 소멸에 관하여 이에 대하여 원고는 유치권은 타인의 물건에 대하여만 성립하는바 피고들은 이 사건 제5, 4 부동산에 관하여 각기 소유권을 취득하였으므로 피고들의 위 각 유치권은 소멸하였다고 주장한다.

살피건대, 동일한 물건에 대한 소유권과 다른 물권이 동일한 사람에게 귀속한 때에는 그 다른 물권은 원칙적으로 소멸하지만 그 물권이 제3자의 권리의 목적이 된 때에는 예외적으로 소멸하지 아니하는바(민법 제191조 제1항) 그 예외적인 경우는 이를 넓게 해석하여 본인 또는 제3자의 이익을 위하여 필요가 있는 경우라 할 것이고 이때 제한물권(*물권의 한 가지로 소유권과 대비되는 개념, 유치권 등이 있다.)이 혼동으로 소멸하지 않고 제한물권을 존속시킬 필요가 있는 경우라 함은 동일한 물건이 제3자의 권리의 목적일 때 제3자에게 부당하게 이득을 주는 반면 당해 제한물권자의 이익을 부당하게 침해하게 되는 경우까지를 아우르는 것으로 보아야 하고 이는 유치권의 경우에도 마찬가지이다. 이 사건에 관하여 보면 위 1. 기초사실의 가.항과 같이 이 사건 제5, 4 부동산에 관하여 A 앞으로 근저당권이 설정되어 있는 한편 피고들의 위 각 유치권은 위 근저당권에 대하여 대항력이 있으므로 피고들의 이 사건 제5, 4 부동산의 소유권을 취득하였다는 이유만으로 피고들의 위 각 유치권이 혼동으로 소멸한다고 하면 위 근저당권자에게는 부당하게 이득을 주는 반면 피고들에게는 그들이 유치권자로서 누리는 이익을 부당하게 침해당하게 되므로 뒤에서 보는 바와 같이 피고들이 이 사건 제5, 4 부동산의 소유권을 취득하였다 하더라도 그 이유만으로 피고들의 위 각 유치권이 소멸하는 것은 아니라 할 것이다. 이 부분 원고 주장은 이유 없다.

## 임의로 점유를 반환한 경우 유치권은 어떻게 될까

유치권자가 유치물을 임의로 채무자에게 반환한 후 다시 그 점유를 회복하여 새로이 유치권을 취득할 수 있을까? 일반적인 경우 점유의 상실은 곧 유치권의 소멸을 뜻한다.

---

**민법 제328조 (점유상실과 유치권소멸)**

유치권은 점유의 상실로 인하여 소멸한다.

* 참고로 점유를 잃은 유치권자는 유치권에 기하여 반환 청구권을 행사할 수는 없다(점유물반환 청구권이 가능하다.).

---

물론 예외적으로 점유 상실자가 다시 목적물을 점유한 경우에 동일 채권에 관하여 그 물건 위에 다시 유치권을 취득할 수 있다. 대법원도 '유치권은 채권과 물건과의 관련 있

음으로서 족하고 채권과 물건의 점유와의 관계는 요하지 아니하는 것이므로 물건에 관련한 채권을 가진 자가 후에 그 물건을 점유하게 된 경우 또는 유치권자가 물건의 점유를 일시 상실하였다가 후에 다시 동일물건을 점유하게 된 경우에는 각각 그 채권을 위하여 유치권을 취득할 수 있다(대법원 1955.12.15. 4288민상136 판결 참조)고 판시하였다. 그러나 이 경우의 점유 상실은 대개 본인의 의지와 무관하게 침탈된 경우가 대부분이다.

반면 유치권자 본인이 임의로 점유를 채무자에게 반환하는 경우도 있다. 이때 과연 점유를 회복하면 유치권을 다시 살릴 수 있을까? 이 경우에는 점유를 반환한 사람이 사전에 유치권의 존재를 알고 있었는지, 모르고 있었는지에 따라 결과가 달라진다.

- 유치권의 존재를 알고 있었다 : 유치권자가 유치권의 존재를 알면서 반환한 경우에는 유치권의 포기라고 해석하는 것이 보통이다. 따라서 유치권은 종국적으로 소멸한다. 다만 포기의 의사가 없다는 뜻을 미리 표시하는 경우에는 소멸하지 않는다.

- 유치권의 존재를 몰랐다 : 유치권자가 유치권의 존재를 알지 못하고 반환한 경우에는 유치권의 포기의 의사가 없는 것이 명백하기 때문에 다시 새로이 유치권을 취득하는 것이 가능하다. 물론 새로 유치권을 취득할 때는 기타 유치권 요건을 모두 충족해야 한다.

이 책의 초판은 2011년 10월에 출간되었다. 그 사이 판례에서 유의미한 변화가 있었다. 여기서는 2023년 04월 30일 기준 '종합법률정보(www.glaw.scourt.go.kr, '종합법률정보'로 검색하여 접속)'에서 검색하여 찾은 판례나 법원 도서관에서 찾은 판결 중에 소개할 만한 내용 몇 개를 추렸다.

다음 소개하는 판례에는 아래 주제들에 대한 해석이 담겼다.
- 신의성실의 원칙으로 유치권이 가짜임을 주장할 수 있는가?
- [견련성 문제] 건축자재를 납품하고 돈을 못 받은 자도 유치권을 주장할 수 있는가?
- 다소 느슨한 점유도 점유로 인정받을 수 있는가?
- 다소 느슨한 점유와 집행관의 부동산현황조사보고서가 부딪쳤을 때는?
- 신의칙 위반을 판단하려면?

· 13장 ·

# 지난 10년간
# 기억할 만한 판례
# 5가지

> # 1
> # 신의성실의
> # 원칙 위반 사건
>
> – 대법원 2011.12.22. 선고 2011다84298 판결
> (원심 : 부산고등법원 2011.9.20. 선고 2011나2449 판결)

### 1) 어떤 사건인가?

신의성실의 원칙(신의칙)을 위반했다는 이유로 유치권의 부존재(없음)를 판결한 사건이다. 매우 드문 판례인데 신의칙 위반이 유치권 성립 여부를 판단하는 데 거의 등장하지 않기 때문이다.

한 가지 더, 이 사건의 특이점은 건물주와 공사업체 간에 발생한 유치권이 아니라 상거래에서 비롯된 상사유치권이라는 점이다. 공사업체가 건물을 지어주고 그 공사비를 못 받을 때, 즉 채권과 물건 사이에 견련성이 있을 때 발생하는 게 일반 유치권인데 상사유치권은 이 견련성이 필요 없다.

등장인물은 3명이다. 돈을 꾼 회사, 돈을 먼저 빌려준 회사, 돈을 나중에 빌려준 회사. 이 가운데 돈을 나중에 빌려준 회사에서 상거래를 이유로 상사유치권을 주장하면서 문제가 불거진다. 돈을 먼저 빌려준 회사는 뒤에 자신들의 채권과 근저당권을 타

회사에 양도하며 무대에서 사라진다. 새롭게 채권과 근저당권을 양수한 회사는 후순위 회사가 괘씸하다. 부동산을 경매에 넘겼는데 유치권이 붙었으니 채권을 전부 회수하는 게 힘들지 모른다. 그래서 이들은 유치권을 주장하는 회사를 상대로 '유치권부존재확인의 소'를 제기했다. '우리는 그 유치권 인정 못 하니까 가짜라고 판결해 주세요.' 하고 소송을 제기한 것이다. 사건을 읽어보자.

## 사건 개요

### (1) 한국산업은행의 근저당권 실행과 원고의 지위 등

한국산업은행은 영환물산 주식회사(이하 '영환물산'이라 한다)에 대한 대출금채권을 담보하기 위하여 2003.3.31. 영환물산과 사이에, 영환물산 소유의 별지 목록 기재 부동산(이하 '이 사건 건물'이라 한다)과 그 부지 및 이 사건 건물에 설치된 기계기구에 관하여 공장저당법에 의한 근저당권설정계약을 체결하였고, 이에 따라 같은 날 이 사건 건물과 그 부지 및 위 건물에 설치된 기계기구에 관하여 한국산업은행 명의로 채권최고액 일본국법화 7억 5천만 엔으로 된 근저당권설정등기가 마쳐졌다(이하 '이 사건 1순위 근저당권'이라 한다). 영환물산이 2008.12.19.부터 대출금에 대한 이자의 납부를, 2008.12.31.부터 대출금의 상환을 각 연체하자, 한국산업은행은 2009.2.18. 영환물산에게 '2009.1.30.자로 대출금에 대한 기한의 이익이 상실되었음'을 통지한 후 2009.4.13. 부산지방법원 2009타경16352호로 영환물산에 대한 대출금 채권 71억여 원을 청구채권으로 하여 이 사건 1순위 근저당권에 기하여 이 사건 건물과 그 부지 및 위 건물에 설치된 기계기구에 관하여 임의경매신청을 하였고, 위 법원은 같은 달 14일 임의경매개시결정을 하였으며, 같은 달 15일 임의경매개시결정의 기입등기가 마쳐졌다(이하 '이 사건 경매'라 한다). 한국산업은행이 2009.11.26. 자산유동화에 관한 법률의 적용을 받는 유동화전문회사인 원고에게 이 사건 1순위 근저당권의 피담보채권 및 이 사건 1순위 근저당권을 양도하고, 같은 날 위 법률의 규정에 따라 금융위원회에 이를 등록함과 아울러 영환물산에게 채권양도통지를 함에 따라 원고는 위 경매사건에서 한국산업은행의 경매절차상의 지위를 승계하였다. 한편, 한국산업은행의 의뢰에 따라 한국감정원이 실시한 감정평가에 의하면 2007.5.2.을 기준으로 한 이 사건 건물의 가액은 5,160,703,800원, 위 건물 부지의 가액은 2,595,400,000원, 위 건물에 설치된 기계기구의 가액은 598,260,000원이고, 부산 사하구는 2008.11.6. 영환물산의 재산세 체납을 이유로 이 사건 건물의 부지를 압류하였다.

### (2) 피고의 근저당권 취득과 유치권 신고 등

피고는 영환물산에 대한 대출금채권 등을 담보하기 위하여 2004.6.7. 영환물산과 사이에, 이 사건 건물과 그 부지 및 이 사건 건물에 설치된 기계기구에 관하여 공장저당법에 의한 근저당권설정계약을 체결하였고, 이에 따라 같은 날 이 사건 건물과 그 부지 및 위 건물에 설치된 기계기구에 관하여 피고 명의로 채권최고액 13억 원으로 된 근저당권설정등기가 마쳐졌다(이하 '이 사건 2순위 근저당권'이라 한다). 한편, 피고는 2006.12.경부터 2008.1.경까지 사이에 영환물산에게 한도거래약정에 따라 약 7억 3천만 원을 대출하였고, 그 담보로 영환물산으로부터 이 사건 건물에 냉동보관하는 영환물산 소유의 고등어, 삼치, 오징어 등 수산물을 양도담보로 제공받아 이를 공증하였다. 피고는 2008.7.15. 영환물산으로부터 송부받은 재고확인서를 토대로 양도담보로 제공받은 위 수산물에 대하여 재고조사를 실시한 결과, 양도담보의 목적물인 수산물이 부족한 것을 발견하고, 2008.7.17. 영환물산 및 그 연대보증인인 신청외 1에게 담보부족분에 대하여 해당 담보를 제공하거나 그에 상응하는 금액을 상환할 것을 요구하였다.

그 후, 영환물산이 2008.11. 중순경부터 피고에게 대출금에 대한 이자의 지급을 연체함으로 인하여 피고와 영환물산이 체결한 여신거래약정에 따라 영환물산의 피고에 대한 대출금 등 채무가 모두 기한의 이익을 상실하여 변제기가 도래하였음에도 영환물산은 위와 같은 피고의 추가 담보제공 또는 상환 요구에 응하지 아니하였다. 이에 피고는 양도담보로 제공받은 수산물의 보관 및 출고를 직접 관리한다는 명목으로 2008.12.15. 영환물산과 사이에, 이 사건 건물의 1층 985.775㎡ 중 별지 도면 표시 1, 2, 3, 4, 5, 6, 1의 각 점을 차례로 연결한 선내 ㉮ 부분, 2층, 6층, 7층, 8층(이하 '이 사건 유치목적물'이라 한다)에 관하여 '임대차기간 2년, 보증금 없이 월 임료를 300만 원으로 하되, 임대차 개시일로부터 3개월간은 월 임료를 150만 원으로 한다'는 내용의 임대차계약(이하 '이 사건 임대차계약'이라 한다)을 체결하였다. 피고는 이 사건 임대차계약을 체결한 날 자신의 직원인 신청외 2를 파견하여 현재까지 신청외 2를 통하여 이 사건 유치목적물을 점유하고 있다.

피고는 2009.5.14. 이 사건 경매절차에서 이 사건 유치목적물에 대하여 유치권신고를 하였다.

------------------------------------------------

## 2) 원고와 피고의 주장

원고는 어떤 내용을 근거로 '유치권이 가짜'라는 걸 주장했을까?

하나, 점유가 없다.

이 사건 유치목적물은 이미 피고가 후순위 근저당권을 보유하고 있는 담보물건으로서 피고는 영환물산과 사이에 형식상 임대차계약을 체결하였거나 피고의 계열회사인 주식회사 통영수산 또는 주식회사 부산해사랑이 이 사건 유치목적물을 점유하였을 뿐 피고는 이 사건 유치목적물을 점유한 사실이 없으므로, 이 사건 유치목적물에 관하여 피고의 유치권이 성립될 수 없다.

둘, 설령 점유라고 해도 불법점유다.

설령 피고가 이 사건 유치목적물을 점유하고 있다고 하더라도, 피고의 점유는 원고의 선순위 저당권의 실현을 방해하는 불법점유이므로, 이 사건 유치목적물에 관하여 피고의 유치권이 성립될 수 없다.

셋, 유치권 배제 약정이 있다고 보아야 한다.

피고와 영환물산 사이의 수산물 관리를 위한 임대차계약과 그에 기한 피고의 점유가 이 사건 유치목적물에 관한 유치권의 근거가 되는 것은 당사자의 의사에 반하는 것이므로, 피고와 영환물산 사이에 이 사건 유치목적물에 관한 유치권을 배제하는 묵시적 약정이 있는 것으로 보아야 한다.

넷, 신의칙 위반이다.

원고가 선순위 근저당권을 갖고 있는 이 사건 유치목적물에 관하여 피고가 후순위 근저당권으로 담보되는 대출금채권 등을 변제받기 위하여 유치권을 주장하는 것은 신의칙에 반하는 것으로 허용되지 아니한다.

반대로 피고는 상법 제58조에 의한 상사유치권을 적법하게 취득했으므로 빌려준 돈 받을 때까지 유치권을 행사할 수 있다고 반격했다. 법원은 어떻게 판단했을까?

## 3) 법원의 판단

법원은 원고의 손을 들어준다. 유치권이 가짜란다. 원고의 주장 가운데 어떤 점에 주목한 것일까? 점유, 불법점유, 유치권배제약정은 모두 아니다. 피고의 점유에 하등 문제가 없으며 배제약정이 있다고 보아야 할 이유도 없단다. 그런데 신의칙이 문제다. 경매에 넘어가리라는 걸 알고도 유치권을 주장했는데 그 경위가 대단히 석연치 않다는 것이다. 내용을 보자.

---

원심은 첫째 이 사건 경매개시결정의 기입등기가 마쳐진 2009.4.15. 이전에 피고와 영환물산 사이에 이 사건 임대차계약이 체결된 사실, 피고가 이 사건 임대차계약이 체결된 때부터 현재까지 자신의 직원을 통하여 이 사건 유치목적물을 점유하고 있는 사실, 피고의 영환물산에 대한 대출금채권은 상인인 피고와 영환물산 사이의 상행위로 인한 채권으로서 위 임대차계약 당시 이미 변제기에 도달한 사실, 한편 상법 제47조에 의하여 상인인 피고가 이 사건 유치목적물을 임차한 행위는 채무자인 영환물산에 대한 상행위로 인한 것으로 인정되므로, 특별한 사정이 없는 한 피고는 상사유치권자로서 영환물산에 대한 대출금채권의 변제를 받을 때까지 이 사건 유치목적물을 점유할 권리가 있다.

둘째 피고와 영환물산 사이에 이 사건 유치목적물에 관하여 유치권을 배제하기로 하는 약정이 있었음을 인정하기 어렵다.

셋째 한편, 저당권은 해당 부동산의 점유를 저당권자에게 이전하지 않은 상태에서 설정되므로, 저당권 설정 당시 저당권자가 전혀 예상하지 못한 제3자의 점유로 인하여 해당 부동산의 교환가치가 지나치게 하락하거나 경매절차의 진행에 차질이 생기는 일이 없도록 저당권자의 신뢰를 보호할 필요가 있다. 또한, 유치권은 공평의 원칙에 터

잡은 법정담보물권으로서, 경매절차의 입찰인은 낙찰을 받더라도 유치권자의 채권을 변제할 때까지는 유치권자로부터 해당 부동산을 인도받을 수 없다는 점을 고려하여 입찰을 하게 되므로, 유치권의 행사로 인하여 저당권자 등 채권자들의 신뢰가 지나치게 훼손될 경우에는 공평의 원칙 또는 신의칙에 따라 이를 제한할 수 있다고 보아야 한다. 그리고 유치권에 관하여는 점유 이외에는 공시방법이 없으므로, 저당권 등 담보물권 설정 후 압류의 효력이 발생하기 이전에 유치권의 성립요건을 갖춘 경우에 아무런 제한 없이 유치권을 인정한다면 공시주의를 기초로 하는 담보법 질서를 교란시킬 우려가 크므로, <u>선순위 저당권자의 신청에 의하여 곧 경매절차가 개시되리라는 사정을 충분히 인식하면서 점유를 취득하는 등 특별한 사정이 있는 때에는 신의칙상 유치권을 주장할 수 없도록 할 필요가 있다.</u> 특히, 상사유치권의 경우에는 피담보채권과 목적물 사이의 견련관계를 요구하지 않아 일반적인 유치권에 비하여 불공평한 결과가 더 쉽게 발생할 수 있으므로, 상사유치권자와 채무자 사이의 관계 등에 비추어 상사유치권자가 그 목적물의 점유를 취득하게 된 상행위가 상인 간의 정상적인 영업을 위한 것이 아니라 오로지 유치권의 발생을 목적으로 이루어졌다고 볼 수 있는 특별한 사정이 있다면 상사유치권자의 권리행사는 유치권의 남용에 해당되어 그 유치권의 성립 이전에 정당하게 성립한 담보물권자에게 대항할 수 없다고 보아야 한다.

위와 같은 법리에 비추어 이 사건에 관하여 살피건대, ① 앞서 본 바와 같이 영환물산은 피고에 대하여 이미 2008.11. 중순경부터 대출금의 이자 납부를 연체하고 있었고, 부산 사하구가 2008.11.6. 영환물산의 재산세 체납을 이유로 이 사건 건물의 부지를 압류하기까지 하였으므로, 피고는 이 사건 임대차계약 체결 당시인 2008.12.15.경 영환물산이 이 사건 1순위 근저당권자인 한국산업은행에 대하여도 대출금 상환을 이미 연체하였거나 조만간 연체하리라는 사정 및 이로 인하여 한국산업은행이 곧 이 사건 건물 등 담보목적물에 관하여 경매신청을 하리라는 사정을 충분히 인식하고 있었던 것으로 보이는 점, ② 금융기관인 피고로서는 영환물산이 한국산업은행에 대하여 연체하고 있는 이 사건 1순위 근저당권의 피담보채권이 71억여 원으로서 이 사건 건물의 감정가액인 51억여 원을 초과할 뿐더러 이 사건 건물과 그 부지 및 이 사건 건물에 설치된 기계기구를 포함한 감정가액인 83억여 원에 근접한다는 사실을 알거나 알 수 있었던 것으로 보이는 점, ③ 이 사건 임대차계약은 보증금 없이 월 임료 300만 원에 체결되어 통상적인 임대차계약에 비하여 임대료가 지나치게 낮게 정해진 것으로 보이는 점, ④ 피고가 이 사건 임대차계약 체결 이후 영환물산으로부터 취득한 양도담보물인 수산물을 이 사건 유치목적물에 보관하다가 2009.12.경 위 담보물을 모두 처분한 이후에는 이 사건 유치목적물이 비어 있는 상태로서, 유치권을 주장하는 것 외에는 피고의 영업에 별다른 필요가 없는 것으로 보이는 점, ⑤ 피고가 이 사건 경매절차에서 2009.4.21. 근저당권자로서 권리신고를 한 후 2009.5.14. 동일한 피담보채권에 관하여 유치권 신고를 한 점 등 이 사건 건물에 관한 저당권의 설정 경과, 피고와 영환물산 사이의 이 사건 임대차계약의 체결 경위와 그 내용 및 체결 후의 정황, 이 사건 경매에 이르기까지의 사정 등을 종합하여 보면, 피고는 선순위 근저당권자인 한국산업은행의 신청에 의하여 이 사건 건물에 관한 경매절차가 곧 개시되리라는 사정을 충분히 인식하면서 이 사건 임대차계약을 체결하고, 그에 따라 이 사건 유치목적물에 관한 점유를 이전받았다고 볼 것이므로, 이러한 피고가 선순위 근저당권자의 신청에 의하여 개시된 이 사건 경매절차에서 이 사건 유치목적물에 관한 유치권을 주장하는 것은 신의칙상 허용될 수 없다고 판단하여 결국 원고의 주장인 유치권부존재확인을 받아들이고 있다. 대법원은 원심이 피고에게 상사유치권이 있음을 전제로 피고의 유치권행사가 신의칙에 반한다는 원고의 주장에 대하여 원심대로 받아들였다.

------------------------------------------------

**4) 활용법**

이 판례는 다른 사건에 어떻게 적용해야 할까? 신의칙 위반을 근거로 유치권이 가짜라고 주장하는 게 늘 성공할까? 그건 힘들어 보인다. 신의칙 위반이 주요 근거가 되어 가짜로 판결하는 사례는 거의 없으며, 실제로 이후 판례에서 신의칙 적용에 신중할 것을 요구하는 판결이 나왔다(대법원 2014.12.11. 선고 2014다53462 판결). 신의칙 위반이 근거가 되기 위해서는 이 사건처럼 피고의 의도가 행위를 통해서 충분히 드러나야 하고, 재판관이 신의칙 위반을 판단 근거로 삼을 수 있어야 한다.

# 2

## 건축자재 공급과 견련성 사건

- 대법원 2012.1.26. 선고 2011다96208 판결 사건
(원심 : 부산지방법원 2011나6769 판결, 제1심 : 부산지방법원 2010가단60055 판결)

## 1) 어떤 사건인가?

경매로 나온 부동산을 낙찰받은 원고가, 유치권을 주장하는 업체를 상대로 '유치권 부존재확인의 소'를 제기한 사건이다. 사건 자체는 흔한 형태다. 건물 짓다가 돈 못 줘서 경매에 붙이고, 유치권자와 낙찰자 사이에 분쟁이 생긴 것.

------------

### 사건 개요

이 사건 부동산에 관하여 2004.7.5. 신청외 주식회사 에이치오아이디(이하 '에이치오아이디'라고 한다) 앞으로 소유권보존등기가 마쳐졌고, 그 후 2005.2.15. 강제경매가 개시되어 2005.2.17. 경매개시결정 기입등기가 이루어졌으며, 2005.3.8. 임의경매가 개시되어 위 두 경매사건이 병합되어 진행된 끝에, 2010.5.6. 원고가 낙찰대금을 납

부하고 소유권이전등기를 마쳤다. 피고는 에이치오아이디로부터 한울엠비셔스 주상복합건물 신축공사를 도급 받은 신청외 주식회사 한울(이하 '한울'이라고 한다)과의 약정에 따라 2003.4.1.부터 2004.7.경까지 위 공사 현장에 시멘트와 모래 등 건축자재를 공급하였는데, 원사업자인 한울이 2회분 이상 하도급대금을 지급하지 아니하여 그 잔액이 136,384,293원에 달하였는바, 피고는 발주자인 에이치오아이디를 상대로 부산지방법원 2005가합20708호로 그 대금의 지급을 청구하는 소를 제기하여, 2007.9.20. '에이치오아이디는 피고에게 136,384,293원 및 이에 대하여 2005.11.26.부터 2007.9.20.까지는 연 5%, 그 다음날부터 다 갚는 날까지는 연 20%의 각 비율로 계산한 돈을 지급하라'는 판결을 선고 받았고, 그 무렵 위 판결이 확정되었다.

한편 피고는 에이치오아이디의 대표이사이자 한울의 사실상 대표이사인 신청외 1의 승낙을 받아 위 신축된 건물 중 이 사건 부동산에 2004년 말경부터 거주하여 왔고(처인 신청외 2가 2004.10.7.., 자신은 2005.1.20. 각 전입신고를 하였다), 2005.3.10.경 다른 공사업자들과 함께 이 사건 부동산을 비롯한 위 신축 건물의 각 호실에 대하여 유치권 신고를 하였다.

--------------------------------------------

### 2) 원고의 주장

낙찰자인 원고는 무엇을 본 걸까? 어떤 약점을 잡았기에 소송을 제기한 것일까? 바로 견련성이다.

하나, 공급을 한 것이지 공사를 한 것은 아니다.

피고는 이 사건 부동산의 공사 현장에 시멘트와 모래 등 건축자재를 공급하였을 뿐 이 사건 부동산의 공사에 직접 참여하지는 않았으므로, 건축자재대금채권에 불과한 피고의 채권은 이 사건 부동산과의 견련성이 없어서 그에 대한 유치권의 피담보채권이 될 수 없다.

둘, 설령 견련성이 있더라도 변제기가 도래하지 않았다.
위 건축자재대금채권이 피담보채권이 된다고 하더라도, 위 채권의 변제기는 2005년 11월 26일이므로, 피고가 이 사건 부동산을 점유하기 시작한 2004년 10월 7일이나 이 사건 부동산에 대한 강제경매개시결정 기입등기가 이루어진 2005년 2월 17일 또는 피고가 위 경매절차에서 유치권을 신고한 2005년 3월 10일에는 위 채권의 변제기가 도래하지 아니하여 유치권이 성립되지 않는다.

이런 이유로, 원고는 유치권이 가짜임을 주장한다. 법원의 판단은 어땠을까?

### 3) 법원의 판단

이 사건은 대법원까지 가서 종결했다. 대법원은 원심(2심)을 파기하고 돌려보냈는데 견련성에 대한 판단이 달랐기 때문이다. 원심은 견련성이 있다고 보았다.

--------------------------------------------------

원심은 견련성 관련하여 민법 제320조 제1항에서 규정한 '그 물건에 관하여 생긴 채권'은 유치권 제도 본래의 취지인 공평의 원칙에 특별히 반하지 않는 한 채권이 목적물 자체로부터 발생한 경우는 물론이고 채권이 목적물의 반환청구권과 동일한 법률관계나 사실관계로부터 발생한 경우를 포함하는 것인바, 피고가 이 사건 부동산의 신축공사에 필요한 자재인 시멘트와 모래 등을 공급하였고, 위 공사자재들이 공사에 사용되어 이 사건 부동산의 구성부분으로 부합된 이상, 위 건축자재대금채권은 이 사건 부

동산과의 견련관계가 인정되어 이 사건 부동산에 대한 유치권의 피담보채권이 된다고 할 것이고 유치권성립여부주장에 관하여 피고가 한울과의 약정에 따라 2003.4.1.부터 2004.7.경까지 이 사건 공사현장에 시멘트와 모래 등 건축자재를 공급한 사실을 인정할 수 있으므로, 피고의 위 건축자재대금채권의 변제기는 피고가 공사자재의 공급을 완료한 이후인 2004.8.경에는 도래하였다고 보아야 할 것이고, 한편 갑 제4호증의 기재에 의하면, 원고가 위 건축자재대금채권의 변제기라고 주장하는 2005.11.26.은, 피고가 에이치오아이디 및 한울을 상대로 미지급 건축자재대금의 지급을 청구한 사건 (이 법원 2005가합20708)에서 피고가 지연손해금의 기산일로서 구한 위 사건의 소장부본 최종 송달 다음날일 뿐임을 알 수 있으므로, 원고의 위 주장은 이유 없다.

--------------------------------------------------

반면 대법원은 원심이 판결을 내린 과정을 살펴서 최종 판단을 하기 마련인데 원심 판결에 나온 문장, 즉 '피고는 위 건물 신축공사의 수급인인 한울과의 약정에 따라 그 공사현장에 시멘트와 모래 등의 건축자재를 공급하였을 뿐'에 주목한다. 공급만 한 것이라면 피고는 공급받은 업체와 매매계약을 한 것이고, 피고가 가진 채권은 매매대금 채권이지 건축자재대금채권이 아니라고 보아야 한다고 설명한다. 공급한 건축자재가 건물 짓는 데 쓰인 건 사실이지만 그렇다고 이 채권이 건물 자체에 관하여 생긴 채권이라고 보기 어렵다, 즉 견련성이 없다고 보는 게 맞다는 입장이다. 결론은, 그래서 유치권은 성립하지 않는다.

### 4) 활용법

견련성은 어렵다. 학설과 판례가 지금도 다투고 있다. 상식적으로 보면 공사자재 공급도 공사의 일부라고 생각되기 마련인데 이 판례는 다른 판단을 내린다. 견련성 등

해석이 모호한 내용은 이런 하나하나의 판례가 중요하다. 이 대법원 판례 때문에 공급 물량에 대한 채권은 견련성이 없는 것으로 되어 버렸기 때문이다. 나중에 다시 판단이 나오지 않는 한 하급심에서는 이 사건과 같은 채권으로는 더 이상 유치권을 주장할 수 없을 것이다.

# 3. 다른 사건에서는 점유가 아니었는데 이 사건에서는 점유가 되는 점유 인정의 애매성

– 대법원 2014.2.27. 선고 2012다48046 판결 사건
(원심 : 서울고등법원 2012. 5. 4. 선고 2011나82270 판결)

### 1) 어떤 사건인가?

건물을 짓고 싶은 건물주가 있고, 건물주에게 돈을 빌려준 곳이 있으며, 건물을 지어준 공사업체가 있는 전형적인 유치권 사건이다. 건물주가 돈을 못 갚아 부동산이 경매로 넘어갔으며, 공사업체는 돈을 못 받아 유치권을 주장하는 중이다. 원고는 건물주이며, 피고는 공사업체다. 건물주가 '유치권이 가짜라고 주장'하는 소송이므로 '유치권부존재확인의 소'가 되겠다.

---

원고 A, B는 별지 목록기재 1 내지 7 부동산을 1/2지분씩 공유하고 있고 원고 C는 별지목록기재 8 내지 11 부동산의 소유자이다. 원고 보조참가인 D 조합은 원고 A에 대한 채권자로서 별지목록기재 각 부동산(이하 '이사건부동산'이라 한다)에 대하여 2012.4.17.

경부터 2008.9.18.경까지 사이에 4회에 걸쳐 채권최고액 도합 2,236,000,000원의 각 근저당권설정등기를 마쳤고 위 각 근저당권에 기하여 2010.6.10. 수원지방법원성남지원에 부동산임의경매를 신청하여 다음날인 11.경 경매개시결정을 받고 그날 기입등기가 마쳐졌다.

피고는 원고 A와 2001.2.20. 이 사건 각 부동산에 관하여 도급금액은 715,000,000원, 공사기간은 2003.10.20.까지로 하는 토목조성공사계약을 체결하고 공사를 시행하여 2004.6.30.경 준공하였으며 2011.1.31.경 위 법원에 위 공사대금채권 715,000,000원을 피담보채권으로 하는 유치권을 신고하였다.

이 사건 각 부동산은 원래 지목이 전 또는 답이었는데 피고가 이 사건 공사를 준공한 후 대지로 지목이 변경되었다.

------------------------------------------------

그럼, 이 판례의 의미는 무엇인가? 점유에 대한 해석이 이전과 다른 점이 보인다는 점이다. 일반적으로 1) 부동산현황조사보고서와 매각물건명세서에 '점유 관련 정보'가 '미상'이거나 혹은 아무 내용이 없고, 2) 특정일자 방문시에 유치권 현수막이 없었고, 또한 점유하고 있는 사람도 안 보이고, 컨테이너 하나만 덩그러니 놓여 있을 때는 점유라고 인정하지 않았다. 실제로 원고들도 이런 점을 들어서 점유가 아니라고 주장했다.

## 2) 원고의 주장

원고가 '가짜'라고 주장하는 근거는 총 3가지다.

하나, 소멸시효가 완성되어 채권이 소멸되었다.

유치권의 피담보채권의 소멸시효가 공사종료일로부터 3년이 도과하여 소멸했다.

둘, 점유가 아니다.

유치권의 성립요건인 점유를 인정할 근거가 없다.

셋, 점유 시기가 문제다.

설령 점유가 있었더라도 경매개시결정 기입등기가 끝난 뒤 점유가 이루어져 압류의 처분금지효에 저촉된다.

판단의 핵심은 '점유' 여부다. 법원의 판단은 어땠을까?

### 3) 법원의 판단

원심(2심)에서 인정한 사실은 다음과 같았다.

- 원고 A는 소멸시효 만료 전인 2005.3.20.경 450,000,000원의 공사대금에 대해 토지매각 후 지급하겠다는 지불각서를 작성해 주고 그 후에도 지불각서를 작성해주어 채무승인한 것으로 시효소멸하지 않았다. (원고의 소멸시효 주장과 관련된 내용이다.)

- 점유와 관련하여 살펴보면 이사건 경매절차에서 2010.7.7. 작성된 부동산현황조사보고서에는 점유관계가 '미상'으로 기재되어 있는 사실

- 2011.1.28. 작성된 매각물건명세서의 점유와 관련한 기재사항 한 부분에 피고의 이 사건 각 부동산의 점유와 관련된 아무런 내용이 기재되어 있지 않은 사실

- 원고 보조참가인의 직원이 2011.2.7. 이 사건 각 부동산을 방문하였을 때 유치권 행사 중임을 알리는 현수막 등이 없었고, 피고나 피고의 직원들이 없었던 사실

- 이 사건 각 부동산 인근에 피고가 현장사무실로 사용하던 컨테이너가 놓여 있었고 컨테이너 안에는 2011.7.5.경부터 2011.11.21.경까지 정돈되지 아니한 공사자재 등이 일부 쌓여 있던 사실

원심에서 인정한 사실들을 살펴보면 점유가 없었다고 판단을 내려도 하등 이상해 보이지 않는다. 물론 반대 사실도 있다.

- 피고는 이 사건 공사를 마친 후에도 공사대금을 일부 지급받지 못하여 G로 하여금 이 사건 각 토지를 관리하게 하였고 G는 2003년경부터 2011년경까지 사이에 피고로부터 월 1,500,000원의 보수를 지급받으면서 이 사건 컨테이너로 자주 출근하여 외부인의 출입을 감시하는 업무를 수행했다.

- 피고는 2006년 말경 이 사건 각 토지 주위에 철제 울타리를 설치했다.

- H는 2010.2.10.경 피고의 주문으로 '유치권 행사 중'이라는 현수막을 제작하여 피고에게 납품하였고 피고는 그 무렵 위 컨테이너 외부에 게시하였다.

- 위 현수막이 멸실되자 H는 다시 2010.5.26.경 피고의 주문으로 '유치권 행사 중'이라는 현수막을 제작하여 피고에게 납품하였고 피고는 그 무렵 이를 위 철제 울타리에 게시했다.

- 2심 변론종결 당시에도 피고가 이 사건 컨테이너를 점유하고 있다는 사실

그리고 이 지점에서 원심이 '점유'라고 인정하게 되는 해석이 등장한다. 원심은 이렇게 말한다.

- 이 사건 각 부동산이 건물들이 아니라 나대지 상태라는 특성에 비추어 보면 피고 또는 피고의 보조자가 이 사건 각 부동산에 상주하는 등의 방법으로 물리적 지배를 하지 아니하였다고 하여 이를 곧 방치한 것이라 단정하기 어려운 점

- 이 사건 공사 후 피고의 점유를 배제하고 원고들이 이 사건 부동산에 대한 점유를 회복하였음을 인정할 자료가 없는 점

- 집행관 등이 이 사건 부동산을 방문하였을 때 현수막이 존재하지 아니하고 관리인이 부재중이었던 것은 피고가 장기간에 걸쳐 유치권의 행사로 인하여 현수막에 대한 관리를 일시적으로 소홀히 하였다거나 관리인이 일시적으로 비운 것으로 볼 여지가 있는 점 등

원심은, '나대지'라는 특수성과 장기간의 유치권 행사라는 점을 배려하여 유리하게 해석해 주고 있다는 느낌을 지울 수 없다. 아무튼 원심은 이런 판단 아래 유치권자의

손을 들어주었고, 대법원도 대법원 2012.1.27. 선고 2011다74949판결을 원용하면서 피고가 이 사건 공사를 마친 이후에도 미지급공사대금을 지급받기 위하여 이 사건 각 부동산 주위에 철제 울타리를 설치하고 인근에 공사현장사무실로 사용하던 컨테이너를 그대로 둔 채 점유를 유지하였고, 현수막을 내걸어 유치권을 행사 중인 사실도 대외적으로 고지하여 왔으며, 직원인 F를 통하여 유치권 행사가 방해받는 상황이 발생하지 않도록 감시하여 왔으므로 이 사건 경매개시결정 기입등기 전부터 이 사건 각 부동산을 점유하여 왔다고 한 판단을 정당한 것으로 수긍했다.

### 4) 활용법

유치권자가 처한 상황을 충분히 고려하여 내린 이 판결은, 그러나 다른 판례도 똑같이 적용하는 데는 무리가 있어 보인다. 일반적으로는 집행관이 작성한 부동산현황조사보고서나 매각물건명세서가 보다 더 중요한 판단 기준이 되고 있으며, 점유는 특히 엄격하게 해석하는 게 일반적이다(다음 사건 참조). 다만 각자의 사건에 어떤 특수성이 있다면 그게 문제 해결의 단초가 될 수 있다는 점은 알아둘 만하다.

# 4
## 집행관의 부동산현황조사보고서는 어느 정도 중요할까?

– 대법원 2013.12.12. 선고 2013다205501 판결 사건
(원심 : 대전고등법원 2013.4.24. 선고 2012나10124 판결)

### 1) 어떤 사건인가?

바로 위에서 다루었던 사례와 연속성을 갖는 사안이다. 동일한 점유 문제가 쟁점이 되었다. 사건 자체는 흔한 유치권 사건이다.

--------------------------------------------

피고는 2006.5.9. A, B로부터 대전서구 C체육용지 3,023.7㎡소재 지하 1층, 지상 6층 규모의 D건물의 신축공사계약을 공사대금 60억 5,000만원에 도급받기로 하는 계약을 체결하였다. 그 후 피고는 2008.5.29. A 등 사이에 이 사건 건물의 신축공사대금을 66억 원으로 증액하기로 합의한 다음 2008.8.1.경 위 공사를 완료하였다. 주식회사 한국외환은행은 2008.12.9. 대전지방법원에 이 사건 건물에 근저당권에 기한 부동산임의경매개시신청을 하여 위 법원으로부터 2008.12.10. 임의경매개시결정

을 받았고 기입등기 되었다. 원고는 2010.2.8. 이 사건 경매절차에서 매각허가 결정을 받고 2010.3.18. 매각대금을 완납하였다. 이 사건 501호를 포함한 이 사건 건물에 관하여는 신탁을 원인으로 한 주식회사 한국외환은행 명의의 소유권이전등기가 2010.3.18. 마쳐졌고 다시 신탁재산의 귀속을 원인으로 한 원고 명의의 소유권이전등기가 2010.9.13. 마쳐졌다. 피고는 현재 이 사건 501호를 점유하고 있다.

---

그러나 해석은 위 사례와 완전히 정반대로 흘러간다. 이 사건에서 우리가 기억해야 할 숫자는 2008년 12월 10일이다. 이 날은 경매개시결정 기입등기가 완료된 날이다. 점유를 인정받으려면 이 날 이전부터 점유가 있었는지 증명해야 한다. 원고가 유치권이 가짜라고 주장하는 근거도 이 날짜다.

### 2) 원고의 주장

원고는 이렇게 말한다. 피고가 경매개시결정 기입등기일 이후에 501호를 점유했다. 따라서 유치권으로 대항할 수 없다. 물론 이 한 가지만 주장한 건 아니다. 공사대금채권은 모두 대물변제로 소멸했다, 피고는 이 사건 건물 1층 부분의 소유자로서 건축주인 A 등의 채권자들에게 이 사건 건물을 담보로 제공했다. 그런 점에서 물상보증인 내지 연대보증인의 지위를 겸유하고 있으므로 선의의 매수인인 원고에 대하여 유치권으로 대항할 수 있다면 신의칙 내지 공평의 원칙에 반하는 것이다. 마지막으로 원고는, 피고가 이 사건 건물을 손괴하였으므로 선량한 관리자의 주의의무를 다하지 못했으므로 유치권으로 대항할 수 없다고 주장했다. 법원의 판단은 어땠을까?

### 3) 법원의 판단

앞선 사례에서 법원은 유치권자의 사정을 배려하여 최종적으로 점유를 인정하는 쪽으로 해석했다. 반면 이 사건에서는 사실 인정 여부를 보다 보수적으로 진행한다. 원심이 인정한 사실은 이렇다.

- 2008년 12월 10일 이전인 2007년 하반기부터 2008년 8월까지의 점유 여부 : 이 사건 501호의 점유 인정 여부 중 2007년 하반기부터 2008.8.경까지 점유 여부에 대하여는 피고가 이 사건 건물이 사회통념상 완공시점인 2007년 하반기부터 이 사건 건물 5층을 사무실로 사용하며 이 사건 건물의 모든 열쇠와 시설을 관리하는 한편 이 사건 건물의 양측계단을 막고 전용엘리베이터를 통제하는 방법으로 이 사건 건물 501호를 포함한 건물전부를 점유하였다는 주장에 대해 인정할 수 없거나 증거가 부족하다.

- 2008년 8월부터 2008년 12월 10일경까지의 점유 여부 : 피고가 2008.8.경에 이 사건 건물에 CCTV를 설치한 사실, 2008.8.13. G주식회사와 이 사건 건물에 관한 방범서비스계약을 체결한 사실, 2008.11.부터 2009.3.경까지 H에게, 2009.5.부터 2009.7.까지 I에게 매달 일정한 금액을 입금한 사실이 인정되기는 한다.

2007년에서 2008년 8월까지는 점유를 인정할 사실이 부족하다고 보고 있다. 반면 2008년 8월부터 같은 해 12월 10일까지는 점유처럼 보이긴 하다. 그런데 이어진 사실 인정에서 '점유처럼 보이던 것'이 깨지기 시작한다.

- 한편 이 사건 경매절차에서 작성된 2009.5.1.자 부동산현황조사보고서에는 피고

가 이 사건 건물을 점유하고 있다는 내용이 전혀 기재되어 있지 않고 이 사건 건물을 대상으로 한 다른 경매절차에서 작성된 2008.12.18.자 부동산현황조사서도 역시 '이 사건 건물의 1층은 K마트, 2층은 공실, 3층부터 6층까지는 폐문이고 관리인 H에게 물어 봤는데 1층만 임차인이 있고 2층부터 6층은 전부 공실이라고 답변하였다'는 취지가 기재되어 있는 점

- 이 사건 건물의 각 현황조사 당시 집행관은 피고의 주장과는 달리 이 사건 건물 내부에서 유치권 안내문 등을 보지 못했고 H에게 연락을 하게 되었던 것도 이 사건 건물 1층에서 영업을 하던 K마트의 직원을 통해 H를 알게 되었기 때문인 것으로 보이는 점

- H는 A 등에 대한 폭력행위등처벌에 관한 법률위반(공동주거침입)의 피고사건으로 증인으로 출석하여 '이 사건 건물에 대한 유치권을 행사하기 위한 수단으로 피고가 이 사건 건물을 점유하여 관리했다는 사실을 아는가'라는 질문에 대하여 '당시 그런 얘기는 전혀 없었고 처음 듣는 이야기다.'라는 취지로 답변한 점, 이 사건 건물의 공동 소유자였던 B도 위 형사사건의 증인으로 출석하여 '2008년경에 피고가 유치권을 행사하겠다고 한 사실을 전혀 알지 못했고 경매개시 후에 유치권신고서를 보고 알게 되었다'는 취지로 진술한 점

원심은 이런 사실을 들어 앞에 인정한 사실(CCTV 등)만으로 기입등기일 이전부터 점유를 했다고 주장하는 것을 인정하기 어렵다고 말한다. 유치권을 주장하는 피고들은 기입등기일 이후에 현수막을 달고, 경비용역 계약을 맺었으나 원심은 일자가 늦어서 유치권을 주장할 수 없다고 못을 박는다.

- 경매개시결정 기입등기일자인 2008.12.10. 이후에는 피고가 2008.12.19. 이 사건 건물의 외부에 '본 건물(2-6층)은 피고가 유치권을 행사하고 있으므로 출입을 금한다', '경고, 본 건물(2-6층)은 피고가 유치권 행사 중이므로 허락 없이 무단침입 또는 점거 시 처벌될 수 있다'는 등 내용의 현수막을 부착한 사실, 2010.2.18. 주식회사 L과 사이에 이 사건 건물에 관한 경비용역 도급계약을 체결한 사실이 인정되어 501호를 포함한 이 사건 건물을 점유한 사실이 인정되기는 하나 유치권으로 대항할 수는 없다.

대법원은 원심의 판결문을 살펴본 뒤 다음과 같은 사실에 다시 한 번 주목하며 원심의 손을 들었다.

- 이 사건 건물을 신축하였다는 사정만으로 당연히 그 완공시점 이후에도 이 사건 건물을 점유하였던 것으로 인정할 수 없다.

- 이 사건 경매절차에서 작성된 2009.5.1.자 부동산현황조사보고서에는 피고가 이 사건 건물을 점유하고 있다는 내용이 전혀 기재되어 있지 않으며 이 사건 건물을 대상으로 한 다른 경매절차에서 작성된 2008.12.18.자 현황조사보고서에도 '이 사건 건물 3층부터 6층까지는 폐문이고 관리인 A에게 물어봤는데 1층만 임차인이 있고 2층부터 6층은 전부 공실이라고 답변하였다'는 취지가 기재되어 있다.

- 위 각 현황조사 당시 집행관은 피고의 주장과 달리 이 사건 건물 내부에서 유치권 안내문을 보지 못한 점 등 그 판시와 같은 사정에 비추어 보면 2008.12.10.부터 이 사건 건물 501호를 계속하여 점유한 것으로 보기 어렵다.

대법원이 근거로 든 내용을 보면 부동산현황조사보고서가 비중이 높다는 점을 알 수 있다.

### 4) 활용법

유치권 사건을 다수 다루어본 필자로서는 이상한 점이 분명 있는 사건이다. 판결 자체의 문제라기보다는 피고의 대응에 아쉬운 점이 많아 보인다. 501호실에 관리실이 있었던 건 분명하고, 관리실에 상주하던 관리인이 관리사항을 집행관에게 보고한 기록이 있으며, 기입등기 이전에 CCTV를 설치했고, 방범서비스계약까지 체결하고, 돈을 주고 사람을 고용해서 지키게 한 것도 사실이다. 그런데 인정을 못 받았다는 것은, 분명 피고의 대응에 문제가 있는 것으로 보인다. 즉 법원은 피고의 다소 부족한 증명을 인정하기보다는 법원 집행관이 작성한 부동산현황조사보고서에 더 힘을 실어준 것으로 보인다. 피고의 다소 약한 증명력과 부동산현황조사보고서가 다툴 때는 집행관의 작성 보고서가 더 힘을 낸다고 보아야겠다.

이 사건은 직접 맡아서 진행한 것이 아니므로 자세한 내막까지는 알 수 없지만 직전에 다룬 나대지 사건과 비교해 보면 정반대의 판결임을 알 수 있다. 앞에서는 증명이 곤란한 사실까지 유치권자에게 유리하게 해석해준 반면, 여기서는 드러난 사실, 설령 다소 느슨한 증명이더라도 분명 없다고 할 수 없는 사실까지 묵살하며 원고의 손을 들어주고 있다. 이 점은 우리가 유치권 사건에 임할 때 기억해 두어야 할 부분이라고 생각된다. 어떤 것도 100% 확실한 건 없다.

# 5. 신의칙 위반 판단에 신중을

- 대법원 2014.12.11. 선고 2014다53462 판결 사건
  (원심 : 대전고등법원 (청주) 2014나667 판결)

## 1) 어떤 사건인가?

마지막으로 소개하는 이 판례는 앞서 다룬 사건들의 종합선물세트 같다. 여기에는 신의칙 문제도 나오고, 상사유치권 문제도 등장한다. 앞에서 언급했듯이 신의칙 문제는 보다 신중해야 함을 설시하고 있고, 상사유치권은 이제 판례의 기준이 된다.

사건은 다소 복잡하지만 기본은 동일하다. 호텔을 짓고 싶은 건물주가 있고, 건물주가 연체하여 호텔을 가압류한 공공기관도 나오고, 건물 지어주고 공사대금 못 받은 공사업체도 나오고, 호텔에 쓰일 물품을 납품한 사람도 등장한다. 또 건물주에게 돈을 빌려주었다가 돈을 못 받자 경매에 넘긴 채권자도 등장한다. 그리고 마지막으로 이 소송의 원고인 낙찰자도 나온다. 낙찰자가 유치권자들을 상대로 '유치권부존재확인의 소'를 제기한 것이다.

2004년경 피고 10을 제외한 나머지 피고들은 이 사건 각 토지 위에 호텔을 신축하려는 신청외 1과 이 사건 건물 신축 및 토목, 포장 등 공사 각 부문에 관하여 공사계약을 체결하고, 피고 10은 신청외 1과 호텔에 사용되는 커튼, 이불, 베개, 침대커버 등의 물품공급계약을 체결하였다. 2005.2.경까지 피고 10은 5,224만 원 상당의 물품을 공급하고 나머지 피고들은 해당 공사를 모두 완료하였는데, 신청외 1은 그 채무를 완제하지 못하여 피고들은 2006.11.경 기준으로 원심 판시와 같은 합계 11억 2,950만 원의 채권을 보유하고 있었다. 신청외 1은 2005.2.1. 이 사건 건물에 관한 소유권보존등기를 마치고 그 무렵부터 호텔영업을 하였다. 충주시는 체납처분으로 2005.9.23. 이 사건 건물을, 2005.12.29. 이 사건 1토지를, 2006.10.20. 별지목록 제3항 기재토지를 각 압류하였다. 또한 이 사건 건물에 관하여 2005.10.20. 청구금액 2,500만 원 채권자 신청외 11의 가압류 기입등기 등이 마쳐졌다. 2006.11.경 이 사건 각 부동산에 대한 경매가 진행될 것이라는 소문이 나돌자 피고들은 2006.11.18. 회의를 개최하여 신청외 1로부터 이 사건 각 부동산을 인도받아 점유함으로써 유치권을 행사하기로 하였다. 이에 따라 피고 주식회사 스피드보안시스템의 당시 대표이사인 신청외 2가 신청외 1로부터 이 사건 각 부동산을 인도받아 건물 벽면에 유치권 행사 중임을 알리는 표지판을 부착하고, 2006.11.30. 신청외 3에게 이를 보증금 2,000만 원, 월 차임 200만 원, 기간 2006.12.4.부터 2009.12.3.까지로 정해 임대하여, 신청외 3이 이 사건 건물에서 호텔영업을 하고 있다. 피고들은 신청외 1을 상대로 위 각 공사대금 및 물품대금 합계 1,181,744,000원의 지급을 구하는 소를 제기하여 2007.11.2. 전부 승소하였고 판결이 확정되었다. 한편 원고는 2005.9.22. 신청외 1에게 19억 원을 변제기 2006.9.22., 이율 연 7.5%로 정하여 대여하고 그 담보로 같은 날 이 사건 각 부동산에 관하여 채권최고액 24억 7,000만 원으로 된 원고 명의의 근저당권설정등기를 마쳤다.

신청외 1은 2006.4.경부터 위 대여금 이자 지급을 연체하여 원고는 그 무렵부터 수회에 걸쳐 이 사건 각 부동산에 대한 임의경매 신청 여부를 검토하였고, 이 사건 각 부동산을 매각하여 이 사건 대여금을 변제하겠다는 취지의 신청외 1의 요청에 따라 임의경매 신청을 보류하였으나 그 매각이 성사되지 않았다. 원고는 2006.11.9. 신청외 1에게 '2006.11.15.까지 이 사건 대여금을 변제하지 않으면 이 사건 각 부동산에 대한 임의경매를 신청하겠다'는 취지의 경매실행예정통지문을 보냈고, 2006.12.21. 이 사건 각 부동산에 대한 임의경매를 신청하여 2006.12.26. 이 사건 각 부동산에 관하여 임의경매개시결정 기입등기가 마쳐졌다. 그 경매절차에서 2008.2.12. 이 사건 각 부동산에 대한 현황조사가 이루어졌는데, 당시 피고들은 신청외 3을 통하여 이 사건 각 부동산을 점유하면서 유치권을 행사하고 있다고 주장했다.

--------------------------------------------------

### 2) 원고의 주장

원고 주장은 이렇다. 피고들은 과거 건물주에게 받을 돈(채권)이 없거나 혹은 점유가 없다. 만일 점유라고 보더라도 불법점유이므로 무효다. 건물주가 체납하여 압류등기, 가압류기입등기가 마친 이후에 점유가 이루어졌으므로 무효다. 그리고 다음 두 주장이 중요한데 이렇다.

- 피고들의 이 사건 각 부동산 점유 경위, 당시 신청외 1의 재산상태 등 제반 사정에 비추어 볼 때 피고들이 이 사건 각 부동산에 관하여 유치권을 주장하는 것은 신의칙상 허용되지 않는다.

이게 신의칙 관련 내용이다. 앞선 판례에 따르면 경매가 개시될 것을 안 상태에서 점유가 시작되면 신의칙 위반이다(물론 여러 사정을 종합적으로 따져야겠지만).

- 피고 10의 경우 그 채권은 이 사건 각 부동산에 관하여 생긴 것이 아니어서 유치권이 성립하지 않는다.

견련성 문제다. 앞선 판례에 따르면 피고 10의 경우 물품을 납품한 것에 불과하므로 견련성이 없으므로 유치권도 없다. 그런 주장이다. 법원은 어떻게 판단했을까?

### 3) 법원의 판단
원심의 판단부터 살펴보자.

- 압류, 가압류 이후에 시작된 점유 : 피고들은 신청외 1에 대한 공사대금채권자 또는 물품대금채권자로서 이 사건 부동산을 인도받아 점유하고 있다. 피고들이 체납처분절차에 의한 압류 등기 또는 가압류 등기를 마쳤다고 하더라도 경매개시결정 기입등기와는 달리 유치권의 행사를 제한하는 법률 효과는 발생시키지 않는다 (대법원 2011.11.24. 선고 2009다19246 판결).

- 신의칙 문제 : 피고들은 대법원 2011.12.22. 선고 2011다84298 판결 등에 비추어 이 사건 각 부동산에 대한 임의경매절차가 곧 개시되리라는 점을 충분히 인식하면서 신청외 1로부터 이 사건 부동산을 각 인도받았다고 보여지므로 신의칙상 허용되지 않는다.

- 견련성 문제 : 피고 10은 상사유치권자에 불과하고 상사유치권자는 선행저당권자

또는 선행저당권에 기한 임의경매절차에서 부동산을 취득한 매수인에 대한 관계에서 상사유치권으로 대항할 수 없다(대법원 2013.2.28.선고 2010다57350판결).

첫째 내용은 원고의 주장을 인정하지 않는 것이지만 둘째, 셋째는 원고의 손을 들어주고 있다.

그런데 상급심인 대법원에서 둘째, 신의칙 문제에서 제동을 건다. 보다 신중히 여러 사정을 종합적으로 판단하여 신의칙 위반 여부를 가려야 한다는 내용이다.

---

목적물에 관하여 채권이 발생하였으나 채권자가 목적물에 관한 점유를 취득하기 전에 그에 관하여 저당권 등 담보물권이 설정되고 이후에 채권자가 목적물에 관한 점유를 취득한 경우 채권자는 다른 사정이 없는 한 그와 같이 취득한 민사유치권을 저당권자 등에게 주장할 수 있는 것이므로(대법원 1965.3.30. 선고 64다1977 판결, 대법원 2009.1.15. 선고 2008다70763 판결 참조), 원심이 든 위와 같은 사정만으로 위 피고들의 유치권의 행사가 신의칙에 반하여 유치권제도를 남용한 것이라고 속단하기는 어렵다.

---

그리고 원심이 원용한 앞의 2011다84298 판결의 사안에서는 후순위 근저당권자가 상사유치권의 성립요건을 충족하는 내용의 거래를 일으킨 후 그에 기하여 근저당부동산에 대한 유치권을 취득하고 이를 선순위 근저당권자에게 주장함으로써 고의적으로 유치권을 작출하여 그 지위를 부당하게 이용하였다고 평가할 수 있는 사정이 있다. 그런데도 원심은 신의칙 위반을 인정할 수 있는 사유를 좀 더 구체적으로 심리하지 않은

채 오로지 위와 같은 사정만을 들어 곧바로 피고 10을 제외한 나머지 피고들의 유치권 행사가 신의칙 위반에 해당한다고 판단했다. 이와 같은 원심판결에는 민사유치권 행사와 관련한 신의칙 위반에 관한 법리를 오해하거나 필요한 심리를 다하지 않음으로써 판결에 영향을 미친 위법이 있다고 판시하여 피고 10을 제외한 나머지 피고들에 대하여 원심판결을 파기하고 원심법원으로 환송했다.

―――――――――――――――――――――――――――――

### 4) 활용법

신의칙 위반을 인정받으려면 법원이 더 종합적으로 판단할 수 있는 사실이 제시되어야 한다. 물품 납품은 유치권이 안 된다는 판시는 이전 판례에 이어 한층 더 두터워졌다. 한편, 언급하지 않았지만 이 판례에서도 집행관의 부동산현황조사서와 관련된 내용이 등장한다. 이 판례에서는 '그 경매절차에서 2008.2.12. 이 사건 각 부동산에 대한 현황조사가 이루어졌는데, 당시 피고들은 신청외 3을 통하여 이 사건 각 부동산을 점유하면서 유치권을 행사하고 있다고 주장하였다.'고 현황조사 내용을 정리하고 있다. 아마도 직접 점유자인 신청외 3만이 현장에 있었을 가능성이 큰데 피고들이 모두 진술한 것으로 기재되어 있다. 사실 자체에 대한 판정보다 작성된 이 기록들이 더 큰 힘을 발휘하는 느낌이다. 반면 앞 사건에서는 건물 5층에 관리실까지 마련하고 관리인도 있고 관리인이 진술까지 하고 있는데 마치 이 관리인이 점유하는 게 아니라 다른 사람인 것처럼 기록되어 있다("다른 경매절차에서 작성된 2008.12.18.자 부동산 현황조사서도 역시 '이 사건 건물의 1층은 K마트, 2층은 공실, 3층부터 6층까지는 폐문이고 관리인 H에게 물어 봤는데 1층만 임차인이 있고 2층부터 6층은 전부공실이라고 답변하였다'는 취지가 기재되어 있는 점"). 법원은 실제 사실이 모호할 때는 현황조사서에 기록된 내용을 우선한다는 점을 기억하자(현황조사서를 깨려면 그만한 무게의 사실들이 분명히 입증되어야 한다.).

## 후기

 이 책이 나오기까지 많은 분들의 수고가 있었습니다. 과거 열심히 현장을 누비면서 경매인 양성에 열정을 쏟았던 경매계의 고수이자 이 책의 감수자인 이선우 교수님, 또 한 분의 감수자이자 이 책을 위해 실제 사례를 제공해주시고 도전을 이어가고 계신 'hope' 이승호 교수님, 이 책이 독자들에게 피가 되고 살이 되도록 실제 제대로 읽힐 수 있는 책을 만들어 주신 권병두 편집장님, 이 책에 과오가 없도록 글자 한 자 한 자 읽어준 임문수 실장님, 과거 유치권 책을 낼 때마다 수고를 함께 하신 여러분께 한없는 고마움을 전합니다.

 마지막으로 이 책을 읽고 유치권에 대한 의견이나 질문이 있으신 분은 언제든지 필자의 법률사무소(변호사 노인수&법률사무소, 02-3482-3838, 서울 서초구 서초중앙로8길 17, 제302호, 하오르빌딩, 서초동) 혹은 메일(lawwin475@hanmail.net), 긴급할 때는 전화(010-3609-2222) 문자메시지로 연락하시기를 바랍니다.

노인수 올림

**저자학력**

1975  광주 일고 졸업

1980  서울대 법과대 법학과 졸업(법학학사)

1983  서울대 대학원 법학과 수료

2010  건국대 부동산 대학원 졸업(부동산학석사)

2020  경기대 서비스경영전문대학원 졸업(경영학 박사)


**경력**

1993  조선대학교 법과대학 겸임교수

1994  서울지검 검사            1995  서울고검 부장검사

1996  ㈜무등건설 법정관리인      2000  무등일보 파산관재인

2001  조선대학교 법과대학 형사법 겸임교수

2002  김대중 대통령 사정비서관     2004  열린우리당 광주광역시당 위원장

2014  건국대학교 행정대학원 민사집행 전공 겸임교수

현 재  변호사 노인수&법률사무소 대표 변호사


**저서 및 논문**

1997  달건 장 밟혔다            1999  큰 고기 잡는 그물을 펼쳐라

2003  겨울 다음에 봄이           2009  경매유치권과 손자병법

2010  주택재개발사업조합설립추진위원회의 운영개선방안연구(석사학위논문)

2011  유치권 진짜 가짜 판별법      2016  이기는 민사재판의 비밀

2017  무죄의 기술, 유죄 받은 자의 변명

2019  형사재판의 비밀(개혁증보판), 검경수사 잘 받는 법

2020  유치권 부동산 경매의 개선 방안 연구 : 사례와 판례를 중심으로(박사학위논문)

2021  술술 읽히는 상속·증여 세(稅)테크 법(法)테크

2022  어쩌다 성범죄자

# 참고문헌

- 강구욱(2018), 부동산 압류의 처분금지효와 유치권의 효력, 법학논고, 62, 경북대학교 법학연구원.
- 강동윤(2011), 저당권과 관련한 유치권의 효력, 경북대학교 대학원 법학박사학위논문.
- 강명진(2017), 유치권 성립요건으로서의 점유의 태양에 관한 연구, 건국대학교 부동산대학원 석사학위논문.
- 강정규(2015), 부동산경매에서 유치권제도의 개선방안-사례 및 판례분석을 중심으로-, 동의대학교 대학원 박사학위논문.
- 강태성(2002), 민법상의 점유에 관한 여러 문제점, 재산법연구, 19(1), 한국재산법학회.
- 강태성(2001), 점유권·소유권에 관한 민법 개정방향, 민사법학, 20.
- 강태성(2018), 8판 물권법, 대명출판사.
- 강희만(2013), 초보자를 위한 부동산 경매 100% 실전대비 권리분석, 부동산net.
- 경력부동산투자전략센터(2009), 똑똑한 부동산 권리 분석, K경록.
- 고성민(2015), 점유(권)에 관한 민법 개정안의 연구, 경북대학교 대학원 석사학위논문.
- 공순길·김진경(2009), 유치권에 있어서의 점유, 동의법정, 23.
- 곽윤직(편집대표)(1992), 민법주해 제Ⅵ권 물권(3) 제279조~제355조, 박영사.
- 곽윤직·김재형(2014), 제8판(전면개정) 물권법 [민법강의Ⅱ], 박영사.
- 구본형(2020), 부동산 경매제도에 있어서 유치권의 판례분석과 낙찰가율에 관한 연구, 단국대학교 정책경영대학원 석사학위논문.
- 국순화·김종진(2019), 허위·과장 유치권행사에 대한 매수인 보호 방안에 관한 연구, 주거환경, 17(2), 한국주거환경학회지.
- 국순화(2019), 부동산경매상 유치권법리에 관한 판례 및 FGI분석을 통한 개선방안연구, 전주

대학교 대학원 박사학위논문.
- 권순한(2013), 제8전정판 민법요해 Ⅰ 총칙·물권법, fides 도서출판.
- 권영준(2016), 유치권에 관한 민법 개정 소개와 분석, 서울대학교 법학, 57(2), 법학연구소.
- 권오걸(2007), 절도죄에 있어서의 점유의 개념과 점유의 타인성-특히 민법상의 점유개념과의 비교를 통해서-, 법학논고, 26, 경북대학교 출판부.
- 권오걸(2012), 전기절도와 점유침해, 법학연구, 53(4), 민사법의 이론과 실무학회.
- 권오걸(2007), 절도죄에 있어서의 점유의 개념과 점유의 타인성-특히 민법상 점유개념과 비교를 통하여, 법학논고, 26, 경북대학교 출판부.
- 권용두·이근영(2019), 민법상 유치권의 "채권과 물건의 관련성"에 관한 연구, 법학논총, 32(1), 법학연구소.
- 권혁재(2015), 민사집행절차상 점유자의 점유권보호에 관한 고찰-소위 '대포차'의 사례를 중심으로-, 민사집행법연구, 11, 한국민사집행법학회.
- 김경욱(2021), 2020년민사소송법 중요판례 분석, 안암법학, 62, 안암법학회.
- 김기청(2008), 자유점유의 기원과 종말, 법사학연구, 38, 한국법사학회.
- 김기찬(2008), 부동산경매에서 유치권의 개선에 관한 연구, 건국대학교 대학원 박사학위논문.
- 김동명(2019), 거시경제지수에 의한 매각가율 및 순유치권위험율 영향분석, 한양사이버대학교 부동산 대학원 석사학위논문.
- 김득수(2011), 부동산 경매에서 유치권 제도 개선 방안에 관한 연구, 전주대학교 대학원 박사학위 논문.
- 김병진(2009), 건물의 소유자와 점유자가 다른 경우에 있어서 대지의 점유관계, 홍익법학, 10(1), 법학연구소.
- 김병진(2020), 건설공사 수급인의 유치권 포기 특약의 효력-대법원 2018.1.24. 선고 2016다234043판결을 중심으로, 홍익법학, 21(2), 홍익대학교 법학연구소.
- 김복준·염건령(2010), 범죄사회통념이론, 백산출판사.

- 김상용(2013), 물권법(제2판), 화산미디어.
- 김상현(2011), 부동산 점유취득시효제도의 위헌성 소고, 원광법학, 27(2), 원광대학법과대학.
- 김선욱(2005), 삼성가vs농심가 분쟁으로 조망권 : 사회통념상 인정될 때만 권리 발생, 매경 Economy, 1296.
- 김성룡(2012), 형법에서의 사자의 점유, 형사판례연구, 21.
- 김성수(2014), 대만민법전의물권법개정(2009년, 2010년)과 우리민법전의 비교 법적 시사점-물권편(제3편)통칙과 소유권, 용익물권과 점유를 중심으로-, 법학연구, 22(2), 민사법의 이론과 실무학회.
- 김성욱(2013), 유치권제도의 운용과정에서의 법적 문제, 법학연구, 16(1), 민사법의 이론과 실무학회.
- 김성욱(2010), 부동산물권변동의 공시와 관련한 고찰, 법과정책, 16(2), 제주대학교 법과정책연구소.
- 김성욱(2013), 유치권제도의 운용과정에서의 법적 문제, 법학연구, 16(1), 인하대학교 법학연구소.
- 김영규(2015), 물권법(제2판), 진원사.
- 김영주(2020), 부동산에 대한 상사 유치권의 성립과 효력-일본최고재판소 2017.12.14. 판결의 검토, 상사판례연구, 33(1), 한국상사판례학회.
- 김영희(2017), 건물공사 수급인의 공사대금채권 확보제도에 관한 비교 민법적 고찰, 법사학연구, 55, 민속원.
- 김용담(2011), 주석 민법 〔물권(1)〕, 한국사법행정학회.
- 김용수(2014), 허위·과장 유치권 행사에 대한 매수인 보호방안에 관한 연구, 건국대학교 대학원 박사학위논문.
- 김은정(2013), 노후자산 처분 및 상속을 둘러싼 세대갈등, 한국가정관리학회.
- 김인유(2012), 부동산유치권의 개선방안에 관한 연구, 토지법학 28(1), 한국토지법학회.
- 김일효(2006), 건물자산위험관리론, 남도도서.

- 김재권(2015), 유치권 깨뜨리는 법 지키는 법, 매일경제신문사.
- 김준호(2011), 유치권의 성립요건으로서 물건과 채권 간의 견련성, 민사법학, 54(1), 한국민사법학회.
- 김준호(2016), 제22판 민법 강의 이론·사례·판례, 법문사.
- 김준호(2011), 물권법-이론·사례·판례-(제4판), 법문사.
- 김준호(2014), 형법상 점유의 존부와 귀속에 관한 이론적 일고찰, 저스티스, 144.
- 김진경(2007), 부동산경매에 있어서 유치권자의 지위에 관한 연구, 동의대학교대학원 박사학위논문.
- 김천규(2016), 부동산 경매에서의 유치권행사 특성연구, 강남대학교 대학원 박사학위논문.
- 김철웅·김종진·정복환(2017), 부동산 경매 절차에서 유치권의 불확실성 재해석-최근 대법원 판례의 태도 변화를 중심으로-, 대한부동산학회지, 35(3), 대한부동산학회.
- 김태건(2021), 부동산 경매 실무(유치권, 법정지상권, 지분경매, 배당표작성 포함), 부연사.
- 김태건·오세준, 부동산 유치권의 대항력 제한에 관한 법리 연구, 일감부동산법학, 23, 건국대학교 법학연구소.
- 김태관(2013), 건축수급인의 건축중인 건물과 건축부지에 대한 유치권-대법원 판례에 대한 비판적 고찰을 중심으로-, 동아법학, 60.
- 김현(2012), 유치권은 언제 보호받나, 법률특허, 대한토목학회.
- 김판기(2018), 부동산물권 법리의 쟁점, 충북대학교 출판부.
- 김형석(2018), 법에서의 사실적 지배 : 우리 점유법의 특성과 문제점, 서울민사법학회.
- 김형석(2001), 점유권, 주석민법 물권(1), 한국사법행정학회.
- 김형태(2010), 고정관념, 청풍, 233.
- 남기연(2016), 동물점유자의 민사책임에 관한 연구-승마자 사고를 중심으로, 스포츠엔터테인먼트와 법, 19(1), 한국스포츠엔터테인먼트법학회.
- 남윤봉(2003), 점유이전의 유형화, 한양법학, 한양법학회.
- 노수환(2020), 유치권 성립과 행사범위 제한을 위한 몇 가지 고찰, 성균관법학, 32(2), 성균관

대학교 법학연구원.
- 노인수 · 이선우(2009), 경매유치권과 손자병법, 법률정보센타.
- 노인수(2011), 변호사 노인수의 유치권 진짜 가짜 판별법, 지식공간.
- 노인수(2019), 점유의 의미와 판단기준고찰 : 실무상 사례를 중심으로, 공공정책연구 26(1), 한국공공정책학회.
- 노한장 · 유정석(2013), 유치권의 재해석을 통한 부동산 경매의 불확실성 해소 방안에 관한 연구, 한국부동산학회.
- Nokes(2012), Finance Plain and Simple 쉽고 바른 재무의사결정, 강신애 옮김, PEARSON.
- 류운선(2021), 부동산 경매절차에서 남용되는 유치권의 현상과 개선방안 연구, 건국대학교 부동산 대학원 석사학위논문.
- 명순구(2003), 점유개정에 관한 동산의 이중양도담보-대법원 2000.6.23. 선고 99다65066 판결에 대한 비판적 평가-, 고려법학, 40, 고려대학교 법학연구원.
- 박경철(2020), 유치권 제도의 존치논쟁에 따른 효율적 개선방안 연구, 목원대학교 대학원 박사학위논문.
- 박기환 · 장희순(2013), 유치권이 방치건축물의 정비에 미치는 영향, 감정평가학 논집, 12(1), 한국감정평가학회.
- 박동진(2018), 물권법강의, 법문사.
- 박득배(2017), 부동산 유치권제도의 개선에 관한 제언, 법과 정책 연구, 17(2), 한국법정책학회.
- 박성민(2007), 부동산 경매에서의 유치권에 관한 연구, 창원대학교 대학원 법학박사학위논문.
- 박세민(2013), 다수인의 간접점유-대법원 2012.2.23.선고 2011다61424, 61431 판결을 중심으로-, 민사법학, 63-1.
- 박세민(2012), 일본메이지민법(물권편:점유권)의 입법이유, 민사법학, 60, 한국민사법학회.

- 박의근(2015), 점유권·소유권에 기한 물권적 청구권의 차이와 이에 대한 엄격한 구별의 필요성-유치권·질권에 기한 물권적 반환 청구권을 중심으로-, 홍익법학, 16(1).
- 박재석(2003), VAR을 이용한 최적위험자산배분에 관한 연구, 경희대학교 대학원 박사학위논문.
- 박진구(2016), 승마산업육성을 위한 정책우선순위 결정에 관한 연구-델파이기법(Delphi)과 계층적 의사결정방법(AHP)적용-, 한양대학교 대학원 박사학위논문.
- 박종렬(2011), 부동산경매에 있어 유치권 신고 의무, 한국콘텐츠학회 논문지, 11(2), 한국콘텐츠학회.
- 박철완(2020), 부동산유치권에 관한 연구, 조선대학교 대학원 박사학위논문.
- 박혜웅(2012), 법원경매시 유치권신고제도의 정책문제와 대안에 관한 연구-유치권신고 물건의 매각가 분석과 관련자 설문조서를 중심으로-, 성결대학교 일반대학원 박사학위논문.
- 법원행정처(2014), 법원실무제요 민사집행Ⅱ-부동산집행-.
- 방경식·장희순(2008), 부동산학개론, 부연사.
- 배병일(2009), 타주점유에 있어서의 상당성의 산술적 비율, 저스티스, 111, 한국법학원.
- 배성호(2017), 체납처분 압류 후 경매개시결정 전에 성립한 부동산 유치권의 효력-대판(전)2014.3.20.2009다60336-, 법과 정책연구, 1794, 한국법정책학회.
- 백태승(2015), 민법제201조-203조 점유자·회복자 관계와 부당이득반환청구권과의 관계, 법학연구, 25(1), 연세대학교법학연구원.
- 법무부(2004), 민법(재산편) 개정자료집.
- 서울중앙지방법원, 민사재판 업무 편람-사례형 요건 사실-.
- 서을오(2016), 금전에 있어서는 점유와 소유가 일치한다는 학설의 기원, 이화여자대학교법학논집, 21(2).
- 서인겸(2016), 부동산 경매절차상 유치권의 효력에 관한 몇 가지 쟁점, 원광법학, 32(2), 제32권제2호, 법학연구소.
- 서종희(2012), 부동산 유치권의 대항력 제한에서 불법 점유를 원인으로 하는 유치권 성립제

한으로의 재전환, 성균관법학, 24(4), 성균관대학교 법학연구소.

- 서종희(2012), 유치권자의 강제경매신청의 의미와 가압류등기경료 후 성립한 유치권의 대항력 인정여부-대법원 2011.11.24.선고 2009다19246 판결-, 외법논집, 36(4).

- 서종희(2020), 유치권에 기한 임차인의 임대목적물 사용과 부당이득반환의무-국내 및 일본에서의 논의를 중심으로, 일감부동산법학, 21, 건국대학교 법학연구소.

- 성민섭(2014), 부동산 유치권제도의 개선을 위한 민법등 개정법률안에 대하여-등기부동산에 대한 유치권 폐지(안) 등의 재고를 기대하며-, 외법논집, 38(1), 법학연구소.

- 손영곤·신일기·김희정·김기민(2017), 옥외광고물 활성화제도(자율관리구역 및 한시적 자유표시구역)에 대한 전문가 인식연구 : 개별심층면접을 중심으로, 공공정책과 국정관리, 11(2), 단국대학교 사회과학연구소.

- 손진홍(2010), 개정증보판 부동산 권리분석과 배당, 법률정보센타.

- 성빈(2005), 사자의 점유, 고시연구, 32.

- 송덕수(2018), 신민법강의, 박영사.

- 송오식(2013), 점유물반환청구권에서 점유와 점유의 침탈의 의미-대법원 2012.3.29.선고 2010다2459판결을 중심으로, 법학논총, 33(2), 전남대학교 법학연구소.

- 송하진(2020), 부실채권 사례를 통한 민사집행제도 개선에 관한 연구, 명지대학교 대학원 박사학위논문.

- 송현관(2018), 부동산경매에서 유치권 피해 사례분석 및 제도 개선에 관한 연구, 서울시립대학교 도시과학대학원 석사학위논문.

- 신권철(2016), 노동법에 있어 사회 통념과 정당성, 노동법연구, 40, 서울대학교 노동법연구회.

- 신국미(2013), 부동산 유치권자에 의한 경매신청에서의 법정 매각조건-대법원 2011.6.15. 2010마1059 결정-, 안암법학회.

- 신국미(2003), 유치권제도에 관한 연구, 고려대학교 대학원 박사학위논문.

- 신민식·이덕현(2012), 부동산경매에 있어서 유치권제도의 문제점과 개선방안 연구, 유럽헌

법연구, 12, 유럽헌법학회.
- 신상용·유선종·최태규(2012), 유치권 관련 소송당사자의 부담액 추정에 관한 연구, 주거환경, 10(3), 한국주거환경학회.
- 신종욱(2011), 행복시대를 위한 개인 자산관리의 이해 [제2판], 비앤엠북스.
- 신진(2017), 한국사회의 신뢰와 편견-영호남의 고정관념을 중심으로-, 대한정치학회보, 25(1).
- 신호진(2003), 재산죄의 점유에 관한 해석론과 정책론, 고려대학교 대학원 석사학위논문.
- 심현치(2019), 일본 유치권 실무에 관하여-유치권에 의한 경매 절차 운용을 중심으로-, 18, 일감부동산법학, 건축대학교 법학연구소.
- 안진섭(2020), 부동산 경매절차상 매수인의 특수권리가 매각가율에 미치는 영향에 관한 연구, 한양대학교 대학원 박사학위논문.
- 엄성현(2016), 부동산 유치권에 관한 민사법적 연구, 동의대학교 대학원 법학박사학위논문.
- 오시영(2012), 법무부 민법개정시안 중 유치권에 대한 대안제시(Ⅰ)-부동산유치권과 최우선변제권-, 법학논총, 32(2), 전남대학교 법학연구소.
- 오시영(2013), 법무부 민법개정시안 중 유치권에 대한 대안 제시(Ⅲ)-저당권설정청구권의 법적 성질 및 강제집행절차에 대해서-, 법학논집, 32(3), 전남대학교 법학연구소.
- 양재모(2014), 유치권적정화에 관한 법정책적 접근, 법과 정책 연구, 14(2), 한국법정책학회.
- 양창수 역(2018), 독일민법, 박영사.
- 양창수(2018), 2018년판 독일민법전-총칙·채권·물권, 박영사.
- 양형우(2018), 제3판 민법입문, 피엔씨미디어.
- 우희숙(2017), 노동형사사건에 나타난 '사회통념'개념의 형법적 의의와 기능, 법학연구, 26(3).
- 유범근(2016), 부동산 점유이전금지가처분 집행의 형해화에 대한 문제, 국민대학교 법무대학원 석사학위논문.
- 윤대성(2017), 로빈기어의 한국민법전초안의 입법과 법리, 소명출판.

- 윤경 · 손흥수(2013), 민사집행(부동산경매)의 실무, 육법사.
- 윤순기 · 김옥연 · 이인화 · 박용수 · 이우진(2011), 부동산 자산관리, 도서출판 범론사.
- 윤부찬(2005), 점유권의 상속, 가족법연구, 19(2), 한국가족법학회.
- 윤석찬(2012), 동물 점유자의 책임법리와 개정론, 재산법연구, 28(4).
- 윤지석(2018), 부동산 자산관리서비스가 임차인의 만족도 및 재계약의도에 미치는 영향 분석-부산광역시 중소형 빌딩을 중심으로-, 신라대학교 일반대학원 경제학 박사학위논문.
- 윤현중(2010), 부동산 거래단계별 리스크요인 분석에 관한 연구, 전주대학교 대학원 박사학위논문.
- 이강은(2016), 부동산 유치권제도의 문제점과 해결방안에 관한 연구, 고려대학교 대학원 박사학위논문.
- 이대훈(2009), 부동산 경매 유치권 행사에 대응한 매수인의 대책, 경기대학교 서비스경영전문대학원 석사학위논문.
- 이동명 · 장윤환(2012), 허위유치권행사의 형사법적 제문제, 법학연구, 47, 한국법학회.
- 이무선(2018), 공시기능강화 위한 부동산 유치권의 문제점과 그 입법 대안, 홍익법학, 19(1), 법학연구소.
- 이병준(2016), 제2판 민법사례연습 Ⅱ〔물권법〕, 세창출판사.
- 이병준(2006), 점유권, Jurist plus, 41, 청림출판.
- 이병준(2006), 물건에 대한 점유의 의미와 판단기준, 로스쿨 물권법 학설 및 코멘터리/판례 100선, 청림출판.
- 이병준(2006), 점유권, 로스쿨 물권법 학설 및 코멘터리/판례100선, 청림출판.
- 이상덕 · 서완석(2014), 부동산 선순위 근저당권과 상사유치권의 우열관계, 가천법학, 7(2), 가천대학교 법학연구소.
- 이상태(2010), 불법행위로 인한 점유와 유치권의 배제, 토지법학, 26-2, 한국토지법학회.
- 이석근(2013), 부동산경매상 유치권에 관한 연구-문제점과 개선방안을 중심으로-, 가천대학교 대학원 박사학위논문.

- 이성진(2016), 구분소유권의 성립과 소멸 및 유치권, 민사법의 이론과 실무, 민사법의 이론과 실무학회.
- 이영준(2010), 전정신판 물권법, 박영사.
- 이용득(2015), 부동산경매에서 유치권제도의 개선방안-사례 및 판례 분석을 중심으로-, 동의대학교 대학원 부동산박사학위논문.
- 이용호(2020), 부동산유치권제도 개선을 위한 입법론적 연구, 대진대학교 대학원 박사학위논문.
- 이은규(2016), 민사유치권제도의 문제점과 개선방안, 충북대학교 법학전문대학원 법학박사학위논문.
- 이종구(2011), 미국의 주법상의 건축공사 우선특권(Construction Lien)과 부동산 유치권의 비교법 연구, 비교사법, 57, 한국비교사업학회.
- 이재석(2018), 유치권의 아킬레스건, 도서출판 푸른솔.
- 이정민(2014), 유치권제도 개선방안에 관한 연구-민법개정안을 중심으로-, 동아대학교 대학원 법학박사학위논문.
- 이정민·이점인(2014), 허위·가장유치권 문제와 유치권등기의 필요성에 대한 검토, 민사법의 이론과 실무, 법학연구소.
- 이정배(2010), 유치권자의 민사책임에 관한 연구, 성균관대학교 일반대학원 박사학위논문.
- 이정우(2013), 창의적 방송인력 양성 모델에 관한 연구-교육과정 분석 및 전문가 심층면접을 중심으로, 서울 과학기술대학교 IT 정책전문대학원 공학박사학위논문.
- 이찬양(2019), 부동산경매절차와 민사유치권, 고려대학교 대학원 박사학위논문.
- 이창석(2005), 부동산 컨설팅, 형설출판사.
- 이준현(2011), 점유자-회복자 관계에 관한 민법개정제안, 한국민사법학회.
- 이진기(2006), 점유법의 이해를 위한 시론, 재산법연구, 22(3), 한국재산법학회.
- 이진기(2001), 점유의 개념과 점유법-점유법의 체계론적 이해-, 법학논총, 18, 한양대학교 법학연구소.

- 이진기(2006), 준점유의 개념과 법적 의의, 비교사법, 13(1), 한국비교사법학회.
- 이철기(2013), 부동산에 대한 점유취득시효등기와 처분금지가처분등기의 법적관계-대법원 2012.11.15.선고 2010다73475판결에 대한 평석-, 가천법학, 6(3).
- 이진수(2016), 권리행사방해죄에 대한 일고찰, 한국형사법학회.
- 이철기(2014), 선행저당권이 설정된 부동산에 대한 상사유치권의 성립여부-대법원 2013.2.28.선고 2010다57350판결에 대한 평석-, 가천법학, 7(3), 가천대학교 법학연구소.
- 이현석(2017), 유치권과 점유-민사유치권과 상사유치권을 중심으로-, 법과 정책연구, 17(4), 사단법인한국법정책학회.
- 이호행(2018), 유치권이 설정된 부동산의 경매-유치권의 유치적 효력을 중심으로-, 홍익법학, 19(1), 법학연구소.
- 이홍렬(2015), 부동산 유치권에 관한 민법개정안의 검토, 비교사법, 22(3), 한국비교사법학회.
- 이홍민(2014), 점유자와 회복자간의 법률관계-이를 규율하는 법적근거를 중심으로-, 법학논총, 38(3), 단국대학교 부설 법학연구소.
- 임미화(2014), 주택소유가구의 위험선호도와 주택담보대출부담이 가계의 자산 관리활동에 미치는 영향, 부동산연구, 24(4), 한국부동산연구원.
- 임윤수 · 민선찬, 부동산 집행절차와 유치권자의 지위 – 대법원 2011.8.18.선고 2011다35593 판결-, 법학연구, 46, 한국법학회.
- 임종천(2008), 점유자와 회복자의 관계에 관한 고찰, 연세대학교 대학원석사학위논문.
- 임태순 · 임병진(2012), 노후준비를 위한 주식형 개인연금 자산운용의 위험관리에 관한 실증적 연구, 로고스 경영연구, 10(4), 한국로고스경영학회.
- 장건(2010), 유치권의 경매에 관한 연구, 광운대학교 대학원 박사학위 논문.
- 장건(2016), 유치권에 기한 경매에서 소멸주의 적용여부-대법원 2011.6.15. 2010마1059 결정 판례를 중심으로-, 한국민사집행법학회.
- 장건 · 우경(2015), 유치권에 기한 경매에서 집행권원의 필요성, 감정평가학 논집, 14(1), 한

국감정평가학회.

- 장석천 · 이은규(2015), 민법유치권 개정 법률안 중 저당권 설정 청구권에 관한 소고, 재산법연구, 32.
- 전장헌(2011), 유치권의 성립과 부동산경매에서 이해관계인에 관한 고찰, 부동산학보, 47, 한국부동산학회.
- 정기웅(2012), 일본 메이지민법(물권법:지역권·유치권)의 입법이유 분석, 민사법학, 60, 한국민사법학회.
- 정광태(2010), 도심재생사업의 수요촉진과 투자활성화에 관한 연구-지방대도시 부산·대구·광주광역시를 중심으로-, 경기대 서비스경영전문대학원 박사학위논문.
- 정두진(2012), 부동산경매절차에 있어 유치권을 둘러싼 문제점과 개선방안에 관한 연구, 제주대학교 대학원 박사학위논문.
- 정문성(2018), 부동산유치권의 문제점과 개선방안, 법이론실무연구, 6(1), 한국법이론실무학회.
- 정병호(2014), 점유권 개념에 관한 입법론적 고찰, 서울법학, 22(1), 서울시립대학교 법학연구소.
- 정병호(2018), 점유보호청구권에 관한 민법개정안, 서울법학, 26(1), 서울시립대학교 법학연구소.
- 정성현(2016), 부동산점유취득시효의 기산점 결정에 관한 소고, 법학논총, 23(3), 조선대학교 법학연구원.
- 정순희 · 신민경(2011), 재무위험수용성과 위험자산보유율관련변수연구, Financial planning review, 4(4), 한국FP학회.
- 정연석(2021), 개정2판 로스쿨 민법의 정석, 도서출판 정독.
- 장윤환(2012), 부동산유치권의 효력과 문제점에 관한 연구, 호남대학교 대학원 박사학위논문.
- 전종현 · 이춘원(2019), 집행관의 부동산 현황조사에 관한 주의의무고찰, 집합건물법학, 32,

한국집합건물법학회.

- 정승영(2009), 부동산 자산관리통계학, 부연사.
- 정연석(2022), 개정2판 로스쿨 민법의 정석 The Basic, 도서출판 정독.
- 정유권(2015), 기업의 효율적 부동산 자산관리를 통한 가치창조 전략에 관한 연구, 목원대학교 대학원 박사학위논문.
- 정한계(2015), 서울시 도심부 중소형 오피스 빌딩 소유자의 부동산 자산관리 체감요소 선정에 관한 탐색적 분석-서울시 중구·종로구 사례를 중심으로-, 광운대학교 대학원 박사학위논문.
- 조녀선 해슬럼(2012), 사회적 통념을 거부한 역사가 E.H.카 평전, 박원용 옮김, 삼천리.
- 조정권(2015), 제주지역의 묘지점유와 분쟁, 장서각, 34, 한국학중앙연구원.
- 조현욱·조명래(2014), 채권액을 부풀려 유치권에 기한 경매를 신청한 행위의 소송사기죄 실행의 착수 해당여부에 대한 비판적 검토-대법원 2012.11.15.선고 2012도 9603 판결-, 법학논집, 38(2), 단국대학교 부설 법학연구소.
- 주민호(2018), 부동산 개발사업에 미치는 유치권의 부정적 요인간 인과성에 관한 연구, 한양대학교 도시대학원 박사학위논문.
- 주지홍(2012), 미국법상 adverse possession doctrine(불법점유원칙)의 비교법적 연구, 강원법학, 35, 강원대학교 비교법학연구소.
- 차효동(2018), 법정지상권의 문제인식과 중요도 분석을 통한 개선방안연구, 전주대학교 대학원 박사학위논문.
- 최명규(2016), 신물권법, 동방문화사.
- 최문기(2018), 물권법, 세종출판사.
- 최윤석(2017), 상속인의 점유취득-역사적 발전과 한국민법에의 시사점-, 가족법연구, 31(3), 한국가족법학회.
- 최윤석(2005), 점유제도에 관한 연구, 충남대학교 대학원 석사학위논문.
- 필립 뒤뻬쇼, 프랑스법에서 소유권, 자주점유, 소지, 송재일 옮김, 민사법학, 67.
- 하창효(2014), 건축공사 수급인의 건물부지에 대한 상사 유치권의 성립 가능성과 효력의 범

위에 관한 소고, 주거환경, 12(3), 한국주거환경학회.
- 한정희(2004), 장애여성이 경험하는 사회적 통념에 관한 질적 연구, 가톨릭대학교 사회복지대학원 석사학위논문.
- 함성호(2011), 부동산유치권에 관한 연구, 한양대학교 대학원 석사학위논문.
- 허성욱(2017), 태양반사광에 의한 눈부심 현상이 발생한 경우에 그로 인한 침해정도가 사회통념상 참을 한도를 넘었는지 판단하는 기준, 법경제학연구, 14(3), 한국법경제학회.
- 홍봉주(2015), 민사유치권의 효력과 체납처분 압류, 일감법학, 32, 건국대학교 법학연구소.
- 황상철(2005), IT 자산의 위험분석 정량화를 위한 새로운 위험 및 취약성 분석기법에 관한 연구, 충남대학교 대학원 박사학위논문.
- 황정익(2015), 부동산유치권 행사에 따른 고소사건의 유형별 수사방안, 한국공안행정학회보, 61호, 한국공안행정학회.
- 홍춘의·김세권(2015), 동북아법연구, 9(2), 동북아법연구소.
- 황종술(2009), 부동산 경매 이해관계인의 권리 보호를 위한 유치권의 개선방안, 전주대학교 대학원 박사학위논문.
- 황희상(2012), 부동산 경매에서 유치권 제도의 개선에 관한 연구 -부당한 유치권을 중심으로-, 전주대학교 대학원 박사학위논문.

- 有翡閣(平成 8年), 六法全書 平成 8年版 Ⅰ.
- 有翡閣(平成 8年), 六法全書 平成 8年版 Ⅱ.

**기타**
- 대법원 종합법률정보 서비스(https://glaw.scourt.go.kr)
- 법원도서관(library.scourt.go.kr)
- www.naver.com
- www.daum.net

- 위키백과사전(https://ko.wikipedia.org)
- 법률신문(www.lawtimes.co.kr)
- Legal Search 앱

**개혁증보판**
유치권 박사 노인수 변호사의
# 유치권 진짜 가짜 판별법

**펴낸날** 초판 1쇄 2023년 9월 15일

**지은이** 노인수
**펴낸곳** 주식회사 순눈
**펴낸이** 노인수
**편집자** 권병두
**디자인** 엔드디자인

**출판신고** 2015년 12월 28일 제2015-00278호
**주소** 서울특별시 서초구 서초중앙로 8길 17, 3층 302호(서초동, 하오르빌딩) (우편번호 : 06640)
**사업자등록번호** 214-88-54893
**계좌** 국민은행 079801-04-114638
**전화** 02-597-2003  **팩스** 02-584-5055
**블로그** blog.naver.com/sunnun2  **메일** sunnun2301@hanmail.net

ISBN 979-11-957084-8-2  13360

· 잘못 만든 책은 구입하신 서점에서 바꾸어 드립니다.
· 책값은 표지 뒷면에 있습니다.
· 독자의 의견을 기다립니다.(lawwin475@hanmail.net)